Klett-Cotta im Ullstein Taschenbuch

Klett-Cotta im Ullstein Taschenbuch
Ullstein Buch Nr. 39014
im Verlag Ullstein GmbH,
Frankfurt/M – Berlin – Wien
Französischer Originaltitel:
Histoire de l'Afrique des origines à nos jours
Übersetzt von Richard Salzner
Die Karten wurden (nach den französischen
Vorlagen) von Heinrich Eich angefertigt
Ungekürzte Ausgabe
Umschlagentwurf: Andreas Brylka

Durchgesehen und ergänzt nach der zweiten,
erweiterten Auflage, Paris 1966

Printed in Germany 1980
Druck und Verarbeitung:
Mohndruck Graphische Betriebe GmbH, Gütersloh
ISBN 3 548 39014 5

Oktober 1980

Cornevin, Robert:
Geschichte Afrikas von den Anfängen bis zur
Gegenwart/Robert u. Marianne Cornevin.
[Übers. von Richard Salzner]. – Ungekürzte
Ausg. – Frankfurt/M, Berlin, Wien:
Ullstein, 1980.
([Ullstein-Bücher] Ullstein-Buch; Nr. 39014:
Klett-Cotta im Ullstein-Taschenbuch)
Einheitssacht.: Histoire de l'Afrique des
origines à nos jours «dt.»
ISBN 3-548-39014-5

NE: Cornevin, Marianne:

Robert und
Marianne Cornevin

# Geschichte Afrikas

von den Anfängen
bis zur Gegenwart

Klett-Cotta im Ullstein Taschenbuch

# Inhalt

ZWEITER TEIL: DAS MEDITERRANE AFRIKA

## FÜNFTER TEIL: DIE ERSCHLIESSUNG AFRIKAS

SIEBTER TEIL: DAS NEUE AFRIKANISCHE AFRIKA

## Verzeichnis der Karten

# Vorwort zur deutschen Ausgabe

Für französische Afrikanisten bedeutet die Übersetzung ihrer Arbeiten in die Sprache eines Frobenius, eines P. W. Schmidt, eines Westermann und eines Baumann eine hohe Ehre.

In der Tat ist der wissenschaftliche Beitrag zur Kenntnis des afrikanischen Kontinents, der von deutschsprachiger Seite durch Forscher, Sprachwissenschaftler, Geographen, Völkerkundler, Volkswirtschaftler und Politologen trotz der zeitlich und räumlich beschränkten Teilnahme Deutschlands am Kolonialwesen geleistet wurde, von großer Bedeutung.

Hornemann, Heinrich Barth, Krapf, Rebmann, Nachtigal, Schweinfurth, Rohlfs, von Heuglin, von Wissmann und von François haben riesige Teilgebiete des afrikanischen Kontinents erforscht.

Koelle und Meinhof werden immer als die Pioniere der Sprachwissenschaft zu gelten haben; Ankermann, Frobenius, Thurnwald, Baumann und die Pater Wilhelm Schmidt und Schebesta haben auf völkerkundlichem Gebiet Außerordentliches geleistet. Auch heute noch können die Länder deutscher Zunge auf ihre Vorgeschichtsforscher, Völkerkundler, Geographen und Sprachwissenschaftler stolz sein, die zu den besten in der ganzen Welt gehören: Herbert Abel, Hermann Baumann, Ernst Dammann, Hans Debrunner, Kunz Dittmer, Willy Fröhlich, Eike Haberland, Herta Haselberger, Rolf Herzog, Hans Himmelheber, Paul Hinderling, Jahn, Adolf Jensen, Kaiser, Hildegard Klein, Karl Klingenheben, Oswin Köhler, Kronenberg, Johannes Lukas, Emmi Meyer-Kähler, Hans Günther Mukarowsky, Eugen Rapp, Schiffers, Günther Smolla, Erika Salzmann, Jürgen Zwernemann und andere.

Was die neuere Geschichte betrifft, so sind hier die Arbeiten von

Albert Bühlmann, Büttner, Hintrager, Rolf Italiaander, Markow, Müller, Jantzen, Manfred Nußbaum, Oppermann, Prakke, Schramm, Oskar Splett, Peter Sulzer und Stoeker zu erwähnen; nicht vergessen werden darf einer der bedeutendsten zeitgenössischen Politologen, nämlich Professor Franz Ansprenger, und ebensowenig der junge Schweizer Hanspeter Strauch.

Ich kann hier zwar nur einige der vielen Forscher erwähnen, aber ich habe noch einen zu nennen, der heutzutage in Deutschland fast ganz vergessen zu sein scheint und an den ich wieder erinnern möchte, umsomehr als er für mich immer das Symbol der uneigennützigen Forschung bleiben wird: Diedrich Westermann.

Sein Weg vom kleinen Aushilfspostschaffner, der Ende des neunzehnten Jahrhunderts in der Umgebung Bremens die Post austrug, bis zu dem in der ganzen Welt geachteten Berliner Professor ist erstaunlich lang und doch gerade. Als Missionar in Togo widmete Diedrich Westermann den Sprachen dieses Landes zahlreiche Arbeiten. Im Jahre 1914 sitzt er in Liberia fest und kommt dann nach Spanien, wo er vier Jahre lang als Pfarrer der deutschen evangelisch-lutherischen Gemeinde in Barcelona wirkt; daneben setzt er seine Studien der Sprachen Afrikas und die Arbeit an seinem Monumentalwerk, der bereits 1907 veröffentlichten *Grammatik der Ewe-Sprache* fort, wobei ihn der junge Togolese Jonathan Savi aus Tove, der ehemalige Sekretär des deutschen Gouverneurs von Kamerun Ebermayer, unterstützt, nachdem er über Fernando Póo nach Spanien gekommen war.

Nach dem Kriege schlägt er die Laufbahn des Hochschullehrers ein, und wenn die Sprachwissenschaft auch sein Lieblingsgebiet bleibt, so nehmen doch Völkerkunde und Geschichte in seiner Arbeit eine immer bedeutendere Stellung ein. Zu seinen wesentlichsten Arbeiten gehören die *Völkerkunde von Afrika* (in Zusammenarbeit mit Baumann und Thurnwald) und besonders seine *Geschichte Afrikas – Staatenbildung südlich der Sahara*, die erste Geschichte der Staaten Schwarzafrikas vor der Kolonialzeit, deren Veröffentlichung im Jahre 1952 ein wirkliches Ereignis war.

Im Jahre 1951 habe ich ihn in seinem kleinen Landhaus in Baden bei Bremen, wo er noch die Arbeit seiner Holzfäller überwachte, besucht. Seit dem Jahre 1949 war ich von Togo aus mit ihm in brieflicher Verbindung gestanden. Der ungekünstelte Empfang und seine etwas feierlich anmutende Herzlichkeit werden mir immer im Gedächtnis bleiben als die eines ganz großen Forschers, dessen Bescheidenheit nur von seinem Wissen übertroffen wurde.

Von zwölf Jahren, die ich in Afrika verbracht habe, habe ich acht Jahre in Togo gelebt und war dort ununterbrochen Administrator in Atakpamé, Bassari, Dapango und Lomé. Von den unzähligen Verwaltungsberichten abgesehen, habe ich vier Bücher und einige Dutzend Artikel über Togo geschrieben. Ich war sehr erstaunt über die Bedeutung der Arbeit, die meine Vorgänger, die deutschen Verwaltungsbeamten, die dort bis zum Jahre 1914 im Amt waren – von Doering, von Rentzell, Rinckleff, Kersting, Mellin, Gaißer usw. – geleistet hatten. Es waren hochgebildete, arbeitsame Beamte, die trotz des bedauerlichen damaligen Mangels an umfassenden Werken einen sehr nützlichen Beitrag zur Kenntnis des Landes geleistet haben.

Aus ihren Berichten und denen ihrer englischen, belgischen, französischen, portugiesischen und italienischen Kollegen, aus denen der Militärbeamten und der Missionare und denen der sehr geringen Anzahl von Professoren konnten die ersten zusammenfassenden Arbeiten über das gesamte Afrika zusammengestellt werden.

Seit dem Zweiten Weltkrieg und dem Drängen der afrikanischen Staaten zur Unabhängigkeit hat sich bei den jungen Nationalisten ein ganz neues Interesse an der Geschichte ihrer Länder geltend gemacht, was Gesellschaften für Geschichtsforschung, neue Zeitschriften, Chroniken in der Lokalpresse und Sendungen über geschichtliche Themen in den nationalen Rundfunkstationen entstehen ließ. Auch die zahlreichen neuen afrikanischen Forschungsinstitute und die Gründungen von Universitäten haben in Afrika die Forschung angetrieben.

Diese verschiedenen Erscheinungen haben mich veranlaßt, das Problem noch einmal zu durchdenken. Was ich hier zu schreiben versucht habe, ist nicht eine Geschichte des afrikanischen Kontinents in Verbindung mit der einen oder anderen europäischen Nation, sondern die Geschichte der Völker Afrikas als Funktion ihrer selbst. Es handelte sich also hier nicht nur darum, neue Geschichtsdokumente aus der sehr großen Zahl englischer, deutscher und französischer Zeitschriften auszuwerten und einzubeziehen, sondern auch die Elemente, welche mir zur Abfassung meiner vorherigen Arbeiten gedient hatten, unter ganz anderen Voraussetzungen zu verwenden.

Diese enorme Arbeit hätte ich an sich neben meiner Berufsarbeit als Leiter des *Centre d'Études et de Documentation sur l'Afrique et l'Outre-Mer* in Paris und als Direktor der Zeitschrift *Afrique Contemporaine* niemals leisten können, wenn ich nicht meine Frau, die lange Jahre hindurch meine Begleiterin im afrikanischen Busch war und dort als Ärztin die Gesellschaftsstruktur des Maghreb und Schwarzafrikas aus nächster Nähe kennenlernte, als unersetzliche Mitarbeiterin zur Verfügung gehabt hätte. Von der sehr wesentlichen bibliographischen und redaktionellen Arbeit, die sie übernommen hat, abgesehen, brachte meine Frau durch ihre Freundschaft für die arabische und schwarze Welt von vornherein die für eine systematische Forschung vom afrikanischen Standpunkt aus entscheidende innere Einstellung mit.

Zum Schluß möchte ich Herrn Richard Salzner, der meine Arbeit mit beispielhafter Genauigkeit übersetzt und mir die Berichtigung einiger Unebenheiten, die sich in die französische Ausgabe eingeschlichen hatten, ermöglicht hat, von ganzem Herzen danken.

# Einführung

Für die Länder unseres kleinen Europa bildet das gemeinsame Erbe der mittelmeerischen und christlichen Zivilisation trotz der Verschiedenheiten der nationalen Geschichte ein gewisses Einheitselement.

Für das riesige Afrika einen gleichwertigen Hauptgedanken zu finden, erscheint zunächst schwierig. Wie soll man auch das mittelmeerische Afrika, das wir aus Ägypten seit mehr als fünftausend Jahren kennen, seit über zweitausend Jahren aus dem Maghreb, und Schwarzafrika zueinander in Beziehung bringen können, von dem bis zum 16. Jahrhundert nur ein Streifen im Sudan und die Ostküste den Arabern bekannt waren und riesige Gebiete bis zum Ende des 19. Jahrhunderts der übrigen Welt unbekannt blieben? Das Problem erscheint unlösbar, wenn man Geschichte im herkömmlichen Sinn des Wortes erst mit dem Auftauchen schriftlicher Zeugnisse beginnen läßt.

Es gewinnt allerdings bedeutend mehr an Klarheit, wenn man den Begriff der Geschichte erweitert und auch die prähistorischen, ethnologischen, linguistischen und anthropologischen Materialien als Quellen anerkennt. Das Studium der afrikanischen Vorgeschichte ist für das Verstehen der Geschichte Afrikas absolut unerläßlich. Man könnte sich eine Geschichte Europas vorstellen, die mit den ersten geschichtlichen mittelmeerischen Zivilisationen beginnt; aber das ist unmöglich für Afrika, wo sogenannte prähistorische – weil schriftlose – Zivilisationen schon immer neben historischen Zivilisationen gleichzeitig vorhanden waren, und zwar auf Grund des riesigen Kontinents und der geographischen Isolierung, die durch die natürliche aber auch abweisende Umwelt – Äquatorialurwald und Wüste – enstanden war. Außerdem liegt der Zugang zum Ursprung der ägyptischen Zivilisation ebenso wie der zur kulturellen Einheit der schwarzen Welt in der Vorgeschichte – und hier besonders in der Kenntnis von der feuchten neolithischen Sahara.

Vom 8. Jahrtausend an und bis etwa um 2500 v. Chr. bildete die Sahara das größte Bevölkerungszentrum des afrikanischen Kontinents. Hochstehende neolithische Zivilisationen haben sich dort entwickelt, wie dies der künstlerische Wert der Fresken im Tassili-Gebirge beweist und in noch höherem Grade die pharaonische Zivilisation, die, wie wir sehen werden, als die Blütezeit der saharischen Kulturen angesehen werden muß, die unter besonders günstigen Bedingungen stand. Dort vermischten sich die drei großen ursprünglichen, die Nordhälfte des Kontinents einnehmenden anthropologischen Blöcke – Protoberber, Negride und Äthiopier. Es hat demnach zu jener Zeit ein einziges, einheitliches und ausschließlich afrikanisches Afrika ohne bemerkenswerte Beziehungen zu fremden Kulturen gegeben.

Vom 2. Jahrtausend v. Chr. an ändert sich dies alles, weil die Austrocknung der Sahara Weißafrika und Schwarzafrika trennt und das Niltal als einziger Verkehrsweg übrigbleibt. Die Alten kennen nur das mittelmeerische Afrika; aus der Tatsache, daß Schwarzafrika bis zur Eroberung durch die Araber außerhalb des Bereiches der Geschichte geblieben ist, folgerte man, daß es im abträglichen Sinne des Wortes prähistorisch geblieben wäre, vergaß aber dabei, daß seine Bevölkerung die Nachkommen jener neolithischen Saharabewohner waren, welche zweifellos als geschickte Handwerker und Künstler zu gelten haben und wahrscheinlich bereits ein bedeutendes philosophisches und soziales Ideengut besaßen.

Es ist also durchaus nicht erstaunlich, daß in der darauffolgenden Periode, der des *arabischen* Afrika, die Araber im Sudan hochentwickelte negroafrikanische Reiche mit fester staatlicher Ordnung vorfanden. Die allmähliche Durchdringung der schwarzen Welt durch die mohammedanische Zivilisation führte vom 11. bis zum 15. Jahrhundert zu einer Blütezeit Afrikas.

Im 16. Jahrhundert wird die Richtung der afrikanischen Geschichte brutal geändert; wir werden Zeugen eines schnellen, allumfassenden kulturellen und wirtschaftlichen Niedergangs, der zum großen Teil darauf zurückzuführen ist, daß Portugal den atlantischen Handel aufnahm und die Türken den mittelmeerischen Handel ausdehnten. Im 17. und 18. Jahrhundert macht Afrika seine düstersten Zeiten durch.

Zu Beginn des 19. Jahrhunderts erscheinen drei große Erneuerungszentren – im Sudan mit Usman dan Fodio, in Ägypten mit Mehemet Ali und in Südafrika mit Tschaka. Aber jetzt ist es schon zu spät. Seit

Entdeckung des Kontinents durch die Portugiesen hat sich der Unterschied im Zivilisationsniveau zwischen Afrika und Europa so vergrößert, daß die Europäer, ohne Gewissensbisse zu bekommen, sich in den letzten zwanzig Jahren des Jahrhunderts fast den ganzen Kontinent aneigneten.

Allerdings kommt der Kolonialzeit neben ihren großen Fehlern auch das Verdienst zu, den afrikanischen Kontinent der Welt erschlossen zu haben – wenn auch um den Preis seiner Entpersönlichung.

Man wird die Entkolonisierung abwarten müssen, damit die Afrikaner das Bewußtsein ihrer tiefverwurzelten Originalität und gleichzeitig das ihrer kulturellen Einheit wiedererlangen. So werden sie den Kreis wieder geschlossen haben oder besser, werden sie auf einem an Wechselfällen reichen Umweg voller Hindernisse doch noch am Endziel angelangt sein.

Man weiß heute um die Bedeutung der afrikanischen Zivilisationen, wie sie in der Zeit Altägyptens und der grünenden Sahara in der Abgeschiedenheit entstanden sind und durch die unvergleichlichen Manifestationen nigerischer und kongolesischer Kunst bestätigt werden. Diesen Werten Schwarzafrikas entsprechen diesseits der Sahara die philosophischen Schätze des christlichen Nordafrika und das Goldene Zeitalter des mohammedanischen Mittelalters, während Festigkeit der Sozialstruktur der schwarzen Gemeinwesen und klarer Aufbau ihrer philosophischen Systeme die wertvollen Beiträge von Kunst und Musik auf geistigem Gebiet vervollständigen. –

Bei dieser nach der Konferenz von Addis Abeba 1963 geschriebenen Einführung ermessen wir den Weg, der noch zurückzulegen ist, da die Rhodesien-Affäre die tatsächliche Solidarität der OUA (Organisation für Afrikanische Einheit) aus dem Ultimatum an England erkennen läßt, über das am 4. Dezember 1964 einstimmig abgestimmt wurde, dem sich aber nur 9 von 36 Staaten anschlossen.

Gewiß sind der algerisch-marokkanische Konflikt, die Spannungen zwischen den verschiedenen Rebellenführern in Angola und in der rhodesischen Opposition sowie die letzten Militärputsche neue Argumente für die Gegner der afrikanischen Einheit. Wir glauben aber, daß diese Ausbrüche nur oberflächlicher Art sind, und nehmen daher ohne Bedenken die Worte vom Schluß unserer Einleitung wieder auf.

Das neue afrikanische Afrika, das sich seiner ungeheuren Reichtümer bewußt ist und seiner Einheit entgegenstrebt, ist jetzt bereit, der übrigen Welt kulturelle Werte zu vermitteln, die allzulange nicht beachtet worden sind.

ERSTER TEIL

AFRIKANISCH-AFRIKA

# I

# Die afrikanische Vorgeschichte

Wenn der afrikanische Kontinent in seiner Gesamtheit auf Grund der Seltenheit schriftlicher und archäologischer Dokumente sich dem Historiker nur wenig günstig zeigt, so ist er im Gegensatz dazu das Gelände, das der Prähistoriker ersehnt. In bestimmten Gebieten und besonders in der Unermeßlichkeit der heute wüstenhaften Sahara ist der Boden mit prähistorischen Steinwerkzeugen geradezu übersät, was auf langdauernde menschliche Besiedlung in Zeiten hinweist, als das vom heutigen sehr verschiedene Klima die Entwicklung einer üppigen Fauna äquatorialen Typs ermöglichte.

Die klimatischen Veränderungen, die während des Quartärs die ganze Welt erfaßten, stellen für die Datierung der vorgeschichtlichen Spuren im Laufe der unendlich langen, *Pleistozän* genannten Periode, welche sich wahrscheinlich über mehr als eine Million Jahre erstreckte, das wesentlichste Hilfsmittel dar. Sie wurden besonders gut in Ostafrika erforscht, wo die von ehemaligen Seen zurückgelassenen Ablagerungen wichtige Veränderungen von Wasserstand und Ausdehnung bezeugen. Auf diese Weise hat man drei große Pluvialzeiten, *Kagerian, Kamasian* und *Gamblian* genannt, nachweisen können, die den Eiszeiten Eurasiens entsprechen.

Die Dauer dieser Regenperioden ist noch sehr hypothetisch, aber man weiß, daß sie weit über der der Interpluvial- oder Trockenzeiten liegt. Dies ist sehr wichtig für die Erklärung, welch große Rolle der afrikanische Kontinent in der Menschheitsentwicklung spielt, denn diese Pluvialzeiten haben zu einer Zeit, als die Eiszeiten in der Nordhälfte Eurasiens praktisch jegliches menschliche Leben unmöglich machten, die heutigen Wüsten in für die vorgeschichtlichen Jäger äußerst günstige Savannen verwandelt.

Es ist demnach nicht verwunderlich, daß die neuesten und aufsehenerregendsten Funde menschlicher Fossilien gerade in Afrika gemacht worden sind. Afrika repräsentiert in der Geschichte der Menschheit wirklich den Altkontinent schlechthin, denjenigen, wo die fernsten Ahnen des Menschen gelebt und sich weiterentwickelt haben. In dieser Hinsicht ist es nicht nur für die Afrikaner interessant, sondern für alle Bewohner des Erdballs, welche das Geheimnis ihres fernsten Ursprungs besser zu kennen wünschen.

Wenn das Interesse am Studium des afrikanischen Pleistozäns schon den Rahmen des Kontinents weit überschreitet, so ist die *Holozän* genannte Periode, die um das Jahr 10 000 beginnt, ebenfalls von allgemeiner Bedeutung, da sie zur Entfaltung einer hochstehenden Zivilisation in der geographisch begünstigten Region des Niltals führt. Die ägyptische Geschichte in direkter Fortführung der Vorgeschichte beginnt um das Jahr 3200; dieser Zeitpunkt bedeutet zugleich den Beginn der Weltgeschichte und geht damit jeden Gebildeten an.

## Afrika: Zeugenkontinent für die Entwicklung des Menschen

Vor kurzem, im März 1962, berichtete Dr. L. S. B. Leakey, Direktor des Coryndon-Museums in Nairobi, von der Entdeckung eines Primaten in der Gegend nördlich des Viktoriasees (Kenia), welcher 14 Millionen Jahre alt sein und das Zwischenglied von dem Proconsul genannten Affen, der vor 25 Millionen Jahren lebte, und den frühesten Ahnen des Menschen, den Australopithecinen, darstellen dürfte.

Diese *Australopithecinen* oder *Ape Men* (Affenmenschen) sind einzig und allein in Afrika gefunden worden, zuerst in Transvaal und später in Ostafrika und der Sahara. Der *Zinjanthropus,* den Leakey 1959 in Olduwai in Nord-Tanganjika fand, gehört zu dieser Gruppe fossiler Primaten mit »menschlichem« Gebiß, als Beweis für den Allesfresser, und mit aufrechtem Gang; diese kannten bereits die grobe Bearbeitung von Kieseln, der sogenannten *Pebble Tools.* Das Alter von 1 850 000 Jahren, das man kürzlich mit Hilfe einer neuen Datierungsmethode aufgrund von Kalium 40 dem Zinjanthropus zuerkannte, schiebt, wenn jene sich bestätigt, den Beginn der prähistorischen Zeit beträchtlich zurück und dehnt die Dauer seiner Evolutionsperiode auf mehr als eine Million Jahre aus.

Tatsächlich erscheint das zweite Kettenglied der Menschheitsgeschichte erst im *Kamasian*-Pluvial, ungefähr 450 000 Jahre vor unserer

Zeitrechnung. Die *Pithecanthropinen* oder Archanthropinen sind keine Affenmenschen mehr, sondern Menschen in Affengestalt. An Gehirnvolumen und manueller Geschicklichkeit sind sie den Australopithecinen weit überlegen; sie wissen den Stein zu behauen und geschickt zu bearbeiten, um daraus anfänglich schwere und plumpe *(Chelléen)*, dann aber schlankere und längere Faustkeile *(Acheuléen)* herzustellen. Derartige Faustkeile sind innerhalb des Vierecks England – Nordchina – Java – Kap der Guten Hoffnung fast überall gefunden worden. Die Auffindung des *Atlanthropus* in Ternifine Palikao (Algerien) durch C. Arambourg im Jahre 1954 hat gezeigt, daß die Handwerker dieser in Afrika so weitverbreiteten Chelles-Acheul-Industrie mit den bis dahin nur in Nordchina und auf Java gefundenen Sinanthropinen und Pithecanthropinen nahe verwandt waren.

Die dritte Etappe der Menschwerdung folgte nun nicht auf diese zweite, sondern lief zweifelsohne lange Zeit mit den Pithecanthropinen parallel. Man nimmt an, daß die Neandertaler oder Paläanthropinen seit 400 000 Jahren in Afrika gelebt haben. Dieser archaische, durch eine mit der des heutigen Menschen vergleichbare Gehirnkapazität und über die Augen vorstehende Stirn charakterisierte Typ setzte sich anscheinend noch sehr lange nach dem Aussterben der Vorläufer fort, denn von den beiden besterhaltenen Fossilien, die diesem Typ angehören, stammt das eine aus dem Kamasian (Saldanha-Mensch aus Südafrika) und das andere aus dem pluvialen Gamblian (Broken-Hill-Mensch aus Nordrhodesien). Diese Neandertaler haben bereits mit der Herstellung von spezialisierten Werkzeugen begonnen, wie mit der von gestielten Steingeräten des *Atérien* der Sahara und des Maghreb, von Hacken oder von Meiseln, die der Bearbeitung des *Sangoen*-Holzes der Waldgebiete angepaßt waren. Gewicht und mangelnde offensive Wirksamkeit dieser Waffen lassen allerdings die unendlich langsam vorsichgehende Evolution begreiflich werden.

Bis zum äußersten Ende des Pleistozäns, das heißt während mindestens 98 Prozent der prähistorischen Periode, waren die Ahnen des heutigen Menschen den muskelstärkeren und vor allem schnellwüchsigeren wilden Tieren eindeutig unterlegen. Es ist sicher, daß eine winzige Minderheit von »Menschenjungen« das fortpflanzungsfähige Alter erreichte, aber bis sie soweit waren, waren die Eltern bereits tot, ohne daß sie ihren Nachkommen die erworbenen Erfahrungen hatten mitgeben können. Wir werden noch sehen, wie sehr dieses tiefe Empfinden der Zerbrechlichkeit des Menschenlebens die alten afrikanischen Religionen und insbesondere die des pharaonischen Ägypten beeinflußt hat.

## Auftreten des Homo sapiens am Ende des dritten Gamblian-Pluvials

Der *Homo sapiens* oder Neanthropus, das letzte Glied der von den Australopithecinen über die Pithecanthropinen bis zu den Neandertalern reichenden Kette, tritt mit Sicherheit erst am Ende des dritten Gamblian-Pluvials auf. Man muß die Tatsache unterstreichen, daß Afrika der einzige Kontinent ist, wo alle den verschiedenen Evolutionsstufen der Menschheit entsprechenden Fossilien aufgefunden worden sind und die lange Zeit für die Gattung Mensch sehr umstritten gebliebene Entwicklungslehre Darwins »am Objekt« demonstriert werden konnte. Afrika nimmt also in der Kenntnis der Frühzeit unserer Welt eine ganz besondere Stellung ein.

Das Vorhandensein aller dem Homo sapiens vorausgegangenen Evolutionsstadien in Afrika und sonst nirgendwo zwingt zu der Folgerung, daß das letzte Kettenglied für diesen Kontinent kein »Ausländer« ist, wie unter Hinweis auf angebliche Analogien mit dem scheinbar früher aufgetauchten Menschen des europäischen Altpaläolithikums ziemlich allgemein behauptet wurde. Eine genaue Zeit für den *Olduwai-Menschen* (Ostafrika), der als die älteste Versteinerung dieses Typs in Afrika gilt, läßt sich noch lange nicht bestimmen. Wenn ihn der schwedische Paläontologe De Geer auf 110 000 datiert, so bestimmt ihn der Engländer L. S. B. Leakey noch wesentlich weiter in die Vergangenheit zurück. Die *Maghreb-Menschen* scheinen jünger zu sein, ähneln aber eigenartigerweise morphologisch den ostafrikanischen Fossilien sehr stark und stehen wie diese mit einer neuartigen Methode der Steinbearbeitung in Verbindung; trotz der enormen geographischen Entfernung ist die Übereinstimmung ihrer »Steinindustrien« so groß, daß man ihnen einen gemeinsamen Namen gegeben hat: *Maghreb-Capsien* und *Kenia-Capsien.*

Die Capsien-Werkzeuge bestehen im wesentlichen aus Klingen, die von einem Kern gelöst wurden, sind also viel leichter als die Werkzeuge der Neandertaler in der Moustéro-Levallois-Technik und verleihen dem Capsien-Jäger größere Beweglichkeit und Leistungsfähigkeit. Die gleiche technische Revolution charakterisiert auch die Gerätschaften der altpaläolithischen Jäger Europas. Sie stand sicher am Anfang einer beträchtlichen Verbesserung der Nahrungsmittelversorgung und wahrscheinlich eines raschen Anwachsens der Bevölkerung, die sich nach und nach in allen Gebieten ausbreitete, wo sie genügend natürliche Hilfsquellen fand.

Die außerordentlich große Menge von Steinfunden aus der Spätzeit der Vorgeschichte liefert den Beweis für einen beträchlichen Bevölkerungszuwachs von etwa 10 000 an; man hat in ganz Afrika Funde gemacht, aber besonders viele in den heute fast die halbe Fläche des Kontinents einnehmenden Wüstengebieten, die demzufolge während bestimmter Perioden des Holozäns ein vom jetzigen sehr verschiedenes Klima haben mußten.

Die geologischen Methoden, mit denen die Chronologie des Pleistozäns hergestellt werden konnte, lassen sich allerdings auf solch kurze Zeiträume nicht anwenden und erst die kürzlich erfolgte Freigabe der Radiokarbonmethode zur Datierung prähistorischer Funde hat es ermöglicht, einige noch recht bruchstückhafte Thesen über den Klimaablauf aufzustellen.

Man nimmt gemeinhin an, daß auf das dritte Gamblian-Pluvial eine kalte Trockenzeit von kurzer Dauer folgte, worauf dann um 8 000 eine neue Feuchtperiode, das *Makalien,* in Ost- und Südafrika begann, deren Anfang zweifellos dem *Optimum des Saharaklimas* entspricht, welches auf die Gesamtheit der Bevölkerung Afrikas einen so entscheidenden Einfluß haben sollte. Zwischen 8 000 und 6 000 (?) waren die Niederschläge in der Sahara häufig und reichten aus, um die ausgetrockneten Flußbetten, die während der Pluvialperioden Wasser geführt hatten, wieder zu füllen. Die Sahara, in der heute weniger als ein Prozent der Gesamtbevölkerung des Kontinents lebt, die aber ein Viertel seiner Gesamtfläche einnimmt, wurde dadurch zum wichtigsten Mittelpunkt für die Besiedelung, daß sie die aus den stark versumpften Zonen des Sudan oder den allzu ungastlichen Bergen des Maghreb fliehenden paläolithischen Völkerschaften in ihre damals baumbestandenen Savannen mediterranen Charakters lockte. Sie sah die Entwicklung einer Jägerzivilisation, die durch ihre künstlerischen Leistungen besonders bemerkenswert geworden ist. Ihre Austrocknung begann um 6 000 und ging zuerst langsam vor sich, von etwa 2 500 an aber wesentlich schneller, so daß die aus Jägern, Hirten, Fischern und Bauern bestehende Bevölkerung, die dort mehrere Jahrtausende hindurch ihr gutes Auskommen gehabt hatte, nach Norden und hauptsächlich nach Süden zurückflutete.

In dieser Epoche hatten bestimmte Gebiete Afrikas bereits ein hohes Niveau prähistorischer Kultur erreicht; bereits um 10 000 stellten die Menschen des Djokocian in Angola spitze, längliche Dolche her, die unter Druckanwendung fein bearbeitet wurden, sowie alle Sorten von für die Holzbearbeitung geeigneten Faustkeilen; um 7 000 fertigten die Lupembian-Leute des Kongo steinere Lanzenspitzen, die einen Vergleich mit den schönsten Speerblättern des europäischen Solutréen aushalten; um 6 000 benutzten die Ishango-Fischer nördlich des Eduardsees Knochenharpunen mit zwei Reihen von Widerhaken und zerrieben das Wildgetreide auf polierten Mahlsteinen. Um 5 000 hatten die Menschen des Elmenteitian, die Nachfolger der Capsien-Leute von Kenia, in großem Umfange Töpferwaren und Gefäße aus bearbeiteten Steinen in Gebrauch.

## Die neolithischen Kulturen in Afrika

Die Verwendung von polierten Mahlsteinen und Keramik beweist das zumindest teilweise Seßhaftwerden der vorher zum Nomadentum gezwungenen Jäger. Diese beiden Werkzeuge, die gewöhnlich dem Neolithikum zugeschrieben werden, treten in Afrika wesentlich früher auf als in Europa, weil dort auf das Zurückweichen der Gletscher ein für das Wurzelschlagen menschlicher Gemeinschaften besonders ungünstiges Klima folgte und die aus Südosten kommende neolithische Umwälzung erst im 4. Jahrtausend v. Chr. eintrat.

Im Gegensatz dazu bildete die Sahara zwischen dem 8. und dem 3. Jahrtausend gerade einen Teil der klimatisch günstigen Zone, wo sich um Flüsse wie Indus, Euphrat oder den nahrungspendenden Nil die ersten Ackerbauzivilisationen bildeten. Man darf also dem Begriff Neolithikum in Afrika unter keinen Umständen eine solch enge Definition geben, wie sie generell in den europäischen Schulbüchern verwendet wird. Das Neolithikum ist nicht nur die Zeit des polierten Steines gegenüber der des behauenen, sondern bedeutet auch eine durch das Seßhaftwerden charakterisierte Umwälzung, die allerdings die Landwirtschaft nicht notwendig einschloß. Viele Völker haben wilde Getreidepflanzen abgemäht und zu Mehl verarbeitet, welche sie zwar nicht gesät, deren Nährwert sie aber kennengelernt hatten. Bestimmte Tuareg des Ahaggar tun dies heute noch. Andere haben sich fast ausschließlich von den Erzeugnissen ihrer Viehzucht ernährt, wie noch heute die Fulbe des Sudan oder die Massai in Kenia.

In der Unermeßlichkeit der Sahara waren zwischen dem 8. und dem 3. Jahrtausend bestimmte Gegenden – praktisch alle in mehr als 500 Meter Höhe über dem Meere – für Viehzucht und Jagd besonders gut geeignet; andere, wie zum Beispiel ein Teil des heutigen Tenere oder die Täler bestimmter, heute fossiler Wadis der Südsahara, waren die

Wohnsitze zahlreicher Fischer an Seen und Sümpfen. Es war dann die von der Natur begünstigte Landschaft des Niltales, die mit ihrer alljährlichen Überschwemmung für die Erfindung des Ackerbaus geradezu vorbestimmt schien, und die für eine Ausnutzung des Hochwassers erforderliche Disziplin zwang zu einer geordneten Gemeinschaft unter einem Oberhaupt.

Man kann also das afrikanische Neolithikum nicht mit dem europäischen Neolithikum vergleichen. In der Sahara hat es ebensoviele verschiedene Neolithiken gegeben, wie die geographische Umwelt unterschiedliche Lebensweisen bedingte. Von diesen hat sich der Ägypter der Jungsteinzeit dank außergewöhnlich günstiger geographischer Verhältnisse am schnellsten und auffälligsten entwickelt; bereits am Ende des 4. Jahrtausends treten schriftliche Dokumente auf und damit beginnt die Zeit, die man allgemein als Geschichte bezeichnet.

## Die »aktuelle« Bedeutung der afrikanischen Vorgeschichte

Ägypten ist allerdings das einzige Gebiet Afrikas, das so frühzeitig in die Geschichte eingetreten ist und, was noch mehr besagen will, ganz und gar *einheimische und nationale Geschichtsdokumente* geliefert hat. Mit Ausnahme von Äthiopien, das in der Geschichte erst gegen Anfang der christlichen Ära erscheint, wurde in keinem anderen Lande des afrikanischen Riesenkontinents eine nationale Sprache schriftlich fixiert und der größte Teil Schwarzafrikas war sogar den Arabern unbekannt. Wir sehen also, wie wichtig *heute* die sogenannten prähistorischen Dokumente für einen Rekonstruktionsversuch der Vergangenheit Afrikas sind. Das bedeutet, daß man nicht wie in Europa das Ende des prähistorischen Kapitels als Ende einer Epoche bezeichnen darf; die Kenntnis der afrikanischen Geschichte erfordert auch das Studium bestimmter afrikanischer Völkerschaften, die wir als primitiv bezeichnen, weil sie vom großen Strom unserer Industriezivilisation noch nicht erfaßt sind, bei denen aber dafür Überlieferungen und Gebräuche aus einer Jahrtausende zurückliegenden Epoche erhalten geblieben sind.

*Der religiöse und soziale Konservativismus* ist in der Tat eines der wichtigsten Kennzeichen der afrikanischen Stämme. Wenn man die Geschichte im weitesten Sinne des Wortes als einen Darstellungsversuch des Lebens derer, die vor uns waren, ansieht, dann ist dieses zähe Festhalten am Althergebrachten, sind diese zahlreichen »Überlebenden« einer fernen Vergangenheit für den Historiker von allergrößtem Nutzen. Schon sehr oft haben sie es ermöglicht, den Verlauf von Wanderungen zu veranschaulichen; so konnte beispielsweise die Hypothese einer schwarzen Bevölkerung der Sahara in der Zeit vor der Austrocknung durch das Studium der präbovidischen Felsmalereien im Tassili-Gebirge, die eine außerordentlich große Ähnlichkeit der Tatauierungen und Masken mit denen jetziger Völker Schwarzafrikas wie z. B. der Senufo aufweisen, bestätigt werden.

Henri Lhote, der durch seine Veröffentlichungen über die Felsmalereien der Sahara bekannt geworden ist, hat weiter nachgewiesen, daß die Vorfahren der heute im sahelosudanischen Streifen als Schafzüchter verstreut lebenden Fulbe mit Sicherheit die Nachkommen von Rinderzüchtern und -hirten sind, die in den Gebirgsgegenden der Sahara unzählige Felsmalereien und -zeichnungen hinterlassen haben, welche Menschen mit dem Körperbau und der Lebensweise der Fulbe zeigen. Mehr noch: Soweit diese Fulbe noch Heiden sind, verwenden sie Initiationsriten, die wir im Tassili auf bestimmten Malereien, die auf das 3. und 4. Jahrtausend datiert sind, bis ins kleinste Detail dargestellt finden.

Wenn schon diese »Überlebenden« die postgamblianische Periode ziemlich weitgehend erhellen, so tragen sie doch andererseits in gleichem Maße dazu bei, eine Chronologie zu verwirren, die sich nicht wie in Europa auf archäologische Kriterien stützen kann. Wie soll man beispielsweise das westafrikanische Neolithikum datieren, wenn bestimmte Völker, die sich in Gebirgsgegenden geflüchtet haben, noch heute steinerne Gerätschaften verwenden, oder wenn polierte Steinäxte, die als glückbringende »Donnersteine« gelten, noch jetzt auf einigen Märkten im Sudan laufend angeboten werden? Wahrscheinlich werden in diesen Gegenden viele Fragen hinsichtlich vorgeschichtlicher Besiedlung unbeantwortet bleiben müssen, weil die ständige Auslaugung durch die tropischen und äquatorialen Regen den Boden zu stark säuert und für die Konservierung jeglicher organischer Rückstände ungeeignet macht, d. h. also menschlicher Fossilien oder C 14 (Carbon 14) enthaltender Gegenstände, welche eine Datierung ermöglichen würden.

Trotz alledem kann man das Aufkommen der neolithischen Techniken in Sudan und Guinea wenigstens grob datieren, wenn man in Betracht zieht, daß sie sicherlich durch Völkerschaften vermittelt wurden, welche die zwischen 3000 und 2500 vor sich gehende gewaltige Verschlechterung des Saharaklimas miterlebten und sich weiter im Süden geeignetes Weidegelände suchen mußten.

In Ostafrika waren die paläolithischen Jäger schon um das Jahr 5000 teilweise seßhaft geworden, was aus der großen Menge Keramik in der »Elmenteitian«-Schicht hervorgeht, die unmittelbar auf das ältere Capsien folgt. Dieses Neolithikum lokalen Ursprungs aber ist sehr nüchtern geblieben und hat sich bis zum Aufkommen des Eisens in den ersten Jahrhunderten der christlichen Ära nur wenig weiterentwickelt.

Südlich des Äquators ging die Entwicklung noch langsamer vor sich; die Jäger der postgamblianischen Periode haben die schon zu Ende des Gamblian entstandenen Techniken der Steinbearbeitung beibehalten und das Neolithikum nicht zur Kenntnis genommen. Je mehr man sich der Südspitze des Kontinents nähert, desto deutlicher wird dieses »Zurückbleiben«, denn ganz an der Spitze sind die wenigen am Westrande der Kalahariwüste noch übriggebliebenen Buschmänner an die das Mesolithikum charakterisierende Jagd- und Sammelwirtschaft gebunden geblieben. Innerhalb der durch zahlreiche Versteinerungen nachgewiesenen Reihe prähistorischer Menschen werden diese Buschmänner von zahlreichen südafrikanischen Prähistorikern und Anthropologen als die letzte Stufe angesehen, die allerdings durch die an den Ort gebundene Entwicklung in der Sackgasse Afrikas stark degeneriert ist.

## Die Besiedelung Afrikas in der postgamblianischen Periode

Es scheint, daß der Protobuschmanntyp – nach dem aus dem südwestlichen Transvaal stammenden *Boskop-Menschen* oft »boskopoid« genannt – in den zehn Jahrtausenden vor der christlichen Ära eine große Verbreitung hatte, da ein Schädel dieses Typs in Singa am Weißen Nil in 13 Grad nördlicher Breite gefunden wurde. Es steht fest, daß die Capsien-Jäger diesem anthropologischen Typ nicht angehörten; der, wie wir gesehen haben, auf mindestens 11 000 datierte *Olduwai-Mensch* gehört zum »äthiopischen« oder »kaukasoiden« Typ und wird hinsichtlich des Skeletts durch ein längliches Gesicht, schmale Nase, hochliegende Augenhöhlen und gewölbte Stirn charakterisiert. Man hat in Ostafrika Dutzende von Fossilien dieses Typs gefunden, der heute über den ganzen Osten Afrikas verbreitet ist und dessen Hautfarbe von der Farbe des Milchkaffees bis zum tiefsten Schwarz geht.

Die Mischung dieser zwei Primitivtypen des Homo sapiens, »äthiopisch« und »boskopoid«, wird die Vorfahren des Hirtenvolkes der *Hottentotten* ergeben haben, das ebenso wie die Buschmänner eine Sprache mit »Schnalzlauten« verwendet und im 13. Jahrhundert v. Chr. nach einer langen, von der Gegend um den Viktoriasee ausgehenden Wanderung den Süden Afrikas erreicht haben dürfte.

Ein anderer Bevölkerungsteil ist in den undurchdringlichen Wald des Kongobeckens abgedrängt worden; es sind dies die *Pygmäen* oder *Twiden,* die in den Zeiten der feuchten Sahara eine große Verbreitung gehabt haben dürften, wenn man gewissen ägyptischen Berichten und mehreren westafrikanischen Überlieferungen Glauben schenken will.

Man hat niemals auch nur eine einzige Versteinerung eines Pygmäen gefunden, aber der anthropologische Typ der »guineischen« und zentralafrikanischen Paläolithiker bleibt ja genauso mysteriös. Es ist aber wahrscheinlich, daß er negroid war, denn die Bevölkerung der neolithischen Feuchtsahara stammte aus den während der postgamblianischen Trockenphase allein bewohnbaren Zonen des Sudan und war zum großen Teil negroid, wie dies das in Asselar 200 Kilometer nördlich von Gao gefundene Skelett und die präbovidischen Malereien des Tassili beweisen.

Im Inneren der Feuchtsahara trafen diese *Negriden* mit den *mittelmeerischen Protoberbern* zusammen, die vom Maghreb in die für Jagd und Viehzucht geeigneten Gebiete der Sahara gekommen waren.

Die Schwarzen kamen gleichfalls mit den *Hirten des äthiopischen Typs* zusammen, die vom 5. oder 4. Jahrtausend an eine gewaltige Wanderung durch die Sahara begannen, indem sie ein im Süden des libyschen Großen Erg gelegenes Ursprungsgebiet verließen und in die Gebirgsmassive der zentralen Sahara zogen, wobei sie den Zonen größter Niederschlagsmengen folgten. Der lange Aufenthalt dieser Rinderhirten im Tassili-Gebirge ist durch die große Zahl von Felsmalereien, die sie dort zurückließen, sowie durch zwei mit der Radiokarbonmethode ermittelte Daten (3500 und 2500 v. Chr.) für zwei 300 Meter voneinander entfernte neolithische Fundstätten nachgewiesen.

Die Vorfahren der Fulbe konnten rein äußerlich ihre Art bewahren, weil sie – wie auch heute noch die Bororo-Fulbe – an der gleichen Lebensweise festhielten, nämlich an einer auf die Produkte ihrer Herden beschränkten Ernährungsautonomie, und weil sie nur innerhalb ihres Stammes heirateten. Zu ihnen scheint die wichtige Gruppe von Viehzüchtern zu gehören, die sich im Tibesti-Massiv festsetzten und zwischen dem 4. und 2. Jahrtausend mit Jägern protoberberischen Typs und Negroiden vermischten und letzteres so, daß eine feste Rasse von »schwarzen Äthiopiern« entstand, welche den heutigen nomadischen *Tubu* der Ostsahara entspricht.

Die Tubu sind zweifellos die Abkömmlinge der von Herodot im 5. Jahrhundert v. Chr. beschriebenen »troglodytischen Äthiopier« und das beste Beispiel für die Mischung von drei anthropologischen Typen, die zwischen dem 5. und 2. Jahrtausend *im Inneren der Sahara* entstand.

Die Fessan-Oasen waren gleichfalls eine Zone von Mischlingsbildung aus Protoberbern, Negriden und »äthiopischen« Viehzüchtern. Sie waren während der ganzen Dauer der neolithischen Feuchtperiode dicht bevölkert und stellten wie das Tassili-Gebirge eine Hochburg der afrikanischen prähistorischen Kunst dar.

Ganz offensichtlich ist es aber die Besiedelung des Niltals, die die interessantesten Probleme aufwirft und dies auf Grund der schnellen Entwicklung neuer Techniken, welche das ägyptische Neolithikum charakterisiert.

## Das ägyptische Neolithikum – Übergang von der Vorgeschichte zur Geschichte

Das Wort »Revolution«, welches uns die beste Bezeichnung für das afrikanische Neolithikum zu sein scheint, genügt nicht für Ägypten, wo eine *von außenher* gekommene Bevölkerung einen *unberührten* Boden auswertete und zu diesem Zweck eine *neuartige* Lebensweise erfand. Es handelt sich dort um ein vierfaches Werden: Die Erde Ägyptens hat sich gleichzeitig mit dem ägyptischen Volke gebildet und die materiellen Techniken sind gleichzeitig mit den religiösen Vorstellungen entstanden. Diese »Kindheitsperiode« der ägyptischen Geschichte erscheint dem Prähistoriker, der gewohnt ist, die Entwicklungsstadien der Menschheit nach Zehntausenden wenn nicht Hunderttausenden von Jahren zu messen, erstaunlich kurz. Man nimmt in der Tat im allgemeinen für das ägyptische Neolithikum nicht viel mehr als 3000 Jahre an und betrachtet es als einen integrierenden Teil der ägyptischen Geschichte, weil sich in dieser Epoche Religion, Sprache, Schrift, Kalender und Grundzüge der politischen Organisation herausgebildet haben, die schon zu Beginn der ägyptischen Geschichte um 3200 oder 3000 den Charakter der Reife tragen.

Das Niltal hat seine heutige Gestalt erst um das 6. Jahrtausend (?) erhalten, in der Zeit, als die Austrocknung der Sahara begann. Während der großen Pluviale des Pleistozäns machten dieselben Regen, welche die Sahara grünen ließen, den aus dem äquatorialen Bergland kommenden Nil zu einem Riesenstrom, der sein ganzes Tal bis zu den Terrassen hinauf auffüllte, wo man in 30 Meter Tiefe Geräte des Chelles-Acheuléen, solche des Acheuléen bei 15 und 9 Metern und endlich die des Levalloisien bei 3 Metern Tiefe fand.

In der Trockenzeit des Postgamblian sank das Wasser unter das heutige Niveau; um 8000 stieg es wieder. Ungefähr 2000 Jahre lang war das ganze Tal zweifellos nichts als ein ungeheurer Sumpf, ein Paradies für Flußpferde und Krokodile, aber wenig anziehend für den Menschen; dieser fand dafür an den Ufern der damals »lebendigen« Saharawadis für ein Halbnomadentum und Zähmungsversuche an Tieren ausnehmend gut geeignete Siedlungsplätze.

Die Niederschlagsmenge der postgamblianischen Feuchtphase blieb im Vergleich mit den großen Pluvialen des Pleistozäns sehr bescheiden. Sie genügte nicht, um die *libysche Wüste*, die im geologischen Sinne des Wortes eine »alte« Wüste darstellt und keinerlei Spuren eines fossilen hydrographischen Netzes zeigt, wieder ergrünen zu lassen. Das Niltal wurde demnach im Westen von einem riesigen, menschenleeren Gebiet begrenzt, das es vom übrigen Afrika abschnitt. Der Verkehr ging zwangsläufig in Nord-Süd-Richtung und benutzte den Weg über die Oasen der Cyrenaika nach dem Fessan und Tripolitanien, oder den über die libyschen Oasen (Siwa, Baharija, Farafra, Dachla, Charga), der in einer Entfernung von zweihundert Kilometern zum Nil fast parallel läuft und auf die Höhe des »Thebener Knies« führt.

Im Gegensatz dazu war die *arabische* oder östliche Wüste während der Feuchtphase sicher stark bevölkert, wie dies das enge Netz von fossilen Wadis bezeugt, die in den Randbergen des Roten Meeres beginnen und in Richtung Nil ziehen. Die Sinaihalbinsel und die Westküste Arabiens bieten eine sehr ähnliche geographische Umwelt.

Man kann mit Recht annehmen, daß das Austrocknen der Sahara in ihrem östlichsten Teil zwischen der ungeheuren asiatischen Landmasse und dem Norden der libyschen Wüste, die auch mitten in der postgamblianischen Feuchtphase eine Wüste geblieben war, begann. So erklärt sich die Gleichzeitigkeit zweier Ereignisse, die das ägyptische

Neolithikum einleiten: Zur selben Zeit, als der Boden Ägyptens durch die alljährlich erfolgende Ablagerung einer dicken Schlammschicht gebildet wurde, nahmen in den Wadis der arabischen Wüste und der Sinaihalbinsel Wasser und Wild in fortschreitendem Maße ab. Das Niltal wurde so zum Anziehungspunkt für alle in der Umgebung lebenden Völkerschaften.

Die Beobachtung des intensiven Wachstums der Vegetation, das nach der alljährlichen Überschwemmung einsetzte, führte zur Erfindung des Ackerbaus und machte die Anlage von künstlichen Terrassen notwendig, um die ersten menschlichen Bauten vor dem Wasser besser zu schützen. Noch jetzt liegen die ägyptischen Dörfer auf diesen künstlichen Hügeln oder *Chom*, die teilweise bis aufs Neolithikum zurückgehen.

### *Das Werden des ägyptischen Volkes*

Die überwiegende Mehrheit der ersten neolithischen Ägypter ist also mit Sicherheit von Osten her gekommen, aus der arabischen Wüste und von der Sinaihalbinsel. Diejenigen, welche von Westen her kamen, konnten nur auf dem Weg über Siwa, der fünfzig Kilometer nördlich von Kairo ins Deltagebiet endet, gelangen. Sie kamen von den Hügeln der Cyrenaika, Tripolitaniens oder Fessans und gehörten zweifellos der gleichen Rasse an wie die Vorfahren der heutigen Berber, denn die Oase Siwa stellt heute den östlichsten Punkt des Verbreitungsgebietes der Berberdialekte dar und ihre Bewohner haben zahlreiche vorislamische Sitten und Gebräuche bewahrt, die man mit denen der Gebirgsbewohner des Aurès oder Großen Atlas vergleichen kann.

Der aus dem Osten gekommene Hauptteil der neolitischen Bevölkerung Ägyptens gehörte zweifelsohne zu der gleichen, »äthiopisch« genannten Rasse, mit der man die ältesten fossilen Skelette des Homo sapiens in Ostafrika und zumal den auf mindestens 11 000 angesetzten Olduwai-Menschen in Beziehung setzt. Dieser Typ wird oft fälschlicherweise »osthamitisch« genannt und hat in Afrika noch heute ein beträchtliches Verbreitungsgebiet; die nomadischen Bedscha der heutigen arabischen Wüste werden von verschiedenen Autoren als die direkten Nachkommen der prädynastischen Ägypter angesehen; sie gehören zur gleichen anthropologischen Gruppe wie der größte Teil der heutigen Äthiopier, die Galla, Somali, Danakil und die Nubier oder Barabra des Niltals südlich von Assuan. Die Massai-Schäfer Kenias, die edlen Bahima Ugandas, die Tutsi von Ruanda und Urundi gehören ebenfalls zu diesem Typ, den man auch noch bei verschiedenen Bewohnern der arabischen Halbinsel antrifft.

Ein Teil der neolithischen Ägypter gehörte zweifelsohne der Negerrasse an, die während der neolithischen Feuchtphase bestimmte Gebiete der zentralen und südlichen Sahara bevölkerte, jedoch scheint der Negeranteil bei der historischen Besiedlung Ägyptens äußerst gering gewesen zu sein, da die Malereien stets Ägypter in braunroter Hautfarbe im Gegensatz zu den schwarzen Südvölkern darstellen.

## Die technische Entwicklung bis zum Beginn der geschichtlichen Zeit

Die Tatsache, daß das Niltal seit mindestens achttausend Jahren ständig bewohnt ist, macht archäologische Grabungen überall dort, wo sich heute Dörfer auf der enorm dicken, seit Beginn des Neolithikums aufgeschichteten Nilschlammschicht erheben, praktisch unmöglich. Die einzigen untersuchten neolithischen Fundstätten befinden sich demzufolge am Rande der Wüste und sind zweifellos jüngeren Datums als die ersten menschlichen Niederlassungen, die wir höchstwahrscheinlich niemals kennenlernen werden.

Die beiden einzigen »absoluten« Daten zum ägyptischen Neolithikum haben also nur einen sehr »relativen« Wert. Das ältere davon betrifft das in deutlicher Randlage zum Niltale gelegene Faijum. Um 4300 betrieben die Bewohner des *Faijum* Landwirtschaft; in großen kreisförmigen und mit Lehm verkleideten Gruben bewahrten sie Gerste, Weizen, Buchweizen und Leinsamen auf. Man hat aber aus dieser Epoche weder Gräber gefunden noch irgendwelche kupferne Geräte. *El-Omari,* die andere datierte neolithische Fundstätte, kannte um 3300, d. h. ganz kurz vor Beginn der geschichtlichen Zeit, das Kupfer ebenfalls nicht, diese Fundstätte scheint wesentlich jüngeren Datums zu sein als die ebenfalls an der Südspitze des Deltas gelegene und viel reichere von *Merimde* und auch jünger als das in Oberägypten am Rande eines fossilen Wadis, das gegenüber Assiut in das Niltal mündet, gelegene *Tasa.* Alle neolithischen Stätten belegen ein bereits gut entwickeltes ländliches Leben; die Steinwerkzeuge zeigen beachtliche Bearbeitung und weitgehende Spezialisierung; die Hacken, Sicheln und Mahlsteine behalten übrigens durch das ganze geschichtliche Ägypten hindurch die gleiche Gestalt. Diese ersten Ägypter konnten bereits

Matten flechten und besaßen Körbe, Töpferwaren, Knochennadeln zum Zusammennähen von Leder oder Geweben und komplizierte Harpunen.

Die ältesten *eneolithischen* Kulturen, das heißt also solche, welche bereits das Kupfer kennen, sind nur in Oberägypten gefunden worden und dort wieder nur in einem ziemlich begrenzten Gebiet zwischen Assiut und Theben. Seit einem grob auf 5000 geschätzten Zeitpunkt folgten dort drei immer weiter verfeinerte Zivilisationen – Badari-, Amrah- und Negade- oder auch ältere, mittlere und jüngere prädynastische Kultur genannt – aufeinander. Erst in der jüngeren prädynastischen Periode (seit 4000?) zeigen die Zivilisationsherde von Nord und Süd deutliche Berührungspunkte. Vorher scheinen sie sich getrennt entwickelt zu haben und man kann nicht ersehen, worauf die Ägyptologen ihre Behauptung, die nördliche Zivilisation sei älter als die südliche, gründen wollen. Im Gegenteil erscheint es offensichtlich, daß die Kupfermetallurgie dort erfunden wurde, wo es das entsprechende Rohmaterial gibt, nämlich in der arabischen Wüste und auf der Sinaihalbinsel und nicht im Delta, wo es den Grundstoff nicht gibt. Andererseits läßt die frühe Reife der Keramik in Kenia seit 6000 daran denken, daß diese wohl eher in Afrika erfunden wurde als in Asien. Die *Badari* der alten prädynastischen Epoche waren anfänglich an einem Nebenprodukt der Kupfermetallurgie mehr interessiert als an dem Metall selbst; wenn man Azurit (blaues Kupferkarbonat) auf Holzkohlenfeuer verbrennt, sieht man, wie sich auf den Steinen der Feuerstelle das berühmte blaugrüne Email bildet, dessen Verwendung im pharaonischen Ägypten niemals aufhörte; die Badari überzogen Steatitperlen damit. Die Verwendung des metallischen Kupfers beschränkte sich auf sehr kleine, durch Hämmern geformte Objekte; das übliche Werkzeug bestand bis zum Beginn der historischen Zeit aus Stein. Man kann also in Ägypten nicht wie in Europa von einer Bronzezeit sprechen, die auf die Steinzeit folgte.

Von dieser großen Neuerung in Gestalt der Bronze abgesehen ähnelt die eneolithische Badari-Zivilisation der von Tasa, welcher sie auch in geographischer Hinsicht recht nahe ist, nämlich ebenfalls am Rande eines Wadis der arabischen Wüste, das gegenüber Assiut ins Niltal mündet, sehr stark. Sie zeichnet sich besonders durch die hohe Qualität der Keramik aus, die man einmütig als die schönste des prähistorischen Ägypten ansieht.

Die Stätte von El-Amrah bei Abydos hat der mittleren prädynastischen Periode oder *Amratian*, welche durch generellen Fortschritt gegenüber den alten Badari-Techniken charakterisiert ist, den Namen gegeben. Besonders bemerkenswert sind hier Kalkstein und Elfenbeinstatuetten sowie verzierte Schieferpaletten, die zum Zerreiben von Blei- und Kupferoxyden für die Herstellung von Schminke dienten.

Die jüngere prädynastische Periode wird auch *Gerzean* (nach Gerzeh beim Faijum) oder *Negade II* (nach Negade nördlich von Theben) genannt. An dieser Stelle in Oberägypten hat man übrigens die schönsten Stücke in einer riesigen Nekropole von über dreitausend Gräbern gefunden. Die Ausdehnung dieser Zivilisation von Nubien bis zum Delta ist nachgewiesen und entscheidend. Sie ergibt sich aus der Bedeutung der Nilschiffahrt, über die man durch die zahlreichen Darstellungen von Schiffen genaue Kenntnis hat, und beweist, daß die bis dahin ganz für sich lebenden kleinen Bauerngemeinschaften die Notwendigkeit erkannt hatten sich zusammenzutun, um den Strom – der gleichzeitig ihr Ernährer und Zerstörer war – durch Deiche und Kanäle zu regulieren. Diese Arbeiten erforderten ein Oberhaupt, das die nötige Macht besaß und in der Lage war, dafür zu sorgen, daß die privaten Interessen dem Gemeinwohl untergeordnet wurden – daher die allmähliche Bildung eines einigen Königreichs, das die verschiedenen Nomen (Gaue) zusammenfaßte, von denen jeder einzelne eine lokale Gottheit verehrte, deren Hohepriester der *Nomarch* war und dem gleichzeitig auch die Verwaltung oblag.

Wahrscheinlich in derselben Epoche, wo die Vervollkommnung der Technik dazu führte, daß die Flußschiffahrt immer allgemeiner wurde, verwendeten die Mesopotamier Boote mit geradem Kiel, welche auch das offene Meer befahren konnten. Die Felszeichnungen im Wadi Hammamat (zwischen Kuseir und dem »Thebener Knie«) stellen solche Boote dar, die sich von den auf dem Nil verwendeten, welche einen abgerundeten Rumpf hatten, wesentlich unterscheiden. Man hat daraus gefolgert, daß »Invasoren aus dem Osten«, aus Arabien und Mesopotamien kommend das Rote Meer überquerten und neue technische Errungenschaften mitbrachten, unter welchen die sogenannten Wellenhenkelgefäße, das Zylindersiegel und die Fortschritte in der Kupferverarbeitung (den Kupferguß, der die Herstellung der verschiedensten Gerätschaften ermöglichte) zu erwähnen sind. Wahrscheinlich war jedoch der Zustrom asiatischen Bluts auf diesem Wasserweg wegen der schwierigen Landung an den Küsten des Roten Meeres sehr gering.

Die anderen technischen Fortschritte des Gerzean scheinen mit Asien nichts zu tun zu haben; die Feuersteinbearbeitung kommt in dieser Epoche zur wirklichen Vollendung ebenso wie die Herstellung von Gefäßen aus hartem Gestein. Wohnung und Mobiliar werden vervollkommnet. Die Rundhütten werden durch Rechteckhäuser mit Türen und Fenstern ersetzt.

## Die ägyptische Religion

Die Grundlagen der ägyptischen Religion entstanden mit Sicherheit in den drei dem Beginn der geschichtlichen Zeit vorausgehenden Jahrtausenden. Der Totenkult, die Weltschöpfungsmythen, das ägyptische Pantheon stehen zu den geographischen und klimatischen Bedingungen, welche bei der Niederlassung der ersten ägyptischen Bauern im Niltal herrschten, in direkter Beziehung.

Die Sorge, die Leiche vor der Verwesung zu schützen und ihr Vorräte ins Grab mitzugeben, tritt schon in den Gräbern von Merimde zutage, wo die Toten einen Finger im Mund und Weizenkörner in der Hand haben; die Berührung der Leiche mit dem brennendheißen Sand der libyschen Wüste bewirkte eine sehr schnell vorsichgehende Austrocknung und damit eine fast unbegrenzte Konservierung der sterblichen Überreste von Menschen und Tieren. Aus der Beobachtung dieser Tatsache ergab sich die Grundforderung des Totenkults, dem die Ägypter während der ganzen Pharaonenzeit treugeblieben sind: Nach dem Tode bedarf die Seele auch weiterhin des Körpers für ihre Existenz, daher muß der Körper vor der Verwesung geschützt und von den Lebenden ernährt werden. Es ist klar, daß sich eine solche Idee nur in einem Wüstenklima entwickeln konnte, welches die Trockenkonservierung gestattete; überall sonst auf der ganzen Welt ist die rapide Zersetzung der organischen Stoffe die Regel, außer bei den Eskimos des hohen Nordens, welche sich die durch den Dauerfrost geschaffenen, ebenfalls außergewöhnlichen Bedingungen zunutzemachen.

Der Ursprung der Schöpfungsmythen ist ebenfalls im Neolithikum zu suchen. Sie handeln alle über ein *flüssiges Urelement*, aus welchem die Erde allmählich auftauchte – offensichtlich die Überlieferung der Bedingungen, die die ersten Ägypter in dem Tal, das damals nichts anderes als ein ungeheuer großer Sumpf war, vorgefunden hatten.

Bevor sich die ersten Ackerbauer auf den wenigen natürlichen Erhebungen, wo sie vor der Überschwemmung sicher waren, niederließen, ernährte dieser Sumpf eine große, wilde Fauna; es wimmelte dort von Krokodilen, Flußpferden und Schlangen. Die Tiere der Wüste, Löwen, Schakale und Leoparden kamen dorthin, um ihren Durst zu löschen.

Alle diese Tiere erscheinen daher als die *rechtmäßigen Besitzer* des Bodens, auf dem sich die Neolithiker niederließen, und sind aus diesem Grunde Gegenstand religiöser Verehrung gewesen, ebenso wie die domestizierten Arten, die ihre Lebenskraft durch ihr Fleisch und ihre Milch auf die betreffende Menschengruppe übertrugen, und wie der Hund oder Falke als treue Helfer des Jägers.

Dieser Kult geheiligter Tiere, der für die ägyptische Religion so charakteristisch ist, tritt schon im Badari auf, wo man in Mattenumhüllung bestattete Schakale, Stiere und Widder gefunden hat; die Schieferpaletten des Gerzean stellen oftmals den Falken, das Emblem des Gottes Horus, und den Rinderkopf (Bukranion), das Zeichen für die Göttin Hathor dar, und die Tierfiguren unter den Gräberfunden sind äußerst häufig.

## Sprache, Schrift, Kalender

Das Vorkommen der ersten Schriftdenkmäler um das Jahr 3200 beweist, daß die ägyptische Sprache in der vorhergegangenen Zeit bereits eine feste Gestalt angenommen hatte. Wir sind leider sehr schlecht über ihre Beziehungen zu den kuschitischen Sprachen unterrichtet, die im Osten Afrikas gesprochen wurden und hier besonders von einem Teil derjenigen Bedja-Nomaden der arabischen Wüste, die anthropologisch als direkte Nachkommen der prädynastischen Ägypter angesehen werden. Man stellt sich das Altägyptische als Abkömmling einer alten, »hamitosemitisch« genannten Gemeinsprache vor, aus der sich mehrere stark individualisierte, aber miteinander verwandte Sprachen entwickelten: Das Berberische, die semitischen und kuschitischen Sprachen.

Die Schrift ist auf jeden Fall nur einheimischen und nilotischen Ursprungs, da sie Flora und Fauna des Nils oder Instrumente lokaler Herkunft darstellt. Dies ist ein weiteres Argument gegen die allgemein übliche Anschauung, daß das Wesentliche an der ägyptischen Zivilisation von den noch älteren mesopotamischen Kulturen herrühre. Die Beziehungen zwischen diesen beiden »Kulturherden« scheinen im Gegenteil äußerst geringfügiger Natur zu sein.

Die Ägypter waren eines der sehr wenigen Völker des Altertums, welche einen Sonnenkalender verwendeten, den einzigen, welcher der spontanen Erneuerung der Vegetation, die das wesentliche Element im Leben aller Bauern auf der ganzen Welt ist, Rechnung trägt. Das alljährliche Ereignis der Überschwemmung lieferte einen logischen

Zeitpunkt für den Beginn des Jahres, tritt aber nicht an einem feststehenden Datum ein, wobei bis zu sechs Wochen gehende Schwankungen beobachtet werden können. Auf der Basis von fünfzig Jahren berechnet, dauert das »Jahr der Überschwemmung« jedoch dreihundertfünfundsechzig Tage, übrigens ebensoviele wie bei dem auf fünfundzwanzig Jahre berechneten »Mondjahr«. Daher der sicher sehr frühzeitige Gebrauch eines Jahres mit 365 Tagen, das in drei Jahreszeiten zu je vier dreißigtägigen Monaten, wozu noch fünf von den Griechen »Epagomenai« genannte Schalttage kamen, eingeteilt wurde.

Die Beobachtung einer auffälligen astronomischen Erscheinung führte dazu, daß die Ägypter entdeckten, daß das astronomische Sonnenjahr nicht genau mit dem Kalenderjahr zusammenfiel. Am 18. Juni geht der Stern Sothis, unser Sirius, unmittelbar vor Sonnenaufgang am Horizont von Memphis auf, nachdem er 70 Tage unsichtbar gewesen ist. Dieser Frühaufgang des Sothis wiederholt sich $365^1/_4$ Tage später. Er konnte daher erst $365 \times 4 = 1460$ Jahre später wieder mit dem ersten Tag eines Jahres von 365 Tagen zusammenfallen; man nennt dies eine Sothisperiode. Die ägyptischen Schreiber haben festgehalten, daß zu Anfang der 19. Dynastie der Sonnenaufgang mit dem Frühaufgang des Sothis, dem Beginn der Überschwemmung und dem ersten Tag des bürgerlichen Jahres zusammenfiel. Es handelte sich also um den Beginn einer Periode, welchen die astronomischen Tabellen mit Sicherheit zwischen 1325 und 1322 zu datieren gestatten; die vorhergehenden Sothisperioden begannen also 2785–2782 und 4245–4242; die Mehrzahl der Ägyptologen ist heute der Ansicht, daß ein auf astronomischen Beobachtungen beruhender Sonnenkalender erst im Jahre 2785 verwendet werden konnte, was die sogenannte »kurze Chronologie« ergibt, welche den Bau der Großen Pyramiden um das Jahr 2600 ansetzt (4. Dynastie).

### *Politische Entwicklung in der protodynastischen Zeit*

Die auf den Innenwänden der Pyramiden der Könige der 5. und 6. Dynastie zwischen 2500 und 2300 eingravierten »Pyramidentexte« scheinen auf Ereignisse anzuspielen, welche vor der geschichtlichen Zeit stattfanden. Demzufolge wäre im Delta einer westlichen Gaugruppe eine solche im Osten gegenübergestanden. Man kann diese Zweiteilung als eine Auswirkung der ethnischen Unterschiede ansehen, welche zwischen den über die Siwa-Route eingewanderten und im westlichen Teil des Deltas seßhaft gewordenen Protoberbern und den von der Sinaihalbinsel gekommenen Völkerschaften, die sich im Ostteil des Deltas niedergelassen hatten, bestanden. Auf jeden Fall sollen sie durch den Gott Osiris geeint worden sein, dessen Sohn Horus dann das von Seth, dem Gott von Ombos (nördlich von Negade) regierte Reich Oberägypten erobert habe – wenn diese Eroberung auch sehr ephemerer Natur war.

In der Folge residierte der König Oberägyptens in Necheb (El Kab; Eileithyiaspolis), gegenüber von Nechen (Hierakonpolis), also gerade dort, wo man die für die Vorgeschichte wichtigsten archäologischen Dokumente gefunden hat, darunter einen Keulenkopf, der einen König, genannt *König Skorpion*, im Kampf gegen die Deltabewohner und bei der Anlage eines Kanals zeigt. Er trägt die weiße Krone Oberägyptens. Sein Nachfolger *Narmer* ist auf der berühmten Votivpalette aus grünem Schiefer, die sich im British Museum befindet, dargestellt, ebenfalls im Kampf gegen die Deltabewohner, trägt jedoch bereits beide Kronen, die rote von Unterägypten und die weiße von Oberägypten. Diese Darstellung gestattet, ihn mit dem König *Menes* gleichzusetzen, welchem die ägptische Überlieferung die Vereinigung der beiden Reiche, die je nach Autor auf 3200 oder 3000 angesetzt wird, zuschreibt.

## Die Sahara bis zum Beginn der ägyptischen Geschichte

Die kürzlichen Entdeckungen (1956) von Henri Lhote im Tassili-Gebirge bestätigen das wahrscheinliche Datum um 8000 für den Beginn der postgamblianischen Feuchtphase der Sahara. Henri Lhote hat nicht weniger als sechzehn Stufen und dreißig verschiedene Stile *prähovidischer Malereien* bestimmt, die sich über mehrere Jahrtausende erstrekken müssen und deren Anfänge vielleicht der Bubala genannten Periode der großartigen präbovidischen Felszeichnungen, die man im südlichen Oranais (Bergland von Ksur), im Tassili (Wadi Djerat) und im Fessan (Wadi Bergiug', Plateau von Mursuk) entdeckt hat, entsprechen. Diese archaische Felsbildkunst der Sahara ist durchaus original und nicht von außenher beeinflußt. Zwischen 8000 und 6000, der Zeit des Feuchtigkeitsmaximums, hat die Sahara in bestimmten Zonen größter Feuchtigkeit eine Fauna äquatorialen Typs besessen, die eine sehr zahlreiche Jägerbevölkerung anlocken konnte.

Die Tatsache, daß die unzähligen Trockentäler der Wüste damals »lebten«, erleichterte den Verkehr zwischen Maghreb und Zentralsahara, zwischen tripolitanischer Küste und Fessan, zwischen dem saharischen Zentralmassiv und den Ländern des Sudan sehr. Wahrscheinlich war der heutige Sudanstreifen damals durch riesige Sumpfgebiete unbewohnbar geworden; beispielsweise füllte der Tschadsee auch die fünfhundert Kilometer nördlich gelegene Bodele-Senke aus.

In dieser Periode großer Niederschlagsmengen, *in welcher das ägyptische Land noch nicht existierte*, gab es also im Inneren der heutigen Wüste Kontakte zwischen einer von Süden her gekommenen schwarzen Bevölkerung, die sich in allen Gebieten hoher Feuchtigkeit niedergelassen hatte, und einer weißen, die aus dem Norden gekommen war. Die präbovidischen Zeichnungen zeigen gleichfalls das außerordentlich hohe Alter des Widderkults, der sich bei einigen Berberstämmen noch bis auf den heutigen Tag erhalten hat und wahrscheinlich dem Kult des Widdergottes Amun zugrundeliegt, der später mit der Sonne Re gleichgestellt wurde und dessen Verehrung im ganzen Verlauf der pharaonischen Geschichte in der Oase Siwa, dem heutigen Grenzpunkt der Berberdialekte und in Ägypten lebendig geblieben ist.

Es ist sogar möglich, daß die Rinderzucht und der Stierkult älter sind als das ägyptische Neolithikum und sich bei der Bevölkerung »äthiopischen« Typs in den östlichen Randgebieten Afrikas entwickelten. Während des ägyptischen Neolithikums, also, um überhaupt einen Anhaltspunkt zu geben, von etwa 6000 bis 3000, erschienen zwei andere Typen neolithischer Zivilisationen in der Sahara. Die sogenannte *Fischer*-Zivilisation existierte im wesentlichen südlich des 21. Breitengrades, der nördlich von Atar (Mauretanien), des Adrar der Iforas (Mali) und des Air (Niger), durch Zentraltibesti und zwischen dem zweiten und dritten Katarakt verläuft. Es gab also damals in dieser heute noch mehr als wüstenhaften Wüstenzone große Seen und Sümpfe, von denen die des Tenere, östlich des Air, ein besonders spektakuläres Beispiel bieten und erst kürzlich von den Prähistorikern der Missionen Berliet von 1960–61 (Mauny, Hugot, Balout) entdeckt worden sind. An den Ufern dieser Seen wohnten lange Zeit Handwerker, die in der Steinbearbeitung ebenso geschickt waren wie die des ägyptischen Faijum. Möglicherweise wurde dort die *Landwirtschaft erfunden* – mehrere heute in Afrika angebaute Kulturpflanzen, wie der Sorghum, eine Sorte Reis, die Penizillarien und der Hartweizen, stammen aus der neolithischen Sahara.

Kein Gegenstand ermöglichte es, die Entstehungszeit dieser Zivilisationen neolithischer Saharafischer anzugeben; dafür weiß man über die *Rinderhirten* von »äthiopischem« Körpertyp, welche bereits im 5. Jahrtausend mit der ungeheuren Wanderbewegung begonnen haben dürften, welche sie bis zu den Bergmassiven von Tibesti, des Ahaggar und ganz besonders des Tassili-Gebirges führen sollte, etwas besser Bescheid. Im letztgenannten Gebiet haben sie sich auf jeden Fall von 3500 bis 2500 aufgehalten und dort die wundervolle »prähistorische Gemäldegalerie« zurückgelassen, die Henri Lhote ausgewertet hat.

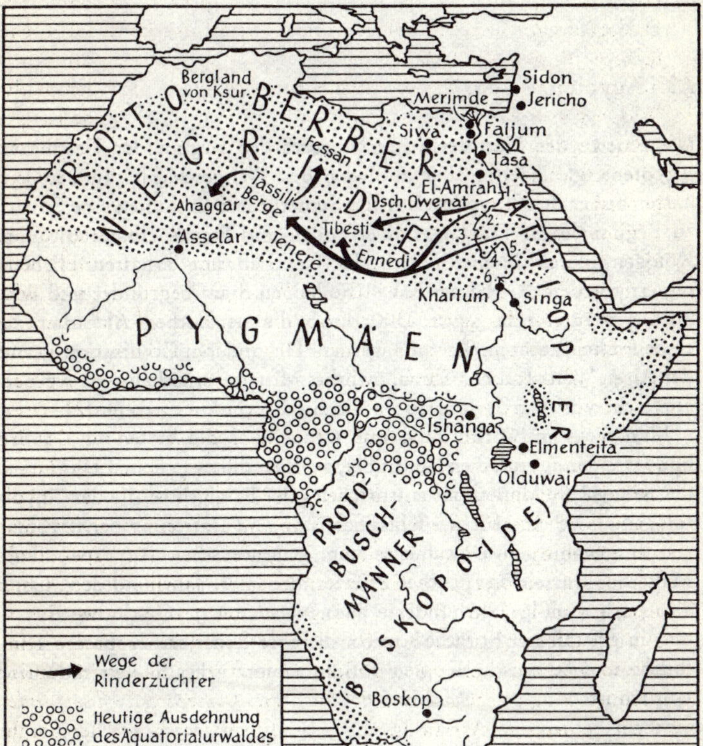


Karte 1: Wahrscheinliche Besiedlung Afrikas zwischen 7. und 3. Jahrtausend v. Chr.

# II

# Afrika im 3. und 2. Jahrtausend

## A. Ägypten

Die Palette des Narmer-Menes bedeutet den Beginn der Geschichte Ägyptens, gleichzeitig aber auch den der Weltgeschichte. In der Tat hatten außer den Ägyptern nur die Sumerer in Babylonien eine Schrift zu Beginn des 3. Jahrtausends erfunden und Städte erbaut, die von Königen, deren Namen durch die Überlieferung erhalten blieben, regiert wurden. Allerdings haben sie keinen Staat begründet und ihre Städte werden erst gegen 2300 durch die semitischen Akkadier zu einer Einheit zusammengefaßt werden. Die anderen Zivilisationskerne der Alten Welt: Indien, China, östliches Mittelmeerbecken – sie werden alle nicht vor dem 2. Jahrtausend in die Geschichte eintreten.

Man weiß in Wirklichkeit nur wenig über die ersten vier Jahrhunderte der ägyptischen Geschichte, welchen die zwei ersten Dynastien der Königsliste Manethons entsprechen – der Königsliste, die den Ägyptologen als Schema für die Klassifizierung und Datierung der unzähligen epigraphischen Dokumente zum pharaonischen Ägypten dient. Manethos war ein ägyptischer Priester, der im 3. Jahrhundert v. Chr., also etwa dreißig Jahrhunderte nach Narmer, eine Geschichte Ägyptens in griechischer Sprache schrieb, die aber leider durch spätere griechische und lateinische Kopien auf ein schematisches Skelett reduziert worden ist.

### *Die beiden ersten thinitischen Dynastien* (ca. 3200–2800)

This, die Hauptsadt der beiden ersten Dynastien, ist nicht einmal genau lokalisiert worden. Man nimmt aber allgemein an, daß sie in der Nähe von Abydos lag, wo es ebenso wie in Negade eine große

Nekropole gibt. In Negade, nördlich von Theben, hat man das Grab eines der ersten Könige der 1. Dynastie namens Aha, vielleicht des direkten Nachfolgers Narmers, gefunden. Es handelt sich dabei um einen Ziegelbau mit den bereits beträchtlichen Dimensionen von 54 × 27 Metern, mit einer zentralen Grabkammer und Seitengemächern, welche reichhaltiges Mobiliar enthielten.

*Kasechemwi* war der letzte König der 2. Dynastie. Sein unterirdisches Grab befindet sich ebenfalls in Negade. Es ist 85 Meter lang und enthält 57 Räume, wo die Familienangehörigen des Königs mit zahlreichen Grabbeigaben bestattet sind.

Die Lage der ersten Königsnekropolen in Oberägypten weist deutlich auf die materielle und religiöse Überlegenheit der Menschen des Südens gegenüber den Deltabewohnern hin; erst kürzlich (1961) hat die Auffindung eines großen Friedhofs der thinitischen Epoche in Akscha im Sudan, halbwegs zwischen dem zweiten und dritten Katarakt, den *zutiefst afrikanischen Charakter der alten pharaonischen Zivilisation,* den die vom mediterranen Humanismus durchdrungenen Ägyptologen nur zu gern unterschätzen, bestätigt. Diese aus dem Süden stammenden Könige, die das Delta erobert haben, begreifen jedoch, daß die so eigenartige geographische Struktur des Niltals eine zentraler gelegene Hauptstadt erfordert als dies Theben, die Wiege ihrer Macht, ist. Wahrscheinlich wurden Memphis und weitere Städte an der Deltaspitze von dem König Aha angelegt.

### *Das Alte Reich von Memphis* (ca. 2800–2300)

*Djoser,* der erste König der 3. Dynastie, verlegt seine Hauptstadt nach Memphis. Mit ihm beginnt so das Alte Memphitische Reich, das bei den Ägyptern als das Goldene Zeitalter der pharaonischen Zivilisation angesehen wurde. Das wichtigste Dokument seiner Regierungszeit stellt die großartige Stufenpyramide dar, die er für sich in Sakkara bei Memphis bauen ließ, nachdem er schon ein erstes Grab bei Abydos angelegt hatte.

Das eigentliche Grab in Sakkara umfaßt vier vollkommen mit blauer Fayence in bewunderungswürdiger Ausführung ausgekleidete Räume. Über Djosers Nachfolger weiß man recht wenig. – König *Snofru,* der Begründer der 4. Dynastie, ist durch den berühmten, großen Diorit bekannt, der in Palermo aufbewahrt wird und auf dem die Annalen seiner Feldzüge in Nubien, Libyen und auf der Sinai-Halbinsel verzeichnet und die Errichtung von Tempeln, Festungen und Häusern erwähnt sind. Snofru ließ auch Pyramiden erbauen, eine in Medum und zwei in Dahschur, welche heute noch vorhanden sind.

Unglücklicherweise ist der wertvolle »Palermostein« gerade an der Stelle beschädigt, wo die Nachfolger Snofrus, die berühmten Erbauer der *Großen Pyramiden Cheops, Chephren* und *Mykerinos* (um 2600) behandelt sind. Es liegt auf der Hand, daß derartige Steinmassen (mehr als zwei Millionen Kubikmeter für die Cheopspyramide) nicht ohne eine enorme Zahl von Arbeitskräften gebrochen und verbaut werden konnten, was seinerseits eine bemerkenswerte Verwaltungsorganisation und eine unbestrittene militärische Hoheit über die nomadisierenden Wüstenstämme, die einen Teil der Arbeitssklaven stellen mußten, erforderte. Weiter hat die Untersuchung der äußeren und inneren Maßstäbe der Pyramiden ein mathematisches Wissen aufgezeigt, das uns immer noch in Erstaunen versetzt, aber besonders die außerordentliche Größe dieser Königsgräber, die gleichzeitig Tempel waren, beweist, daß der König tatsächlich als Gott angesehen wurde, als absoluter Herr aller Menschen und Dinge, dem gegenüber jegliches Zeichen mangelnden Respekts ein Sakrileg bedeutet hätte.

*Diese Konzeption eines Gottkönigtums* ist ein wesentliches, im Alten Reich besonders deutlich hervortretendes Charakteristikum des pharaonischen Ägypten; der König ist der Nachkomme des Gottes Horus, des Sohnes von Osiris. Aber dieser Gottkönig ist gleichzeitig auch ein Priesterkönig, der für den Kult der anderen Götter neben ihm verantwortlich ist. Die Krönungszeremonie vermittelt ihm magische Gewalt, die nötig ist, um die Kräfte der Natur im Gleichgewicht zu halten. Sie besteht aus drei Abschnitten: Der König erscheint ein erstes Mal im Schmuck der weißen Krone Oberägyptens, zum zweiten Mal mit der roten Krone Unterägyptens und dann erst zelebriert er die »Vereinigung des Doppellandes« und bittet um Fruchtbarkeit für die »schwarze Erde« *(Misr)* Ägyptens, wobei er um den Djed-Pfeiler herumgeht, der die symbolischen Pflanzen Ober- und Unterägyptens zeigt, und sich mit der Doppelkrone oder *Pschent* krönt, die sowohl mit der Uräusschlange des Nordens als auch dem Geier des Südens geschmückt ist.

Das Ritual der Inthronisation des Gottkönigs ist während dreißig Jahrhunderte ägyptischer Geschichte unverändert geblieben, sogar in den Zeiten, als die politische Bedeutung des Deltas größer war als die Oberägyptens; dieses starke Festhalten an religiösem Brauchtum bedeutet einen spezifisch afrikanischen Wesenszug Altägyptens. Die Idee vom Gottkönigtum ist im übrigen bei zahlreichen Völkern Zentral- und

Südafrikas und in den heidnisch gebliebenen Reichen Südäthiopiens verbreitet; der neue König wird durch die Krönung zum sichtbaren Sammelpunkt der Lebenskraft, welche die Welt beseelt, die Saaten hervorsprießen, die Frauen fruchtbar sein und die Herden sich vermehren läßt. Wenn sich die Gesundheit des Königs vermindert, besteht auch die Gefahr, daß sich jene Lebenskraft verringert, daher auch bei den alten Ägyptern die Jubiläums- oder *Sed*-Feste, wo die Inthronisationszeremonie wiederholt und wodurch der König geistig verjüngt wurde. Verschiedene Stämme Schwarzafrikas praktizierten bis vor nicht allzulanger Zeit den rituellen Mord des kranken Herrschers, was der gleichen vitalistischen Auffassung vom Königstum entspricht.

Der »Palermostein« führt die Namen der Könige der aus Heliopolis, einer an der Deltaspitze gelegenen und dem Sonnengott Re (oder Ra) geweihten Stadt, stammenden 5. Dynastie auf. Die Pharaonen, die stets »Söhne des Horus« sind, werden jetzt auch »Söhne des Re« und begünstigen den Kult des Gottes von Heliopolis, indem sie ihm zahlreiche Tempel erbauen, zu denen auch Obelisken als Darstellung eines Sonnenstrahls gehören.

Die Könige der 6. Dynastie stammen aus Memphis, interessieren sich aber ganz besonders für Nubien. Sie rekrutieren dort nicht nur Söldnertruppen und lassen Sklaven und Herden rauben, sondern der Pharao Merienre schickt sogar eine Expedition auf dem Landwege noch wesentlich weiter nach Süden in das Land *Yam*. Der Dolmetscher von Elephantine, *Hirkhuf*, kehrt von seiner dritten Reise mit dreihundert, mit Weihrauch, Elfenbein, Leopardenfellen und Ebenholz beladenen Eseln zurück; von der vierten (um 2300) bringt er für den jungen König Phiops II., der damals noch ein Kind war, einen tanzenden Zwerg mit, zweifellos einen Pygmäen. Dieses Land Yam war vielleicht Darfur; auf jeden Fall beweist diese Reise mit schwer beladenen Eseln, daß die östliche Sahara, südlich von Assuan, damals wesentlich mehr Feuchtigkeit kannte als heutzutage.

König Phiops II., der den Thron mit sechs Jahren bestieg, hatte ihn vierundneunzig Jahre lang inne. Er schickt Expeditionen zu Schiff nach Byblos, das von den Ägyptern bereits seit der 2. Dynastie (2780) frequentiert wurde, um dort Bauholz gegen Papyrus einzutauschen; der Name der Stadt, die zum Großhandelsplatz des Nahen Ostens für Papier werden sollte, rührt davon her. Nach Süden schickt Phiops II. seine Schiffe zum Lande Punt, bei dem es sich zweifellos um Somaliland oder Hadramaut, das Weihrauchland, handelte. Innere Wirren verdunkeln jedoch das Ende der Regierungszeit von Phiops II. und führen zu einem sehr deutlichen Verfall der Staatsmacht und einer Trennung Ägyptens in drei verschiedene Zonen.

### *Die erste Zwischenperiode* (ca. 2300–2065)

Diese ist in Wirklichkeit nur sehr schlecht bekannt und nur durch Dokumente aus wesentlich späterer Zeit.

Bereits in der Zeit der 4. Dynastie scheint der Glaube an die göttliche Natur des Pharao allmählich schwächer geworden zu sein, vielleicht deswegen, weil der König, der anfangs allein auf die Unsterblichkeit Anspruch erheben konnte, dieses Privileg nach und nach auf seine Familie und weiter auf die hohen Beamten ausgedehnt hatte. Um sie alle mit sich ins Jenseits mitnehmen zu können, bestimmte er innerhalb der Umfassungsmauer seiner Nekropole Gräber für sie, für die er alle Kosten trug, und gab ihnen Ländereien als Eigentum, deren Ertrag die Durchführung des Totenkultes sichern sollte.

Zu dieser Zersplitterung des königlichen Grundbesitzes kam noch die Tatsache, daß zahlreiche Provinzbeamte in sehr großer Entfernung von der Hauptstadt amtierten und unter Verzicht auf das Grab in der Königsnekropole sich ihre eigene »Mastaba« in ihrer Provinz errichten ließen und ihre Amtsgewalt an ihre eigenen Söhne weitergaben, die sich immer mehr und mehr von der Vormundschaft des Pharao freimachten.

Der Verfall der königlichen Macht scheint durch Beduineneinfälle ins Delta, die der alte König von Memphis nicht mehr verhindern konnte, beschleunigt worden zu sein. Eine echte *gesellschaftliche und religiöse Revolution* folgte, wo das Volk sich in jeglicher Art von Exzessen an dem Besitz der Reichen ausließ und gleichfalls das Recht auf Unsterblichkeit der Seele, das bis dahin ausschließlich dem Pharao und seiner Familie zukam, für sich in Anspruch nahm. Der *Kult des Osiris,* Ebenbildes der alljährlich sterbenden und wiederauferstehenden Natur, nahm damals eine entscheidende Entwicklung und verdrängte die für allzu schwer angesehenen heliopolitanischen Lehren. Nach dem Tode muß die Seele vor dem Richterstuhl Osiris' erscheinen und sich für zweiundvierzig Sünden rechtfertigen, um ewig in Gesellschaft des Gottes leben zu können; dieser Moralbegriff von der Unsterblichkeit der Seele steht im Gegensatz zu den in dieser Zeit wesentlich niederen Religionen Asiens und zeigt, daß Afrika auf religiösem Gebiet die Rolle eines Wegbereiters innehatte. Gewisse osirianische Ideen werden im übrigen von den Hebräern wiederaufgegriffen und erscheinen so im Alten Testament und dann in der christlichen Religion.

Aus den sehr seltenen Dokumenten für die erste Zwischenperiode hat man geschlossen, daß Ägypten um 2220 in die drei voneinander unabhängigen Gebiete aufgeteilt war: Das Delta in Händen von Asiaten, Mittel-Ägypten unter der Hoheit der Nomarchen von Herakleopolis und Ober-Ägypten unter der Herrschaft der Könige von Theben. Nach vielen Wechselfällen von Erfolg und Rückschlägen gelingt es König Mentuhotep von Theben, Ägypten um 2065 wieder zu vereinigen. Dies ist der Beginn des Mittleren Reiches.

### *Das Mittlere Reich* (11. und 12. Dynastie 2065–1785)

Mentuhotep und seine Nachfolger aus der 11. Dynastie (2065–2000) reorganisieren die Verwaltung und verbieten den Provinzbeamten die Vererbung ihres Amtes an ihre Söhne. Nach außen hin beginnen sie eine systematische Expansionspolitik, welche die großen Pharaonen der 12. Dynastie weiterführen und noch verstärken.

Die mit dem 2. Jahrtausend beginnende 12. Dynastie ist eine der bestbekannten der ägyptischen Geschichte. Sie stammt aus Theben und die neuen Könige werden sehr für den Kult des Amun, des bisherigen Lokalgottes ihrer Stadt, eintreten. Ihre Hauptstadt verlegen sie jedoch in eine weniger abseits liegende Gegend zwischen Memphis und dem Faijum, von wo aus die Überwachung Gesamtägyptens wesentlich leichter ist. Sie widmen sich ganz besonders der systematischen Nutzung des Faijum, das durch ein klug angelegtes System von Bewässerungskanälen zur fruchtbarsten Gegend des ganzen Reiches wird. König Amenemhat III. läßt sich dort einen riesigen Palast mit dreitausend Räumen bauen – das berühmte »Labyrinth«, das noch im Jahre 600 v. Chr. existiert und von dem uns Herodot einhundertfünfzig Jahre später eine begeisterte Beschreibung liefert.

Als unbestrittene Herren des Tales nehmen die Pharaonen der 12. Dynastie die alten Handelsbeziehungen mit Phönizien wieder auf. Sie schaffen sich dort ein richtiggehendes Protektorat, indem sie an die Spitze mehrerer Städte ägyptianisierte Regierungen setzen. Kreta erlebte damals seine erste große Periode von Zivilisation und Handel mit Ägypten.

Die systematische Ausbeutung der Steinbrüche in der arabischen Wüste wird fortgesetzt; im Tale des Wadi Hammamat wird eine

Straße gebaut, die Theben mit dem Hafen Safaga (nördlich von Kuseir) verbindet, dem Ausgangspunkt mehrerer Expeditionen zur See nach dem Lande Punt, dem Lieferanten von Edelsteinen und dem für den Gottesdienst unerläßlichen Weihrauch.

Südlich von Assuan hat sich das Land seit dem Beginn der Geschichte sehr verändert. Die großen Elefantenherden, die dem Südgau seinen Namen gegeben hatten, sind verschwunden und sollen nur noch im griechischen Namen der Insel Elephantine auf Höhe des ersten Katarakts weiterleben; verschwunden sind auch die Rinderherden und die Hirten der sogenannten »Gruppe C«, die gegen Ende der 6. Dynastie gekommen und um 2200 wieder abgezogen waren, um sich im heutigen Erythräa günstige Weideplätze zu suchen. Die Austrocknung der Sahara hat sich von 2500 an verschärft, so daß die Bevölkerung der von den Ägyptern des Alten Reiches *Wawat*, heute Ägyptisch-Nubien, genannten Gebiete, die zwischen dem ersten und zweiten Katarakt liegen, auswanderte. Dieses Gebiet behält jedoch eine sehr große wirtschaftliche Bedeutung auf Grund seiner Bodenschätze: Die Dioritbrüche und Lagerstätten von Edelsteinen westlich von Abu Simbil werden systematisch ausgewertet und noch mehr die Goldbergwerke des Wadi Allaki.

Erst südlich des dritten Katarakts wird das Niltal breiter; der Dongola-Abschnitt, zwischen dem dritten und vierten Katarakt, ist berühmt wegen seiner Fruchtbarkeit und Schiffbarkeit. Von einem unbekannten Zeitpunkt an, den man ins 4. Jahrtausend ansetzen kann, wanderten Bauern ein, »Neger« aus dem Süden und »Äthiopier« aus dem Osten, und schufen das *Reich Kusch*.
*Kerma*, sechzig Kilometer südlich des dritten Katarakts, war die Hauptstadt dieses Königreichs, das eine sehr verfeinerte materielle Zivilisation besaß, als Ägypten mit ihm in Berührung kam. Die Tatsache, daß Amenemhat I. (2000–1970) dort eine befestigte Faktorei unter ägyptischer Leitung errichtete, beweist, daß man die Kuschiten als zivilisierte Leute ansah, mit denen man ebenso wie mit denen von Byblos Handel treiben konnte – im Gegensatz zu den nomadischen Bewohnern von Wawat oder der arabischen Wüste, zu denen man nur Beutezüge unternahm.

Aber die Verbindung zwischen Elephantine, der Südgrenze des historischen Ägypten, und Kerma geht nicht leicht vor sich – die Flußstrecke mißt siebenhundert Kilometer und dazu kommt noch die Zone äußerst gefährlicher Stromschnellen, die sich auf fast hundert Kilometer um den zweiten Katarakt herum erstreckt. Dies ist der berühmte *Batn el Hagar*, wo der Verkehr am Ufer entlang auch nicht leichter ist als auf dem Fluß und die Nomaden der umliegenden Wüste jegliche Möglichkeit haben, um die Karawanen aus dem Hinterhalt zu überfallen. Dies erklärt die Errichtung von vierzehn Festungen zwischen Elephantine und Semna durch die Pharaonen der 12. Dynastie. Semna ist eine wahre Naturfestung am Ende des Batn el-Hagar und war vielleicht auch eine anthropologische Grenze, was aus der dort aufgestellten Säule des großen Sesostris III. (1887–1850) zu schließen ist, auf der er »jedem Neger das Überschreiten zu Wasser oder Lande verbietet«.

Das (leider nur sehr wenig bekannte) Reich Kusch erscheint also als das älteste geschichtliche Negerreich. Es bildet die Keimzelle des Reiches Napata-Meroë und hat für die Verbreitung der ägyptischen Kultur nach Zentralafrika eine sehr große Rolle gespielt.

Sesostris III. ist einer der größten Namen in der ägyptischen Geschichte; noch zu Herodots Zeiten, also vierzehn Jahrhunderte später, sprach man von seinen Eroberungen. Aber nach seinem Sohne Amenemhat III. (1850–1800) beginnt wieder eine unruhige Zeit, die als zweite Zwischenperiode bezeichnet wird.

### *Die zweite Zwischenperiode* (1785–1580)

Von der 13. und 14. Dynastie kennt man nur Listen mit Pharaonennamen, ohne daß man diese Herrscher zeitlich festlegen und noch weniger ihr immer kleiner werdendes Herrschaftsgebiet bestimmen könnte. Die wachsende Anarchie begünstigt das Eindringen palästinensischer Semiten, die aus ihrem ursprünglichen Wohngebiet durch die Ankunft der arischen Hurri in Syrien verdrängt worden waren. Ab 1750 setzen sich die Hyksos im Delta als Herren fest; im Jahre 1675 begründet ihr Führer Salitis die 15. Dynastie und legt in Awaris im Nordosten des Deltas seine Hauptstadt an. Man nimmt an, daß während dieser Epoche die Israeliten nach Ägypten kamen.

Fast ein Jahrhundert lang regieren Asiaten im Delta und in Mittel-Ägypten und zwingen die Könige von Theben zur Tributzahlung. Südlich von Elephantine hat sich ein »Herrscher von Kusch« nubischer Herkunft in Buhen angesiedelt, unmittelbar südlich des zweiten Katarakts, und herrscht bis nach Kerma. Er verwendet die Hieroglyphenschrift und richtet eine Verwaltung nach ägyptischem Muster ein, führt aber eine eigene Politik und verbündet sich mit den Hyksosfürsten gegen die Könige von Theben. Die letzteren behalten aber die Oberhand; es gelingt ihnen, die Asiaten aus dem Delta zu vertreiben und die Einheit des Nord- und Südreiches wiederherzustellen. Jetzt, im Jahre 1580, beginnt das Neue Reich.

### *Das Neue Reich von 1580 bis zum Tode Ramses' III.* (1166)

Die große Idee der Könige der von *Ahmose,* dem Besieger der Hyksos, begründeten 18. Dynastie heißt Ausdehnung der ägyptischen Macht nach Osten, um »Sicherungsgebiete« zu schaffen, die die Rückkehr der gefährlichen asiatischen Nomaden verhindern sollen, die wiederum unter dem Druck der nachrückenden Arier in Mitanni, zwischen Orontes und oberem Euphrat, stehen. Die *asiatischen Eroberungen* stehen also im Vordergrund ihrer Bemühungen; sie werden von Ahmose, Thutmosis I. und Thutmosis II. begonnen, aber unter der Regierung der berühmten Königin Hatschepsut, die für zwanzig Jahre (1505 bis 1484) den Thron ihres Neffen usurpiert, nicht weitergeführt. Dieser, der berühmte *Thutmosis III.* (1484–1450), führt die Macht Ägyptens auf ihren Höhepunkt; im Verlaufe von siebzehn Feldzügen vernichtet er das Reich *Mitanni* und unterwirft damit einen großen Teil Vorderasiens. Die Städte Phöniziens und Palästinas zahlen einen jährlichen Tribut, die Nachbarreiche Babylonien, Assyrien und Cilicien halten es für angebracht, Geschenke zu schicken; mit Zypern und Kreta bestehen Handelsbeziehungen. Die Folgen davon sind eine außerordentlich große Bereicherung und eine ebenso große Entwicklung von Architektur und Luxusindustrien, aber auch eine gewisse Änderung der alten ägyptischen Zivilisation werden beeinflußt.

Von dem ins Land strömenden Reichtum profitiert sicher ein ziemlich großer Teil der Bevölkerung, aber vor allem die *Amunspriesterschaft.* Seit der 12. Dynastie ist das Prestige des Gottes von Theben stetig gewachsen: Für die Ägypter war es Amun, der den Königen von Theben die Vertreibung der Hyksos ermöglichte, war Amun der Besieger der asiatischen Völker, die er seinen Söhnen, den Pharaonen, ausgeliefert hat. Als Ausgleich für diese so hohen Gunstbezeigungen des Gottes geben die Könige seiner Priesterschaft regelmäßig einen Teil der den Feinden abgenommenen Schätze sowie auch Ackerland, dessen Ertrag die Kosten für den Kult decken soll. Zur größeren Ehre des Gottes von Theben behalten sie diese Stadt als Hauptstadt bei und entfernen sich damit in gefährlicher Weise vom eigentlichen politischen Zentrum Ägyptens, dem Raum von Memphis, von wo aus ihre Vorgänger im Mittleren Reich geherrscht hatten.

Der wachsende Reichtum der Amunspriesterschaft bringt schwere politische Folgen mit sich. Unter der Regierung Amenophis III. (1405 bis 1370) wird die Macht des Hohepriesters zu einer richtigen Gefahr für den Staat und dies ist sicher die Hauptursache für die religiöse Revolution unter Amenophis IV.

König *Amenophis IV.* (1370–1352) ist in der Geschichte unter dem Namen »Ketzerkönig« oder »Der Abtrünnige« bekannt, weil er den Gott Amun durch die Sonnenscheibe ersetzen wollte, durch Aton. Er schließt die Tempel in Karnak, verjagt die Priesterschaft und gibt Theben zugunsten einer neuen Hauptstadt auf, die er *Akket-Aton* (Tell el-Amarna) nennt. Er selbst wird zu *Echnaton* (= der Aton angenehm ist) und läßt den Namen Amuns auf allen Inschriften austilgen. Aber der neuen Religion, die den Glauben an Osiris unterdrückt und die populären Vorstellungen über das Weiterleben nach dem Tode erschüttert, bleibt der Erfolg versagt. Tutenchamun, der Schwiegersohn des Ketzerkönigs, wird sein Nachfolger für eine kurze Regierungszeit und hätte in der Geschichte keine Spur hinterlassen, wenn nicht sein Grab das einzige im Tal der Könige wäre, das durch all die Jahrhunderte hindurch unangetastet geblieben ist. Der Befehlshaber der Bogenschützen *Haremheb* läßt sich nach ihm von der Amunspriesterschaft, die nach der Aton-Episode ihren alten Einfluß voll und ganz wiedererlangt hat, zum König ernennen. Heer und Priesterschaft werden also von seiner Regierung den größten Nutzen gehabt haben.

*Ramses I.*, der erste König der 19. Dynastie, ist ebenfalls Berufssoldat. Sein Sohn und Nachfolger *Sethos I.* (1318–1298) nimmt die seit Thutmosis III., der fast einhundertfünfzig Jahre früher regierte, fallengelassene Eroberungspolitik gegenüber Asien wieder auf und macht sich zum Herren von Syrien und Palästina. Sein Sohn *Ramses II.* (1298–1235) bekämpft die Hethiter und verbündet sich dann mit ihnen gegen die assyrische Bedrohung (1278). Unter *Ramses III.* (1198–1166) wird Syrien noch einmal wiedererobert, geht aber sofort wieder verloren. Diese Niederlage macht dem ägyptischen Einfluß in der Levante zumindest für die Pharaonenzeit definitiv ein Ende.

In Asien endet also die Politik des Neuen Reiches mit einem Fehlschlag; im Gegensatz dazu hat seine *Siedlungspolitik in Nubien und im Sudan* dauerhafte Ergebnisse gehabt. Über das Gebiet der Katarakte haben bestimmte Eigenheiten der ägyptischen Kultur bis tief nach Afrika eindringen und sich dort mit lokalen Zivilisationen verschmelzen können.

Seit der Zeit der ersten Dynastien des Alten Reiches diente das Land

Wawat (Ägyptisch-Unternubien) als Rekrutierungsgebiet für Söldnertruppen. Im Mittleren Reich waren nubische Soldaten bis nach Syrien gelangt und hatten Gold und ägyptische Waffen in die Heimat zurückgebracht. Die Errichtung von vierzehn Festungen zwischen Elephantine und Semna hatte die Ägyptianisierung dieses Gebietes sicher beschleunigt; zu Beginn des Neuen Reiches wurde von Amenophis I. (1557–1530) die Festungszone wieder eingenommen und ein ägyptischer Beamter als »Gouverneur der Südländer« eingesetzt. Dieser hatte darüber zu wachen, daß der jährliche Tribut an Holz, Booten, Ebenholz, Gummi, Elfenbein, Straußenfedern und -eiern, Parfums, Leoparden, Giraffen, Hunden und Pavianen ordnungsgemäß erlegt wurde. Andererseits wird die Ausbeutung der Goldlagerstätten des Wadi Alakki vorangetrieben und es handelt sich sicher um die Erkundung neuer Vorkommen weiter im Süden, wenn die Könige Thutmosis I. und III. Feldzüge bis nach Kareï und Kurgus, zwischen dem vierten und dem fünften Katarakt, unternehmen.

Die besondere Neuerung in der Sudanpolitik der 18. Dynastie besteht in dem Aufbau eines ständigen und umfassenden Verwaltungsapparats unter einem Vizekönig, dem »Sohn des Königs zu Kusch«, welcher von Hierakonpolis bis Napata herrscht. Sie besteht ferner in der Errichtung von Tempeln, zu denen eine ägyptische Priesterschaft gehört. Der für die spätere Geschichte des Königreichs Kusch wichtigste ist zweifellos der großartige Amuntempel auf dem heiligen Berg nördlich von *Napata,* dem Dschebel Barkal, der wahrscheinlich von Sethos I., dem Vater Ramses II., in den letzten Jahren des 14. Jahrhunderts erbaut wurde.

Infolge der Austrocknung des Gebietes verschiebt sich der Schwerpunkt des Reiches Kusch immer weiter nach Süden und im 9. Jahrhundert wird Napata zur Hauptstadt. Das um 1675 gegen Ende der zweiten Zwischenperiode verbrannte Kerma war anfänglich durch Amara, nördlich der Insel Sai, ersetzt worden. Das Nubien zwischen dem ersten und dritten Katarakt, das immer weniger ein Seßhaftwerden zuließ, war dafür von Tempeln überzogen, die für die Reisenden zwischen Theben und Napata errichtet worden waren.

Einige dieser Tempel gehören zu den schönsten, die uns das pharaonische Ägypten hinterlassen hat, sind aber nichtsdestoweniger unwiderruflich dazu bestimmt, von dem fünfhundert Kilometer langen See, der sich nach dem Bau des großen Assuan-Staudammes zwischen dem ersten und dritten Katarakt erstrecken wird, verschlungen zu werden.

Einige Ausnahmen, wie z. B. der von Ramses II. gleichzeitig mit

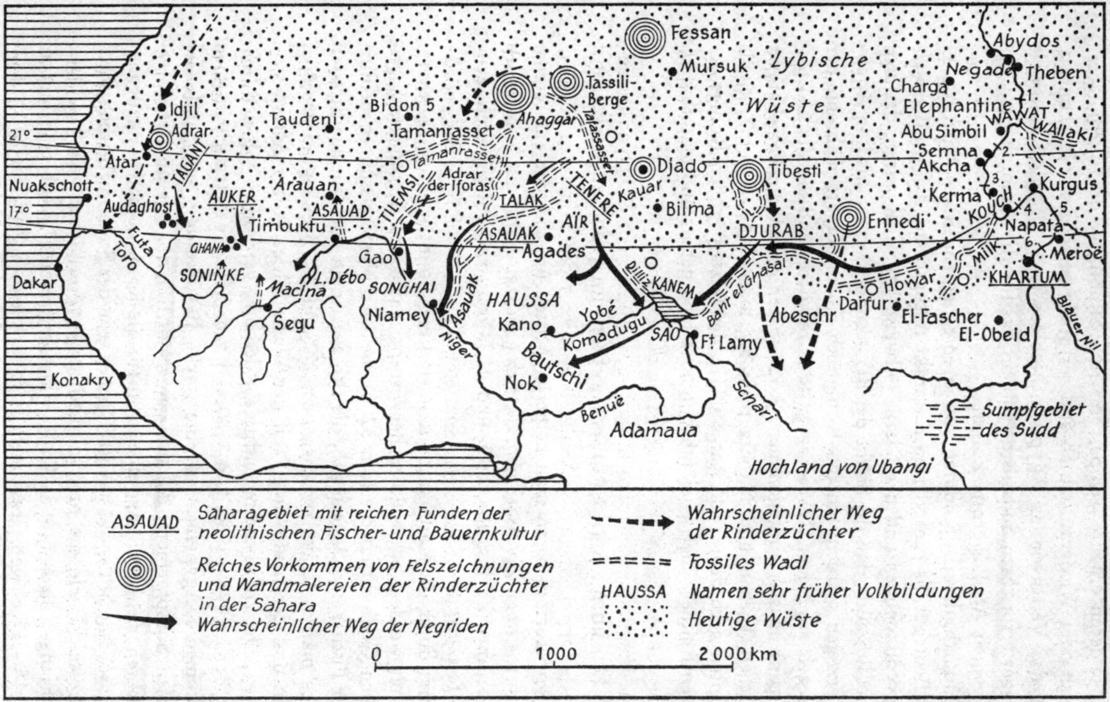


Karte 2: Wahrscheinliche Wanderungen der neolithischen Saharabewohner zwischen 2500 und 500 v. Chr.

sechs anderen erbaute Tempel von Abu Simbil, werden durch Überbauten oder Wiederaufbau an anderer Stelle gerettet werden können, aber das Verschwinden Ägyptisch-Nubiens und vor allem des weit weniger erforschten Sudanisch-Nubiens hat für die Kenntnis der Vergangenheit Afrikas ernste Folgen.

Dadurch, daß die Soldaten von ihren Kriegszügen aus Asien Ideen- und Beutegut bis zum vierten Katarakt mitbrachten, daß die Verwaltung vollkommen und der Klerus teilweise ägyptisch waren, dadurch schließlich auch, daß die Söhne der Befehlshaber systematisch in Ägypten erzogen wurden, hat das Königreich Kusch-Napata während der Blütezeit des Neuen Reiches ägyptisches religiöses und soziales Geistesgut ganz in sich aufgenommen. Auch später reißen die Beziehungen zwischen Theben und Napata nicht ab, auch nicht in der Zeit, als Ägypten nach dem Tode Ramses III., des letzten großen Königs des Neuen Reiches, über zwei Jahrhunderte lang geteilt und machtlos ist.

## B. Das übrige Afrika (außer Ägypten) im 3. und 2. Jahrtausend

Bis vor kurzem besaß man keinerlei Mittel, um die sehr zahlreichen prähistorischen Zivilisationen, die sich gleichzeitig mit der historischen ägyptischen Zivilisation im 3. und 2. Jahrtausend entwickelten, zeitlich festzulegen.

Erst durch die Radiokarbonuntersuchung konnten einige Daten ermittelt werden, aus welchen hervorgeht, daß es zu Beginn der ägyptischen Geschichtsepoche (um 3200) mehrere Niederlassungen neolitischer Fischer und Bauern gab, die sich auf einem horizontalen Streifen – den man ungefähr zwischen dem 17. und 21. Breitengrad ansetzen kann und der heute einen Teil der Wüste bildet – über Afrika verteilten. Die aufsehenerregendste Entdeckung verdanken wir der Mission Berliet 1959–1960. Um 3180, d. h. zur Zeit der ersten schriftlichen Dokumente Ägyptens, saß eine starke Bevölkerung am Rande der großen Sumpfgebiete, die sich damals östlich des Aïr im *Tenere* erstreckten, das heutzutage eine selbst für die Kamelnomaden unzugängliche »Wüste in der Wüste« ist. Diese war in der Steinbearbeitung ebenso geschickt wie die prädynastischen Ägypter, lebte von Jagd und Fischfang, von in großen Krügen konservierten Ulmenbeeren und zu Mehl verarbeiteten Grassamen. Fast zur gleichen Zeit, um 3300, stellten die Fischer der Gegend von Khartum Feuersteinhohlmeißel ähnlich denen von Tenere und Faijum her, und Knochenharpunen, wie sie auch in der Sahara, im Asauad und im Tal des Tilemsi nördlich von Timbuktu und Gao gefunden worden sind.

Aber wir haben schon gesehen, daß derartige Harpunen aus Knochen bereits von den Ishango-Fischern nördlich des Eduardsees um 6000 hergestellt wurden und daß es in Kenia um 5500 bereits Keramik gab (Älteres Capsien). Es ist also möglich, daß bestimmte Elemente des ägyptischen Neolithikums und des Sahara-Neolithikums aus dem Süden kamen und daß sich in der Südsahara fortgeschrittene neolithische Zivilisationen unabhängig von Ägypten entwickelt haben.

Die Mitte des 3. Jahrtausends ist durch eine immer stärker werdende Austrocknung der Sahara gekennzeichnet. Die Sümpfe des Tenere sind wahrscheinlich zu dieser Zeit verschwunden; die sicher sehr zahlreiche Bevölkerung, worauf aus der außerordentlichen Dichte der vorgeschichtlichen Spuren zu schließen ist, mußte auf der Wassersuche nach Süden ausweichen. Man kann sich an Hand des noch heute sehr deutlichen Verlaufs fossiler Wadis, mit welchen die Sahara überzogen ist, den von ihnen verfolgten Wanderweg vorstellen. Eines der wichtigsten ist das Netz des Wadi Asauak, das im Ahaggar und Air entspringt und auf der Höhe der Grenze zwischen Dahome und Niger, genau gegenüber dem »lebenden« Tal des Mekru in den Niger mündet. An einem seiner Zweigwadis westlich von Agades (Niger) liegen die wichtigen vorgeschichtlichen Fundstätten des Asauak, darunter Taferdschit und Tamaya Mellet.

Die Tenereleute konnten andererseits auch den Weg durch das Wadi Dillis, das im Nordwesteck des Tschadsees ankommt, wählen. Das vom Wadi Asauak, von Tenere und dem Hochland von Bautschi gebildete Dreieck entspricht ziemlich genau dem ursprünglichen Verbreitungsgebiet des mächtigen Haussagebiets des heutigen Nordnigeria, das wegen seiner handwerklichen und kommerziellen Fähigkeiten sehr bemerkenswert ist – Fähigkeiten, die man mit der Geschicklichkeit der neolithischen Fischer des Tenere in Beziehung bringen kann.

Verfolgt man die natürlichen Wege zwischen Nil und Tschadsee (Wadi Milk, Wadi Howar, Bahr el-Ghasal) auf der Karte, darf man sogar annehmen, daß aus Napata und später aus Meroë stammende Einflüsse auf dem Wege durch das »lebende« Tal des Yobe Komadugu in das Gebiet des Hochlands von Bautschi (Nigeria) gelangt sein dürften, wo sich dann im 1. Jahrtausend eine sehr schöne neolithische Kultur, *Nok Culture* genannt, entwickelt hat. Wir werden auf diese zurückkommen.

Wie dem auch sei, es erscheint wahrscheinlich, daß in das Gebiet zwischen Niamey und Abeschr zwischen 2000 und 500 eine große Zahl neolithischer Saharabewohner, die bereits Ackerbau betrieben, einwanderte. Aufgrund ihrer kulturellen Überlegenheit gegenüber den Paläolithikern, auf die sie stießen, vermochten sie sich wesentlich schneller auszubreiten. Es ist möglich, daß die so entstandene Zone eines Bevölkerungsdrucks der Ursprung des »Ur-Bantu-Kerns« der Linguisten gewesen ist, worauf wir aber noch zurückkommen werden.

Westlich des Asauak weisen die heute wüstenhaften Gebiete der Täler des Tilemsi, des Asauad und des Auker (Mali) ebenfalls sehr zahlreiche Spuren neolithischer Fischer auf. Die im Süden unmittelbar an die Wüste anschließende Steppenzone bietet in der Umgebung des Debosees zahlreiche archäologische Zeugnisse für das Seßhaftwerden einer Bevölkerung, die den Ackerbau kannte und örtliche Wildpflanzen wie Hirse, Fonio, Afrikanischen Reis *(oryza glaberrima)*, Karité »domestizierte«. Auch hier möchte man eine Beziehung sehen zwischen der Austrocknung der Sahara und dem Beginn der »sudanischen« Ackerkultur – vielleicht auch eine Beziehung zu der Entstehung des wichtigen Soninke-Stamms, der als Vorfahre der Sarakole das älteste bekannte schwarze Reich, das von Ghana, gründete. Das ganze Gebiet zwischen oberem Senegal und Niger war bis spät in die geschichtliche Zeit hinein um vieles feuchter als heuzutage, dank den *Abflüssen* des oberen Niger oder Dioliba, der zu jener Zeit noch nicht durch den unteren Niger »eingefangen« worden war.

Gleichzeitig mit den negriden Fischern und Bauern waren in der neolithischen Sahara in den für die Viehzucht geeigneten Bergmassiven Rinderhirten ansässig. Wir haben gesehen, daß sie sich zwischen 3500 und 2500 im Tassili-Gebirge aufgehalten hatten. Die außerordentliche Ähnlichkeit des Körpertyps auf ihren Felsmalereien mit dem der heutigen Fulbe des »sudanischen« Streifens Afrikas hat Henri Lhote eine direkte Verwandtschaft annehmen lassen. Aber der Weg, den diese Hirten bei ihrer Wanderung nach Süden auf der Suche nach neuen Weideplätzen verfolgten, ist noch nicht bekannt. Der wohl eindeutigste natürliche Weg scheinen der Westrand des Adrar der Iforas und das bei Gao mündende Tal des Tilemsi zu sein. Von dort aus konnten sie quer durch den heutigen Sahel den Mittellauf des Senegal oder Futa Toro erreichen, das von arabischen Autoren des Mittelalters als ihr Herkunftsland bezeichnet wird; die eine oder andere Gruppe hätte auch durch die während des saharischen Neolithikums ebenfalls für die Viehzucht geeignete atlantische Sahara dorthin kommen können. Andererseits ist es möglich, daß Rinderhirten durch das Wadi Asauak oder auch von Ennedi oder Tibesti her in die »sudanische« Zone Afrikas gelangt sind. Das würde die bemerkenswerte Erhaltung des »äthiopischen« Typs bei den »Bororo«-Fulbe Nigerias und Adamauas, die Heiden geblieben sind, erklären; die »Gidda«-Fulbe, die in geschichtlicher Zeit von Futa Toro dorthin kamen, sind nicht reinrassig geblieben und im 19. Jahrhundert zum Islam bekehrt worden.

Von diesen wenig bekannten saharischen Wanderungen müssen wir hauptsächlich die Möglichkeit von Beziehungen zwischen Niltal und Westsudan festhalten, die bestimmte anthropologische und sprachliche Ähnlichkeiten erklären, über die man auf den ersten Blick sehr erstaunt ist, weil man sie in Gegenden findet, die so weit voneinander entfernt liegen wie der Senegal und Ägypten, – Beziehungen, die einerseits durch ihre Rinderhirten hergestellt wurden, deren Wanderungen während des ganzen Alten Reiches (3000–2400), der Glanzzeit der pharaonischen Kultur, andauerten, andererseits durch die negriden Fischer und Bauern im Süden der heutigen Wüste.

ZWEITER TEIL

DAS MEDITERRANE AFRIKA

# III

# Afrika im 1. Jahrtausend v. Chr.

## A. Ägypten

### *Der Umschwung im 12. Jahrhundert*

Gegen Ende des 2. Jahrtausends entstehen große Bevölkerungsbewegungen im östlichen Becken des Mittelmeers, die auch Ägypten berühren sollen. Bisher hatte es mächtige Nachbarn nur im Nordosten gekannt, und diese in gebührendem Abstand zu halten, war ihm durch die Eroberung von Syropalästina gelungen. Aber um 1400 wird die Hauptstadt Kretas durch achäische Eindringlinge zerstört; andere indoeuropäische Stämme ziehen durch Kleinasien und Griechenland und zerstören alles, was sie unterwegs antreffen. Einige von diesen lassen sich im Süden der phönizischen Städte an der Küste nieder, dies sind die Philister, welche Palästina seinen Namen geben werden. Andere, die sich anfänglich auf Kreta festgesetzt hatten, gehen schließlich in der von Ägypten nur dreihundert Kilometer entfernten späteren Cyrenaika an Land.

Diese sind die ersten, die sich in Ägypten einmischen; sie verbünden sich mit den Nomaden der Marmarika, den Meschuësch und den Lebu, die Libyen ihren Namen gegeben haben. Bereits während der Regierungszeit Sethos I. (1318–1298) beginnen sie ins Delta einzudringen. Ramses II. (1298–1235) gelingt es, ihnen einen Tribut aufzuerlegen; er läßt an der Küste zwei befestigte Städte an der Stelle des heutigen Marsa Matruch und El-Alamein anlegen. Aber gegen Ende seiner Regierungszeit verbünden sich die Lebu mit den Schardan, mittelmeerischen Seeräubern, die ebenfalls die Reichtümer des Deltas begehrten, und bemächtigen sich jener Festungen. Mernephtah (1235–1224), dreißigster Sohn Ramses II. und Nachfolger seines Vaters, muß der Lebu-Konföderation eine fürchterliche Schlacht nordwestlich von Memphis liefern. Vierzig Jahre später, in der Regierungszeit Ramses III. (1198 bis 1166), unternehmen die Lebu wiederum Raubzüge im Gebiet von

Memphis; der König erringt einen entscheidenden Sieg. Auch er muß die Küste und die Ostgrenze gegen die östlichen Indoeuropäer, die »Seevölker«, verteidigen. Die siegreiche Seeschlacht gegen diese ist auf den Basreliefs des Tempels von Medinet Habu bei Theben verewigt.

Die Libyer können jedoch, dank der auf den Tod Ramses III. folgenden Unruhen auf friedliche Art und Weise ins Delta eindringen sowie auf dem Weg über die Oasen nach Mittelägypten. Sie lassen sich als Söldner anwerben und ihre Dienste durch Landschenkungen bezahlen und werden im Laufe der zwei Jahrhunderte Anarchie, wo Ägypten von neuem geteilt ist, Ägypter. Der Norden hatte damals Tanis im östlichen Delta als Hauptstadt, der unabhängige Süden wurde vom Hohepriester Amuns in Theben regiert. Die Libyer übernehmen Sprache, Religion und Sitten und Gebräuche der Ägypter und behalten von der alten Heimat nichts zurück als ihre Familiennamen, das Berberwort »mas« als Bezeichnung ihrer Häuptlinge und die Gewohnheit, eine doppelte Feder ins Haar zu stecken.

*Die libysche Dynastie* (950–730)

Im Jahre 950 fühlen sich die Libyer so sehr als Ägypter, daß einer ihrer Häuptlinge, *Scheschonk*, den Königstitel annimmt. Im Delta und in Mittelägypten, wo seine Familie herstammt, kann er seine Autorität leicht dadurch legitimieren, daß er seinen Sohn Osorkon mit der Tochter des toten Pharao Psusennes verheiratet. Im Süden hat er mit dem seit 1085 praktisch unabhängigen thebanischen Klerus Schwierigkeiten; um diesen mit sich auszusöhnen, ernennt er einen anderen seiner Söhne zum Hohenpriester des Amun.

Scheschonk (950–929) ist beinahe der Zeitgenosse des großen jüdischen Königs Salomo (975–935) und seines Verbündeten, des Königs Hiram von Tyros (979–946). Es ist übrigens die Bibel (1. Könige und 2. Chronik), die uns über diese Periode informiert und insbesondere über die Expedition, die Scheschonk im Jahre 929 gegen Jerusalem durchführte, wo er »die Schätze aus dem Hause des Herrn nahm und aus dem Hause des Königs und alles, was zu nehmen war, und nahm alle goldenen Schilde, die Salomo hatte lassen machen« (1. Könige XIV, 25–26). Dieser Raubzug gegen die Schätze des Königs Salomo erhöht das Prestige Ägyptens in Syropalästina ganz beträchtlich und füllte den Staatsschatz, was sehr notwendig war, wieder an. Er ist aber auch die einzige außenpolitische Aktion, die erwähnt wird, nicht nur von Scheschonk I., sondern von den beiden libyschen Dynastien, die gleichwohl mehr als zweihundert Jahre (970–730) an der Macht waren.

Auf dem innenpolitischen Sektor gelingt es den Libyern nicht, Ägypten wieder zu vereinigen; sie sind nicht in der Lage, den thebanischen Klerus zum Gehorsam zu bringen und dies trotz der Schaffung eines neuen religiösen Titels, der »Gottesgemahlin« oder »Göttlichen Anbeterin Amuns«, welcher dazu bestimmt ist, die Autorität des Klerus zu untergraben, indem man sie zum Teil auf Prinzessinnen aus der königlichen Familie überträgt. Zu der Teilung zwischen Nord und Süd kommt sogar noch eine Aufgliederung in Ost und West im Delta, wo zahlreiche libysche Armeeoffiziere örtliche Macht ausüben und praktisch unabhängige Dynastien gründen.

Während der zwei Jahrhunderte libyscher Anarchie brechen die Beziehungen zwischen Theben und dem Königreich Kusch nicht ab, erstrecken sich aber nur auf den religiösen Bereich. Kusch ist nicht mehr eine ägyptische Kolonie wie in der Blütezeit des Neuen Reiches, sondern ein unabhängiges Reich ägyptischer Kultur. Seit etwa 920 ist Napata, am äußersten oberen Ende des Nilabschnitts von Dongola, unmittelbar unterhalb des vierten Kataraktes, die Hauptstadt. In der Nähe liegt der heilige Berg Dschebel Barkal, wo Sethos I. (1318–1298) einen großen, dem Amun geweihten Tempel hat bauen lassen. Der Dongola-Abschnitt ist fruchtbar und in der Lage, eine zahlreiche Bevölkerung zu ernähren; hinzu kommt, daß er zwischen zwei Gebieten liegt, wo Gold geschürft wird, Kusch in der Umgebung des zweiten und Kareï oberhalb des vierten Kataraktes zwischen Nil und Rotem Meer. Dieses Gold, welches im Neuen Reich gewonnen wurde, ohne daß die Eingeborenen viel Nutzen daraus zogen, wird jetzt zur Quelle sehr nennenswerter Einkünfte, da Theben nicht mehr stark genug ist, um es sich einfach als Tribut zu nehmen, und also bezahlen muß.

Der ständig wachsende Reichtum der Herrscher von Napata tut sich in ihren Gräbern kund, deren Anlage immer komplizierter wird, bis sie zu wirklichen Mastabas und schließlich zu Pyramiden werden; die ältesten Gräber sind allerdings nicht gemäß den ägyptischen Bestattungsbräuchen angelegt und gleichen den um tausend Jahre älteren von Kerma. Die Dynastie von Napata scheint also doch wohl sudanischer Herkunft und nicht ägyptischer zu sein, wie des öfteren behauptet wird, wobei man auf den Zustrom thebanischer Flüchtlinge nach Napata bei der Machtergreifung des Libyers Scheschonk (950) weist.

Um 780 mischt sich der sudanische Prinz Kaschta, vielleicht auf Grund nicht bezahlter Goldlieferungen, direkt in die thebanische Politik ein, indem er die Amunsanbeterin, die Tochter des libyschen Pharaos Osorkon III., zwingt, seine eigene Tochter Amenirdes zu adoptieren.

Um 730 dehnt sein Sohn *Pianchi,* der bereits die Thebais durch seine Schwester als Mittelsperson beherrscht, seine Macht bis nach Herakleopolis, südlich von Faijum, Wiege der Königsfamilie Scheschonk, aus. Dann zieht er in einem Triumphzug bis nach Memphis, der aber ohne Folgen bleibt, weil er anschließend zehn Jahre in Napata bleibt, statt seine Autorität in Ägypten zu festigen – zehn Jahre, während welcher der Fürst Tefnacht von Saïs im Delta die 24. Dynastie gründet und das ferne Assyrien seine Macht bis an die Küste Syriens ausdehnt.

Im Jahre 715 verurteilt der Bruder Pianchis, *Schabaka,* den zweiten und letzten Pharao der 24. Dynastie namens Bokchoris zum Scheiterhaufen, macht sich zum »alleinigen Pharao von Kusch und Misr«, versieht seinen Königs-Pschent mit einer doppelten Uräusschlange und begründet so die 25. Dynastie.

### *Das kuschitische Reich* (715–664), *25. Dynastie*

Das kuschitische Reich wird oft »äthiopisches« genannt. Diese Bezeichnung »Äthiopier«, welche die Griechen allen »verbrannten Gesichtern« gaben, die südlich Libyens und Ägyptens wohnten, dürfen wir nicht mit den wirklichen Äthiopiern verwechseln, welche in einer ganz anderen Gegend wohnen. Wir tun gut daran, den Namen »kuschitisches Reich« beizubehalten.

Das ehemalige Kolonialvolk hat sich in der Tat ein wirkliches Reich geschaffen, das trotz seiner kurzen Existenz in der ägyptischen Geschichte ein dauerhaftes Andenken hinterlassen hat. Die Regierungszeit *Taharkas des Großen* (689–664) stellt den Gipfelpunkt dieser sudanischen Dynastie dar. Sein Machtgebiet erstreckt sich vom Mittelmeer bis zum sechsten Katarakt und höchstwahrscheinlich noch weiter nach Süden, denn man hat Skarabäen aus dieser Zeit in Sennar am Blauen und in Kosti am Weißen Nil gefunden. Taharka residiert fast ständig im Delta, in Tanis, entwickelt aber die Wirtschaft des Dongola-Abschnitts in bemerkenswerter Weise; er läßt dort Bäume und Reben anpflanzen, intensiviert jedoch in der Hauptsache die Goldgewinnung, was ihm den Bau zahlreicher Tempel, von Napata bis nach Theben, ermöglicht.

Leider kann sich der fromme sudanische Pharao nicht ausschließlich seinen religiösen Werken widmen, weil er mit dem furchtbaren Assyrien, das in der Erinnerung der Völker zum Symbol einer grausamen, brutalen Macht geworden ist, zu kämpfen hat. Zur Zeit seiner Vorgänger hat Sargon II. (721–705) Israel erobert und die Bewohner verschleppt; hat Sanherib Jerusalem belagert, dem eine ägyptische Armee zu Hilfe geeilt war, und das mit knapper Not durch eine Pestepidemie gerettet wurde, die die Juden dem Engel des Herrn zuschrieben (2. Könige 19, 35), die Ägypter aber dem Gotte von Memphis (!). Asarhaddon, Nachfolger Sanheribs seit 681, erobert Memphis im Jahre 671 und zwingt Taharka dadurch, daß sich die Dynastien des Deltas mit ihm verbünden, sich nach Nubien zurückzuziehen. Zwei Jahre später erobert Taharka Memphis zurück, aber nur für kurze Zeit; Assurbanipal, der Nachfolger Asarhaddons, verfolgt ihn bis nach Theben.

Ein drittes Mal versucht Taltamani (oder Tanutamun), Nachfolger und Neffe Taharkas, im Jahre 663 Memphis zurückzuerobern, aber auch er muß vor den assyrischen Armeen fliehen, die sich Thebens bemächtigen und die Stadt Amuns auf eine Art und Weise plündern, die traurige Berühmtheit erlangt hat. Taltamani flieht daraufhin nach Napata, stellt dann seine Herrschaft über die Thebaïs für fünf Jahre bis 657 wieder her, muß sie aber dann an Psammetich, den Fürsten von Saïs abtreten, der sich im Jahre 663 zum ersten Pharao der 26. Dynastie erklärt hat. Taltamanis Nachkommen werden niemals mehr über die nötige Macht verfügen, um ihre Herrschaft auf Ägypten ausdehnen zu können; sie werden aber in Napata und dann in Meroë noch fast ein Jahrtausend lang herrschen.

### *Das Wiederaufleben unter der saïtischen, 26. Dynastie* (663–525)

Durch ein Bündnis mit Gyges, dem König von Lydien, und den Einsatz von ionischen und karischen Söldnertruppen gelingt es Psammetich I. (663–609), alle assyrischen Garnisonen zu vertreiben und die Dynasten im Delta zu entthronen. Er verfolgt die Assyrer bis nach Palästina, deren Machthöhepunkt jedoch bereits überschritten ist, und an deren Stelle im Jahre 625 die Babylonier nachrücken. Im Jahre 612 verschwindet das von den Medern eroberte und zerstörte Ninive von der Weltkarte.

Dadurch, daß er Ägypten innerhalb seines geschichtlichen Bereichs zwischen Assuan und dem Meer wiedervereinigt, bewirkt Psammetich eine letzte Wohlstandsperiode für das pharaonische Ägypten, die

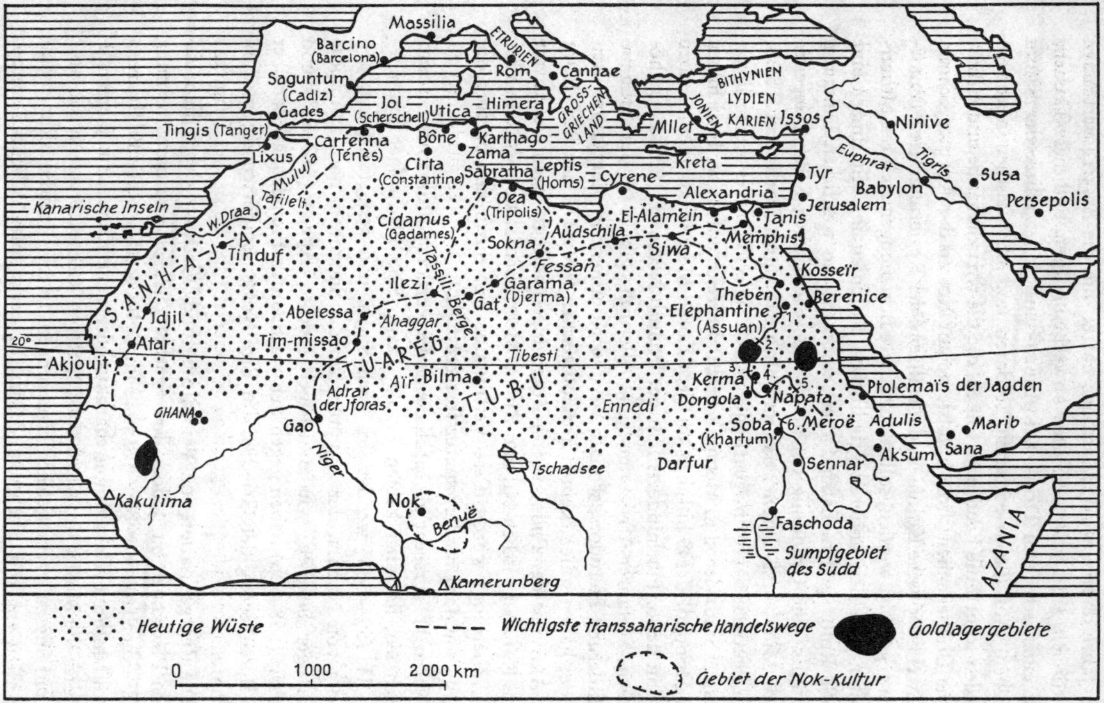


Karte 3: Afrika im 1. Jahrtausend v. Chr.

138 Jahre dauern wird; allerdings hat er, um die Assyrer vertreiben zu können, ausländische Söldner anwerben müssen, und diese Tatsache läßt einen schweren Druck auf Außen- und Innenpolitik der Saïten ausüben. Auf die griechischen Soldaten und phönizischen Matrosen werden schnell die Kaufleute folgen, die die wirtschaftliche und militärische Überlegenheit ihrer Landsleute auf Kosten der Ägypter sichern.

Zwei griechische Kolonien, die während der Regierungszeit Psammetichs gegründet werden, sollen durch ihre Beziehungen zu ihren Mutterstädten und den anderen griechischen Kolonien im Mittelmeer eine große Rolle spielen. Es sind dies *Naukratis* am westlichen Deltaarm des Nils, eine Gründung der an der kleinasiatischen Küste gelegenen Stadt Milet, und *Cyrene,* das im Jahre 631 durch Dorier aus Thera, dem heutigen Santorin, gegründet wurde. Die Phönizier haben ihrerseits ihr Stadtviertel in Memphis und Faktoreien auf Zypern; sie haben das Monopol der Schiffahrt auf dem Roten Meer in Händen, und zu Beginn des 6. Jahrhunderts läßt der Pharao Necho II. (609–594) phönizische Seefahrer Afrika umsegeln. Allerdings gibt es für die berühmte Schilderung Herodots, wonach sie den Kontinent in vier Jahren umrundet haben sollen, keinen archäologischen Beweis. Einen Beweis für die Aktivität der Phönizier im Roten Meer stellt dagegen die Anlage eines Kanals zwischen Nil und Rotem Meer, ebenfalls durch Necho II., dar; allerdings wurde diese Verbindung erst durch den Perserkönig Darius ein Jahrhundert später fertiggestellt.

Necho II. versucht gleichfalls, eine Expansionspolitik in Asien aufzunehmen, hat aber keinen Erfolg damit. Sein Nachfolger Psammetich II. (594–588) wendet sich nach Süden und besiegt Aspelta, den König von Napata, der Ägypten, wo die Sudanesen noch zahlreiche Anhänger besaßen, wiederzuerobern suchte. Apries (588–568) und Amasis (568–526) haben gegen den wachsenden Fremdenhaß der über die Bereicherung der Griechen auf ihre Kosten empörten Ägypter zu kämpfen.

Die Reorganisation von Verwaltung und Wirtschaft durch die saïtischen Pharaonen hat jedoch ihre Früchte getragen und die Errichtung zahlreicher frommer Bauten zumal im Delta gestattet. Die Bildhauerei ist durch ihren Klassizismus charakterisiert; die Künstler kopieren getreulich die Muster des Alten und Mittleren Reiches, erweisen sich aber als unfähig zu irgendwelchen Neuerungen. In religiöser Hinsicht nimmt die allzu eng mit Theben und Napata verknüpfte Allmacht Amuns stark ab, während die Verbreitung des Osiriskults in allen Bevölkerungsschichten zunimmt.

### *Ägypten als Satrapie des Achämenidenreiches* (525–404), 27. Dynastie

Im Jahre 525, kurz nach der Thronbesteigung Psammetichs III., des Sohnes von Amasis, überquert Kambyses, der Sohn des großen Kyros, des Schöpfers der persischen Macht seit 550, die Sinaihalbinsel und liefert bei Pelusium eine große Schlacht. Die griechischen und ägyptischen Truppen laufen auseinander, und Psammetich begeht einige Monate darauf Selbstmord.

Kambyses erklärt sich zum ersten Pharao der 27. Dynastie und vollendet die Eroberung Ägyptens. Er stirbt im Jahre 522 bei der Rückkehr nach Iran.

*Darius I.* (522–485) erweist sich als sehr tolerant gegenüber seiner entlegenen Provinz. Er bemüht sich um die Sympathie der Priesterschaft durch Restaurierung der Bibliothek von Saïs und den Bau zahlreicher Tempel. Er trägt zur Fortsetzung des von den saïtischen Pharaonen eingeleiteten kommerziellen Aufschwungs dadurch bei, daß er den von Necho II. hundert Jahre früher begonnenen Kanal fertigstellt, für die Verbindung Ägyptens mit der Cyrenaika einen regelmäßigen Karawanendienst auf der Siwa-Route einrichtet, die Straße Koptos–Kuseir, die Verbindung des Thebener Knies mit dem Roten Meer, wieder instandsetzt. Ägypten wird so zum Hauptverkehrsweg zwischen den äußersten Enden des ausgedehnten Achämenidenreiches – Thrazien und Cyrenaika im Westen und Indus-Tal im Osten –, was sehr bedeutende Konsequenzen für die Geschichte Nordostafrikas haben soll.

Vom 5. Jahrhundert an ist Ägypten, das schon immer um seine reichen Bodenschätze beneidet wurde, für einen eventuellen Eroberer von noch größerer Bedeutung, da es am Knotenpunkt der Seewege zwischen Orient und Okzident liegt. Die schnelle wirtschaftliche Entwicklung der Mittelmeerländer erhöht noch den Wert seiner geographischen Vorrangstellung. Eine weitere Folge des regelmäßigen und nicht mehr nur sporadischen Verkehrs auf dem Roten Meer ist die Entwicklung der südarabischen Reiche und der gegenüberliegenden afrikanischen Küste von Erythräa. Dieses Gebiet am südlichen Roten Meer, das bis dahin nur wegen seiner Weihrauchproduktion von Interesse war, wird nun immer mehr zum Mittelpunkt des Handels zwischen Indien, Ostafrika und Mittelmeer. Eine starke Einwanderung von Südarabien her, die im 6. Jahrhundert begonnen hat, wird mehrere Jahrhunderte lang andauern und die Grundlage für das Königreich Aksum, den Ahnherren des heutigen Äthiopien, bilden.

Auf Darius folgt Xerxes (485–464), der im Jahre 486 im Delta einen Aufstand niederwerfen muß. Er kümmert sich hauptsächlich um die Rekrutierung von Soldaten und Matrosen, in Ägypten ebenso wie in den übrigen Ländern seines Riesenreiches, um für den zweiten medischen Krieg zu rüsten. Die Niederlagen der Perser (Salamis 480, Platäa 479) fördern den ägyptischen Widerstand, der aber erst nach dem Tode Xerxes' zum Aufstand führt.

Unter Artaxerxes (464–424) wird den Ägyptern das persische Joch immer drückender. Widerwillig ertragen sie die Anwesenheit starker jüdischer Militäreinheiten, die vor allem in Memphis und Elephantine in Garnison liegen und ihrer aramäischen Sprache und hebräischen Religion treubleiben. Das Aramäische wird zur Verwaltungssprache erhoben und ist dem ägyptischen Demotisch gleichberechtigt. Zu dieser Zeit, um 445, unternahm Herodot seine Reise nach Ägypten. Seine »Geschichte« ist noch heute eine sehr wesentliche Informationsquelle über das, was die Alten im 5. Jahrhundert v. Chr. von Afrika wußten.

In den letzten Regierungsjahren Darius' II. (424–404) gelingt es einem saïtischen Fürsten namens Amyrtaios, seine Herrschaft bis nach Elephantine auszudehnen und die 28. Dynastie zu begründen.

## *Die drei letzten unabhängigen Dynastien* (404–341)

Amyrtaios, der einzige König der 28. Dynastie, wird im Jahre 398 durch den Fürsten von Mendes, Nepherites, entthront; diesem gelingt es, die letzten persischen Truppen aus dem Delta zu verjagen. Er begründet die 29. Dynastie, die innerhalb von zwanzig Jahren vier Könige zählt.

Die 30. und letzte ägyptische Dynastie wird von *Nektanebos I.* begründet, der ruhmreich von 378 bis 360 regiert. Ohne daß er sich wie seine Vorgänger auf die Griechen stützt, gelingt es ihm, ein persisches Heer, das bis nach Memphis gelangt war, zurückzuschlagen. Er schafft neue und schöne Baudenkmäler sowohl in der Thebaïs als auch im Delta.

Nektanebos II. ist der letzte einheimische Pharao Ägyptens (359 bis 341). Gleich seinem Onkel läßt er zahlreiche Bauten errichten oder renovieren. Im Jahre 351 kann er noch eine persische Armee zurückschlagen, aber im Jahre 343 muß er vor den mächtigen Land- und Seestreitkräften, die Artaxerxes III. zusammengezogen hat, fliehen.

Im Jahre 341 ist Ägypten wieder ganz in Händen der Perser. Seine letzte Periode der Unabhängigkeit hat nur sechzig Jahre gedauert.

*Zweite Persische Herrschaft* (341–333)

Die zweite Herrschaft der Perser dauert nur neun Jahre, läßt aber bei den Ägyptern einen unauslöschlichen Haß zurück. Das Land ist verwüstet, die Bewohner wurden niedergemetzelt, die Heiligtümer entweiht, die Götterstatuen und heiligen Bücher nach Persien verschleppt. Man begreift, daß die Nachricht von der Niederlage Darius' III. bei Issus im Jahre 333 durch den jungen mazedonischen General Alexander den Ägyptern wieder Hoffnung gab. Im gleichen Jahre dringt der große Eroberer bis nach Ägypten vor, wo er als Befreier empfangen wird.

*Das ptolemäische Ägypten* (323–30)

Der *Aufenthalt Alexanders* im Niltal war sehr kurz, wird aber durch zwei Ereignisse markiert, welche von entscheidender Bedeutung sowohl für die Griechen als auch für die Ägypter gewesen sind.

Im Dezember 332 besucht Alexander den Hohenpriester Amuns in Memphis; dieser bestätigt dem griechischen Eroberer, daß er *göttlicher Abstammung* ist. Alexander wünscht die Bestätigung solch erlauchter Abkunft aus dem Munde des Gottes selbst zu erhalten und unternimmt zu Beginn des Jahres 331 den langen, mühsamen Zug nach der Oase Siwa, wo das berühmte Amunsorakel seine Stätte hat. Wenn auch das Resultat dieser Unterredung niemals bekanntgemacht wurde, so steht doch fest, daß Alexander von da an fest an seine göttliche Herkunft glaubte und daß dieser Glaube sein Vorgehen in Asien weitgehend beeinflußte; der Glaube wurde von den Ägyptern geteilt, die zweifellos eine fremde Dynastie nicht so geduldig akzeptiert hätten, wenn sie sich nicht von Anfang an auf diese göttliche Abstammung berufen hätte. Es war in der Tat der Schachzug eines politischen Genies, als Ptolemaios Soter, der erste im Jahre 323 ernannte Satrap für Ägypten, als Testamentsvollstrecker Alexanders auftrat. Die von ihm begründete mazedonische Dynastie der Ptolemäer, die auch nach seinem Vater die Lagiden genannt werden – eine Dynastie, die drei Jahrhunderte lang bis zur Eroberung durch die Römer herrschen sollte –, war infolgedessen in den Augen der Ägypter vollkommen legal.

Die zweite denkwürdige Tat Alexanders bestand in der *Schöpfung Alexandrias,* das Ptolemaios Soter sofort nach seiner Ankunft im Niltal zur Hauptstadt machte. Wir kennen den außerordentlichen Aufschwung dieser Stadt und die überaus wichtige Rolle, die sie in der Verbreitung der griechischen Zivilisation spielen sollte. Man übersieht aber zu oft die Tatsache, daß der Ruhm Alexanders in der hellenistischen Welt zuungunsten der ägyptischen Persönlichkeit ging und die Erben der griechischen Kultur den prähistorischen afrikanischen Ursprung der pharaonischen Zivilisation vergessen machten.

Wenn die Griechen in materieller und geistiger Hinsicht aus Ägypten viel entnommen haben, so haben sie dafür kaum etwas gebracht. Die bemerkenswerte wirtschaftliche Blüte war das Ergebnis einer intensiven Ausbeutung des Bauern, den eine Last von Steuern niederdrückte und dem es noch schlimmer ging als unter den Pharaonen, und dies trotz einiger Verbesserungen in seinen Arbeitsbedingungen wie der Einführung des gespeichten Rades, der Entwicklung eiserner Gerätschaften und der Bewässerungskanäle. Die Geschicklichkeit der ägyptischen Handwerker in Alexandria versorgte einen beträchtlichen Exporthandel, der die griechischen und jüdischen Kaufleute bereicherte, aber nicht die Produzenten. Indem Alexandria Gewebe, Ebenholzschnitzereien, Schmuck, Mosaiken und in der Hauptsache das von der örtlichen Industrie hergestellte Glas und Papier exportierte, war es gleichzeitig das Weltzentrum für den Warenumschlag zwischen Orient und Okzident, und zwar dadurch, daß zu Beginn des 3. Jahrhunderts der berühmte Kanal zwischen Rotem Meer und Nil wiederhergestellt wurde, der im 6. Jahrhundert von Necho II. begonnen und im 5. Jahrhundert von Darius weitergeführt worden war.

Obwohl für die Griechen die Großen Pyramiden eines der Sieben Weltwunder darstellten, obwohl die ersten Lagiden versucht haben, bestimmte einheimische Kulte wie den des Osiris-Apis zu hellenisieren, ist doch die Kluft zwischen dem rationalistischen Geist der Griechen und der tiefgehenden religiösen Gesinnung, die den Ägypter charakterisierte, niemals überbrückt worden. Die Griechen haben das tiergestaltige Pantheon des Niltals niemals begriffen, und die Ägypter wollten sich niemals zum Kult des Serapis, jener von Ptolemaios Soter erfundenen Gottheit, die die Attribute von Zeus und Hades mit denen eines Re und Osiris vereinte, bekehren. Im Gegensatz dazu herrschte bei der ägyptischen Priesterschaft die Tendenz zur Entwicklung einer

Art hermetischen Abschlusses der Glaubenslehren und Riten der Ahnen, und zur eifersüchtigen Wahrung der afrikanischen und nilotischen Persönlichkeit ihrer Religion; sie lehnte jede Teilnahme an der großartigen intellektuellen Blüte ab, die sich in Alexandria um das Museum und die königliche Bibliothek entfaltete.

Allerdings müssen die Ptolemäer für ihre freisinnige Förderung der Künste, Geistes- und Naturwissenschaften zu den ganz großen Herrschern der Weltgeschichte gezählt werden. Das erste lagidische Jahrhundert ist das glänzendste auf diesem Gebiet. Ptolemaios Soter I. (323–285) ist der erste Herrscher des Altertums, der einen Teil seiner Schätze der Entwicklung der griechischen Kultur gewidmet hat; zu diesem Zweck läßt er in Alexandria das *Museion* bauen, gleichzeitig Wohnheim und Arbeitsstätte für eine große Zahl griechischer Gelehrter aller Disziplinen. Ptolemaios Philadelphos (285–247) erbaut und unterhält eine *königliche Bibliothek,* in welcher der Bibliothekar Zenodotes aus Ephesus mit Hilfe der Dichter Kallimachos und Theokrites eine halbe Million Manuskripte katalogisiert. Inmitten Hunderter von in Alexandria zusammengekommenen Gelehrten, Dichtern und Grammatikern, deren Ruf über den Kreis der hellenistisch Gebildeten nicht hinausging, haben jedoch einige Wissenschaftler Weltruhm erlangt: Der Geometer *Euklid,* der nicht nur wegen seiner eigenen Werke berühmt ist, sondern auch, weil er der Lehrer des Syrakuser Archimedes war (287–212); *Eratosthenes von Cyrene* (275–200), der gleichzeitig Astronom, Geograph und Philosoph war und dem es, von anderen bemerkenswerten Arbeiten abgesehen, gelang, aufgrund der Entfernung zwischen Alexandria und Syene (erster Katarakt) die Länge eines Erdmeridians mit sehr geringer Abweichung zu berechnen.

Man trifft aber unter den Internen des Museion fast keinen ägyptischen Namen, den Priester *Manetho* ausgenommen, der Mitte des 3. Jahrhunderts in griechischer Sprache eine *Geschichte Ägyptens* schrieb, die infolge mehrfachen Übersetzt- und Abgeschriebenwerdens in Latein und Griechisch nur noch in einer gekürzten, rätselvollen Form erhalten ist. Dagegen sind verschiedene ägyptische Manuskripte ins Griechische übersetzt worden und haben dazu beigetragen, bestimmte gegen Ende des pharaonischen Ägypten ausgearbeitete religiöse Lehren in die westliche Welt hinauszubringen. Von größter Wichtigkeit sind allerdings die Übersetzungen persischer oder hebräischer Manuskripte, unter ihnen in allererster Linie die der Heiligen Schrift der Juden, der *Septuaginta,* die diesen Namen erhielt, weil 72 Übersetzer daran gearbeitet haben sollen. Die Übersetzung erfolgte um die Mitte des 3. Jahrhunderts und hat eine überragende Rolle in der Hellenisierung der jüdischen Gedankenwelt und später in der Verbreitung des noch jungen Christentums gespielt.

Ptolemaios Euergetes I. (247–221) ist der letzte große Lagidenkönig. Auf ihn folgen dreizehn Könige oder auch Königinnen, meist nachdem sie vorher ein oder mehrere Mitglieder ihrer Familie ermordeten und von denen kein einziger die nötige Autorität für die Regierung eines Landes besitzt, dessen geographische Bedingungen eine starke Zentralgewalt erfordern.

Mehr noch als im 3. Jahrhundert liegt Alexandria »ad Aegyptum« (= bei Ägypten) und nicht in Ägypten. Revolutionäre Bewegungen anfänglich lokaler Natur werden immer häufiger.

Von 116 ab sinkt die Macht Ägyptens auf internationaler Ebene sehr rasch. Der Druck Roms auf das östliche Becken des Mittelmeers wird immer stärker. Im Jahre 60 erobert es Zypern, die letzte Außenbesitzung Ägyptens, das bereits Phönizien und Cyrenaika verloren hat. Am 29. August des Jahres 30 v. Chr. beschließt der spektakuläre Selbstmord Kleopatras VII., der großen Kleopatra, die drei Jahrhunderte der Geschichte Griechisch-Ägyptens, das von da ab römische Provinz sein wird.

Diese drei Jahrhunderte haben für Nordostafrika eine Bedeutung gehabt, die nicht bagatellisiert werden darf: Die Ptolemäer haben diesen Teil Afrikas in den die ganze Welt umspannenden Kreis des Austauschs von Wirtschafts- und Kulturgütern eingefügt. Wenn die »zu junge« Zivilisation des Mittelmeerbeckens kaum irgendwelchen Einfluß auf das alte Afrika gehabt hat, so haben doch die zahlreichen Kontakte mit Mesopotamien und Iran die intellektuellen Kreise Alexandrias beeinflußt. Größer war vielleicht noch eine über das Rote Meer von Indien her kommende Beeinflussung: Die ersten Ptolemäer haben die Schiffahrt auf dem Roten Meer beträchtlich entwickelt, indem sie Häfen anlegten und Wege durch die arabische Wüste ausbauten. Ptolemaios Philadelphos legt in *Ptolemais der Jagden,* südlich des heutigen Suakin, ein Sammelzentrum für Elfenbein und lebende Elefanten an und läßt wahrscheinlich indische Spezialisten für die Dressur von Kriegselefanten kommen, was die zahlreichen indischen Einflüsse erklären würde, die man an den Bauten des ungefähr 450 Kilometer westlich davon gelegenen Meroë findet. Ptolemaios Euergetes I. hat im Hintergrund des Golfs von Zula, dort, wo das heiße Küstenland der Kühle der äthiopischen Hochebene am nächsten liegt, den Hafen *Adulis* angelegt, der für den Handel zwischen Indien und Ägypten eine sehr große Bedeutung bekommen sollte und zum Eingangstor der griechischen und orientalischen Einflüsse in das spätere Reich von Aksum, den Vorläufer des heutigen Äthiopien, wurde.

## B. Das Reich Napata-Meroë seit dem Ende der kuschitischen Dynastie (um 663)

Seit der Zeit der Flucht Taltamanis, des letzten Pharaos der 25. Dynastie, nach Napata im Jahre 663 besitzen wir über das Reich Kusch nur noch archäologische Dokumente.

Seit 653, dem Todesjahr Taltamanis, haben sich bis zum Jahre 538 sechs Könige, von denen man fast nur die Namen kennt, schöne Pyramiden in Napata bauen lassen. Einer von ihnen, *Aspelta*, versucht während der Regierungszeit des saïtischen Pharaos *Psammetich II.* (594–588) Ägypten zurückzuerobern, aber ohne Erfolg; in Meroë erbaut er einen Tempel, von dessen Großartigkeit der Ruf bis zu den Griechen dringt – den berühmten »Sonnentempel«, von dem Herodot spricht. Die Bauten von Napata zeigen den gleichen Stil wie die zeitgenössischen saïtischen, die Inschriften die klassischen Hieroglyphen.

Um 538 verlegen die Könige von Napata ihre Hauptstadt nach *Meroë*. Wesentlich weiter im Süden zwischen dem fünften und sechsten Katarakt, fünfzig Kilometer südlich der Mündung des Atbara in den Nil gelegen, bietet Meroë günstigeres Weideland und reiche Vorräte an Brennmaterial für die Verhüttung des dortigen Eisenerzes. Dort besteht in dieser Epoche bereits eine Eisenindustrie, die, wie man annimmt, auf die Initiative des bedeutenden Pharaos Taharkas des Großen (689 bis 664) zurückzuführen ist, der sich dafür entschieden haben soll, die Eisenwaffen, die den Assyrern eine unbestreitbare militärische Überlegenheit verliehen, im eigenen Lande herzustellen.

Die weite Entfernung Meroës von Ägypten läßt die kulturellen Beziehungen zwischen Kusch und der alten Metropole schwächer werden; die Hieroglyphenzeichen verändern sich allmählich und die typisch ägyptische Form der Architektur geht langsam verloren. Aber erst vom Ende des 4. Jahrhunderts an lassen sich die Herrscher von Kusch nicht mehr in Napata begraben, etwa um die gleiche Zeit, zu der die lagidische Dynastie an die Macht kommt. Diese vernachlässigt das Niltal jenseits des ersten Katarakts voll und ganz und wir besitzen praktisch kein griechisches Dokument über das Königreich Meroë; die einzige Ausnahme ist die Erwähnung des Königs Arkami (Ergamenes)

(225–200) durch den Sizilier Diodoros, der von jenem schreibt, er habe »einen leichten Anflug von griechischer Bildung und Philosophie«.

Die wundervollen Ruinen von Meroë, Musawurat es-Sofra und Naga sind jedoch unwiderlegbare Beweisstücke: Meroë war in den drei letzten Jahrhunderten vor Christi Geburt eine sehr große Stadt, Zentrum einer glanzvollen Zivilisation, wo die gemeinsamen Ideen der damaligen orientalischen Welt von Indien bis nach Griechenland eine eigenartige Synthese gefunden haben. Aber die meroitische Sprache ist bis heute noch unbekannt geblieben und wir befinden uns trotz der teilweisen Entzifferung der *alphabetischen* Schrift der sehr zahlreichen meroitischen Inschriften heute in etwa der gleichen Lage wie die Ägyptologen vor der Entdeckung Champollions (1822). Die Tatsache, daß es sich bei der meroitischen um eine alphabetische Schrift handelt, im Gegensatz zur hieroglyphischen, könnte man mit den unbestreitbaren indischen Einflüssen, die sich in der Architektur besonders im Löwentempel von Naga kundtun, in Zusammenhang bringen.

Das Geheimnis Meroës ist heute noch vollkommen ungelöst und ist für die Geschichte Afrikas südlich der Sahara vielleicht das aufregendste und fesselndste Problem, weil man weiß, daß das schwarze Reich von Kusch – Napata – Meroë das wichtigste Ausbreitungszentrum für die alte ägyptische Zivilisation und wahrscheinlich auch für die Eisenherstellung gewesen ist.

## C. Die Berberei im 1. Jahrtausend

Zweitausend Jahre nach Ägypten tritt Kleinafrika oder der Maghreb mit der Gründung der beiden phönizischen Handelsniederlassungen von Lixus und Utika fast unbeachtet in das Licht der Geschichte.

*Lixus* heißt heute Tchemmich. Es liegt vier Kilometer vom Meer entfernt am Ufer des Wadi Lukkos von der Straße von Gibraltar genau so weit entfernt wie Gades, das um 1110 an der Stelle des heutigen Cádiz als phönizisches Handelskontor in Spanien angelegt wurde. Gades sollte dem Königreich Tartessos, der Tarsis der Bibel, Konkurrenz machen, dessen Zentrum wahrscheinlich an der Mündung des Guadalquivir, des Baetis der Alten, eines in der Nähe der Silberminen von Huelva und der Sierra Morena vorbeifließenden, goldführenden Flusses lag. Lixus sollte zweifellos dem Export der Produktion der Silberbergwerke im Atlas und der Goldfundorte im Wadi Draa, dem antiken Daradios, dienen.

Das nach der Überlieferung neun Jahre nach Gades gegründete *Utika* liegt genau an der Stelle, wo die von den atlantischen Küsten Spaniens und Marokkos herkommenden, mit Gold, Silber und Zinn schwerbeladenen phönizischen Schiffe die afrikanische Küste verließen, um den ungeheuer großen und bedrohlichen Graben der Syrten zu vermeiden.

Die Verbindungen Spanien - Marokko und Sizilien - Tunesien gehen in Wirklichkeit viel weiter zurück als nur bis zum Ende des 2. Jahrtausends. An der marokkanischen Küste gefundene Gefäße aus dem spanischen Neolithikum beweisen die Existenz von Beziehungen im 3. Jahrtausend. Eine Bronze-Kupfer-Zivilisation spanischer Herkunft hat sich sodann in der zweiten Hälfte des 2. Jahrtausends entwickelt. Die Kontakte zwischen Sizilien, Sardinien und tunesischer Küste sind für das 1. Jahrtausend ebenfalls nachgewiesen, wie die Ähnlichkeit der Hypogäen (oder *haouanet*) und der Dolmen in der Küstenzone Ostalgeriens und Tunesiens, die von denen im Landesinneren verschieden sind, zeigen.

Die berberische oder, wie die Griechen sie nannten, libysche Bevölkerung hat sich zweifellos in den vier Jahrtausenden vor der Ankunft der Phönizier geformt. Die so eigentümliche geographische Gestaltung des Maghreb, die man mit den Worten Zerstückelung, Abkapselung, Verkehrsschwierigkeiten und geringe Anbaufläche charakterisieren kann, hat das Fortbestehen eines Hirtenvolkes begünstigt, das sich nicht unter einem einzigen Führer vereinigen ließ, woraus sich auch die demokratische Struktur und der kriegerische Charakter der Berberstämme erklären läßt.

Die ersten Phönizier hatten es also mit Stämmen von Hirtenbauern zu tun, die noch auf der Stufe eines sehr unentwickelten Neolithikums oder Chalkolithikums standen. Offensichtlich waren die gegenseitigen Beziehungen lange Zeit nur diskontinuierlich und unbedeutend und beschränkten sich auf den berühmten, von alten Autoren beschriebenen »stummen Handel«; sogar nach der Gründung von Karthago, Ende des 9. Jahrhunderts, vergingen noch fast vier Jahrhunderte bis zur Entstehung einer libysch-karthagischen Verbindung, die einen wirklichen Einfluß auf Leben und Religion der autochthonen Libyer ausübte.

*Die Gründung von Karthago* – der Überlieferung zufolge im Jahre 814 – ist nicht auf gut Glück erfolgt, sondern an einem günstig gelegenen und ausfindig gemachten Punkt der tunesischen Küste – man hat dort nämlich die Spuren eines vorkarthagischen Heiligtums aufgefunden. Die Königin Elissa oder Dido, Schwester Pygmalions, des Königs von Tyros, führte eine Gruppe hochgestellter Persönlichkeiten an die Stelle und errichtete hier nicht ein einfaches Handelskontor, sondern die »neue Hauptstadt« Quart Hadasht, was den entschieden aristokratischen Charakter der phönizischen Kolonie erklärt und vielleicht auch die Weigerung, mit der örtlichen Bevölkerung zusammenzuarbeiten, der man nur einen jährlichen Tribut zahlte.

Erst im 5. Jahrhundert entschließt sich die ausschließliche See- und Handelsmacht Karthago zur Eroberung afrikanischen Bodens. Karthago wird bei *Himera* – der Überlieferung zufolge am gleichen Tage (29. September 480) wie der Perserkönig Xerxes bei Salamis – von den sizilianischen Griechen geschlagen und sieht mit einem Male sämtliche Grundlagen seiner Handelsmacht einfallen: Sizilien, Großlieferant für Getreide und Schlüssel zum westlichen Mittelmeer, ist verloren; die Griechen von Griechenland sperren den Weg nach Tyros, die von Marseille, welche sich an der Ostküste Spaniens niedergelassen haben, bedrohen die Zufahrt nach Tartessos (im heutigen Andalusien), seinem Großlieferanten für Silber und Zinn.

Es muß also etwas finden, wodurch es seine Bevölkerung am Ort ernähren kann, die seit einem Jahrhundert infolge des Niedergangs von Tyros durch neue Kolonisten stark angewachsen war. Die Niederlassung punischer Grundbesitzer in der Umgebung von Karthago dürfte wohl auf sehr brutale Art und Weise vorsichgegangen sein; die Libyer waren von ihren besten Grundstücken vertrieben worden und wurden Leibeigene auf dem Boden, der ihnen gehörte. In der Gegend des Kap Bon und der Küstenzone des Tell entwickelt sich rasch eine Intensivlandwirtschaft, die auf Baum-, Geflügel- und Rinderzucht beruht. Der Getreidebau bleibt in Händen der freien libyschen Bauern, die aber zu schwer lastenden Naturalleistungen gezwungen sind.

Gleichzeitig mit der Ausbreitung der Landwirtschaft im Inneren des Landes erfolgt die Entwicklung oder Gründung einer Kette von Seekontoren entlang der afrikanischen Küste von Leptis Magna (Homs östlich von Tripolis) bis nach Tamusiga (Mogador).

Unter diesen Kontoren ist Lixus von besonderer Bedeutung, weil dort Silber und vor allem Gold, ein im Mittelmeerbecken äußerst seltenes Metall, gesammelt wird. Wahrscheinlich war der wirkliche Zweck der um 470 unternommenen berühmten *Umschiffung (Periplus) des Hanno*, mit den Produzenten des Goldstaubs in Verbindung zu kommen.

Der Bericht über diese Reise hat viele Auslegungen erfahren, in welchen man die technischen Möglichkeiten untersuchte, die Hanno zur Verfügung standen, um mit seinen Galeeren das Kap Juby, den Kakulima (Guinea) oder sogar den Kamerunberg zu erreichen. Aber es dürfte jetzt bewiesen sein*, daß der berühmte *Periplus* eine Fälschung ist. Damit sind alle Hypothesen gegenstandslos geworden. Wenn es auch für den Altertumswissenschaftler interessant wäre, zu wissen, ob die Alten die Küste des Golfs von Guinea, die bis zum 15. Jahrhundert unbekannt geblieben sind, gekannt haben oder nicht, so läßt sich doch die Möglichkeit eines Handels mit Gold vom oberen Senegal auf dem Weg durch das Küstengebiet der atlantischen Sahara nicht ausschließen.

Noch ein anderes afrikanisches Kontor ist von besonderer Wichtigkeit. In einer Zeit, wo der Seeweg nach Ägypten durch die griechische Flotte blockiert ist, bietet *Leptis Magna* den Zugang zum cyrenischen Oasenweg nach Siwa, der weit im Süden der Cyrenaika verläuft, die seit dem Jahre 630, als Cyrene von Kolonisten aus Thera (Santorin) gegründet wurde, griechisch ist. Leptis hat Verbindung mit dem Fessan, woher die Karawanen Tierhäute und Edelsteine bringen. Weiter im Westen ist Sabratha, das im 5. Jahrhundert gegründet wurde, der Hafen für die Oasa Gadames, wo der zentralsaharische Fahrweg nach dem Ahaggar und dem Niger seinen Anfang nimmt.

Die Entdeckung neuer Absatzgebiete für den Handel, die landwirtschaftliche Nutzung der Ebenen Tunesiens und die systematische Ausbeutung der sardinischen Kupfer- und Silberbergwerke oder der Kupferlagerstätten von Ténès (Algerien) ermöglichen es den Karthagern, ihre Wirtschaft wieder aufblühen zu lassen, eine neue Seemacht aufzubauen und eine Armee libyscher Söldner heranzubilden.

Im Jahre 415 nehmen sie den Krieg gegen Sizilien wieder auf. Die vielen Rückschläge eines Konflikts, der mehr als hundert Jahre dauern soll, werden uns von den Griechen erzählt, die Karthago offensichtlich in einem wenig günstigen Licht zeigen. Die archäologischen Funde

---

* Im Verlauf meiner Forschungen über den bedeutenden Afrikanisten Louis Tauxier hatte ich das Glück, auf ein Manuskript seines Onkels, des im Jahre 1896 verstorbenen Kapitäns Henri Tauxier zu stoßen, das dank des einzigartigen hellenistischen, geographischen und geschichtlichen Wissens seines Autors den Beweis ermöglichte, daß es sich bei dem Periplus um eine Fälschung handelt.

(Vgl. meinen Artikel *Est-ce la fin d'un mythe? du nouveau vieux de trois quarts de siècle sur le Periple d'Hannon: l'euvre d'Henri Tauxier, in: France-Eurafrique,* Nr. 163, 1965, S. 32–35.)

haben uns allerdings viele der übertrieben erscheinenden griechischen Behauptungen bestätigt, vor allem die Wirklichkeit der Kinderopfer, die Baal-Hammon dargebracht wurden. Die gegen sich selbst harten Karthager waren dies auch gegen die einheimischen Libyer; im Jahre 396 zögerten sie nicht, als Söldner angeworbene Libyer als Sklaven an den Tyrannen Dionysos von Syrakus zu liefern. Auf diese Nachricht hin erhoben sich die Libyer des flachen Landes in Tunesien; im Jahre 379 erfolgte ein neuerlicher Aufstand, der nach dem Geschichtsschreiber Diodoros von Sizilien die Existenz Karthagos selbst bedrohte.

Gegen Ende des 4. Jahrhunderts nimmt Karthago zu dem ptolemäischen Ägypten Beziehungen auf und erlangt dort schnell wieder eine wirtschaftliche Stellung ersten Ranges, um so leichter als die eventuellen Konkurrenten, Großgriechenland und Etrurien, sich in einem raschen Niedergang befinden. Dafür meldet sich im westlichen Mittelmeerbecken eine neue Macht an: Rom annektiert um 343 Kampanien und wird im Jahre 272 Herrin ganz Italiens sein. Im Jahre 264 erklärt es Karthago den Krieg, das auf Sizilien so mächtig geworden ist, um auch nach dem Besitz des Nordostteils der Insel streben zu können.

*Der erste Punische Krieg* (264–241) dauert dreiundzwanzig Jahre. Die Seemacht Karthago wird auf dem Wasser von der Landmacht Rom besiegt.

Im Jahre 241 sieht sie sich nach der katastrophalen Niederlage bei den Ägatischen Inseln gezwungen, um Frieden zu bitten – um einen Frieden, den das in den langen Kriegsjahren sehr geschwächte Rom gegen Aufgabe Siziliens und Zahlung einer Kriegsentschädigung in Höhe von 3200 Talenten nur zu gerne bewilligt.

Karthago zieht seine libyschen Soldaten von Sizilien zurück, weigert sich aber, den Sold zu bezahlen und schickt sie mit einem beträchtlichen Löhnungsrückstand nach Hause. Diese so öffentlich gezeigte Mißachtung der Soldaten, die Karthago lange Jahre hindurch gedient haben, soll schwere Folgen nach sich ziehen. Auf dem Land ist die Lage bereits explosiv geworden; dreitausend entlaufene Sklaven werden ans Kreuz geschlagen, viele freie Bauern sind ins Gefängnis geworfen worden, weil sie die hohen Abgaben, die man von ihnen verlangt hat, nicht zahlen konnten. Ihre Frauen sehen in der Massenrückkehr der Soldaten in das Gebiet von Sicca (Le Kef) ihre einzige Hoffnung gegen die Unterdrückung durch die Punier und sie zögern nicht, sich von ihrem Schmuck zu trennen, damit die durch Gustave Flauberts »Salammbô« unsterblich gewordene *Revolte der Söldner* finanziert werden konnte.

Eine dritte Klasse Unzufriedener leiht den Aufständischen ihre Hilfe: die phönizischen Handelskontore an der Küste, denen Karthago ganz systematisch jegliche Selbständigkeit versagt. Im Jahre 240 besetzen der Kampanier Spendius, der Gallier Autariates und der Libyer Matho an der Spitze einer Armee von 62 000 Aufständischen die Landenge von Karthago und Tunis und belagern Utika und Hippo Diarrythos (Biserta). Der glänzendste der karthagischen Generäle, Hamilkar Barka, wird zu Hilfe gerufen und es gelingt ihm, Utika zu entsetzen. Er erhält die Unterstützung der numidischen Reiterei des Fürsten Naravas, indem er diesem die Hand seiner Tochter verspricht; eine von ihm zu den Aufständischen geschickte kathagische Gesandtschaft wird auf barbarische Weise ermordet.

Von jetzt ab handelt es sich um den *Unsühnbaren Krieg*, den Hamilkar nach grauenhaften Ereignissen gewinnt. Die Aufständischen werden in dem »Engpaß der Säge« eingeschlossen, wo sie bald soweit sind, daß sie sich gegenseitig auffressen. Im Jahre 238 wird Matho, der libysche Führer, in Tunis nach verzweifeltem Widerstand ergriffen und hingerichtet.

Den Endsieg hat Karthago um den Preis des Verlustes von Sardinien und Korsika erlangt: Im Jahre 240 fordert Rom unter Androhung einer Intervention die Auslieferung dieser Inseln sowie die Zahlung einer neuerlichen Kontribution in Höhe von 1200 Talenten.

Hamilkar Barka ist nun darauf bedacht, Spanien zu erobern, um den Verlust der drei großen Mittelmeerinseln wieder auszugleichen. Er eilt geradezu von Sieg zu Sieg, bemächtigt sich der Silberbergwerke und ermöglicht es Karthago, seinen Kriegsschatz schnellstens wieder aufzufüllen. Er gründet die Städte Alicante und Barcelona (Barcino, die Stadt Barkas). Sein Schwiegersohn und Nachfolger Hasdrubal gründet Cartagena (Carthago Nova, Neu-Karthago). Nach der Ermordung Hasdrubals im Jahre 221 wird Hannibal, der fünfundzwanzigjährige Sohn Hamilkars, Oberbefehlshaber der Armee und dehnt das punische Herrschaftsgebiet in Spanien noch weiter aus. Im Jahre 219 nimmt er das mit den Römern verbündete Sagunt ein, worauf diese den Waffenstillstand für beendet erklären.

*Den zweiten Punischen Krieg* (218–201) sollte man eigentlich den Krieg *Hannibals* nennen. Der Sohn Hamilkar Barkas ist in ihm die Hauptgestalt; sein militärisches Genie macht ihn zu einem der größten Heerführer aller Zeiten und die Einzelheiten seines berühmten »Italienfeldzugs« sind allgemein bekannt.

Hannibal, der größte der Karthager, ist jedoch von seiten der Heimat niemals richtig unterstützt worden und dies ist eine der Ursachen der endgültigen Niederlage Karthagos, ebenso wie der nach der Schlacht bei Cannä von den Römern geschickt geführte »Abnützungskrieg«. Im Jahre 207 wendet sich das Blatt endgültig: Vernichtung der von Hasdrubal, Hannibals Bruder, herangeführten Hilfsarmee und Eroberung Spaniens (209–206) durch Cornelius Scipio, den späteren Scipio Africanus.

Dieser landet im Jahre 206 in Afrika, um unter den numidischen Fürsten, auf die Kriegsruhm sehr großen Eindruck macht, nach örtlichen Bundesgenossen zu suchen. Dieser »Eingeborenenpolitik« Scipios ist es zu verdanken, daß uns die römischen Geschichtsschreiber die ersten Informationen liefern, die wir über die Berberreiche besitzen. Das bedeutet natürlich nicht, daß diese erst in dieser Epoche entstanden sind. Die kolossalen Dimensionen des »Medracen« bei Batna und des »Grabes der Christin« bei Tipasa lassen eine wirkliche Macht der Berberhäuptlinge, denen diese großartigen Monumente geweiht waren, vermuten. Sie haben nichts Punisches an sich und werden allgemein dem Anfang des 3. Jahrhunderts v. Chr. zugeschrieben.

Scipio knüpft sehr lebhafte Verhandlungen mit dem jungen Fürsten Massinissa an, dem ältesten Sohn des Häuptlings oder *Aguellid* der Massyles. Das Gebiet dieses Stammes ist auf einen schmalen Streifen zwischen Constantine und der heutigen tunesischen Grenze beschränkt worden; um den anderen Teil wurde Massinissa durch den *Aguellid* der Masaesyles namens Syphax gebracht, dessen Gebiet sich von der Ampsaga (Wadi el-Kebir) bis zur Mulucha (Muluja) erstreckt. Syphax wird von den Karthagern unterstützt, die ihm die schöne Sophonisbe, die Tochter eines der höchsten Würdenträger der Stadt namens Hasdrubal Giskon, zur Frau gegeben haben.

Im Jahre 205 kehrt Scipio nach Rom zurück, wo er einstimmig zum Konsul ernannt wird. Im Jahre 204 stellt er auf Sizilien ein Heer zusammen und landet zwei Legionen in der Nähe von Utika. Er erlangt leicht die Unterstützung von Massinissa, der sich an Syphax rächen will, und benützt dessen Zögern im März 203 zu einem Überraschungsangriff, der ihm 40 000 Tote und 5000 Gefangene einbringt. Syphax flieht westwärts und stößt auf Massinissa, der ihn besiegt und in Ketten nach Cirta (Constantine) bringt, wo dem jungen Sieger ein triumphaler Empfang zuteil wird, besonders von seiten der schönen karthagischen Frauen des alten Masaesylerkönigs.

Dieser Erfolg ermutigt den intelligenten und ehrgeizigen Massinissa, seinen Vorteil dadurch zu wahren, daß er sich endgültig auf die Seite der Römer stellt. Von nun an befindet sich die Stadt Karthago in einer tragisch zu nennenden Isolierung: Land und Meer ist ihr gleich feindlich gesinnt. Der Senat ruft Hannibal, den »Römerschreck«, der zur Zeit in der italienischen Provinz Brutium zur Untätigkeit verurteilt ist, zurück. Der karthagische General landet in Leptis Minor (Lemta), wo gallische, mazedonische und numidische Hilfstruppen zu ihm stoßen. Es folgt am 13. Oktober 202 die Katastrophe von Zama, in deren Verlauf die karthagische Armee vollkommen vernichtet wird; Hannibal kann fliehen, läßt aber auf dem Schlachtfeld 20 000 Tote und ebensoviele Gefangene zurück.

Karthago muß seine Flotte und seine Elefanten ausliefern und binnen fünfzig Jahren 10 000 Talente Gold zahlen; jegliche militärische Betätigung ohne ausdrückliche Genehmigung von seiten Roms ist verboten. Massinissa erhält die Abzeichen eines Königs von Numidien und sein Gebiet erstreckt sich jetzt von der tunesischen Grenze bis zur Muluja.

*Die Regierungszeit Massinissas* (201–148) fällt genau mit dem *Dritten Punischen Krieg* (201–146) zusammen, den man auch »Karthagos letztes Aufbäumen und Untergang« nennen könnte.

Nach fünf Jahren ständiger politischer Unruhen wird Hannibal im Jahre 195 unter dem Druck des Volkswillens zum Suffeten ernannt. Er führt mehrere kühne Reformen ein, um den Kriegsgewinnlern ihren widerrechtlichen Besitz abzujagen. Nach nicht einmal einem Jahr wird er in Rom denunziert und muß fliehen; zehn Jahre lang irrt er bei den Königen des Nahen Ostens herum, bis zu seinem aufsehenerregenden Selbstmord im Jahre 184 am Hofe des Königs Prusias von Bithynien.

Schon im Jahre 191, elf Jahre nach Zama, macht Karthago Rom den Vorschlag, eine neue Flotte zu bauen und dafür die Gesamtkriegsschuld auf einmal zu zahlen. Rom weigert sich, darauf einzugehen, und sucht nun im Hinterland die landwirtschaftliche Stärke Karthagos zu untergraben; unaufhörliche Einfälle Massinissas auf karthagisches Gebiet werden begünstigt oder geduldet. Die von Rom entsandten parlamentarischen Untersuchungskommissionen sprechen ihr Urteil mit einer konstanten und deutlichen Parteilichkeit zugunsten des Königs von Numidien: er vervielfacht seine Unternehmungen und holt sich jedes Jahr eine Stadt, einen Marktort oder ein Stück Land.

Im Jahr 150 ist das verzweifelte Karthago am Ende seiner Geduld und stellt ein Heer von 50 000 Mann auf, das sich von dem damals achtundachtzigjährigen Aguellid schlagen läßt. Rom fordert eine neue Entschädigung in Höhe von 5000 Talenten als Strafe dafür, daß Karthago es gewagt, gegen die Nicht-Kriegführungsklausel des nach Zama unterzeichneten Vertrags zu verstoßen; im Jahre darauf ergeht die Forderung, die Punierhauptstadt fünfzehn Kilometer weit im Landesinneren neu anzulegen. Ein letztes Aufbäumen verzweifelten Stolzes führt Karthago in den Krieg; zwei Jahre lang widersteht es allen Angriffen. Im Jahre 147 greift der zum Konsul ernannte Scipio Aemilianus zu den äußersten Mitteln und trennt Karthago durch Gräben und Schanzen vom Landesinneren. Im Frühjahr 146 leistet die Zitadelle des Burghügels Byrsa noch verzweifelten Widerstand, nachdem die Unterstadt bereits Straße um Straße und Haus um Haus erobert ist; endlich ergeben sich 55 000 erschöpfte und ausgehungerte Karthager dem Sieger. Das ist das Ende. Die Stadt wird dem Erdboden gleichgemacht und über ihre Stätte der Fluch ausgesprochen. Karthago ist tot – zumindest für Rom, das aber auch von der Erinnerung an diese 118jährige Todfeindschaft (264–146) gezeichnet bleiben wird.

Für Afrika allerdings ist Karthago im Jahre 146 nicht untergegangen, sondern erst viel später. Sein Einfluß, der sich bei den Numidiern im 3. Jahrhundert sehr langsam geltend machte, ist im Laufe des folgenden bedeutend größer geworden und soll sich auch noch im 1. Jahrhundert bestätigen.

Massinissa, der mit einer geradezu vollendeten Kunst seine Immunität auszunutzen verstand, mit der es ihm auch gelang, die punischen Eindringlinge vom afrikanischen Boden zu vertreiben, hat dennoch in seinem Reich weitgehend die punische Zivilisation verbreitet. Cirta war bereits zu Syphax' Zeiten eine wichtige Stadt gewesen und hatte Beziehungen mit Karthago unterhalten. Massinissa verschönt und vergrößert sie und läßt einen Palast und Tempel für die punischen Götter errichten; die Städte, die er anlegt, werden wie Karthago von »Suffeten« genannten Beamten verwaltet. Ebenso wie Karthago berücksichtigt er auch die hellenische Zivilisation und läßt seine Söhne von griechischen Lehrern unterrichten; auf dem Lande entwickelt sich der im Jahre 396 nach Afrika gebrachte Kult der griechischen Göttin Demeter.

Diese Haltung des ersten großen Berberkönigs, dessen Namen wir wissen, kann als symbolisch angesehen werden. Später revoltieren die Berber gegen die römische Herrschaft, aber ein Teil von ihnen latinisiert sich mit der gleichen Leidenschaft, mit der ihre antikarthagisch gesinnten Vorväter Punier geworden waren. Beim Vordringen des Islam lehnen die Berber die politische Herrschaft der Araber ab, werden aber begeisterte Anhänger des Islam.

*Nach dem Fall Karthagos* (146) gewinnen punische Sprache und Religion noch größeren Einfluß. Scipio macht die Bibliotheken der Stadt dem Sohn des Massinissa *Micipsa* zum Geschenk. Micipsa regiert dreißig Jahre (148–118) und bleibt wie sein Vater treuer Bundesgenosse der Römer. Zahlreiche punische Handwerker und Priester lassen sich in den Städten des Landesinneren nieder. Die berühmten zweisprachigen, libysch-punischen Inschriften des im Jahre 139 in Thugga (Dougga) erbauten Mausoleums sind ein guter Beweis für die Bildung einer libysch-phönizischen Kultur. Allerdings breitet sich der Hellenismus gleichfalls in der verstädterten Aristokratie des Reiches aus, zur gleichen Zeit wie in Rom.

Nur wenig wissen wir über die Berberreiche, die für Rom uninteressant sind außer, wenn es sich darum handelt, dort der Tätigkeit seiner Kaufleute Vorschub zu leisten. *Jugurtha* (118–104), einer der Enkel Massinissas, bildet eine Ausnahme, weil seine außerordentliche Persönlichkeit siebzig Jahre später den römischen Historiker Sallust veranlaßte, ihm eines seiner besten Werke zu widmen. Der Titel *Bellum Jugurthinum* (Der Krieg gegen Jugurtha) beweist die Bedeutung, die man dem Berber zumaß, der es wagte, sieben Jahre lang ganz offen die Macht Roms zu demütigen.

Jugurtha wird schließlich im Jahre 105 durch Verrat seines Schwiegervaters Bocchus, des Königs von Mauretanien, der westlich der Muluja herrscht, besiegt. Er wird in einem Hinterhalt gefangengenommen und an Sylla, den Quästor des Marius, ausgeliefert; er figuriert dann am 1. Januar 105 im Triumphzug des Marius. Daraufhin wird er ins Tullianum gesperrt, das fünfundfünfzig Jahre später auch das Gefängnis von Vercingetorix ist, und dort nach sechstägigem Hungern erdrosselt.

Rom belohnt Bocchus, indem es ihm das westliche Drittel des Königreichs Numidien (das heutige Oranais) überläßt. Die anderen zwei Drittel werden zwischen zwei eingeborenen Vasallenfürsten aufgeteilt, während Rom die kleine »Provincia Africa«, das nordöstliche Drittel des heutigen Tunesien, seiner direkten Verwaltung unterstellt.

Nach dem Tod Jugurthas scheint der Druck Roms schwerer auf den Berberfürsten zu lasten, die sich wider ihren Willen in die Bürgerkriege verwickelt sehen. *Juba I.* verbündet sich mit den Pompeianern gegen Cäsar. Er verfügt über ein starkes Heer aus vier Legionen, die nach dem Muster der römischen Legion organisiert sind; das Heer besteht nicht nur aus Numidiern, auch 2000 spanische und gallische Reiter gehören dazu. Jubas Hauptstadt Zama ist von einem dreifachen Mauerring umgeben und mit luxuriösen Palästen und Tempeln geschmückt. Im Jahre 49 erringt er einen großen Sieg über die Anhänger Cäsars, wird aber am 4. April 46 bei Thapsus besiegt und begeht gleichzeitig mit dem pompejanischen General Metellus Scipio Selbstmord.

Im Jahre 46 führt Cäsar eine Umorganisation des Gebietes durch. Er verdreifacht die Ausdehnung der *Provincia Africa*, die jetzt etwas mehr als das heutige Tunesien umfaßt, und gibt das Gebiet Bône – Constantine, das Kerngebiet des alten Numidierreichs, an einen italienischen Condottiere namens Sittius.

Im Jahre 25 bildet Augustus ein riesiges, von Nordmarokko bis zur heutigen Grenze von Tunesien gehendes Königreich Mauretanien, auf dessen Thron er den Sohn des Verlierers von Thapsus, Jubas I., setzt. *Juba II.* (25 v. Chr. – 23 n. Chr.) ist schon mit fünf Jahren zur Erziehung nach Rom gebracht worden. Er ist mit einer der Töchter der großen Kleopatra und Marcus Antonius, die ebenfalls in Rom aufgewachsen ist, verheiratet. Juba II. richtet sich die Hauptstadt in Yol ein, einer ehemaligen punischen Handelsfaktorei, die er dem Kaiser, dem Herren der Welt zu Ehren in Caesarea (Scherschel) umtauft. Caesarea wird zu einer großen, schönen Stadt mit einer glänzenden kosmopolitischen Hofhaltung, wo die griechischen, ägyptischen, römischen und punischen Götter verehrt und die griechischen Künste und Wissenschaften gepflegt werden. Aber dieser verstädterte und gebildete König, den Rom sehr schätzt, gilt bei seinen Untertanen, von denen nur ein ganz geringer Teil das Leben in der Stadt kennt, umso weniger. Bereits in den ersten Jahren der christlichen Zeitrechnung suchen die nomadischen Getuler das Land der Seßhaften heim. Im Jahre 17 n. Chr. beginnt der Aufstand der auf den algerischen Hochplateaus lebenden Musullamen. Sie werden von einem Numidier Tacfarinas befehligt, der aus dem römischen Heer desertiert ist und dem es gelingt, sieben Jahre lang vier römische Generäle zu binden.

*Ptolemäus*, Sohn Jubas II., ist der letzte eingeborene König von Mauretanien. Er verhält sich als treuer Vasall des römischen Kaisers, aber gerade dieser sein Gehorsam bringt ihm Unglück. Sein Vetter, der Kaiser Caligula, lädt ihn nach Rom und dann nach Lyon ein und läßt ihn im Jahre 40 ermorden.

Als die Berber vom Tode ihres Königs und der Annexion Mauretaniens durch das römische Reich erfahren, beginnt ein allgemeiner Aufstand unter der Führung eines Freigelassenen des Ptolemäus. Die Römer verzichten darauf, die Aufständischen in die Berge Marokkos zu verfolgen; sie beschränken von nun an ihre Garnisonen auf die

Zone etwa nördlich der Linie Rabat – Fes, das sogenannte tingitanische Mauretanien; das heutige Marokko bildet einen Teil des kaiserlichen Mauretanien.

## D. Die Sahara im 1. Jahrtausend v. Chr.

Die Austrocknung der Sahara hat zwei Folgen von grundlegender Bedeutung mit sich gebracht. Sie hat die Berberei von der Welt der Schwarzen abgeschnitten und der Mittelmeerwelt zugeteilt und dies umso ausgeprägter, als es zeitlich fast genau mit dem Eintritt des westlichen Mittelmeerbeckens in die Geschichte zusammenfällt. Sie hat hauptsächlich eine wirkliche Bevölkerungsumschichtung bewirkt: Die seßhaften Schwarzen sind im wesentlichen in die sudanischen Zonen zurückgeflutet, zu einem ganz unwesentlichen Prozentsatz in bestimmte Oasen der nördlichen Sahara. Die weißen mittelmeerischen Nomaden, die während der neolithischen Feuchtperiode mehr oder weniger eng mit den Schwarzen lebten, haben ihr Schweifgebiet allmählich immer weiter ausgedehnt, bis gegen Ende des 1. Jahrhunderts eine der heutigen ähnliche Aufteilung erreicht war.

In der relativ günstigen Zone der atlantischen Sahara hat sich eine Bevölkerung aus berberischen Viehzüchtern niedergelassen, die Ahnen der heutigen *Mauren,* die später arabisiert wurden – teilweise in anthropologischer Hinsicht und praktisch vollkommen in sprachlicher – und zwar durch das Eindringen der arabischen Maqil im 13. und 14. Jahrhundert. Das saharische Zentralmassiv (Tassili, Ahaggar, Adrar der Iforas, Air) ist in fortschreitendem Maße durch andere Berber, die aus Tripolitanien und dem Fessan gekommen und ihren berberischen Dialekten treugeblieben sind, besiedelt worden. Es sind dies die *Tuareg,* die zum Teil höchstwahrscheinlich von den durch Herodot im 15. Jahrhundert v. Chr. beschriebenen berühmten Garamanten abstammen, welche »auf mit vier Pferden bespannten Wagen auf die höhlenbewohnenden Äthiopier Jagd machten« (Herodot IV, 183). Der von H. Lhote nachgewiesene »zentralsaharische Fahrweg« durchquert das ganze Tuareggebiet. Er geht von der Oase Gat über die Tassili-Berge, den Ahaggar, den östlichen Tanesruft und den Westabhang des Adrar der Iforas nach Gao am Niger. Von Gat gehen zwei Routen nach Norden; die eine durch den Fessan und über das berühmte Dorf Dscherma nach dem phönizischen Handelskontor Leptis Magna (Homs). Dscherma entspricht der *Garamanten*hauptstadt Garama; man hat dort über 45 000 Gräber gefunden, deren älteste aus dem 15. Jahrhundert v. Chr. stammen. Der andere Handelsweg geht über Ilezi im Norden des Tassili-Gebirges und die Oase Gadames nach Sabratha, das zusammen mit Oea (Tripolis) und Leptis Magna die »drei Städte« oder das Tripolitanien der Griechen bildete.

Diese Handelsstraßen des 1. Jahrtausends v. Chr. haben also den Kontakt zwischen der Küste des Mittelmeers und dem sudanischen Schwarzafrika hergestellt – einen Kontakt, der hinsichtlich der kulturellen Beziehungen umso wichtiger war, als die Verbindungen zwischen den Inseln des Mittelmeers, Etrurien und dem Fessan im 2. und 1. Jahrtausend ziemlich eng gewesen zu sein scheinen, was die ganz außerordentlichen Ähnlichkeiten zwischen den Grabanlagen der Garamanten und denen der Etrusker und Sarden beweisen.

In der Ostsahara hat sich eine Bevölkerung aus schwarzen Nomaden, den *Tubu* (oder Tibu) erhalten, welche sich spätestens im 3. Jahrtausend dort niedergelassen hat. Der »äthiopische« Typ der Tubu im anthropologischen Sinne des Wortes erklärt sich durch eine sehr alte Mischung, die sich im Inneren von Tibesti zwischen Rinderhirten aus dem Osten und während der neolitischen Feuchtperiode aus dem Süden gekommenen Schwarzen vollzog. Die Isoliertheit des Tibestimassivs inmitten feindlicher Wüsten hat zur Bewahrung eines bestimmten Körpertyps beigetragen, ebenso wie zur Erhaltung einer vom Berberischen und Ägyptischen sehr verschiedenen und von der Sprachwissenschaft zur Nil-Tschad-Gruppe gerechneten Sprache.

## E. Das übrige Afrika im 1. Jahrtausend v. Chr.

*Die Kenntnis Afrikas im Altertum.* – Die Alten haben von Afrika nur die mittelmeerischen Randgebiete gekannt, das Niltal bis zur Sumpfbarriere des Sudd, die Küsten des Roten Meeres, einen Teil der Ostküste bis zum Kap Delgado und die Westküste vielleicht bis zum Golf von Guinea. Das ist wenigstens das, was man aus der Karte des großen griechischen Geographen *Ptolemäus* (ca. 90–168) folgern kann. Diese gibt einen ziemlich genauen, wenn auch stark verkürzten, Verlauf der ostafrikanischen Küste, die sich aber auf Höhe des 16. Breitengrads nach Osten wendet, so daß der Indische Ozean zu einem geschlossenen Meer wird (!). Eine eingehende Kenntnis dieser Küste wird durch den »Periplus des Erythräischen Meeres« nachgewiesen, den ein Anonymus in der zweiten Hälfte des 1. Jahrtausends n. Chr. verfaßt hat. Im Westen ist der Verlauf der atlantischen Küste noch viel phantastischer: er geht bis zum »großen Westhorn« und wendet sich dann nach Westen (!). Innerhalb dieses Küstenumrisses erscheinen offensichtliche »Füllnamen« wie beispielsweise der »Götterwagen Hannos«, ein Andenken an die berühmte Reise, die um 470 erfolgt sein soll; dann die »Mondberge«, deren Namen ein gewisser Diogenes geliefert hat, der unter dem Kaiser Claudius (41–54) die Küste Ostafrikas bis nach Rhapta (Dar es-Salam) befahren und, sei es persönlich oder durch Mittelsmänner, Erkundigungen über die Quellen des Nils eingezogen hatte, der »aus einer Kette schneebedeckter Berge, Mondberge genannt, entspringen soll«. (Wahrscheinlich handelte es sich dabei um das Ruwenzori-Massiv.)

Keine der Forschungsreisen, über die die Alten berichten, hat brauchbare Mitteilungen über die Küstenbevölkerungen oder gar die von Schwarzafrika oder der Sahara geliefert; eine Ausnahme bilden lediglich die berühmten Garamanten, die troglodytischen Äthiopier und die Nasamonen, von denen Herodot spricht. Die Nasamonen bewohnten die Oase Audschila, die ihren Namen seit vierundzwanzig Jahrhunderten bewahrt hat. Im 15. Jahrhundert schickten sie eine aus fünf jungen Männern bestehende Expedition aus, wie Herodot berichtet; diese kamen durch die Wüste in ein Land, »wo die Bewohner klein und schwarz sind und wo ein großer Fluß voller Krokodile von Osten nach Westen fließt« (Herodot IV, 32–33). Dieses Land konnte nicht mit Sicherheit identifiziert werden.

Die Erkundungen zur See tragen alle einen mehr oder weniger legendären Charakter, ob es sich nun um den Periplus phönizischer Schiffer handelt, die der saitische Pharao Necho II. im 7. Jahrhundert aussandte, um die ein Jahrhundert später erfolgte Reise des Sataspes, eines Neffen von Darius, oder um die des Marseillers Euthymenes, der im 4. Jahrhundert vielleicht den Senegal erreicht haben dürfte. Der Bericht des griechischen Historikers Polybios über seine Fahrt entlang der Westküste Afrikas nach dem Fall Karthagos (146) ist verlorengegangen; die Fahrt des Eudoxos von Kyzikos um 110 v. Chr. entlang der marokkanischen Küste ist sehr hypothetisch und über die Kanarischen Inseln ist uns keinerlei Dokument überkommen, obwohl diese durch die Flotte des Königs Juba II. von Mauretanien (25 v. Chr. bis 23 n. Chr.) bekannt geworden sind.

Die Erkundungen zu Lande liegen zeitlich später, haben aber ebensowenig Brauchbares geliefert. Cornelius Balbus kommt 19. v. Chr. bis ins Fessan und nach H. Lhote bis nach Gao; Septimius Flaccus verfolgt 70 n. Chr. die Garamanten, nach einigen Autoren bis nach Bilma; Julius Maternus durchquert im Jahre 86 die Wüste bis in eine Agisymba genannte Gegend, »wo die Nashörner sich versammeln« (Ptolemäus I, 814), die aber ebenfalls nicht mit Sicherheit identifiziert werden kann. Im Jahre 70 ziehen auf Befehl des Kaisers Nero zwei Zenturionen das Niltal aufwärts, bis über Meroë (fünfter Katarakt) hinaus, und werden durch »riesige, schlammige und unentwirrbare Sümpfe, wo kein Boot durchkommt«, aufgehalten (Seneca VI, 8). Es handelt sich mit großer Sicherheit um die Sümpfe des Sudd im Süden von Faschoda (Kodok), eine Gegend, in die erst im Jahre 1839 (!) wieder ein Europäer gelangte.

Diese so lückenhaften Kenntnisse über Afrika, welche die Alten zur Zeit des Ptolemäus besaßen, blieben bis zum 15. Jahrhundert, also bis zu einer Zeit, als man einige von arabischen Reisenden erworbene Daten auf Karten übertrug, die einzigen Anhaltspunkte. Bis dahin, ja sogar bis zum 19. Jahrhundert, ist die zu Beginn des 9. Jahrhunderts erfolgte arabische Übersetzung des Ptolemäus und die lateinische Übersetzung von 1406 die Grundlage der Geographie Afrikas geblieben.

*Das prähistorische Afrika im 1. Jahrtausend v. Chr.* – Es ist noch auf die Bedeutung einiger Daten zu weisen, die kürzlich aufgrund der Radiokarbonuntersuchung ermittelt worden sind und die uns Auskunft geben über ein der Antike unbekannt gebliebenes Afrika auf prähistorischer Stufe. Die drei Daten aus drei sehr verschiedenen Gebieten erlauben aufschlußreiche Folgerungen.

Im 1. Jahrhundert v. Chr. hatten die Bantu-Wanderungen noch nicht das südlich des Sambesi gelegene Afrika erreicht; dort lebten mesolithische (Mittelsteinzeit) Jäger und Sammler (Wildbeuter) des »Buschboskopoïden« Typs, d. h. einer Zwischenstufe zwischen den heutigen Buschmännern und dem fossilen Boskop-Menschen der Mittelsteinzeit.

Zu Beginn des 1. Jahrtausends v. Chr. hatte Kenia eine in anthropologischer Hinsicht sehr unterschiedliche Bevölkerung, welche die Anthropologen dem »äthiopischen« oder »kaukasischen« Typ zurechnen und die noch heute über den ganzen Osten Afrikas verbreitet ist; sie geht bis auf wenigstens 11 000 zurück, auf die Zeit, welche für den ältesten in Afrika entdeckten Homo sapiens, den Olduwai-Menschen, angesetzt ist. Diese Menschen hatten eine neolithische Zivilisation, zu der zahlreiche Steingefäße gehörten (Stone Bowl Culture) sowie Mörser und Stampfgefäße, welche den Beweis dafür liefern, daß es sich um Seßhafte handelte, die Getreide anbauten. Dieses Neolithikum hat sich wahrscheinlich seit den paläolithischen Zivilisationen an Ort und Stelle aus dem Capsien (um 11 000) und Elmenteitian – das ja bereits seit 5500 eine reiche Keramik besaß – entwickelt.

Während der gleichen Epoche entstand im Zentrum des heutigen *Nigeria* im Südteil des Bautschi-Hochlands und bis zum Südende des mittleren Benuë eine wesentlich verfeinerte neolitische Zivilisation. Die *Nok Figurine Culture* wurde seit 1944 durch die Wiederaufnahme der Ausbeutung von Zinnminen entdeckt; seit dieser Zeit hat der englische Archäologe Bernard Fagg mehrere Hunderte von Terrakottafiguren gefunden, die in einem sehr bedeutenden naturalistischen und dynamischen Stil Menschen und Tiere darstellen. Die prachtvollen Köpfe aus Jermaa, Wamba und Nok sind jetzt in Nigerien allgemein bekannt und verdienten es, in allen Werken der allgemeinen Kunstgeschichte wiedergegeben zu werden, genau so wie übrigens auch die aus dem 3. und 4. Jahrtausend stammenden Fresken aus dem Tassili.

Es erscheint heute als sicher, daß diese »Nok-Zivilisation« eine rein afrikanische ist, die innerhalb einer Negerbevölkerung entwickelt wurde und zu Anfang unter keinerlei Einflüssen von außen stehen konnte. Die frühe Existenz der Nok-»Schule« erklärt nach Ansicht des englischen Archäologen F. Willett die so erstaunlich weit entwickelten Terrakotten und Bronzen von Ife, der religiösen Hauptstadt der Joruba. Ife ist die archäologische und künstlerische Hochburg Schwarzafrikas und Lehrmeisterin der berühmten »Benin-Bronzen«, die den Besuchern der europäischen Museen wohlbekannt sind.

Bruchstücke von Blasbalgdüsen, Eisenschlacke und Spuren von Schmelzöfen sind mehrere Male zusammen mit Terrakottafiguren gefunden worden. Es ist also möglich, daß die Verhüttung des Eisenerzes im 1. Jahrtausend v. Chr. in der Sudanzone südlich des 13. Breitengrades *erfunden* worden ist. Dort kommt das Lateriteisenerz besonders häufig vor, welches keine sehr hohe Schmelztemperatur hat und woraus sich wenigstens ein unreines, mit Holzkohle vermischtes Eisen gewinnen läßt, das die Schmiede mit den alten Methoden der Eingeborenen herstellten.

IV

# Afrika von der Eroberung durch Rom bis zur Eroberung durch die Araber

Zwischen den Jahren 30 v. Chr., als Oktavian nach dem Tode Kleopatras Ägypten annektiert, und 42 n. Chr., als Mauretanien durch Claudius Provinz wird, ist das Mittelländische Meer zum *mare nostrum* geworden und ganz Nordafrika unter die Kontrolle Roms gekommen.

Fast sieben Jahrhunderte sollen bis zur Eroberung durch die Araber vergehen, sieben Jahrhunderte, die Europa endgültig gekennzeichnet haben, Afrika allerdings viel weniger und zwar auf Grund der totalen Umwälzung, die der Islam dort im religiösen, gesellschaftlichen, kulturellen und politischen Leben vom 7. Jahrhundert an bewirkt hat.

Wenn die mohammedanische Religion heute ganz Nordafrika einen einheitlichen Charakter verleiht, so war dies zu Beginn der christlichen Ära durchaus nicht der Fall. Ägypten und Berberei hatten eine vollkommen verschiedene geschichtliche Entwicklung gemacht, die zum großen Teil durch die geographischen Bedingungen bestimmt wurde, und die sehr praktisch veranlagten Römer haben nicht im geringsten daran gedacht, auf beide die selben Verwaltungsprinzipien anzuwenden. Diese Länder wurden jedoch als wesentliche Versorgungsbasen für Rom angesehen und daher waren für beide die Bodengesetzgebungen nicht allzu unähnlich, die den Großgrundbesitz und die hohen Erträge begünstigten. Beide haben das Christentum gekannt – bald als tolerierte Religion, bald als verfolgte, dann als »geschulmeisterte« und schließlich sogar als Staatsreligion. Aber das durch drei Jahrhunderte griechischer Herrschaft und dreißig Jahrhunderte pharaonischer Geschichte zutiefst geformte Ägypten hat nicht auf die gleiche Art und Weise reagiert wie die kaum romanisierte Berberei, die bestimmten punischen Göttern treugeblieben war.

## A. Ägypten

*Bis zum Beginn des 4. Jahrhunderts.* – Der Übergang von den Griechen zu den Römern vollzieht sich, ohne heftige Reaktionen bei den Ägyptern im Gefolge zu haben. Octavian kommt zugute, daß die Bauern des Niltals einen absoluten Gehorsam gewöhnt sind, und er setzt sich an die Stelle der griechischen Pharaonen. Ägypten wird zum »Privateigentum« des Kaisers; seine Erträgnisse gehen ins *patrimonium* des Herrschers. Die Bewohner sind keine römischen Bürger, sondern Ausländer, die willkürlicher Zins- und Fronpflicht unterworfen sind.

Allerdings kommen sich die Römer den Griechen und Ägyptern gegenüber fast wie »Parvenüs« vor und machen demzufolge keinen Versuch, ihre Sprache und Götter einzuführen. Sie behalten die griechischen Verwaltungsbeamten bei, die weiterhin neben ihrer eigenen Sprache die ägyptische verwenden, während die lateinische Sprache auf die Kreise der hohen Beamten und der römischen Soldaten beschränkt bleibt.

Die römische Periode Ägyptens ist also eine Blütezeit des Hellenismus, besonders in Alexandria, das sich noch weiter entwickelt, aber bereits hinnehmen muß, daß es nicht mehr die erste Stadt des Mittelmeerbeckens ist. Der Handel Roms mit Indien wächst nach der Entdeckung des Monsuns durch Hippalus, Ende des 1. Jahrhunderts, und nach der Errichtung einer römischen Basis in Aden. Aber nur ein Teil der Waren, die aus Ceylon, dem Verteilungszentrum des Fernosthandels, kommen, geht über Ägypten; im allgemeinen zieht man die Landrouten vor, die in Palmyra enden. Um den ägyptischen Durchgangszoll wiederzuerlangen, läßt der Kaiser Trajan (76–117) den berühmten, aber versandeten Kanal des Necho instandsetzen.

Alexandria ist auch die Sammelstelle für die Produkte, die aus dem innern Afrika über Nubien kommen, das während der ganzen Römerzeit unabhängig geblieben ist – südlich einer unter Augustus geschaffenen befestigten Grenzmark zwischen dem ersten und zweiten Katarakt. Weiter ist es der Versandort für die den Ägptern abverlangte Naturalsteuer, die *annona,* die der Getreideversorgung Roms für vier Monate entspricht. Um diese riesige Getreidemenge leichter zusammenbringen zu können, entwickelt Rom allmählich den Großgrundbesitz durch Landschenkungen an seine Staatsbürger und an die griechische Bourgeoisie der Städte zu Lasten des ägyptischen Bauern, der das Land als Taglöhner bebauen muß oder aber von Steuern und Zwangsabgaben erdrückt wird, wenn er Pächter geblieben ist.

Diese systematische Ausbeutung des ägyptischen Bauern bringt es mit sich, daß es während der römischen Periode keine wirkliche ägyptische Geschichte geben würde, wenn sich nicht die christliche Religion vom 3. Jahrhundert an auf dem Lande verbreitet hätte, und mit der Zeit zur Nationalreligion geworden wäre. Die einzige »bürgerliche« Geschichte dieser Zeit hat Alexandria, aber sie besteht aus Streitereien unter den Römern selbst und hauptsächlich aus solchen zwischen den beiden Hauptelementen der Bevölkerung, den Griechen und den Juden. Die Juden revoltieren unter Claudius (41–54); unter Nero im Jahre 66 werden 50 000 von ihnen niedergemacht; neue Revolte im Jahre 70 nach der Einnahme Jerusalems durch Titus; unter Trajan endlich erfolgt im Jahre 115 der allgemeine Aufstand der Juden im ganzen römischen Reich und zumal in der Cyrenaika, in Tripolitanien und in Alexandria. Die schonungslose Unterdrückung zieht ein wahres Blutbad nach sich sowie die Flucht einer bedeutenden Gruppe von Israeliten in den Fessan.

Von der Mitte des 3. Jahrhunderts an verringert sich die römische Autorität im ganzen Reich immer mehr. Alexandria wird zum Schauplatz ständiger Unruhen; die Unsicherheit wird so groß, daß sich Zenobia, Königin von Palmyra, im Jahre 269 zur Königin von Ägypten erklärt; erst im Jahre 272 wird ihre wundervolle Hauptstadt in Syrien durch Aurelianus eingenommen und zerstört. Im Jahre 274 nimmt ein römischer Papierfabrikant namens Firmus den Titel »Augustus« für sich in Anspruch; im Jahre 292 läßt sich der römische General Achilles in Alexandria zum Kaiser ausrufen und leistet acht Monate lang den Truppen Widerstand, die unter dem Kommando des Kaisers Diokletian (283–305) danach auch eine blutige Unterdrückung der Widerstandsbewegung durchführen.

Das Andenken an Diokletians Härte ist in der Chronik der ägyptischen Kirche verzeichnet, die das Jahr seiner Thronbesteigung (284) dem Beginn des *Märtyrerzeitalters* gleichsetzt. Das Ende des 3. Jahrhunderts bedeutet tatsächlich einen wesentlichen Wendepunkt in der Geschichte des ägyptischen Christentums; es ist dies die Zeit, da die christliche Religion auf dem Lande große Verbreitung erlangt hat und die Bibel für die des Griechischen Unkundigen in die koptische Sprache übersetzt worden ist; es ist dies ebenfalls die Zeit, da sich Paulus von Theben und der heilige Antonius als Einsiedler in die Wüste zurückziehen und damit das Mönchtum einleiten, das in der Entwicklung des Christentums in Ägypten eine bedeutsame Rolle spielen und später für den Okzident als Muster gelten sollte.

Seit der Einführung des Christentums in Alexandria durch den Evangelisten Markus, der im Jahre 61 als Märtyrer starb, bis zur Verfolgung durch den Kaiser Decius im Jahre 250 hat sich die christliche Kirche hauptsächlich in Alexandria und den griechischen Städten des Landesinnern in den Kreisen der Aristokraten und Intellektuellen entwickelt.

Die durch die hellenisierten Juden Alexandrias verbreitete neue Religion erschien zu Anfang als eine höherstehende Philosophie, welche eine mehr zusammenhängende Erklärung des ganzen Weltgeschehens gab als sie von anderen orientalischen Religionen geboten wurde. Sie wurde in den Synkretismus einbezogen, dem man den Sammelnamen *Gnostizismus* gegeben hat. Die ersten Gnostiker stammten aus Palästina und Syrien, aber in Alexandria entwickelte sich eine bedeutende Schule in der ersten Hälfte des 2. Jahrhunderts mit berühmten Lehrern wie Basilides, Valentinos und Carpocrates.

Der Erfolg der ersten Gnostiker bewirkt gegen Ende des 2. Jahrhunderts die Gründung einer katechetischen Schule oder *Didaskalä*, welche die Aufgabe hat, die theologischen Grundlagen der christlichen Religion zu bestimmen. Verschiedene Lehrer wirken dort, die zu den größten Gelehrten der Urkirche gehören: *Clemens von Alexandria* in den letzten Jahren des 2. Jahrhunderts, *Origenes* zu Beginn des 3. Jahrhunderts. Dies ist die Zeit der großen Edikte zur Christenverfolgung im ganzen römischen Reich. Das Edikt des Kaisers Septimius Severus aus dem Jahre 202 zwingt Clemens zum Exil und macht den Vater von Origenes zum Märtyrer; das Edikt von Decius aus dem Jahre 250 hat den Abfall der Mehrzahl der Gläubigen zur Folge, aber auch die Flucht des alexandriner Bischofs Dionysios (247–265) nach Libyen, wo ihm in seiner heidnischen Umgebung zahlreiche Bekehrungen gelingen. Aufgrund des Edikts des Kaisers Valerianus im Jahre 258 von neuem verbannt, entfaltet Dionysios eine rege missionarische Tätigkeit. Schließlich kommt die »große« diokletianische Verfolgung im Jahre 303, die sich im Jahre 311 unter der glücklicherweise kurzen Regierung von Maximinus Daia noch verschärft.

Die Hinrichtungen und Verbannungen erfolgten damals in allen Provinzen und in allen Bevölkerungsschichten, hatten aber sehr viele Bekehrungen zur Folge; es war dies in der Tat die beste Hilfe für den von der römischen Obrigkeit unterdrückten und verachteten Ägypter, um sich als Persönlichkeit zu behaupten; die christliche Religion erlaubte ihm ferner, den unerträglichen Anforderungen des römischen Fiskus zu entgehen, indem er sich in der Wüste niederließ, sei es dem

Beispiel Pauls von Theben und des heiligen Antonius (250–356) folgend als *Anachoret* (»der für sich lebt«) oder gemäß der durch den heiligen Pachomius zu Beginn des 4. Jahrhunderts aufgestellten Regel als Klostermönch.

*Die Jahre 313 bis 451: Blütezeit des alexandrinischen Patriarchats.* – Im Jahre 313 proklamiert Kaiser Konstantin im *Edikt von Mailand* die Religionsfreiheit für das ganze Römische Reich. Das 4. Jahrhundert erhält in Ägypten sein Merkmal durch die außerordentlich schnelle Entwicklung des Mönchtums und den Kampf, den der alexandrinische Bischof *Athanasios* fünfundvierzig Jahre lang gegen den Arianismus des libyschen Priesters Arius führt.

Im Jahre 325 schafft das nach Nicäa in Bithynien einberufene erste ökumenische Konzil der Kirche das *Nicäische Glaubensbekenntnis,* welches das Dogma von der Dreieinigkeit aufstellt, das seitdem eine wesentliche theologische Grundlage des Christentums ist; dagegen verdammt das Konzil die durch Arius vertretene Lehre eines absoluten Monotheismus, der die Göttlichkeit Christi verneint.

Aber im Jahre 328, dem Jahre der Wahl des Athanasios zum Bischof von Alexandria, wird Kaiser Konstantin anderer Meinung und begnadigt Arius, was Athanasios, den Mitverfasser des Nicäischen Glaubensbekenntnisses, zum offenen Gegner der kaiserlichen Autorität macht. Die antiarianischen und antikaiserlichen Gefühle der Bevölkerung von Alexandria werden noch verstärkt durch die Schaffung Konstantinopels (330) und seine schnelle Erweiterung, die eine unmittelbare Konkurrenz für die ägyptische Hauptstadt bedeutet. Unruhen und brutale Unterdrückung folgen einander bis zum Tode des Athanasios im Jahre 373, nachdem dieser viermal von seinem Bischofsstuhl verjagt worden ist; im Jahre 381 sorgt das Konzil von Konstantinopel für den endgültigen Triumph der nicäischen Orthodoxie.

Athanasios hat demnach eine sehr große Rolle in der Geschichte der Kirche gespielt, aber seine Tätigkeit in Ägypten ist auch deswegen von ebenso großer Wichtigkeit, weil er die große Volksbewegung des Mönchtums unterstützte. Der Bischof von Alexandria ist so zu einem »geistlichen Pharao« geworden; die Steigerung seines Prestiges in der christlichen Welt spielte eine Rolle analog der Beispiele von Asketentum und Heiligkeit bei den Anachoreten in der Wüste; sie hob die Selbstachtung des Volkes, das seit dem Ende seiner eigenen Geschichte (sechshundert Jahre früher) einzig und allein als willenloses Werkzeug für die Getreideerzeugung betrachtet wurde.

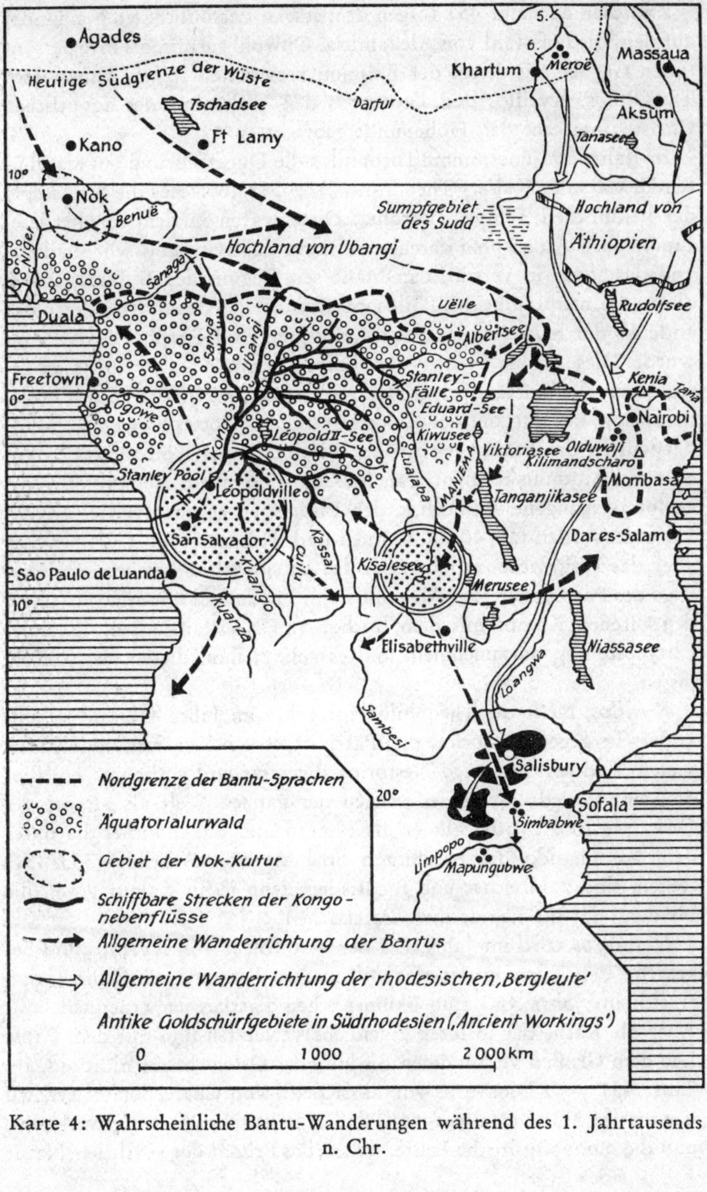


Karte 4: Wahrscheinliche Bantu-Wanderungen während des 1. Jahrtausends n. Chr.

Zwischen 385 und 451 folgen drei starke Persönlichkeiten einander auf dem Bischofsstuhl von Alexandria. Obwohl sie oftmals ihre persönlichen Gegner mit denen der Religion verwechselt haben, haben doch Theophilos, Kyrillos und Dioskuros den Weltruhm des ägyptischen Christentums auf den Höhepunkt gebracht.

Im Jahre 391 übernimmt Theophilos die Durchführung des berühmten Dekrets des Kaisers Theodosius (379–395), welches die Schließung der heidnischen Tempel anordnet. Diese waren in dem so überlieferungstreuen Altägypten damals noch sehr zahlreich und sehr mächtig; und das sogar in verstärktem Maße seit Beginn des 3. Jahrtausends durch die neuplatonische Philosophenschule in Alexandria, die unter anderen durch Ammonias Sakkas, Plotinos und Porphyrios berühmt wurde. Diese Schule wird erst im Jahre 529 unter Kaiser Justinian geschlossen. Die aufständischen Heiden Alexandrias flüchteten sich in das Serapeion, das mitsamt der Kolossalstatue des Gottes Serapis angezündet wurde; das Feuer zerstörte die Bibliothek der Könige von Pergamon, die Antonius Kleopatra als Ersatz für die durch die Schuld Cäsars verlorengegangene Bibliothek der Ptolemäer gegeben hatte. In der Provinz werden fast 40 000 Statuen und Tempel zerstört. Dieser Sieg über das Heidentum erhöht noch das an sich schon beträchtliche Prestige des Patriarchen von Alexandria im Lande und ermutigt ihn dazu, den offenen Kampf mit dem Bischof von Konstantinopel, Johannes Chrysostomos, aufzunehmen, und es gelingt ihm, diesen absetzen zu lassen.

*Kyrillos,* Neffe des Theophilos, folgt ihm im Jahre 412 und kämpft seinerseits gegen Nestorios, den Patriarchen von Konstantinopel; nach vielen Wechselfällen wird Nestorios abgesetzt und verbannt: Kyrillos erscheint von da an in den Augen der ganzen Welt als »Papst des Orients«. In Ägypten gilt er als Pharao und die Mönche, die unter dem Kommando des berühmten Schenute von Athribis (333–451) stehen, sind zahlreicher und fanatischer denn je im Kampf gegen die Heiden oder die Feinde ihres Patriarchen.

*Dioskuros* wird im Jahre 444 der Nachfolger von Kyrillos und bekräftigt den Vorrang des alexandrinischen Patriarchats dadurch, daß er sich im Jahre 450 zum ökumenischen Patriarchen ernennen läßt. Aber die Rache der in ihrer Eigenliebe verletzten und mit dem Papst Leo dem Großen verbündeten Bischöfe des Ostens bleibt nicht aus. Im Jahre 451 wird Dioskuros vor das Konzil von Chalcedon zitiert, wo der mutige Mann erfahren muß, daß er selbst abgesetzt und verbannt, und die monophysitische Lehre, welche das Primat der göttlichen Natur in Christus betont, verdammt ist. Die Formulierung des Papstes Leo, derzufolge Jesus Christus in einer einzigen Person zwei Naturen, eine göttliche und eine menschliche vereint, wird offiziell angenommen; sie wird von nun an die chalcedonische oder katholische genannt und der monophysitischen Lehre entgegengestellt.

*Von 451 bis 640: Nach dem Konzil von Chalcedon.* – Das Konzil von Chalcedon hat zum Schisma der monophysitischen Kirche geführt, das die ägyptische Kirche und ihre äthiopische Tochterkirche endgültig von Rom getrennt hat. Im Bewußtsein der äußersten Bedenklichkeit dieses Schismas haben sich mehrere Kaiser um einen Kompromiß zwischen der chalcedonischen und der monophysitischen Doktrin bemüht, aber diese Kompromißvorschläge wurden niemals vom ägyptischen Volke akzeptiert, auch dann nicht, wenn sie von ägyptischen Bischöfen vorgebracht wurden.

Es handelt sich dabei in Wirklichkeit mehr um einen nationalen als um einen religiösen Widerstand; die Verbannung Dioskuros' bedeutete das Ende einer großen Hoffnung, der Hoffnung auf das Wiederauferstehen der ägyptischen Nation, die von einem Volke gehegt wurde, das sich seiner großartigen Vergangenheit und der tiefen Erniedrigung seit der alexandrinischen Eroberung bewußt geworden war. Der Monophysitismus war also weniger eine Opposition gegenüber dem Chalcedonismus als gegenüber den Griechen, die diesen verkörperten und die *Melkiten* (von aramäisch *melk* = König) genannt wurden. Im übrigen vertrug sich das Primat der göttlichen Natur Christi recht gut mit den in der ägyptischen Seele so tief eingewurzelten mystischen Tendenzen und dem Begriff des obersten Richters Osiris.

Während der 189 Jahre, die das Konzil von Chalcedon und die Eroberung durch die Araber voneinander trennen, haben die religiösen Unruhen nicht aufgehört. Unter der Maske theologischer Streitfragen wurde der Rassenhaß zwischen Griechen und Ägyptern immer erbitterter und wuchs sich manchmal zu wahren Massakern aus, sorgte aber auch für die endgültige Festigung einer nationalägyptischen christlichen Kirche, welche zwölf Jahrhunderte lang dem siegreichen Islam Widerstand leistete und noch heute existiert.

Im 5. und 6. Jahrhundert sind die Kaiser, von einigen Ausnahmen wie Anastasios (491–518) und Justinus abgesehen, dem Monophysitismus nicht günstig gesinnt und Verfolgungen kommen häufig vor, zumal unter Justinian I. (527–565). Zu Beginn des 7. Jahrhunderts scheinen Melkiten und Monophysiten einander näher zu kommen, aber der

»historische Augenblick« für eine Union scheint vorüber zu sein. Von 619 bis 629 sind die Perser die Herren Ägyptens; Kaiser Heraklios stellt im Jahre 629 die byzantinische Herrschaft wieder her und versucht sich in einer Einigung zwischen Monophysiten und Melkiten durch die Schaffung des *Monothelismus*, der trotz zweier Naturen in der Person Christi das Vorhandensein einer einzigen Energie oder Willens behauptet. Aber es ist bereits zu spät: Im Jahre 639 überschreitet Amr Ibn al-As die Grenze; er benötigt nur drei Jahre, um sich Ägyptens zu bemächtigen.

Dreizehn Jahrhunderte sind heute seit der Eroberung durch den Islam verflossen, dreizehn Jahrhunderte, die die sieben Jahrhunderte römischer Herrschaft vollkommen in Vergessenheit haben geraten lassen, zumindest bei den mohammedanischen Ägyptern, die zahlenmäßig so weit überlegen sind. Es ist sicher, daß diese römische oder besser gesagt griechisch-römische Periode Ägypten nichts gebracht hat als einen immer schwerer lastenden Steuerdruck; wenn aber die römische Aktion praktisch gleich Null war, so ist doch die ägyptische *Reaktion* innerhalb der allgemeinen Geschichte der ägyptischen Nation von grundlegender Bedeutung. Bei einem Volk, das so traditionsgebunden und zutiefst religiös verwurzelt ist wie das des Niltales, mußte diese Reaktion eine religiöse Form annehmen; dies ist die Ursache für den Erfolg des Christentums, das in der Gegnerschaft zur herrschenden Macht geboren und großgeworden ist. Die Tatsache, daß die monophysitische christliche Kirche bis heute überleben konnte, ist ein Beweis für ihren nationalen Charakter ebenso wie ihr Name »koptisch«, welcher im Arabischen »ägyptisch« bedeutet (*Kupti* vom griechischen *Aigyptoi*, das im Lateinischen *Aegyptii* ergeben hat), und ebenso wie die liturgische Verwendung der koptischen Sprache. Diese ist nichts anderes als das Altägyptische in griechischer Schrift mit zusätzlichen sechs demotischen Schriftzeichen, die im Griechischen nicht vorhandene Laute wiedergeben sollen.

Das Koptische ist bis zum 16. Jahrhundert gesprochen worden; dank seiner Kenntnis konnte Champollion die Hieroglyphen entziffern und so die Geschichte des pharaonischen Ägypten rekonstruieren, die vor ihm einfach nicht existierte. Diese Tatsache verdient hervorgehoben zu werden ebenso wie die der Ersetzung des *pharaonischen Polytheismus* durch den *christlichen Monotheismus*, die sicher die Übernahme des Islam vom 7. Jahrhundert an erleichtert hat.

## B. Die Berberei

Die Bilanz der Römerherrschaft in der Berberei sieht ganz anders aus. Im Maghreb und in Tripolitanien sind nur noch die eindruckerweckenden Ruinen *toter* Städte übriggeblieben. Alles übrige ist verschwunden, auch aus dem Gedächtnis der Menschen. Selbst das strahlende Christentum des 3. und 4. Jahrhunderts hat der mohammedanischen Invasion keinen Widerstand geleistet, sodaß sich wohl 95 Prozent der Maghrebiner von heute praktisch weigern dürften, zu glauben, daß ihr Land mehr als fünf Jahrhunderte lang christlich war und der Christenheit viele Heilige und einige ihrer besten Theologen, darunter als berühmtesten den heiligen Augustinus gegeben hat. Dabei war der römische Einfluß äußerst stark, zumindest bis zum Ende des 3. Jahrhunderts. Aber er hat sich immer nur auf die »nützliche« Berberei beschränkt und diese strikt utilitaristische Auffassung der Kolonisierung, die sich auch nicht im geringsten um die Respektierung der »afrikanischen Persönlichkeit« der unterworfenen Völkerschaften kümmerte, war sicher letztlich die Hauptursache der Katastrophe.

Selbst in der Zeit der größten Ausdehnung zu Beginn des 3. Jahrhunderts entsprach die effektiv von den Römern beherrschte Fläche kaum der Hälfte von der des geographischen Begriffs »Maghreb«. Nach Westen zu wurde das Gebiet immer schmäler. Das heutige Tunesien war bis zu der Kette der Schotts besetzt und bildete zusammen mit der tripolitanischen Küste bis zur Großen Syrte die Provinz *Africa Proconsularis*. In Algerien entsprach *Numidia* dem heutigen Departement Constantine bis zum Wadi el-Kebir und dem Schott el-Hodna, jedoch waren, mit Ausnahme der Bergmassive des Aures und der Kleinen Kabylei, nur die Gebiete des Flachlandes tatsächlich besetzt. Die Provinz *Mauretania Caesariensis* erstreckte sich über den Norden der Departements Algier und Oran, wobei das ganze Gebiet der »Hauts Plateaux« außerhalb des *Limes* blieb. In Marokko endlich beschränkte sich die Provinz *Mauretania Tingitana* auf die Ebenen nördlich einer Linie Rabat – Fes – Tasa.

Es hat also immer im Süden des romanisierten Gebietes eine breite Zone sehr mageren, aber noch nicht wüstenhaften Landes gegeben, das sich wie auch heute für die Herdenwirtschaft eignet, aber in trockenen Jahren nicht in der Lage ist, seine Bevölkerung zu ernähren. Das Vorhandensein dieser unterernährten Gebiete hat immer schwer auf der römischen Kolonisation gelastet, umso mehr als sich sogar innerhalb des Limes eine neue Klasse Unzufriedener bildete. Die von ihrem

Grund und Boden verjagten Bauern und die Wanderhirten, die sich von den guten Weiden ausgeschlossen sahen, flüchteten über den Limes hinaus oder in die nicht besetzten Bergmassive, die dadurch zu dauernden Aufstandsherden wurden.

Diese zersetzenden Momente wurden allerdings erst vom 3. Jahrhundert an wirksam, als die Macht Roms allmählich zu schwinden begann. Während der vollen Machtentfaltung des Reiches ist es Rom gelungen, die berberische Stadtbevölkerung weit tiefergehend zu latinisieren als irgendein anderes unterworfenes Volk.

*Von 40 bis 238: Das Goldene Zeitalter des Römischen Reiches.* – Nordafrika hatte innerhalb des Römischen Reiches die wichtige Rolle des Lebensmittellieferanten übernommen. Wie Ägypten so mußte auch die Berberei alljährlich eine riesige Menge Getreide und die für die Zirkusspiele nötigen »africanae« oder lebenden wilden Tiere schicken. Sie war also die unerläßliche Grundlage für das »panem et circenses« (Brot und Zirkusspiele) der römischen Plebs.

*Bodenpolitik.* – Daher also das Bestreben, die bebaute Fläche auf Kosten des Weidegeländes zu vergrößern und den Großteil der Erzeugung nach Rom zu exportieren. Seit der Regierungszeit Trajans (96–117) wendet man die Politik der »Flurbereinigung« an, die darin besteht, daß man die Berber von dem fruchtbaren Land verdrängt, das dann unter die Großgrundbesitzer *(possessores)* oder die mit der Steuereinziehung beauftragten Generalpächter *(publicani)* aufgeteilt wird. Trajans Vorgänger hatten bereits den fiskalischen Besitz, den *ager publicus,* stark vergrößert. Alle diese Maßnahmen bringen eine Verarmung des einheimischen Bauern mit sich, der oftmals dazu gezwungen ist, das Land, das früher sein eigen war, als Tagelöhner zu bebauen, oder aber über den Limes hinaus zu fliehen, um sich dort zu den Nomaden zu gesellen und an ihren periodischen Aufstandsbewegungen teilzunehmen. Sogar während der ersten zwei Jahrhunderte der christlichen Zeitrechnung, dem »Goldenen Zeitalter« des Römischen Reiches, erhoben sich die Berberstämme fast alle fünfundzwanzig Jahre und einige ihrer Aufstände haben anscheinend sogar die römische Herrschaft in Gefahr gebracht, wie z. B. unter Antoninus Pius (138–161), als schleunigst Verstärkungen aus Syrien und Panonien geholt werden mußten und die römischen Truppen zum ersten Male in den Aurès eindrangen.

Aber diese Aufstandsbewegungen sind immer nur zweitrangig gewesen und haben die wirtschaftliche Leistung Afrikas in den beiden ersten Jahrhunderten kaum beeinträchtigt. Erzeugung und Ausfuhr von Wein und wilden Tieren im 1. Jahrhundert, wozu im 2. Jahrhundert noch Öl, Wein und Marmor kamen, bereicherten zahlreiche berberische Besitzer genau so wie die italienischen Kaufleute und hatten eine starke Tendenz zur Verstädterung zur Folge. Ehemalige Marktorte sind im 1. und 2. Jahrhundert zu Städten geworden, wo sich eine latinisierte berberische Bourgeoisie bildete.

*Politische Angleichung.* – Jede städtische Siedlung barg für alle ihre Bewohner große Möglichkeiten sozialen Aufstiegs in sich. Jene konnten die römischen Bürgerrechte erhalten und damit sogar in den Ritter- und Senatorenstand aufsteigen. Die Berber nehmen hohe Beamtenstellen ein, einer von ihnen erlangt sogar die Kaiserwürde: *Septimius Severus* wird im Jahre 146 als Glied einer angesehenen Familie in Leptis Magna in Tripolitanien geboren. Er wird für seine weiteren Studien in Latein und Griechisch nach Rom geschickt; unter Marc Aurel erhält er die Zulassung zum Senat. Bis zu seiner Thronbesteigung im Jahre 193 durchläuft er eine glänzende Karriere, die ihn in verschiedene Provinzen des Reiches führt. Dieser romanisierte Berber, Gemahl der Julia Donna, Tochter des syrischen Hohenpriesters des Sonnengottes Elagabal, vergißt seine afrikanische Herkunft nicht. Er verleiht seiner Geburtsstadt das italische Recht und aus ihr wird eine prachtvolle Stadt, die sein Sohn noch verschönert. Man nimmt an, daß er die Kamelzucht in Tripolitanien gefördert hat, was auf lange Sicht den Sieg der Nomaden über die Seßhaften in der Steppenzone mit sich bringen sollte. Caracalla folgt im Jahre 211 auf seinen Vater und gewährt im Jahre 212 allen im römischen Reiche Wohnenden das Bürgerrecht. Die Durchführung dieser »Integrationspolitik« sollte aber in Wirklichkeit durch die unteren Behörden teilweise sabotiert werden. In der Berberei wurde sie weder auf die Nomaden noch auf die Bergbewohner, die einzigen ständigen Gegner der Römerherrschaft, angewendet. In Ägypten erfaßte die Verleihung des Bürgerrechts nur Griechen oder Hellenisierte.

*Kulturelle und religiöse Angleichung.* – Die römischen Bemühungen um eine politische Angleichung beruhen auf der Anlage von Städten. Ob es sich dabei um Timgad (Thamugadi), Lambèse (Lambaesis) oder Djemila (Cuicul) in Numidien, Tébessa (Theveste), Madaure (Madauros), Khamissa (Thubursicum Numidarum), Dougga (Thugga) oder Hippo Regius in Africa Proconsularis, Tipasa oder Scherschel (Caesarea) in Mauretania Caesariensis, oder Volubilis in der Tingitana handelt, um nur die wichtigsten der ausgegrabenen Ruinenstätten zu nennen – ihr Grundplan gleicht genau dem ebensovieler anderer Römerstädte. Um das Forum gruppieren sich das Theater, die Thermen, Tempel,

Marktplätze, manchmal wie in Timgad eine öffentliche Bibliothek; die Plätze sind mit Statuen von Göttern, Kaisern oder berühmten Bürgern der Stadt geschmückt, die Stadttore haben Triumphbögen, die Straßen sind gepflastert und mit Kanalisation versehen, oft von Säulenhallen gesäumt. Die zahlreichen öffentlichen Brunnen werden durch Äquadukte gespeist, die reines Wasser von sehr weit herleiten.

In diesen römischen Städten der Berberei zeigt der Reichtum zahlreicher Privathäuser und die Zahl der Thermen, daß dort eine sehr reiche Bürgerschaft lebte. Bei einem großen Teil handelte es sich um Berber. Diese lernten Latein und ließen ihre Kinder in angesehenen Schulen wie denen von Cirta (Constantine) und Madauros unterrichten. Sie waren besonders gute Schüler, denn einige der besten lateinischen Schriftsteller dieser Epoche sind berberischer Herkunft wie Apuleius, der Verfasser des *Goldenen Esels*, der von 125 bis 170 lebte. Der berühmte Rhetoriker *Fronto* von Cirta war beinahe sein Zeitgenosse (100–175); er war Konsul im Jahre 143 und der Erzieher des Kaisers Marcus Aurelius; seine Beredsamkeit wurde derjenigen Ciceros gleichgeachtet. Unter den Severern zeichnen sich der Dichter Terentianus Maurus (193–235) und der Philosoph Porphyrios aus.

Diese Schriftsteller sind Heiden zu einer Zeit, als die übergroße Mehrheit der Berber heidnisch ist. Die in den römischen Städten der Berberei erbauten Tempel sind häufig den lokalen »maurischen Göttern« geweiht, aber noch viel öfter römischen Göttern oder den Kaisern selbst. Bei diesen römischen Göttern handelt es sich übrigens um nichts anderes als um Transpositionen alter punischer Götter. Aus dem Gotte von Tyros, Melkart, ist zuerst Herakles und dann Herkules geworden; Eschmun ist zu Äskulap geworden, Tanit zu Caelestis und Baal Hammon zu Saturn. Der Kult des zu Saturn gewordenen Baal Hammon hat besonders auf dem Lande mindestens bis zum 15. Jahrhundert geblüht. Seine Fortdauer verkörpert sicher den Widerstand der berberischen Originalität gegenüber dem beherrschenden Einfluß der Römer.

Aber dieser Widerstand hat sich viel besser und viel weitergehend in der außerordentlich schnellen Verbreitung des Christentums in der Berberei bestätigt.

### *Das Christentum bis zum Jahre 238*

Die Städte Afrikas, wahre »Schmelztiegel der Romanisierung«, hatten im allgemeinen nur eine geringe Bevölkerungszahl, sechs- bis zehntausend Einwohner. Unter ihnen nahm *Karthago* den unumstrittenen Platz der Hauptstadt ein, da seine Einwohnerzahl wiederholt über hunderttausend hinausging.

Die ersten christlichen Missionare kamen nach Karthago und predigten dort in griechischer Sprache in der Umgebung der Synagogen; die gegenüber allen Religionen und zumal der jüdischen geübte Toleranz kam ihnen dabei zugute. Dann zogen, zweifellos bereits um die Mitte des 2. Jahrhunderts, lateinischsprechende Missionare in die damals blühenden Städte der Africa Proconsularis, um die neue Religion zu predigen. Im letzten Viertel des 2. Jahrhunderts dehnte sich die Bewegung bereits bis in die Städte Numidiens aus.

Das Christentum scheint in allen Bevölkerungsschichten großen Erfolg gehabt zu haben; diese gegenüber den heidnischen um soviel anspruchsvollere Religion paßte zu der unabhängigen und unversöhnlichen Wesensart der Berber. Die ersten historisch bewiesenen Tatsachen zeigen das sehr gut: Im Jahre 180 werden Neubekehrte, die sich geweigert haben, den Eid auf das kaiserliche *numen* zu leisten, nach Karthago gebracht und dort enthauptet. Dreiundzwanzig Jahre später wird unter der Regierung des Berberkaisers Septimius Severus eine junge Dame aus der karthagischen Aristokratie, die heilige Perpetua, zusammen mit fünf Taufbewerbern, von denen sich einer selbst bei Gericht angezeigt hatte, den wilden Tieren vorgeworfen. Die Kirche von Karthago stand seit dem Jahre 197 unter der Führung einer außergewöhnlich tatkräftigen Persönlichkeit: unter Tertullianus. In Karthago um 155 geboren, war *Tertullianus* in Rom ein berühmter Rechtsanwalt geworden und hatte sich um 196 bekehrt. Nach seiner Rückkehr in die Heimat stellt er seine bedeutenden Fähigkeiten als Jurist und Polemiker in den Dienst der Kirche von Karthago. Seine strengen christlichen Moralbegriffe imponieren der berberischen Unbeirrbarkeit und bis zu seinem Tode um das Jahr 230 macht die Verbreitung des Christentums große Fortschritte, – vereint ein um 230 abgehaltenes Konzil doch bereits siebzig Bischöfe.

*Von 238 bis 311: Niedergang der römischen Autorität und Aufschwung der christlichen Kirche.* – Das Jahr 235 bedeutet einen Wendepunkt in der Geschichte des Römischen Reiches. Dreißig Jahre vollkommener Anarchie folgen auf die Ermordung des letzten Severers, Alexander Severus. In der Berberei sieht sich Kaiser Gordianus durch Unruhen gezwungen, die in Lambaesia am Fuße des Aures garnisonierte und bis dahin für die Aufrechterhaltung von Ordnung und

Sicherheit genügende berühmte »Legio Augusta« im Jahre 238 aufzulösen.

Dieser sichtbare Niedergang der römischen Autorität hat ein Erwachen des Nationalbewußtseins bei der romanisierten Elite der Berber in den Städten und den offenen Aufstand der nicht unterworfenen Stämme zur Folge. In den Städten wächst die Übertrittsbewegung zum Christentum noch stärker und greift auf die Intellektuellenschicht über, die in der Kirche die Möglichkeit sehen, die Streitkräfte unter einem gemeinsamen Banner für den Widerstand gegen die Macht der römischen Besatzung zu sammeln, ohne deswegen die materiellen Vorzüge der städtischen Zivilisation entbehren zu müssen. Um 246 wird ein berühmter karthagischer Rhetor namens *Cyprianus* Christ; drei Jahre später wird er zum Bischof ernannt und steht einer ungewöhnlich ernsthaften geistigen Krise gegenüber, als die decianische Verfolgung (250) einsetzt. Die Zahl der Abtrünnigen ist so groß, daß er eine Lösung sucht, um sie wieder in die Kirche einzugliedern. Aus diesem Grunde knüpft er Besprechungen mit Papst Stephan I. an, obwohl er dessen Primat nur gezwungenermaßen anerkennt. Cyprianus glaubt an eine Kirche vom parlamentarischen und demokratischen Typ, wo die Priester und Diakone öffentlich und mit der Zustimmung aller ernannt werden. Diese Idee von der Gleichberechtigung stimmt mit der demokratischen Gesellschaftsstruktur der Berber überein; man wird sie kaum verändert im charidschitischen Islam, den die Berber im 8. und 9. Jahrhundert annehmen, wiederfinden.

Im Jahre 258 befiehlt ein Edikt des Kaisers Valerianus von neuem den Christen, den römischen Göttern Opfer darzubringen. Cyprianus weigert sich dessen und wird zum Tode durchs Schwert verurteilt; am 14. September 258 erleidet er mutig den Märtyrertod und wird so einer der bedeutendsten Heiligen der afrikanischen Kirche.

Im Jahre 260 stellt Kaiser Gallienus die Christenverfolgung ein; über vierzig Jahre lang kann die christliche Kirche in Frieden wachsen und sich über Numidien und die beiden Mauretanien verbreiten. Aber im Gegensatz zu Ägypten, wo die Verkündigung des Evangeliums dank der koptischen Bibelübersetzung nach 250 die bäuerlichen Schichten erfaßte, kann das Christentum hier nur in den Städten und bei den bereits romanisierten Berbern Einfluß gewinnen. Die Bibel wird weder ins Libysche noch ins Punische übersetzt, auch nicht im Verlauf der folgenden Jahrhunderte. Diese Mißachtung der gegen die Latinisierung eingestellten Bevölkerungskreise soll für die christliche Kirche Afrikas noch schwere Folgen haben.

Die Berberstämme nutzen ebenfalls den Niedergang der römischen Macht aus. Von 253 bis 262 entwickelt sich eine schwere Aufstandsbewegung im Grenzgebiet zwischen Numidia und Mauretania Caesariensis – neun Jahre lang versuchen die Römer vergeblich einen nicht greifbaren Gegner, der sich über den Limes oder in den Aures zurückzieht, entscheidend zu schlagen.

Im Jahre 285 entschließt sich Kaiser Diocletianus angesichts der beständigen Unsicherheit in Mauretanien zu einer Zurücknahme des Limes: Die Mauretania Tingitana wird auf die Tangerzone beschränkt und der spanischen Provinz Baetica angeschlossen; die Mauretania Caesariensis wird auf ihre Osthälfte beschränkt; zwischen den beiden Mauretanien, im Westen einer Linie von Mostaganem bis Batna gibt es keine römische Zivil- oder Militärverwaltung mehr und die Berber sind dort sich selbst überlassen. Die Numidia wird zweigeteilt, Africa Proconsularis sogar in drei Provinzen mit Karthago, Hadrumetum (Sousse) und Leptis Magna als Hauptstädten.

Diese Reorganisation der Verwaltung erweist sich aber schnell als unzureichend. Im Jahre 289 flammt ein neuer Berberaufstand in dem Gebiet zwischen Kabylei und Hodna auf. Die dortige römische Armee ist nicht in der Lage, ihn zu unterdrücken und muß nach sechsjährigem Kampf Kaiser Maximinianus selbst zu Hilfe rufen. Diesem gelingt es, im Jahre 297 Ordnung zu schaffen.

Ordnung – ein sehr relativer Begriff, denn in der hauptsächlich aus Berbern bestehenden Armee verbreitet sich ein gefährlicher Antimilitarismus, den die Kirche ganz offen fördert, indem sie diejenigen Soldaten, die sich geweigert haben, Waffen zu tragen und den Kaiserkult mitzumachen, als Märtyrer ehrt. Dies ist einer der Gründe für die große Christenverfolgung unter Diocletianus, die im Jahre 303 losbricht, aber in der Berberei weniger unerbittlich durchgeführt wird als in Ägypten.

Wie zu Decius' Zeiten fallen viele ab, aber kein einziger Bischof von der Größe eines heiligen Cyprianus tritt auf. Im Gegenteil – die Würdenträger der Kirche haben nur das eine Bestreben, ihre eigene Haut zu retten, indem sie sich mit den römischen Beamten vergleichen, während sich die Laien voll Festigkeit zum Martyrium führen lassen. Diese niederträchtige Haltung der Bischöfe soll unberechenbare Folgen haben; sie ist der direkte Anlaß für den Donatistenaufstand, der im Jahre 311 einsetzt und über ein Jahrhundert dauert.

*Von 311 bis 430: Das »donatistische« Jahrhundert.* – Der Bischof von Case-Noire in Numidien, *Donatus,* unternimmt eine Neuorganisation des Klerus, nicht auf theologischer, sondern im wesentlichen moralischer Grundlage; er scheidet dabei alle diejenigen aus, welche während der Verfolgung ihr Ansehen verloren haben. Siebzig Bischöfe Numidiens und ein Großteil der Bevölkerung Karthagos stehen hinter ihm, als er den neuen Bischof namens Caecilianus absetzt. Aber nach dem Edikt von Mailand im Jahre 311 ergreift Kaiser Konstantin sofort die Partei des Caecilianus und läßt die Donatisten durch ein im Jahre 314 in Arles abgehaltenes Konzil verdammen.

Von 316 bis 321 werden die Donatisten gejagt und manchmal ermordet. Die Getöteten werden als Märtyrer gefeiert und vergrößern so die Anhängerschaft dieser von dem Bewußtsein ihrer moralischen Überlegenheit getragenen Bewegung. Bis zum Jahre 345 breitet sich jede der beiden afrikanischen Kirchen, die katholische und die donatistische weiter aus und organisiert sich; keine von beiden interessiert sich jedoch auch nur einen Augenblick für den Kampf des Arianismus, der zur gleichen Zeit den ganzen Orient zerrüttet. Das westliche Christentum lateinischer Sprache tritt mehr und mehr in Gegensatz zum griechischsprachigen Christentum des Orients. Dies geht so weit, daß im Jahre 347 auf einem Konzil in Sardica im heutigen Bulgarien die östlichen und westlichen Bischöfe getrennte Beratungen abhalten und sich gegenseitig exkommunizieren(!).

Im Jahre 345 geht Kaiser Constans, verärgert über den Mißerfolg seiner Ratschläge, die auf eine Wiedervereinigung der beiden Kirchen Afrikas abzielen, zu scharfen Maßnahmen über und entsendet Truppen, die gleichzeitig gegen die Donatistenrevolte und gegen die der *Circoncellionen* vorgehen. Seit fast vierzig Jahren streiften Banden ruinierter oder ihres Bodens beraubter Bauern »um die Scheunen« herum *(circum cellas,* daher der Name *circoncelliones)* und terrorisierten die Grundbesitzer, die sich gezwungen sahen, ihre Höfe zu befestigen und die römische Polizei zu Hilfe zu rufen. Da aber die Ursachen für die Misere der Bauern bestehen blieben und sich infolge des allgemeinen wirtschaftlichen Rückgangs im ganzen Römischen Reich noch verstärkten, erneuerten sich die dezimierten Banden sofort wieder.

Die von Constans befohlene Unterdrückung ist von äußerster Brutalität. Im Jahre 347 werden ganze Gemeinden einfach niedergemacht und Dörfer verbrannt, aber diese Exzesse wirken auf das berberische Nationalbewußtsein: Nun gehen die bisher voneinander getrennten Donatisten und Circoncellionen nur noch vereint vor, um der römischen Staatsgewalt, deren Partei die katholische Kirche mehr denn je ergriffen hat, Widerstand zu leisten. Fünfzehn Jahre lang sind sie mit dem Wiederaufbau ihrer Streitkräfte beschäftigt. Donatus stirbt im Jahre 355 nach 44 Jahren aktiven Kampfes, die an die 45 Jahre des Patriarchats von Athanasios in Alexandria denken lassen. Sein Nachfolger Parmenianus benützt geschickt die antichristlichen Ideen des Kaisers Julianus Apostata (361–363), um den Kampf gegen die Katholiken mit der offenen Hilfe der Circoncellionen wiederaufzunehmen.

Im Jahre 364 sind es außerhalb des religiösen Bereiches liegende Ereignisse, die den nationalen Charakter des Donatismus noch verstärken. Ein kabylischer Fürst namens *Firmus,* der sich durch die Machenschaften des »Grafen« von Afrika, Romanus, seines Erbes beraubt sieht, entfesselt einen Aufstand. Zu seinen Kabylen stoßen bald Circoncellionen und Donatisten, deren Zahl und Kampfwert ihn befähigen, Caesarea (Scherschel) und Icosium (Algier) einzunehmen. Mit Tipasa hat er kein Glück, kann aber doch zwei Jahre lang einen Krieg gegen Theodosius, den besten derzeitigen römischen General, durchhalten, der erst durch Verrat im Jahre 375, also elf Jahre nach dem Ausbruch des Aufstandes, über *Firmus* siegreich wird.

Um 386 wird *Gildo,* der Bruder des Firmus, der diesen an die Römer verraten hatte, zum Grafen von Afrika ernannt. Im Jahre 391 wird Theodosius Kaiser und erklärt das Christentum zur Staatsreligion; im Jahre 395 teilt er offiziell das Reich. Gildo nutzt diese Lage aus, indem er im nächsten Jahre die Getreidelieferung nach Rom sperrt und sich zum Vasallen des Ostkaisers Arcadius erklärt, der zu weit entfernt ist, um irgendwelche Kontrolle ausüben zu können. Rom weiß nun wieder Familienzwistigkeiten auszunützen. Mascezelus, der Bruder Gildos, schlägt diesen bei Ammaedara (Haïdra), erhält im Jahre 398 einen Triumphzug in Rom bewilligt, stirbt aber kurz danach unter zweifelhaften Umständen.

Wenn auch die Berberfürsten besiegt zu sein scheinen, so sind doch ihre donatistischen Verbündeten noch immer sehr mächtig; zum Konzil von Bagai (Ksar Baghaï) kommt im Jahre 394 die beachtliche Zahl von 310 donatischen Bischöfen zusammen, aber der Nachfolger des Parmenianus, Primianus, hat nicht die nötige Größe für die Leitung einer so groß gewordenen Bewegung, und zudem befindet sich zur gleichen Zeit eine ganz außergewöhnliche Persönlichkeit an der Spitze der katholischen Kirche Afrikas.

Der im Jahre 395 zum Bischof von Hippo Regius (Bône) ernannte *Heilige Augustinus* beherrscht in der Tat die Geschichte des Christentums der ersten Jahrhunderte. Seine theologischen Leistungen sind ungeheuerlich und haben im Lauf der Jahrhunderte die christliche

Denkweise stark beeinflußt. Seine Hauptwerke werden noch heute gelesen, wie seine *Abhandlung über die Gnade*, *Der Gottesstaat* und besonders seine *Bekenntnisse* – vielleicht das einzige Buch der ganzen lateinischen Literatur, das auch einen Leser aus dem zwanzigsten Jahrhundert noch zutiefst bewegen kann.

Der universelle Charakter des augustinischen Genies hat seine Leser vergessen lassen, daß er aus einer entschieden afrikanischen Gegend stammt und seine berberische Abkunft nicht verleugnen kann. Er wurde im Jahre 354 in Thagaste (Suk Ahras) geboren. Nach einem glänzenden Studium wird er Professor der Rhetorik in Karthago, dann in Rom und schließlich in Mailand, wo er im Jahre 387 unter dem Einfluß des heiligen Ambrosius zum Katholizismus übertritt. Im Jahre darauf kehrt er nach Thagaste zurück und verteilt sein ganzes Vermögen an die Armen; im Jahre 391 wird er zum Priester gewählt, vier Jahre später zum Bischof von Hippo Regius.

Dort erfaßt er sofort die entscheidende Bedeutung der Wiedervereinigung der afrikanischen Kirche. Aber er ist europäisch gebildeter Intellektueller, ist in Europa Katholik geworden; dies verhindert zwangsläufig, daß er begreift, daß die beträchtliche Verbreitung des Donatismus seit achtzig Jahren einer notwendigen Anpassung des Christentums an die Seele der Afrikaner entspricht, und daß der durch die weltliche Obrigkeit so sehr verfolgte Donatismus zur wirklichen Nationalkirche der Berberei geworden ist. An diesem Fehler, den ein hochintelligenter christlicher Berber begeht, wird das berberische Christentum zugrundegehen. Schon im Jahre 393 nimmt Augustinus den Kampf auf dem Gebiet der Glaubenslehre, an der ausgesprochen schwächsten Stelle der Dissidenten, auf. Im Jahre 405 hat er sein Ziel erreicht, das darin bestand, den Donatismus der Ketzerei gleichzustellen, als Dorn im Leibe der siegreichen Kirche, der um jeden Preis entfernt werden muß, notfalls mit Gewalt. Im Jahre 411 gibt es jedoch immer noch 279 donatistische Bischöfe. Nun beginnt eine grausame Unterdrückung: Die Kirchen werden zerstört, die Gläubigen niedergemetzelt oder in den Flammentod getrieben; die Überlebenden konvertieren. Im Jahre 413, hundert Jahre nach dem Aufstand des Donatus, kann sich die katholische Kirche mit Recht als die siegreiche betrachten.

Der Sieg ist allerdings recht prekär, denn im Jahre 429 überschreitet der Vandalenhäuptling Geiserich die Straße von Gibraltar mit seinem auf 80 000 Menschen geschätzten Volk; ein Viertel davon ist kampffähig. Er rückt sehr schnell an der Küste entlang vor und belagert

Hippo Regius (Bône), wo der heilige Augustinus am 28. August 430 im Alter von fünfundziebzig Jahren stirbt.

*Von 430 bis 534: Das vandalische Jahrhundert.* – Dies ist eine sehr wenig bekannte Periode der Geschichte der Berberei. Es scheint, als ob die Vandalen nur ein sehr kleines Stück des geographischen Maghreb wirklich besetzt hätten. Die anfänglich als »Verbündete« in Mauretanien seßhaft gewordenen Vandalen überrumpeln am 19. Oktober 439 Karthago und lassen sich im heutigen Tunesien nieder; die Berberstämme dürfen das anbaufähige Land, dessen sie beraubt worden waren, wieder in Besitz nehmen.

Die Vandalen sind Arianer wie fast alle Barbaren, die im 5. Jahrhundert in Westeuropa eingedrungen sind. Geiserich richtet in Karthago eine arianische Kirche ein, die eng an den Herrscher gebunden ist, der die Bischöfe ernennt, die Synoden bevollmächtigt und dem arianischen Klerus die von der katholischen Kirche eingezogenen Kirchen und Kirchengüter zuteilt. Die vandalische Sprache ist offizielle Kirchensprache, aber für Handel und Gesetzgebung wird die lateinische beibehalten.

*Geiserich* (gestorben im Jahre 477) ist in politischer Hinsicht sicher die bedeutendste Persönlichkeit des 5. Jahrhunderts. Im Jahre 455 erobert dieser »geniale Hinkende« Rom und macht so der Existenz des Weströmischen Reiches ein Ende; die Witwe und die beiden Töchter des weströmischen Kaisers Valentinianus nimmt er als Gefangene mit. Als Herr von Rom und Karthago dehnt er dann seine Herrschaft über das westliche Mittelmeerbecken aus. Im Jahre 476 bestätigt der oströmische Kaiser Zeno der Isaurier die Rechte Geiserichs auf Korsika, Sizilien und die Balearen. In diesem mittelmeerischen Reich ist Tunesien hauptsächlich die wichtigste Festlandsbasis, der Flottenstützpunkt der Vandalen. Die übrige Berberei ist praktisch sich selbst überlassen, wodurch ein allgemeiner Druck der Berberstämme auf die Städte, die Symbole der fremden Unterdrücker, entsteht. Zu den nach günstigem Weidegelände suchenden Hirten gesellen sich die bisher auf die unwirtlichen Gebiete zurückgedrängten Bergbewohner des Aures und der Kabylei und auch die Landarbeiter, die sich endlich ihr Land zurückholen können; schließlich auch diejenigen Donatisten, die der Verfolgung durch die Flucht entkommen waren.

Um diese Zeit, etwa 475, werden die Städte Theveste (Tebessa), Thamugadi (Timgad), Bagai (Ksar Baghaï) und Lambaesis (Lambèse) zerstört. Der Häuptling der Gebirgler vom Aures, Masties, erklärt sich im Jahre 476 zum Kaiser und hat diesen Titel 40 Jahre lang inne. In Mauretanien, in der Gegend von Altava (Lamoricière), betitelt sich ein gewisser Masuna in einer lateinischen Inschrift »König der Mauren und Römer«.

Die Nachfolger Geiserichs sind nicht fähig, ihre Autorität bei den Berbern, die ihr Unabhängigkeitsbewußtsein so unverkennbar zum Ausdruck brachten, geltend zu machen. Der fanatische Arianer Hunerich (477–484) betreibt eine grausame Verfolgung der Katholiken. Einige von diesen fliehen nach Sizilien, andere in die Wüste nach der Oase Gadames. Unter Gunthamund (484–496) lassen die Verfolgungen nach; Thrasamund (496–523) hat das Andenken eines kultivierten und liberalen Königs hinterlassen. Aber eine neue Gefahr taucht auf. Seit Beginn des 3. Jahrhunderts, als Septimus Severus (193–212) die Tierzucht in der Umgebung seiner Heimatstadt gefördert hatte, fand das Dromedar in Tripolitanien und nördlich der Sahara eine weite Verbreitung. Um 520 greifen Kamelnomaden unter der Führung eines gewissen Cabao das Vandalenheer an und besiegen es. Hilderich, Hunerichs Sohn, der Nachfolger Thrasamunds, wird in der Gegend von Capsa (Gafsa) von einem Maurenheer unter Antalas besiegt. Er wird von seinem Heer im Jahre 530 abgesetzt und der Führer des Aufruhrs Gelimer, ein Urgroßneffe Geiserichs, besteigt den Thron. Vierundfünfzig Jahre nach dem Tode Geiserichs wird die Vandalenmacht aus ihrem Inneren heraus bedroht. Gemäß dem Befehl des Gründers der Dynastie haben sich die Herrscher stets Mischehen widersetzt, aus denen eine berberisch-vandalische Gemeinschaft hätte entstehen können ähnlich der libysch-phönizischen Kultur, wie sie die Karthager eingeführt hatten. Andererseits hatten der wirtschaftliche Reichtum Tunesiens und der Ertrag der Plünderungen in Sizilien und Italien diese Rasse harter und disziplinierter Eroberer so verweichlicht, daß sie nicht mehr fähig war, dem Angriff der Byzantiner standzuhalten.

*Von 534 bis 647: Das byzantinische Jahrhundert.* – Das große Ziel des Kaisers Justinian (527–565) bestand in der Wiederherstellung des Römerreiches innerhalb der Grenzen, die es in den beiden ersten Jahrhunderten der christlichen Zeitrechnung gehabt hatte. Nach Unterzeichnung eines »ewigen Friedens« mit den Persern im Jahre 532 wendet er sich zuerst gegen das von ihm mit Recht für schwächer als das Ostgotenreich Italiens gehaltene Vandalenreich.

Sein General Belisar schlägt Gelimers Heer bei Tricamarum im

Jahre 533 und erobert Karthago; dann besetzt er die großen Mittelmeerinseln sowie an der afrikanischen Küste Hippo Regius (Bône), Caesarea (Scherschel) und Ceuta.

Bereits im Jahre 534 schickt Justinian an Belisar einen Plan für die Reorganisation der Verwaltung der Berberei, die zu einer unabhängigen Diözese unter einem Statthalter, der mit allen Machtbefugnissen versehen ist, und in sieben Zivilverwaltungsbezirke und vier Militärbezirke eingeteilt wird. Die Wiedereroberung durch die Byzantiner ist aber ebenso unsicherer wie unvollständiger Natur; sie sind nicht in der Lage, die in der Vandalenzeit den Berbern wieder überlassenen Landgebiete zurückzugewinnen und sehen sich in eine Verteidigungsposition gedrängt, wie die beträchtliche Zahl von Festungen und Bollwerken beweist, die zu dieser Zeit angelegt wurden und deren Ruinen heute noch nicht nur am ehemaligen römischen Limes, sondern auch innerhalb des wirklich besetzten Gebietes zu sehen sind.

Bald nach dem Abzug Belisars nach Byzanz, wohin er Gelimer und einen Großteil seiner Vandalen für seinen Triumphzug mitnimmt, bricht in Byzacena (Südtunesien) und Numidien (Constantine) unter der Führung des Königs der seßhaften Auresbewohner, Iabdas, und des Häuptlings der tripolitanischen Nomaden, Cutzinas, ein Berberaufstand aus. Dieser wird mit Mühe von dem Eunuchen Salomon im Jahre 535 unterdrückt, dann meutert die byzantinische Armee und Belisar wird dringend um Hilfe gerufen.

In den folgenden Jahren macht sich die byzantinische Verwaltung durch ihre Habsucht verhaßt, nicht einmal die Katholiken sind mit ihr zufrieden. Sie werfen ihren neuen Herren vor, daß sie die Messe in griechischer Sprache lesen und die lateinische Sprache nicht kennen, die sie selbst während des vandalischen Jahrhunderts mit so viel Wagemut zu bewahren vermochten. Im Jahre 545 zögern sie nicht, sich Kaiser Justinian und Papst Vigilius öffentlich entgegenzustellen und zwar anläßlich der »Drei Kapitel« genannten Affäre; im Jahre 560 stimmen allerdings die afrikanischen Bischöfe, dem, was sie fünfzehn Jahre früher verurteilt hatten, öffentlich zu.

Die Berberhäuptlinge sind jedoch nicht vom gleichen Geist der Unterordnung beseelt. Im Jahre 545 verbündet sich der Häuptling Antalas von Byzacena mit den Lowata-Nomaden Tripolitaniens. Der byzantinische General Johannes Troglita benötigt zwei Jahre, um sie zu schlagen. Im Jahre 563 macht eine neue Erhebung der Stämme Numidiens die Entsendung eines Heeres von Byzanz erforderlich. Unter der Regierung Justins II. (565–578) besiegt der Berberfürst Garmul die byzantinischen Truppen. Im Jahre 587, unter der Regierung des Kaisers Mauritius (582–602) stehen die Berber vor der Eroberung Karthagos, aber es gelingt dem Exarchen Gennadius, sie zu kaufen.

Während des gleichen Zeitraums (6. und 7. Jahrhundert) hatten die Berber des heutigen Departements Oran das leider sehr wenig bekannte Königreich der *Djedar* gegründet, nach einer Gegend in der Haute Mina südwestlich von Tiaret genannt, wo sich dreizehn Grabdenkmäler in Pyramidenform erheben, deren eines eine Höhe von 45 Metern erreicht. Die Djedar-Dynastie war berberisch und christlich und herrschte, wie es den Anschein hat, von der Muluja bis zum Aures.

Im 7. Jahrhundert schreitet der administrative Zerfall in Afrika noch weiter fort. Es ist keine Persönlichkeit vorhanden, die das niedrige moralische Niveau der Kirche, die sich mit unfruchtbaren Diskussionen gegen den von Kaiser Heraklius zwecks Versöhnung der Melkiten und Monophysiten Ägyptens erdachten *Monothelismus* beschäftigt, heben könnte. Im Jahre 640 kommt eine erste Gruppe von ägyptischen Flüchtlingen an, die eine intensive Propaganda für den Monophysitismus betreiben. Unter den Christen der Berberei gibt es jetzt also drei Tendenzen: Katholizismus, Donatismus und Monophysitismus – eine nicht wieder wegzuschaffende Teilung, die die Hauptursache für den überschnellen Sieg des Islam darstellt. Im Jahre 645 tritt der katholische Patrizier Gregorius als heftiger Gegner des dem Monothelismus anhängenden Kaisers Constans II. auf und proklamiert sich selbst zum Kaiser, zweifellos mit Unterstützung von seiten des Papstes Theodor.

Im Jahre 647 erfolgt der erste Einfall der Araber, die seit fünf Jahren Herren von Ägypten sind, nach Tunesien. Gregorius stellt sich ihnen entgegen. Er wird bei Sbeïtla besiegt und getötet. Ein halbes Jahrhundert muß noch vergehen, bis Karthago fällt (698), aber da leistet nicht mehr die byzantinische Armee Widerstand, sondern die berberischen Kerntruppen, die für immer und ewig sich gegen jegliche Fremdherrschaft auflehnen.

## C. Das Reich von Aksum

Der nationalen Überlieferung zufolge geht der Beginn der Geschichte des Reiches von Aksum, des ruhmreichen Vorläufers des heutigen Äthiopien, bis ins 10. Jahrhundert v. Chr. zurück. Der erste König von Aksum, Menelik, soll der Sohn des jüdischen Königs Salomo (gestorben um 950) und der Königin von Saba sein.

Die heilige Stadt Aksum liegt in der Provinz Tigre, im Norden des heutigen Äthiopien; bis zu Beginn des 20. Jahrhunderts sind alle Kaiser dort gekrönt worden – auf einem antiken Thron aus Stein, der noch aus der heidnischen Zeit stammt und der besterhaltene neben fünfundzwanzig anderen ist, welche den ersten fünfundzwanzig Königen von Aksum zugeschrieben werden.

Aus der Zeit vor dem 4. Jahrhundert n. Chr., als sich der König Ezanà um das Jahr 335 zum Christentum bekehrte und dadurch die so bemerkenswerte historische Entwicklung des äthiopischen Hochlandes bestimmte, weiß man leider über das Reich von Aksum recht wenig.

Bereits im 5. Jahrhundert v. Chr. dürfte eine bedeutsame Einwanderung von Südarabern in die Gegend des Golfs von Zula (südlich von Massaua), dort wo die Kühle des äthiopischen Plateaus der heißen Küste des Roten Meeres am nächsten kommt, erfolgt sein. Der Einfluß dieser Einwanderer war bestimmend, da sie der eingeborenen kuschitischen Bevölkerung des Hochlands technische Errungenschaften mitbrachten, wie z. B. die künstliche Bewässerung und den Pflug, als wichtigste aber ihre Sprache und ihre Schrift. Das *Ge'ez*, die liturgische Sprache der äthiopischen Kirche, ist vom Altsüdarabischen, dem Sabäischen abgeleitet, was die Entzifferung der zahlreichen altsüdarabischen Inschriften, die im Jemen entdeckt wurden, erleichtert hat. Die heute auf dem äthiopischen Hochland gesprochenen Sprachen wie das Tigre, das Tigriña und das Amharische sind ebenfalls semitische, von den in Ostafrika gesprochenen kuschitischen unterschiedene Sprachen.

Ein anderer Einwandererstrom, über den man noch viel weniger weiß als über den der heidnischen Südaraber, hat das Hochland von Äthiopien ebenfalls schon vor der christlichen Ära erreicht: *Juden*, die ohne Zweifel mehr über Arabien als über Ägypten ins Land kamen, haben zahlreiche Eingeborene zu ihrer Religion bekehrt. Diese sind die Urahnen der berühmten schwarzen Juden oder *Falaschá*, die jetzt infolge der Verfolgungen von seiten der christlichen Könige – zweifellos nicht zuletzt auf Grund der Legende, nach der König Menelik, der Sohn König Salomos, in Jerusalem die Bundeslade gestohlen und nach Aksum gebracht haben soll – auf eine Minderheit beschränkt sind.

Vom 3. Jahrhundert v. Chr. an kommt auch eine *hellenistische* Strömung ins Land und dies dank der Schaffung des Hafens Adulis, durch Ptolemaios Euergetes, im Inneren des Golfs von Zula, welcher die Reichtümer des Landes auf ägyptischen, arabischen, persischen, indischen und malaiischen Schiffen ausführt und dafür fremde Produkte ins Land bringt.

Der Hafen Adulis hat sich zweifellos im 3. Jahrhundert n. Chr. entwickelt, als der Seeweg Indien – Rom, da der Landweg durch das persische Reich der Sassaniden versperrt war, an Bedeutung wieder zunahm. Die Paläste und Tempel von Aksum und die gigantischen Stelen, die wahrscheinlich Grabdenkmäler von Königen waren, stammen vielleicht aus dieser Epoche oder schon aus dem 2. Jahrhundert. Diese Stelen werden manchmal fälschlicherweise Obelisken genannt, obwohl sie nichts Ägyptisches an sich haben und eine typisch südarabische Gestaltung zeigen.

Die Beziehungen Aksum – Arabien dauerten auch während dieser Zeit an, bewegten sich allerdings in anderer Richtung, da ein gewisser Aphilas, der als zweiter Münzen prägte und als erster sein Bild auf den Goldmünzen mit der Kaiserkrone schmücken ließ, höchstwahrlich am Ende des 3. Jahrhunderts die arabische Küste unterwarf.

Im 4. Jahrhundert nehmen die Handelsbeziehungen zwischen dem Hafen Adulis und dem römischen Reich noch zu und werden ganz besonders eng, nachdem Constantinus im Jahre 330 Byzanz zu seiner neuen Hauptstadt, Konstantinopel, gemacht hat. Dies hat zweifellos den König Ezaná dazu bewogen, das Christentum anzunehmen und zwar in der Hoffnung auf Freundschaft und Schutz des mächtigen römischen Kaisers.

Zu dieser Zeit gilt Aksum als eine der vier Großmächte der damaligen Welt, zusammen mit Persien, Byzanz und Rom. Ezaná hat sein afrikanisches Gebiet durch Kämpfe mit den Bedja-Nomaden des Nordens und durch Vernichtung des Reichs Meroë beträchtlich vergrößert. *Die Bekehrung des Königs Ezaná* wird in Inschriften in sabäischer Sprache, in archaischem Ge'ez und in Griechisch vermeldet, die äthiopische Überlieferung hat sie festgehalten und die byzantinische beschäftigt sich sehr ausführlich mit ihr. Um das Jahr 335 wird Athanasios, seit 328 Patriarch von Alexandria, von dem Syrier Frumentius aufgesucht, der an der Küste von Erythräa Schiffbruch erlitten und am Hofe von Aksum Aufnahme gefunden hat, wo er den König Ezaná zum christlichen Glauben bekehrt. Frumentius ist von Athanasios zum Priester ordiniert worden und wurde zwischen 341 und 346 als Bischof oder, gemäß der äthiopischen Terminologie, als Abuná Salamá (Vaters des Friedens) nach Aksum geschickt.

Es ist anzunehmen, daß mindestens ein Jahrhundert lang die heidnischen oder jüdischen Untertanen des Königs von Aksum nichts von einem offiziellen Wechsel der Religion gemerkt haben und ihrem bisherigen Glauben treu geblieben sind.

Die *Missionierung des aksumitischen Reiches* beginnt nach der äthiopischen Überlieferung, der zufolge die *Neun Heiligen* in die Gegend von Aksum kamen, um dort als Eremiten zu leben, erst zu Ende des 5. Jahrhunderts. Wie das des heiligen Antonius in Ägypten, so findet auch ihr Beispiel schnell sehr viele Nachahmer und das Mönchtum – Anachoreten und Koinobiten – findet eine weite Verbreitung.

Die Neun Heiligen kamen aus Syrien und haben die Heilige Schrift ins Ge'ez übersetzt, nicht die alexandrinische, sondern die antiochenische Ausgabe – eine für die Kirchengeschichte überhaupt sehr interessante Übersetzung, weil sie mehrere apokryphische Stücke, die im 5. und 6. Jahrhundert noch verwendet wurden und deren Originale seitdem verlorengegangen sind, enthält, wie das Buch Henoch, das Buch der Jubiläen, die Apokalypse des Esdras, die Himmelfahrt des Jesaias und den berühmten »Hirten« des Hermas, der in der ägyptischen Kirche einen solch großen Erfolg hatte.

Nach dem Konzil von Chalcedon hatte die jakobitische syrische Kirche ebenso wie die ägyptische den Monophysitismus angenommen. Die äthiopische Kirche ist demnach monophysitisch und glaubt, daß in Jesus Christus die menschliche Natur von der göttlichen aufgenommen worden ist. Die Heilige Jungfrau wird als Gottesmutter verehrt. Seit einem unbestimmten Zeitpunkt wird der Abuná obligatorisch vom koptischen Patriarchen Ägyptens unter den ägyptischen Mönchen ausgewählt. Erst im Jahre 1951 hat der jetzige Kaiser Haile Selassie diesen Brauch abgeschafft.

*Kaleb und die Eroberung des Jemen.* – Wir verfügen über keinerlei präzise Daten für das Reich Aksum im 5. Jahrhundert; im 6. Jahrhundert hat es dagegen auf dem Schachbrett der Beziehungen zwischen Byzanz und Persien nachgewiesenermaßen eine wichtige Rolle gespielt. Es ist mit Byzanz verbündet, das noch Herr Ägyptens bis auf die Höhe von Berenice ist; der südarabische Nachbar, das himjaritische Reich, ist seit Beginn des 5. Jahrhunderts zum jüdischen Glauben bekehrt und wendet sich von Persien ab. Auf Verlangen Justinians schickt Kaleb, König von Aksum, im Jahre 517 eine Expedition über das Meer nach Arabien, um dort für die Verfolgungen, denen die Christen im Jemen von seiten des himjaritischen Königs Dhu Nuwas ausgesetzt sind, Rache zu nehmen. Von 525 bis 572 befindet sich der Jemen in Händen der christlichen Aksumiten, wird aber dann von dem Perserkönig Chosraus II. (590–627), dem späteren Eroberer Ägyptens im Jahre 618, den Aksumiten weggenommen.

Das Ende der Regierungszeit Kalebs um die Mitte des 6. Jahrhunderts bezeichnet auch den Anfang des Niedergangs des aksumitischen Reichs, das niemals seine Herrschaft auf Arabien ausdehnen konnte. Während des 6. und 7. Jahrhunderts entwickelt sich das Christentum in hohem Maße; zahlreiche Kirchen werden erbaut, von denen verschiedene noch heute erhalten sind; Klöster werden praktisch überall gegründet, die Anachoreten vervielfachen die Bekehrungen und es ist ihnen zu verdanken, daß das Christentum so tief in die Volksseele eindringt und das Heidentum und Judentum vollkommen in sich aufnimmt.

Das Jahr 615 sieht die Ankunft einiger Jünger Mohammeds in Aksum, die von den Koreïsch aus Mekka verjagt wurden und nach der islamischen Tradition von dem christlichen König gut aufgenommen werden. Vierzig Jahre später, 655, haben die Araber die Eroberung des Perserreichs beendet und die byzantinische Flotte besiegt. Das jahrhundertelang von einem internationalen Verkehr mit Leben erfüllte Rote Meer ist damit zu einem arabischen Binnensee geworden: Das christliche Königreich Aksum ist vollkommen isoliert. Aber die Folgen dieser Isolierung machen sich erst im 8. Jahrhundert bemerkbar. Piraten von der erythräischen Küste machen die arabische Küste unsicher und bedrohen sogar Dschidda. Der arabische Gegenschlag besteht in der vollkommenen Zerstörung des Hafens Adulis und damit des Hauptlieferanten des Reichtums des aksumitischen Reiches, das von nun an seine Beziehungen nur noch nach Süden ausdehnt.

## D. Nubien

Die Alten nannten Äthiopien oder Land der Äthiopier (= verbrannte Gesichter) alles das, was südlich des ersten Katarakts lag. Heutzutage ist Äthiopien der Name des ehemaligen Königreichs Aksum, aus dem das geschichtliche Abessinien geworden ist, das seinen heutigen Namen erst im Jahre 1941 annahm. Um Verwechslungen zu vermeiden, bezeichne ich mit Nubien das Gebiet der Katarakte, wenn auch der Name Nubien heute eine engere Bedeutung angenommen hat. Das ägyptische Nubien erstreckt sich zwischen dem ersten und zweiten, das sudanische zwischen dem zweiten und dritten Katarakt; beide werden nach der Fertigstellung des hohen Assuan-Staudammes von der Karte verschwinden – ein nicht mehr gutzumachender Verlust für die Kenntnis der Vergangenheit Afrikas. Die übergroße Mehrheit der geschichtlichen

Dokumente, die wir über das Gebiet der Katarakte besitzen, ist von archäologischer Art, da sich Griechen und Römer um dieses Land praktisch nicht gekümmert haben. Wenn auch das ägyptische Nubien in seiner Gesamtheit gut erforscht ist, so birgt doch das Niltal südlich des zweiten Katarakts (Wadi Halfa) noch eine Menge von Ruinen, die bisher noch nicht wissenschaftlich ausgewertet werden konnten.

Aus all diesen Gründen ist die Geschichte dieses Gebiets äußerst fragmentarisch und unzusammenhängend, was sehr schade ist – zumal für die hier zu behandelnde Zeit vom 1. bis zum 7. Jahrhundert –, weil das Niltal das einzige Bindeglied zwischen Weißafrika und Schwarzafrika war. Bis in die letzten Jahrhunderte der vorchristlichen Ära hinein war die Sahara noch hinreichend feucht gewesen, um den Verkehr von Esel- oder Pferdekarawanen zu gestatten. Im 1. Jahrhundert aber erreichte sie ihren heutigen Grad von Trockenheit, doch war das Kamel, das sich als einziges Lasttier dem Wüstenklima vollkommen angepaßt hatte, damals noch wenig verbreitet. Genau zwischen dem 1. und dem 7. Jahrhundert hat sich diese »Revolution des Kamels« vollzogen, welche die Sahara wieder zum Bindeglied zwischen Weiß- und Schwarzafrika machen sollte.

### *Die drei letzten Jahrhunderte des Reichs von Meroë*

Die Grenze des ptolemäischen Ägypten verlief bei Korosko, hundert Kilometer südlich des ersten Katarakts, die des römischen Ägypten etwas weiter stromaufwärts bei Ibrim. Weder die Lagiden noch die Römer haben sich für das Reich von Meroë interessiert, dessen zwischen dem fünften und sechsten Katarakt gelegene Hauptstadt für sie viel zu weit entfernt war. Handelsbeziehungen haben sicher bestanden – Meroë verkaufte Gold und Eisen bis zur Mitte des 3. Jahrhunderts –, aber die Einzelheiten dieses Handels sind uns nicht bekannt.

Zu der Zeit, da sich die Römer Ägyptens bemächtigten, dehnten die Könige von Meroë ihren Machtbereich bis zum ersten Katarakt aus. Im Jahre 23 v. Chr. läßt die *kandaze* (Königin) Amanischakete die Tempel von Philä plündern; der römische General Petronius brandschatzt dafür Napata, rückt aber nicht weiter nach Süden vor. Der Nachfolger der Königin, König Natakamani, regiert von 20 v. Chr. bis 15 n. Chr.; er hat zahlreiche Baudenkmäler hinterlassen, die seinen Namen oder den seiner Gemahlin Amanitere tragen. Es ist das letzte Mal, daß die klassischen Hieroglyphen im Reiche Meroë verwendet worden sind.

Gewisse Baudenkmäler aus Meroë, Naga und Musawurat zeigen einen sehr deutlichen römischen Einfluß auf die Architektur, andererseits haben zweifellos Beziehungen zwischen den Meroïten und der berühmten jüdischen Kolonie, die seit dem 6. vorchristlichen Jahrhundert in Elephantine existierte, bestanden, denn die Apostelgeschichte berichtet von Bekehrung und Taufe eines Eunuchen, Ministers der Königin Kandaze von Äthiopien, der nach Jerusalem gekommen war, um den Gott der Juden anzubeten.

Von Beziehungen Meroës mit dem Süden wissen wir nichts, außer daß Soba im Süden von Khartum ein wichtiges Zentrum war.

Im Jahre 60 n. Chr. war das Land sicher schon verarmt, denn zwei Zenturionen, die auf Befehl des Kaisers Nero den Nil bis in die Sumpfregion des Sudd befuhren, berichteten nach ihrer Rückkehr, daß es vollkommen sinnlos wäre, sich auf eine solche Eroberung einzulassen. Die geringe Höhe und Gestalt der Pyramiden auf dem Friedhof Meroë-Nord bestätigen diese Verarmung, die auf der Zunahme der Trockenheit zu Beginn der christlichen Ära beruht und darauf, daß die Nomaden zum Niltal drängten.

Die Nomaden des Westens, die Noba oder *nobates*, kamen von Kordofan und fielen in Unternubien ein – und schnitten damit den Weg nach Ägypten ab. Die des Ostens, die *blemmyes*, Vorfahren der heutigen Bedja, sind Verbündete des damals in voller Blüte stehenden Königreichs Aksum. Unter der Regierung Diokletians (289–305) siedeln die Römer die *nobates* südlich des ersten Katarakts an und zahlen ihnen eine Art Gehalt, damit sie die *blemmyes* bei ihren Raubzügen aufhalten. Zu Ende des 3. Jahrhunderts zerstört ein König unbekannten Namens von Aksum die Stadt Meroë und errichtet eine Stele aus Basalt zum Gedächtnis seines Sieges.

Um 330 unternimmt der berühmte König Ezaná von Aksum einen siegreichen Feldzug gegen die Noba – und er unterscheidet rote und schwarze Noba. Er verheert das Königreich Kasu (Kusch), »zerstört seine steinernen Dörfer, seine Götzenbilder, seine Getreide- und Baumwollreserven, und nimmt Bronze, Eisen und Kupfer mit«.

Mehrere Autoren nehmen an, daß damals die königliche Familie von Meroë nach Darfur geflüchtet ist und das Geheimnis der Eisengewinnung mitgebracht hat – ein Geheimnis, das bis dahin ausschließlicher Besitz der königlichen Familie war. Es scheint weiter unter anderem sicher zu sein, daß sich die in Schwarzafrika so häufige Auffassung von der Göttlichkeit des Königs vom Reiche Meroë aus verbreitet hat.

## *Die Noba-Fürstentümer vom 4. bis zum 6. Jahrhundert*

Nach dem Untergang des Reiches von Meroë haben sich im Gebiet der Katarakte die drei kleinen Reiche Nobatia, Maqurra und Alodia gebildet. Das am wenigsten unbekannte von ihnen ist vielleicht das nördliche, das sich zwischen dem ersten und dritten Katarakt erstreckte. Dieses später Nobatia genannte Reich der *nobates* hatte seinen Mittelpunkt in der Gegend des Wadi Halfa (zweiter Katarakt), wo man in Ballana und Qustul glücklicherweise noch nicht geplünderte Königsschätze gefunden hat. Die reiche Goldschmiedekunst byzantinischen Stils ist in ihren ornamentalen Motiven von Ägypten beeinflußt und denen von Meroë und Naga sehr verwandt; es dürfte sicher sein, daß diese Noba vor ihrer Niederlassung in Nubien starken meroïtischen Einflüssen ausgesetzt waren. Andererseits waren sie bei den Römern wegen ihrer Treue bekannt, mit der sie am Isiskult festhielten; im 6. Jahrhundert, als das Heidentum in Ägypten bereits endgültig besiegt war, waren sie noch berechtigt, alljährlich von der Insel Philä die Statue der Isis zu holen, damit sie in ihrem eigenen Lande einige Tage lang Orakel erteilen konnte. Erst im Jahre 553 schickte der Kaiser Justinian seinen General Narses mit dem Befehl, den Isistempel in Philä zu zerstören, die Priester gefangenzunehmen und die Statuen nach Konstantinopel zu bringen. Zehn Jahre vorher, im Jahre 543, hatte er orthodoxe christliche Missionare zu den Noba geschickt, aber seine Frau Theodora, die Monophysitin war, hatte ihrerseits den monophysitischen Mönch Julianos gesandt, dem es gelang, seinen orthodoxen Brüdern zuvorzukommen und den König der Noba namens Silko zum Christentum zu bekehren. Einige Jahre später verlegte Silko seine Hauptstadt von Ballana nach Faras und proklamierte sich zum »König der Nubier und aller Äthiopier«.

Das Reich Maqurra mit dem reichen Dongola-Nilabschnitt zwischen dritten und vierten Katarakt als Mittelpunkt ist noch weniger bekannt als Nobatia. Seine Hauptstadt befand sich in »Old Dongola«, ganz in der Nähe des fossilen Tales des Wadi el-Milk, das ein großer Durchgangsweg nach Darfur und den Ländern um den Tschadsee war. Um 550 wurde Maqurra durch die orthodoxen Missionare christianisiert, die der Monophysit Julianos aus Nobatia verdrängt hatte. Südlich des fünften Katarakts hatte *Alodia* seine Hauptstadt Soba am Blauen Nil, fünfzehn Kilometer südlich von Khartum. Dieses Reich wurde um das Jahr 570 von dem monophysitischen Bischof Longinos bekehrt.

Am Ende des 6. Jahrhunderts waren demnach die drei aus den

Trümmern des Reiches von Meroë entstandenen Königreiche alle christianisiert; da sie von Byzanz und nicht von Ägypten aus missioniert worden waren, verwendeten sie als Kirchensprache und auf ihren Grabdenkmälern das Griechische und nicht das Koptische. Das nubische Christentum sollte sich in den folgenden Jahrhunderten erstaunlich entfalten und bis 1336 in Dongola und 1504 in Soba überdauern.

Um die gleiche Zeit, gegen Ende des 5. Jahrhunderts, kamen zu den Einflüssen aus dem Norden, den byzantinischen, solche aus dem Osten – arabische und persische, welche der Verarmung der südarabischen Reiche und der damit zusammenhängenden starken Einwanderungswelle aus dem Jemen nach Afrika zuzuschreiben sind. Diese Bevölkerungsbewegungen, die in den folgenden Jahrhunderten weitergingen, erklären die Überlieferung bei mehreren Völkern des Sudan, die ihren Ursprung auf jemenitische Einwanderer zurückführen.

## E. Die Sahara vom 1. bis zum 7. Jahrhundert

Am Ende der vorchristlichen Ära waren die drei großen Nomadengruppen, die heute die Sahara bevölkern, bereits an Ort und Stelle: Die Sanhaja-Berber, die Ahnen der heutigen Mauren, hatten die atlantische Sahara inne, die Tuareg die Zentralsahara, die schwarzen Tubu das Tibesti. Die Lebensweise dieser Nomaden wurde durch das Erscheinen des Kamels verändert, das nach seiner Verbreitung in Ägypten und der Cyrenaika durch die Ptolemäer zu Beginn der christlichen Zeit nach Tripolitanien und den Fessan gelangte, wo es die Garamanten sofort annahmen und im zentralsaharischen Massiv heimisch machten. Ende des 2. Jahrhunderts förderte der in Leptis Magna geborene Kaiser Septimus Severus (193–211), ein gebürtiger Berber, die systematische Zucht des Kamels in Tripolitanien und seine Verbreitung in Tunesien. Zweifellos hat es sich im 3. Jahrhundert in der Steppenzone südlich des Maghreb und in der atlantischen Sahara, die dann das eigentliche Land der großen Kamelnomaden werden sollte, verbreitet.

Über diese »Revolution des Kamels«, die sich über mehrere Jahrhunderte erstreckte, wissen wir recht wenig. Es ist wahrscheinlich, daß sie im 4. oder 5. Jahrhundert das Entstehen – oder die Wiederaufnahme – eines Handels mit Gold und Sklaven in der Westsahara ermöglichte – eines Handels, der am Anfang der Entwicklung des sudanischen Reiches Ghana steht und der sich ausschließlich außerhalb des römischen Machtbereichs vollzog.

Die Römer haben sich tatsächlich nur für einen Teil der Sahara, nämlich Tripolitanien und Fessan, wo seit Jahrhunderten die berühmten Garamanten lebten, interessiert. Schon im Jahre 19 v. Chr. begibt sich der General Cornelius Balbus von Sabratha über Gadames, das römische Cydamus, wo später die dritte Legion des Augustus eine Garnison unterhielt, nach Fessan. Er gelangt bis zur Oase Gat am Eingang des Tassili-Gebirges und vielleicht, wie Lhote meint, auf dem von diesem definierten »zentralsaharischen Wagenweg« bis zum Niger. In der Folge setzen sich die Römer in Bou Nedjem, Sokna, Gadames und bis Garama im Fessan (Dscherma) fest, wo italienische Archäologen die Gräber und Aschenurnen einer Gruppe römischer Kaufleute gefunden haben.

Noch wesentlich weiter im Süden stößt man auf römische Einflüsse: in Abalessa, am Westrande des Ahaggar, enthält das Grab der Tuareg-Königin Tin-Hinan zahlreiche Gegenstände aus dem 4. Jahrhundert, darunter Münzen mit dem Bild Konstantins, römische Lampen, Waffen, Gegenstände aus Eisen und Kupfer. Die Römer hingegen haben als Seßhafte kein Interesse am Nomadenleben und dem transsaharischen Handelsverkehr. Erst nach dem 8. Jahrhundert wird die durch die Austrocknung der Sahara mehr als zehn Jahrhunderte lang gestörte Verbindung zwischen Weiß- und Schwarzafrika als Folge der Ähnlichkeit der saharischen und arabischen Nomaden wiederum zu einer Realität.

## F. Afrika südlich der Sahara bis zum 11. Jahrhundert

Vor nicht sehr langer Zeit wußten wir über das, was sich möglicherweise am Beginn der christlichen Zeitrechnung in dem südlich der Sahara gelegenen Teil Afrikas ereignet haben konnte, kaum mehr als die Römer, d. h. wir wußten weder über die Völker des Sudan noch über die Bantu etwas.

Dank den Arbeiten der Sprachwissenschaftler, der Prähistoriker und Botaniker sind wir seit 1950 wenigstens soweit gekommen, daß wir einige zusammenhängende Hypothesen über diese Fragen, zumal was die Bantuwanderungen betrifft, aufstellen können.

Der Name »Bantu« wurde 1862 von dem deutschen Sprachwissenschaftler Wilhelm Heinrich Bleek geschaffen, der damit die sehr deutliche Verwandtschaft aller der Dialekte zum Ausdruck bringen wollte, welche von den Negern – aber nicht von der kleinen Buschmann-Hottentotten-Gruppe – gesprochen werden, die südlich einer Duala mit dem Flusse Tana (Kenia) verbindenden und ungefähr entlang dem Nordrande des äquatorialen Waldes, nördlich von Viktoriasee, Kilimandscharo und Mount Kenia verlaufenden Linie leben. Es handelt sich um eine linguistische Bezeichnung, die zu Unrecht auf anthropologische oder kulturelle Charakteristiken angewendet wurde. In der Tat sind die Verschiedenheiten der Bantu in physischer Hinsicht sehr groß; manche unterscheiden sich nicht im geringsten von den Schwarzen der guineischen und sudanischen Gebiete; andere – und insbesondere im Osten der großen Seen – zeigen einen ausgesprochen kaukasoiden Typ, d. h. sie haben eine gerade Nase, dünne Lippen und keinen Prognathismus; bei wieder anderen – besonders südlich des Sambesi – trifft man mongoloide Züge an, die auf eine Vermischung mit Hottentotten oder Buschmännern schließen lassen.

Um dieses Typengemisch und diese linguistische Einheit der Bantu – eine sehr relative Einheit, da es über dreihundertfünfzig Bantusprachen gibt – in Übereinstimmung zu bringen, hat man angenommen, daß ein aus dem Norden gekommenes Volk mit einer deutlichen militärischen und kulturellen Überlegenheit ganz langsam sich über den südäquatorialen Teil des afrikanischen Kontinents ausbreitete, in physischer Hinsicht von den einheimischen Bevölkerungen assimiliert wurde, aber dafür seine Sprache durchsetzte. Die Prähistoriker haben diese Hypothese bestätigt, da sie eine Beziehung zwischen der Eisenverarbeitung und dem neuen, zu Beginn der christlichen Zeitrechnung entstandenen Keramiktyp – der *Dimple Based Pottery* im Kongo und in Ostafrika, und der *Channelled Ware* in Rhodesien – sehen. Man kann also sagen, daß die Bantuwanderungen mit der Ausbreitung der Metallverarbeitung in dem südlich des Äquators liegenden Teil Afrikas oder, wenn man dies vorzieht, mit dem Metallzeitalter zusammenfallen (vgl. Karte 4, S. 81).

Es erscheint ganz natürlich, wenn wir den Anlaß für diese Wanderung der Bantuneger nach dem Süden des Kontinents hinunter in der Überbevölkerung des sudanesischen Streifens gegen Ende des letzten Jahrtausends v. Chr. sehen. Und dies wiederum führt dazu, die Überbevölkerung zu erklären. Sie entstand aus dem mächtigen Zustrom neolithischer Saharamenschen, die von etwa 2500 v. Chr. an aus den Zonen der zentralen und südlichen Sahara, wo ihre Ahnen mehrere Jahrtausende hindurch günstiges Gelände für Jagd, Fischfang oder Viehzucht gefunden hatten, abwandern mußten. Diese negroiden Saharamenschen hatten sich mit der sehr dünnen paläolithischen Bevölkerungsschicht der Sudanzone vermischt und den Anbau von zwei aus der südlichen Sahara stammenden Grundnahrungspflanzen, der Hirse und einer Reisart (Orhyza glaberrima) verbreitet. Dann war ein besonders starker Bevölkerungsdruck auf das dem heutigen Nordnigerien entsprechende Gebiet erfolgt, das einmal im 2. Jahrtausend die Einwanderung der Bevölkerung des so rasch vertrockneten Tenere erlebt hatte und zum anderen – wahrscheinlich später – die aus den Bergen des saharischen Zentralmassivs durch das Wadi Asauak, das bei Boumba gegenüber dem Mekru-Fluß, der die Grenze zwischen Niger und Dahomey bildet, in den Niger mündet.

Ein Teil dieser sudanischen Neolithiker des 1. Jahrtausends hat auf dem Hochland von Bautschi und bis über den Mittellauf des Benuë hinaus die berühmte *Nok Figurine Culture* entwickelt, die die Eisenverarbeitung kannte.

Ende des letzten Jahrtausends v. Chr. waren demnach alle Bedingungen gegeben, die eine umfassende Wanderbewegung in Richtung Süden erklären. Aber weniger als zweihundert Kilometer südlich des Benuë beginnt der Äquatorialwald und stellt zu einer Zeit, da man weder den (im 16. Jahrhundert aus Amerika gekommenen) Maniok noch die Banane, die Grundnahrungsmittel der Waldvölker kennt, ein unüberschreitbares Hindernis dar. Diese Protobantu müssen sich also nach Osten wenden, in das für solche Massenbewegungen geeignete Gebiet der Hochebenen von Ubangi. Auf der Höhe des schiffbaren Abschnitts des Sanga oder, weiter im Osten, des Ubangi-Knies angekommen, können sie in zwei Richtungen weiterziehen: *Entweder auf dem Wasserweg,* der bis zum Stanley Pool benützbar ist und in die nördlich von Léopoldville beginnende Savannenzone führt, andererseits über die zahlreichen schiffbaren Nebenflüsse des Kongo in den großen Wald eindringt – *oder auf dem Landweg,* der den Kongowald umgeht und auf der Höhe des Albertsees nach Süden umbiegt, um dann auf den Höhen westlich der Seenkette weiterzulaufen. Nord- und Zentral-Katanga scheinen sehr wohl für die Protobantu ein zweites Ausbreitungszentrum gewesen zu sein; die Entdeckung eines großen, auf das 8. oder 9. Jahrhundert datierten Friedhofs am Ufer des Kisalesees läßt darauf schließen. Dieser enthält denen der heutigen Baluba ähnliche Skelette, Kupferschmuck und vor allem Kupferbarren in Form des Andreaskreuzes – ein Beweis dafür, daß diese ersten Baluba die Bodenschätze ihres Gebietes ausfindig zu machen, auszubeuten und an die Umwelt zu verkaufen wußten und das alles zu einer Zeit, von der man bis jetzt angenommen hatte, daß die damaligen Bantu noch in der Steinzeit gelebt hätten.

Es dürfte demnach zwei Ausbreitungszentren der Bantu gegeben haben, ein westliches im Gebiet des Kongo-Volkes, das im 14. Jahrhundert ein organisiertes Königreich war, und ein östliches im Gebiet des Luba-Volkes, das bereits im 8. Jahrhundert die Verarbeitung von Kupfer kannte.

Wenn die Kupferschmelzer im Katanga des 9. Jahrhunderts als die Vorfahren der heutigen Baluba erscheinen, so kann man für die südlich des Sambesi im heutigen Süd-Rhodesien sitzenden »Bergleute« einen zweifellos bereits aus dem 5. Jahrhundert herrührenden Ursprung ansetzen. Man glaubt hier an eine Einwanderung von »Kaukasoiden« aus Ostafrika, welche mit den meroitischen Eisengießern Kontakt gehabt hatten; die allerersten Anfänge dieser »kaukasoiden« Wanderung nach Süden haben sich wahrscheinlich durch Vermischung mit der primitiven busch-boskopoiden Bevölkerung die Hottentotten ergeben. Die Hottentottenhirten werden die Spitze Südafrikas etwa im 13. Jahrhundert erreicht haben.

Welches auch ihre Herkunft sein mag – die antiken »Bergleute« Süd-Rhodesiens haben uns beachtliche Zeugnisse ihrer Wirksamkeit hinterlassen. Nach dem englischen Spezialisten R. Summers gibt es in Süd-Rhodesien heute praktisch keine Goldmine, die nicht am Platze eines »ancient working« läge. Trotz einer sehr rudimentären Technik liegen ihre Minengänge bis zu über dreißig Meter tief. Diese »Bergleute« schürften aber nicht nur Gold, sondern auch Kupfer und Zinn, und konnten Bronze herstellen.

Die durch Simbabwe bekanntgewordenen »Baumeister« Süd-Rhodesiens dürften im 11. Jahrhundert dort angekommen sein.

Eine dritte Wanderbewegung scheint die Ostküste Afrikas in den ersten Jahrhunderten der christlichen Zeitrechnung erreicht zu haben. Es handelt sich dabei um die indonesischen Wanderungen, die noch geheimnisvoller sind als die innerafrikanischen der Bantu und der Kaukasoiden. Man denkt, daß diese Indonesier, die die bis dahin unbewohnte große Insel Madagaskar besiedelten, aus Südostasien stammende Nahrungspflanzen wie die Kokosnuß, die Banane und den Yams nach Afrika brachten, deren Anbau es den Bantu ermöglichte, den Waldgürtel der Ostküste und die Waldgebiete Zentralafrikas bei einem schnellen Bevölkerungszuwachs zu besiedeln.

DRITTER TEIL

DAS ARABISCHE AFRIKA

# V

# Afrika von der Eroberung durch die Araber bis zum Jahre 1050

## A. Die Eroberung durch die Araber

Wenn es in der Geschichte Nordafrikas einen ganz wesentlichen Wendepunkt gibt, so ist dies das 7. Jahrhundert, als nach der Eroberung durch die Araber mit der Verbreitung des Islam die wirklichen Grundlagen für das religiöse, soziale, kulturelle und politische Leben in Ägypten und dem Maghreb gelegt wurden. Während die Regierungszeit eines Dagobert (629–639) und das Jahrhundert der letzten merowingischen Scheinkönige (640–741) für uns schon in nebelhafter Ferne liegen, sind das Leben Mohammeds (570–632) und der Beginn der islamischen Eroberung für die Moslems durchaus keine historischen Ereignisse, sondern lebendige Teilstücke ihrer Religion, da die *Sunna* oder Überlieferung aus den *Hadith* (Erzählungen) besteht, die mit den verschiedenen Epochen der Predigertätigkeit des Propheten verknüpft sind.

Das frühe Eindringen des Islam in Afrika erklärt sich vor allem aus der geographischen Nähe Arabiens zu der gegenüberliegenden afrikanischen Küste. Für Asien und Afrika ist das Rote Meer eine fast ebenso nur theoretische Grenze wie der Ural zwischen Asien und Europa. Was den geologischen Aufbau, das Klima und die Bevölkerung betrifft, so kann man Arabien als eine Fortsetzung des afrikanischen Kontinents betrachten; die Ähnlichkeit des Nefud mit der Sahara dürfte im übrigen in der Propagierung einer Religion, die aus einem Nomadenvolk geboren ist, eine wichtige Rolle gespielt haben; die Bevölkerung zu beiden Seiten des Roten Meeres ist sich oft in anthropologischer Hinsicht sehr ähnlich und die Sprachen zeigen viele verwandte Züge, so daß die Sprachwissenschaft das Altägyptische, das Berberische, die semitischen und die hamitischen Sprachen zu einer einzigen, »hamitosemitisch« genannten Gruppe zusammengefaßt hat. Die koreïschitischen Kaufleute Mekkas waren um das Ende des 6. Jahrhunderts über die Produkte Afrikas vollkommen auf dem laufenden, über die des Königreichs Aksum genauso wie die Ägyptens. Die Besetzung des Jemen durch die Aksumiten hat, weil sie im Jahre 572, zwei Jahre nach der Geburt Mohammeds, zu Ende gegangen war, noch eine sehr lebendige Erinnerung. Dies erklärt auch, warum die ersten Jünger Mohammeds, die von den Großkaufleuten aus Mekka vertrieben wurden, zum Hofe von Aksum flüchteten, wo sie freundliche Aufnahme fanden.

### *Die Eroberungen des Kalifen Omar*

Abu Bekr, der erste Kalif (632–634) führte allerdings seine Truppen nicht nach dem Süden, sondern nach dem reichen Syrien, das zum byzantinischen Reich gehörte und durch ein unbarmherziges Steuerwesen ruiniert war. Im Jahre 636 wird das byzantinische Heer in der Schlacht am Jarmuk vernichtend geschlagen, im Jahre vorher sind die Araber in Ktesiphon, der Hauptstadt Persiens, eingezogen. Im Jahre 639 dringt der Arabergeneral Amr Ibn al-As in Ägypten ein. Drei Jahre genügen für ihn, um die reichste Provinz des Oströmischen Reiches endgültig zu erobern, bis zum ersten Katarakt vorzudringen und im Westen bis nach Tripolis zu kommen. In dem gleichen Jahre (642), in dem Amrs Truppen die Stadt Barka in der Cyrenaika erobern, befindet sich das ganze ehemalige Sassanidenreich nach dem Sieg bei Nehavend in den Händen der Araber.

So ist innerhalb eines Zeitraums von zehn Jahren das Gesicht der alten Welt stark verändert; das Sassanidenreich, seit zwei Jahrhunderten der Hort einer glänzenden Zivilisation, ist vollkommen verschwunden; sein byzantinischer Rivale sieht sich seiner reichsten Provinzen beraubt, bald danach auch noch der Berberei. Für die enorme Schnelligkeit, mit der die Eroberung durch die Araber vor sich ging, gibt es zwei Arten von Gründen, die man mit positiv und negativ bezeichnen kann. Positiver Natur sind die militärische Überlegenheit der Araber und des Islam, der aus dem Stamm ein wesentlich größeres Ganzes gemacht hat, dessen Zusammenhalt nicht mehr durch das gemeinsame Blut, sondern durch die gemeinsame Religion geschaffen wurde. Negativ wirken sich die zerrüttete Kondition der byzantinischen und persischen Truppen aus, die durch einen zweihundertjährigen Kampf erschöpft sind, ferner die zumindest passive, wenn nicht überhaupt freundliche Haltung der Bevölkerung, zumal in Ägypten, wo die seit dem Konzil von Chalcedon (451) verfolgten Kopten häufig die Araber als Befreier ansahen, die gekommen waren, um die griechische Herrschaft zu bekämpfen, um dann, wie sie hofften, nach Beendigung ihres Raubzugs bald wieder abzuziehen.

### *Die Krise des Kalifats (656–660). Entstehung von Charidschismus und Schiismus*

Im Jahre 656 wird der dritte Kalif des Islam, Othman, ermordet; in das Komplott scheinen unter anderen auch Aischa, die Witwe Mohammeds, Mo'awija, Gouverneur von Syrien und späterer erster Omajjadenkalif, sowie Amr Ibn al-As, der Eroberer Ägyptens, verwickelt gewesen zu sein. Ali, Vetter Mohammeds und Gatte Fatimas, der einzigen Tochter des Propheten und seiner ersten Frau Chadidscha, wird in Arabien zum Kalifen proklamiert. Aber er kann sich gegenüber seinen Rivalen nicht durchsetzen, deren mächtigster, Mo'awija, bei Siffin in Obermesopotamien gegen ihn kämpft (657); als Amr Ibn al-As merkt, daß Ali im Vorteil ist, rettet er Mo'awija durch eine List vor der Niederlage, indem er seine syrischen Reiter mit Blättern aus dem Koran auf der Spitze ihrer Lanzen angreifen läßt. Um eine Profanierung des Heiligen Buchs zu vermeiden, einigt man sich auf eine Schiedsversammlung in der Oase Odruh in der Nähe des ehemaligen Petra.

Dieser Streit unter Arabern scheint mit der Geschichte Afrikas wenig zu tun zu haben. Er steht jedoch am Anfang zweier großer sektiererischer Bewegungen, welche in Afrika eine beträchtliche Rolle gespielt haben, des Charidschismus und des Schiismus. Die *Charidschiten* (die Ausziehenden, Dissidenten) sind diejenigen, welche den Schiedspruch von Odruh ablehnen, weil »das Urteil Gott allein zusteht«; diese »Protestanten« des Islam protestieren gegen die Ahndung der Ermordung Othmans, gegen jeglichen Kompromiß zwischen Ali und Mo'awija, später gegen die Omajjaden-Dynastie und die Schiiten. Diese ziemlich schnell aus Asien (um 750) vertriebene fanatische Oppositionspartei soll jedoch zwei Jahrhunderte lang (740–947) bei den Berbern, die sich durch den von ihr gepredigten strengen Puritanismus und noch mehr durch das von ihm auf alle Mohammedaner angewandte Prinzip absoluter Gleichheit angezogen fühlten, eine ganz außerordentliche Entwicklung erleben. Die *Schi'iten* sind die Anhänger Alis *(schi'a* = Partei) und stellen die legitimistische Sekte des Islam dar; was sie betrifft, so muß der Führer der mohammedanischen Gemeinschaft unter allen Umständen unter den Nachkommen Fatimas und Alis und ihrer beiden Söhne, Al-Hasan (gestorben 670) – Vater einer sehr zahlreichen Kinderschar, die die Vorfahren der meisten in der islamischen Welt verstreuten »Scherifen« *(schorfa)* sind – und Al-Husein – der im Jahre 680 bei Kerbela (Mesopotamien) fiel und seitdem gleich seinem im Jahre 661 von einem Charidschiten ermordeten Vater als Märtyrer verehrt wird – ausgewählt werden. Die Heirat des Al-Husein mit der Tochter des letzten Sassanidenkönigs hatte wahrscheinlich zum Erfolg des Schiismus bei den Iraniern beigetragen. Diese Sekte gewann großen Einfluß in Persien, wo sie die unzähligen Gegner des abbassidischen Kalifats in Geheimgesellschaften sammelte, die an einen »verborgenen Iman« oder Mahdi glaubten, der eines Tages auftreten und der wahren Lehre zum Sieg verhelfen würde. Es ist als Laune der Geschichte zu bezeichnen, wenn ein Missionar des »verborgenen Iman«, ein Nachkomme Fatimas namens Obeid Allah, gegen Ende des 9. Jahrhunderts die Kotama-Berber der Kleinen Kabylei zum Schiismus bekehrt. Seine Predigertätigkeit führte schließlich zur Gründung der berühmten Fatimidendynastie, die im Jahre 969 Ägypten eroberte und das schiitische Fatimidenkalifat errichtete, den Gegner der zwei sunnitischen Kalifate: des abbasidischen in Bagdad und des omajjadischen in Córdoba.

## B. Ägypten und Maghreb von 639 bis 1050

### 1) *Ägypten bis zum Beginn des 8. Jahrhunderts*

Amr Ibn al-As, der Eroberer Ägyptens, ist neben Moʿawija, dem Gouverneur Syriens, eine der bemerkenswertesten Persönlichkeiten aus der Frühzeit des Islam. Unter dem Kalifat Othmans (644–656) von seinem Posten verdrängt, wird er im Jahre 658 durch Moʿawija wiedereingesetzt. Moʿawija wird zwei Jahre später der erste Omajjadenkalif; Amr ist bis zu seinem Tode im Jahre 664 für Ägypten ein rechtlich denkender und maßvoller Herrscher. Bereits im Jahre 641 hatte er sein Feldlager in Fostat (Alt-Kairo) eingerichtet und eine Moschee erbauen lassen. Nun wandelt er mit Hilfe der uneingeschränkt zur Verfügung stehenden Leistungspflichtigen das einstige Nomadenlager in eine große Stadt um. Er läßt den Trajanskanal wieder instandsetzen, um die Naturalabgaben, die bisher nach Konstantinopel gingen, nach Medina umleiten zu können. Schließlich organisiert er die Steuergesetzgebung gemäß dem koranischen Recht; die einheimischen Christen werden in keiner Weise zum Übertritt gezwungen, müssen aber eine Kopfsteuer oder *dschisia* zahlen, die wesentlich höher ist als der Zehnte, den die Mohammedaner abgeben. Diese Steuer wird durch byzantinische Beamten erhoben, die man klugerweise im Amt belassen hat – allerdings werden die monophysitischen Kopten, die seit dem Konzil von Chalcedon von den öffentlichen Ämtern ausgeschlossen waren, jetzt wieder zugelassen, so daß bald der monophysitische Patriarch von Alexandria, der nach der Eroberung wieder eingesetzt worden war, die Verantwortung für den Steuerertrag besitzt.

Man begreift, daß diese Maßnahme, die die Unbeliebtheit der Kopfsteuer dem Leiter der christlichen Gemeinde zuschob, zahlreiche Übertritte zur Folge hatte, wie dies auch durch die Besteuerung der Mönche mit einem Golddinar pro Kopf herbeigeführt wurde. Die Finanzpolitik steht also in Ägypten wie auch sonst im Omajjadenreich in engem Zusammenhang mit der Islamisierung; die eingeborene Bevölkerung, die sich, wenn sie nicht zum Islam übertritt, genau so gedrückt fühlt wie unter den Byzantinern, findet in der Wüste nicht mehr die Zuflucht, die bei den Mönchen vom 4. Jahrhundert an so beliebt war. Der einzige Weg, auf dem man der harten Besteuerung entgehen konnte, war also der Übertritt.

Dies erklärt die große Schnelligkeit, mit welcher sich die Islamisierung Ägyptens vollzieht; die Nähe Arabiens, die beständigen Änderungen in der arabischen Verwaltung bringen ebenfalls eine sehr schnelle *Arabisierung* mit sich. Im Jahre 706 dekretiert der Kalif Walid das Arabische zur Staatssprache und die Ersetzung der christlichen Beamten durch mohammedanische. Der letzte zweisprachige Papyrus, in Griechisch und Arabisch, stammt aus dem Jahre 709. Zur gleichen Zeit, um 705, bekommt die Provinz Ifriqija (das heutige Tunesien), die bisher von Fostat aus verwaltet wurde, eine selbständige Regierung. Von da ab entwickeln sich der Maghreb und Ägypten bis zur Eroberung durch die Fatimiden (969) voneinander unabhängig.

### 2) *Eroberung der Berberei (647–710)*

Die Eroberung Ägyptens dauerte drei Jahre (639–642) und das Niltal wurde dadurch zu einer Kolonie, in welcher die Omajjaden (660–750) und dann die Abbasiden genau das gleiche sahen wie die Byzantiner, nämlich einen Getreidespeicher, aus dem es den größtmöglichen Gewinn herauszuholen galt.

Die Eroberung der Berberei dauerte 63 Jahre lang, und als im Jahre

710, nachdem die arabischen Eroberer mehrmals durch erbitterte Gegenangriffe der Berber zurückgeschlagen worden waren, endlich der ganze Maghreb erobert war, wurde die arabische Verwaltung durch die autonomen, vom Kalifat praktisch unabhängigen, arabisch-berberischen Herrschaftsbereiche verdrängt.

Der Widerstand der Berber gegen eine fremde Besatzung ist also der entscheidende Faktor – in dieser geographischen Lage des Maghreb findet die Opposition in den Bergmassiven oder in den wüstenhaften Randgebieten immer eine Zuflucht. Und so ist auch die Geschichte der arabischen Eroberung kaum bekannt, aber sie enthält mehrere Episoden, die in die Legende eingegangen und heute noch, nach über 1200 Jahren, in der mündlichen Überlieferung lebendig sind. In den Jahren 647 und 662 werden zwei Streifzüge unternommen, die aber ohne Erfolg bleiben. Im Jahre 670 errichtet *Oqba ibn Nafi*, der im Jahre 666 einen erfolgreichen Zug nach Fessan und bis ins Kauar unternommen hatte, wie es Amr in Fostat gemacht hatte, ein Militärlager, »welches bis zum Ende der Zeiten dem Islam als Waffenplatz *(Qerawan)* dienen kann«. Kairuan liegt in einem Steppengebiet, ist aber lagemäßig hervorragend geeignet für den Schutz des Weges nach Ägypten, die Überwachung der Küste, wo die Byzantiner Verstärkungen landen können, und vor allem die des Aures-Massivs, dessen Berber eine beständige Bedrohung bedeuten.

Um das Jahr 683 übernimmt der für einige Jahre durch Abu el-Mohadschir ersetzte Oqba ibn Nafi sein Kommando wieder und unternimmt einen Feldzug nach Westen, auf dem er seinen Nachfolger und Vorgänger in Ketten mitführt und ihn der Häuptling der Berber des Aures namens *Kosaila* begleitet. Nach der von Historikern bestrittenen Legende soll er die Atlantikküste Marokkos erreicht haben. Vom Rückweg wissen wir ebensowenig wie über den Hinweg, doch gelangt Oqba bis in die Gegend südlich des Aures, wo er in einem von Kosaila vorbereiteten Hinterhalt gerät und getötet wird (683). Kosaila hatte sich nur scheinbar auf die Seite Oqbas geschlagen – in Wirklichkeit war er der Anführer einer ganzen Anzahl von Berberstämmen, die sich mit den byzantinischen Streitkräften verbündet hatten. Das Grab des Sidi Oqba, der als erster den Islam im Maghreb einführte, wird noch heute in der Nähe von Biskra verehrt.

Kosaila, der Besieger des großen Araberfeldherren, bemächtigt sich daraufhin Kairuans und kann sich drei Jahre lang als Herr einer Provinz halten, die nicht mehr byzantinisch und noch nicht arabisch ist. Aber sein Triumph ist von kurzer Dauer. Er wird im Jahre 686 durch ein arabisches Heer geschlagen, welches seinerseits wieder durch ein byzantinisches Landungskorps bei Barka in der Cyrenaika vernichtet wird.

Im Jahre 695 entsendet der Omajjadenkalif Abd el-Malik ibn Merwan (685–705) ein 40 000 Mann starkes Heer, welches Karthago einnimmt. Aber die Araber werden durch eine wütende Gegenaktion der Berber des Aures, die diesmal unter der Führung einer Frau, der oft »die berberische Jeanne d'Arc« genannten *Kahina* (= Wahrsagerin) stehen, wieder vertrieben. Im Jahre 702 erfolgt eine neue Offensive der Araber, die diesmal dadurch begünstigt wird, daß Byzanz die Kontrolle über die Seewege und damit jegliche Möglichkeit des Eingreifens in der Berberei verloren hat. Die Kahina hat die Politik der »verbrannten Erde« verfolgt und sich durch Verwüstung des Landes die Bauern entfremdet. Da sie sich ihrer Ohnmacht gegenüber den arabischen Eroberern bewußt ist, läßt sie durch ihre beiden Söhne die Unterwerfung anbieten und sich selbst in der Gegend von El-Dschem bei einem seitdem »Bir el-Kahina« genannten Brunnen töten.

Um das Jahr 705 wird *Mussa ibn Nosair* zum Gouverneur von Ifriqija ernannt. Er stößt nach Westen bis zum Atlantik vor und betrieb gegenüber den Berberstämmen eine kraftvolle Politik. Er erobert Tanger und ernennt dort einen seiner berberischen Freigelassenen namens Tarik zum Gouverneur. Im Jahre 709 ist die ganze Berberei in den Händen der Araber.

*Eroberung Spaniens.* – Im Jahre 710 richtet ein westgotischer Adeliger namens Aquila über den Grafen Julianus, den christlichen Gouverneur von Ceuta, einen Hilferuf an Mussa. Im gleichen Jahre noch überschreitet Tarik die Meerenge und faßt in Spanien in der Nähe des *Promontorium Calpe*, das von nun an Gibraltar *(Dschebel al-Tarik* = Berg des Tarik) genannt wird, Fuß. Sein fast ausschließlich aus islamisierten Berbern bestehendes Heer siegt bei Xeres (711). Binnen zwei Jahren ist, dank eines zweiten Heeres unter dem Kommando von Mussa selbst, fast die ganze iberische Halbinsel in den Händen der Araber und wird zu einer Provinz des Kalifats, *El-Andalus* genannt.

Im Jahre 721 übersteigen neue Truppen, hauptsächlich Berber, die Pyrenäen, verheeren im Jahre 725 das Rhonetal, bis ihnen im Jahre 732 Karl Martel in der Schlacht bei Poitiers ein entscheidendes Halt gebietet.

*Das Omajjadenreich im Jahre 732.* – Im Jahre 732, hundert Jahre nach dem Tode Mohammeds, hat die islamische Eroberung ihre äußersten Grenzen erreicht. Vom Indus bis zum Atlantik überstürzen sich überall in diesem maßlos großen Reich die Übertritte und haben ein außergewöhnliches »Zusammenschweißen« der Völker zur Folge. Fünfmal täglich wenden sich Hunderttausende in Richtung Mekka, um dann in arabischer Sprache das gleiche Glaubensbekenntnis abzulegen; jeden Freitag treffen die echten Araber in der Moschee auf Neubekehrte, von denen viele, wie die Syrier, Iranier oder Ägypter sie mit den Elementen ihrer eigenen alten, nicht-mohammedanischen Zivilisation und den Grundsätzen einer Staatsverwaltung vertraut machen; jedes Jahr begeben sie sich nach Mekka, lernen dort Menschen ganz anderer Rasse und Kultur kennen und kehren von ihrer Pilgerfahrt zurück mit dem stolzen Bewußtsein der Zugehörigkeit zur islamischen Gemeinschaft und mit dem Wunsch, auch ihr Volk zum einzigen wahren Glauben zu bekehren.

Nordafrika findet sich also jetzt durch die arabische Eroberung mit dem verknüpft, was einst das Reich Alexanders und das Reich der persischen Achämeniden war, d. h. mit Syrien, Mesopotamien und Persien, den Wiegen der ältesten Stadtkulturen. Wenn auch der Maghreb von dem so weit entfernten Kalifat in Bagdad sehr schnell praktisch unabhängig wird, so hat er doch nicht weniger teil an der außergewöhnlichen wirtschaftlichen Einheit der mohammedanischen Welt, einer Einheit, wie wir sie uns in unserer durch Grenzen aufgeteilten Welt, wo Reisepässe und Visa für jede größere Reise unerläßlich sind, nur mit Mühe vorstellen können. Vom 8. bis zum 12. Jahrhundert findet der mohammedanische Kaufmann oder Pilger vom Indus bis nach Spanien und in den Sudan hinein die gleiche Sprache, die gleiche Lebensweise und trotz der charidschitischen und schiitischen Ketzerei, die allerdings mehr politischer als eigentlich religiöser Natur sind, überall die gleiche Religion.

### 3) *Der Widerstand der Berber gegen die arabische Besetzung: Die Charidschiten*

Im Jahre 710 wird die Berberei nach der Eroberung Marokkos durch Mussa ibn Nosair einem in Kairuan residierenden omajjadischen Gouverneur unterstellt. Die arabische Besatzungsarmee scheint eine ziemlich geringe Effektivstärke zu besitzen: 100 000 Mann für die ganze Berberei und davon der größte Teil in Kairuan und den großen Städten Ifriqijas.

In diesen Städten ist die arabische Politik spürbar die gleiche wie in

Ägypten; hier haben die Araber mit Christen oder Juden zu tun, welche »Leute des Buches« sind und als solche wie »Schutzbefohlene« betrachtet werden, die zwar eine Kopfsteuer zahlen müssen, aber ihre Religion ausüben dürfen. Wie in Ägypten oder in Persien, wo die Zoroastrier den »Leuten des Buches« gleichgestellt wurden, erfolgen die Übertritte schneller und sind zahlreicher als es dem Machthaber lieb ist, dessen Staatseinkünfte dadurch wesentlich geringer werden. Aber Damaskus ist weit, und die Araber zögern nicht, die Vorschriften des Propheten zu übertreten und von den Mohammedaner gewordenen Berbern Kopf- und Grundsteuer zu verlangen.

Außerhalb Ifriqijas und der wenigen städtischen Siedlungen, die noch aus der Römerzeit übriggeblieben sind, sowie in der übrigen Berberei ist die Politik der Steuereintreibung seitens der Araber noch wesentlich härter. Für die örtlichen Machthaber ist Kairuan weit, und sie nutzen diese Lage zu den schlimmsten Übergriffen aus. Die weder christliche noch städtische einheimische Bevölkerung wird als Sklavenreservoir betrachtet, dem man jeweils den Fünften entnimmt, was bedeutet, daß ein Fünftel der Bevölkerung als Sklaven behandelt wird.

Die Berberinnen werden vielfach in die Harems des Ostens geschickt. Man begreift, daß diese Maßnahmen einerseits die Massenübertritte der Berber fördern, andererseits aber auch zum Aufstand treiben, sobald sie bei Stämmen angewendet werden, die bereits Mohammedaner sind.

Vier Jahrhunderte früher hatten die Berber bereits ihren politischen Groll gegenüber dem römischen Machthaber durch den Donatismus Ausdruck verliehen, durch eine Häresie, die im Schoße der von den Herren eingeführten Religion entstanden war. Gegen die arabische Tyrannei handeln sie auf sehr ähnliche Art und Weise, indem sie sich derjenigen islamischen Sekte zuwenden, die ihren Ansichten über Gleichheit aller und Demokratie am nächsten kommt, nämlich den Charidschiten.

Der Charidschismus hatte die Feinde der Omajjadendynastie, zumal viele Leute aus dem Irak, denen das Primat Syriens über die anderen Provinzen mißfiel, um sich geschart. Die in Asien von den Kalifen durch Verfolgung dezimierten sofritischen und ibaditischen Charidschiten zogen schnell in der Berberei eine Propaganda auf, die besonders auf dem Lande enorme Erfolge hatte, weil für die Landleute die arabische Besatzung nicht einmal den Vorteil bot, den die Städter zu schätzen wußten, nämlich die Herstellung der öffentlichen Sicherheit und die Möglichkeit zu gewinnbringenden Handelsbeziehungen.

So ist es also nicht erstaunlich, daß die charidschitische Explosion zuerst in Marokko erfolgte, dem am wenigsten urbanisierten Land des Maghreb, nachdem der Gouverneur von Tanger eine reiche Beute an Geld und Sklaven aus dem Süden herausgeholt hat (729). Ein einfacher Wasserträger namens *Maisara,* Anhänger des sofritischen Charidschismus, erobert im Jahre 730 Tanger, hindert ein arabisches Heer aus Spanien an der Landung in Afrika und proklamiert sich zum Kalifen (!). Er wird zwar bald von seinen eigenen Gefährten ermordet, aber sein Nachfolger hält in der Schlacht der Edlen (740) einer arabischen Armee stand. Im Jahre darauf werden die Araber von neuem geschlagen, und der Gouverneur von Kairuan, der an der Spitze einer Armee von nicht weniger als 70 000 Mann steht, am Sebu getötet.

Der Aufstand dehnt sich auf die ganze Berberei aus, und im Steppengürtel vor der Sahara bilden sich charidschitische Staaten; der von Sijilmassa scheint der älteste zu sein; seine Hauptstadt, Sijilmassa im Tafillelt, die in der Folge eine wichtige Rolle im Handel zwischen Marokko und dem Sudan spielen sollte, wurde in den Jahren 728–729 von den sofritischen Miknassa aus der Familie der Midrariden gegründet. In Südtunesien die sofritischen Ouferjouma, die Ibaditen vom Dschebel Nefusa, die ibaditischen Howara von Tripolis – alle bedrohen sie das kleine arabische Reich von Kairuan, wo es im Jahre 744 einem Urenkel Oqbas gelungen ist, den omajjadischen Gouverneur zu vertreiben und seine Stelle einzunehmen.

Fünfzehn Jahre lang sind die Unruhen, welche dem Wechsel der Kalifendynastie (750) vorausgehen und folgen, der Grund, daß sich die Berberei praktisch selbst überlassen wird und einer vollkommenen Anarchie ausgeliefert ist. Im Jahre 761 klärt sich die Lage etwas: Ein persischer Adeliger namens Ibn Rostem, Anhänger des Charidschismus, wird aus Kairuan verjagt und gründet in der Gegend von Oran die Stadt Tahert in der Nähe des heutigen Tiaret und damit die spätere Hauptstadt eines ibaditischen Reiches. Trotz verschiedener Aufstände gelingt es den abbasidischen Gouverneuren, Ifriqija zu befrieden; im Jahre 788 schließen sie mit Ibn Rostem einen Waffenstillstand. Im gleichen Jahre flieht Idris, ein Abkömmling des Ali-Sohnes Al-Hasan, aus Arabien, da er von dem abbasidischen Kalifen verfolgt wurde, und gelangt nach Marokko, wo er die Dynastie der Idrisiden gründet. Schließlich läßt sich im Jahre 800 der arabische Gouverneur von Ifriqija, Ibrahim ibn el-Aglab, zum Emir ernennen; seine Nachkommen regieren bis zum Jahre 910 über ein von den Bagdader Kalifen praktisch unabhängiges Tunesien.

### 4) *Die Berberreiche des 9. Jahrhunderts*

Am Ende des 8. Jahrhunderts gibt es also in der Berberei drei autonome Reiche, die den heutigen drei Maghrebländern entsprechen: das idrisidische Reich Nordmarokkos, das Reich von Tahert südlich des algerischen Warsenis und das aghlabidische Emirat Tunesiens.

*Die Idrisiden Marokkos.* – Nach seiner Ankunft in Marokko im Jahre 786 begibt sich Idris in den berberischen Marktflecken Oulili, den man allgemein mit dem ehemaligen Volubilis gleichsetzt. Als erster Scherif und damit wirklicher Abkömmling des Propheten, der sich in Marokko niederläßt, findet er bei dem Stamme der Aureba schnell Anerkennung und wird zum *Imam*, zum Vorbeter ernannt. Nach und nach dehnt er seinen Einfluß auf diejenige Gegend Nordmarokkos aus, welche der vordiokletianischen Mauretania Tingitana, zwischen dem Rif und den ersten Ausläufern des Mittleren Atlas, ziemlich genau entspricht. Im Jahre 791 wird er durch einen Kundschafter des abbasidischen Kalifen Harun al-Raschid ermordet.

Eine seiner berberischen Konkubinen namens Kenza gebiert kurz darauf einen Sohn, den späteren Idris II. (Mulaj Idris), ersten Abkömmling berberischer Abstammung des Propheten, der noch heute als der wahre Apostel des mohammedanischen Marokko und als Gründer der Stadt Fes verehrt wird.

Im Jahre 809 beginnt der damals 18 Jahre alte Idris II. mit der Anlage einer al-Alya (= die Hohe) genannten Stadt am rechten Ufer des Mittellaufs des Sebu gegenüber einem berberischen Marktflecken, den sein Vater Madinat Fas genannt hatte. Diese Stadt bevölkert sich schnell mit Arabern aus Spanien und Tunesien, die das geographisch isolierte Marokko orientalischen Einflüssen öffnen. Dieses städtische Zentrum wird durch die Jahrhunderte hindurch ständig Verbindung mit Córdoba und Kairuan halten und in der Geschichte Marokkos eine entscheidende Rolle spielen.

Idris II. stirbt um 828, und sein Reich wird unter seinen zehn Söhnen aufgeteilt. Die so geschaffenen Kleinstaaten haben zwar kaum Verbindung mit der Außenwelt, bilden aber sehr aktive Zentren für die Islamisierung der Berberstämme; im 10. Jahrhundert werden sie zum Zankapfel im Streit zwischen den Omajjaden von Córdoba und den Fatimiden von Tunesien.

Neben den Kleinstaaten der Idrisiden gab es im Marokko des 9. Jahrhunderts noch andere wenig bekannte Reiche, wie das der Berghwata im Lande der Chaouïa, welches einen sehr partikularistischen, berberischen Islam ausübte, oder das der Ghomora südlich von Tetuan, das ebenfalls seinen eigenen berberischen Koran hatte.

Das Marokko der Seßhaften des Nordens hatte anscheinend keinen Kontakt mit den Nomaden südlich des Atlas, zumindest keinen mit dem charidschitischen Reiche von Sijilmassa.

*Das Reich von Tahert.* – Der Handel Sijilmassas mußte mit dem durch Ibn Rostem im Jahre 761 in Tahert gegründeten Reich erfolgen; auch für den Handel mit den charidschitischen Kleinstaaten in der vor der Sahara gelegenen maghrebinischen Zone war Tahert der Mittler.

Ebenso wie die Fürstentümer der Idrisiden ungefähr ein Zehntel des heutigen Marokko ausmachten, umfaßte das Reich von Tahert nur ein begrenztes Gebiet des heutigen Algerien, im Süden des Wadi Schelif von Mostaganem bis zur Hodna. Die Häfen Mostaganem und Tenes standen zwar unter seiner Kontrolle, aber sein Einfluß und Interesse erstreckten sich mehr zur Wüste als zum Meer hin.

Die Geschichte von Tahert ist durch die Chronik des Abu Sakaria und aus anderen, von den heutigen Ibaditen der sieben saharischen Städte des Mzab pietätvoll aufbewahrten Büchern wohl bekannt.

Von 761 bis 908 war Tahert die Metropole des Charidschismus. Seine Imams waren zugleich die weltlichen und geistlichen Führer der Religionsgemeinschaft; sie wurden aus der Familie Ibn Rostems genommen und vom Volk durch Wahl bestätigt, konnten ihres Amtes entsetzt werden und standen unter der Kontrolle strenger, auf die ibaditische Doktrin spezialisierter Kleriker, die auch die geringste Neuerung nicht duldeten. Sie lebten einfach, widmeten sich den schwierigen theologischen Streitfragen und machten aus Tahert ein angesehenes geistiges Zentrum, wo man astronomische Studien trieb und wertvolle Manuskripte aus dem Orient sammelte.

Diese Gottesstadt – obgleich es zweifelhaft scheint, daß alles immer so reibungslos zuging, wie die frommen Chronisten behaupten – war auch eine blühende Handelsstadt, zu der Kaufleute aus Persien, Landsleute von Ibn Rostem, dem Irak, Verwandte der ersten orientalischen Charidschiten, und auch Christen und Juden hinströmten. Sie war sicher auch ein wichtiger Mittelpunkt auf der sudanischen Gold- und Sklavenstraße zwischen dem schwarzen Reich Ghana, Sijilmassa, Ägypten und dem Nahen Osten.

Nach 147 Jahren wurde das Reich von Tahert im Jahre 908 durch das von dem schiitischen Missionar Abu Abdallah aufgeputschte Bergvolk der Kotama angegriffen. Die Überlebenden flüchteten nach Sedrata bei Wargla, einer Saharaoase mehr als 500 Kilometer südöstlich von Tahert. Ihre Nachfahren leben heute noch im Mzab als treue Anhänger des ibaditischen Charidschismus. Die Mzabiten nehmen im algerischen Einzelhandel eine wichtige Stellung ein. Sie stehen mit den östlichen Charidschiten in Oman und auf Sansibar in Verbindung.

*Die Aghlabiden von Tunesien* sind die Nachkommen von Ibrahim ibn el-Aghlab, der im Jahre 800, zu einer Zeit, als der große Abbasidenkalif Harun al-Raschid, der Zeitgenosse Karls des Großen, regiert, die Provinz Ifriqija als erbliches Lehen erhält.

In Wirklichkeit herrschen die Aghlabiden in Ifriqija nur über die Seßhaften, während die Ibaditen des Gebel Nefusa ihre unerbittlichen Feinde sind – übrigens genau so wie die Bergbewohner der Kleinen Kabylei und des Aures, deren Gebiet politisch Kairuan untersteht.

Wenn auch ihre politische Bindung an Bagdad kaum mehr als theoretischer Natur ist, so stehen die Aghlabiden doch in ständiger religiöser und wirtschaftlicher Verbindung mit der Metropole des Islam, die in der ersten Hälfte des 9. Jahrhunderts ihre Glanzzeit erlebt. Dies ist die Zeit, da Kalif Mamun (813–833), Sohn des berühmten Harun al-Raschid und einer Perserin, das »Haus der Weisheit« errichtet, in dem nicht nur die Religionswissenschaften gelehrt werden – Sammlung der vom Propheten handelnden Überlieferung *(hadith)*, Rechtsprechung, dogmatische Theologie, Koranexegese –, sondern auch an der Übersetzung zahlreicher Werke griechischer, iranischer oder indischer Herkunft ins Arabische gearbeitet wird.

Was den asketisch veranlagten Berbern an dieser abbasidischen »Weisheit« besonders zusagt, sind die Religionswissenschaften. Kairuan wird zu einem der großen islamischen Studienzentren, dessen Lehrkräfte in Bagdad oder Medina ausgebildet sind und den malekitischen Ritus verbreiten, wie ihn der im Jahre 795 verstorbene Richter Malik ibn Anas aus Medina gelehrt hat. Ihre aus Córdoba oder Fes stammenden Schüler bringen den Malekismus nach Spanien und Marokko und später nach Westafrika.

Die theologischen Diskussionen, die das Volk von Ifriqija so leidenschaftlich führt, lassen die aghlabidischen Emire, welche ein prunkvolles und oft ausschweifendes Leben in luxuriösen Palästen vorziehen, meist ziemlich kalt. Diese protegieren jedoch die Religion und erbauen Moscheen, deren berühmteste, die Große Moschee von Kairuan, noch heute steht und das älteste Baudenkmal des westlichen Islam darstellt.

Die große Leistung der Aghlabiden besteht jedoch in der *Eroberung Siziliens,* die dem Islam die Herrschaft über das westliche Mittelmeer verlieh und im folgenden Jahrhundert die Entwicklung kommerzieller

Beziehungen zwischen mohammedanischem Orient und Okzident möglich machte. Diese Eroberung wurde im Jahre 827 durch Sidajat Allah I. begonnen und zog sich über fünfzig Jahre hin; Syrakus fiel im Jahre 878, Taormina erst im Jahre 902. Sie machte es den aghlabidischen Emiren möglich, als die Führer des westlichen Islam aufzutreten, aber vor allem, sich der lästigen arabischen Miliz zu entledigen, deren Streitereien die Innenpolitik vergifteten. In Ifriqija selbst trug sie zum Aufblühen der Küstenorte bei, besonders der Stadt Tunis, wohin die letzten Emire ihre Hauptstadt verlegten. Fern von der streng orthodoxen Stadt Kairuan, ließen sich die Fürsten in ihren Vergnügungen nun vollends gehen, unbekümmert um die ständig wachsende Opposition gegen ihre Steuerpolitik und die Übergriffe des nur aus Arabern bestehenden Verwaltungspersonals. Im Jahre 909 sieht sich der letzte Aghlabidenemir Sidajet Allah, der seinen Vater im Jahre 902 ermordet hat, nicht mehr in der Lage, den Angriffen der Schiiten Widerstand zu leisten und flieht nach dem Orient.

### 5) *Das arabische Ägypten bis zu den Fatimiden*

*Ägypten, Kolonie des Kalifats des Orients, von 706 bis 868.* – Im Jahre 706 erklärt der Omajjadenkalif Walid Arabisch zur Staatssprache Ägyptens und Syriens. Von 715 an werden die christlichen Provinzbeamten systematisch durch Moslems ersetzt. Diese lange Periode der Toleranz (642–715) gegenüber den Christen erklärt zweifellos die Tatsache, daß die Kopten mit ihrem Aufstand im Delta bis zum Jahre 725 und mit dem in Oberägypten bis zum Jahre 739 warteten. Beide Revolten werden erstickt und geben den klugen Ägyptern einiges zu denken.

Ein Jahrhundert lang ist die Geschichte Ägyptens dann nicht mehr eine Geschichte der Ägypter wie in der byzantinischen Epoche. Es kommt häufig zu Unruhen und Aufständen, aber diese werden in der Hauptsache von den in Ägypten lebenden Arabern angezettelt. Im Jahre 831 bricht der letzte Koptenaufstand aus, der der Baschmuriten, die in der Sumpfgegend zwischen Rosette und Damiette leben. Die Unterdrückung erfolgt mit einer derartigen Wildheit, daß den Kopten der Gedanke an eine Erhebung für immer vergeht.

Das Datum 832 ist sehr wichtig, bedeutet es doch das Ende der arabischen Hegemonie in Ägypten. Die arabische Sprache hat jetzt ihren festen Platz, auch die christlichen Kopten sprechen arabisch und bewahren das Koptische als liturgische Sprache. Sie übersetzen zahl-

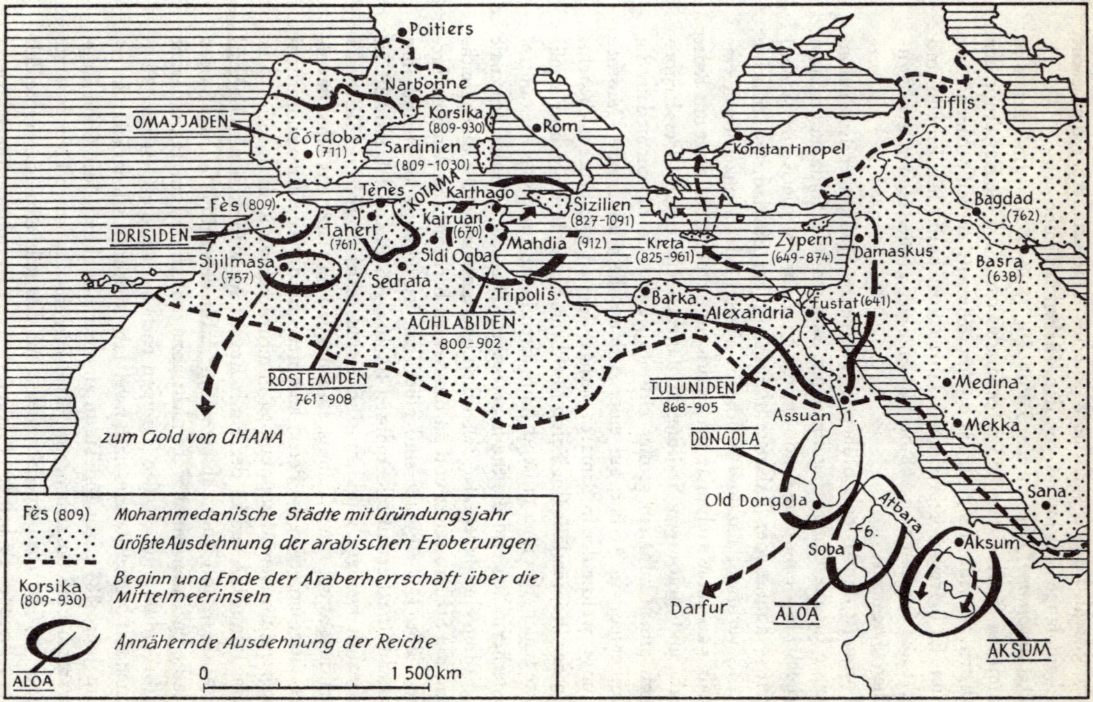


Karte 5: Afrika zwischen 7. und 10. Jahrhundert

reiche griechische und syrische Werke ins Arabische. Aber die Macht wird auf lange Zeit hinaus von den Türken ausgeübt.

*Das autonome Ägypten der Tuluniden* (868–905). – Im Jahre 868 kommt der fünfte türkische Präfekt nach Fostat, um die Regierung der reichsten Provinz des Kalifats zu übernehmen: er heißt Ahmed ibn Tulun. Er befreit sich in einigen Jahren vom kalifischen Einfluß und macht aus der Zeit von 868 bis 904 eine der großen Zeiten der ägyptischen Geschichte.

Fostat ist damals eine blühende, volkreiche Stadt, aber Ibn Tulun, dem sie für die Unterbringung seiner Sklaven und Soldaten zu klein erscheint, legt eine neue Stadt an, die er *Katai* (= die Konzessionen) nennt – ähnlich der Palaststadt Samarra bei Bagdad, wo er seine Jugend verbracht hat und welche in Viertel oder Konzessionen eingeteilt war. Im Mittelpunkt erhebt sich ein ungeheurer Palast mit Reitschule und prächtigen Stallungen, daneben ein riesenhaftes Hippodrom; am Nilufer ein großes Hospital, das erste mohammedanische Krankenhaus in Afrika; auf einer Anhöhe die wunderbare »Moschee Tuluns«, welche der in Samarra nachgebildet ist und heute noch steht.

In der Provinz läßt Ibn Tulun Moscheen, Springbrunnen und Aquädukte bauen, den über tausend Jahre alten Leuchtturm von Alexandria wiederherstellen und die Stadt befestigen. Diese seine Bauleidenschaft sichert ihm eine dauerhafte Beliebtheit und dies umsomehr, als er gleichzeitig die Steuern senkt und an die Armen beträchtliche Almosen verteilen läßt. Die Ägypter sind glücklich: Jetzt haben sie wieder ihre geschichtliche Persönlichkeit, ihren baulustigen Pharao! Der Kalif ist wesentlich weniger glücklich: Ibn Tulun schickt nur die Hälfte des jährlichen ägyptischen Tributs, und Bagdad hat jetzt das Geld besonders nötig, um gegen die Perser kämpfen und die Revolte der Sendsch-Neger im unteren Mesopotamien unterdrücken zu können.

Im Jahre 877 schickt der Kalif-Regent Muwaffak seinen General Musa; dieser soll Tulun absetzen und dafür den Präfekten von Syrien installieren. Aber Musa wagt nicht anzugreifen, und im Jahre darauf schickt Tulun seine eigenen Truppen nach Syrien, die Geste der Pharaonen des Neuen Reiches nach zwei Jahrtausenden wiederholend.

Im Jahre 884 stirbt Ibn Tulun an einer Krankheit. Sein Sohn Chumarawaih muß ausziehen, um das durch ein kalifisches Heer besetzte Syrien zurückzuerobern. Nachdem ihm dies gelungen ist, verhandelt er mit Bagdad. Er bringt es dahin, daß die Regierung Ägyptens und Syriens für die Zeit von dreißig Jahren der Familie der Tuluniden gegen Zahlung eines jährlichen Tributs von 200 000 Dinaren überlassen wird. Die Abmachung wird durch die Heirat seiner Tochter »Tautropfen« mit dem Kalifen bekräftigt; die Hochzeit ist durch ihren Glanz in der arabischen Literatur sprichwörtlich geworden. Chumarawaih hat nun die Wahl zwischen Ägypten und Syrien; er zieht Damaskus vor und wird dort im Jahre 896 durch Hofpagen ermordet.

*Die Ichschididen* (905–963). – Seine Nachfolger erweisen sich als unfähig dazu, in dem durch die Sekte der Karmaten verheerten Syrien Ordnung zu schaffen; aufgrund dieser Situation fühlt sich der Kalif im Jahre 905 in der Lage, Ägypten wieder unter seine Herrschaft zu stellen, und läßt alle von dem Gründer der Dynastie herrührenden glänzenden Bauten zerstören. Die tulunidische Armee, die aus 40 000 Sklaven, 24 000 Türken und 7000 ägyptischen Freiwilligen besteht, wird vernichtet.

Fünfunddreißig Jahre lang wird Ägypten wieder von türkischen Präfekten gemäß den Befehlen des Bagdader Kalifen verwaltet. In den Jahren 915 und 919 mißlingen zwar zwei fatimidische Invasionsversuche, aber die Ordnung kann nicht aufrechterhalten werden. Im Jahre 939 erhält Mohammed Ibn Tughdsch den Titel *Ichschid* (= Diener) und Ägypten wieder eine gewisse Autonomie. Nach seinem Tode wird die Herrschaft 23 Jahre lang durch einen schwarzen Eunuchen namens *Kafur* (= Kampfer) ausgeübt, der die Regentschaft wahrnimmt.

Aber die Fatimiden werden wieder offensiv. Im Jahre 968 trifft ihr Angriff mit einer byzantinischen Offensive gegen Syrien zusammen, die von Nikephoros Phokas, der bereits im Jahre 960 Kreta zurückerobert und die Kontrolle Ostroms über das östliche Mittelmeer gesichert hat, mit vollem Erfolg durchgeführt wird. Zwei Hunger- und Pestjahre haben den Staatsschatz geleert. Unter solchen Umständen wird der fatimidische Feldzug unter dem hervorragenden General Dschauhar zu einem militärischen Spaziergang. Am 4. Juli erleidet die ichschididische Truppe starke Verluste, ihre Reste fliehen nach Syrien; am 5. wehen Fatimidenfahnen über Fostat, und am 6. Juli zieht Dschauhar in die ägyptische Hauptstadt ein.

Auf die Berber gestützt, wird die Fatimidenherrschaft im folgenden Jahrhundert der ägyptischen Geschichte unvergleichlichen Glanz verleihen, der die vorhergehende Periode in den Schatten stellen soll.

### 6) *Die Fatimiden im Maghreb* (893–973)

Um das Jahr 893 lernt einer der Missionare oder *dai* Obaid Allahs in Mekka berberische Pilger aus dem Stamme der Kotama in der Kleinen Kabylei kennen. Er folgt ihnen in ihre Heimat (zwischen Djidjelli, Sétif und Constantine), läßt sich in Ikjan nahe dem heutigen Dorfe Chevreul nieder und lehrt dort die ismaelitische Schiitendoktrin, derzufolge der siebente und letzte »sichtbare« Imam, der nach 765 verschwundene Ismail, als »Imam mahdi« in Gestalt des in der Gegend von Homs in Syrien lebenden Obaid Allah wiedererscheinen wird. Die ismaelitischen Schiiten traten damit in Gegensatz sowohl zu den sunnitischen Abbasidenkalifen als auch zu den hauptsächlich in Persien verbreiteten »Zwölfer-Schiiten«, welche auf die Rückkehr des zwölften sichtbaren Imam (des seit 873 verschwundenen Mohammed) und nicht des siebenten warteten.

Das Land der Kotama bildete einen Teil des Aghlabidenreiches, aber seine in ihren Bergen gut verschanzten Bewohner waren unerbittliche Gegner jeglicher Steuererhebung und in vielleicht noch höherem Grade jeglicher Anwesenheit arabischer Soldaten bei ihnen. Von der antiarabischen Einstellung und der Opposition gegen die Aghlabiden, welche für Afrika die Stellvertreter der Abbasiden und des Sunnismus waren, wußte der *dai* Abu Abdallah geschickt Gebrauch zu machen, so daß es ihn nur wenig Zeit kostete, die Kotama zu einem vom Charidschismus sehr stark abweichenden, aber in den Rahmen ihrer nationalen Gefühle passenden Islam zu bekehren.

Im Jahre 902 nimmt ein aus fanatisierten Berbern bestehendes Heer Mila ein, dann Sétif (904), schließlich im Jahre 909 Raqqada, die aghlabidische Hauptstadt.

Als Herr Tunesiens zieht Abu Abdallah ans andere Ende der Berberei, zur Oase Sijilmassa, wo sein Lehrer Obaid Allah gefangengenommen worden war. Unterwegs zerstört er das charidschitische Reich von Tahert.

Im Januar 910 hält der jetzt offiziell *el-Mahdi* genannte Obaid Allah seinen triumphalen Einzug in Raqqada und richtet dort seine neue Regierung ein. Aber zwei Jahre später läßt er seinen *dai* Abu Abdallah hinrichten und löst damit einen Aufstand der Kotama aus, denen sich bald die Senata-Berber des zentralen Maghreb und die Einwohner von Tripolis zugesellen.

Diese Aufstandsbewegungen werden kraftvoll unterdrückt, und im Jahre 912 fühlt Obaid Allah seine Stellung genügend gefestigt, um eine neue Hauptstadt gründen zu können, welcher er seinen Namen gibt: Mahdija (Mahdia). Ihn interessiert jedoch der Maghreb nicht weiter, sondern die Eroberung des Kalifats und hier in erster Linie die Ägyptens, das seit dem Untergang der Tuluniden (905) eine verlokkende Beute geworden ist. Zwei Versuche in den Jahren 914 und 920 scheitern jedoch.

Die fatimidische Steuertyrannei und die schiitische Propaganda werden von den malekitischen Theologen in Kairuan ebensowenig geschätzt wie von den charidschitischen Senata. Diese gehen nach dem Tode des Mahdi (934) zur offenen Revolte über und bedrohen sogar die Existenz der fatimidischen Dynastie. Abu Jasid mit dem Beinamen »Der Mann mit dem Esel« hat bereits seit dem Jahre 928 den Aufstand gepredigt. Im Jahre 944, während der Regierungszeit des Sohnes von Obaid Allah, El-Quaim, überfallen und plündern seine Truppen Ifriqija und belagern Mahdia, das gerade noch rechtzeitig durch die Intervention eines Kabylenherrschers namens Siri gerettet wird. Im Jahre 946 wird Abu Jasid besiegt und getötet, und der Sohn Qaims, Ismail, nimmt den Namen El-Mansur (= der Siegreiche) an.

Auf religiöser Ebene entspricht die Niederlage des Charidschismus nicht einem Sieg der Schiiten, sondern einem Gewinn des orthodoxen Sunnismus. Der Schiismus des Fatimidenhofes bleibt in Tunesien sowohl der Stadt als auch dem flachen Lande zutiefst fremd, weil dort nicht die gleichen nationalen Gründe für seine Annahme vorhanden sind wie bei den Sanhadscha-Kabylen. Die Senata des zentralen Maghreb weisen ihn noch entschiedener zurück – sie sind die Erbfeinde der Sanhadscha! Auch der westliche Maghreb kehrt unter dem Einfluß des auf dem Gipfel seiner Macht stehenden Kalifats von Córdoba zur sunnitischen Orthodoxie zurück. Dort nimmt im Jahre 929 der Emir Abd ar-Rahman III. (917–961) den Kalifentitel an und tritt damit sowohl zu dem bereits sehr verarmten sunnitischen Kalifat von Bagdad als auch zu den schiitischen Fatimidenherrschern in Opposition.

Die letzteren richten sich in Ifriqija ein. El-Mansur läßt innerhalb der Bannmeile von Kairuan eine neue Hauptstadt errichten und nennt sie Mansura. Die Regierung seines Nachfolgers El-Moess (953–973) bedeutet den Gipfelpunkt der fatimidischen Dynastie in der Berberei. Sein General Dschauhar, ein Freigelassener, erobert im Jahre 958 Nordmarokko und Sijilmassa. Im Jahre 960 scheinen die Fatimiden demnach endgültig in der Berberei festzusitzen. Aber für sie ist diese nur ein Sprungbrett; im Jahre 968 zieht Dschauhar aus, Ägypten zu erobern, und fünf Jahre später, 973, erfolgt der Einzug von El-Moess in der neuen Stadt Kairo an der Spitze einer zahlenstarken Armee von Kotama-Soldaten; die Regierung der Berberei überläßt er Bologschin, dem Sohne Siris, der im Jahre 945 Mahdia vor dem Angriff Abu Jasids gerettet hat.

### 7) *Die Sanhadscha-Dynastie der Siriden bis zum Jahre 1050*

Nur ungern verläßt Bologschin die von seinem Vater in den Bergen des Titteri angelegte Festung Aschir und geht nach Mansura. Er führt den von seinem Vater begonnenen Kampf gegen die Senata des zentralen Maghreb weiter und kann in den Jahren 971–972 die Beni Ifren und die Maghraua entscheidend schlagen. Diese Stämme treten daraufhin in großer Zahl auf marokkanisches Gebiet über und huldigen den Omajjaden von Córdoba. Im Jahre 979 stößt Bologschin bis nach Marokko vor und zieht in Fes und in Sijilmassa ein. Aber unter der Regierung seines Sohnes El-Mansur (984–996) stellen verschiedene Expeditionen seitens der Omajjaden die andalusische Herrschaft über Nordmarokko her.

Das Bemerkenswerte an der Regierung Badis' (996–1016) ist der Zerfall des siridischen Staates in zwei Teile. Badis' Onkel Hammad gründet im Jahre 1008 eine »algerische« Hauptstadt, die Qal'a der Beni Hammad. Vom Jahre 1014 an gibt es kein Siridenreich mehr, sondern zwei miteinander verfeindete Sanhadscha-Dynastien.

Das Hammadidenreich erstreckt sich vom Meridian von Algier bis zu den Vorbergen des Aures. Um seiner Unabhängigkeit besonderen Ausdruck zu verleihen, kündigt Hammad das Lehensverhältnis zu den Fatimiden auf und huldigt dafür dem Abbasidenkalifen. Er und seine Nachfolger bleiben stets an ihre Scholle gebundene Krieger, die sich ausschließlich damit beschäftigen, als Polizei des zentralen Maghreb gegen die feindlichen Senata zu fungieren.

Das Siridenreich dagegen erfährt einen beträchtlichen wirtschaftlichen Aufschwung. Tunis, Sousse, Mahdia und Gabès sind lebhafte Häfen, welche mit Ägypten, Sizilien und Spanien Handel treiben. Die Herrscher haben eine prunkvolle Hofhaltung und ziehen Künstler und Dichter in ihre schöne Hauptstadt Mansura; die malekitischen Theologen Kairuans halten die hohe Tradition der islamischen Kultur der Aghlabidenepoche hoch und ermutigen ihren Herrscher El-Moess (1016 bis 1062) dazu, die Oberhoheit der ketzerischen Fatimiden abzuschütteln. Im Jahre 1048 läßt der Siridenherrscher über die Dynastie öffentlich den Bannfluch aussprechen und verbietet den Umlauf fatimidischer Münzen. Zwei Jahre später rächt der Wesir des Fatimidenkalifen El-Mostansir diesen Affront dadurch, daß er die Araberstämme der Beni Hilal und Beni Solaim beauftragt, sich in dem reichen Ifriqija niederzulassen. Dieses Jahr 1050 bedeutet einen »historischen Wendepunkt« in der Geschichte des Maghreb.

### 8) *Das fatimidische Ägypten bis zum Jahre 1050*

Das erste fatimidische Jahrhundert ist unbestreitbar einer der großen Momente der ägyptischen Geschichte. Noch vor dem Eintreffen des Kalifen El-Moess im Jahre 973 war das von seinem General Dschauhar am Tage nach seiner Ankunft (6. Juli 969) gegründete Kairo bereits eine große Stadt. Die berühmte Moschee el-Azhar, deren Bau im Jahre 970 begonnen wurde, war bereits zwei Jahre später fertiggestellt. Unter der Regierung des Kalifen Asis (975–996), des Sohnes von El-Moess, wurden im Jahre 988 fünfunddreißig Juristen mit der Abhaltung von Vorlesungen beauftragt; dies war die Keimzelle der Universität El-Azhar, der Bildungsstätte der mohammedanischen Elite seit fast tausend Jahren. Aber Kairo war vor allem dazu berufen, eine Handelsmetropole von Weltbedeutung, fast zwangsläufiger Durchgangsort für den Verkehr zwischen Ost und West und Mittelpunkt der Erzeugung der damaligen Luxusgüter zu werden.

Der Eingangshafen für die aus Abessinien, vom Jemen und von der Ostküste Afrikas, zumal Sansibar kommenden Waren war der Hafen Aidhab am Roten Meer, von wo sie auf dem Landwege zum Nil transportiert und dann auf Nilbarken verladen wurden. Auch von Indien und China kamen Gewürze, die bereits im 10. Jahrhundert von den Venezianern angekauft wurden, d. h. also schon vor der Zeit der Kreuzzüge (erster Kreuzzug 1097). Die Christen interessierten sich auch für Perlen aus dem Persischen Golf, für Parfüms, für Seiden- und Leinengewebe und für Elfenbein. Nach Ägypten lieferten sie dafür – zur Empörung der Byzantiner – Waffen und Holz für den Häuser- und besonders den Schiffsbau. Mit Hilfe seiner Mittelmeerflotte, die erst während der Kreuzzüge vernichtet wurde, trieb das fatimidische Ägypten einen bedeutenden Handel mit der Cyrenaica, dem Maghreb, Sizilien und dem mohammedanischen Spanien.

Dieser Handel brachte den Herren von Kairo beträchtliche Reichtümer ein. Das Inventarium des Schatzes des Kalifen Mustansir (1036 bis 1094), das uns durch Maqrisi überkommen ist, zählt mehr als 100 000 Wertstücke auf, darunter 6000 Goldvasen, silberne Wannen von je 150 Kilogramm Gewicht, Hähne, Pfauen und Gazellen aus mit Edelsteinen inkrustiertem Gold in Naturgröße, goldene Palmbäume in goldenen Behältern usw., Waffen, Rüstungen, Geschmeide und Perlen, wertvolle Keramiken und Gewebe.

Diese Anhäufung von Reichtümern ist der greifbare Beweis dafür, daß das Niltal im 10. Jahrhundert das Hauptzentrum des Kapitalismus des Mittleren Orients geworden war und Mesopotamien von der ersten Stelle verdrängt hatte. Der »maghrebinischer Dinar« genannte ägyptische Dinar war der Dollar dieser Zeit und mußte sich aufgrund seines Goldgehalts der ganzen islamischen Welt geradezu aufzwingen. Das Gold kam zum Teil aus den seit 4000 Jahren ausgebeuteten und schon fast erschöpften Bergwerken Nubiens, zum Teil aus dem Sudan, wo das schwarze Reich Ghana der Großlieferant war. Ägypten war also zwangsläufig der Mittler zwischen dem Orient als dem Verbraucher von Luxusgütern und dem afrikanischen Westen als dem neuen Lieferanten von Gold und Sklaven – zwei für die Wirtschaft der mohammedanischen Länder im Mittelalter entscheidende Handelsobjekte.

Die ersten fatimidischen Kalifen von Kairo hatten ein großes Interesse an Büchern; die schönste Bibliothek, welche die mohammedanische Welt jemals kannte, war die von El-Asis, dem Sohn und Nachfolger von El-Moess. Sie umfaßte 1 600 000 Bände, davon 6500 über Mathematik und 18 000 über Philosophie. Der Kalif Hakim (996–1021) richtete eine neue Bibliothek, »Palast des Wissens« genannt, ein, welche 600 000 Bände umfaßte.

Aber es war nicht die Liebe zu Büchern, sondern seine Grausamkeit und seine Extravaganzen, die den Kalifen Hakim zu einer Berühmtheit der mohammedanischen Geschichte und bei den Kopten machte, die er auf verhaßte Art und Weise von 1009 bis 1014 verfolgte. Sein geheimnisvolles Verschwinden anläßlich eines nächtlichen Spaziergangs am 13. Februar 1021 trug noch zu dieser sagenumwobenen Persönlichkeit bei und wurde zu einem der Grundelemente der Religion der Drusen in Syrien, die noch heute an eine »Rückkehr des Gottes Hakim« glauben.

Auf Sahir, einen im Jahre 1036 an der Pest gestorbenen Sohn des Verschwundenen, folgte ein siebenjähriges Kind namens Mustansir, welchem die längste Regierungszeit des mohammedanischen Ägypten beschieden sein sollte (1036–1094). Er war auf den Tag genau einundzwanzig Jahre alt, als sich sein der Königinmutter, einer schwarzen Sklavin des Kalifen Sahir, voll und ganz ergebener Wesir Jasuri an dem Siridenemir El-Moess rächte, indem er die seit dem Jahre 980 in Oberägypten in Garnison liegenden arabischen Stämme der Beni Hilal und Beni Solaim in die Berberei schickte. Dieses Ereignis, welches den Maghreb erschüttern sollte, hatte auf die Geschichte Ägyptens kaum irgendwelchen Einfluß, aber fünf Jahre später, im Jahre 1055, trug sich in Bagdad etwas zu, was trotz der enormen geographischen Entfernung in geschichtlicher Hinsicht schwere Folgen für Ägypten haben sollte. Die seldschukischen Türken verdrängten die schiitische Dynastie der Bujiden, ernannten sich selbst zu »Beschützern« des abbasidischen Kalifen und beschlossen, gegen die schiitische Ketzerei der Fatimiden in den Krieg zu ziehen, die nach dem Untergang des Omajjadenkalifats von Córdoba im Jahre 1031 das einzige Kalifat repräsentierten, das es noch zu bekämpfen gab. Ihre Machtausdehnung über den Orient und ihre Kämpfe mit den Fatimiden sollen einhundertsechzehn Jahre lang anhalten.

## C. Die Reiche im nilotischen Sudan vom 7. bis zum 11. Jahrhundert

Bereits im Jahre 641, als noch nicht einmal Alexandria erobert war, fielen die Araber in Nubien ein: Ein Raubzug ohne weitere Folgen, denn zehn Jahre später beschoß eine zweite Expedition Dongola, die Hauptstadt eines Reiches, das sich von Assuan bis zur Grenze des Reiches Aloa erstreckte.

Der König Kalidurat schloß einen Friedensvertrag, der einen jährlichen Tribut in Gestalt von 360 Sklaven vorsah; die ägyptische Gegenleistung bestand in Pferden, Geweben, Getreide und Erbsen. Dieser Vertrag ist deshalb bemerkenswert, weil er sechs Jahrhunderte in Kraft blieb. Aber wir wissen leider fast nichts über diese nubischen Königreiche, die ein relativ blühendes Wirtschaftsleben und, nach der Zahl der Kirchenruinen zwischen Assuan und Dongola zu urteilen, ein außergewöhnliches kraftvolles Christentum hatten.

Diese Kirchen sind befestigt; sie sollten sich gegen die – sehr seltenen – Angriffe Ägyptens verteidigen können, hauptsächlich aber gegen die der nomadischen Bedscha, die vom 9. Jahrhundert ab durch starke Einwanderung von Arabern, die die Goldbergwerke ausbeuteten und westlich des Nils einzudringen suchten, verstärkt wurden.

Entdeckungen neueren Datums in Darfur haben gezeigt, daß es, im Gegensatz zu der allgemeinen Annahme, sogar eine Ausdehnungsperiode des nubischen Christentums gegeben hat und zwar entlang dem natürlichen Weg, wie er vom Laufe des fossilen Wadis el-Milk, das bei Ain Farah nach Dongola eintritt, vorgezeichnet ist. Die Zeit, während der die Kirchen des Darfur erbaut werden konnten, ist allerdings unbekannt.

Über das Reich Aloa, das sich im Süden des fünften Kataraktes erstreckte, wissen wir ebenfalls sehr wenig, abgesehen von dem Bericht des Ibn Selim aus den letzten Jahren des 10. Jahrhunderts, worin dieser die Hauptstadt Soba (südlich von Khartum) beschreibt und ausführlich über die Schönheit der Bauten, der Klöster, Kirchen und Gärten und den Reichtum des Königs berichtet; die Bischöfe von Aloa wurden vom monophysitischen Patriarchen in Alexandria ernannt, verwendeten aber keine koptischen, sondern griechische Bücher, die sie in ihre eigene Sprache übersetzten.

Alles in allem scheinen bis zum Jahre 1050 die Beziehungen der christlichen Reiche Nubiens zum mohammedanischen Ägypten gut gewesen zu sein.

## D. Äthiopien vom 7. Jahrhundert bis zum Aufkommen der Dynastie Sagwe

Im 7. und 8. Jahrhundert beschleunigen zwei Faktoren den Verfall des Reiches von Aksum, der schon zu Ende des 6. Jahrhunderts begonnen hat. Einerseits werden die Araber die unumschränkten Herren der Schiffahrt auf dem Roten Meer; nach der Zerstörung von Adulis zu Beginn des 8. Jahrhunderts sieht sich das Reich von Aksum von der byzantinischen Welt vollkommen abgeschnitten. Andererseits dringen die in voller Expansion befindlichen nomadischen Bedscha allmählich auf das erythräische und tigreische Hochland vor.

Das von den maritimen Quellen seines Reichtums abgeschnittene und an einer Ausdehnung nach Westen durch das feindliche Reich Aloa gehinderte Reich von Aksum ist gezwungen, sich nach Süden zu erweitern. Tigre-Kolonisten lassen sich auf dem Hochland östlich des Oberlaufs des Takazze und weiter südlich bis nach Schoa hin nieder. Sie treffen dort auf eine Bevölkerung von strengem Charakter und mit Neigung zum Mystizismus, die bereits mit dem jüdischen Monotheismus in Berührung gekommen ist und die christliche Lehre ausgesprochen leicht annimmt. Es entstehen dort Fürstentümer, in denen die weltliche Gewalt mit der geistlichen eng verknüpft ist und deren Herrscher im allgemeinen aus Tigre stammen; sie sind dem König von Aksum, der die oberste geistliche Autorität darstellt, tributpflichtig.

Im 9. Jahrhundert verfällt die Macht der Könige von Aksum zusehends. Die Münzprägung bekommt ein immer barbarischeres Aussehen und hört im 10. Jahrhundert überhaupt auf. Das Weiterrücken der Tigrener auf den Hochebenen des abessinischen Hochlandes stößt auf große Schwierigkeiten und sie geraten in zahlreiche Revolten der kuschitischen Agau, die sich aber schließlich dank intensivster missionarischer Tätigkeit der Klöster und Mönche doch zum christlichen Glauben bekehren lassen.

Am Ende des 10. Jahrhunderts wird die Stadt Aksum durch die berühmte »Königin der Juden«, Gudit oder Esató (= die Zerstörerin), zerstört, die die königliche Familie töten läßt und 40 Jahre lang regiert. Diese Tatsache wird gleichzeitig von dem arabischen Historiker Ibn Hauqal, der Chronik des koptischen Patriarchats Alexandria und der äthiopischen Überlieferung festgehalten. Aber weiter weiß man nichts darüber und überhaupt nichts hinsichtlich der Zeit des Auftretens der Dynastie Sagwe, einer Agau-Familie, welche, zweifellos zu Beginn des 12. Jahrhunderts, ihre Hauptstadt in ihrer Heimatprovinz Lasta errichtet.

## E. Die afrikanischen Seehandelskontore der Araber bis zum 11. Jahrhundert

Die Geschichte der Ostküste Afrikas ist in weit höherem Grade die der Westküste des Indischen Ozeans als die Afrikas. Die Araber haben sich um kein Jota mehr als die Perser, Inder und Chinesen, die hauptsächlichen Schiffahrt treibenden Völker des Orients, für das Landesinnere interessiert; für sie war dies lediglich die Gegend, wo die Sklaven, das Gold oder die Metalle herkamen, die sie in ihre eigenen Länder verschifften. Der Handel hatte zwar schon vor dem Auftreten des Islam floriert, aber vom 7. Jahrhundert an spielten die Araber eine überragende Rolle. Der arabische Dinar verdrängte sehr schnell den römischen Aureus und den persischen Dirhem. Im 10. Jahrhundert hatte an den Küsten des Indischen Ozeans der Dinar allein Gültigkeit.

Die ersten Niederlassungen arabischer politischer Flüchtlinge an der Küste Afrikas scheinen bis ins 8. Jahrhundert zurückzugehen. Um das

Jahr 730 dürften sich die Araber auf der Insel Pemba, wo die Sassaniden bereits im 6. Jahrhundert eine Faktorei errichtet hatten, niedergelassen haben. Um das Jahr 739 mußten die Anhänger der Aliden nach der Niederlage, die sie bei Kufa durch die Truppen des Omajjadenkalifen Hischam (724–743) erlitten hatten, nach Afrika flüchten; diese Schiiten scharten sich um Said, den Enkel al-Husains. Man nennt sie Emosaiden (= Nachfolger Saids) oder Saiditen. Dieser Sonderzweig der Schiiten glaubt nicht an die Wiederkunft eines Mahdi; aus ihm ist die Fürstenfamilie hervorgegangen, die seit dem Jahre 860 den Jemen regiert. Im Jahre 740 ließen sich die Emosaiden an verschiedenen Punkten der Küste, hauptsächlich in Mogadiscio, nieder.

Im Jahre 834 setzten sich die aus dem Euphratdelta verjagten Schatt oder Zott auf der Insel Sokotra, die damals der Sitz eines christlichen Bischofs war, fest. Um das Jahr 908 sollen sieben Brüder aus El-Hasa an der Küste von Oman in Mogadiscio gelandet sein und die Emosaiden vertrieben haben, die sich dann mit den Somali Hawija vermischten. Die Stelle des späteren Sofala soll durch ein im Sturm verschlagenes Schiff aus Mogadiscio entdeckt worden sein.

Um das Jahr 975 wurde der Sohn eines Sultans von Schiras in Persien von seinen Halbbrüdern unter dem Vorwand, seine Mutter sei nur eine Sklavin aus Afrika gewesen, aus dem Lande vertrieben. Mit seinen sechs Söhnen und mehreren hundert persischen Kolonisten kam er nach Afrika und ließ sich auf der Insel Kilua nieder. Seine Söhne oder Verwandten gründeten Handelskontore, in Kisimajo, Djumbo, auf Mafia und auf den Komoren.

Die große Mehrheit dieser arabischen Kontore befand sich auf den Inseln, die ein selbständiges und mehr der See als dem Lande zugewandtes Leben führten. Die Gesamtheit der Ostküste wurde Sangebar oder das Land Sendsch genannt und stellt vor allem ein unerschöpfliches Reservoir für Negersklaven dar, die man billig im Tausch gegen Perlen oder grobe indische Gewebe bekam und in den ganzen Orient und bis nach China exportierte, allerdings hauptsächlich in den Irak, wo man sie als Landarbeiter in den Zuckerrohrpflanzungen und Baumwollplantagen oder als Hilfsarbeiter in den Städten benötigte. Wie früh der Handel mit den schwarzen Sklaven eingeführt wurde und wie wichtig er war, tritt in den Berichten arabischer Autoren über den großen Aufstand der Sendsch klar zu Tage.

Im Jahre 868 erhoben sich Tausende von Sendsch im Gebiete von Bassorah am inneren Ende des Persischen Golfs in einem Versuch, ihrer bedauernswerten Lage zu entfliehen. Sie bemächtigten sich des

Hafens Obolla, wo sie Abgaben auf die aus dem Fernen Osten kommenden Waren erhoben. Fünfzehn Jahre lang hielten sie sich gegenüber dem Kalifen von Bagdad und fügten den Truppen, die alljährlich in immer größerer Menge gegen sie geschickt wurden, schwere Verluste zu. Im Jahre 883 konnte Bagdad diesen Monstreaufstand nur dadurch niederwerfen, daß es die Sendsch völlig ausrottete.

Abgesehen von Sklaven lieferte Afrika auch viel Elfenbein, das von besserer Qualität war als das aus Asien stammende, Giraffenhäute und den aus Pottwalen und anderen Walarten gewonnenen und in der Parfumerie und Pharmazie viel verwendeten grauen Amber. Das rhodesische Gold wurde seit dem 10. Jahrhundert in Sofala auf Schiffe verladen. Vom 12. Jahrhundert an wurden große Mengen über Malindi und Mambasa nach Indien versandt.

Die enorme Gewinnspanne bei diesem Handel gestattete den arabischen, indischen und persischen Kaufleuten eine luxuriöse Lebenshaltung. Die von Indien, China und Persien stark beeinflußte Suaheli-Zivilisation (von *sahil* = Küste) entwickelte sich dann besonders vom 13. Jahrhundert an.

## F. Madagaskar vor dem 11. Jahrhundert

Alles das, was man über die »große Insel am Ende der Welt« aus der Zeit vor dem 11. Jahrhundert weiß, ist noch recht hypothetischer Natur.

Die Besiedlung der in prähistorischen Zeiten unbewohnten Insel durch die Protomadagassen aus Indonesien dürfte zwischen dem 5. und 8. Jahrhundert erfolgt sein. Die Fahrten der Indonesier nach Indien, an die afrikanische Küste und dann nach Madagaskar haben im 8. Jahrhundert begonnen und bis zum 13. Jahrhundert angehalten. Auf dem Weg über Afrika haben die Indonesier gewisse Kulturpflanzen (Hirse, Bohnen) und Haustiere kennengelernt und sich stark mit den Schwarzen vermischt. Aber im Grunde sind Sitten, religiöse Anschauungen und Techniken genauso wie die Sprache indonesisch geblieben.

Die ersten Berührungen mit den Arabern scheinen nach dem 11. Jahrhundert erfolgt zu sein. Die für Besiedelung geeignete Insel hatte in der Tat für die wirtschaftlichen Interessen der orientalischen Kaufleute nichts zu bieten; diese begnügten sich damit, von den Reichtümern der afrikanischen Küste das Beste für sich wegzuholen.

## G. Der westliche Sudan bis zur Einnahme von Audaghost durch die Almoraviden (1054–55)

Der sahelsudanische Streifen Afrikas, der den Alten unbekannt war, wurde durch die Araber in die Geschichte einbezogen und zwar deswegen, weil er zwei für die Wirtschaft der Mittelmeerländer unerläßliche Erzeugnisse bot: Gold und Sklaven.

Die Araber drangen bereits sehr frühzeitig in den Sudan vor.

### 1) *Kanem*

Im Jahre 666, vier Jahre bevor er Kairuan gründete, eroberte Oqba ibn Nafi den Fessan und erreichte auf seinem Marsche nach Süden nach fünfzehn Tagen die Oasen des Kauar, deren Bewohner ihm erzählten, daß sie noch weiter im Süden von keinem Menschen mehr wüßten.

Bereits im 8. Jahrhundert flohen aus Ägypten oder Arabien durch die Omajjaden verjagte Araber und Berber in die Sahara und kamen mit der Zeit bis in die Gegend des Tschadsees, wo zwei wichtige Saharapisten münden; die östlichere dieser ist der *Darb el-Arbain*, die »Straße der vierzig Tage«, welche Assiut in Ägypten mit Darfur verbindet und von dort in Westrichtung über den Fitrisee zum Nordostende des Tschadsees geht. Die zweite stellt den kürzesten Weg zwischen Mittelmeer und Tschadsee dar; sie verläuft vom Fessan genau in Nord-Süd-Richtung über die Kauar-Oasen zum Nordende des Tschad. Jene weißen Nomaden treffen dort auf die halbsagenhaften schwarzen *So* oder *Sao* und aus der Vermischung mit diesen entstehen in der den Tschad im Nordosten begrenzenden Ebene die *Kanembu* (= »Leute des Südens« in der Sprache der Tubu).

Um das Jahr 800 soll der örtlichen Überlieferung zufolge eine aus Borku südlich von Tibesti hergekommene Familie Beni-Sef oder Sefuwa ein Bündnis mit Teilen der Tubu geschlossen und das erste Reich Kanem gegründet haben. Die »Hauptstadt«, ein bescheidenes Lager weißer Nomaden bei seßhaften Schwarzen, war Ngigmi am Westufer des Sees. Im Jahre 1085 bekehrt sich der zehnte König der Dynastie namens Hume zum Islam. Damit beginnt die eigentliche Geschichte des Reiches Kanem-Bornu.

## 2) *Das Songhai-Reich von Kukia*

Unter genau den gleichen Bedingungen bildete sich in der Gegend von Gao am sudanischen Ende einer großen Transsaharastraße – der antiken »Wagenstraße der Zentralsahara«, die Tripolis über die Tassili-Berge, den Ahaggar und das fossile Tal des Tilemsi mit dem Niger verbindet – das Reich der Songhai.

Dort sind ebenso wie in Kanem vom 7. Jahrhundert an weiße Nomaden angekommen und haben mitten in einer seßhaften schwarzen Bevölkerung, von der sie im Laufe der Zeit vollkommen aufgesogen wurde, allmählich die Macht übernommen. Bei diesen Weißen handelte es sich nicht um Araber, sondern um Angehörige zweier tripolitanischer Berberstämme, der Lemta und der Howara. Von ihrer 150 Kilometer südlich von Gao gelegenen Hauptstadt Kukia aus dehnten die Könige oder *dia* im Laufe des 9. Jahrhunderts ihre Macht bis über Gao hinaus aus. Im Jahre 1009 oder 1010 bekehrte sich der Dia Kossoi zum Islam und es ist wahrscheinlich, daß dies eine Intensivierung der wirtschaftlichen und kulturellen Beziehungen zwischen dem Mittellauf des Niger und den mohammedanischen Reichen Ägypten und denen der Berberei zur Folge hatte.

## 3) *Das Reich Ghana*

Von den drei vor 1050 existierenden schwarzen Reichen ist das westlichste sicher das wenigst bekannte. Das Reich Ghana verfügte über die Goldminen des Galam (Unterlauf des Faleme) und des Bambuk (zwischen Faleme und Senegal) und dieses Gold wurde schon in vorislamischer Zeit, vielleicht schon in der karthagischen Epoche, auf jeden Fall aber in den ersten Jahrhunderten der christlichen Ära nach Marokko exportiert, weil bereits im Jahre 734, fünfundzwanzig Jahre nach der Eroberung Marokkos, die Araber eine Expedition in den Sudan schickten, die »eine beträchtliche Menge Gold« nach Hause brachte. Im Jahre 745 ließen sie entlang der alten »Wagenstraße der Westsahara«, im Nordteil im Tafilelt und im Südteil zwischen der Berberstadt Audaghost (dem heutigen Tegdaost du Rkiz) und der Negerstadt Ghana (dem heutigen Kumbi Sale in Mauretanien, halbwegs zwischen Nema und Nioro), Wasserstellen anlegen.

Ghana war zur Zeit der Ankunft der Araber ein organisiertes Reich, aber wir wissen leider nichts über die vierundvierzig Fürsten weißer

Hautfarbe, die seit dem 4. Jahrhundert über schwarze Soninke-Vasallen, die Ahnen der heutigen Sarakole, die noch jetzt im Gebiet des geschichtlichen Ghana zwischen Oberem Senegal und Niger leben, geherrscht haben sollen.

In den letzten Jahren des 8. Jahrhunderts bemächtigt sich ein Soninke namens Kaya Maghan Cisse (= König des Goldes) aus der Cisse-Sippe der Königsherrschaft und verjagt die weißen Berber aus dem Auker-Gebiet; er und seine Nachfolger vergrößern das Reich, so daß es sich zu Beginn des 10. Jahrhunderts vom Niger bei Djenne bis zum Mittellauf des Senegal oder Tekrur erstreckt; im Norden stehen die Berberstämme Lemtuna und Goddala im mauretanischen Tagang in einem losen Vasallenverhältnis zum *tunka* von Ghana; im Süden sind Senegal und Baule die wahrscheinlichen Grenzen und man weiß nicht, ob das Goldgebiet des Galam zum Ghana-Reiche gehörte oder nicht, aber es hing auf jeden Fall in wirtschaftlicher Hinsicht von ihm ab.

Im 10. Jahrhundert bekommt der Berberkönig von Audaghost den schwarzen König von Ghana in seine Gewalt und tötet ihn; dafür wird im Jahre 990 Audaghost seinerseits vom König von Ghana erobert, der dort einen schwarzen Gouverneur zur Überwachung der Abgabenpflicht der Karawanen und seiner Berbervasallen zurückläßt. Audaghost war zu dieser Zeit ein ausnehmend lebhafter Marktort geworden; die berberischen Kaufleute aus dem im Jahre 757 gegründeten Sijilmasa im Tafilelt kamen mit großen Warenmengen dorthin, hauptsächlich mit dem in der Saharastadt Terhaza aufgekauftem Salz, mit Glasperlen, Schmuck-, Ohr- und Fingerringen aus rotem Kupfer. Sie standen mit den Kaufleuten des Maghreb, Berbern oder Arabern aus den Städten des Orients und Spaniens, in Bankverbindung. Im Jahre 977 war der arabische Geschichtsschreiber Ibn Hawqal Zeuge eines Abschlusses über 42 000 Dinar – das sind ungefähr 690 000 Mark –, was er noch nie zuvor erlebt hatte. Von Audaghost aus gingen die Kaufleute nach Ghana und nahmen dort mit örtlichen Zwischenhändlern Verbindung auf, um mit diesen als Führern und Vermittlern noch weiter nach Süden gehen zu können, wo sich dann ein »stummer Handel« entwickelte.

Der Höhepunkt der Macht der Könige von Ghana ist auf die Zeit von 950 bis 1050 anzusetzen. Im Werke des El-Bekri (um 1077) ist die berühmte Beschreibung der königlichen Audienzen, des Hofzeremoniells und des Reichtums der Könige, die »ihre Pferde an massive Goldblöcke anbanden«, zu finden. Aber bereits im Jahre 1020 ver-

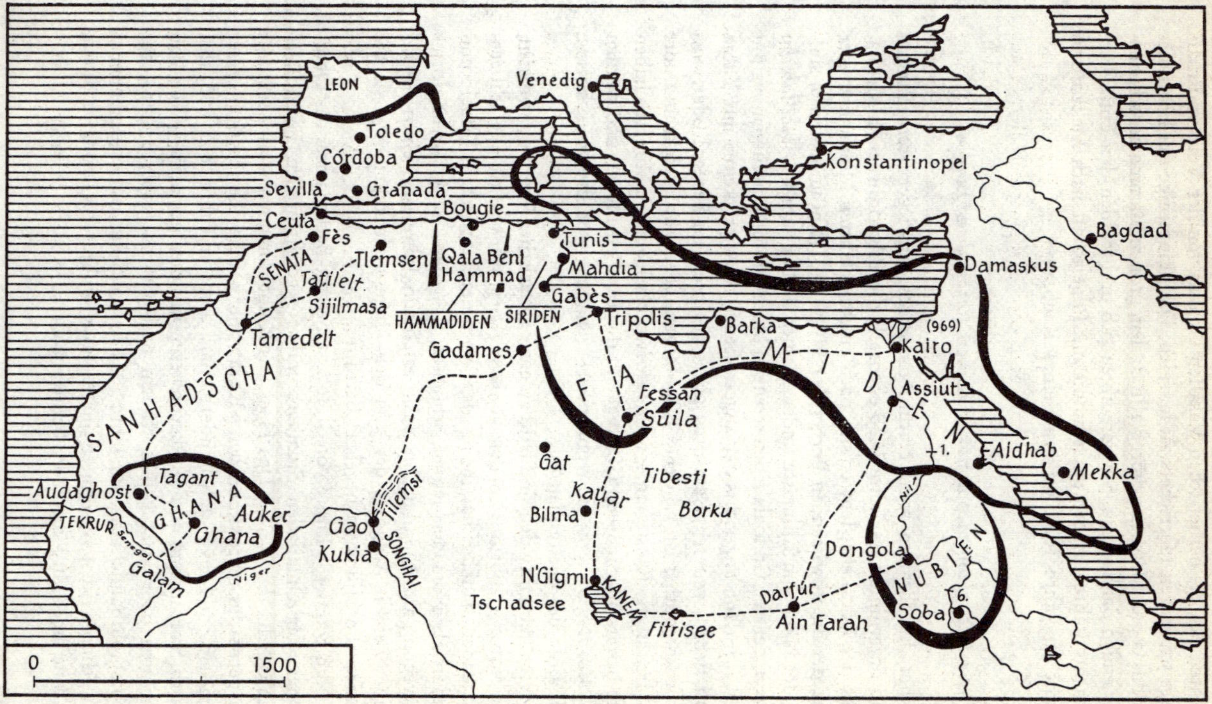


Karte 6: Afrika zu Beginn des 11. Jahrhunderts

suchten sich die berberischen Vasallen Ghanas von der Vormundschaft ihres schwarzen Herrschers zu befreien. Die Häuptlinge der Lemtuna, Goddala und Messufa gehören alle zu dem großen Stamme der schleiertragenden Sanhadscha. Sie vereinigen sich und wählen den Emir Tarsina als Führer; dieser unternimmt die Pilgerschaft nach Mekka und stirbt im Jahre 1023 während eines Raubzuges.

### 4) *Die Entstehung der almoravidischen Reformbewegung*

Yahia ibn Ibrahim wird Nachfolger seines Schwiegervaters Tarsina und unternimmt im Jahre 1035 ebenfalls die Pilgerfahrt nach Mekka. Auf der Rückkehr sieht er sich nach einem gelehrten Mohammedaner um, der die unwissenden Berber der Wüste im Islam unterweisen soll. In der Nähe von Sijilmassa findet er einen Berber namens *Abdallah ibn Yasin,* der den Goddala einen strengen Malekismus zu predigen beginnt und sich dann angesichts der angetroffenen Schwierigkeiten mit Yahia und sieben weiteren Gefährten auf eine Insel (im Senegal oder, was wahrscheinlicher ist, an der Küste Mauretaniens) zurückzieht und dort ein befestigtes Kloster anlegt, einen *ribat.* Nach einigen Monaten haben sich bereits über tausend Gläubige auf der Insel gesammelt und werden *Al-Morabethin* (= die vom *ribat*) genannt, woraus das spanische Almoravides entstanden ist.

Diese Almoraviden sind bald zu einer fanatischen Truppe geworden, die sich mit Inbrunst in den heiligen Krieg stürzt; fast alle schleiertragenden Sanhadscha, die in der Westsahara zwischen Tafilelt und Sudan als Nomaden lebten, schließen sich dieser religiösen Reformbewegung an. Abdallah ibn Yasin erhält im Jahre 1053 einen Aufruf seines Lehrers Waggag, der von den Ungesetzlichkeiten, wie sie die Emire von Sijilmassa begehen, berichtet.

Nun waren die Emire von Sijilmassa Senata-Berber unter der Oberhoheit der Omajjaden Spaniens und die geschworenen Feinde der Sanhadscha der Wüste. Das Heer aus Kamelnomaden wollte sich nur zu gerne des marokkanischen »Karawanenhafens« bemächtigen, über den seit Ende des 9. Jahrhunderts, nachdem Ibn Tulun (863–883) den durch Sandstürme und Räuberunwesen unsicher gemachten Weg von Ägypten über Darfur und Kanem nach Ghana gesperrt hatte, der ganz Goldhandel ging. Im Jahre 1054 wurde Sijilmassa eingenommen; die Almoraviden versöhnten die religiösen Führer des Landes dadurch, daß sie ihnen ein Fünftel der Beute abgaben.

Im gleichen Jahre bemächtigte sich der Lemtuna-Häuptling Yahia ibn Omar der Stadt Audaghost. Von da an waren die Almoraviden die Herren der beiden Endpunkte der »Goldstraße« im Norden und Süden, was zum Teil ihre geradezu unglaubliche Machtzunahme erklärt – schließlich sollten sie innerhalb dreier Jahrzehnte die Herren eines Riesenreichs zwischen Ebro und Senegal werden.

VI

# Afrika vom 11. bis zum 16. Jahrhundert

## A. Ägypten

### 1) *Das Ende der Fatimiden* (1050–1171)

Die Mitte des 11. Jahrhunderts bedeutet durch das Auftreten eines neuen, asiatischen Volkes in der mohammedanischen Welt einen Wendepunkt für die Dynastie der Fatimiden. Im Jahre 1055 erklären sich die seldschukischen Türken als »Beschützer« des Kalifen von Bagdad und treten als leidenschaftliche Verteidiger der sunnitischen Orthodoxie auf; dem ketzerischen schiitischen Kalifat von Kairo schwören sie Tod und Vernichtung. Innerhalb weniger Jahre erobern sie sich ein Riesenreich, das vom Pamir bis zu den Dardanellen reicht. Im Jahre 1071 sind sie in Aleppo, 1078 in Damaskus; lediglich Südpalästina verbleibt den Fatimiden.

In dieser Zeit erholt sich Ägypten mit Mühe von mehreren unruhigen Jahren, der Folge einer der fürchterlichsten Hungersnöte (1067–72), von denen uns mohammedanische Chronisten berichten. Einem armenischen Wesir, Badr Djamali, der zwanzig Jahre im Amt ist, gelingt es, die Situation durch Terrormaßnahmen zu retten, indem er über 50 000 Unruhestifter töten oder als Sklaven verkaufen läßt. Im Jahre 1094 stirbt er nur wenig früher als der Kalif Mustansir, der mehr als sechzig Jahre lang regiert hat und dessen Erbschaft sich als äußerst kompliziert erweist, sind doch aus ihr zwei neue ismaelitische Sekten entstanden. Die *Mostalier* in Indien und Ostafrika sind uns Europäern von heute durch ihre Imams Aga Khan, Ali Khan und Karim Khan sehr bekannt geworden. Die *Nisarier* waren den Kreuzfahrern des 12. und 13. Jahrhunderts unter dem Namen *Haschaschin* (= Haschischesser) oder Assassinen wohl vertraut und ihr unabhängiger Staat in Nordsyrien stand oft mit seinen fränkischen Nachbarn vom Krak des Chevaliers in Konflikt. In dieser Zeit ist das französische Wort »assassin« (= Mörder) entstanden.

Vom 12. Jahrhundert an und fast 200 Jahre lang soll die Nachbarschaft der Lateinerstaaten Syriens und Palästinas das wirklich dominierende Element in der Außenpolitik der letzten Fatimiden und ihrer Nachfolger, der Ajjubiden und der Mameluken, sein. Genau genommen macht Afdal, der Sohn Badr Djamalis, der von 1094 bis 1122 die wirkliche Gewalt in Händen hat, gar nicht den Versuch, das blitzartige Vorrücken der Kreuzfahrer, die im Jahre 1097 den Bosporus überschreiten, Jerusalem am 14. Juli 1099 einnehmen und im Jahre 1109 Herren der ganzen syrischen Küste sind, irgendwie zu hindern, so daß sie ihre Macht auch im Süden des Toten Meeres bis zum Golf von Akaba hin ausdehnen und den Landweg zwischen Kairo und den heiligen Städten Arabiens sperren können.

Aber die Fatimiden sind nicht mehr fähig, die Initiative zu ergreifen. Palastintrigen, Mord und Meutereien der Miliz füllen die Regierungszeiten der Kalifen Amir, Hafis und Safir aus. Die Franken machen sich dies zunutze und versuchen, in Ägypten einzufallen; sie stehen unter dem Befehl des energischen Amaury I., werden aber im Jahre 1169 von einer kurdischen Hilfsarmee, die der Fürst von Aleppo, Nur ed-Din, gesandt hat und die unter dem Kommando seines Neffen Saladin und des Generals Schirkuk steht, geschlagen.

Am 10. September 1171 befiehlt der Sunnite Saladin, die *khotba* im Namen des Kalifen von Bagdad zu sprechen, und hebt damit die Legitimität der schiitischen Fatimidendynastie auf, deren letzter Sproß im übrigen drei Tage später stirbt.

### 2) *Saladin und die Dynastie der Ajjubiden* (1171–1250)

Die Machtübernahme durch einen syrischen Fürsten lenkt Ägypten in Richtung Asien und trennt es endgültig von der Berberei, mit der es ein Jahrhundert lang unter den Fatimiden vereinigt gewesen war. Die politische Abtrennung ist bereits älteren Datums, denn sie rührt von der siridischen Spaltung im Jahre 1048 her, der die unheilvolle Rachemaßnahme des Kalifen Yazuri im Jahre 1050 folgte; in wirtschaftlicher Hinsicht entstand der Bruch, als zu Beginn des 12. Jahrhunderts die Fatimidenflotte durch die Kreuzfahrer vernichtet wurde. Der Mittelmeerhandel ging trotzdem weiter, aber Ägypten und Maghreb waren von da an für die christlichen Kaufleute aus Europa zwei verschiedene Handelspartner.

*Saladin* ist für die Abendländer kein Unbekannter und zwar durch die Rolle, die er gegenüber seinen Kreuzfahrerzeitgenossen Philipp August und Richard Löwenherz als »Paladin des Islam« gespielt hat. Von 1174 bis 1192 nimmt er den Lateinern den größten Teil ihrer Eroberungen wieder ab und läßt ihnen nur einen schmalen Küstenstreifen sowie freien Zugang nach Jerusalem, das er 1187 zurückerobert hat. Er ist so der alleinige Herr eines immensen syrisch-ägyptischen Reiches, das sich in einem Stück von Mosul bis nach Assuan und bis zu den heiligen Städten Arabiens erstreckt.

In diesem Reich spielt Ägypten jedoch nur eine zweitrangige Rolle. Saladin läßt sich kaum dort sehen und die Ägypter, die ohne jegliche Reaktion den Übergang vom Schiismus zum Sunnismus mitgemacht haben, sind weder in politischer noch in religiöser Hinsicht am Kampf gegen die Kreuzfahrer interessiert. Eigenartigerweise haben die zu Ende der Fatimidenzeit noch mächtigen und zahlreichen Kopten niemals den Versuch unternommen, mit den abendländischen Christen, damals ihren unmittelbaren Nachbarn, irgendwelchen Kontakt zu bekommen; für sie gab es keinen Unterschied zwischen »Franken« und den »Griechen«, deren politische Herrschaft, obwohl sie schon vor fünf Jahrhunderten zu bestehen aufgehört hatte, für sie doch immer noch mit der Verfolgung ihrer nationalen monophysitischen Kirche gleichbedeutend war.

Die Nachfolger Saladins sind schwächer und nicht imstande, ihre Autorität in Syrien wahrzunehmen, was das fünfte Kreuzfahrerheer unter der Führung von Jean de Brienne zur Belagerung von Damiette in den Jahren 1218–19 ermutigt. Die Kreuzfahrer erobern die Stadt, müssen aber nach der Katastrophe von Mansura Ägypten wieder verlassen, was aber König Ludwig den Heiligen nicht daran hindert, dreißig Jahre später die Einnahme von Damiette – und leider auch die Katastrophe von Mansura zu wiederholen (7. Kreuzzug). Der später heiliggesprochene König muß Damiette wieder herausgeben und 800 000 sarazenische Besan (ungefähr sechs Millionen Mark) als Lösegeld zahlen, was ihn aber – sowohl zu seinem Unglück als auch zu seinem Ruhme – den Geschmack an Abenteuern in der Ferne nicht verlieren läßt, denn er stirbt zur Zeit des 8. Kreuzzugs im Jahre 1270 in Tunis an der Pest.

Malik Salih, der letzte Ajjubidenherrscher, stirbt im November 1249 in Mansura. Seine Mameluken genannten türkischen Sklaven, die sich der Errettung Ägyptens vor der lateinischen Invasion durch ihren Sieg über das Heer Ludwigs des Heiligen bei Mansura bewußt sind, erringen die Staatsgewalt und gründen die Dynastie der Mamelukensultane.

### 3) *Die großen Mamelukensultane und der Gipfelpunkt des mohammedanischen Ägypten im 14. Jahrhundert*

*Baibars*, ein Kiptschak-Türke aus dem nördlichen Kaukasusvorland, der von 1260 bis 1277 regiert, ist der berühmteste der Mamelukensultane. Das Leben des ehemaligen Sklaven ist ein wahres Heldenepos, das schnell in die Legende einging. Dieser Vorkämpfer des Islam hat das Werk Saladins beendet, indem er dem Kreuzfahrerreich für immer seine besten Plätze wegnahm: Jaffa, Cäsarea, Krak des Chevaliers, Antiochia. Aber Baibars hat auch gegen andere Feinde gekämpft: gegen die mit den Kreuzfahrern verbündeten Armenier, gegen die ismaelitische Ketzersekte der Assassinen, gegen das nubische Reich Dongola, in der Hauptsache aber gegen die Mongolen, deren drohender Invasion er Einhalt gebot und so Afrika vor der »gelben Gefahr« rettete.

Baibars ist an Ägypten wesentlich mehr interessiert als Saladin. Er hebt das religiöse Prestige des Landes in hohem Maße dadurch, daß er einen den Henkern des Mongolen Hulagu entkommenen Angehörigen der unglücklichen Abbasidenfamilie von Bagdad (1259) nach Kairo kommen läßt und sich des rechtmäßigen Besitzes der heiligen Städte des Hedschas versichert, wo die *khotba* in seinem Namen gesprochen wird und die Münzen sein Bild tragen.

*Kalaun* (1279–1290), ebenfalls ehemaliger Kiptschak-Sklave, setzt im Jahre 1279 den jugendlichen Sohn Baibars' ab; Baibars selbst starb im Jahre 1277 durch einen Unfall. Kalaun setzt das Werk seines berühmten Vorgängers fort, hält die Mongolen jenseits des Euphrats und nimmt den Franken noch das letzte einflußreiche Gebiet, was ihnen Baibars gelassen hat; auf innenpolitischem Gebiet fördert er den Handel Ägyptens und läßt schöne Bauten errichten, darunter die noch heute stehende »Kalaun-Moschee« in Kairo.

Ein Sohn Kalauns, Malik el-Aschraf Chalil (1290–93), beseitigt das Lateinerreich endgültig durch die Eroberung Akkas, der letzten den Kreuzfahrern verbliebenen Stellung, und setzt die von seinem Vater eingeleitete Wirtschaftspolitik fort; während seiner Regierungszeit bekommt der ägyptische Dinar den Namen *aschrafi*. Ebenso wie der Louisdor von Ludwig XIII. den Reichtum Frankreichs symbolisieren sollte, so zeigt auch der *aschrafi* deutlich an, daß das Niltal am Ende des 13. Jahrhunderts wieder zum Mittelpunkt des Kapitalismus von Mittel-Ost geworden ist.

In noch höherem Grade als im ersten Jahrhundert der Fatimiden (970–1100) ist Ägypten im 14. Jahrhundert das Wirtschaftszentrum der islamischen Welt, weil es auch gleichzeitig ihr religiöser Mittelpunkt ist. Die Pilger aus Afrika, weiße und schwarze, kommen zwangsläufig durch sein Gebiet und sein Prestige führt sogar dazu, daß die Herren des sudanischen Goldes, die mächtigen Könige von Mali, die traditionellen transsaharischen Handelswege im Maghreb aufgeben und dafür die uralte »zentralsaharische Wagenstraße« über Fessan und die Wege über die Tuat-Oasen und Gadames wieder in Gebrauch nehmen. Am anderen Ende der mohammedanischen Welt bemühen sich bestimmte indische Sultane um die Investitur aus der Hand des Kalifen von Kairo, was sich wiederum auf die Handelsbeziehungen zwischen Indien und Afrika günstig auswirkt.

Andererseits hat die Räumung der Lateinerreiche Syriens durch die Franken nicht zur Folge gehabt, daß auch die italienischen Kaufleute vertrieben werden; diese behalten ihre Handelskontore bei und machen neue in Ägypten auf, in Alexandria, in Rosette und Damiette. Sie importieren Holz, Eisen, Textilien, Pelze und sogar Sklaven aus Nordeuropa. Dafür versorgen sie sich mit indischen Gewürzen, chinesischem Porzellan, Perlen aus dem Persischen Golf, Elfenbein aus Ostafrika usw. – und den vielfältigen Erzeugnissen der ägyptischen Handwerker. In Europa ist die Nachfrage nach »Spezereien« größer denn je und der arabische Handel auf dem Indischen Ozean erreicht im 14. Jahrhundert seinen wirklichen Höhepunkt; das an der Kreuzung der Wege zwischen Orient und Okzident gelegene Ägypten zieht daraus Gewinn.

### 4) *Die zirkassischen Mameluken und der Niedergang im 15. Jahrhundert*

Nach einer Reihe glänzender Herrscher treten an die Stelle der *bahridischen*, türkischen Mameluken im Jahre 1381 andere Sklaven zirkassischer Herkunft, die man die *bordschitischen* Mameluken nennt, weil sie für die Verteidigung von Festungen oder *bordsch* gekauft worden waren. Von einigen wirklichen Persönlichkeiten wie Barkuk (1382–99), Barsbey (1422–1437) und Qaitbey (1467–1502) abgesehen sind die sechsundszwanzig Bordschitensultane, die von 1381 bis 1517 aufeinander folgen, nicht fähig, sich bei ihrer Armee durchzusetzen; nach der Einnahme von Damaskus durch Timur (1400) wurden sie von der Mongolengefahr so geblendet daß sie eine wesentlich realere und näherliegende, wie sie die ottomanischen Türken vom Beginn des 15. Jahrhunderts an darstellten, nicht heranwachsen sahen.

Die Ottomanen lassen sich übrigens Zeit mit ihrem Angriff auf Ägypten und in Wirklichkeit ist es ein absolut unerwartetes Ereignis, das ihnen ein Land ausliefert, welches sich in akutem wirtschaftlichen und politischen Verfall befindet. Im Jahre 1487 umfährt der Portugiese Bartholomëu Diaz die Südspitze Afrikas und im Jahre 1498 werfen die Schiffe Vasco da Gamas im indischen Kalikut Anker. Bereits im Jahre 1500 wird die auf der Reede von Kalikut liegende ägyptische Flotte von den Portugiesen mit Kanonen beschossen und im Jahre 1506 dringen portugiesische Fahrzeuge bis ins Rote Meer vor. Ägypten verliert so binnen zwanzig Jahren alle geographischen Vorteile seiner Lage als Mittler zwischen Ost und West; von nun an wird es vom Indienhandel vergessen und damit fallen die Transitzölle weg, die seit den Kreuzzügen seinen Reichtum ausgemacht haben.

Die Ottomanen dringen also gegen Ende des Jahres 1516 in ein Land ein, das in einem völligen Verfall steht. Im Januar 1517 besetzen sie Kairo und eröffnen damit einen neuen Zeitabschnitt in der langen ägyptischen Geschichte.

## B. Nubien und nilotischer Sudan bis zum Jahre 1504

Gegen Ende des 11. Jahrhunderts (1092) sind die Herrscher Nubiens noch stark genug, um den Fatimiden in Kairo eine Politik der Toleranz gegenüber den Christen aufzwingen zu können. Aber das schlecht angebaute Land ohne künstliche Bewässerung wird immer ärmer; für die Ägypter ist es ohne Interesse, sie bewahren ihm gegenüber eine wohlwollende Neutralität und fordern nur pünktlich den im 7. Jahrhundert vertraglich festgelegten Tribut ein, aber verlassen sich im übrigen auf die Zeit, die hier ganz offensichtlich für sie arbeitet: Nordnubien islamisiert sich von selbst in immer höherem Ausmaße und die Einwanderung arabischer Kaufleute und Hirten untergräbt allmählich die Macht der christlichen Könige.

Die Angriffe der Kreuzfahrer auf Ägypten ermutigen jedoch den Herrscher von Dongola dazu, sich den Tributverpflichtungen zu entziehen. Im Jahre 1275, unter der Regierung Baibars' (1260–1277), weigert sich David I., König von Dongola, den Tribut zu zahlen, und greift Assuan und den Hafen Aidhab an. Er wird aber zurückgeschlagen, und der siegreiche Baibars zwingt den neuen König, die Hälfte der Staatseinkünfte an Ägypten abzutreten; in Dongola sitzen jetzt mohammedanische Steuerbeamte.

Während der Regierungszeit Kalauns (1279–1290) erhebt sich König Schemamun von Dongola dreimal. Aber auch er wird besiegt und nun beginnt der Todeskampf der christlichen Reiche; die mächtigen mohammedanischen Nachbarn im Norden entledigen sich im Jahre 1291 endgültig der christlichen Lateiner Syriens und können jetzt daran gehen, die Christen in Nubien zu »liquidieren«. Im Jahre 1315 wird der letzte christliche König von Dongola, Kerenbes, nach Kairo verschleppt und ein Mohammedaner namens Abdallah ibn Sanbu zum König ernannt. Im Jahre 1317 wird die größte Kirche Dongolas in eine Moschee verwandelt.

Die nubische Christenheit macht nur noch kraftlose Ausbrüche, kurze Revolten, die immer nachhaltiger unterdrückt werden. Nachdem sie schon durch die Armeen aus Kairo besiegt ist, erfolgt dies in noch stärkerem Ausmaße durch die Kamelnomaden, die seit dem 14. Jahrhundert in das Niltal strömen und die sich, nach Kordofan und Darfur vorstoßend, schließlich im Tschad-Sudan niederlassen, wo sie noch eine bedeutende geschichtliche Rolle spielen sollen.

Das Reich Aloa hält sich nach dem Fall Dongolas noch einige Zeit. Aber seine Isolierung bringt es mit sich, daß die Priester, die sonst aus Ägypten kamen oder zu ihrer Ausbildung dorthin gingen, jetzt im eigenen Land ausgebildet werden müssen, so gut es eben geht. Im Jahre 1504 übernimmt der schwarze König Amara Dunkas das Reich Aloa, das von nun an das mohammedanische Reich der Fung von Sennar sein wird.

## C. Der Maghreb

Gerade für den Maghreb ist die Mitte des 15. Jahrhunderts der eigentliche »geschichtliche Wendepunkt«: In den Jahren 1050–1052 plündern die arabischen Beni Hilal Ifriqija und 1055/56 fallen die berberischen Almoraviden von der Sahara her in Marokko ein. Das bedeutet, daß binnen fünf Jahren die beiden äußeren Enden des Maghreb in den Händen von Nomaden sind, die von beiden Seiten allmählich zur Mitte vordringen und den Lauf der Geschichte sowohl in Marokko als auch in Tunesien von Grund auf ändern werden.

1) *Die Almoraviden* (1055–1147)

Nach der Einnahme von Sijilmassa im Jahre 1053 kehrt das Gros der almoravidischen Armee in die Wüste zurück, um den Kampf gegen die Schwarzen wiederaufzunehmen und im Jahre 1054 die Stadt Audaghost zu erobern. Aber im Jahre 1056 steht der mit der Herrschaft der Saharaleute unzufriedene Tafilelt auf, und die almoravidische Garnison in Sijilmassa wird niedergemacht. Der Prediger Ibn Yasin ruft daraufhin den Heiligen Krieg aus, fällt aber im Jahre 1059 im Tadla im Kampfe gegen die Berghwata. Sein Grab in der Nähe des Qued Korifla wird noch heute verehrt.

*Jusuf ibn Taschfin,* der Vetter Abu Bakr ibn Omars, der Eroberer von Audaghost und Ghana, übernimmt die religiöse und militärische Gewalt im Jahre 1061. Ibn Taschfin ist als einer der größten Eroberer der Weltgeschichte anzusehen, denn bei seinem Tode erstreckte sich das Gebiet, das in den Händen der verschleierten Sanhadscha vom mauretanischen Adrar war, vom Ebro bis zum Senegal und im Osten bis zu den Balearen und dem Längengrad von Algier.

Schon unmittelbar nach der Machtübernahme bricht Ibn Taschfin mit seiner nomadischen Herkunft, indem er Marrakesch (woher der Name Marokko stammt) gründet und seinen Vetter Abu Bakr in das Land der Schwarzen zurückschickt. In den Jahren 1063 bis 1069 erobert er Nordmarokko; Fes fällt im Jahre 1069; von Fes aus, wo er zahlreiche Baudenkmäler errichten läßt, setzt er die Eroberung Nordmarokkos und Westalgeriens fort (1079–1082). Dadurch, daß er zum ersten Male den Norden und den Süden vereinigt, schafft er die historische Einheit Marokkos. Im Jahre 1085 wird er von den drei andalusischen Emiren von Sevilla, Badajoz und Granada, die sich von der Zurückeroberung Toledos, der alten Westgotenhauptstadt Spaniens, durch den König von Kastilien, Alfons VI., bedroht fühlen, zu Hilfe gerufen. Im Jahre 1086 erringt Ibn Taschfin den bedeutenden Sieg von *Zalacca* (heute Sagrajas bei Badajoz), aber erst nach 1090, als er sich von dem Doppelspiel der andalusischen Emire überzeugt hat, entschließt er sich zur Besetzung des mohammedanischen Spanien, wobei er auf einen ernst zu nehmenden Gegner in Gestalt des berühmten Cid el-Campeador (gest. 1099) trifft.

Ibn Taschfin stirbt fast hundert Jahre alt im Jahre 1106. Sein ganzes Leben hindurch ist er der vollkommene Typ des Mönchssoldaten geblieben, einfach in seiner Kleidung, anspruchslos im Essen und kompromißlos. Als Herr des ganzen mohammedanischen Spanien, das von

929 bis 1031 Sitz des Omajjadenkalifats gewesen war, hätte Ibn Taschfin den Kalifentitel annehmen können, und wäre es nur aus dem Grunde gewesen, weil er der einzige wirklich mächtige Repräsentant des *westlichen* sunnitischen Islam gegenüber dem ketzerischen schiitischen Kalifat der Fatimiden in Kairo war. Aber er begnügte sich mit dem bescheideneren Titel eines »Emir der Muselmanen« *(amir el-muselmin).*

Ibn Taschfin ist auf Grund seiner zutiefst saharischen Persönlichkeit und seines reinen Fanatismus, der den marokkanischen Nachfahren der Donatisten und Charidschiten gefallen mußte, voll und ganz in die berberische Volksüberlieferung eingegangen, eine Tatsache, die wesentlich dazu beigetragen hat, die auf einem unbeugsamen Malekismus beruhende *religiöse Einheit* Marokkos und der atlantischen Sahara herzustellen.

*Das Eindringen der andalusischen Zivilisation in Marokko* stellt eine weitere ausschlaggebende Auswirkung der Eroberung durch die Almoraviden dar. Es ist in der Hauptsache auf den Sohn und Nachfolger Ibn Taschfins zurückzuführen; Ali ibn Jusuf, der im Alter von 23 Jahren im Jahre 1106 den Thron bestieg, hatte eine gefangene Christin zur Mutter. Obwohl in Spanien erzogen, erwies er sich doch als scharfer Gegner der religiösen Einstellung der Andalusier, die dem Christentum mit einer gewissen Toleranz begegneten und bestimmten orientalischen Strömungen sehr aufgeschlossen war. Drei Jahre nach seiner Thronbesteigung (1109) ließ Ali in Córdoba die Werke Ghazali's (1058 bis 1111), eines Philosophen persischer Herkunft, der das islamische Gedankengut erneuerte, indem er die Askese und den Mystizismus als einzige Mittel der Gotteserkenntnis verkündete, verbrennen.

Dafür nahmen Ali und die Almoravidensultane in Spanien die Tradition des Mäzenatentums wieder auf, die die *reyes de taifas* (= Banditenkönige) nach dem Untergang des Omajjadenkalifats (1031) fortgeführt hatten. Andalusische Künstler und Architekten führten in Marokko zahlreiche Bauten in einem rein andalusischen Stil aus, wie die Große Moschee in Tlemsen, die der Moschee von Córdoba nachgebildet war, und den größten Teil der Karauine in Fes; die heutigen Städte Tlemsen und Meknès wurden während dieser Zeit gegründet.

*Die regelmäßige Zufuhr von Gold aus dem Sudan* gestattete den Almoraviden eine solche Baupolitik. Die Herrschaft über den großen Weg der atlantischen Sahara, den *trik lemtuni,* in den Händen der Herren Marokkos und Spaniens, hat viel dazu beigetragen, dem westlichen Islam eine unabhängige Stellung gegenüber dem östlichen zu

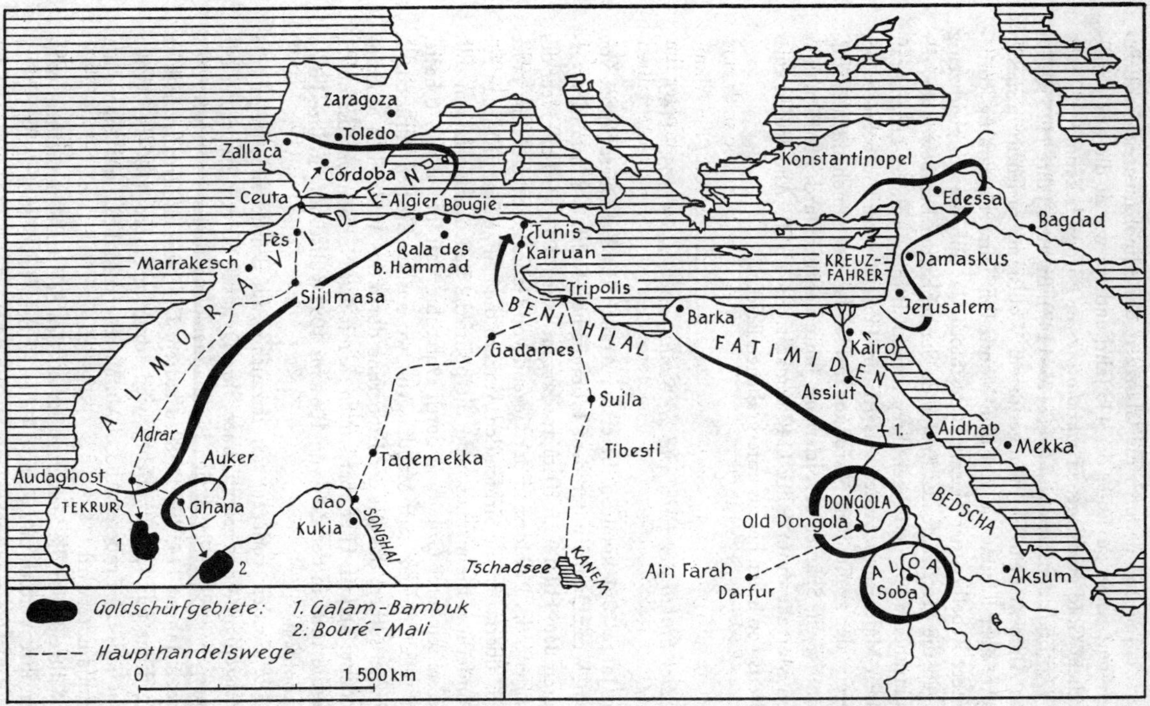


Karte 7: Afrika zu Beginn des 12. Jahrhunderts

verschaffen und dadurch die Glanzzeit des Almohadenreiches vorzubereiten; schon zu Ende des 11. Jahrhunderts waren die aus ghanesischem Gold geschlagenen *marabotines* in Europa bekannt.

*Das Ende der Almoraviden* (1125–1147). Bis zum Jahre 1125 scheint das Almoravidenreich in ungestörtem Wohlstand zu leben; in diesem Jahre aber flammt die von dem Mahdi Ibn Tumert sorgfältig vorbereitete Rebellion der Masmuda des Hochatlas auf, die sich gleichzeitig gegen die Herrschaft der Erbfeinde der seßhaften Bergbewohner, der Saharanomaden, und gegen ihren formalistischen, jeglicher Lebenskraft baren Malekismus richtet. Als Ali im Jahre 1143 stirbt, befindet sich bereits der größte Teil Marokkos in Händen der almohadischen Aufständischen. Spanien revoltiert im Jahre darauf. Durch die Einnahme von Marrakesch im Jahre 1147 bemächtigen sich die Almohaden eines bereits von innen heraus untergrabenen Reiches.

### 2) *Der Einfall der Hilal und die Sanhadscha-Reiche* (1050–1160)

Im Jahre 1051 kommen die ersten Araber, die aus Oberägypten von dem Wesir Jasuri unter dem fatimidischen Kalifats Mustansirs verjagten Beni Hilal nach Ifriqija; schon im Jahre 1053 wird das Heer des Siridenemirs El-Moess in der Gegend von Gabès geschlagen; im Jahre 1057 überlassen die Siriden den Arabern die heilige Stadt Kairuan zur Plünderung, die niemals mehr die politische Bedeutung erlangen soll, die sie seit ihrer Gründung durch Oqba ibn Nafi im Jahre 670 hatte. Sie selbst fliehen nach Mahdia, von wo aus sie Sizilien zurückzugewinnen suchen, das seit der Eroberung durch die Aghlabiden Mohammedanerland ist. Hier aber stoßen sie mit den Normannen zusammen, die die Insel in der Zeit von 1061 bis 1091 vollständig in ihre Hand bekommen.

Die Siriden verlegen sich daraufhin auf Piratenzüge gegen die Christenländer; es gelingt ihnen, ihre Dynastie bis zur Eroberung der tunesischen Küste durch den Normannenkönig Roger II. von Sizilien in den Jahren 1143 bis 1148 zu halten. Die Normannenherrschaft ist allerdings nur sehr kurzlebig, weil schon im Jahre 1160 der große almohadische Eroberer Abd el-Mumin zuerst Mahdia und dann ganz Ifriqija unterwirft.

Während sich die Siriden mehr auf den Seehandel umstellten, nahmen ihre Vettern und Feinde – die seit dem Jahre 1007 in der Kalaa des Beni Hammad ansässigen Hammadiden – die durch den Einfall der

Beni Hilal aus den Städten der Siriden verjagten reichen Bürger auf. Diese sollten jener Burg in der Hodna eine Blüteperiode bringen, die ihre geographische Lage weitab von allen Handelsstraßen niemals hätte auch nur ahnen lassen. Im Jahre 1072 gründen jedoch die Hammadiden eine zweite Hauptstadt, nämlich Bougie, das im 12. Jahrhundert zu einer der wichtigsten Städte der Berberei und einem Handels- und Industriezentrum erster Ordnung wird.

Bougie muß jedoch im Jahre 1136 einen Angriff der Genuesen erleiden und wird im Jahre 1151 von Abd el-Mumin erobert, was das Ende des Hammadidenreiches bedeutet.

### 3) *Der vereinigte Maghreb der Almohaden* (1160–1212)

Die Eroberung Ifriqijas durch Abd el-Mumin in den Jahren 1159–60 bedeutet einen wichtigen Zeitpunkt in der Geschichte der Berberei. Zum ersten und letzten Mal ist die geographische Einheit des Gebietes zwischen dem Golf von Gabès und dem Atlantik politisch unter maghrebinischer und nicht orientalischer Führung. Das Almohadenreich bildet von 1160 bis 1212 eine homogene Einheit; dann löst es sich – bis 1248 – allmählich auf. Zu Beginn steht die Eroberung der Almoravidenhauptstadt Marrakesch im Jahre 1147, aber seine eigentliche Begründung erfolgte in der Zeit um 1125, der Periode der Predigttätigkeit des leidenschaftlichen Marokkoberbers Ibn Tumert unter den Masmuda des Hochatlas.

*Ibn Tumert und der Almohadismus.* – Die Lehre Ibn Tumerts gründet sich auf die Bejahung der Unkörperlichkeit und Einzigkeit Gottes, woher auch der Name seiner Anhänger, al-Mowahidun (= der, welcher die Einzigkeit Gottes bekennt), kommt, woraus dann »Almohaden« entstanden ist; sie ruft zu einem Leben tiefergehender Religiosität auf, gemäß den Gedankengängen des Philosophen Ghasali (1058–1111), dessen Werke der Almoravide Ali ibn Jusuf im Jahre 1109 in Córdoba verbrennen ließ. Sie steht in stärkstem Widerspruch zu der Doktrin der malekitischen Almoravidengelehrten, die durch die wörtliche Auslegung der Korantexte zu einem jeglicher Lebenskraft baren Formalismus geworden war. Ibn Tumert predigte dazu noch einen puritanischen Moralismus, der von dem Berbervolk – wo von dem Christen Tertullian (145–240) über die christlichen Donatisten des 4. und die mohammedanischen Charidschiten des 8. Jahrhunderts bis zu Abu Jasid, den

»Mann mit dem Esel« (885–946), so viele Reformatoren als strenge Sittenrichter gewirkt hatten – im allgemeinen gut aufgenommen werden mußte.

Seit dem Jahre 1121 ist Ibn Tumert in seinen Heimatbergen ansässig und erzielt, indem er sich als den Mahdi bezeichnet, den Gott gesandt hat, um dem wahren Glauben zum Siege zu verhelfen, unter den wilden Masmuda einen beachtenswerten Erfolg. Sein Auftreten entspricht einer seit den Zeiten des großen Idris II. (dem Sohn einer Berberin und eines Nachfahren des Propheten) im Herzen der Berber verankerten Hoffnung, der Hoffnung auf einen Heiland des Islam berberischer Abstammung.

Den Rat der Alten, ein wesentliches Element der Berberstämme bis auf den heutigen Tag, weiß er geschickt einzusetzen; er schreibt in berberischer Sprache seine Bücher über die Einheit Gottes *(tahuid)*, die gleich dem Koran rezitiert werden; seine Hauptstadt Tinmal sechzig Kilometer südlich von Marrakesch ist ein Missionszentrum, wo sich innerhalb weniger Jahre eine starke Truppe militärisch organisierter und fanatisierter Gebirgler bildet, die umso eher dazu bereit ist, die »ketzerischen« Almoraviden aus Marokko zu vertreiben, als diese von jeher ihre Erbfeinde sind und alle Reichtümer und Ehrenstellen für sich in Anspruch nehmen.

*Abd el-Mumin der Eroberer* (1130–1163). – Ibn Tumert stirbt im Jahre 1128 in Tinmal, läßt aber einen im voraus ernannten Nachfolger zurück, der sich als ein Krieger und Politiker allerersten Ranges erweisen soll. Abd el-Mumin wird die großen Pläne seines geistigen Vaters verwirklichen.

Im Jahre 1130 legt sich Abd el-Mumin den Titel eines »Fürsten der Gläubigen« bei. Während fünfzehn Jahre kämpfen seine infolge des Zusammenschlusses der Stämme immer zahlreicher werdenden Krieger gegen die Almoraviden, die dank ihrer Christenmiliz unter der Führung des Reverter el-Catalan ruhmreichen Widerstand leisten. Als Reverter im Jahre 1145 fällt, sind die Almohaden endgültig die Herren; im Jahre 1147 nehmen sie Marrakesch ein und metzeln dort die letzten Almoraviden sowie mehrere Zehntausend ihrer Anhänger nieder.

Bereits im Jahre 1146 wird in Cadiz die *khotba* im Namen der Almohaden ausgesprochen, und Abd el-Mumin fällt die Unterwerfung der andalusischen Fürsten, die sich für unabhängig erklärt hatten, nicht schwer. Im Jahre 1151 entschließt er sich zum Angriff auf das Hammadidenreich, 1152 schlägt er die Hilal-Araber bei Sétif; im Jahre 1159 endlich erobert er Ifriqija und wird so der Herr eines maghrebinisch-spanischen Riesenreiches.

*Die Blütezeit des Almohadenreiches* (1160–1212). – Im Gegensatz zu dem Almoraviden Ibn Taschfin hat der Almohade Abd el-Mumin das Glück, Nachkommen zu haben, die fähig sind, sein Erbe zu bewahren.

Fünfzig Jahre hindurch haben drei große Muminidenherrscher das Prestige des westlichen Islam auf den Gipfelpunkt gebracht. Abu Jakub (1163–1184) widmet sich vor allem Spanien, wo er sehr oft Hof hält; er umgibt sich mit spanischen Gelehrten, und die zwei größten Philosophen des 12. Jahrhunderts sind nacheinander seine Leibärzte: Ibn Tofail und Ibn Roschd (1126–1198), der unter dem Namen Averroës besser bekannt ist und dessen Aristoteleskommentar in Europa einen so großen Erfolg haben sollte. Abu Jusuf Jakub folgt auf seinen Vater im Jahre 1184; er ist Zeitgenosse von Philipp August (1180–1223) in Frankreich, Richard Löwenherz in England (1189–1199) und von Saladin (1171–1193) in Ägypten und Syrien. Nach seinem großen Sieg über die spanischen Christen bei Alarcós im Jahre 1191, einem Sieg, der das schon große Ansehen der Almohadenkalifen sowohl in der mohammedanischen als auch in der christlichen Welt beträchtlich erhöht, nimmt er den Titel *El-Mansur* (= der Siegreiche) an. Sein Nachfolger ist im Jahre 1199 sein Sohn En-Nasir, der es mit den almoravidischen Beni Ghanija zu tun hat, die in großer Zahl in Ifriqija und Tripolitanien leben und den östlichen und mittleren Maghreb schon seit fünfzehn Jahren mit ihren Raubzügen heimsuchen. Er kann sie nur dadurch befrieden, daß er den Scheich Abu Mohammed, Sohn des Abu Hafs Omar, des ältesten und treuesten Helfers des Mahid Ibn Tumert, zum Gouverneur von Ifriqija mit sehr weitgehender Selbständigkeit ernennt. Aber am anderen Ende des Almohadenreiches hat sich das christliche Spanien endlich dazu entschlossen, tatkräftig gegen die Mohammedaner vorzugehen; die Könige von Kastilien, Navarra und Aragón schließen sich in dem von Papst Innozenz III. anempfohlenen »Kreuzzug gegen die Almohaden« zusammen. Am 16. Juli 1212 erleidet die unter dem Kommando des Kalifen selbst stehende Almohadenarmee bei Las Navas de Tolosa (el-Oqab) eine Aufsehen erregende Niederlage, die die spanische »Reconquista« auslöst und gleichzeitig das Ende der Almohadenmacht anzeigt.

*Das religiöse und kulturelle Werk der Almohaden* ist sehr bedeutend. Es hat, manchmal sogar endgültig, die Entwicklung Marokkos auf diesen beiden Gebieten festgelegt und im ganzen Maghreb eine große

Rolle gespielt. In kultureller Hinsicht haben die großen Almohadenkalifen die Expansion der andalusischen Zivilisation, die im 11. Jahrhundert ihre literarische Blütezeit erlebte und im 12. den Gipfelpunkt ihrer philosophischen und wissenschaftlichen Leistungen erreichte, vorangetrieben. Im Gegensatz allerdings zu den Almoraviden, welche die andalusische Architektur unverändert nach Afrika verpflanzten, haben die Almohaden von den andalusischen Baumeistern eine Nüchternheit in der Dekoration und ein Streben nach monumentaler Größe verlangt, Eigenschaften, die der hispanisch-maurischen Kunst Marokkos eine beachtliche Originalität verleihen. Die größten Monumentalbauten Marokkos stammen aus der Almohadenzeit; die Kutubia in Marrakesch wurde von Abd el-Mumin unmittelbar nach der Einnahme erbaut (1147); die monumentalen Tore und die riesige Moschee Hassane in Rabat sind El-Mansur zu verdanken, ebenso wie das große Kasbahviertel in Marrakesch mit seiner großen Moschee.

Auf religiösem Gebiet ist die eigentliche almohadische Reform gescheitert, da sie weder bei den malekitischen Gelehrten Anklang fand, die hartnäckig an Ideen festhielten, die ihnen Ruhm und Gewinn brachten, noch bei dem Volk, das wahrscheinlich vor einer allzu spitzfindigen Theologie zurückschreckte. Aber gerade unter den Almohaden vollzog sich etwas, was mit ihren diesbezüglichen Bestrebungen überhaupt nichts zu tun hatte, nämlich das Entstehen des *Sufismus,* einer mystischen Bewegung innerhalb des Islam. Der Sufismus war im Irak im 8. Jahrhundert entstanden, hatte Andalusien im 10. zur Zeit der Hochblüte des Omajjadenkalifats (921–1031) erreicht und im 11. und 12. Jahrhundert dort einen gewaltigen Aufschwung genommen. Mehrere andalusische Asketen begaben sich im 12. Jahrhundert über die Straße von Gibraltar und gewannen eine große Zahl von Anhängern, die zu den großen Führern des westislamischen Mystizismus geworden sind und noch heute Verehrung genießen. Der berühmteste unter ihnen ist der gefeierte Sidi Bu Mediën, der sich in Tlemsen niederließ und dort ein Studienzentrum der Mystik, das unter dem Schutze El-Mansurs stand, leitete. Diese frommen Persönlichkeiten schließen sich Ende des 12. Jahrhunderts an eine *tariqa* (= Weg) an, welche durch den Gründer einer dieser Bruderschaften, die eine ganz wesentliche Rolle in der Entwicklung des afrikanischen Islam innehaben sollen, festgelegt worden ist.

4) *Der Zerfall des Almohadenreiches* (1212–1269)

Nach En-Nasir und der Katastrophe von Las Navas tritt auf dem Throne von Marrakesch keine markante Persönlichkeit mehr auf. Schon im Jahre 1235 erklärt Jaghmorasan, der Emir von Tlemsen, seine Unabhängigkeit und gründet das Abdelwadidenreich. Im darauffolgenden Jahre trennt sich Abu Sakarija, der Sohn des von En-Nasir mit der Wiederherstellung der Ordnung in Ifriqija beauftragten Gouverneurs, dadurch vom Almohadenkalifat, daß er das Gebet in seinem eigenen Namen sprechen läßt; er ist der Gründer des Hafsidenreiches von Tunis. Das Jahr 1248 endlich ist das schwarze Jahr der Almohaden. Ferdinand, König von Kastilien und León, erobert Sevilla zurück, und das mohammedanische Spanien sieht sich auf das kleine und bergige Gebiet des Reiches Granada beschränkt; im Süden bemächtigt sich Abu Jahja, der Häuptling der Beni Merin, zuerst der Stadt Fes und dann ganz Nordmarokkos. Im Jahre 1269 nimmt sein Bruder und Nachfolger Abu Jusuf Marrakesch ein und tötet den letzten Almohadenherrscher.

Das Jahr 1269 bedeutet somit das Ende der almohadischen Dynastie, welche in Marokko durch die Meriniden, im heutigen Westalgerien durch die Abdelwadiden und östlich des Längengrads von Bougie durch die Hafsiden ersetzt wird.

5) *Das Hafsidenreich von Tunis* (1228–1500)

*Die großen Herrscher des 13. Jahrhunderts.* – Wenn Abu Sakarija im Jahre 1236 die *khotba* in seinem eigenen Namen sprechen läßt, so will er sich damit als Erben des geistlichen Gründers des Almohadenreiches Ibn Tumert und als weltlichen Erben des ehemaligen Siridenreiches – in der Ausdehnung, die es vor der Abspaltung der Hammadiden (1014) hatte – ausgeben, denn er hat dafür gesorgt, daß seine Macht bis Bougie und sogar bis nach Algier reicht. Dieses zweifache Prestige, weltlich und geistlich, wird schnell von den christlichen Großmächten (Venedig, Pisa, Genua, Sizilien), die mit Abu Sakarija Handelsverträge schließen, und den mohammedanischen Herrschern anerkannt: In Spanien wird das Gebet von 1238 an in seinem Namen gesprochen, die Meriniden Marokkos tun dies ab 1245.

Im Jahre 1253 nimmt El-Mostansir, Sohn Abu Sakarijas, den Titel »Emir der Gläubigen« *(amir el-muminin)* an, der seit dem Sturz des letzten Ajjubidensultans in Kairo im Jahre 1250 und während des Todeskampfes des abbasidischen Kalifats in Bagdad, das im Jahre 1257 dem Mongolen Hulagu zum Opfer fallen wird, frei ist. Im Jahre 1259 erkennt der Scherif von Mekka den Herrscher von Tunis als Kalifen an; im darauffolgenden Jahre tun der Mamelukensultan Kutus und das Reich Tlemsen das gleiche. Im Jahre 1261 aber stellt Baibars, der größte der Mamelukensultane, durch einen politischen Geniestreich das Bagdader Kalifat in Kairo wieder her, indem er dort ein Glied der unglücklichen Abbasidenfamilie aufnimmt.

Dieses Absinken seines geistlichen Ansehens hat jedoch auf die Macht des Herrschers von Tunis keinen Einfluß; in seiner jungen Hauptstadt, die jetzt endgültig an die Stelle Kairuans und Mahdias getreten ist, sammelt er einen kleinen Hofstaat aus Dichtern und Gelehrten um sich, der zum größten Teil aus andalusischen Emigranten besteht, die nach dem Fall Sevillas im Jahre 1248 zum Verlassen Spaniens gezwungen waren.

Ebenso berühmt wie in der mohammedanischen Welt ist der Kalif El-Mostansir auch in der Geschichte der westlichen Christenheit; schließlich ist er es, gegen den sich der achte Kreuzzug unter dem Befehl Ludwigs des Heiligen, der dabei am 27. August 1270 den Tod findet, richtet. Karl von Anjou, König von Sizilien und Bruder Ludwigs des Heiligen, ist der eigentliche Gewinner dieses Kreuzzuges, der ursprünglich dazu dienen sollte, das von Baibars im Heiligen Land wieder eroberte Gebiet zurückzugewinnen – er bekommt einen Tribut in Höhe von 34 000 Goldbyzantinern sowie eine Kriegsentschädigung, welche die Hafsiden ähnlich den Karthagern nach den beiden ersten Punischen Kriegen so schnell wie möglich zahlen, um den gewinnbringenden Handel mit den christlichen Mächten wieder aufnehmen zu können.

Ein unruhiges Jahrhundert (1277–1370) folgt auf den Tod El-Mostansirs, zurückzuführen in erster Linie auf das Vordringen der bis dahin in Tripolitanien verbliebenen Araber Beni Soleim auf das Gebiet und in das politische Leben der Hafsiden. Im Jahre 1370 gelingt es endlich Abu-l-Abbas, Bougie, Bône und Tunis wieder zu nehmen und die Araber im Süden des Landes in Schach zu halten. Während seiner Regierung entfaltet die »Kaperfahrt« oder organisierte Seeräuberei, die schon zu Beginn des 11. Jahrhunderts unter den Siriden geblüht hat, mit Bougie als Hauptzentrum eine neuerliche Aktivität.

*Im 15. Jahrhundert ist eine Stabilisierung der Hafsidenmacht zu beobachten:* Nur zwei Herrscher regieren in einem Zeitraum von 83 Jahren. Abu Faris (1394–1434) erreicht es, daß die arabischen

Fürstentümer Tripolis, Toseur, Gafsa und Biskra wieder verschwinden; im Jahre 1410 bemächtigt er sich Algiers. Ägypten und Marokko – die beiden Großmächte des 14. Jahrhunderts – befinden sich mitten im Verfall, und der Hafsidenkönig hat das geistliche Ansehen wiedererrungen, dessen sich die Gründer der Dynastie 150 Jahre vorher erfreut haben. Die Dynastie hat sich im übrigen vom Almohadismus vollkommen freigemacht und Tunesien ist wieder endgültig malekitisch und, wenn man die berbersprachigen Charidschiten von Dscherba und der Dschefara ausnimmt, arabisches Sprachgebiet. Diese Rückkehr zum Malekismus ist der geduldigen Arbeit der Rechtsschulen von Tunis, Bougie und vor allem von Kairuan, wo der berühmte Gelehrte Ibn Arafa (1316–1401) hervortrat, während des ganzen 14. Jahrhunderts zuzuschreiben; wie in Marokko geht damit einher eine Volksbewegung mystischer Natur, die zum Heiligenkult hinführt.

Unter Abu Amr Othman (1435–1488), dem Enkel von Abu Faris, ist der Hafsidenstaat weiterhin für seine europäischen Handelspartner die Hauptmacht in Afrika. Aber für Tunis, Biserta und Bougie ist die Hauptquelle des Reichtums nicht der reguläre Handel, sondern die organisierte Seeräuberei, und dies umso mehr, als sich diese Städte immer mehr vom Landesinneren, wo die Araberstämme voll Ungeduld auf ein Schwächerwerden der Zentralmacht warten, abgeschnitten sehen.

Diese Erwartung erfüllt sich nach dem Tode Othmans (1488). Nach 30 Jahren Anarchie werden die letzten Hafsiden – in Tunis eingeschlossene Gefangene der Araber – von Cheireddin Barbarossa verjagt.

### 6) *Das Abdelwadidenreich von Tlemsen*

Im Jahre 1235 erklärt sich der Scheich der Beni Abd el-Wad namens Jaghmorasan ibn Seïjan für unabhängig vom Almohadenherrscher, von dem er die Handelsstadt Tlemsen zu Lehen erhalten hatte. Tlemsen war der große maghrebinische Markt für den Sudan und hatte die Aufgabe des ehemaligen Tahert als Durchgangsstation für die aus Sijilmassa im Tafilelt kommenden und in Richtung Küste und damit Europa oder nach Osten in Richtung Ägypten zielenden Saharakarawanen übernommen. Die durch die Almoraviden erbaute und durch die Almohaden befestigte Stadt war der Verwüstung durch die Einfälle der Beni Ghanija entgangen; im 12. Jahrhundert war sie als Wohnsitz des im Jahre 1197 verstorbenen andalusischen Asketen Sidi Bu Mediën zu einem wichtigen Religionszentrum geworden.

*Jaghmorasan* macht seinen bis dahin nomadisierenden Stamm in der Umgebung dieses Handels- und Religionszentrums seßhaft und schafft sich so ein wirkliches Reich; den ständigen Angriffen der benachbarten Hafsiden und Meriniden leistet er ebenso wie den Übergriffen seiner Verbündeten vom Stamme der Maqil siegreich Widerstand. Seine Nachfolger führen sein Werk fort, aber im Jahre 1337 gelingt es den Meriniden doch, sich der Hauptstadt zu bemächtigen und sie bis zum Jahre 1359 zu halten, also bis zur Thronbesteigung des letzten großen Abdelwadiden Abu Hammu Mussa II. (1359–1389), über den uns der berühmte Historiker Ibn Chaldun wertvolle Details geliefert hat. Im 15. Jahrhundert besitzt das Reich von Tlemsen nicht mehr die für die Unabhängigkeit nötige Macht, und seine Fürsten sind nur noch Vasallen von Fes oder Tunis. Die Stadt hat jedoch bis auf den heutigen Tag das Andenken an ihre Herrscher im 13. und 14. Jahrhundert bewahrt, die ihre Hauptstadt zu einem islamischen Studienzentrum zu machen wußten, das im zentralen Maghreb des Mittelalters einzig dastand und dazu bestimmt war, sowohl den maghrebinischen als auch den sudanischen Islam weitgehend zu beeinflussen.

### 7) *Das Merinidenreich von Fes* (1248–1420)

Wie die Abdelwadidendynastie in Tlemsen, so gehört auch die aus dem Nomadenstamm der Beni Merin hervorgegangene Merinidendynastie dem Großstamm der berberischen Senata an, auf den Hochebenen und in den an die Sahara anstoßenden Gebieten nomadisierenden Kriegern.

*Die Zeit des Ruhmes der Meriniden* (1248–1358). Sie beginnt mit dem Jahre 1248, als sich der Häuptling der Beni Merin, Abu Jahja, der Stadt Fes bemächtigt und die *khotba* im Namen des hafsidischen Kalifen von Tunis, Abu Sakarijas, sprechen läßt.

Zehn Jahre später, im Jahre 1258, sind die Meriniden Herren von ganz Marokko mit Ausnahme von Marrakesch; im gleichen Jahre tritt der Bruder Abu Jahjas, *Abu Jusuf Jakub* (1258–1286) die Nachfolge an. Er und seine Nachfolger machen sich die Wiederaufrichtung des spanisch-maghrebinischen Reiches ihrer großen almohadischen Vorgänger zur Aufgabe. Wenn die Dynastie auch mehrere bedeutende Herrscher aufweisen kann, deren berühmtester *Abu'l-Hassan* (1331 bis 1351), der »schwarze Sultan«, geworden ist, so sind die Eroberungen der Meriniden zwar glanzvoll, aber auch recht prekär; vom 14. Jahrhundert ab muß sich Marokko auf sein eigentliches, geographisches

Gebiet beschränken; mit der Wiederaufrichtung des großen Berberreiches der Almoraviden und Almohaden ist es endgültig aus.

Den Spaniern demonstriert Abu Jusuf im Verlauf von vier Expeditionen (1275–1285) seine Überlegenheit zur See, kann aber keinen territorialen Gewinn daraus ziehen. Seit der Einnahme von Sevilla im Jahre 1248 durch den König von Kastilien ist »El-Andalus«, das im 12. Jahrhundert vier Fünftel der iberischen Halbinsel umfaßt hat, auf das kleine Bergland des Königreichs Granada gegenüber der afrikanischen Küste beschränkt. Im Jahre 1340 nimmt Abu'l-Hassan den Kampf wieder auf, aber die Niederlage zu Lande am Rio Salado wiegt den vorhergegangenen Sieg seiner Flotte wieder auf. Drei Jahre später fällt die Festung Algeciras, die Wächterin der Meerenge, in die Hände der Christen. Seitdem intervenieren die Marokkaner nicht mehr in Spanien, jedoch hält sich das Reich von Granada, das ihnen sein Überleben verdankt, noch bis zum Jahre 1492.

Im Maghreb haben die Meriniden fast ein Jahrhundert lang gegen die Abdelwadiden von Tlemsen gekämpft, bis sie es im Jahre 1337 unter der Regierung von Abu'l-Hassan überwältigen können. Dieser bedeutende König, der bestrebt ist, sein schon durch die Eroberung des für unbezwingbar geltenden Tlemsen sehr stark gewachsenes Ansehen noch zu erhöhen, beschließt daraufhin, Ifriqija anzugreifen. Am 18. September 1347 zieht er in Tunis als Sieger ein, wird aber ein halbes Jahr später von den Arabern bei Kairuan besiegt und muß sich nach Marokko zurückziehen, wo er im Jahre 1351 eines elendigen Todes stirbt, nachdem er zwei Jahre lang ständig auf der Flucht vor seinem eigenen Sohn Abu-Inan (1348–1358) gewesen ist. Dieser führt die Pläne seines Vaters weiter; bis zum Jahre 1357 hat er den ganzen Maghreb wiedererobert, muß aber Ifriqija sofort wieder aufgeben, weil die Araber revoltieren, und wird von seinen Truppen im Stich gelassen.

Sein Tod im Jahre 1358 steht am Beginn einer fast hundertjährigen Periode weitgehender Anarchie, während der die ersten Interventionen von seiten Europas an den marokkanischen Küsten erfolgen und mit dem glänzenden berberischen Mittelalter im westlichen Maghreb endgültig Schluß machen.

*Kunst und Religion unter den Meriniden.* – Das Reich der großen Merinidenherrscher war bettelarm im Vergleich zu dem der Almohaden. Trotzdem haben jene in Marokko bedeutende Monumentalbauten hinterlassen. Abgesehen von den zahlreichen Festungen wie der Kasba von Meknès oder dem Flottenarsenal von Saleh hat Abu Jusuf vor allem westlich von Fes Bali, der Gründung Idris' II. im Jahre

809, welche sich seit der Almoravidenzeit zu einer bedeutenden Stadt entwickelt hatte, die Stadt Fes Dschedid (= Neu-Fes) gegründet. Die am 21. März 1276 begonnene Ringmauer steht heute noch. Fes Dschedid wurde die Verwaltungshauptstadt der Meriniden, Marrakesch war die Hauptstadt der Almohaden gewesen und Fes Bali war die Stadt der Kaufleute und der Intellektuellen. Der Bau der Stadt ging sehr rasch vonstatten, dank der reichlich vorhandenen und fähigen Arbeiterschaft aus Andalusien, die von dort nach der ersten *Reconquista* (1212–1248) eingewandert war. Viele dieser Andalusier ließen sich während der gleichen Zeit in Tunis und in Tlemsen nieder und brachten in die drei maghrebinischen Großstädte das Geistesgut, die Literatur und die Kunst des mohammedanischen Spanien mit. In Marokko allerdings, dessen Beziehungen zu Spanien seit Ende des 11. Jahrhunderts niemals aufhörten, sollte sich diese spanisch-maurische Zivilisation am längsten in Blüte halten.

Die schöne Nekropole von Chella vor den Toren Rabats enthält die Gräber aller großen Herrscher des ruhmreichen Jahrhunderts der Meriniden, darunter das von Abu'l-Hassan, der noch jetzt als Heiliger verehrt wird. Dieser Sultan hat in der Hauptsache eine große Zahl von *medersa*, Koranschulen, errichten lassen; die Idee war direkt von den *madrasa*, die die seldschukischen Türken im 11. Jahrhundert in Persien eingerichtet hatten und die dazu bestimmt waren, dem Staate ergebene und in der orthodoxen sunnitischen Doktrin geschulte Beamte zu liefern, übernommen. Es ist durchaus möglich, daß sie auch dem Kampf gegen die anarchistische Entwicklung der *zauia*, wo unzählige Heiligengräber *(marabut)* die Verehrung der Massen an sich zogen, dienen sollten.

In der Tat geht die Verbreitung des Sufismus, die im 12., dem almohadischen Jahrhundert begonnen hat, weiter und nimmt im 13. und 14. Jahrhundert noch größere Ausmaße an. An die *tariqa Qadrija* angeschlossene Bruderschaften nehmen auf dem Lande überhand; dort wird der in Fes oder Tlemsen gelehrte, hochstehende Sufismus leicht zu einem Heiligenkult, bei dem die alte heidnische Verehrung von Quellen, Bäumen oder heiligen Bezirken vom Islam nur oberflächlich verdeckt ist.

*Der Verfall des Merinidenreichs* (1358–1465) erfolgte schnell und gründlich. In der zweiten Hälfte des 14. Jahrhunderts fällt er mit einer sehr ähnlichen Anarchie im Abdelwadiden- und Hafsidenreich zusammen. Diese Periode eines allgemeinen Niedergangs im Maghreb kennen wir dank *Ibn Chaldun* (1332–1406), dem bedeutendsten Geschichtsschreiber arabischer Zunge, sehr gut. Ibn Chaldun wohnte zunächst in Tunis (wo seine nach 1248 aus Sevilla emigrierte Familie lebte), dann in Fes, schließlich in Granada und dann in Bougie, um zuletzt in die Dienste des Sultans von Tlemsen zu treten, dem er in Südtunesien angeworbene arabische Soldaten lieferte. In Kairo ist er verstorben. Im Jahre 1400 unternahm er eine Reise nach Damaskus, wo er eine denkwürdige Zusammenkunft mit dem großen mongolischen Eroberer Tamerlan hatte. In seiner »Geschichte der Berber« weist Ibn Chaldun mit besonderem Nachdruck auf die allgemeine Abnahme der seßhaften Lebensweise seit dem Einfall der Araber im Jahre 1050 und deren katastrophale wirtschaftliche und politische Folgen hin.

### 8) *Vordringen der Araber in der Berberei vom 11. bis zum 16. Jahrhundert*

Als Ibn Chaldun lebte, waren seit dem Einfall der ersten Banden der Beni Hilal in das Siridenreich Ifriqija drei Jahrhunderte verflossen. Nach ihnen sind immer wieder arabische Nomaden erschienen und nach Westen vorgedrungen; bis zum Jahre 1159, wo Abd el-Mumin den ganzen Maghreb unter eine Herrschaft brachte, waren sie zweifelsohne erst bis zum Längengrad von Bougie vorgestoßen. Das Vordringen dieser Kamelnomaden erfolgte also relativ langsam; erst El-Mansur, der Sieger von Alarcos sollte es furchtbar beschleunigen und zwar dadurch, daß er im Jahre 1187 drei große Araberstämme geschlossen in die atlantische Ebene des Tamesna deportierte, wo früher die ketzerischen Berghwata, die von den Almoraviden hingemetzelt wurden, gelebt hatten. Er wollte sie dort für den heiligen Krieg in Spanien zur Verfügung haben.

Zu Beginn des 13. Jahrhunderts begannen die arabischen *Maqil*, die lange Zeit auf Tripolitanien beschränkt gewesen waren, eine schnelle Wanderung in westlicher Richtung, wobei sie der Grenze der Sahara folgten; um die Jahrhundertmitte hatten sie den Sus erreicht und suchten von Süden her in die Ebenen des atlantischen Marokko zu gelangen. Um 1270 drängte sie Abu Jusuf bis in das Gebiet südlich des Draa zurück. Daraufhin nehmen sie allmählich im 14. Jahrhundert das heutige Mauretanien in Besitz. Sie sind die Ahnen der Hasan-Stämme.

Zwischen den berberischen Nomaden, den Senata, und den arabischen scheint es rasch und leicht zu einer Symbiose gekommen zu sein und die ersteren haben die von den Neuankömmlingen gesprochene Sprache des Propheten schnell übernommen. Alle diese zwischen dem 7. und 15. Jahrhundert arabisierten Berber werden heute Araber genannt, obwohl die Zahl »echter Araber« unter ihren Vorfahren sicher sehr gering ist.

Das Zusammenleben der seßhaften Berber mit den nomadischen Arabern hingegen vollzog sich nur um den Preis einer allgemeinen Verarmung aller Gebiete in der Ebene und eines Zurückströmens der seßhaften Berber in die Bergmassive. Die Araber zerstörten in erster Linie die Baumzucht und die dafür unerläßlichen Bewässerungsanlagen. Die Gärten und Obstbaumhaine sind verschwunden; ihnen folgten die vielen Ortschaften, mit denen die tunesischen und marokkanischen Ebenen überzogen waren. Nur die großen Städte sind übriggeblieben, aber ihr städtischer Charakter hat sich immer mehr verstärkt und sie haben keine lebendigen Beziehungen zum flachen Lande mehr. Die im ganzen Maghreb so deutliche Trennung zwischen Stadt- und Landleben, eine Trennung, welche die allgemeine Entwicklung der Berberländer stark verlangsamen sollte, ist mit Sicherheit auf die arabische Invasion zurückzuführen.

Die drei Nachfolgedynastien des almohadischen einheitlichen Reiches – Hafsiden, Abdelwadiden und Meriniden – haben sich alle mit dem Araberproblem zu beschäftigen. Die Araber lieferten wohl Soldaten, aber Soldaten, die jederzeit zum Verrat am jeweiligen Herren bereit waren und die man sich durch Geschenke, Einheirat und vor allem durch Belehnung mit Ländereien, wo sie die Steuern erheben durften, verpflichten mußte. Daher das so schnelle Vordringen der Araber in die regierende Schicht, hauptsächlich in Marokko, wo der merinidische *machsen* neben berberischen Senata-Häuptlingen, Andalusiern und islamischen und christlichen Söldnerführern auch mehrere Beduinenhäuptlinge umfaßte. Die Bestimmung von Fes Dschedid, dem Sitz des merinidischen *machsen*, gibt die Erklärung dafür, daß in Fes noch heutigentags zwei verschiedene arabische Dialekte gesprochen werden: Fes Bali hat noch die alte »vorhilalische«, mit dem Hispanoarabischen und verschiedenen aus Kairuan stammenden südtunesischen Dialekten verwandte Sprechweise bewahrt, während man in Fes Dschedid – wie im übrigen erst vom 13. Jahrhundert an arabisierten Marokko – ein davon stark abweichendes Beduinenarabisch spricht.

## 9) *Die religiöse Revolution des 15. Jahrhunderts und die Beni Watta*

Zu Beginn des 15. Jahrhunderts ist das einheitliche Marokko der großen Meriniden nur noch eine ferne Sage. Das Reich von Marrakesch befindet sich in den Händen unabhängiger Berberstämme, die arabischen Maqil haben die vorsaharischen Gebiete in ihrer Gewalt und der Herrschaftsbereich der Meriniden geht nicht über das Wadi Um er-Rbia hinaus

Am 21. August 1415 ereignet sich ein Vorfall, der zwar für die europäische Geschichte von zweitrangiger Bedeutung ist, aber für die Geschichte Marokkos entscheidende Folgen haben soll: Die portugiesische Flotte landet in Ceuta und läßt dort eine 2500 Mann starke Garnison zurück. Diese erste dauerhafte Niederlassung von Europäern bewirkt eine unbeschreibliche Erregung unter den Mohammedanern des Maghreb und des Reiches von Granada. Die Marabuts predigen sofort den Heiligen Krieg und haben damit bei der Masse der Landbevölkerung einen großen Erfolg. Das Volksheer kann zwar Ceuta nicht wieder nehmen, erreicht aber im Jahre 1437, daß die portugiesischen Truppen, die Tanger belagern, kapitulieren müssen. Um den Preis der Gefangennahme und des Todes des Infanten Don Fernão können die Portugiesen Ceuta halten; im Jahre 1458 nehmen sie Ksar el-Kebir, 1471 Arcila und Tanger.

Im selben Jahre, also 1471, begründet Mohammed esch-Schech die Dynastie der *Wattasiden*, die aber nicht in der Lage ist, die neuerlichen Probleme zu lösen, wie sie durch die portugiesischen Eroberungen entstanden sind, sowie durch die außerordentliche Ausdehnung der Macht der Marabuts, einer Macht, die häufig nur auf dem Begriff des Scherifismus beruht, seitdem im Jahre 1437 der Kult des Mulay Idris, des Gründers von Fes im 9. Jahrhundert, offiziell eingeführt worden ist. Im Jahre 1478 wird durch die Heirat Ferdinands von Kastilien mit Isabella von Aragón die Einheit des christlichen Spanien endlich Wirklichkeit. Im Jahre 1485 versprechen die Marokkaner den *Reyes Católicos*, daß sie sich in Spanien nicht mehr einmischen und den Angriffen ihrer Vasallen auf die atlantische Küste Einhalt gebieten wollen. Am 2. Januar des Jahres 1492 fällt Granada in die Hand der Christen; damit ist das Todesurteil des mohammedanischen Spanien, welches sich nach dem Fall Sevillas im Jahre 1248 fast zweieinhalb Jahrhunderte hat halten können, gesprochen. Die Einnahme von Granada hat in der Geschichte Marokkos eine fast ebenso wichtige

Rolle gespielt wie die Entdeckung Amerikas in der Geschichte Spaniens und Europas. Die beiden Ereignisse fanden im gleichen Jahre statt, haben aber grundsätzlich verschiedenartige Erfolge gezeitigt. Kolumbus und sieben Jahre nach ihm Vasco da Gama haben den europäischen Horizont um ein beträchtliches erweitert; der Untergang des mohammedanischen Spaniens und die massenhafte Auswanderung von fanatisch christenfeindlichen Mauren nach Marokko haben dagegen dieses Land in ein gegenüber der Außenwelt feindselig eingestelltes Bewußtsein des Sichverteidigenmüssens zurückgedrängt, das zur Erstarrung des gesellschaftlichen und religiösen Lebens beigetragen hat.

## D. Westafrika

Die Glanzzeit der Almoraviden im 11. Jahrhundert ist für die Geschichte Westafrikas mindestens ebenso wichtig wie für die Marokkos. Sie war es auch, die den Prozeß einer allmählichen Islamisierung der Savannen des Sudans *von Westen nach Osten,* ein historischer Vorgang, der die Zeit zwischen dem 11. und 16. Jahrhundert einnimmt, in Gang brachte.

Diese Islamisierung des schwarzen Landes ist jedoch weit davon entfernt, schnell vor sich zu gehen und ebenso vollständig zu sein wie im Maghreb. Der Islam, die Religion weißer Wüstennomaden und damit der Erbfeinde der seßhaften Schwarzen, erfaßt nur die Fürsten und die Kaufleute, auf die aber auch Kleidung und Pferde der mohammedanischen Kaufleute oder die militärischen Erfolge der Almoraviden mehr Einfluß ausübten als die Lehre von dem alleinigen Gott. Wenn die Schwarzen auch sehr daran interessiert waren, durch ihre Bekehrung den göttlichen Segen auf sich herabzubeschwören, so blieben sie doch ihrem alten Heidentum und den traditionellen Zauberpraktiken um nichts weniger treu zugetan; der Übertritt von Fürsten allerdings zog gewichtige Folgen nach sich, denn mehrere unter ihnen unternahmen die Pilgerfahrt nach Mekka und lernten dabei das maghrebinische und das ägyptische Reich persönlich kennen. Was aber noch wichtiger war: Die Einführung arabischer Sprache und Schrift durch mohammedanische Gelehrte eröffnete im wörtlichen Sinn die schwarze Welt der Zivilisation. Der schwarze Heide war in den Augen des Weißen praktisch nur ein Sklave, aber der schwarze Moslem war ihm gleichgestellt; letzteren beseelte der Geist eines Eroberers gegenüber seinen heidnischen Volksgenossen; mit der Religion als Vorwand war es nicht nur erlaubt, sondern sogar verdienstlich, den heidnischen Nachbarn ihre Herden, die Ernteerträge und schönen Mädchen zu rauben, um das eigene Reich vergrößern und den weißen Sklavenhändlern Ware für den Verkauf auf den mittelmeerischen Märkten liefern zu können. Den Wert des arabischen Sklavenhandels zwischen dem 11. und 16. Jahrhundert kann man schwer schätzen, aber es ist sicher, daß er sehr hoch war, wenn wir uns die Zahlen ansehen, die uns arabische Geschichtsschreiber für die schwarzen Soldaten der Herrscher Ägyptens angeben, oder wenn man die schwarze Bevölkerung, die *Haratin* der Saharaoasen, deren Urahnen in dieser Zeit dort ansässig gemacht wurden, in Betracht zieht.

### 1) *Senegal und nigerischer Sudan*

*Die Bekehrung des Tekrur und das Ende Ghanas im 11. Jahrhundert.* – Schon vor der Einnahme von Audaghost (1054) hatte die Predigttätigkeit des Berbers Ibn Jasin die Völker entlang des Senegal und darunter auch den König des *Tekrur* am Mittellauf erfaßt. Dieser wurde noch vor 1040 für den Islam gewonnen. Das Volk der *Tekroror* (woher der französische Sprachschnitzer *Toucouleur* stammt) sollte die älteste schwarze Islamgemeinde werden. Der Nachbar in Ghana (der wahrscheinlich auch der Souverän von Tekrur war) war dagegen ein überzeugter Heide und wußte mehr als zwanzig Jahre lang dem Druck von seiten der Almoraviden zu widerstehen.

Im Jahre 1077 jedoch bemächtigt sich Aku Bakr ibn Omar, der Vetter des großen Eroberers Ibn Taschfin der Hauptstadt Ghanas, wird allerdings im Jahre 1087 in einer Schlucht des mauretanischen Tagant, wo sein Grab noch heute verehrt wird (25 km südlich von Tidschikdscha), getötet. Sein Tod bedeutet das Ende der Herrschaft der Almoraviden über das Land der Schwarzen, aber auch das der Glanzzeit Ghanas, das sich jetzt, nachdem sich die Vasallen von Tekrur und Galam sowie das Sosso-Reich vom Kaniaga im Süden wieder unabhängig gemacht haben, auf den Auker und den Nordwesten des heutigen Mali beschränkt sieht.

*Das Sosso-Reich und das Songhai-Reich von Gao im 12. Jahrhundert.* – Das rein heidnisch gebliebene und ebenfalls von Soninkes gegründete Sossoreich sollte durch allmähliche Vergrößerung im Laufe des 12. Jahrhunderts Herr des größten Teils des Gebietes werden, das den *tunka* (Königen) von Ghana zur Zeit der Hochblüte ihrer Macht gehört hatte. Im Jahre 1203 nimmt der große Sossokönig Sumanguru Kante (1200–1235) die Stadt Ghana ein und vertreibt die mohammedanischen Soninke, die dann im Jahre 1224 die Stadt Walata gründen. Walata, zweihundert Kilometer nordöstlich von Ghana, nahm die gelehrten Dschedala- (oder Goddala-) Berber auf, die aus dem mauretanischen Adrar nach Ghana ausgewandert waren, und sollte Audaghost und Ghana sowohl als Karawanen- als auch als islamisches Lehrzentrum ersetzen. Im Laufe des 12. Jahrhunderts hatten sich die Sarakole (oder Soninke) des Reiches Ghana zum Islam bekehrt, dem Beispiele ihrer Nachbarn vom Tekrur folgend; ihnen folgten die Diula, die damals schon wandernde Kaufleute waren und den Islam dann in Richtung Süden, auf den Straßen der Kolanuss, verbreiteten.

Der Dia Kossoi von Kukia war auch Mohammedaner geworden und hatte sich um das Jahr 1010 in Gao festgesetzt, aber es ist sicher, daß der Islam nur die Mitglieder der Königsfamilie und die örtliche Aristokratie erfaßte und auch diese nur recht oberflächlich, weil noch bis zum Ende des 15. Jahrhunderts die *Dia* der Songhai (oder Sonni) ob ihrer magischen Fähigkeiten berühmt waren. Gao, an der Einmündung des Tilemsi-Tales in den Niger und Endpunkt der alten »Zentralsaharischen Wagenstraße«, sollte zu einem wichtigen Handelszentrum werden. Die Entdeckung von Grabsteinen, die in Almeria angefertigt und durch die Wüste bis zur Songhai-Hauptstadt transportiert wurden, beweist, daß Gao in den Jahren 1101 (Datum des ältesten Steines) und 1280 (Datum des jüngsten) mit dem mohammedanischen Spanien in Beziehungen stand. Der wirkliche Aufstieg des Songhaireichs ging aber erst viel später im 15. Jahrhundert vor sich.

*Sundschata und die Heldenzeit des 12. Jahrhunderts.* – Obwohl man die Bekehrung des Gründers der Dynastie Keita vielleicht auf das Jahr 1050 ansetzen kann, haben uns doch die mohammedanischen Schriftsteller nur wenig über die Anfänge des Mandingoreichs, das zum Reich von Mali, dem berühmtesten der Sudanreiche des Mittelalters werden sollte, berichtet. Dafür gestattet die seit sieben Jahrhunderten von den *Belen-Tigui*, den traditionsbewußten Medizinmännern der Malinke, mit einer direkt religiösen Genauigkeit bewahrte mündliche Überlieferung die Rekonstruktion der Geschichte Sundschatas, des eigentlichen Gründers von Mali.

Sundschata war der Sohn eines Mandingokönigs namens Nare Fa Maghan, der zur Zeit der Hochblüte des Sossoreiches (Anfang des 13. Jahrhunderts) über ein winziges Gebiet zwischen dem Niger und dem Sankarani, im Süden von Bamako, im Osten von Siguiri (wo noch heute die alten Goldfundstätten von Bouré ausgebeutet werden) und beiderseits der Guinea-Mali-Grenze herrschte. Bis zu seinem siebten Lebensjahre gelähmt, erlangte das Kind auf wunderbare Weise den Gebrauch seiner Glieder und wurde zu einem außergewöhnlich kraftvollen Krieger. Im Jahre 1235 gelang es ihm, den großen Sossokönig Sumanguru Kante zu besiegen und im Verlauf von einigen Jahren ein Reich zu erobern, das größer war als das einstige Ghana: Im Westen erstreckte es sich bis zum Unterlauf des Gambia, im Süden bis zu den Vorbergen von Futa Dschalon, im Osten bis zum Niger in der Gegend von Djenne und im Norden bis Walata, dem großen Karawanenumschlagplatz des westlichen Sudan.

Dieses Reich, welches die drei großen damals ausgebeuteten Goldfundgebiete (Galam am unteren Faleme, Bambuk zwischen Faleme und Senegal, Bouré-Mali) mit einschloß, war durch einen Schwarzen geschaffen worden, welcher keinerlei Einfluß von außen her unterlegen war, denn der Islam, der in der Folge in der Entwicklung Malis eine wichtige Rolle spielen sollte, hat Sundschata offensichtlich nicht erst geprägt. Seine tief in der afrikanischen Erde verwurzelten magischen Kräfte sind es – und nicht sein Glaube an eine Fremdreligion –, die ihn mit einem Schlage zum Helden der Malinke-Legende gemacht haben, einer Legende, die noch heute lebendig ist. Man gedenkt seiner und Sumangurus, wenn man den Felsen von Kulikoro opfert, die den durch seinen glücklicheren Rivalen in Stein verwandelten Sossokönig darstellen sollen; im 19. Jahrhundert gab sich Samory für eine Reinkarnation Sundschatas aus; die Träger großer Malinkenamen in der heutigen Politik, die Keita, Tunkara, Cisse, Berete, Ture usw., erinnern voller Stolz an die Taten ihrer Vorfahren aus dem 13. Jahrhundert, der Waffengefährten Sundschatas.

Sundschata verwaltet sein Reich als weiser Herrscher und stirbt im Jahre 1255 durch einen Unfall; sein Grab wird noch heute in Balandugu bei Niami verehrt. Seine Nachfolger kennen wir durch die arabischen Geschichtsschreiber. Mehrere haben die Pilgerfahrt nach Mekka unternommen, darunter ein Freigelassener namens Sakura, der im Jahre 1285 als Usurpator auf den Thron kam und bei der Heimkehr von Mekka in Tadjura bei Tripolis (Libyen) ermordet wurde.

Um 1310 schickt König Abu Bakary II. von Mali 200 Pirogen auf den Atlantik hinaus, »um zu erfahren, wo das Ende des Ozeans sei«. Da nur eine einzige Piroge zurückkehrt, soll er der Erzählung des arabischen Autors Al-Omari zufolge daraufhin 2000 ausgesandt haben. Aber von der zweiten Reise kam überhaupt niemand zurück, nicht einmal der Herrscher selbst, der die Leitung der Expedition übernommen hatte. Für die Behauptung, Amerika sei schon 180 Jahre vor Kolumbus von Einbäumen aus Mali entdeckt worden, gibt es demzufolge keinerlei Beweis.

*Kankan Mussa der Prunkvolle (1312–1335) und der Höhepunkt Malis im 14. Jahrhundert.* – Kankan Mussa wird im Jahre 1312 der Nachfolger des unglücklichen, im Meer verschwundenen Königs. Seine Regierung ist die glänzendste und bestbekannte aus dem mittelalterlichen Sudan, dank dem großen Historiker Ibn Chaldun, der in seiner *Weltgeschichte* eine Menge von Einzelheiten aufführt, die er von seinem Freund El-Mamer, der auf dem Heimwege von Mekka im Jahre 1325 den schwarzen Kaiser bis in den Sudan begleitete, erhalten hat.

Kankan Mussa nahm soviel Gold auf die Reise mit, daß der Kurs des Dinar in Kairo auf zehn Jahre hinaus sank. In Mekka verteilte er zwanzigtausend Goldstücke als Almosen. Man begreift, daß eine derartige Großzügigkeit es wesentlich erleichterte, arabische und ägyptische Gelehrte für eine systematische Islamisierung des sudanischen Reiches zu gewinnen; Kankan Mussa ist der große Förderer des Islam in Mali und auch der Initiator kultureller und kommerzieller Beziehungen zwischen Mali und Ägypten.

Die Verlagerung der transsaharischen Handelswege nach der Pilgerfahrt von 1324–25 fällt sofort ins Auge. Sie ist auf verschiedene Faktoren zurückzuführen. Einerseits besaß Ägypten, das Durchgangsland für die afrikanischen Mekkapilger, die heiligen Städte Arabiens und beherbergte seit 1269 den Repräsentanten des ehemaligen abbasidischen Kalifats; ihm stand also unstreitig die Führerstellung in der islamischen Welt zu, umsomehr als die militärischen Erfolge und die kluge Haltung der großen Mamelukensultane Ägypten zur ersten Wirtschaftsmacht der Welt in dieser Epoche gemacht hatten. Andererseits wurde die alte Straße durch die Westsahara mit dem weiteren Vordringen nach Süden der arabischen Maqil, die der Merinidensultan Abu Jusuf um das Jahr 1270 über den Draa zurückgedrängt hatte, mit der Zeit unbrauchbar. (Diese Maqil sind die Vorfahren der kriegerischen Hasanstämme des heutigen Mauretanien.) Im Gegensatz dazu hatten verschiedene Oasen in der Nordsahara sehr an Bedeutung gewonnen, wie z. B. Tamentit im Tuat, wo es seit dem 4. Jahrhundert eine bedeutende und sehr aktive jüdische Kolonie gab, oder Wargla, wo seit dem 11. Jahrhundert die ibaditischen Nachkommen der Charidschiten des Reiches von Tahert Münzen aus sudanischem Gold prägten.

Im Bewußtsein, daß der Besitz der Endpunkte der großen Wege durch die Sahara von lebenswichtiger Bedeutung war, dehnte Kankan Mussa seine Autorität auch auf das Songhai-Reich von Gao aus. Bei der Rückkehr von Mekka nahm er von dort zwei Prinzen als Geißeln mit. Gleichzeitig sorgte er für die Entwicklung Timbuktus und ließ dort durch den Dichter und Architekten Es-Saheli, mit dem er in Kairo Freundschaft geschlossen hatte, Moscheen errichten. Timbuktu, an der Grenze der Wüste und des schiffbaren Nigerabschnitts, der die Verbindung mit dem »Goldland« herstellt, verfügte auch tatsächlich über eine sehr interessante geographische Lage. Mit der um 1250 von den Soninke gegründeten Stadt Djenne, die die Goldproduktion des Gebiets von Bito (Elfenbeinküste und heutiges Ghana) an sich zog und die die große Handelsmetropole des südnigerischen Sudan geworden war, stand es in ständiger Verbindung.

Beim Tode Kankan Mussas im Jahre 1335 hatte das Reich eine phantastische Ausdehnung; es erstreckte sich vom Atlantik bis in den Ostteil des Nigerbogens. Der arabische Reisende Ibn Batuta, der es während der Regierungszeit Suleimans, des Bruders und Nachfolgers von Kankan Mussa, besuchte, hebt den Wohlstand und die Ordnung, die dort herrschten, hervor. Unter der Regierung Mussas II. (1374 bis 1387) erreichte das Reich seine größte Ausdehnung durch die Eroberung der Stadt Takedda im Air mit ihren Kupferminen. Dieser Feldzug nach dem Osten führte die Generäle von Mali bis nach Bornu, das bis dahin keinerlei Kontakt mit dem Nigerbogen gehabt hatte.

*Niedergang Malis im 15. Jahrhundert.* – Der Niedergang sollte allerdings sehr schnell vor sich gehen. Bereits um die Mitte des 14. Jahrhunderts hatten die Könige der heidnischen Mossi Angriffe auf Timbuktu unternommen. Die Nachkommen Sundschatas bekämpften sich untereinander und konnten den Angriffen von seiten der Tuareg, die Timbuktu im Jahre 1435 besetzten, ebensowenig Widerstand leisten wie denen der Herrscher von Gao, die nach der Plünderung von Niani im Jahre 1400 ein mit Mali konkurrierendes Songhaireich aufzubauen begannen.

Die Keita-Dynastie regierte bis zum Jahre 1645 über ein immer kleiner werdendes Gebiet, hatte aber schon seit Beginn des 15. Jahrhunderts jegliches internationales Ansehen, wie es die großen Herrscher des 13. und 14. Jahrhunderts erworben hatten, verloren.

*Sonni Ali und der Aufstieg des heidnischen Songhai-Reichs im 15. Jahrhundert.* – Die Songhai von Gao sollten die Fackel wieder aufnehmen und im 15. Jahrhundert das letzte der Großreiche des Sudans im Mittelalter gründen.

Sonni Ali oder Ali Ber (1464–1492) war der wirkliche Gründer; obwohl Mohammedaner, war er doch ein unversöhnlicher Gegner zweier Völker, von denen einige Teile gerade erst islamisiert waren, der Fulbe und der Tuareg, da er in dem allmählichen Vorrücken dieser »Nichtneger« auf den Nigerbogen eine zu furchtbare Bedrohung der schwarzen Welt sah. Seine Vorahnungen erwiesen sich im übrigen als berechtigt, denn ein anderes Volk weißer Mohammedaner, die Marokkaner unter dem Saaditensultan Achmed el-Mansur, war dazu bestimmt, ein Jahrhundert später der Größe des Songhai-Reichs ein Ende zu machen.

Aber was in Wirklichkeit ein Verteidigungsreflex der negroafrikanischen Zivilisation gegen das Eindringen einer fremdartigen Welt war, wurde von den Mohammedanergelehrten als Sakrileg am Islam ausgelegt und die Chroniken von Timbuktu stellen uns Ali Ber, eine der bemerkenswertesten Persönlichkeiten der sudanischen Geschichte, als »gottlosen Bösewicht« hin.

Ali Ber war ein sehr bedeutender Heerführer. Bei seinem Tod erstreckte sich das ursprünglich auf die Gegend zwischen Gao und Tillabéry beschränkte Songhai-Reich im Westen bis nach Mopti und Walata, im Osten bis nach Kano und den Haussa-Staaten. Dieser große General war aber auch ein sehr fähiger Organisator; er schuf eine Pirogenflotte, die ihm die absolute Herrschaft über den schiffbaren Niger sicherte; nach der Einnahme von Djenne (1473) war er Herr des Goldes von Bito (Obervolta, Elfenbeinküste und heutiges Ghana), dessen Gewinnung er intensivierte; seine Verwaltung der eroberten Gebiete scheint sehr geschickt gewesen zu sein, denn er hatte es niemals mit Aufständen der von den Songhai ja immerhin sehr verschiedenen Stämme zu tun.

Ali Ber findet den Tod im Verlauf eines Kriegszugs – im Jahre 1492, dem Jahre der Einnahme Granadas durch die christlichen Spanier und der Entdeckung Amerikas. Einer seiner Generäle, der Sarakolle Mohammed Ture, bemächtigt sich im Jahre 1493 des Throns und gründet die neue Dynastie der mohammedanischen Askia, die im Gegensatz zu den Magiern der Sonni-Dynastie steht. Mohammed (1493–1528) sorgt dafür, daß das Songhai-Reich im 16. Jahrhundert seine größte Ausdehnung erlangt und der sudanische Islam entscheidende Fortschritte macht.

*Allgemeine Charakterzüge der Hegemonien des nigerischen Sudan.* – Da der nigerische Sudan, wo sich nacheinander die drei Reiche von Ghana, Mali und Songhai entwickelten, heute fast ganz islamisiert ist und die sie betreffenden schriftlichen Dokumente arabischen Ursprungs sind, könnte man annehmen, daß der Islam die treibende Kraft zu ihrer Entwicklung war. Die drei Reiche scheinen jedoch zum Zeitpunkt der Einführung des Islam bereits eine ausgesprochen negroafrikanische Gestalt besessen zu haben; wenn die *Tunka* von Ghana die Errichtung eines großen Mohammedanerviertels in ihrer Hauptstadt gestatteten, so haben sie doch nie daran gedacht, sich zum Islam zu bekehren; wenn auch vielleicht der Gründer der Dynastie Keita um das Jahr 1050 Mohammedaner geworden ist, so spielt sich doch die Glanzzeit Sundschatas in einer spezifisch heidnischen Umgebung ab; wie er, so genoß auch Sonni Ali, der Begründer des Songhai-Reiches, einen guten Ruf wegen seiner magischen Fähigkeiten.

Weit mehr als die mohammedanische Religion war der transsaharische Goldhandel das bestimmende geschichtliche Moment in der Entwicklung des nigerischen Sudan. – Die Verlagerung der drei großen sudanischen Hegemonien in den östlichen Teil des Zentralsudans steht in direkter Beziehung zur Inbetriebnahme neuer Goldminen, die jedes Mal weiter östlich lagen. Zum Gold von Galam und Bambuk, das von Mali ausgeführt wurde, kam das von Bouré (Guinea) und dann von Bito (Elfenbeinküste, Obervolta, heutiges Ghana) hinzu, das wie es scheint, vom 14. Jahrhundert an gefördert wurde. Die Verlegung der Hauptwege durch die Sahara ist ebenfalls sehr deutlich; der *Trik Lemtuni*, die Straße der Almoraviden, die der antiken »Wagenstraße der Westsahara« entsprach, wurde nach der Pilgerfahrt Kankan Mussas zugunsten der »antiken Wagenstraße der Zentralsahara« und einer noch weiter im Osten liegenden verlassen, die über die Kupferstadt Takedda im Air und über In Asaua ging und sich in Gat in Richtung Tunis, Tripolis und Ägypten verzweigte. Diese letztere Route wurde für die wirtschaftliche Entwicklung der Haussaländer im 15. und 16. Jahrhundert von großer Bedeutung.

### 2) *Die heidnischen Mossi-Dagomba-Reiche im 14. und 15. Jahrhundert*

Während sich die um Senegal (Tekrur) und Niger (Mali, Songhai) gelegenen Reiche in fortschreitendem Maße vom Islam unterwandern ließen, sind die zwischen dem Nigerbogen und dem oberen Voltabecken entstandenen Mossi-Reiche immer unversöhnliche Feinde des Islam geblieben. Doch wissen wir über die Geschichte dieser nichtislamischen Reiche sehr wenig und eine einigermaßen genaue Chronologie ist nur für die Nachbarschaft der islamisierten Reiche möglich, so daß wir über das Jatenga-Reich, das dem Dogon-Lande (Klippen von Bandiagara) und dem Niger benachbart ist, relativ viele Unterlagen besitzen. Die Chroniken von Timbuktu berichten, daß der Mossi-König von Jatenga zu Beginn des 14. Jahrhunderts Timbuktu angriff und der Mossi-König Nasodoba gegen Ende des 15. Jahrhunderts (1479) Walata einnahm, aber von Sonni Ali im Jahre 1483 besiegt wurde.

Das Jatenga-Reich ist eines von vieren, die vom Ende des 13. Jahrhunderts an von Auswanderern aus dem Gambaga-Gebiet (heutiges Nord-Ghana), die sich im jetzigen Ober-Volta um Wahiguja, Wagadugu und Tenkodogo herum niedergelassen hatten, gegründet wurden. Diese Reiche sind wegen ihrer hochentwickelten Verwaltungsorganisation und der göttlichen Verehrung, die der Herrscher genoß, beachtenswert; seit dem 14. Jahrhundert haben sie sich ihre Individualität und Originalität trotz der Nachbarschaft der Mohammedaner, die sich immer um heidnische Sklaven bemühten, erhalten können.

3) *Die Haussa-Staaten* entwickelten sich etwa vom 10. Jahrhundert an im Nordwesten des heutigen Nigeria. Die Haussa, deren Zahl heute fast fünf Millionen beträgt, scheinen in dieser Gegend schon seit sehr fernen Zeiten zu leben, hatten aber früher ein wesentlich größeres Gebiet in Besitz, welches das Air-Massiv und vielleicht sogar auch die Kauar-Oasen umfaßte, mithin also den größten Teil der heutigen Republik Nigeria. Die Tuareg vertrieben sie aus dem Air, die Tubu aus dem Kauar und die durch die arabische Invasion in Nordafrika ausgelösten großen Bevölkerungsbewegungen führten Gruppen weißer Nomaden in das Gebiet des Tschad, von wo die Haussa ebenfalls in Richtung auf ihr heutiges Gebiet zurückgedrängt wurden.

Leider wissen wir über die Geschichte der Haussa nur sehr wenig, weil zu Beginn des 19. Jahrhunderts Mohammed Bello, der Sohn des großen Fulbe-Eroberers Usman dan Fodio alle Dokumente der Haussa mit Ausnahme der »Chronik von Kano« vernichtete. Kano ist einer der sieben ersten, »legitim« genannten Haussa-Staaten *(Haussa Bokoi)*, die der Legende zufolge vom Sohn und den sechs Enkeln einer eingeborenen Königin namens Daurama und eines weißen Jägers namens Abu Jasid, der aus dem Osten gekommen war, gegründet wurden. Diese sieben Staaten sind neben dem ältesten Daura: Kano, Rano, Zeg-Zeg (Saria), Gobir, Katsina und Biram. Aus anderen Gründungen gingen die sieben sogenannten »illegitimen« Staaten *(Banza Bokwai)*,

Guari, Kebbi, Kororofa, Ilorin, Nupe, Yelwa und Samfara hervor; in diesen stellten die Haussa lediglich eine Minderheit dar, die nur einen weniger wichtigen Herrschaftsbereich innehatte.

Aus der Chronik von Kano und den wenigen historischen Elementen, die uns die örtliche Überlieferung erhalten hat, ist zu entnehmen, daß Islamisierung und kommerzielle Entwicklung des Gebiets bis zum Anfang des 14. Jahrhunderts zurückgehen. Während der Regierungszeit des Kaisers Kankan Mussa (1312–1335) lassen sich gelehrte Mandingo in Kano nieder. Die beachtlichen kommerziellen und handwerklichen Fähigkeiten der Haussa sollten aus diesem Gebiet, sobald es in regelmäßiger Verbindung mit weißen Handelsleuten stand, ein Wirtschaftszentrum von zunehmender Bedeutung machen; die Straße nach Norden durch die Sahara ging durch den Air und über die Kupferbergwerke von Takedda. Dieses Kupfer war besonders in den Reichen des Südens, in Nupe (zwischen Niger und Kaduna) und Joruba, wo es zur Herstellung von Totenmasken gebraucht wurde, ein hochgeschätzter Exportartikel.

Die Ausbreitung des Islam scheint in diesem Gebiet, wo es keine mit der der großen Herrscher von Mali vergleichbare Zentralgewalt gab, sondern mehrere sich oft bekriegende Kleinstaaten, besonders langsam vor sich gegangen zu sein. Im 15. Jahrhundert sind merkliche Fortschritte zu verzeichnen, aber nur in den Städten: in Kano läßt König Rimfa (1463–1493) die Fetischtempel zerstören, Moscheen bauen, feiert er offiziell den Ramadan, baut sich einen Palast, den berühmten *Gidan Rimfa,* und umgibt die Stadt Kano mit der noch heute stehenden siebentorigen Mauer.

Während des gleichen Zeitabschnitts zahlt Katsina Tribut an Bornu und bleibt vom Islam unberührt. Gegen Ende des 15. Jahrhunderts jedoch begibt sich der Tlemsener Mohammed ibn Abdel Krim *el-Maghili,* der früher im Tuat ansässig war und die dortige jüdische Kolonie niedermetzeln ließ, nach Katsina und entfaltet hier eine ungeheuere Aktivität; er predigt den »Weg« der Qadrija, einer Brüderschaft, welche im Zentralsudan bis zum 19. Jahrhundert eine Vorrangstellung einnehmen sollte.

Die durch ihren demokratischen Charakter so bemerkenswerte Verwaltungsorganisation der Haussa gelangt wahrscheinlich zu Ende des 15. Jahrhunderts auf ihren Höhepunkt. Das Amt des Königs hat keinerlei heiligen Charakter; er wird von den Würdenträgern gewählt und kann von ihnen auch wieder abgesetzt werden. Die wichtigste Persönlichkeit ist der *Galadima,* eine Art königlicher Hausmeier.

### 4) *Die heidnischen Reiche im heutigen Nigerien: Joruba, Benin, Nupe*

Die arabischen Schriftsteller wußten praktisch nichts über die schwarze Bevölkerung der Länder zwischen Niger und Atlantik. Die Portugiesen kamen zu Ende des 15. Jahrhunderts (1484) mit dem Reich Benin westlich des unteren Niger in Berührung und haben uns die Beschreibung eines durchorganisierten Staates, wo die Herstellung von Bronzen mit Hilfe des Wachsausschmelzverfahrens besonders hoch entwickelt war, hinterlassen.

Das Reich Benin wurde wahrscheinlich um die Mitte des 12. Jahrhunderts durch den von Ife, der religiösen Hauptstadt der Joruba, gekommenen Fürsten Eveka gegründet. In der ersten Hälfte des 13. Jahrhunderts ließ König Obvola aus Ife einen Gießmeister als Lehrer der Bronzegußkunst kommen. Zu Ende des 14. Jahrhunderts nahm König Evare der Große Holz- und Elfenbeinschnitzer in seinen Hofstaat auf.

Dieses Reich ist also für seine künstlerischen Leistungen bemerkenswert, die die europäischen Anschauungen über die afrikanische Kunst bestimmt haben. Aber wenn die Benin-Kunst den Europäern auch früher bekannt wurde, so ist sie doch jünger als die von Ife.

Ife ist die religiöse Hauptstadt des *Joruba*-Volkes, welches den Südwesten des heutigen Nigeria und zwar in der Dahome benachbarten Gegend bewohnt. Es scheint im 11. Jahrhundert von dem Häuptling Ududua, dem Vater der sieben Könige, die sich nach ihm in das Jorubaland teilten, gegründet worden zu sein. Ojo (Alt-Ojo oder Katunga westlich von Jebba) war die politische Hauptstadt, wo der *Alafin* (= Hausherr) regierte. Der *Oni*, das religiöse Oberhaupt, hatte seinen Sitz in Ife, war der Hüter des heiligen Schwertes und krönte die Alafin. Vor dem 19. Jahrhundert wußte die Außenwelt nichts von Ife, und die mündliche Überlieferung konnte erst von da an festgehalten werden. Dieser sowie neueren archäologischen Untersuchungen zufolge scheint die Kunst der Joruba im 13.–14. Jahrhundert den Gipfelpunkt erreicht zu haben.

Wahrscheinlich um die gleiche Zeit dürfte das Nupe-Reich zwischen Niger und Kaduna, südlich der Haussa-Staaten, eine bemerkenswerte Entwicklung handwerklicher Betätigung, die sich auf eine genossenschaftliche, mit der des mittelalterlichen Europa vergleichbare Organisation gründete, erlebt haben. Es war nie ein Erobererreich, sondern stellte ein Bindeglied zwischen dem Haussa-Land, wo der Islam sich sehr langsam ausbreitete, und dem Joruba-Land, wo der Islam bis zum 19. Jahrhundert keinen Eingang finden konnte, dar.

Ein Vergleich dieser drei nichtislamischen Staaten: Nupe, Joruba und Benin, mit den islamisierten Reichen zeigt deutlich, daß durch den Islam die Kunst bei den im allgemeinen dafür so begabten schwarzen Völkerschaften fast völlig zum Erliegen kam.

### 5) *Kanem – Bornu*

Im Gegensatz dazu scheint die bereits im 11. Jahrhundert erfolgte Einführung des Islam in der Gegend östlich des Tschadsees in der Entwicklung eines zentralisierten und durchorganisierten Reiches eine wesentliche Rolle gespielt zu haben. Kanem, wo seit dem 9. Jährhundert eine Tubu-Dynastie regierte, ist Kreuzpunkt von Karawanenwegen und Gebiet für Rassenmischung – für Völkerschaften, die über Darfur und Wadai vom Niltal hergekommen sind, für Tubus aus Tibesti, für weiße Nomaden, die die arabische Invasion aus Nordafrika in die Wüste gejagt hat, und für die schwarzen autochtonen Völker. Nur eine Theokratie fremder Abstammung konnte ein derartiges Völkergemisch organisieren, denn keines der einzelnen, schon aus Veranlagung anarchisch gesinnten Elemente, wie die Mandingo von Mali oder die Mossi von Gambaga, erwies sich der Aufgabe gewachsen, aus Einzelstämmen eine Nation zu schaffen.

*Kanem.* Seit seiner Bekehrung zum Islam im Jahre 1085 beruft der Herrscher Hume mohammedanische Gelehrte an seinen Hof. Der Fürst Dunama (1097–1150) macht zweimal die Pilgerfahrt nach Mekka und führt den Einsatz der Kavallerie ein. Im Jahre 1194 entthront ein Kanemi die Tubu-Dynastie und nimmt den Titel *Mai* an, der sich bis auf den heutigen Tag in Bornu erhalten hat. Er dehnt seine Herrschaft nach Norden bis ins Djado aus. *Dunama Dilabani* (1221–1259) ist Zeitgenosse der großen Hafsidenherrscher von Tunis, Abu Sakarija (1229–1249) und El-Mostansir (1249–1279). Die beiden Mächte, die maghrebinische und die sudanische, sind an einer Entwicklung der Karawanenverbindung über den großen Saharaweg, der Tripolis mit dem Tschadsee verbindet, gleichermaßen interessiert. Um die Wüste in die Hand zu bekommen, vergrößert der Herrscher von Kanem sein Herrschaftsgebiet beträchtlich. Nach Norden bis Fessan, wo er Traghen als Hauptstadt gründet; im Sudan nach Westen bis zum Haussa-Land, im Osten bis Wadai. Er beherrscht sogar den Weg nach Ägypten in seinem ganzen Verlauf – seine Beamten befinden sich in Adu auf der Insel Sai südlich des zweiten Katarakts und er schickt Studenten nach Kairo in eine nur für sie bestimmte Medresse.

Zu Beginn des 13. Jahrhunderts hat Kanem demnach eine ganz ungewöhnlich große Bedeutung erlangt. Sein Ruf wird das Reich selbst noch auf lange Zeit hinaus überleben, denn auf katalanischen Weltkarten des 15. Jahrhunderts werden im Sudan lediglich der König von Melle oder Mali und der König von Ogana, der Herrscher von Kanem, erwähnt. Wenn Kanem auch theoretisch mohammedanisch ist, so ist es doch in nicht zu übersehender Weise heidnisch geblieben; die mohammedanischen Missionare im Haussa-Land stammen nicht aus Kanem, sondern sind von Mali zu Beginn des 14. Jahrhunderts ausgesandt worden.

Der König von Kanem wird als Gott verehrt; das Volk darf sein Gesicht nur bei feierlichen Anlässen sehen, die übrige Zeit ist er stets hinter Vorhängen verborgen. Die Auffassung eines Gottkönigtums, wie sie in Schwarzafrika weit verbreitet ist, dürfte mit dem alten schwarzen Reich von Kusch-Napata-Meroë in Zusammenhang stehen, dessen Königsfamilie im 4. Jahrhundert nach dem Einfall der Aksumiten nach Westen geflohen sein soll.

*Bornu im 15. Jahrhundert.* – Kanems Blütezeit ist nicht von langer Dauer. Sobald die Regierungszeit des großen Dunama zu Ende ist, erheben sich die So, autochtone Schwarze aus Kanem, die Bulala aus der Gegend um den Fitrisee und die Tubu. Nach mehr als einem Jahrhundert der Anarchie gibt der Mai Omar im Jahre 1389 Kanem, also die Gebiete im Nordosten des Tschadsees, die heutige Republik Tschad, auf, um sich südwestlich des Sees in Bornu, in heute nigerianischem Gebiet, niederzulassen. Erst um die Mitte des 15. Jahrhunderts ersteht die Macht Bornus als des Nachfolgers von Kanem wieder. Ali Dunama (1472–1504) schafft Ordnung und richtet seinen Herrschersitz in Ngazargamo ein; er zieht zahlreiche Kanembu nach Bornu, die dort zu Bornu-Kanuri werden, aber bis heute die alte, jetzt Kanuri genannte Kanembusprache beibehalten haben.

Im 16. Jahrhundert erfreut sich Bornu wieder des gleichen Ruhmes wie seinerzeit Kanem im 13. Jahrhundert.

### 6) *Die Ausbreitung der Fulbe über Westafrika*

Das Werden der verschiedenen sudanischen Hegemonien des Mittelalters hatte sehr entscheidende Bevölkerungsverschiebungen im Gefolge, wobei oftmals die ursprüngliche Bevölkerung in bergige Rückzugsgebiete abgedrängt wurde, wo sie bis zum 19. und vielfach auch bis zum 20. Jahrhundert ohne Berührung mit der Außenwelt lebte.

Die anscheinend durch den Sturz Ghanas ausgelöste Ausbreitungsbewegung der Fulbehirten von West nach Ost trägt einen ganz anderen Charakter. Im 11. Jahrhundert saßen bedeutende Gruppen von Fulbehirten in Futa Toro am Mittellauf des Senegal. Sie stammten höchstwahrscheinlich von den »Rinderhirten« ab, die zwischen 4000 und 2000 v. Chr. ihre Herden im Tassili-Gebirge und anderen saharischen Bergmassiven weideten und in dem Maße, wie die Austrocknung der Sahara sich vollzog, langsam in die Länder des Sudans hinabstiegen.

Die ursprünglich im Süden der Ostsahara heimischen Rinderzüchter konnten sich dank strikt eingehaltener Endogamie trotz ihrer ungeheuer weiten, vorgeschichtlichen transsaharischen Wanderung einen sehr einheitlichen anthropologischen Typus bewahren. Ihre einzig und allein auf ihren Herden basierende Ernährungsweise gestattete ihnen eine vollkommene Autonomie gegenüber den Völkerschaften, mit denen sie zusammenkamen. Das erklärt die Tatsache, daß »Äthiopier« im anthropologischen Sinne des Wortes, Vettern der heutigen Äthiopier und Nubier, bis in das afrikanische Sahelgebiet gelangen konnten, wo ihre äußere Erscheinung noch heute auf den ersten Blick von der der schwarzen oder der weißen Nomaden absticht.

Im Verlauf ihrer geschichtlichen Wanderung nach Osten haben die Fulbe die genannten Wesenszüge der Ernährungsautarkie und Endogamie zum Teil bewahrt. Andere aber, die sich unter Seßhaften niederließen, haben sich mit diesen vermischt. Im Senegal entstanden so die *Tukulor,* das erste islamisierte Volk im Westen Schwarzafrikas, und die *Toronke,* in Mali aus der Vermischung mit den Malinke die *Fulanke;* bis zum 14. Jahrhundert saßen starke Gruppen in Kaniaga (in der Nähe von Nioro), Anfang des 15. Jahrhunderts führte ein gewisser Maga Dialo einen Stamm in die östliche Massina (südlich von Timbuktu). Diese damals unter der Oberhoheit von Mali stehende Gegend wurde von da an das Ziel ständiger Kämpfe zwischen dem im Niedergang befindlichen Mali, den Mossi, und dem aufstrebenden Songhai, bis sie schließlich dem Songhai-Reich zufiel (1494). Eine Anzahl von Fulbe ließen sich im Lande Dogon und Liptako nieder.

Die Wanderung nach Futa Dschalon datiert erst von der Mitte des 16. Jahrhunderts an als Niederlassung von den Tukulor im Haussa-Land.

Am Ende des 15. Jahrhunderts besitzen die Fulbe also keinerlei geschichtliche Bedeutung; abgesehen von den Tukulor in Senegal und einigen Fulbe in Timbuktu und Djenne, den beiden einzigen Städten des Sudan, wo damals ein wirklicher Islam existierte, sind sie Heiden geblieben. Nichts deutet zu dieser Zeit auf die Fackel des Heiligen Krieges der Fulbe hin, die im 19. Jahrhundert das Gesicht Sudanisch-Afrikas so weitgehend verändern soll.

## E. Das geschichtliche Abessinien und die islamischen Reiche am Roten Meer vom 12. bis zum 16. Jahrhundert

Über die Agau-Dynastie der Sagwe weiß man fast nichts; die politische und religiöse Aktivität des großen Königs *Lalibela,* der zu Beginn des 13. Jahrhunderts regierte, scheint jedoch beträchtlich gewesen zu sein, wenn man sie nach dem in der Chronik des koptischen Patriarchats erhaltenen Bericht über eine prunkvolle Gesandtschaft nach Kairo im Jahre 1210 und zumal nach den wundervollen unterirdischen Kirchen beurteilt, die er in der »das Neue Jerusalem« genannten und später zu Ehren des »Heiligen Ludwig Äthiopiens« in Lalibela umgetauften Hauptstadt Sagwe anlegen ließ.

### 1) *Die Restauration der Salomoniden*

Im Jahre 1270 gründet Iekuno Amlok (= Er soll König sein! 1270 bis 1285) eine neue Dynastie, die ihre Herkunft auf die Familie der großen Könige von Aksum zurückführt und damit, nach der nationalen Legende des *Kebrà Negast* (Ruhm der Könige), auf Menelik, den Sohn Salomos und der Königin von Saba.

Man kann sagen, daß mit der Restauration der Salomoniden von 1270 die moderne Geschichte Äthiopiens beginnt; von diesem Zeitpunkt an erlauben sehr zahlreiche, in den Klöstern pietätvoll aufbewahrte schriftliche Dokumente eine stichhaltige und auch noch durch verschiedene Berichte arabischer Autoren bestätigte Chronologie aufzustellen; besonders deutlich markiert der Anfang des 14. Jahrhunderts den Beginn des unversöhnlichen Kampfes dieser Bastion des Christentums gegen den Islam. Zweieinhalb Jahrhunderte lang (1270–1527) haben große christliche Herrscher in blutigen Kämpfen die Grundlagen des Äthiopiens von heute geschaffen, und man muß auf die Geschichte dieser Zeit zurückgreifen, wenn man für viele der Charakterzüge des modernen Lebens der Äthiopier eine Erklärung finden will, – zumindest in den christlichen Provinzen, denn das heutige Äthiopien umfaßt ja seit den Eroberungen Meneliks II. zu Ende des 19. Jahrhunderts eine mindestens doppelt so große Fläche wie das historische Abessinien.

Das historische Abessinien entspricht den fünf großen Provinzen Tigre, Lasta, Amhara, Godscham und Schoa, die die nördliche Hälfte des äthiopischen Plateaus umfassen, wobei die geographische Bezeichnung »Plateau« die Wirklichkeit der außerordentlich abrupten und stürmischen Oberflächengestaltung nur in höchst unzureichendem Maße widerspiegelt. In ihrer Gesamtheit liegen diese Provinzen in über 1500 Metern Meereshöhe, aber es gibt eine Vielzahl von Dreitausendern; die Täler sind keine Durchgangswege, sondern tiefe Schluchten mit steilen und so unzugänglichen Uferwänden, daß verschiedene davon, wie z. B. die Schlucht des Abbai (Blauer Nil), erst im Jahre 1961 mit dem Faltboot erforscht werden konnten.

Das Land, das die Dynastie der Salomoniden im Jahre 1270 übernahm, ist vom geographischen Gesichtspunkt aus bemerkenswert einheitlich gestaltet, aber gerade auf Grund seiner so verwickelten Topographie das ideale Gelände für örtlichen Partikularismus. Es ist zwischen dem 5. und 13. Jahrhundert christlich geworden, aber im Westteil des Plateaus, wo die Falascha des Semien und des Dembea (zwischen Tanasee und Takazze) einem unversöhnlichen Judentum treu geblieben sind und Godscham (im Abbai-Bogen) noch heidnisch geblieben ist, hat die Evangelisierung kaum Fortschritte gemacht. Die Bekehrung dieser beiden Gruppen nicht Unterworfener soll die größte Sorge der christlichen Herrscher sein; sei es nun bewußt oder nicht, auf jeden Fall haben sie die Notwendigkeit erkannt, einen in sich geeinten christlichen Block gegenüber dem Islam zu schaffen.

### 2) *Die Ursachen des Konfliktes mit dem Islam*

Bereits seit dem 9. Jahrhundert, als sie den Hafen Zeila (südlich von Dschibuti) anlegten, hatten die Araber versucht, sich auf den hochgelegenen, fruchtbaren Gebieten des äthiopischen Plateaus festzusetzen. An der Ostgrenze der christlichen Provinz Schoa *(Ifat, Fatagar)*, im

Harar-Massiv *(Dauaro)* und weiter südlich im Arussi-Massiv *(Bali)* waren mehr oder weniger islamisierte Kleinstaaten entstanden, die mit den heidnischen Reichen südlich des Abbai Handel trieben und ihnen grobe indische Textilien, die man in Zeila sehr billig bekam, und Salz vom Assal-See (westlich von Dschibuti) gegen Elfenbein, Gold, Zibet und vor allem Sklaven lieferten. Diese abessinischen Sklaven wurden in sehr großer Zahl nach den mohammedanischen Teilen Indiens verkauft, wo es einem von ihnen namens Balban im Jahre 1246 gelang, die berühmte »Sklavendynastie« zu gründen, die bis 1290 über einen großen Teil des heutigen West-Pakistan regierte.

Durch diese Handelsbetätigung hatten die Mohammedaner eine unbestreitbare wirtschaftliche Überlegenheit über die Christen erlangt, die in den Bergen saßen und keinen Seehafen hatten, blieben aber in politischer Hinsicht von ihnen abhängig; auch mußten ihre Fürsten vom christlichen Herrscher in ihrer Würde bestätigt werden und ihm Tribut zahlen. Vom 13. Jahrhundert ab verschiebt sich das Kräfteverhältnis durch den Übertritt der Danakil und Somali in der Küstenebene zum Islam. Als Bewohner eines unglaublich armen Landes mußten sie ja eine Religion zu schätzen wissen, die ihnen nicht nur das ewige Leben nach dem Tode versprach, sondern auch Plünderungszüge gegen die von ihnen so verachteten Herren des reichen Christenlandes.

Zu Beginn des 14. Jahrhunderts ist der Sultan der Ifat-Berge, Haqq ed-Din, bereit, die erste sich bietende Gelegenheit zu ergeifen, um das schwer lastende Joch der christlichen Kaiser abzuschütteln. Der Kairiner Sultan Mohammed ibn Kalaun (1310–1341) sorgt dafür, daß er sie bekommt: Im Jahre 1321 läßt er zahlreiche koptische Kirchen zerstören und schickt den äthiopischen Gesandten, der ihm die Beschwerde seines Kaisers Amda Zion überbringt, ohne Antwort wieder zurück. Im Jahre 1326 bemächtigt sich Haqq ed-Din des Gesandten, tötet ihn und fällt in Schoa ein.

### 3) *Blütezeit des mittelalterlichen Äthiopiens*

Diese Episode ist die erste in einem Kampf, der sich über mehr als zwei Jahrhunderte hinziehen und die äthiopische Nation entscheidend beeinflussen soll.

Die großen Salomonidenkaiser des 14. und 15. Jahrhunderts wußten eine nationale Einheit zu schaffen, die vor allem auf der christlichen Religion und auf der Ehrfurcht gegenüber ihrer eigenen Person beruhte.

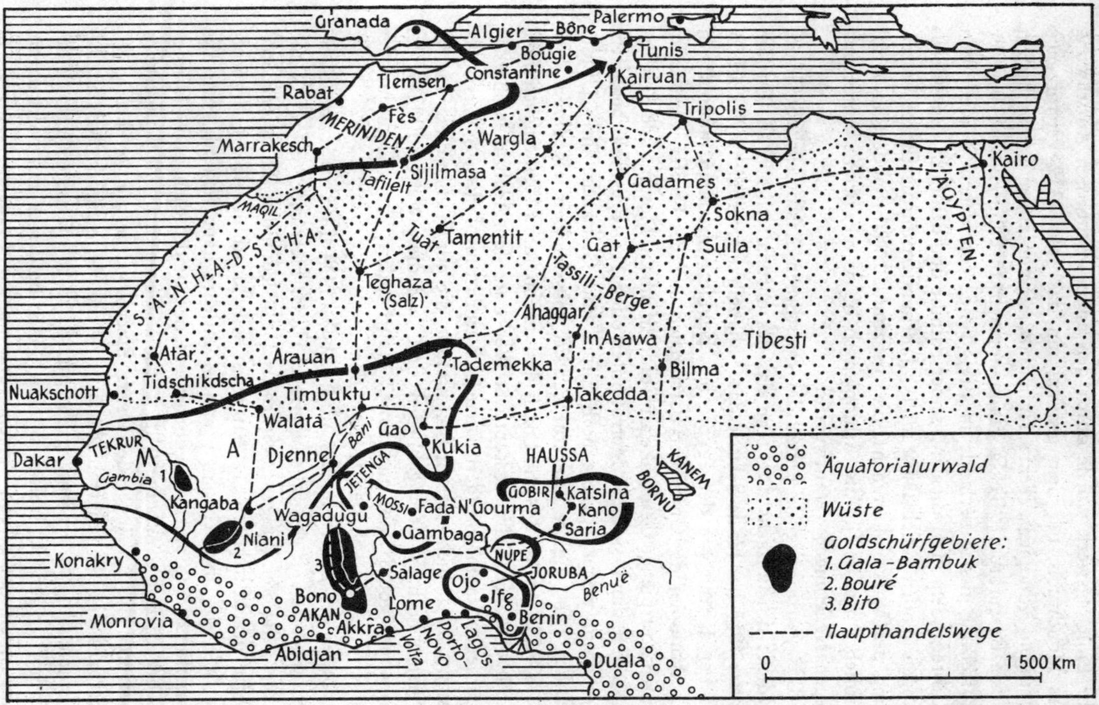


Karte 8: Nord- und Westafrika um die Mitte des 14. Jahrhunderts

Ihr Einigungswerk wurde durch den außerordentlichen Aufschwung des Mönchtums, der dem großen, um das Jahr 1312 verstorbenen Heiligen Äthiopiens, Tekla Haimanot, zu verdanken ist, in hohem Ausmaße gefördert. Tekla Haimanot wirkte bahnbrechend bei der Aufteilung des Ackerlands in drei Teile, von denen je einer den Klöstern, dem Herrscher und seiner Familie und den nicht dem Klerus Angehörenden zufiel. Diese im 14. Jahrhundert durchgeführte Verteilung des Volkseinkommens, die bis zum 20. Jahrhundert in Kraft geblieben ist, ist für die Äthiopien so oft vorgeworfene Abneigung gegen Neuerungen verantwortlich.

Das ganze religiöse Leben des christlichen Äthiopiens von heute schließt sich übrigens direkt an das des mittelalterlichen an. Erst im Jahre 1955 hat Haile Selassie das Abhängigkeitsverhältnis der äthiopischen Kirche von der ägyptischen beendet; bis dahin mußten sich die Äthiopier die Gunst der Patriarchen und des Kalifen von Kairo durch kostspielige Geschenke an Gold, Elfenbein, Moschus und Sklaven erkaufen, damit sie einen Metropoliten oder *Abuna* geschickt bekamen, der dann weder Sprache noch Sitten und Gebräuche ihres Landes kannte. Die religiöse Literatur hat sich seit der Zeit, als *Amda Zion der Große* (1314–1344) und nach ihm der im Jahre 1350 eingetroffene Abuna Salama zahlreiche koptische Werke aus dem Arabischen übersetzen ließen, kaum verändert. Diese Literatur ist insofern besonders interessant, als sie mehrere Schriften umfaßt, die nur in eben dieser Ge'ez-Version noch erhalten geblieben sind, wie die »Weltgeschichte« des Johannes von Nikios aus dem 7. Jahrhundert, die »Geschichte der Juden« des Joseph ben Gurion u. a.

Unter der Regierung des *Sara Jakob* (1434–1468) war die Übersetzungstätigkeit ebenfalls sehr rege. Dieser Herrscher gilt auf Grund seines religiösen Einigungswerkes als der bedeutendste äthiopische Souverän des Mittelalters. Er hat selbst sehr aufschlußreiche Lehrbücher verfaßt, die über Theologie und Morallehre handeln und worin die christlichen Sakramente definiert und den heidnischen und jüdischen Gebräuchen gegenübergestellt werden. Gegen die »stephanistische« Ketzerei, die Anhänger des Debra Bizen, welche die Verehrung des Kreuzes und der Jungfrau Maria sowie die Heiligung des Sabbats ablehnten, ging er erbarmungslos vor. Seine militärischen Erfolge im Kampfe gegen den Sultan Badlài (1445) hinderten ihn nicht daran, einzusehen, daß es von Vorteil wäre, mohammedanische Kaufleute in die Provinz Schoa einreisen zu lassen, die daraufhin während eines zwanzigjährigen Waffenstillstands eine außergewöhnliche Blütezeit erlebte; gleichzeitig sah er sich bei der westlichen Christenheit nach Bundesgenossen um. Im Jahre 1447 wurden äthiopische Mönche vom Florentiner Konzil empfangen; in den Jahren 1450 und 1453 wurden mit Alfons V. von Aragon Verbindungen angeknüpft.

### 4) *Erste Erfolge der Mohammedaner gegen Ende des 15. Jahrhunderts*

Um 1472, während der Regierungszeit des Kaisers Baeda Mariam (1468–1478), müssen die bis dahin stets siegreichen äthiopischen Heere in der dankalischen Wüste die ersten Niederlagen hinnehmen; im Jahre 1479 werden die Truppen seines Nachfolgers Eskender (1478–1494), die die Mohammedanerstadt Dakar südöstlich von Harrar verwüsten wollen, ebenfalls besiegt.

Das zu Ende gehende 15. Jahrhundert bedeutet für die Stadt Harrar eine Blütezeit. Die Qadrija, die heute bei den Somalis am stärksten vertretene islamische Bruderschaft, wird dort durch den Scheich Abu Bakr ibn Abdallah al-Arschdam, der im Jahre 1503 in Aden stirbt, eingeführt. Mit Zeila und dem ständigen arabischen Zustrom von der Küste in engen Beziehungen stehend, wird Harrar zu einem mohammedanischen Wirtschafts- und Kulturzentrum; von 1520 ab, als es die offizielle Hauptstadt des berühmten Reiches Adal wird, des Nachfolgers des weiter westlich am Anstieg nach Schoa gelegenen Reiches Ifat seit dem Beginn des 15. Jahrhunderts, wird es im Kampfe zwischen Christentum und Islam eine Hauptrolle spielen.

Während der Regierungszeit des Kaisers Naod (1494–1508) und der Regentschaft der Kaiserin Helene bleibt es noch ruhig; aber das Auftreten der Türken und der Portugiesen wird die politischen Gegebenheiten am Roten Meer grundlegend ändern und schließlich zur Eroberung des äthiopischen Plateaus durch Mohammed Granj im Jahre 1527 führen.

## F. Ostafrika bis zum Ende des 15. Jahrhunderts

Die zwischen dem 8. und 9. Jahrhundert von Mogadiscio bis Sofala gegründeten Handelskontore sind zweifellos vom 13. Jahrhundert ab zu wirklichen Städten geworden; sie waren unter der Herrschaft einer arabischen (oder wie in Kilwa, persischen) Aristokratie, ihre Bevölkerung bestand aus eingeborenen Bantus, Indern und Arabern, die sich weitgehend miteinander vermischt hatten. Allmählich bildete sich durch die Mischung dieser drei rassischen Komponenten das (Ki)Suaheli heraus, das heute als Verkehrssprache für ganz Ostafrika südlich des Äquators bis in die Gegend der Großen Seen hinein dient.

Die Fürstentümer an der Küste haben es, obwohl sie eine gemeinsame Sprache hatten, niemals zur Bildung eines einheitlichen Staates gebracht, nicht einmal in den Zeiten, als eines unter ihnen eine Vorrangstellung einnahm, wie dies bei Kilwa im 13., Pate im 14. oder Sansibar im 15. Jahrhundert der Fall war. Das »Sandschebar« (woher der Name Sansibar stammt), d. h. die ganze afrikanische Ostküste war unerschöpflicher Lieferant schwarzer Sklaven und war um vieles leichter zugänglich als irgendein anderer Teil Afrikas, umsomehr als die Westküste vor den portugiesischen Entdeckungen im 15. Jahrhundert außerhalb des Verkehrsbereichs lag.

Die Geschichte der Ostküste Afrikas ist daher in weit höherem Grade die des Westrandes des Indischen Ozeans als die Afrikas. Vom 12. Jahrhundert an erhöhte sich die europäische Nachfrage nach Gewürzen, Gold und Elfenbein, desgleichen auch die Ansprüche Indiens und Chinas hinsichtlich Elfenbein und Sklaven. Die arabischen Kaufleute lieferten Gold, Elfenbein, Eisen und Sklaven aus Afrika und brachten dafür billige Textilien aus Indien nach Afrika sowie Perlen und Kaurimuscheln von den Maldiven, die zum wichtigsten Zahlungsmittel ganz Schwarzafrikas werden sollten; für sich selbst allerdings und für den Bau ihrer Städte und Moscheen behielten sie die Hölzer und Edelsteine aus Indien, die Porzellanvasen aus China und die wertvollen Bausteine aus Malaysia oder Siam, welche die Archäologen in den Palastruinen auf den kleinen Inseln an der Küste Kenias und Tanganjikas wieder aufgefunden haben.

Wenn die Araber die unbestrittenen Herren im westlichen Teil des Indischen Ozeans waren, so gab es andererseits keinen Zweifel an der Vorherrschaft der Chinesen im Gebiet östlich der indischen Halbinsel. Allerdings unterhielten die Araber eine reguläre Schiffahrtslinie von Kalikat (an der Westküste Südindiens) aus durch die Straße von Malakka und entlang der Küste Vietnams nach Kanton, woraus sich auch die erstaunlichen Parallelen zwischen Kilwa und Malakka erklären, die die Archäologen entdeckt haben. Beide Staaten scheinen eine vollkommen gleichlaufende kommerzielle und politische Entwicklung durchgemacht zu haben. Die Chinesen, die die Ostküste Afrikas mit ihrem Porzellan geradezu überschweınmten, besuchten sie häufig, aber von Beginn des 15. Jahrhunderts an nicht mehr auf persischen oder arabischen Schiffen, sondern mit ihren eigenen. In ihren Chroniken kann man Beschreibungen von Malindi, Brava und Mogadiscio finden, die zwischen 1417 und 1433 von einem chinesischen Admiral, dem Eunuchen Sheng Ho besucht wurden.

Im Jahre 1450 stellte China ganz unvermutet seine überseeischen Expeditionen ein, obwohl ihm alles das zur Verfügung stand, was zur Herrschaft über den Indischen Ozean nötig war: erstklassige Fahrzeuge, Kompaß und Schießpulver.

Erst im Jahre 1498 sollte in der Geschichte des Indischen Ozeans durch die Fahrt des Portugiesen Vasco da Gama eine neue Seite aufgeschlagen werden.

## G. Die Welt der Bantu bis zum 16. Jahrhundert

Kilwa, nördlich von Kap Delgado, war vom 12. Jahrhundert ab das Zentrum des Goldhandels, denn es beherrschte den gesamten Handelsverkehr Sofalas (südlich vom heutigen Beira in Moçambique), des Hafens für das Bergwerksgebiet Südrhodesiens – östlich davon liegen die berühmten Ruinen von Simbabwe.

Die ersten Bauten von Simbabwe dürften wohl um das 12. Jahrhundert entstanden sein und zwar nach der Ankunft eines neuen Volkes von »Bauleuten«, das sich von den »Bergleuten«, die sich seit dem 5. Jahrhundert in den Bergwerksgebieten westlich von Simbabwe niedergelassen hatten, unterschied. Die wahrscheinlich zu den Schona gehörenden Neuankömmlinge scheinen unter den »Bergleuten« vom Stamme der Tonga, dem »Volk«, die herrschende Aristokratie gebildet zu haben.

Zu Beginn des 15. Jahrhunderts trifft eine neue Gruppe von Hirtenbauern ein, zweifellos aus dem Ausbreitungskern der Bantu, der im heutigen Katanga gelegen war. Die Vakaranga werden von dem sich als äußerst dynamisch erweisenden Kriegerklan der Rozwi regiert. Um 1440 macht sich der Rozwi Mutota an die Eroberung des rhodesischen Hochlandes. Sein Sohn Mutapa regiert von etwa 1450 bis etwa 1480 und befestigt seine Macht innerhalb eines Reiches, das praktisch das ganze heutige Südrhodesien und den daran angrenzenden Teil von Moçambique, d. h. also eine größere Fläche als die Frankreichs, umfaßt. Er ist demzufolge ein sehr bedeutender Herrscher und das Andenken an den *Mwene Mutapa*, den »Herrn der Bergwerke«, dessen

Name in der portugiesischen Transkription zu *Monomotapa* geworden ist, bleibt noch lange erhalten.

Im Bewußtsein der Schwierigkeiten in der Verwaltung eines solch großen Reiches vertraut Mutapa die Ost- und Südprovinzen Rozwi-Gouverneuren an und behält nur den Norden (Gebiet von Salisbury und Sambesital) unter seiner direkten Herrschaft und legt sich dort eine neue Hauptstadt an. Aber bereits im Jahre 1490 betrachtet sich der Gouverneur der Südprovinzen (Bergwerksgebiet um das heutige Bulawayo und das Land um Simbabwe) als unabhängig und nimmt den dynastischen Titel Schangamire, König oder Mambo von *Butwa*, an. Sein Sohn löst auch die Ostprovinzen vom Reiche des Mwene Mutapa, so daß im Jahre 1505 bei der Ankunft der Portugiesen in Sofala das eigentliche Reich nur noch aus dem Nordteil Südrhodesiens und einem 800 Kilometer langen und 200 Kilometer breiten Küstenstreifen besteht.

Das Königreich *Kongo* scheint ebenfalls vor dem Auftauchen der Portugiesen eine größere territoriale Ausdehnung gehabt zu haben. Am Anfang des 15. Jahrhunderts erstreckte sich der Herrschaftsbereich des Kongoherrschers oder Manikongo über die Reiche Ngoyo, Kakongo und Loango bis ins heutige Gabun hinein, 600 Kilometer nördlich der Mündung des Kongos; südlich des Flusses Kuanza erkannte der König oder *Ngola* von Ndongo ebenfalls seine Oberhoheit an. Es handelte sich also wie bei Monomatapa um ein wirkliches schwarzes Reich, das völlig afrikanisch war und eine eigene Zivilisation entwickelt hatte, die den Portugiesen des 15. Jahrhunderts durchaus nicht primitiv oder rückständig erschienen war. Im Jahre 1482 hatte der Manikongo seine Hauptstadt in Mbanza Kongo, dem heutigen Dorfe São Salvador im äußersten Norden von Angola; sein Herrschaftsbereich hatte eine fast rechteckige Form von der Küste bis zum Kuango und vom Kongo bis zum Kuanza.

Im Westen des heutigen *Uganda* haben kürzlich durchgeführte Grabungen gezeigt, daß im 14. Jahrhundert ein Reich existierte, das stark genug war, um die ungeheueren Erdbefestigungswerke von *Bigo* entstehen zu lassen. Das Fehlen jeglicher Fundstücke fremder Herkunft beweist, daß sich diese Negerreiche im Gebiet der Großen Seen ohne jeden Einfluß von arabischer Seite her entwickelt haben.

Wenn sich in der mündlichen Überlieferung der Völker Ugandas die Erinnerung an ein großes Kitwara-Reich erhalten hat, so kann man im Gegensatz dazu von Kenia und Tanganjika nicht das gleiche sagen, obwohl dort die Archäologen die Reste von unzähligen Straßen, Brunnen und Terrassenkulturen gefunden haben, welche die sogenannte »azanische« Kultur charakterisieren, deren Bezeichnung von *»Azania«* abgeleitet ist, dem Namen, mit dem die Griechen die afrikanische Küste zwischen Kap Guardafui und Sansibar bezeichneten. Diese azanischen Bantubauern dürften dort vom 7. bis zum 14. Jahrhundert gelebt haben und dann durch das Eindringen der Galla und Somali verdrängt worden sein.

Auf diesem ganzen Gebiet herrscht noch viel Dunkel, aber das wenige, das man weiß, liefert den Beweis dafür, daß es in Schwarzafrika außerhalb des arabischen Einflußbereichs blühende Zivilisationszentren gegeben hat. Der traurige kulturelle Zustand, wie ihn die europäischen Forscher des 19. Jahrhunderts bei den Schwarzen in diesem ungeheuer großen Bantu-Afrika vorfanden, macht es schwer, sich so etwas vorzustellen. Es bleibt zu hoffen, daß die archäologischen Forschungen uns eines Tages ein weniger ungenaues Bild dieser ursprünglichen negroafrikanischen Zivilisation geben können.

## H. Madagaskar vom 11. bis zum 16. Jahrhundert

Der Tatsache, daß die Sultane von Kilwa auch das kleine Komoren-Archipel besetzten, verdanken wir es, daß den Arabern Madagaskar bereits im 13. Jahrhundert bekannt war. Bei Madagaskar kommt aber weder eine Eroberung durch die Araber noch die Errichtung von Handelskontoren wie an der Ostküste Afrikas in Frage. Die Insel ist riesengroß und praktisch leer. Es gibt dort weder Gold noch Elfenbein noch Sklaven, dafür genügend Platz und Nahrungsquellen für beliebig viele Einwanderer, die sich dort unbegrenzt ausbreiten können. Der Zeitraum vom 11. bis zum 16. Jahrhundert ist also gleich dem vorhergegangenen eine Periode, in der die Insel sich immer mehr bevölkert; arabisierte Gruppen von den Komoren oder von Afrika lassen sich an verschiedenen Punkten der Küste nieder und ziehen dann in das Landesinnere.

Die einen Kisuahelidialekt sprechenden *Antalaota* lassen sich an der Nordwestküste nieder, schwarze afrikanische *Mokoa* an der Westküste, die *Iharana* zwischen Diego-Suarez und Kap Masoala, die *Zafi-Raminia* entlang der Südostküste und die *Antemoro* zwischen diesen und noch weiter im Süden.

Die Ankunft der *Hova* und ihrer herrschenden Kaste, der Andriana, auf dem Zentralplateau ist immer noch geheimnisumwoben. Sie scheinen sich seit dem 14. Jahrhundert in der Gegend von Tananarivo niedergelassen zu haben, wohin sie aus dem Nordosten oder vielleicht auf dem kürzesten Wege von Osten gekommen sein dürften, wobei die Landung schiffbrüchiger Indonesier den außergewöhnlich hohen Anteil fast rein indonesischer Typen bei den Hova erklären würde.

Die eigentliche Geschichte Madagaskars beginnt erst im 16. Jahrhundert, nach der Erkundung durch die Portugiesen im Jahre 1500 und der vielleicht dank arabischer Einflüsse erfolgten Bildung einheitlicher Königreiche.

## J. Beziehungen zwischen Europa und Afrika bis zur Zeit von Vasco da Gama (1499)

Eine der Folgen – und nicht die unbedeutendste – der arabischen Eroberungen des 7. Jahrhunderts ist die Trennung des Mittelmeers in eine Nord- und eine Südhälfte. Seit der Invasion des pharaonischen Ägypten durch die »Seevölker« um das 12. Jahrhundert v. Chr. und der Niederlassung der Phönizier an der maghrebinischen Küste hatte ein »mittelmeerisches« Afrika das »afrikanische« Afrika der Vorgeschichte und der ersten ägyptischen Dynastien abgelöst; zwischen dem 7. und 12. Jahrhundert bildet sich ein Afrika heraus, das man »arabisch« nennen kann, auch wenn diese Bezeichnung den komplexen zivilisatorischen Einflüssen, die die arabische Invasion begleiteten – Einflüssen, die in wesentlich höherem Maße aus der iranischen, indischen und syrischen Welt kamen als von der arabischen Halbinsel – nur in unzureichendem Maße Rechnung trägt.

Wie man diese Periode auch nennen mag – eines ihrer Charakteristika ist das fast völlige Fehlen von Beziehungen zwischen dem christlichen Europa und Afrika. Der Zug ins Rote Meer, den die Kreuzfahrer unter der Leitung Renauds de Châtillon im Jahre 1182 unternahmen, war lediglich ein Raubzug; die Eroberung der Küstengebiete Tunesiens durch Roger II. von Sizilien zwischen 1146 und 1160 hat keinerlei Beziehungen mit dem Landesinneren eingeleitet, ebensowenig wie die Eroberung von Damiette durch die Kreuzfahrer des fünften Kreuzzugs (1219–1221). Dafür hat Roger II. (1101–1154) durch sein erwiesenes Interesse an den Wissenschaften der Araber und ganz besonders für die Geographie, eine wichtige Rolle als Vorläufer gespielt. Er nahm *Edrisi*, einen der berühmtesten arabischen Geographen, unter seinen Schutz und ließ im Jahre 1154 das »Livre de Roger« veröffentlichen, das »die vollständige Beschreibung von Städten und Gegenden zur Unterhaltung derjenigen Personen, welche die verschiedenen Weltgegenden bereisen wollen« enthält. Am Ende des 12. Jahrhunderts wurden von jüdischen Gelehrten, die von den Almohaden aus Fes und Tunis vertrieben worden und in die Provence und die Languedoc geflüchtet waren, weitere Nachrichten über Afrika nach Europa gebracht.

### 1) *Die Ursachen für die europäische Expansion*

Das Ende des 13. Jahrhunderts ist zugleich das des großen, Kreuzzüge genannten Abenteuers. Im Jahre 1291 macht die Einnahme von Akka durch Malik Aschraf Chalil, den Sohn des großen Mamelukensultans Kalaun, dem syrischen Kreuzfahrerstaat ein Ende; in politischer Hinsicht ist das Fehlschlagen der Unternehmungen der Christen offenkundig. Dafür wird die christliche Welt auf dem Gebiet der Wirtschaft bald die Herrschaft über die mohammedanische, die hier zwei Jahrhunderte lang ihr Lehrmeister gewesen ist, errungen haben. Die venetischen und genuesischen Schiffer, die in den Häfen der Mohammedaner italienische und flämische Gewebe, Holz, Getreide und sogar Waffen ausladen, haben in Europa eine intensive wirtschaftliche Aktivität ausgelöst. Nachdem sie auch die Herren des Gewürzhandels geworden sind, suchen sie unglücklicherweise auch selbst in die Herkunftsländer der von den Ägyptern verkauften Waren zu gelangen.

Im 13. Jahrhundert erleichtert die Existenz des Mongolenreiches von Dschingis-Khan, das sich über einen Großteil von Asien erstreckt, die Erforschung dieses Kontinents; die Reisebeschreibung Marco Polos (1271–1285) legt ein großartiges Zeugnis davon ab. In Afrika jedoch scheint die islamische Barriere unüberschreitbar zu sein; um sie zu umgehen muß man im Osten einen riesigen Umweg über das Schwarze Meer und Iran machen – irgendwo dahinter liegt ein christliches Reich, über das nur ganz vage Gerüchte im Umlauf sind und bei dem es sich um das Reich des legendären »Priesters Johannes« handeln soll. Im Westen ist eine Durchquerung der Mohammedanerreiche auf dem Landwege völlig ausgeschlossen und für den Seeweg muß man erst eine Verbesserung der nautischen Techniken abwarten. Eine solche vollzieht sich im 13. Jahrhundert und betrifft mehrere entscheidende Erfindungen: die Achterstevensteuerung, die Verbesserung der Betakelung, die Verwendung von Kompaß und Astrolabium, die ersten Seekarten oder Portulane, die auf einer wirklichen Kenntnis der Küste beruhen.

Allerdings sind Vorurteile und Aberglauben immer noch ein Hindernis für die Befahrung des Atlantiks. Mehrere Berichte aus arabischer oder christlicher Quelle bestätigen immer noch, daß aus diesem »von Ungeheuern bewohnten und von fürchterlichen Orkanen gepeitschten Ozean der Finsternis« noch niemand jemals zurückgekehrt ist. Es mußte erst noch die Aussicht auf ertragreiche Raubzüge und vielleicht auch die auf das Gold des Sudans, das Monopol der Mohammedaner, dazukommen, bis sich im 15. Jahrhundert einige kühne Seefahrer in dieses geheimnisumwobene Unbekannte hinauswagen.

### 2) *Die Reisen der Christen im 14. Jahrhundert*

Zu Beginn des 14. Jahrhunderts suchen die Päpste mit den christlichen Kirchen Nubiens und Abessiniens Verbindung zu bekommen. Aber die lateinische Christenheit ist mit ihren Bemühungen offensichtlich zu spät daran – im Zeitalter der Kreuzzüge (1097–1291) hätten diese vielleicht noch einigen Erfolg haben können. Ausgerechnet zu Beginn des 14. Jahrhunderts, im Jahre 1315, ist ein mohammedanischer Gouverneur an die Stelle des letzten christlichen Königs von Dongola, Kerenbes, getreten und die Kathedrale der Hauptstadt zur Moschee geworden. Man braucht sich daher nicht wundern, wenn die Bemühungen der Dominikanermission unter Bartolomeo di Tivoli, die zwischen 1315 und 1336 bei Dongola eingerichtet wurde, nur zu einem Mißerfolg führen konnten.

Ein Versuch, von Mogadiscio aus, das der Genuese Sor Leone Vivaldi auf dem Umweg über den Persischen Golf erreicht hat, nach Abessinien zu gelangen, schlägt ebenfalls fehl. Der Konflikt zwischen Islam und Christentum im Bereich des Roten Meeres ist seit den Koptenverfolgungen in Kairo durch den Mamelukensultan Mohammed ibn Kalaun (1310–1341) und den Siegen des großen Christenkaisers Amda Zion (1314–1344) über die Mohammedaner des Ifat zu seinem Höhepunkt gekommen.

In der Folgezeit suchen beide Seiten aus Interesse an einem gemeinsamen Kampf gegen den Islam heraus miteinander ins Gespräch zu kommen. Für die europäische Seite bedeutet die Gleichstellung des Negus von Abessinien mit dem sagenhaften »Priester Johannes« einen gewichtigen Grund für das Interesse an dem Königreich, das man für ungeheuer reich hält. Von abessinischer Seite bewirkt die Erinnerung an die vorislamische Zeit, als die Könige von Aksum die gleichberechtigten Partner von Byzanz waren, daß man immer mehr nach Kontakten mit der christlichen Welt strebt. Aber diese Bemühungen sollen erst im 15. Jahrhundert zu einigen wirklichen Gesandtschaften führen.

Im Westen sind die Kanarischen Inseln die erste Etappe der europäischen Expansion. Im Jahre 1312 (oder 1335?) entdeckt der Genuese Lanzarote Malocello die Insel, die noch heute seinen Namen trägt, und wahrscheinlich auch das benachbarte Fuerteventura. Diese beiden der marokkanischen Küste zunächstliegenden Inseln sind auf der im Jahre 1339 angefertigten Weltkarte des Dulcert eingezeichnet. Bis zum Ende des 14. Jahrhunderts landen mehrere Expeditionen – Portugiesen, Katalanen und Mallorquiner, Spanier und Normannen – auf den Kanarischen Inseln und unternehmen dort Raubzüge gegen die Guantschen genannten Eingeborenen.

Im Jahre 1364 beginnen die berühmten Fahrten der Schiffer aus Dieppe; im Gegensatz zu der allgemein verbreiteten Meinung, daß es sich dabei nur um einen Mythos handle, habe ich an anderer Stelle dargelegt, daß sie mit hoher Wahrscheinlichkeit stattgefunden haben. Zwischen 1364 und 1387 werden zehn Expeditionen nach der Küste der heutigen Sierra Leone, wo die Niederlassung »Petit Dieppe« entsteht, und nach der des heutigen Ghana ausgeschickt, wo die Kolonie »de la Mine«, das heutige Elmina, gegründet wird. Nach 1410 werden die verschiedenen von den Kaufleuten aus Dieppe gegründeten Handelsniederlassungen wieder aufgegeben.

### 3) *Jean de Béthencourt und die Kanarischen Inseln im 15. Jahrhundert*

Im Jahre 1402 schifft sich ein normannischer Adeliger, Kammerherr Karls VI., zusammen mit dem Ritter Gadifer de la Salle nach den Kanarischen Inseln ein in der Absicht, dort ein kleines Reich zu errichten. Diese Expedition unterscheidet sich in hohem Maße von den vorhergegangenen, bei welchen es sich nur um den Raub der Reichtümer des Landes und der Inselbewohner handelte. Im Gegensatz dazu sucht Jean de Béthencourt die einheimischen Guantschen zu bekehren und benützt ihre inneren Streitigkeiten dazu, seine Autorität zu befestigen. Seine hauptsächliche Tätigkeit aber besteht, und das ist das wirkliche Neue an seinem Vorgehen, darin, daß er Landarbeiterfamilien aus der Landschaft Caux in der Normandie holt, damit sie dort den Boden bebauen. Er hat also als erster eine homogene europäische Gemeinschaft außerhalb Europas geschaffen. Dieser Vorgang steht der zwei Jahrhunderte später begonnenen Kolonisierung Kanadas sehr nahe, die übrigens ebenfalls zum Teil von Bauern unternommen wurde, die aus der gleichen Landschaft, nämlich aus Caux stammten. Dieses Gebiet war die Hauptstütze der französischen Kolonialpolitik, denn es ist ja auch die Heimat der Diepper Seefahrer.

Im Jahre 1403 leistet Jean de Béthencourt dem König von Kastilien den Lehenseid, so daß Spanien Eigentümerin normannischen Bodens wird; im Jahre 1418 tritt es seine Rechte an den Infanten von Portugal, Heinrich den Seefahrer, ab. Das ganze 15. Jahrhundert über bilden die Inseln den Zankapfel zwischen Spanien und Portugal, bis sie endlich im Jahre 1490 endgültig an Spanien kommen, das sie für immer behält, allerdings auch daran schuld ist, daß im 16. Jahrhundert die eingeborene Bevölkerung der Guantschen untergeht und der Dialekt der ersten Einwanderer, das »Cauchois«, ausstirbt.

### 4) *Heinrich der Seefahrer und das Descobrimento*

Die wenigen Fahrten der Christen im 14. Jahrhundert und die Kolonisierung der Kanarischen Inseln haben keinerlei Rückwirkung auf das innere Afrika zur Folge. Dagegen sollen die unter der Ägide des Infanten von Portugal, Heinrichs des Seefahrers (1393–1460) erfolgten Entdeckungen eine wirtschaftliche Revolution nachsichziehen und ebenso wie die arabische Invasion des 7. Jahrhunderts einen wichtigen Wendepunkt der Geschichte Afrikas bedeuten. Nachdem einmal die europäischen Kontore entlang der Küste Afrikas eingerichtet sind, verlagern sich die bisher nach Ägypten und dem Maghreb führenden sudanischen Handelswege in Richtung auf die Küste, während die mehr oder weniger islamisierten Reiche im sudanischen Sahelstreifen, die ihr Entstehen und ihre Entwicklung dem transsaharaischen Handel verdanken, schnell ihre politische Bedeutung zugunsten anderer, an der Küste gelegener heidnischer Staaten verlieren.

Heinrich der Seefahrer spielt im Jahre 1415 bei dem portugiesischen Angriff auf Ceuta, der ersten ständigen Niederlassung von Christen auf afrikanischem Boden eine entscheidende Rolle. Es ist also hauptsächlich die missionarische Tätigkeit, um die es dem Infanten von Portugal bei der Aussendung der Expeditionen entlang der afrikanischen Küste vom Jahre 1418 an geht.

Die Entdeckung der Inselgruppe Madeira im Jahre 1420 ist die erste

Etappe. Diese wegen ihres üppigen Waldbestandes *Madeira* (= Wald) genannten Inseln waren wahrscheinlich bereits im Jahre 1344 von dem Engländer Mackam gesehen worden. Die Portugiesen legen dort in einer mit Fenchel *(foncho)* bewachsenen Lichtung eine Stadt an – Funchal, die heutige Hauptstadt. Im Jahre 1431 entdeckt Gonzalo Velho die Azoren, auf welchen sofort portugiesische und flämische Kolonisten angesiedelt werden.

Im Jahre 1433 oder 1434 erreicht Gil Eanes aus der Stadt Lagos bei Sagres an der Südspitze Portugals, der Residenz Heinrichs, das Kap Bojador (südlich der Kanarischen Inseln). Allerdings dauert es immer noch zwölf Jahre, bis die portugiesischen Seefahrer die Senegalmündung erreichen, nachdem sie vorher auf der Insel Arguin (südlich des Kap Blanco) ein Handelskontor eingerichtet haben.

Diese Ankunft im Lande der Schwarzen kennzeichnet die nächste Etappe; sie eröffnet kommerzielle Perspektiven, die die Jagd nach Gold und Sklaven wesentlich mehr beschleunigen als es die religiösen Beweggründe, die man bis dahin vorgeschoben hatte, tun konnten. Auch der Tod des Infanten Heinrich hält die Forschungszüge nicht auf, die im Jahre 1462 die Bissagos-Inseln und Sierra Leone erreichen, – das letztere Land hat seinen Namen davon erhalten, daß das Tosen der tropischen Gewitter wie das Gebrüll von Löwen von den Bergen an der Küste widerhallte.

Im Jahre 1471 entdecken die Portugiesen die einstige »Colonie de la Mine« im heutigen Ghana wieder; sie nennen den Landstrich »Goldküste« und stoßen bis zum Nigerdelta vor, das man erst im 19. Jahrhundert mit dem Fluß von Timbuktu in Beziehung bringen kann, weil man ja das Landesinnere nicht kennt.

Im Jahre 1472 entdeckt Fernando Póo die nach ihm benannte Insel und die Trichtermündung des Wuri. Die Portugiesen sehen, daß das Wasser von verschiedenen Arten Krabben wimmelt und nennen den Fluß »Rio dos Camarões«, woraus die Spanier »Camerones«, die Deutschen »Kamerun« und die Franzosen »Cameroun« gemacht haben.

Im Jahre 1482 wird in La Mine, genau an dem Platze, wo ein Jahrhundert früher die Seefahrer aus Dieppe ihr Handelskontor angelegt hatten, ein Fort erbaut. Im Jahre 1485 geht man an die Kolonisierung der zehn Jahre vorher entdeckten Insel São Tomé – zuerst werden zum Tode verurteilte Verbrecher dorthin deportiert und später die Kinder der nach der Einnahme von Granada (1492) aus Spanien verjagten Juden.

Im Jahre 1484 entdeckt Diego Cão einen riesigen Fluß, den die

Eingeborenen Zaire nennen, der aber dann nach dem dort gelegenen schwarzen Königreich »Kongo« benannt wird. Mit dem Reich Kongo knüpfen die Portugiesen sofort Beziehungen an; sie nehmen eine Gesandtschaft nach Lissabon mit und entsenden ihrerseits Franziskanermönche als Missionare.

Am 14. August 1488 endlich umfährt Bartholomëu Diaz während eines Sturms ein Kap, das er Cabo Tormentoso (Sturmkap) nennt und dem dann der König von Portugal den Namen »Kap der Guten Hoffnung« verleiht. Er eröffnet damit, obwohl ihn der Mangel an Lebensmitteln zur Umkehr zwingt, Europa den Weg nach Indien.

Zehn Jahre später umfährt Vasco da Gama ebenfalls das Kap der Guten Hoffnung und segelt weiter nach Quelimane, Moçambique, Mombasa und Malindi. In diesem Hafen macht er die Bekanntschaft des berühmten arabischen Lotsen Ibn Madschid, der dann sein Schiff im Mai 1498 nach Kalikat in Indien bringt. Am 28. August 1499 läßt Manuel, König von Portugal und »Herrscher von Guinea und der eroberten Gebiete, der Schiffahrt und des Handels mit Äthiopien, Arabien, Persien und Indien«, dem Papst mitteilen, daß seine Schiffe Kalikat erreicht haben.

Im Mai 1500 endlich entdeckt Diego Dias die Insel Madagaskar.

Am Ende des 15. Jahrhunderts ist demnach Afrikas gesamte Küstenlinie bekannt, aber erst die Forscherfahrten des 18. und 19. Jahrhunderts sollen dafür sorgen, daß auch das Landesinnere des Kontinents in den Lichtkreis der Geschichte eintritt.

In bestimmten Gebieten versuchen die Portugiesen gleich nach ihrer Ankunft, das Christentum einzuführen. In Benin haben ihre Missionare keinerlei Erfolg; im Kongo hat die Bekehrung des Herrschers Nzinga Nkuvu im Jahre 1491 eine wütende Opposition seiner Untertanen zur Folge, aber im 16. Jahrhundert wird das Reich San Salvador schließlich doch christlich.

Auch die Annäherungsversuche zwischen Europa und Äthiopien, die sich über das ganze 15. Jahrhundert hinziehen, sollen erst im 16. Jahrhundert Erfolge bringen. Im Jahre 1427 schickt König Jeshàq (1414–1429) eine Gesandtschaft zu König Alfons V. von Aragon und eine weitere zu Herzog Jean de Berry. Im Jahre 1442 wird ein Abgesandter von Sara Jakob (1434–1468) beim Konzil von Florenz erwähnt, zu dem Papst Eugen IV. die Monophysiten von Ägypten, Syrien und Abessinien eingeladen hatte. Im Jahre 1450 entsendet Alfons von Aragon eine Gesandtschaft auf dem Wege über den Persischen Golf. Bereits 1460 enthält die König Alfons V. von Portugal gewidmete

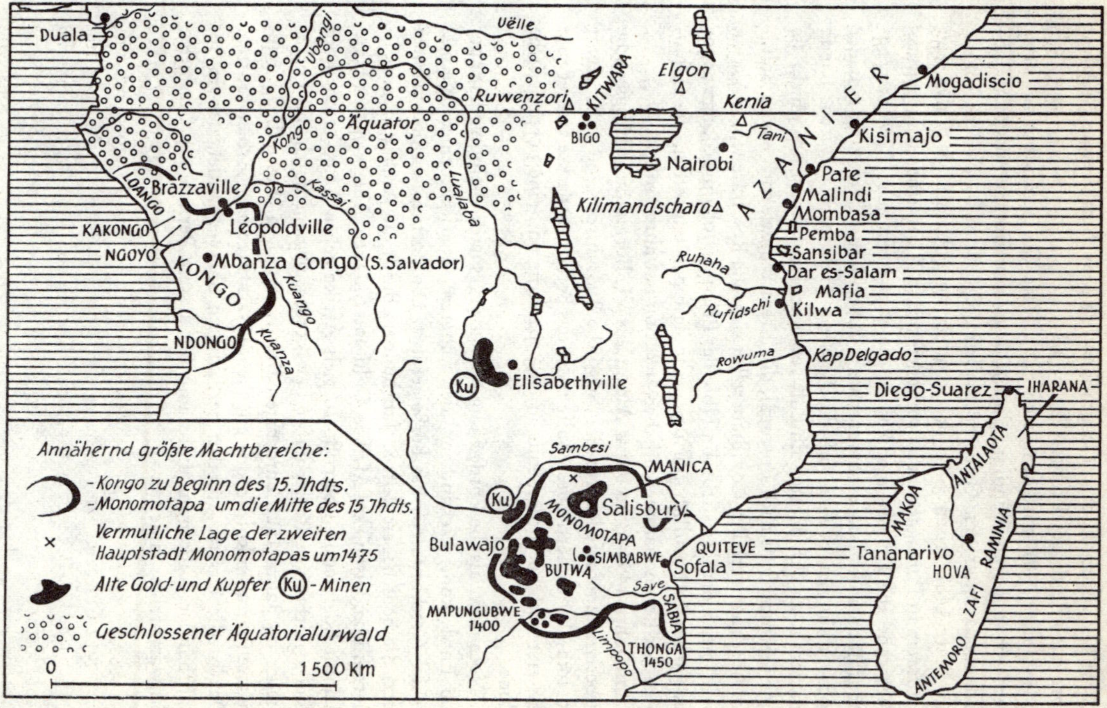


Karte 9: Zentralafrika und Madagaskar im 15. Jahrhundert

Karte des venezianischen Geographen Fra Mauro zahlreiche Angaben über das »Reich des Priesters Johannes«.

Im Jahre 1481 wird dem römischen Hofe ein Gesandter des Priesters Johannes angekündigt, worauf Rom Franziskanermissionare abordnet, darunter den Ge'ez-Spezialisten Giovanni-Battista di Imola. Im Jahre 1487 reisen João de Covilham und Affonso de Paiva von Santarem in Portugal ab und schließen sich in Kairo einer Kaufmannskarawane aus Tlemsen und Fes an, die nach Aden geht. Covilham gelangt nach einem langen Aufenthalt in Bagdad und Ormuz als einziger nach Äthiopien, wo er auf die Kaiserin Helene, die Witwe Baedà Mariàm's, als ihr Berater Einfluß gewinnt. Im Jahre 1509 schickt sie eine Gesandtschaft nach Portugal, die ihrem Wunsch nach einem Bündnis Ausdruck verleiht. Covilham selbst sieht die Resultate seiner Aktion nicht mehr, denn er stirbt am Hofe des Priesters Johannes, lange bevor im Jahre 1541 endlich portugiesische Truppen eintreffen, die Äthiopien vor der mohammedanischen Invasion bewahren sollen.

Im Jahre 1493 hatte Papst Alexander VI. Borgia die portugiesische Inbesitznahme Afrikas für die christliche Welt durch seine Bulle »Inter coetera« legitimiert. Diese Bulle teilte das bereits entdeckte Gebiet und das erst noch zu entdeckende in eine spanische und eine portugiesische Zone.

Noch mehr als die Entdeckung des Seeweges nach Ostindien hat aber die Entdeckung Westindiens, des späteren Amerikas, einen Wechsel in der Geschichte Afrikas herbeigeführt. Die Portugiesen übernehmen jetzt die beiden, seit dem 8. Jahrhundert durch die Araber monopolisierten Handelsobjekte Afrikas, Gold und Sklaven. Aber was den Handel mit Edelmetallen betrifft, so spielt Afrika neben Amerika nur noch eine zweitrangige Rolle; dafür bewirkt die in dem durch die Portugiesen im Jahre 1500 entdeckten Brasilien und in Westindien eingeführte Plantagenkultur eine ungeheure Nachfrage nach Arbeitskräften. Das ist die Ursache für den berüchtigten Sklavenhandel, der im 16. Jahrhundert aufkommt und damit die düstere Periode der Geschichte Schwarzafrikas einleitet.

VIERTER TEIL

# AFRIKA ZWISCHEN HOHER PFORTE UND INDIEN

## VII

## Die Wende im 16. Jahrhundert

Am Schlusse des Kapitels, in dem Afrika Gebiet für Gebiet während des Zeitraums zwischen 7. und 16. Jahrhundert behandelt ist, erweist es sich als zweckdienlich, nochmals kurz umzukehren und die allgemeinen Wesenszüge dieser so wichtigen Periode zusammenzufassen – einer Periode, für welche die Bezeichnung »Mittelalter« deswegen nur schlecht paßt, weil sie in der Geschichte Westeuropas ja doch für die selbe Zeit meist in etwas herabminderndem Sinne gebraucht wird.

Gleichgültig, ob man den wirtschaftlichen, politischen oder kulturellen Aspekt betrachtet, wenn man europäisches und afrikanisches Mittelalter miteinander vergleicht – das letztere wird oftmals besser dabei wegkommen und zwar sowohl in den von der islamischen Zivilisation direkt beeinflußten als auch in den von einer originalen negroafrikanischen Kultur geprägten Gebieten. Die Gründung der Al-Azhar-Universität in Kairo geht auf das Jahr 988 zurück, liegt also vor der der ältesten Universitäten Europas: Paris um 1150, Oxford 1167 und Montpellier 1181. Ebenfalls zu Ende des 10. Jahrhunderts erfreut sich das schwarze heidnische Reich Ghana eines erstaunlichen sozialen Gleichgewichts, das auf politischen und religiösen Auffassungen spezifisch afrikanischer Herkunft und einer günstigen Wirtschaftslage beruht.

Zu Beginn des 14. Jahrhunderts, also zu einer Zeit, in der Westeuropa durch den beginnenden Hundertjährigen Krieg geschwächt ist, erfreut sich Afrika in seiner Gesamtheit einer günstigen Wirtschaftskonjunktur und erlebt eine echte Blütezeit.

Einerseits macht die Islamisierung Nordindiens und der Städte mit hinduistischer Kultur in Malaysia und auf Java und Sumatra aus dem indischen Ozean ein arabisches Meer und wird damit für die Handelsstädte an der Ostküste Afrikas zur Quelle hohen Wohlstandes. Andererseits haben zwei Kreuzzugjahrhunderte (1097–1291) einen bedeutenden Aufschwung des Mittelmeerhandels mit sich gebracht und den Bedarf des christlichen Europa an indischen Erzeugnissen und an Gold sehr vergrößert. Ägypten ist als Zwischenhändler und der Sudan als Goldproduzent nach dem Zerfall (ab 1260) des asiatischen Riesenreiches Dschingis-Khans, der die direkte Verbindung Europa – Fernost unmöglich machte, zu unentbehrlichen Handelsbasen geworden.

Die Folge davon ist eine außerordentliche Verkehrsentwicklung im Indischen Ozean einerseits und der Sahara andererseits, was die Hochblüte der Suahelizivilisation an der Ostküste, die Ägyptens der Mameluken und Malis erklärt und sicher auch die Ife-Kunst im gleichen Zeitraum und die Entwicklung des Simbabwe-Gebiets beeinflußt hat.

Das 15. Jahrhundert ist weniger glanzvoll und die allgemeine Dekadenz der islamischen Welt macht sich auch in Afrika bemerkbar. Die afrikanischen Zivilisationen erweitern jedoch noch ihre Macht. Äthiopien blüht unter der Herrschaft des großen Kaisers Sara Jakob (1434-1468); *aber im 16. Jahrhundert erfährt die Geschichte Afrikas eine brüske Wendung:* verschiedene Faktoren des Niedergangs treten auf und führen einen schnellen Verfall herbei, einen umso schwerer wiegenden Verfall, als in der gleichen Zeit Europas Mittelalter beendet ist und für diesen Kontinent eine Periode wirtschaftlicher und kultureller Expansion größten Ausmaßes einsetzt.

Das Jahr 1492 symbolisiert besonders gut die verschiedene Bedeutung des Endes des Mittelalters für Europa einerseits und Afrika andererseits. Im Monat Januar vereitelt die Einahme Granadas durch das christliche Spanien endgültig eine Expansion des Islam nach Europa; im Monat Oktober eröffnet die Entdeckung des später Amerika genannten Westindien ein immenses Betätigungsfeld für den europäischen Machthunger. Niedergang für Afrika, aber Erwachen und »Renaissance« für Europa – das sind die Folgen der großen Entdeckungen. Eine Entwicklung in zwei auseinanderstrebenden Richtungen beginnt; Zivilisationen, welche, ohne jemals ähnlich zu sein, während des Mittelalters doch zumindest miteinander vergleichbar waren, entfernen sich so weit voneinander, daß es die Europäer des 19. Jahrhunderts für ganz selbstverständlich und natürlich halten, wenn sie sich fast des ganzen afrikanischen Kontinents bemächtigen.

Es muß erst das 20. Jahrhundert kommen, bis man wieder entdeckt, daß Afrika eine großartige Vergangenheit hatte, die nur ihm allein gehörte, und daß es auf der Grundlage spezifisch afrikanischer Begriffe Zivilisationen von allgemeingültigem Wert zu schaffen wußte.

Die Ereignisse dieses für die Gesamtheit des afrikanischen Kontinents so katastrophal wirkenden 16. Jahrhunderts lassen sich unter drei Überschriften zusammenfassen: Schwarzafrika und die Portugiesen, Weißafrika und die Türken, Sudan und Marokko-Expedition von 1591.

## A. Schwarzafrika und die Portugiesen

Zu Beginn des 16. Jahrhunderts haben sich die Portugiesen auf den Kapverdischen Inseln und auf São Tomé (entdeckt 1460 und 1470) bereits festgesetzt. Sie haben dort Zuckerrohrplantagen angelegt und ziehen bereits Sklaven für diese sehr viele Arbeitskräfte erfordernden Kulturen heran; einige bekommen sie von den Küsten Senegals, des heutigen Ghana und Benin, aber der Großteil kommt von der Goldküste (Ghana), wo sie im Jahre 1482 die Handelsniederlassung Elmina gegründet haben. Im gleichen Jahre hat Diego Cão die Mündung des Zaire oder Kongo entdeckt und mit dem Manikongo Verbindung aufgenommen, der damals südlich des Flusses bis zur Höhe der Insel Loanda, des späteren São Paulo de Luanda, der Hauptstadt des heutigen Angola, seine Herrschaft geltend machte. Im Osten reichte das Königreich Kongo bis zum Nord-Süd-Lauf des Kuango, östlich des Stanley Pool.

Im Jahre 1489 schickt der Manikongo eine Gesandtschaft nach Lissabon. Im darauffolgenden Jahr kommen aus Portugal Missionare in Begleitung von Maurern, Zimmerleuten, Dachdeckern usw., die einen Teil der Hauptsadt Mbanza Kongo (im Norden des heutigen Angola) in Steinbauten umwandeln sollen. Der Manikongo Nzinga Nkuvu wird im Jahre 1491 bekehrt und versucht daraufhin, seinen Untertanen das Christentum aufzuzwingen; allerdings löst er damit eine derartig heftige Opposition aus, daß er seine Absicht aufgeben muß. Nach seinem Tode im Jahre 1507 bemächtigt sich des Thrones einer seiner Söhne, ein Provinzgouverneur namens Nzinga Mbemba, der bei der Taufe im Jahre 1491 den Namen Alfonso bekommen hat.

Alfonso I. regiert von 1507 bis 1543. Dieser Neubekehrte betätigt sich als begeisterter Propagandist des christlichen Glaubens und der portugiesischen Lebensweise. Er liest und schreibt fließend Portugiesisch und gestaltet seinen Hof nach dem Vorbild in Lissabon; nach portugiesischer Mode gekleidete Herzöge und Marquis treten an die Stelle der Gouverneure und anderen Würdenträger. Er läßt so viele Kirchen bauen, daß seine auf den Namen São Salvador getaufte

Hauptstadt den Beinamen »Ekongo dia ngungo« – »Stadt der Kirchenglocken« – erhält. Einer seiner Söhne namens Henrique wird im Jahre 1513 nach Rom geschickt und auf Verlangen Königs Manuel von Portugal im Jahre 1521 zum Bischof von Utika geweiht.

Dieser außerordentliche Versuch der Christianisierung eines negroafrikanischen Reiches mußte scheitern, nicht weil es an König Alfonso noch an seinen Untertanen oder vielleicht seinen afrikanischen Nachbarn gelegen wäre – die Schuld liegt bei den Portugiesen. Die Zahl der in den Kongo entsandten Missionare und Techniker war immer zu gering, umsomehr als viele von diesen am Fieber starben, bevor sie an die Arbeit gehen konnten, so wie z. B. zwei deutsche Drucker, die im Jahre 1492 aus freien Stücken gekommen waren. Aber es war hauptsächlich die moralische Haltung der Portugiesen, die oftmals katastrophale Folgen nach sich zog. Der Kongo war nur ein winziger Teil des damaligen portugiesischen Kolonialreiches; Portugal selbst mit seinen etwa anderthalb Millionen Einwohnern konnte ganz einfach nicht genügend wertvolles Menschenmaterial liefern und das allgemeine Niveau des portugiesischen Klerus hatte am Vorabend der Religionskriege den tiefsten Punkt erreicht. Zu allen Zeiten hat man in allen Ländern Händler leichter gefunden als Heilige und die Tatsache, daß die ersten Kolonisten auf der Insel São Tomé aus zum Tode verurteilten Verbrechern und dann später aus den Kindern der nach 1493 aus Granada vertriebenen Juden bestanden, hatte bereits den Charakter ihrer Kolonialisierung geprägt.

Wenn die Portugiesen mit Waren gehandelt hätten, wie es vor ihnen die Araber mehrere Jahrhunderte lang über die Sahara und dem Indischen Ozean getan hatten, wäre die Entwicklung des Reiches Kongo und der ganzen Westküste zweifelsohne ganz anders vor sich gegangen. Das Unglück war, daß die Entdeckung Schwarzafrikas zeitlich weitgehend mit der Amerikas zusammenfiel. Bereits im Jahre 1510, drei Jahre nach der Thronbesteigung Alfonsos I., gab der spanische König den Befehl zur Rekrutierung von zweihundert Sklaven, die auf den Karibischen Inseln verkauft werden sollten. Im Jahre 1518 wurde der Sklavenhandel offiziell. Von nun an sollten als Arbeiter in den spanischen Plantagen auf Kuba, auf Hispaniola (Haiti und Dominikanische Republik), in Neu-Granada (nördliches Südamerika) und später in den Bergwerken Perus einzig und allein schwarze Skaven verwendet werden. Die Portugiesen, welche den schwarzen Kontinent unter sehr großen Mühen entdeckt hatten, sahen im Sklavenhandel das Mittel, um sehr schnell reich zu werden, so daß sie sich um alle anderen Waren nicht mehr kümmerten; im Jahre 1520 gaben sie ihr für den Ankauf von Pfeffer bestimmtes Kontor Guato am Benin-Fluß auf. An der Goldküste beschäftigten sie sich in immer höherem Maße mit der Suche nach Sklaven; den Handel mit Goldstaub, Elfenbein und Schildpatt überließen sie einigen englischen und französischen Händlern. Die Nähe der Insel São Tomé und ihrer Plantagen, die relativ leichte Überfahrt nach Brasilien mit der Insel Ascension als Zwischenpunkt – all das mußte eine Intensivierung der Suche nach Sklaven im Kongo, wo es keine Edelmetalle gab, bewirken.

Die Reformbestrebungen des Königs Alfonso scheiterten immer und immer wieder an der Mittelmäßigkeit der technischen und geistigen Hilfestellung seitens der Portugiesen, die alle mehr oder weniger mit dem Sklavenhandel beschäftigt waren oder durch den Gouverneur und die Bewohner von São Tomé, die zwischen den Befehlen aus Lissabon und denen, die sie ausführen sollten, als eine Art Filter fungierten, zur Tatenlosigkeit verurteilt wurden. So erhielt Bischof Henrique seine Instruktionen über São Tomé und konnte praktisch nichts unternehmen, weil ihn der europäische Klerus verdächtigte. Nach seinem Tode im Jahre 1530 waren alle Bestrebungen des Königs für die Errichtung eines Bischofssitzes auf São Tomé erfolglos, desgleichen sein Verlangen nach einer eigenen Handelsflotte.

Nach dem Tode Alfonsos streiten sich sein Sohn Pedro und sein Neffe Diego (1544–1561) um den Thron; dem Sieger fällt es schwer, sich mit dem Druck, den die kommerziellen Kreise auf São Tomé ausüben, und der Einmischung der Jesuiten in die Lokalpolitik abzufinden. Diese werden schließlich im Jahre 1555 aus dem Kongo vertrieben und widmen sich dann dem südlich des Kuanza gelegenen Gebiet Ndongo, dessen König oder *Ngola* (daher der Name Angola) nachgiebiger erscheint als der Manikongo. Nach dem Tode Diegos im Jahre 1561 wird das Königreich Kongo, das unter den Angriffen der kriegerischen Jaga zu leiden hat, immer schwächer.

Die *Ngola*, die seit fast zwei Jahrhunderten die Oberhoheit der Manikongo anerkannten, wollten nur noch diese abschütteln. Aber ihr Bündnis mit den Portugiesen sollte sich als verderbenbringend erweisen; die portugiesische Kolonie Angola war kaum etwas anderes als ein riesiges Sklavenjagdgebiet.

Im Jahre 1575 gestand König Sebastian, der die Selbständigkeit des Ngola nicht anerkannte, Paulo Dias de Novais die »donatoria«, d. h. das persönliche und vererbbare Eigentum eines Gebietes zu, das sich südlich des Kuanza 35 Meilen weit an der Küste entlang und ins Landesinnere soweit erstreckte, wie er es in Besitz nehmen konnte; die Gegenleistung bestand in der Unterhaltung einer Garnison von 400 Mann auf der Insel Luanda, im Bau von Forts und der Ansiedlung von 100 portugiesischen Familien. Die nach Angola eingewanderten Menschen und Waffen dienten in der Hauptsache der Ausbildung und Bewaffnung von Kriegern für die Sklavenjagd. Im Jahre 1602 erhält der portugiesische Gouverneur die Order, jährlich 4250 Sklaven für die spanischen Kolonien in der Neuen Welt zu liefern. In der Folge sollte diese Zahl noch beträchtlich steigen.

Im großen und ganzen erscheint das portugiesische Wirken an der Westküste Afrikas als völlig negativ. Durch die Entwicklung des Sklavenhandels hat es die positive Bedeutung der anfänglich auf technischem und geistigem Gebiet geleisteten Unterstützung zu Nichts werden lassen. An der Ostküste Afrikas haben die ersten afrikanisch-portugiesischen Kontakte nicht einmal den sehr relativen Humanitätscharakter, den sie anfänglich im Kongo besaßen, gezeigt. Die Situation war hier eine ganz andere: Die Portugiesen entdeckten bei ihrer Ankunft auf der Ostseite Afrikas in den Handelsstädten, die seit Jahrhunderten mit Persien, Indien und China in enger Verbindung gestanden hatten, eine wirtschaftliche Kultur, die der ihrigen weit überlegen war.

Sie stießen aber auch wieder auf den von ihnen so verabscheuten Islam, der ursprünglich einer der Beweggründe für die Unternehmungen Heinrichs des Seefahrers gewesen war. Der Infant hatte gehofft, ihn umgehen und so die Verbindung mit dem berühmten Reiche des Priesters Johannes herstellen zu können.

Von Süden her ins Reich des Priesters Johannes zu gelangen und sich gleichzeitig die Herrschaft über die Schiffahrt im Indischen Ozean zu sichern – das waren die beiden Ziele, die die Portugiesen verfolgten und in Ostafrika nur zum Teil erreichten und dies nur um den Preis der fast vollkommenen Zerstörung der Suaheli-Zivilisation.

Zwischen 1506 und 1509 versuchen sie zum Roten Meer zu gelangen. Sie zerstörten zu diesem Zweck die somalischen Städte Brava, Berbera und Zeila und richten auf der Insel Sokotra eine Garnison ein; um Tributzahlung zu erreichen oder ganz einfach, um plündern zu können, zünden sie Kilwa und Mombasa an; nur Malindi bleibt verschont, weil sein mit dem vom Mombasa verfeindeter Häuptling auf die Idee gekommen ist, die Portugiesen um Hilfe zu bitten. In Sofala, dem Verladehafen für das rhodesische Gold, bauen sie im Jahre 1506 eine Festung, können aber nicht weiter ins Landesinnere vordringen, wo sich übrigens die arabischen Händler auch niemals hingewagt hatten.

Erst als sie den Sambesi aufwärts dringen, kommen sie von den Flußhäfen Sena und Tete aus, wo sie sich um 1531 festsetzen, in das Reich *Monomotapa* (oder Benamatapa). Schon bei ihrer Ankunft befindet sich Monomotapa im Verfall; seine Hauptstadt wurde zweifellos um 1470 von Simbabwe an einen nicht genau feststellbaren Ort in der Nordostecke des rhodesischen Hochlandes, vier bis fünf Tagereisen von Simbabwe verlegt. Im Jahre 1560 läßt sich der Missionar Gonzalo da Silveira in der Monomotapa-Residenz nieder in der Hoffnung, den Herrscher bekehren zu können, wird aber auf Betreiben arabischer Händler ermordet; erst um 1580 setzen sich Missionen endgültig in Sena und Tete fest; die Taufe des Monomotapa im Jahre 1652 stellt den Höhepunkt ihrer Tätigkeit dar. Aber die Portugiesen legen auf Gold weit größeren Wert als auf Bekehrungen. Im Jahre 1571 zieht Francesco Barreto mit 1000 Freiwilligen von Sena aus los und schließt mit Abgesandten des Monomotapa ein Abkommen, stirbt aber 1573 am Fieber; im folgenden Jahre stellt Fernandez Honem in Sofala ein neues Expeditionskorps von 400 Mann zusammen und erreicht mit diesem den Bergwerksbezirk.

Zu Beginn des 17. Jahrhunderts erkennt der Monomotapa bei der Suche nach einem Bundesgenossen gegen das mit ihm rivalisierende Reich Changamire (oder Butwa) im Gebiet von Simbabwe die portugiesische Oberhoheit an.

Was die Küste betrifft, so bleibt sie genau so vom Landesinneren abgeschlossen, wie dies im Mittelalter der Fall war. Sie gilt als Hafenzone in Richtung Portugiesisch-Indien und ist hinsichtlich Verwaltung vom Gouverneur in Goa abhängig. Der Handel befaßt sich wie zur Zeit der Araber im wesentlichen mit Elfenbein, Gold und Sklaven, aber nur noch im geringen Maße, weil weder die arabischen Kaufleute noch die Schwarzen selbst das königliche Monopol, das ihnen vorschreibt, die indischen Waren ausschließlich in den portugiesischen Faktoreien zu kaufen, besonders schätzen. Die Araber umgehen es durch Schmuggel mit Booten geringer Tonnage und die Schwarzen schädigen die Krone dadurch, daß sie mit An- und Verkäufen zurückhalten. Die Folge davon ist ein offensichtliches Desinteresse an dieser verarmenden afrikanischen Küste seitens der Portugiesen.

## B. Weißafrika und die Türken

Diese Überschrift trägt der komplexen politischen Situation im Mittelalter zu Beginn der 16. Jahrhunderts kaum Rechnung. Die Türken haben im Jahre 1517 Ägypten erobert und 1518 dem in Algier eingenisteten Cheireddin Barbarossa Soldaten geschickt, aber diese beiden Unternehmungen, die durch die Eroberung von Tripolis im Jahre 1551 und die Tunesiens im Jahre 1574 vervollständigt wurden, waren doch irgendwie nur eine Art Konsequenz zur Festsetzung der Portugiesen an der atlantischen Küste Marokkos und der Spanier an der Mittelmeerküste bis nach Bougie hin in den Jahren 1505 bis 1514. Und das Vordringen der Christen war selbst nur auf den Verfall der maghrebinischen Mächte im Laufe des 15. Jahrhunderts zurückzuführen; seit dem Tod des Meriniden Abu Inan im Jahre 1358 herrschte in Marokko Anarchie und die im Jahre 1471 gegründete Dynastie der Watassiden war viel zu schwach, um sich durchsetzen zu können; das Abdelwadidenreich von Tlemsen hatte seit 1389 praktisch jegliche Selbständigkeit verloren; selbst die Hafsiden in Tunis waren trotz ihrer glänzenderen Fassade seit 1488 von Gnade und Ungnade der Araberstämme abhängig.

### 1) *Ägypten*

Was Ägypten betrifft, so war seinem politischen Verfall bereits zu Beginn des 16. Jahrhunderts eine Wirtschaftskatastrophe vorausgegangen; wenn man deren Ursachen nachspürt, stößt man wieder auf die Portugiesen, denn die von Vasco da Gama in den Jahren von 1497–99 realisierte direkte Verbindung zwischen Lissabon und Kalikat hatte bewirkt, daß Ägypten die Vorteile verlor, die es aus seiner geographischen Lage als unerläßlicher Vermittler zwischen Ost und West zog und auf die daraus resultierenden hohen Zolleinnahmen verzichten mußte. Schon 1500 wurde die ägyptische Flotte auf der Reede von Kalikat beschossen und im Jahre 1509 vor Diu (Indien) trotz der Hilfe von seiten der ebenfalls benachteiligten Venezianer praktisch vernichtet. Für den dynamischen Ottomanensultan Selim I., der im Jahre 1512 auf den schwachen Mohammed II. gefolgt war, bedeutete daher Ägypten eine leichte Beute. In der Tat erfolgte die türkische Eroberung äußerst schnell; am 23. April 1517 wurde der letzte Mamelukensultan an einem eisernen Haken am Kairiner Stadttor Bab Zueileh aufgehängt und wurde Ägypten zu einer gewöhnlichen Provinz des Türkischen

Reiches, die einen jährlichen Tribut an Geld und landwirtschaftlichen Produkten zu entrichten hatte, was seit der Errichtung der Fatimidenherrschaft im Jahre 969, also seit 568 Jahren nicht mehr geschehen war.

Von jetzt ab wird es für Ägypten keine nationale Geschichte mehr geben, ebensowenig wie während der byzantinischen Periode oder unter den Omajjaden und Abbasidenkalifen. Es verfällt in eine Art Lethargie, die praktisch andauert, bis es durch die Bonaparte-Expedition (1798–1801) einen Schock bekommt und durch Mehemet Ali wachgerüttelt wird.

### 2) *Äthiopien*

Die Ereignisse in Äthiopien zu Beginn des 16. Jahrhunderts sind mit der Besetzung Ägyptens durch die Türken in Verbindung zu bringen. Die Attacke auf die Bastion der Christenheit durch Mohammed Granj (= Der Linkshänder) steht mit der Lieferung von Feuerwaffen und türkischen Instrukteuren an die Emirate am Roten Meer im engen Zusammenhang; im Jahre 1527 verweigert der »Linkshänder«, der Sohn des Emirs von Harrar, dem Kaiser Lebnà Dengèl den Tribut und schickt sein aus fanatisierten Danakil und Somalis bestehendes Heer, auf das die Aussicht auf reiche Beute ebenso wirkt wie das versprochene Paradies Allahs, in den Kampf gegen das Christenreich. Dreizehn Jahre lang verwüstet er fast das ganze Reich. Beim Tode von Lebnà Dengèl im Jahre 1540 scheint alles verloren zu sein, aber im Jahre 1547 erscheint in wirklich allerletzter Minute eine kleine portugiesische Hilfsexpedition von 500 Mann unter der Führung des Sohnes Vascos da Gama, Christovão da Gama. Anfänglich werden die Portugiesen von »Linkshänder« geschlagen, verlieren ihren Führer, der zu Tode gefoltert wird, und über 200 Mann.

Für die Überlebenden, die alle verwundet sind, existiert jetzt nur noch die Rache. Es gelingt ihnen, ein äthiopisches Heer, das unter dem Kommando des Kaisers Galaudewòs (Claudius) steht, zu drillen und Pulver und Kugeln herzustellen. Im Februar 1548 stirbt der für unbesiegbar geltende mohammedanische Eroberer durch das Schwert des Leibdieners Christovãos da Gama. Schon gegen Jahresende zerstreuen sich die mosleminischen Truppen und Claudius (1540–1559) erobert sein Reich zurück – aber in welchem Zustand! Das Land ist ruiniert, die seit Jahrhunderten in Kirchen und Klöstern aufgehäuften Schätze sind nach Arabien und Indien weggeschafft worden. Die Bevölkerung ist entweder getötet oder in die Sklaverei geführt, die Überlebenden sind zu einem sehr großen Teil Mohammedaner geworden.

Claudius ist klug genug, zu verzeihen und führt in wenigen Jahren ein wundervolles Werk des nationalen Wiederaufbaus durch. Aber weder die Christen noch die Mohammedaner haben eigentlich etwas gewonnen, denn inzwischen ist eine andersgeartete, aber ebenso große Gefahr entstanden – die Invasion der heidnischen Nomaden vom Volk der Galla. Bereits 1532 sind die ersten Gruppen dieser, aus der Gegend des Rudolfsees stammend, im südöstlichen Äthiopien aufgetaucht. Sie nutzen das Vakuum aus, das in Somalien und im Harrar durch den Abzug der örtlichen Bevölkerung, die mit »Linkshänder« in den Kampf gegen das Christenreich im Bergland gezogen war, entstanden ist und rücken sehr schnell vor; es erscheint sicher, daß sie zu Beginn des 17. Jahrhunderts schon fast ihr ganzes heutiges Wohngebiet in Besitz genommen haben, d. h. in groben Umrissen den ganzen Süden des äthiopischen Hochlandes mit einem nordwärts gerichteten Keil bis zum Aschangesee auf der Höhe des Tanasees.

Nur um den Preis von mehreren Jahrhunderten kulturellen und politischen Rückschritts gelingt Äthiopien die Assimilierung dieses enorm großen Bevölkerungszustroms des 16. Jahrhunderts, der sich teilweise in nur schwer zugänglichen Gebieten eingenistet hat. Andererseits haben die unglücklichen christlichen Kaiser gegen die wiederholten Versuche von seiten portugiesischer und spanischer Jesuiten, den römischen Katholizismus an die Stelle des nationalen Monophysitismus zu setzen, anzukämpfen. Nach mehreren Erfolgen und Fehlschlägen müssen die katholischen Missionare schließlich Mitte des 17. Jahrhunderts das Land verlassen.

### 3) *Maghreb*

Die Besetzung des zentralen und östlichen Maghreb durch die Türken ist nicht wie die Ägyptens auf eine entsprechende Willensäußerung des Ottomanensultans zurückzuführen; ihre in gewisser Beziehung zufällige Anfangsphase steht in direkter Verbindung mit der zwischen 1505 und 1512 erfolgten Festsetzung der Spanier in den afrikanischen Haupthäfen zwischen Ceuta und Bougie. Im Jahre 1515 bitten die Algerier, die sich von einer auf der Isla del Peñón sitzenden spanischen Garnison befreien wollen, die Brüder Barbarossa, von der Insel Mytilene stammende, berühmte Korsaren, um Mithilfe. Arudsch, der ältere der beiden, nimmt Scherschel, Medea und Miliana ein, fällt aber bei Tlemsen im Jahre 1518. Sein Bruder Cheireddin löst ihn ab und erklärt sich sofort als Vasallen des Konstantinopler Sultans, um Truppen zu bekommen, die ihm dazu verhelfen sollen, im Kampfe gegen Araber und Berber und durch Verdrängen der Spanier ein eigenes, ihm gehörendes Reich aufzubauen. Dieses aus 2000 Janitscharen und 4000 türkischen Freiwilligen bestehendes Heer bildet den Kern des *odschak*, der, was Barbarossa betrifft, das unerläßliche Hinterland erobern soll. Der Sultan hat allerdings andere Absichten; der *odschak* soll in diesem neuralgischen Sektor, wo die Spanier seit Beginn des Jahrhunderts unaufhaltbar vordringen und Karl V. seine Oberhoheit über die Hafsidenfürsten von Tunis und die Abdelwadiden von Tlemsen ausdehnen will, für den Sieg des Halbmonds über das Kreuz sorgen. Zu diesem Zweck wird Barbarossa zum Beylerbey (= Herr der Herren) ernannt und erhält den Auftrag, den Kampf gegen die Christen von Algier bis nach Tripolis nach seinem Gutdünken zu organisieren.

Die sogenannte Beylerbey-Periode (1519–1585) entspricht genau der Regierungszeit der spanischen Könige Karl V. (1519–1556) und Philipp II. (1556–1597) und einem fast ständigen und oftmals grausamen Kampf zwischen Spaniern und Türken, der schließlich unentschieden ausgeht. Die Türken erleiden in der Seeschlacht bei Lepanto 1571 eine aufsehenerregende Niederlage, aber die Spanier werden, abgesehen vom Gebiet von Oran, wo sie sich bis 1708 halten, ein für alle Male von der maghrebischen Küste vertrieben. Die Türken setzen sich im Jahre 1551 in Tripolis fest und nehmen im Jahre 1574 den Spaniern Tunis wieder ab. Im Jahre 1581 unterzeichnet Philipp II. einen Waffenstillstand mit dem Sultan, der daraufhin das Amt des Beylerbey für überflüssig ansieht und für den im Jahre 1587 verstorbenen letzten Amtsinhaber Öldsch Ali keinen Nachfolger mehr ernennt.

Von da ab werden die drei »Regierungsbezirke« Tripolis, Tunis und Algier getrennt verwaltet und ihre weitere Entwicklung verläuft in immer stärker divergierende Richtungen, obwohl sie unter ein und derselben politischen Oberhoheit stehen.

Nur Marokko bleibt außerhalb des türkischen Herrschaftsbereiches. Die Erhaltung seiner Unabhängigkeit beruht im übrigen eigenartigerweise auf einem Bündnis der Saaditensultane mit den spanischen Christen von Oran, die man mit Recht für weniger gefährlich hält als die Türken von Algier. Diese Allianz ist für die Priesterschaft und die zahlreichen Flüchtlinge aus dem Reich Granada umso unerträglicher, als sich die saaditische Dynastie auf Mohammed esch-Schech gründet – dem

Nachkommen des Propheten und Siegers über die Portugiesen vor Agadir im Jahre 1541.

Mit entsprechendem Zeitabstand betrachtet erscheint das Bündnis mit den Spaniern als der Schachzug eines politischen Genies. Die Saaditen hatten Glück, als sich der spanisch-türkische Kampf außerhalb Marokkos abspielte und endete; noch größeres Glück hatten sie zweifelsohne im Jahre 1576, als der junge König Sebastian von Portugal einen aus Marokko vertriebenen Thronprätendenten an seinem Hofe aufnahm und sich unklugerweise dafür entschied, ihm zur Krone zu verhelfen. Es handelt sich hier um die berühmte Schlacht von Alcazarquivir (El Ksar el-Kebir), auch »Dreikönigsschlacht« genannt, als an einunddemselben Tage, am 4. August 1578, auf der einen Seite der portugiesische König und sein marokkanischer Schützling ertranken und auf der anderen der eigentliche König von Marokko an einer Krankheit starb.

Der Bruder des Königs, Abul-Abbas Achmed, wird sofort zum Sultan proklamiert und nimmt den Namen El-Mansur (= Der Siegreiche) an. Bereits vom ersten Tage an erfreut er sich der Gunst der christlichen Monarchen, die von dem marokkanischen Sieg über das damals auf dem Gipfel seiner Macht stehende Portugal stark beeindruckt sind. Während seiner ganzen Regierungszeit (1578–1603) betreibt er eine Prestigepolitik, die ihm den Ruf des größten Saaditensultans einträgt. Er läßt in Marrakesch den berühmten Palast El-Bedi errichten, wo er unter großer Prunkentfaltung die Gesandtschaften empfängt, die aus England, Spanien und Frankreich zu ihm kommen – ja sogar aus der Türkei, die seit dem Tode des letzten Beylerbey im Jahre 1587 ihre Absichten auf Marokko aufgegeben hat.

Prunk kostet Geld und um sich dieses zu verschaffen, schafft Achmed Mansur Handelsmonopole, und zwar hauptsächlich für Zucker; er erhöht die Steuern und erfindet nach Bedarf neue, die im Koran nicht genannt sind; das meiste Geld verschafft er sich aber dadurch, daß er im Jahre 1591 das schwarze Songhai-Reich von Gao erobert. Dies bringt ihm eine enorme Menge Gold und Sklaven ein und ließ ihn den Beinamen *Al-Dehbi* (= der Vergoldete) hinzufügen.

Die traurigen Ereignisse, die das Ende seiner Regierungszeit prägen, werden von vielen dem gotteslästerlichen Charakter jenes Unternehmens zugeschrieben, das von einem Mohammedaner gegen andere Mohammedaner gestartet wurde. Während eine Pestepidemie im Lande wütet (1596–1603), muß der Sultan gegen seinen eigenen aufständischen Sohn kämpfen. Sein Tod im Jahre 1603 leitet die bis 1659 andauernde Periode des Niedergangs der Saaditen ein.

## C. Größe und Untergang des nigerischen Sudans im 16. Jahrhundert

Die Eroberung des Songhai-Reichs durch die Marokkaner machte dem »Goldenen Jahrhundert« der negro-islamischen Zivilisation im nigerischen Sudan ein unerwartetes Ende. Am Beginn dieser mohammedanischen Renaissance in Schwarzafrika steht eine bedeutende Persönlichkeit – Askia Mohammed, der von 1493 bis 1528 regiert.

Sofort nach der Thronübernahme stellt sich der Sarakole Mohammed Ture, der den Sohn des Sonni Ali Ber verdrängt hat, als Erneuerer des Islam hin, was ihm, dem Usurpator ermöglicht, sich als legitimen Herrscher zu erklären. Im Jahre 1497 unternimmt er die Pilgerfahrt nach Mekka in Begleitung einer wahren Armee von 1000 Fußsoldaten und 500 Reitern; der Prunk, den er entfaltet, und das Austeilen von mehr als 300 000 Goldstücken in Medina und Mekka verbreiten in den mohammedanischen Ländern die Idee vom unerschöpflichen Reichtum des Songhai-Reiches und bewegen zahlreiche ägyptische und maghrebische Wissenschaftler, ins Land der Schwarzen zu gehen und dort als Lehrer zu wirken. Askia Mohammed trifft in Mekka mit dem Abbasidenkalifen von Kairo zusammen und läßt sich von ihm offiziell als seinen Bevollmächtigten im Sudan akkreditieren.

Die Pilgerfahrt von 1497 hat also eine ebenso große geschichtliche Bedeutung wie die des Kaisers von Mali, Mansa Mussa, im Jahre 1325. Askia Mohammed, der sich einer soliden internationalen Stellung erfreut und während seines Aufenthalts in Kairo wertvolle Freundschaften wie z. B. die mit dem gelehrten Essojuti geschlossen hat, ist nun bereit, das ererbte Reich nach gesunden Prinzipien zu reorganisieren.

Mit dieser Arbeit an der Verwaltungsorganisation läuft eine Vergrößerung des an sich schon riesigen, von Sonni Ali eroberten Staatsgebiets parallel. Infolge fast alljährlicher militärischer Unternehmungen erreicht das Reich von Gao einen noch viel größeren Umfang, als ihn das von Mali im 14. Jahrhundert hatte. In West-Ost-Richtung erstreckt es sich vom mittleren Senegal bis über Kano hinaus, das sind mehr als 2500 Kilometer Luftlinie. Im Norden geht das Gebiet bis zu den Salinen von Terhaza mitten im Herzen der Sahara (auf dem Breitengrad von Villa Cisneros) und schließt die Tuaregstadt Agades im Air-Massiv mit ein. Im Süden gehört das ursprüngliche Mali im Gebiet des oberen Niger nicht dazu, dafür aber das seinerzeit von Mali nicht eroberte Mossireich von Jatenga.

Das Songhai-Reich des 16. Jahrhunderts umfaßt demnach, wenn

man die heutigen Territorialverhältnisse zum Vergleich heranzieht, einen großen Teil von Senegal, fast ganz Mali und Niger und die Haussastaaten Nordnigerias.

Noch bemerkenswerter als der Umfang seiner Eroberungen erscheint die Verwaltungsorganisation, wie sie Askia der Große aufbaute. Obwohl die Mehrzahl seiner Nachfolger unfähig war, schuf diese Organisation doch aus dem Songhai-Reich ein solides Ganzes – und nicht nur ein Sammelsurium von verschiedenartigen Stämmen! – das bis zur Marokkanerinvasion des Jahres 1591 Bestand hatte.

Das Herzstück des Reiches bildete der für Heeres- und Warentransporte stark benutzte Mittellauf des Niger; Djenne, das schon zur Zeit des Malireiches eine sehr bedeutende Stadt war, erreicht jetzt den Gipfelpunkt; es zieht den ganzen Gold- und Kolanußhandel an sich und entsendet seine Kaufleute bis in die Küste, wo sie sich mit den Portugiesen treffen. (Man nimmt an, daß der Name »Guinea« für die atlantische Küste von »Djenne« herrührt.) Timbuktu, Endstation für die transsaharanischen Kamelkarawanen einerseits und den Warenverkehr, der aus dem Süden auf dem Wasserwege erfolgt, andererseits, entwickelt sich sehr günstig. Seine Einwohnerzahl soll damals mehrere Zehntausend betragen haben, Schätzungen sprechen von 50 000, die vom Handel leben. Timbuktu wird zum großen intellektuellen und religiösen Zentrum des nigerischen Sudans; zahlreiche Gelehrtenfamilien widmen sich dem Studium der arabischen Literatur und der Lehrtätigkeit; einige von ihnen schreiben selbst Bücher, meist juristische, aber manchmal auch historische, denen wir unsere Kenntnisse über die Vergangenheit des Sudans verdanken. Das älteste Werk ist das von Machmud Kati redigierte »Fatassi« oder »Tarik el-Fettasch«. Seine Fortsetzung ist das »Tarik es-Sudan«, eine Chronik der Ereignisse im Sudan bis zum Jahre 1556.

Ein anderer Berater Askias des Großen hat in der Geschichte des schwarzen Islam eine bedeutende Rolle gespielt: der aus Tlemsen stammende Reformator El-Maghili hatte sich ursprünglich in den Tuat-Oasen niedergelassen, dort den Massenmord der jüdischen Kolonie betrieben und war dann nach Katsina,einem der Haussastaaten geflüchtet, von wo er an den Hof in Gao berufen wurde. Er verbreitete überall die Riten der Qadrija-Bruderschaft, die gleichzeitig durch den Mauren Kunta Sidi Achmed el-Bechai in der Westsahara propagiert wurden, was die Vorherrschaft der Qadrija innerhalb des schwarzen Islam bis zum 14. Jahrhundert erklärt.

Trotz seines glanzvollen Auftretens in Städten wie Timbuktu,

Djenne, Gao oder Kano ist der Songhai-Islam im 16. Jahrhundert unter der großen Masse auf dem Lande nur wenig verbreitet und bereits im 17. Jahrhundert kehrt man dort sehr schnell wieder zum Heidentum zurück.

Im Gegensatz dazu überlebten die zwischen den verschiedenen Städten geknüpften kommerziellen und religiösen Bande die Größe des Songhai-Reiches noch um einen langen Zeitraum. Bereits im Jahre 1516 stieß die Expansion in Richtung Osten auf das kleine Reich Kebbi (Grenze Nigeria – Niger), dessen berühmter König Kanta die Haussastaaten für sein eigenes Reich eroberte. Seine einige Kilometer von Sokoto entfernt liegende Hauptstadt Surame weist noch heute recht eindrucksvolle Ruinen auf. Von 1519 an sinkt die persönliche Autorität Askias des Großen stark ab; die ihm Nächststehenden ziehen sich zurück und im Jahre 1528 wird er schließlich von seinen eigenen Söhnen, die sich nachher jahrelang um die Macht streiten, abgesetzt.

Von den Nachfolgern Askias des Großen kann man lediglich Askia Daud (1549–1582) als großen Herrscher ansehen. Trotz der Existenz portugiesischer Handelskontore an der »Goldküste« genügt sein politisches Ansehen dafür, daß der Transsahara-Handel immer noch eine große Aktivität aufweist, wenn sie auch geringer ist als die zu Beginn des Jahrhunderts, die uns der große Leo Africanus nach seinen Reiseerinnerungen aus dem Sudan aus den Jahren 1510 und 1513 beschreibt. Pferde, Stoffe aus Venedig oder der Türkei, Zucker aus Südmarokko und Bücher erscheinen noch auf den Märkten des Sudan und werden gegen Gold, Sklaven und Zibetkatzen, die den in der Parfümherstellung sehr geschätzten Moschus liefern, eingetauscht.

Der rasche Zerfall des Songhai-Reiches erfolgt allerdings erst neun Jahre nach dem Tode Dauds. Im Jahre 1585 hatte Sultan Achmed Mansur einen Begriff von der Schwäche der Askia von Gao bekommen, als diese auf die Besetzung der Salinen von Terhaza durch die Marokkaner hin sich damit begnügten, die wesentlich weniger ertragreichen Lagerstätten bei Taudeni auszubeuten. Seine Absicht, endgültig das saharische Salz und das sudanische Gold in Besitz zu nehmen, wurde andererseits noch durch den Wunsch gestärkt, sich seine »Fremdenlegion« vom Halse zu schaffen, die aus einem zusammengewürfelten Haufen von Abenteurern bestand, die nach der Vertreibung aus ihren Heimatländern Italien, Frankreich, England und besonders Spanien in Marokko »gelandet« und zum Islam übergetreten waren. Von den 4000 Mann, die von Marokko auszogen, waren kaum 1500 echte Marokkaner.

Der Pascha Dschuder, der Anführer der Expedition, war selbst ein spanischer Renegat; seine Streitmacht bestand zwar nach vier Monaten Wüstendurchquerung nur noch aus etwa 1000 Mann, besaß aber Büchsen und Gewehre und diese im Sudan unbekannten Feuerwaffen hatten im April 1591 die vollkommene Auflösung eines aus 30000 Mann bestehenden Songhaiheeres bei Tondibi nördlich von Gao zur Folge.

Nach der Flucht des Askia Ischak richtet sich der Pascha Dschuder in Timbuktu ein; sein Nachfolger Machmed stößt auf den heftigen Widerstand des Askia Nuhu, der zuerst nach Dendi (bei Niamey) und dann nach Borgu (Nord-Dahome) flüchtet, wo die Moskitos und Tsetsefliegen die besten Verbündeten der Songhai-Widerstandskämpfer gegen die »Marokkaner« und ihre Pferde sind.

Sogar im Gebiet des Nigerbogens, wo die klimatischen Verhältnisse besser sind, können sich die »Marokkaner« nur in den Städten halten, weil sie von den Tuareg aus der Wüste, den Bambaras aus Segu und den Fulbehirten angegriffen werden. Ihre einzige Politik besteht im Plündern und in der systematischen Vernichtung der bürgerlichen Schicht und der Intelligenz, was den so ungeheuer schnellen Verfall des nigerischen Sudans und die immer schlimmer werdenden Verhältnisse der folgenden Jahrhunderte erklärt.

Dieses für das Songhai-Reich so katastrophale Ende des 16. Jahrhunderts hat für das Reich *Bornu,* das zu Beginn des 15. Jahrhunderts die Nachfolge des ehemaligen Kanem angetreten hat, ein ganz anderes Aussehen. Der Herrscher Idris Alaoma, der von 1571 bis 1603 regiert, ist ein großer Eroberer. Nach der Pilgerfahrt nach Mekka und einem damit verbundenen Aufenthalt in Kairo läßt er sich aus Tunis ein Korps türkischer Musketiere kommen, die seine eigenen Truppen ausbilden und bewaffnen, so daß seine Armee eine beachtliche Überlegenheit erlangt. Es gelingt ihm so, die Heidenstämme des Südens zu unterwerfen, Bornu zum Souverän Kanems zu machen und den ganzen Handel des Tschad-Sudans unter seine Kontrolle zu bringen. Leider bilden Sklaven die wichtigste Handelsware für die seit 1551 in Tripolis sitzenden Türken und die große Süd-Nord-Route durch die Sahara vom Tschadsee nach Tripolis über die Kauar-Oasen und den Fessan soll bis zum 19. Jahrhundert zur traurig-berühmten »Sklavenstraße« werden.

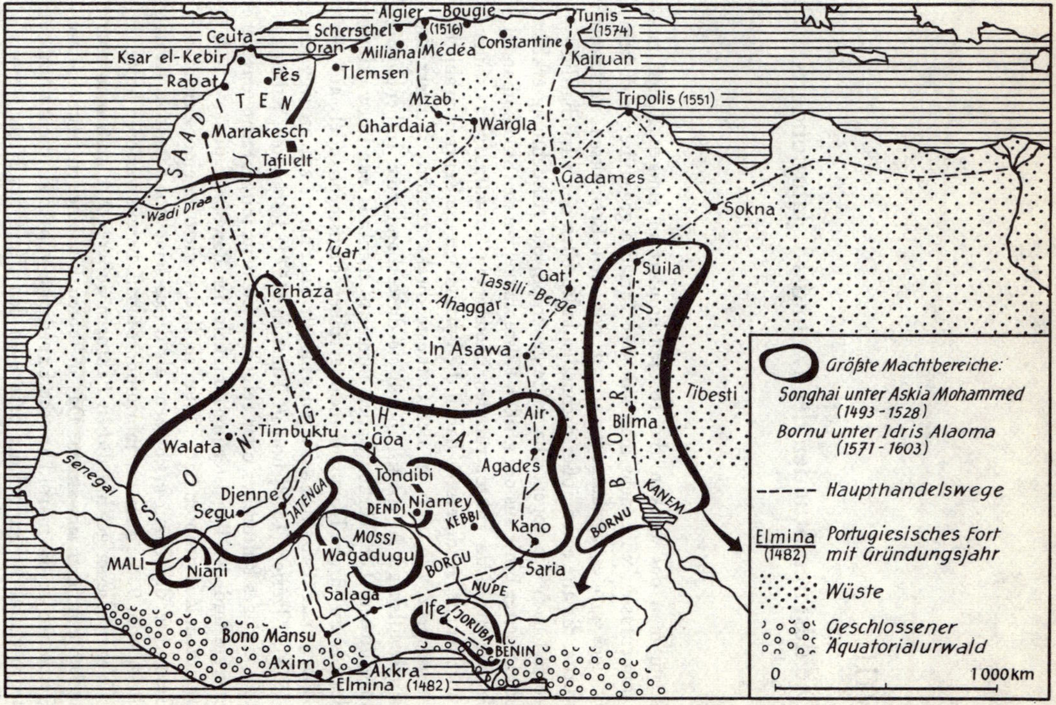


Karte 10: Nord- und Westafrika im 16. Jahrhundert

# VIII

# Die düsteren Stunden des 17. und 18. Jahrhunderts

Wenn man das afrikanische 16. Jahrhundert in einigen Zeilen zusammenfassen will, sieht man sich der Tatsache gegenüber, daß kein einziges großes afrikanisches Land von den Ereignissen verschont wurde, die alle einen äußerst schnellen kulturellen und wirtschaftlichen Verfall nach sich zogen. Die weite geographische Ausdehnung erklärt sich in erster Linie aus der großen Küstenlänge, wo der Sklavenhandel, der wesentlichste Faktor für den Niedergang Schwarzafrikas, eingeführt wurde. Andererseits haben die Portugiesen die Zentren arabisch-persischer Zivilisation an der Ostküste direkt zerstört, indirekt die Wirtschaftskraft Ägyptens, indem sie dieses Land vom Indienhandel ausschlossen. Die Türken haben ihrerseits ebenfalls zur Entwicklung des bis zu ihrem Kommen recht geringen Menschenhandels auf der Sahararoute Tschadsee – Tripolis beigetragen; als sie sich in Ägypten (1516), Algerien (1518) und in Tunesien (1574) festsetzten, haben sie kein einziges kulturelles oder religiöses Element mitgebracht, das der Energie und der Begeisterungsfähigkeit der Bewohner dieser Länder irgendein Ziel geboten hätte. Nun, sie sind sowieso zu einer Zeit in der Geschichte des Islam erschienen, als dieser seine hohe geistige Kraft, die er vom 9. bis zum 13. Jahrhundert besaß, bereits verloren hatte.

Neben diesen geschichtlichen Faktoren äußerer Art muß man aber auch die inneren erwähnen. Das in seinen Einzelheiten bestbekannte Geschehen ist die marokkanische Expedition von 1591, die die schöne negro-islamische Kultur der Städte an den Ufern des Niger vernichtete; für andere gibt es keine Zeugnisse und sie blieben weitgehend unbekannt, doch haben sie in vielen Gebieten ebenso verderblich gewirkt, wie z. B. die Galla-Invasionen in Äthiopien oder die der Jaga im Kongo

Das Gesamtergebnis aller dieser Katastrophen war das Verschwinden riesiger Vielvölkerstaaten, aber auch das der großen Forscher und Chronisten arabischer Sprache, die uns mit der Geschichte Afrikas im Mittelalter bekanntgemacht haben. Eine nationale Geschichtsschreibung gibt es nur noch in den zwei einzigen unabhängig gebliebenen Staaten Äthiopien und Marokko. Anderswo stehen uns nur unvollständige und parteiische Aufzeichnungen, die von Ausländern verfaßt sind, zur Verfügung. Soweit die mündliche Überlieferung seit dem 17. Jahrhundert historische Werte erhalten konnte, was nicht immer der Fall ist, erfaßt sie meistens nur Staaten mit Stammesstruktur ohne wirtschaftliche oder politische Beziehungen größeren Ausmaßes. Man kann also sagen, daß diese düsteren Jahrhunderte der afrikanischen Geschichte im wahrsten Sinne des Wortes auch ihre »obskuren Jahrhunderte« sind und dies in weit höherem Maße als bestimmte Perioden des Mittelalters.

## A. Nordafrika

Die von nun an getrennt verlaufende Geschichte Marokkos zwingt zur Unterscheidung dreier großer Länder: Ägypten, die Barbareskenstaaten und Marokko.

### 1) *Ägypten*

Wenn die Mameluken auch keine Sultane mehr werden, so behalten sie doch nach der türkischen Eroberung eine Vorzugsstellung. Aus ihnen kommen die 24 *beys* (Herren), die die höchsten Staatsämter innehaben, und die *kaschef* oder Provinzstatthalter. Ihre Konkurrenten sind die Janitscharen – aus den Kindern christlicher Familien im türkischen Reich rekrutierte Soldaten, welche eine sehr sorgfältige militärische und religiöse Ausbildung erhalten haben. Die Autorität, die der von Konstantinopel auf drei Jahre ernannte Pascha über Mameluken und Janitscharen ausübt, existiert in immer steigendem Maße nur in der Theorie, bis sie im Jahre 1697 überhaupt zu Null wird. Von da an hören Intrigen und Aufruhr nicht mehr auf und die Herren Ägyptens leben in ständiger Angst vor ihrem Sturz durch ein Komplott gleich dem, durch das sie selbst an die Macht gekommen sind.

Ali-Bey (1755–1772) ist der erste der ägyptischen Gouverneure, der es wagt, der Hohen Pforte die Huldigung zu verweigern; er dehnt seine Herrschaft nicht nur über das bis dahin mehr oder weniger unabhängig gebliebene Oberägypten aus, sondern auch über Mekka und Dschidda und sogar über Syrien.

Aber seine Nachfolger haben nicht seine Macht. Von 1775 bis 1797 herrscht der Bürgerkrieg, bis Ibrahim Bey und Murad Bey gemeinsam die Regierung übernehmen. Die Expedition Bonapartes (1798–1802) schlägt dann eine neue Seite in der Geschichte Ägyptens auf.

2) *Die Barbareskenstaaten*

Die drei politischen Einheiten *Tripolis*, *Tunis* und *Algier* hatten miteinander gemeinsam, daß ihre Abhängigkeit von Konstantinopel nur sehr theoretischer Art war und daß ein Teil ihrer Einkünfte aus dem Ertrag der Seeräuberei bestand, was ihnen von seiten der Europäer den herabwürdigend gedachten Namen »Barbareskenstaaten« eintrug. Von ihnen hat wahrscheinlich *Tripolis*, da es aufgrund seiner Lage zwischen Meer und Wüste ohne Hinterland, nur ein Umschlagplatz sein kann, die konstantesten Beziehungen zu Schwarzafrika unterhalten. Seine Entwicklung als Seehafen des Tschad-Sudans im 17. und 18. Jahrhundert war eine Folge des tiefgehenden Verfalls des nigerischen Sudans nach der Eroberung durch die Marokkaner. Rein entfernungsmäßig ist die Route Tripolis – Fessan – Kauar – Tschadsee die bei weitem kürzeste aller transsaharischen Handelsstraßen. Ihr südlicher Endpunkt ist ein Gebiet (Nordnigeria), das, wie es scheint, zu allen Zeiten eine sehr hohe Bevölkerungsdichte kannte. Weiter beherbergten die Haussastädte Katsina und Kano, wo der durch das Air-Massiv (Niger) gehende Weg endet, in Spinnen und Weben sehr geschickte Handwerker und waren Großabnehmer für die Rohseide aus Tripolis, Seidenstoffe aus Lyon, Perlen und Glaswaren aus Venedig, Papier, Spiegel, Zucker, Tee usw. Sie boten dafür Kolanüsse und hauptsächlich Sklaven, die erst im Fessan regelrecht gemästet und dann im ganzen türkischen Reich verkauft wurden.

*Tunis* war aufgrund seiner Lage schon seit der Zeit Karthagos wesentlich mehr in Richtung Meer und Europa orientiert. Es hatte im 15. Jahrhundert eine Glanzzeit erlebt und war Erbe einer langen Vergangenheit als zentralisierter Staat, eine Tatsache, welche zweifellos die sehr schnelle Assimilierung der türkischen Elemente erklärt.

Seit Beginn des 17. Jahrhunderts sucht sich die nationale Dynastie der muraditischen Beys an die Stelle der türkischen Funktionäre zu setzen; die im Jahre 1614 bestimmten Landesgrenzen entsprechen fast ganz denen des heutigen Tunesien. Im Jahre 1705 werden die Muraditen durch Hussein ben Ali, den Sohn eines griechischen Renegaten und Gründer der husseinitischen Dynastie gestürzt. Die husseinitische Dynastie regiert bis 1957. Dank dieser stabilen Staatsmacht erlangt Tunesien wieder einen gewissen Wohlstand, der allerdings im wesentlichen aus den Einkünften des Kaperkriegs besteht, dessen Exzesse verschiedene Interventionen von europäischer Seite im Gefolge haben. Wenn ihre Autorität über die seßhaften Ackerbauern in den großen Ebenen des Nordens unbestritten ist, so können die Beys dafür nur mit Mühe die Nomaden zum Gehorsam zwingen. Andererseits führen sie bis 1821, bis zum Abschluß eines Nichtangriffspaktes unter Mahmud Bey (1814–1824) einen fast ständigen Kleinkrieg gegen ihre Nachbarn in der Regentschaft Algier.

Die ständige Sorge der Beys um die Verteidigung ihrer Grenze und die Erlangung der Unabhängigkeit von Konstantinopel erklärt leicht die Entwicklung eines tunesischen Nationalgefühls. Die Koranuniversität *Situna* (die Ölbaummoschee) in Tunis, die mit Kairo und Damaskus in loser Verbindung steht, erobert sich in der islamitischen Welt die gleiche erstrangige Position zurück, wie sie seinerzeit die Schulen von Kairuan innehatten. Der alten Überlieferung getreu verbreitet sie den malekitischen Ritus, der wesentlich strenger ist als der im übrigen Ottomanenreich übliche hanefitische. Allmählich entsteht eine gebildete Bürgerschicht, welche die heterogensten Bevölkerungselemente umfaßt: Türken aus Anatolien, Albanien, Griechenland und Syrien, Andalusier, die von den durch Philipp III. im Jahre 1609 aus Spanien vertriebenen »moriscos« abstammen, und Juden aus ehemaligen vorislamischen Gemeinden oder solche, die im 17. Jahrhundert aus Spanien oder im 18. Jahrhundert aus Livorno eingewandert sind.

Das Schicksal der*Regentschaft Algier* sieht ganz anders aus als das von Tunis. Tunis war drei Jahrhunderte lang die Hauptstadt der Hafsiden gewesen. Algier hatte erst im 14. Jahrhundert durch Flüchtlinge aus Andalusien eine gewisse Bedeutung erlangt; der Hilferuf an die Brüder Barbarossa zeigt deutlich, daß die politische Macht innerhalb des heutigen Algerien unbedeutend war – Algier ist schließlich und endlich doch nur eine ziemlich »künstliche« Hauptstadt. Erst die Brüder Barbarossa waren darauf gekommen, daß ein Seeräuberstaat nicht nur auf einem oder mehreren Häfen fußen kann, sondern auch ein Hinterland braucht. Das war auch der Hauptgrund, warum Cheireddin die Soldaten des türkischen Odschak benötigte. Schon zu Ende der Beylerbey-Periode (1587) hat Algerien seine größte Ausdehnung erreicht, nämlich von der Tafna (Udschda) im Westen bis zum Meridian von La Calle (20 Kilometer vor der heutigen Grenze) im Osten.

Aber die türkischen Matrosen interessieren sich nur für Algier und für die Ausrüstung ihrer Kapergaleeren. Sie fühlten sich hoch erhaben über die Soldaten, die meist aus der niederen Landbevölkerung Anatoliens stammten und durchaus nicht in der Lage waren, die unterworfenen Stämme zu verwalten. Den von Konstantinopel ernannten Paschas ging es nur darum, für sich selber ein Vermögen und ja niemanden unzufrieden zu machen, d. h. den lautesten Unruhestiftern stets Recht zu geben. Daher eine wachsende Anarchie im Innern, die während der sogenannten »Aga-Periode« 1659 bis 1671 ihren Gipfelpunkt erreicht.

Andererseits ist das 17. Jahrhundert die Zeit, wo die Regentschaft Algier auf internationalem Gebiet am meisten von sich reden macht. Ihre Kaperschiffe fahren bis in den Atlantik und verschaffen ihr den Ruf der Unbesiegbarkeit, was dazu führt, daß die christlichen Monarchen Bündnisse mit ihr einzugehen suchen, um zu vermeiden, daß ihre eigenen Untertanen auf See gefangengenommen werden – ein durchaus nicht geringes Risiko, denn man schätzte um die Mitte des 17. Jahrhunderts die Zahl der gefangenen Christen in Algier auf immerhin 35 000 – die Stadt selbst hatte damals etwas über 100 000 Einwohner.

Die Einkünfte aus der Kaperschiffahrt sollten jedoch vom Ende des Jahrhunderts ab zurückgehen; gewisse Staaten wie Schweden, Holland und die Vereinigten Staaten erkauften die Freiheit ihrer Schiffahrt mit Gold, andere, wie Frankreich und England, versuchten durch Flottendemonstrationen für die Einhaltung der Handelsverträge zu sorgen, die aber sehr oft sofort nach Unterzeichnung wieder verletzt wurden.

Nach dem Übertritt zum Islam konnten die Renegaten die Aufnahme in den Odschak beantragen und so bis an die höchsten Verwaltungsposten der Regentschaft gelangen – eine Aussicht, die den Einheimischen versperrt war; sogar die *Kuruchli*, Söhne türkischer Väter und einheimischer Mütter, konnten zwar das väterliche Vermögen erben, aber nur ausnahmsweise auch den Dienstgrad des Vaters.

Im 18. Jahrhundert erlangt das politische Regime der Regentschaft, das seit 1671, seit der Einführung der Wählbarkeit der Beys, nur aus einer blutigen Anarchie bestanden hatte, eine gewisse Stabilität; im Jahre 1711, also 6 Jahre nach der Gründung der husseinitischen Dynastie in Tunis durch Hussein ben Ali, erhält der zehnte Dej von Algier vom Sultan in Konstantinopel den Paschatitel und damit die Quasi-Unabhängigkeit, aber seinen Nachfolgern gelingt es nicht, eine erbliche Monarchie einzurichten. Die Staatseinkünfte stammen jetzt im wesentlichen aus den Steuerabgaben für Getreide und Leder, die von den Stämmen entrichtet werden, und dem Verkauf dieser Erzeugnisse an die Ungläubigen, die dafür mit Stoffen, Zucker und Eisenwaren zahlen. Die Erträgnisse dieses Handels werden allerdings den Einheimischen vorenthalten, nur die türkischen Beamten, die jüdischen Geschäftsleute und die europäischen Handelshäuser profitieren davon.

Die seit Barbarossas Zeiten zwischen Besatzungsmacht und Einheimischen bestehende und sorgsam gewahrte Kluft wird dadurch immer größer. Die Diskriminierung erscheint umso schockierender, als es sich bei der Besatzungsmacht ja auch um Mohammedaner handelt, die dazu nicht zögern, nichtkoranische Steuern zu erheben und mit den christlichen Mächten diplomatische und kommerzielle Beziehungen zu pflegen. Zu Beginn des 19. Jahrhunderts werden die Anzeichen feindseliger Einstellung gegenüber den türkischen Behörden häufiger. Eine der Formen, die der innere Widerstand annimmt, ist die Ausdehnung des Nomadentums einerseits und die Bildung großer, fast unabhängiger Lehensherrschaften, zumal im »Constantinois«. Die niemals vollkommen unterworfenen Kabylen regieren sich in ihren Bergen auch weiterhin selbst. Im Jahre 1824 bricht in der Kleinen Kabylei eine offene Revolte aus.

Die bedeutendsten Widerstandsgruppen scharen sich um religiöse Führer. Wie im übrigen Maghreb, so haben sich auch hier vom 15. Jahrhundert ab die Bruderschaften stark entwickelt und ihre Führer fühlen sich oft versucht, der geistlichen Leitung auch die weltliche hinzuzufügen. Sie agitieren hauptsächlich im Gebiet von Oran, weil sie wissen, daß sie im nahe benachbarten Marokko leicht Unterstützung finden werden. So kommt es, daß im Jahre 1814 die der *tariqa* Schadilija Marokkos angeschlossenen Derkaua sich der Stadt Maskara bemächtigen.

Im großen und ganzen beschränken sich die zahlreichen und lebenskräftigen algerischen Bruderschaften bis zum Kommen der Franzosen auf ihre religiöse Tätigkeit, da der türkische Machthaber ja auch Mohammedaner ist. Vom Jahre 1830 an »polarisiert« das Wunschbild des Heiligen Krieges (Dschihad) gegen den christlichen Machthaber die verschiedenen verstreuten Widerstandsbewegungen, ohne aber darüber hinaus einen wirklichen algerischen Nationalismus zu schaffen, der erst im 20. Jahrhundert entsteht.

### 3) *Marokko*

Schon im Jahre 1610, sieben Jahre nach dem Tode des Sultans Achmed Mansur, existiert das einheitliche Reich Marokko nicht mehr. Von den Saaditenprinzen regiert jeder auf eigene Rechnung, der eine in Fes und der andere in Marrakesch, während in Wirklichkeit die Priesterschaft die Macht in Händen hat, wobei sich der südliche Teil auf die südlich des Atlas allmächtigen Araber stützt, während der Klerus des Nordens zwar weniger die Anarchie sucht, aber in anderer Weise gefährlich ist, weil er die Sanhadscha-Berber des Mittleren Atlas aus gewinnsüchtigen Zwecken in ein wiedervereinigtes Marokko einbeziehen will – ebenso wie es die Almohaden mit den Masmuda des Hochatlas gemacht hatten. Die Marabuts sind demzufolge die Erzfeinde des Gründers der Alauiten-Dynastie, Mulaj Raschid.

Ein anderes Element – diesmal ein nichtafrikanisches – spielt während dieser Zeit eine Hauptrolle in der Geschichte Marokkos; es handelt sich dabei um die halbe Million mohammedanischer *moriscos* und von Philipp III. zwischen 1609 und 1612 aus Spanien vertriebener Juden. Nur wenige Juden lassen sich in Marokko nieder, aber dafür kommen viele Mohammedaner nach Tetuan und Xauen (Chechaouen), Städten, denen die Zuwanderung aus Andalusien schon seit jeher ihren Stempel aufgedrückt hat; die wichtigste Niederlassung aber entsteht an der Mündung des Wadi Buu Regreg, wo sie aus den Städten Rabat und Saleh eine richtiggehende Freibeuterrepublik machen, mit welcher die europäischen Mächte über den Loskauf von Gefangenen verhandeln müssen. Sie führen dort eine Stadtzivilisation andalusischen Gepräges (*hadrija*) ein, die auf dem Gebiete von Kunst und Musik auch heute noch sehr eingewurzelt ist.

Nach 50 Jahren Anarchie beginnt eine neue Dynastie die Ordnung wiederherzustellen. *Mulaj Raschid* ist der Gründer der heute noch regierenden Dynastie. Er stammt aus einer hassanidischen Scherifenfamilie (Nachkommen Hassans, des Schwiegersohns Mohammeds, des Sohnes *Alis,* wovon der Name *Alauiten* herrührt), die zu Beginn des 14. Jahrhunderts, zur selben Zeit, wo die saaditischen Scherifen im Sus angekommen waren, im Tafilelt ansässig wurden. – Zwischen 1663 und 1670 bemächtigt sich Mulaj Raschid fast des ganzen Gebietes des heutigen Marokko und stirbt im Jahre 1672 durch einen Unfall.

Sein jüngerer Bruder und Nachfolger *Mulaj Ismail* ist der Zeitgenosse Ludwigs XIV. Im Laufe seiner langen, fünfzig Jahre währenden Regierung (1677–1727) gelingt es ihm, das Land zu befrieden und die christlichen Enklaven Larache und Arzila zu beseitigen. Er reorganisiert die Armee von Grund auf und bildet aus 40 000 schwarzen Sklaven (*abid*) eine Miliz, welche in 76 über das ganze Land verstreuten *qasba* (= Festung) garnisoniert ist und sowohl die nicht unterworfenen Berberstämme des Atlas als auch aufständische Thronprätendenten in Schach hält.

In noch höherem Maße als der saaditische El-Mansur setzt Mulaj Ismail seine Untertanen, die sich in vielen Fällen nur aus Angst und nur dem Namen nach unterworfen hatten, einem überschweren Steuerdruck aus, um hauptsächlich die gigantischen Bauten der Sultansstadt Meknès, deren Festungsmauer 25 Kilometer im Umfang hat, zahlen zu können. Das Fehlen einer konstruktiven Verwaltungsreform macht sich bereits unmittelbar nach seinem Tode (1727) geltend. Binnen zwei Jahren zerstören zwei seiner Söhne das Werk des Vaters, auf dessen ruhmreiche Zeit 30 Jahre schrecklicher Anarchie folgen.

Von neuem gibt es vier unabhängige Reiche: das eigentliche Marokko, d. h. das Reich von Marrakesch, reicht bis zum Wadi Um er-Rbia; nördlich von ihm liegt das Reich von Fes, im Osten grenzt das Reich von Sijilmassa an und im Süden erstreckt sich das zum großen Teil aus Wüste bestehende Reich Tafilelt bis zum Wadi Draa. Von 1757 an stellt *Sidi Mohammed ben Abdallah* (1757–1790) die Ordnung wieder her. Für neue Einnahmequellen sucht er den Handel mit Europa zu intensivieren und läßt zu diesem Zweck durch den französischen Architekten Cournut den Freihafen Mogador anlegen, um den transsaharischen Handel Südmarokkos an sich zu ziehen. Südmarokko hat sich eine gewisse Aktivität bewahrt, verfügt aber über keine mittelmeerischen Absatzgebiete, weil die Unsicherheit im Flachland am Atlantik, wo eine deutliche Wanderbewegung der Sanhadscha-Berber aus dem Mittleren Atlas im Gange ist, immer mehr zunimmt.

*Mulaj Sliman* (1792–1822) ist wie sein Vorgänger ein fanatischer Moslem. Er begünstigt den aus Arabien stammenden Wahabismus und empfängt in Fes den Gründer der Tischaniya-Bruderschaft aus Südalgerien. In der Folgezeit erfährt die Tischaniya eine sehr große Verbreitung in der ganzen Sahara und im Sudan.

Unter der Regierung Mulaj Abderrachmans (1822–1859) setzen sich die Franzosen in Algier fest; seine Regierungszeit und die seiner Nachfolger stehen unter dem Zeichen eines verstärkten Vordringens der Europäer auf kommerziellem und diplomatischem Gebiet.

## B. Westafrika

Man muß für die Betrachtung während dieser Epoche Westafrika in zwei Zonen einteilen, über die wir in verschiedenem Ausmaße unterrichtet sind. Dies ist einerseits der *Küstenstreifen,* dessen Geschichte leider mit der des Sklavenhandels zusammenfällt; zahlreiche europäische Dokumente nehmen darauf Bezug und man kann aus ihnen mit Leichtigkeit eine Geschichte der europäischen Expansion in dem Küstengebiet zusammenstellen, aber es ist sehr schwierig, den Sklavenhandel vom afrikanischen Gesichtspunkt aus ins Auge zu fassen. Man kann nur höchst allgemeine Betrachtungen über die katastrophalen Auswirkungen anstellen, die der Handel mit dem als Ware und nicht mehr als Person behandelten Menschen für die schwarze Gesellschaft mit sich gebracht hat. Auf der anderen Seite steht das *sudanische Afrika,* das den europäischen Sklavenhandel zwar nur indirekt kennengelernt hat, aber im 17. und 18. Jahrhundert zwei Jahrhunderte lang in Vergessenheit und Verfall geriet – im wesentlichen hervorgerufen durch die Vernichtung des Songhai-Reiches durch die Marokkaner und durch die Einführung des Sklavenhandels auf der Route vom Tschadgebiet zum Mittelmeer und zum Türkischen Reich.

### 1) *Atlantikküste und Sklavenhandel*

Seit der Mitte des 16. Jahrhunderts war die Atlantikküste Afrikas vom Kap Verde (Senegal) bis Loanda (Angola) zu einem Sklavenreservoir für die Plantagen in der Neuen Welt geworden. Drei Jahrhunderte lang sollte sie es bleiben, dreihundert Jahre lang, während welcher sich der Begriff eines »wilden und primitiven« Afrikas in der Vorstellung der Europäer festsetzte, allerdings ohne daß sich diese über ihren Schuldanteil an diesem kulturellen und wirtschaftlichen Rückschritt Rechenschaft ablegten.

*Europäische Politik und Sklavenhandel.* – Die Gesamtsumme der zwischen 1441 und 1880 »verfrachteten« Sklaven vermag eine erste Idee von den Rückwirkungen des Sklavenhandels zu geben. Sie ist mit Hilfe der Auswertung von in den großen Sklavenhäfen, in Europa und Amerika erhaltengebliebenen Dokumenten berechnet worden und schwankt je nach Nationalität – oder politischer Einstellung – des Autors innerhalb weiter Grenzen. Denjenigen, die von 5 Millionen sprechen, kann man überhaupt nicht folgen; eine Gesamtzahl von 25 Millionen ist wahrscheinlich zu hoch gegriffen, aber man darf nicht vergessen, daß es allgemein für erforderlich erachtet wird, die Zahlen der Statistik über die Anzahl der in Amerika ausgeschifften Sklaven zu verdoppeln, wenn man dem Menschenverlust bei den Sklavenjagden in ihrer Heimat, beim Transport an die Küste und während der Seereise Rechnung tragen will.

Wenn man die Regel der Verdoppelung anwendet, kommt man auf 50 Millionen, was ungefähr einem Viertel der Gesamtbevölkerung des heutigen Schwarzafrika entspricht. So groß sind Bedeutung und Folgeerscheinungen dieses mehr als vier Jahrhunderte dauernden Aderlasses!

Im 16. Jahrhundert war der Sklavenhandel ein portugiesisches Monopol geblieben; beliefert wurden die portugiesischen Inseln in Afrika, Cabo Verde und São Tomé sowie die amerikanische Besitzung in Brasilien, aber auch die spanischen Inseln Kuba und Hispaniola, die immer mehr Arbeitskräfte anforderten. Die bis zu Beginn des 17. Jahrhunderts verschickten Sklaven schätzt man auf insgesamt eine Million; davon dürfte etwas mehr als die Hälfte aus Angola, Kongo und Benin gestammt haben, der Rest von der Goldküste (Ghana) und aus Senegambien zwischen Senegal und Sherbro Islands (Sierra Leone).

Im Jahre 1580 wird Portugal infolge des Todes König Sebastians in der Schlacht von Alcazarquivir während des Marokkanischen Kreuzzugs, von Philipp II., annektiert. Es erhält seine Unabhängigkeit erst im Jahre 1640 wieder; in der Zwischenzeit hat es sein Heer, seine Marine und einen Großteil seiner asiatischen Kolonialeroberungen sowie seine Handelsniederlassungen an der Küste von Guinea verloren; nur Sierra Leone und Angola südlich des Kongo sind Portugal verblieben.

Die Niederlande, die sich im Aufstand gegen Spanien befinden, sind die Großnutznießer der Tatsache, daß Portugal ausgeschaltet ist. Zwischen 1600 und 1680 bringen sie es allmählich bis zu unumschränkten Beherrschern der Atlantikschiffahrt, denen die Franzosen kaum, die Engländer aber wesentlich mehr Konkurrenz machen, bis diese schließlich von 1680 an als die Herren dastehen. Um es ganz einfach darzustellen, kann man sagen, daß drei europäische Länder nacheinander die erste Rolle im Sklavenhandel gespielt haben; dem spanisch-portugiesischen Monopol des 16. Jahrhunderts folgte ein Dreivierteljahrhundert holländischer Vorrangherrschaft und diesem wieder das 18. Jahrhundert der Briten. An bestimmten Punkten der Küste des Golfs von Guinea war die wirkliche Situation im 18. Jahrhundert noch verwickelter. An der Goldküste existierten zwischen dem Cap des Trois-Pointes und dem Volta 23 Forts, die zwischen Holländern, Engländern, Dänen und Brandenburgern aufgeteilt waren. An der Sklavenküste zwischen Volta und Niger hatten sich französische, holländische und portugiesische Sklavenhändler niedergelassen; neben den Engländern kauften Franzosen an einigen Plätzen der Elfenbeinküste und Senegambiens ebenfalls Sklaven auf.

Die Nationalität der Sklavenhändler hat im übrigen nur eine recht relative Bedeutung für die Geschichte Afrikas. – Ein einziges Moment verdient hervorgehoben zu werden: der Unterschied zwischen der Küste Guineas und der Küste südlich des Kongo. Dem strikten portugiesischen Monopol Angola steht im Norden die Handelskonkurrenz der verschiedenen europäischen Nationen gegenüber, eine Konkurrenz, welche die Entstehung neuer afrikanischer Staaten vom 17. Jahrhundert an – Ashanti-Konföderation (Ghana), Reich von Abome (Dahome) oder die Stadtstaaten des Nigerdeltas (Ostnigeria) begünstigt zu haben scheint.

*Das Reich Kongo und Angola.* – Seit 1575 hatten die Portugiesen den Kongo praktisch aufgegeben, um sich südlich des Kuanza in Angola niederzulassen, wo sie Silberminen ausbeuten zu können hofften und welches ein unerschöpfliches Sklavenreservoir zu sein schien. Im Jahre 1617 wird der Hafen Benguela angelegt, aber Loanda bleibt der Sitz des Gouverneurs, der sich hauptsächlich mit der Beschaffung von Sklaven aus dem Landesinneren befaßt und das Land Ndongo, das vom Ngola regiert wird, sowie das Land Matamba, wo Nzinga Mbandi, die unter dem Namen »Königin Dschinga« bekannte Schwester des Ngola herrscht, verheert. Die ursprünglich mit den Portugiesen verbündete und im Jahre 1621 katholisch getaufte Königin vergiftet im Jahre 1623 ihren Bruder und beginnt einen Kampf, der 13 Jahre lang andauert und dessen Andenken in der mündlichen Überlieferung in Angola und den portugiesischen Chroniken bewahrt ist. Im Jahre 1636 schließt sie zwar Frieden, verbündet sich aber 1641 mit den Holländern, als diese eben die Stadt Loanda eingenommen haben, um sie 7 Jahre lang zu halten.

Nach 1650 setzt der Sklavenhandel in seiner ärgsten Form wieder ein: Fünf Millionen dürften eine wahrscheinliche Zahl sein, die sich aus den Angaben in den verschiedenen Dokumenten zusammensetzt, über die wir verfügen, und die Gesamtzahl der aus Angola zwischen 1580 und 1880 weggeschleppten Sklaven ausmachen – das ist mehr als die heutige Einwohnerzahl dieses Riesengebiets, das zweieinhalbmal so groß wie Frankreich ist.

Das Reich Kongo, das bis zum Jahre 1569 eine große territoriale Ausdehnung hatte, ist inzwischen zu einer rein örtlichen Häuptlingsherrschaft geworden. Im Jahre 1668 sucht sich der Manikongo Antonio von der portugiesischen Vormundschaft freizumachen, wird aber in der Schlacht bei Ambuila besiegt und getötet. Im ausgehenden 18. Jahrhundert kann man sich kaum noch an das christliche Reich eines Alfons I. erinnern.

Nördlich des Kongoflusses wird das Reich Loango (Kongo-Brazzaville), einst Vasall des Reiches Kongo, zu einem ziemlich aktiven Handelszentrum, wo Kupfer, Farbhölzer und natürlich auch Sklaven, die man sich bis aus der heutigen Zentralafrikanischen Republik holt, verkauft werden. Zwischen Loango und dem innersten Golf von Guinea ist kein Staat von irgendwelcher Bedeutung festzustellen. Die Gabunküste, die von einigen Sklavenhändlern, hauptsächlich Franzosen, abgegrast wird, sieht während dieser Zeit das Volk der Fang (oder Pahouin, Pangwe) ankommen, das am Ende einer langen Wanderschaft angelangt ist. Ebenfalls im 18. Jahrhundert lassen sich die Duala am Wuri (Kamerun) nieder.

*Die Küste des Golfs von Guinea.* – Die europäischen Sklavenhändler des 17. und 18. Jahrhunderts haben, gleich welcher Nationalität sie waren, stets nach der gleichen Methode gearbeitet. Sie suchten sich die Sklaven niemals selbst zusammen, sondern kauften sie von den an der Küste wohnenden Zwischenhändlern zu einem je nach Epoche, Konkurrenz und Gebiet wechselnden Preis ab. Die am meisten gefragten Waren waren Stoffe aus Europa oder Indien, von denen die berühmten »Guineastücke«, ein Kleiderstoff bestimmten Ausmaßes, an der Elfenbeinküste sogar als Währungseinheit galt; an zweiter Stelle standen Feuerwaffen und Pulver, Haumesser und andere Schneidewerkzeuge, Eisenbarren, Kupfer in Ringen oder Barren, alkoholische Getränke usw.

Mit Sicherheit hat das heutige Ghana die größte Anzahl Sklaven geliefert. Bei der Landung in Elmina im Jahre 1487 hatten die Portugiesen eine Bevölkerung angetroffen, die mit gewissen europäischen Produkten, welche ihnen von Djenne-Leuten im Tausch gegen Goldstaub aus dem Bito-Gebiet (Aschanti) geliefert wurden, bereits vertraut waren. Eine andere schon alte Handelsstraße verband das Akan-Reich von Bono-Mansu mit den Haussastädten und durchquerte sehr volkreiche Gebiete, die nun bald als Sklavenreservoire dienen sollten. Im 17. Jahrhundert wurden diese Sklaven auf holländischen Schiffen befördert und nach Brasilien und hauptsächlich Mittelamerika verkauft. Im 18. Jahrhundert luden die Engländer sie auf Jamaika aus, dem

»Großverteiler« für die englischen Kolonien in Nordamerika, für Mexiko, Kuba und Peru.

Die Sklavenküste (Togo, Dahome, Nigeria) wurde erst vom Ende des 17. Jahrhunderts an häufiger aufgesucht, aber dafür im 18. besonders stark. Die französischen Sklavenhändler entluden ihre menschliche Fracht in San Domingo (dem heutigen Ciudad Trujillo auf Haiti), den französischen Antillen und in Louisiana, die Engländer auf Jamaika.

In das Nigerdelta (das damals niemand mit dem großen »Fluß der Schwarzen« der Ptolemäuskarte in Verbindung brachte) kamen besonders Engländer und Portugiesen. Zwischen Senegal und Goldküste existierte der Sklavenhandel ebenfalls, aber im Vergleich zum östlichen Golf von Guinea in ganz unbedeutendem Ausmaße.

*Auswirkung des Sklavenhandels auf die afrikanische Gesellschaft.* – Wenn einerseits die Bevölkerungszunahme Angolas durch den Raub von 5 Millionen Sklaven während dreier Jahrhunderte endgültig zum Stillstand kam, so ist es andererseits eigenartig, daß das Hinterland von Benin, der Sklaven- und der Goldküste Gebiete mit sehr großer Bevölkerungsdichte aufweist, obwohl hier infolge des Sklavenhandels allein im 18. Jahrhundert ein Verlust von 10 Millionen Bewohnern entstanden sein muß. Vom rein statistischen Gesichtspunkt aus betrachtet scheint demnach die Einführung neuer Nahrungspflanzen aus Amerika durch die Portugiesen in bestimmten Gegenden die Verluste an Menschen ausgeglichen zu haben. Mais und Maniok, die heutigen Grundnahrungsmittel bis zu einer Entfernung von 350 Kilometern von der Küste, waren vor dem 16. Jahrhundert in Afrika ebenso unbekannt wie der Tabak. Maisähren als Dekorationsmuster auf Töpferwaren gelten übrigens ebenso wie die Maiskolbenpfeifen als »Leitfossilien« für die Archäologen, weil sie die Datierung bestimmter Fundstätten erlauben.

In wirtschaftlicher und kultureller Hinsicht haben dagegen weder die Portugiesen noch die anderen Völker Europas vor dem Beginn der christlichen Missionstätigkeit den schwarzen Menschen etwas gegeben. Der Sklavenhandel hat negativ und nur negativ gewirkt. Angesichts der Tatsache, daß der schwarze Mensch die einzige Ware darstellte, auf die die Weißen aus waren, gab es für die Schwarzen keinerlei Motiv für die Produktion oder Weiterverarbeitung anderer Erzeugnisse, die sie an die fremden Kaufleute hätten verkaufen können; das gleiche galt für Waren, die sie selbst benötigten, für Werkzeuge oder Textilien – wozu hätten sie solche Dinge selbst herstellen sollen, wo diese doch von den Weißen geliefert wurden? Die Zwischenhändler an

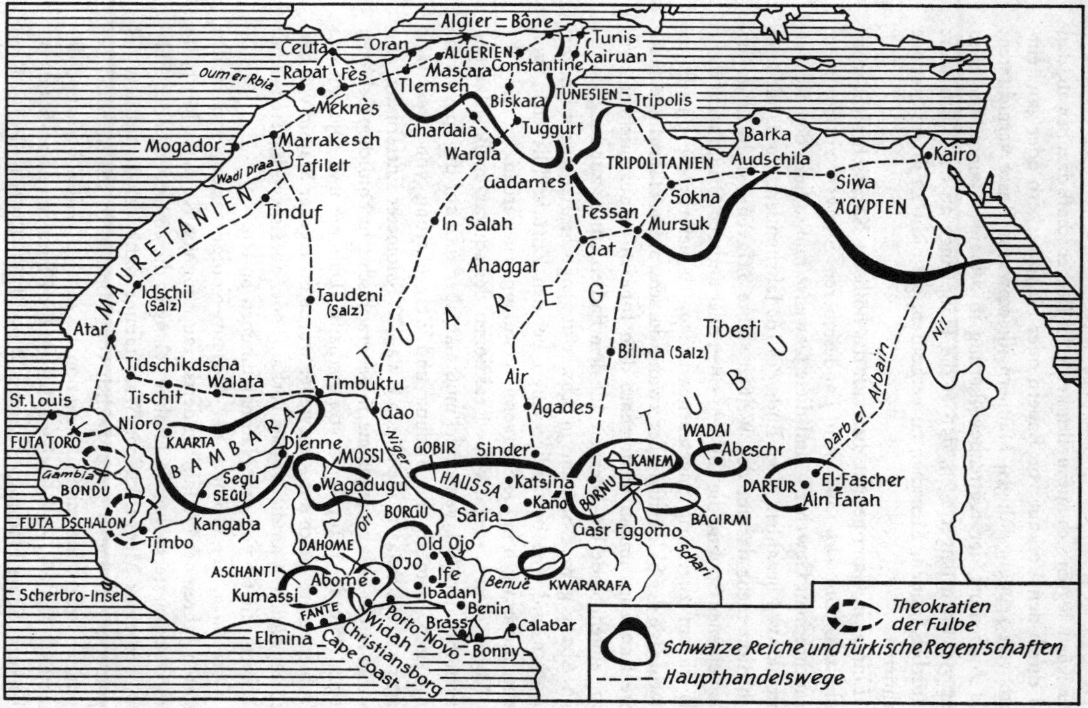


Karte 11: Nord- und Westafrika im 17. und 18. Jahrhundert

der Küste legten sich anfänglich keinerlei Rechenschaft darüber ab, daß sie durch den Verkauf von Bauern oder Handwerkern oder ganz einfach von zeugungsfähigen Männern die schwarze Rasse vernichteten; die Aufteilung der Küstenbevölkerung in winzige Stammeseinheiten hat viel dazu beigetragen, daß es die Häuptlinge an der Küste ganz natürlich fanden, Menschen zu verkaufen, die nicht zu ihrem Stamme gehörten.

Einmal in Gang gesetzt, ließ sich das höllische Karussell nicht mehr anhalten. Um sich aus dem Landesinneren Sklaven zu besorgen, brauchte man Gewehre – und diese Gewehre mußte man den Weißen mit Sklaven bezahlen. Vom Ende des 16. Jahrhunderts an handelte es sich nicht mehr darum, den Weißen »echte Sklaven«, d. h. Leute aus dem eigenen Stamm, die aus dem einen oder anderen Grund nicht mehr als diesem zugehörig angesehen wurden, zu liefern; die unstillbare Nachfrage der Sklavenhändler zwang die schwarzen Häuptlinge dazu, ihre Raubzüge immer weiter nach dem Inneren zu auszudehnen, was eine zunehmende Unsicherheit auf dem flachen Lande zur Folge hatte, den Abzug ganzer Stämme in schwer zugängliche Berggegenden verursachte und eine beständige Angst bei den Zurückgebliebenen, von heute auf morgen in die Sklaverei verschleppt zu werden.

Neben diesen »negativen« Reaktionen der schwarzen Bevölkerung gegenüber dem Sklavenhandel muß man aber auch auf die »positiven« hinweisen, nämlich die Bildung und Vergrößerung von drei straff organisierten Staaten, die alle in etwa 200 Kilometer Entfernung, also mitten in der Sklavenjagdzone, in geographisch sehr ähnlichen Gebieten liegen. Für die Häuptlinge von Aschanti, Dahome und Ojo sah das Problem ganz gleich aus – entweder wurde ihr eigener Stamm von den Küstenstämmen an die Weißen verkauft oder aber sie verkauften selber Sklaven, die sie von den Nachbarstämmen holten.

*Osei Tutu*, der Gründer der Aschanti-Konföderation, war in den letzten Jahren des 17. Jahrhunderts Häuptling von Kumassi. Mit Hilfe des Oberpriesters Okomfo Enokye gelang es diesem bedeutenden Führer, aus einer Menge kleiner Waldstämme dank der Institution des »goldenen Thrones«, der angeblich vom Himmel in seinen Schoß gekommen war, eine mächtige Nation zu machen. Als Oberhaupt der Aschanti-Nation *(Aschantehene)* besiegt Osei Tutu den Akan-Staat von Denkera. Seine Nachfolger Opoku Ware (1731–1742) und Osei Kojo (1752–1781) dehnen den Bereich der Aschanti-Union weit nach Norden und Süden aus; die Dagomba am Weißen Volta (Northern Territories of Ghana) müssen Tribut zahlen, die kleinen Fante-Staaten an der

Küste, welche Beziehungen zu europäischen Sklavenhändlern haben, müssen die Oberherrschaft anerkennen. Zu Beginn des 19. Jahrhunderts steht Aschanti auf dem Gipfel seiner Macht, von dem es aber schnell herabsinkt, als die Unterdrückung des Sklavenhandels seine wirtschaftliche Grundlage vernichtet.

Der in dem Dahome benachbarten Teil Nigerias gelegene Staat *Ojo* hatte eine noch größere Ausdehnung als Aschanti. Um die Mitte des 18. Jahrhunderts dehnte Ojo seine Macht über das ganze Jorubaland bis südlich von Ibadan aus; Borgu (Dahome), Nupe (Nigeria) und das Reich Abome zahlten dem Alafin von Ojo Tribut. Die Häfen Petit-Ardres (Porto Novo) und Badagri standen unter seinem Einfluß und dienten dem Verkauf der unzähligen, durch unaufhörliche militärische Expeditionen erbeuteten Sklaven.

Der eigentliche Begründer der Macht von Dahome ist mit nur geringer Differenz ein Zeitgenosse Osei Tutus. Der vierte König von *Abome*, Agadja, regiert von 1708 bis 1727 und kann sich dadurch, daß er sich der seit etwa 1690 zu großen Sklavenhandelszentren gewordenen Orte Ardres, Jacquin (1724) und Widah (1727–1729) bemächtigt, die Kontrolle über den Sklavenhandel verschaffen. Während des 18. Jahrhunderts muß das Reich Abome an Ojo Tribut zahlen, zu Beginn des 19. Jahrhunderts zerfällt es wieder.

Diesen drei als Folge des Sklavenhandels entstandenen Staaten muß man nun den Verfall des alten Reiches Benin, das seine Blütezeit im 15. und 16. Jahrhundert erlebte, gegenüberstellen. Die Portugiesen hatten sich dort anfänglich in Missionierung versucht, die in Warri auch dauerhafte Resultate erzielt zu haben scheint, nachdem dort zu Beginn des 17. Jahrhunderts Eingeborene erwähnt werden, welche Portugiesisch sprechen und lesen konnten und nach Büchern und Schreibpapier fragten. Damals war Benin noch eine große Stadt, aber seine Einwohnerzahl hatte sich schon um 1700 stark verringert, die ständigen Sklavenjagden hatten die politische und wirtschaftliche Gesundheit des Staates zerstört und die beachtliche künstlerische Kultur Benins war im Dahinschwinden begriffen.

Zu Ende des 18. Jahrhunderts erscheinen uns die drei einzigen mächtigen schwarzen Staaten, die in der guinesischen Zone Afrikas bestehen, als äußerst zerbrechlich, weil sie nur auf der Dynamik des Sklavenhandels und der dafür unerläßlichen Kriegszüge fundiert sind; die alten negroafrikanischen Staaten Benin und Kongo sind praktisch verschwunden. In den ganz wenigen Gebieten im Landesinnern, wohin die Weißen vorgedrungen sind, haben sie keinerlei politischen Einfluß;

ob es sich nun um die Forschungsreise des Franzosen André Brüe (1697 bis 1720) handelt, der bis ins Goldgebiet von Bambuk am Zusammenfluß von Senegal und Faleme gelangte, oder um den fehlgeschlagenen Kolonisationsversuch der Engländer in Senegambien zwischen 1763 und 1783 – jegliche Aktion von europäischer Seite wird durch den Sklavenhandel verfälscht. Sogar die Ansiedlung befreiter amerikanischer Sklaven in Sierra Leone nach 1787 hat solange nur unglückliche Folgen, bis die Unterdrückung des Sklavenhandels zu Beginn des 19. Jahrhunderts die große Wende bringt.

### 2) *Sudanisch-Afrika*

Die so glänzende Periode des sudanischen »Mittelalters« endet im Jahre 1591. Von diesem Zeitpunkt an sinkt der transsaharische Handelsverkehr, der im 14. (Blütezeit Malis) und 16. Jahrhundert (Hochblüte des Songhai-Reiches) so hochentwickelt war, stark ab. Der nigerische Sudan, der bisher sein Gold und seine Sklaven gegen nützliche Waren eintauschte, muß sie jetzt entschädigungslos als Tribut hergeben. Die Schwäche der marokkanischen Besatzungsarmee ist allerdings nicht mehr zu überbieten; trotz nachgesandter Verstärkungen – 23 000 Mann bis zum Jahre 1605, dem Todesjahr von Achmed Mansur el-Dehebi – ist sie gerade imstande, sich in den Städten Timbuktu, Gao, Bamba und Djenne zu halten und dem Vordringen der Tuareg-Nomaden aus der zentralen Sahara in Richtung auf das Nigerknie Einhalt zu gebieten. Auf der transsaharischen Route, welche Gao über den Adrar der Iforas und In Salah mit Tuggurt und Tunis verbindet, nimmt die Unsicherheit ständig zu.

Dieser schnelle und weitgehende Niedergang des Reiches von Gao kommt den Haussa-Staaten zugute, die vom 16. Jahrhundert ab dank der handwerklichen Geschicklichkeit ihrer Weber und Waffenschmiede eine beachtliche wirtschaftliche Entwicklung erfahren. Von jetzt an erlangt die Route von Katsina nach Agades und Gat das wirtschaftliche Übergewicht. Von Gat aus sind einerseits Gadames und Tunis, andererseits Fessan und Tripolis unschwer zu erreichen. Das im Jahre 1551 von den Türken besetzte Tripolis wird zum Mittelmeerhafen Zentralafrikas, umsomehr als es auch der Endpunkt der kürzesten Verbindung des Tschadseegebietes durch Fessan und die Kauar-Oasen mit dem Meere ist.

*Das 17. und 18. Jahrhundert wird demnach durch die Verlagerung des geschichtlichen Interessenzentrums des Sudans in Ostrichtung charakterisiert.* Allerdings erreicht keiner der tschadosudanischen Staaten jemals die Ausdehnung und Organisation der Staaten im nigerischen Sudan während des Mittelalters. Die Ursachen hierfür beruhen im Wesentlichen auf der Verschiedenheit der Waren, die die Kaufleute aus dem Norden im Lande der Schwarzen, dem *Blad es-Sudan,* suchten. Wenn der Goldhandel die Triebkraft für die Entwicklung des mittelalterlichen Sudans war, so wirkt der bereits zur Zeit der Hochblüte Kanems im 13. Jahrhundert in großem Maßstabe praktizierte, aber seit der Eroberung des östlichen Mittelmeers durch die Türken noch stärker angewachsene Sklavenhandel für die Nachbarn der Reiche Bornu, Bagirmi, Wadai und Darfur sich ebenso zerstörerisch aus wie für die der Sklavenjägerreiche in Küstennähe.

*Der nigerische Sudan.* – Vom Jahre 1612 ab kommen die Paschas, die die marokkanische Besatzungsarmee befehligen, nicht mehr aus Marokko, sondern werden an Ort und Stelle von ihren Soldaten dazu ernannt. Die Städte am Niger sind der Anarchie ausgeliefert und was das flache Land betrifft, so macht es gar nichts aus, daß sich die »Arma«, von den »Marokkanern« abstammende Mischlinge, dort niederlassen, denn der geringe islamische Einschlag, den die großen Askia der Songhai dorthin gelangen ließen, ist bald verschwunden und die Bewohner fallen den aufeinanderfolgenden Eindringlingen zur Beute.

Die *Tuareg* machen als erste große Fortschritte. Wie stets in unruhigen Zeiten kommen die weißen Nomaden mit Gewalt in das Land der schwarzen Seßhaften. Seit Mitte des 17. Jahrhunderts greifen sie ständig die Städte an und gehen auch über den Fluß. Im Jahre 1770 zwingen sie Timbuktu zur Zahlung eines Tributs von 18 Pferden, 1200 Kleidungsstücken und 7000 Goldmitkal.

Andere, von den Tuareg sehr verschiedene Nomaden rücken zur gleichen Zeit in das Land innerhalb des Nigerknies vor. Das sind die herdenbesitzenden *Fulbe,* die im 17. Jahrhundet zwar noch fanatische Heiden sind, aber bereits damit beginnen, in bestimmten Gegenden Westafrikas wie z. B. im senegalesischen Futa Toro, wo schon seit langer Zeit aus den Mischlingen der Fulbe mit den Serer die (nach dem ehemaligen Reich Tekrur benannten) Tukulor geworden sind, und in der am linken Ufer des Niger zwischen Timbuktu und Segu gelegenen Landschaft Massina seßhaft zu werden.

Nach der Massina, einer der reichsten Provinzen des alten Songhai-Reiches, streben allerdings zur gleichen Zeit die heidnischen *Bambara,* die in der Gegend von Segu schon seit dem 11. Jahrhundert sitzen und eine Mande-Sprache sprechen, die mit der der Mandingo von Mali und der Soninke von Ghana verwandt ist. Um 1660 beginnt der Bambarahäuptling Kaladian Kulubali seine Macht im Süden auf Kosten der Könige von Mali, die immer noch das ursprüngliche Mandingo-Reich in der Gegend von Kangaba besitzen, auszudehnen. Biton Kulubali regiert von 1712 bis 1755 und bringt die Macht des Reiches von Segu auf den Höhepunkt. Er stellt eine Armee aus Berufssoldaten auf, die ihm voll und ganz ergeben sind und ihm die Eroberung der Massina und die Annexion eines weiteren Bambarareiches westlich des seinigen, des Reiches von Kaarta, ermöglicht. Als fähiger Administrator teilt er sein Reich in sechzig Provinzen auf, fördert die Landwirtschaft und organisiert eine Nigerflotte, die den ganzen Mittellauf des Flusses kontrolliert.

Trotz Nachfolgestreitigkeiten wird das Bambara-Reich noch größer, bis es zu Ende des 18. Jahrhunderts das ganze Gebiet zwischen oberem Senegal und Niger umfaßt. Seine starke Bindung an den Animismus führt im 19. Jahrhundert zum Konflikt mit den kurz zuvor zum Islam bekehrten Fulbe der Massina.

Neben das Bambara-Reich, den treuen Wächter der alten negroafrikanischen Tradition, muß man das *Mossi-Reich* (Obervolta) stellen, das ebenfalls an dem mit der afrikanischen Erde so eng verbundenen animistischen Brauchtum und an dem Begriff des Gottkönigtums festhält. Es ist während der Glanzzeit der Expansion von Mali (14. Jahrhundert) und Songhai (16. Jahrhundert) erhalten geblieben und weiß gleichzeitig der islamischen Propaganda aus dem Norden und den Sklavenjägern aus dem Süden im 17. und 18. Jahrhundert erfolgreich Widerstand zu leisten.

Das dynamische Element in der Geschichte des nigerischen Sudan des 18. Jahrhunderts aber, das das politische Bild des sahelosudanischen Afrika im 19. Jahrhundert ändern wird, ist die *Bekehrung der Fulbe zum Islam.* Sie hatte im 16. Jahrhundert infolge der Predigttätigkeit der maurischen Kunta, die seit dem 14. Jahrhundert zuerst in Walata saßen und später in Timbuktu, in ganz kleinem Maßstab begonnen. Die Kunta propagierten den Bekkaija-Zweig der großen Qadrija-Bruderschaft, der seinen Namen nach dem Kunta Sidi Achmed el-Bekkai bekommen hat; im gleichen Zeitraum führte der Tlemsener Mohammed el-Machili in den Haussa-Ländern und dann in Gao den Islam ebenfalls nach dem Ritus der Qadrija ein. Einige in der Massina lebende Fulbe wurden gleichzeitig mit den Songhai von Timbuktu und den Sarakole des oberen Senegal bekehrt.

Während aber der Songhai-Islam zu Beginn des 17. Jahrhunderts in eine Periode tiefgehenden Verfalls eintrat, machte der Fulbe-Islam merkliche Fortschritte, weil die Fulbe-Hirten im Bewußtsein ihrer geistigen Überlegenheit gegenüber den schwarzen Bauern, deren Herden sie hüteten, endlich im Islam den Schlüssel zu ihrer Emanzipation entdeckt hatten. Der Übertritt ließ das Gefühl der Überlegenheit gegenüber den Heiden noch wachsen und gab ihren Übergriffen ein religiöses Motiv, denn schließlich war es jetzt ein verdienstliches Werk, wenn man sich einer Herde, eines Bauernhofes oder gar seines Eigentümers bemächtigte.

Der erste Fulbe, der diese Prinzipien in großem Maßstab verwirklichte, war der gelehrte Mohammedaner Karamako Alfa, der wirkliche Gründer des *Fulbe-Reiches Futa Dschalon* (Guinea) um 1725. Im übrigen konnten die seit 1694 aus der Massina kommenden Fulbe die heidnischen Dialonke-Bauern nicht so ohne weiteres unter seinem Befehl zur Botmäßigkeit zwingen. Seinem Nachfolger, dem großen Krieger Ibrahima Sori Maudo (1751–1784) gelingt es durch unaufhörliche Kriegszüge, die Fulbe-Konföderation im größten Teil von Futa Dschalon auf feste Füße zu stellen. Nach seinem Tode (1784) wird das Prinzip des Führerschaftswechsels eingeführt, demzufolge der *almamy* (= al imam) alle zwei Jahre abwechselnd aus den Familien Alfaya, den Nachkommen des Karamako Alfa, und Soria, den Nachkommen des Ibrahima Sori, gewählt wird. Dies soll dem Zweck der Eindämmung einer allzugroßen Machtentfaltung der großen Adelsfamilien dienen.

Im Jahre 1776 wird im senegalischen *Futa Toro*, das seit der Zeit Malis in regelmäßiger Verbindung mit dem guineischen Futa Dschalon steht, ein zweiter theokratischer Staat geboren. Eine Gruppe frommer Mohammedaner, die Torobe, stürzen den *ardo*, den heidnischen Fulbehäuptling und ernennen einen gleichzeitig geistlichen und weltlichen Führer, einen *almamy*. Einige Jahre später ereignet sich in dem zwischen Futa Toro und Futa Dschalon gelegenen *Bondu* das gleiche.

Zu Ende des 18. Jahrhunderts gibt es demnach im westlichen Sudan, der seit Jahrhunderten mit den Mauren der westlichen Sahara und durch diese mit dem gelehrten Islam der Schulen von Fes und Tlemsen wie mit dem mystischen Islam der Zauias Südmarokkos in Verbindung steht, drei theokratische Fulbestaaten; der häufige intellektuelle Austausch zwischen Senegal und Marokko erklärt die religiöse Qualität des Islam der »Torobe«, der Intelligenzschicht des senegalischen Futa Toro, und ihren Missionseifer. Ihr Proselytismus wirkt sich natürlich in erster Linie unter denen aus, welche die gleiche Sprache sprechen und über den ganzen sahelosudanischen Streifen Afrikas zwischen Atlantik und Tschadsee verstreut sind. Die Fulbe werden somit im Sudan zu den alleinigen Bewahrern des gelehrten Islam; in einer drei Jahrhunderte vorher nach Gobir, dem westlichsten der Haussa-Staaten (Grenze Nigeria - Niger) ausgewanderten Torobefamilie wird im Jahre 1754 Usman dan Fodio geboren, der Urheber des außergewöhnlichen religiösen Fanatismus der Fulbe und Tukulor im 19. Jahrhundert, der die 800 Jahre vorher durch die Almoraviden eingeführte und bisher auf eine sehr dünne Gesellschaftsschicht von Städtern, Höflingen und Kaufleuten beschränkte Religion brutal den sudanischen Bauernmassen aufzwingen läßt.

Von dem, was sich vom Ende des Almoravidenreiches bis zum 17. Jahrhundert in *Mauretanien* ereignen konnte, wissen wir nicht viel. Wir haben gesehen, daß es im 17. Jahrhundert allmählich von den Maqil-Arabern, einem abgesplitterten Teil der großen Hillal-Invasion des 11. Jahrhunderts, mit Beschlag belegt wurde. Vorher hatten sie sich lange Zeit in Tripolitanien aufgehalten, waren dann an der Grenze der Sahara entlang bis zum marokkanischen Sus gezogen und vom Merinidensultan Abu Jusuf (1258–1286) ins Gebiet südlich des Wadi Draa abgedrängt worden. Den Sanhadschaberbern gegenüber verhalten sich die Maqil als verhaßte Unterdrücker, aber erst im Jahre 1644 organisiert der Berber Naser Eddin den berühmten, »Krieg des Schar Buba« (1644–1674) genannten, dreißigjährigen Krieg. Er selbst wird im Jahre 1650 im Salinengebiet von Trarza getötet und von seinen sechs Nachfolgern kann keiner der kriegerischen Überlegenheit der Maqil, die von nun an den Namen »Hassan« tragen, widerstehen. Zu dieser Zeit vollzieht sich nämlich die für die maurische Gesellschaft so charakteristische Spaltung in »Hassan«, arabische Berufskrieger, und »Tolba« oder berberische Marabuts, die im ganzen sudanischen Afrika die Religion und ein sehr reines Arabisch propagieren.

*Der tschadische Sudan* hatte im Mittelalter nur einen einzigen organisierten Staat gekannt; Kanem hatte, als es zu Beginn des 13. Jahrhunderts auf dem Gipfel seiner Macht stand, diese bis zu den Haussa-Staaten im Westen und dem Nil im Osten ausgedehnt, sich aber dann vor den Angriffen seiner Nachbarn immer weiter zurückgezogen, bis schließlich zu Ende des 14. Jahrhunderts die Königsfamilie genötigt war, Kanem nordöstlich des Tschadsees aufzugeben und sich in Bornu, südwestlich des Sees, niederzulassen. Am Ende des 16. Jahrhunderts hatte der große Mai Idris Alaoma (1571–1603) dem Lande *Bornu* große Macht und dem Islam weite Verbreitung verschafft, nicht nur in der Umgebung seiner Hauptstadt Gasr Eggomo, sondern bis zu den weit entfernten Bergen Darfurs hin, 3000 Kilometer östlich des Tschadsees, wo er zahlreiche Moscheen aus roten Ziegeln erbauen ließ, deren Ruinen in Ain Farah heute noch sichtbar sind.

Seinen Nachfolgern geht allerdings diese seine Tatkraft in hohem Maße ab und sie sind nicht in der Lage, die Angriffe der Tuaregs aus dem Air (Niger) und der Heiden aus dem Reiche Kwararafa (oder Djukun) im Süden am mittleren Benue (Nigeria) abzuwehren. In der zweiten Hälfte des 18. Jahrhunderts ist das mächtige Reich nur noch ein Schatten seiner selbst und es wird ihm sehr schwer, die Angriffe der Fulbe im Jahre 1809 abzuwehren.

Während die Maï von Bornu auf den Lorbeeren ihrer Vorfahren ausruhten, bildeten sich östlich des Tschadsees drei Reiche, alle drei in gleichem Maße durch die alte negroafrikanische Zivilisation Bornus und durch die zum Teil schon seit mehreren Jahrhunderten ansässigen bastardisierten oder auch erst kurz vorher aus der Wüste gekommenen Araber beeinflußt.

*Bagirmi* (Tschad) liegt zwischen Tschadsee und Schari. Die regierende Dynastie tritt um 1630 zum Islam über. Es handelt sich hier um ein Soldatenreich, das über eine starke Reiterei verfügt und im wesentlichen vom Export von Heidensklaven nach dem Fessan und den türkischen Mittelmeergebieten lebt. In den ersten Jahren des 19. Jahrhunderts wird es von der Armee des Nachbarn im Osten, des Reiches *Wadai*, überfallen. Dieses zu Beginn des 17. Jahrhunderts gegründete Reich ist um 1640 mohammedanisch geworden. Der östlichste der drei tschadosudanischen Staaten östlich des Sees ist *Darfur*, das zu Beginn des 18. Jahrhunderts unter Achmed Bokor (1682–1722) seine Hochblüte erlebt. Seine geographische Lage am Endpunkt des berühmten »Vierzig-Tage-Wegs« (Darb al-Arbain), der von hier nach Assiut geht, erlaubt ihm einen intensiveren Verkehr mit Ägypten. Trotzdem bewahrt dieses sudanische Reich wie seine Nachbarn eine sitten- und verwaltungsmäßige Struktur, die von der islamischen Mentalität weit entfernt ist und den alten negroafrikanischen Begriffen vom Gottkönigtum sehr nahe steht.

Im Gegensatz dazu scheinen die *Haussa-Staaten* des nördlichen Nigerien stets der Idee von einem zentralisierten Staat abgeneigt gewesen zu sein. Ihre Geschichte im Laufe des 17. und 18. Jahrhunderts ist recht stürmisch; die reichen Handelsstädte wie Kano, Katsina und Saria werden nach und nach von ihren Nachbarn begehrt und angegriffen; bald sind es die Tuareg aus dem Norden, bald die heidnischen

Djukun aus Kworarafa, die während des 17. Jahrhunderts ihre Einfälle vervielfachen, aber darauf praktisch verschwinden, bald andere Haussa-Staaten wie beispielsweise Gobir, der westlichste von ihnen.

Wie wir bereits gesehen haben, ist es Gobir, wo im Jahre 1754 Usman dan Fodio geboren ist, und es ist Gobir, von wo aus im ersten Jahrzehnt des 19. Jahrhunderts das Schicksal aller Haussa-Staaten bestimmt wird.

## C. Ost- und Zentralafrika

Wie in Westafrika, so muß man auch hier zwei Zonen unterscheiden, einerseits die Küste, die mit fremdländischen Seefahrern – Portugiesen und Arabern – Kontakt hat, und andererseits das immense Bantu-Afrika, für das die archäologische Forschung und systematische Auswertung der mündlichen Überlieferungen ein schwaches Licht auf einen gemeinsamen Komplex von Stammeswanderungen werfen lassen.

### 1) *Portugiesen und Oman-Araber an der Ostküste*

Seit Beginn des 17. Jahrhunderts wird von den portugiesischen Seeleuten am Indischen Ozean der Verlust ihrer staatlichen Unabhängigkeit (1581) schwer empfunden. Sehr schnell bemächtigen sich die Holländer der portugiesischen Besitzungen auf den Sundainseln und auf Ceylon; von 1650 an kontrollieren England und Frankreich den Schiffsverkehr nach Indien, jedoch können sich die Portugiesen in Goa (Westküste Indiens) halten. An der afrikanischen Küste fehlen Schiffe und Kolonisten, so daß sie ihr Ziel wesentlich verkleinern und ihre Aktivität auf die Gegend um die Sambesimündung, die einzige Stelle, von wo sie auch ins Landesinnere vordringen konnten und wo sie immer noch das Gold des Monomotapa zu finden hoffen, beschränken müssen.

Die Küstenstädte, zumal Mombasa und Kilwa, wünschen nichts anderes, als sich vom drückenden portugiesischen Handelsmonopol zu befreien und den alten Wohlstand des 15. Jahrhunderts wieder zu erlangen. Sie sollen in der Person des Sultans von Maskat, an der arabischen Oman-Küste an der Südseite des Persischen Golfs, einen sehr wertvollen Helfer finden. Zwischen 1622 und 1650 stellen die Oman-Araber den Sklavenhandel zwischen der Küste Ostafrikas und Bombay (Indien) in großem Maßstabe wieder her; im Jahre 1698 sind sie prak-

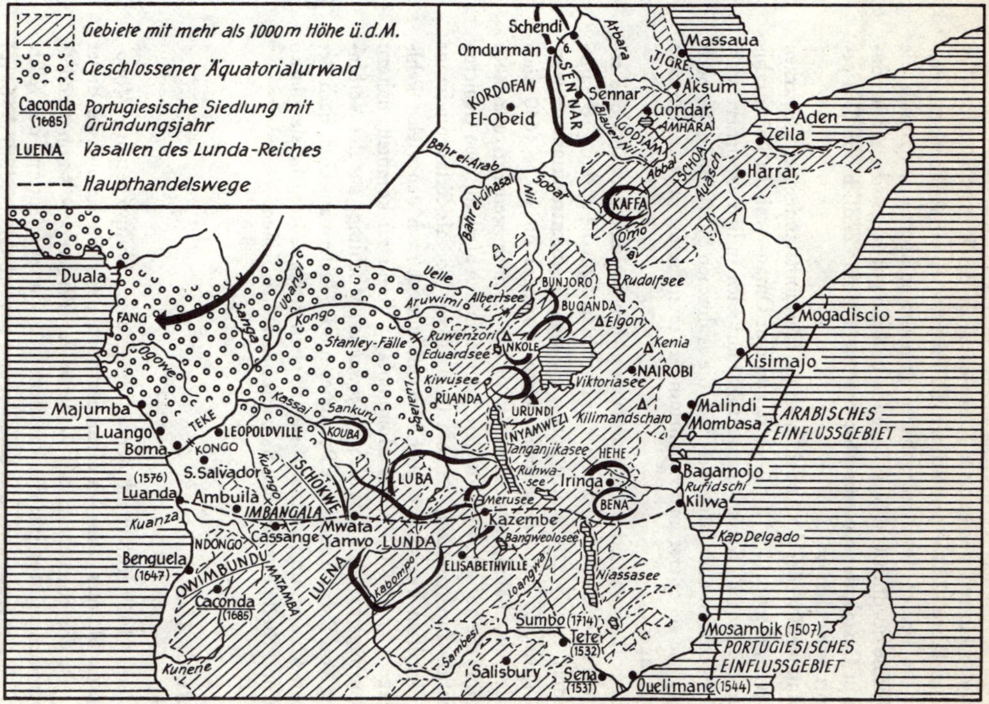


Karte 12: Zentralafrika und Äthiopien im 17. und 18. Jahrhundert

tisch die Herren der ganzen Küste nördlich des Kaps Delgado, aber erst im Jahre 1752 unterzeichnen die Portugiesen ein Abkommen, welches die beiden Interessensphären gegenseitig abtrennt, nämlich die arabische nördlich von Kap Delgado und die portugiesische südlich davon in Gestalt der Kolonie Moçambique, die nun endlich von Goa getrennt verwaltet wird.

Man weiß weder die Anzahl noch die Herkunftsländer der schwarzen Sklaven, die im 18. Jahrhundert von den Oman-Arabern vom arabischen Küstenteil (Kenia – Tanganjika) aus nach Indien exportiert wurden. Es scheint aber fast sicher, daß die arabischen Sklavenhändler noch nicht, wie sie es erst im 19. Jahrhundert taten, selbst ins Landesinnere vordrangen.

Über das, was sich in der portugiesischen Kolonie Moçambique ereignet hat, sind wir kaum besser unterrichtet, denn die noch im 16. Jahrhundert relativ zahlreichen portugiesischen Geschichtsdokumente werden nach 1650 immer seltener. Wenn Portugal im Jahre 1640 auch wieder unabhängig geworden ist, so hat es doch weder Armee noch Marine, die nötig gewesen wären, um sich in den afrikanischen Gebieten wirklich durchzusetzen. Angola ist nach wie vor als Sklavenlieferant für Brasilien interessant, aber Moçambique ist nach den vielen Fehlschlägen, an das Gold des Monomotapa direkt zu kommen, nahezu bedeutungslos. Man läßt also die *prazeros*, Mischlinge aus der Verbindung von Bantufrauen mit Portugiesen oder Indern aus Goa, nach Belieben schalten und walten – sie erhielten große Güter, die sie von an Ort und Stelle erworbenen Sklaven bearbeiten ließen.

### 2) *Bantu-Afrika*

Im Jahre 1629 erklärt sich der auf den Namen Philipp getaufte *Monomotapa* Mavura zum Vasallen der portugiesischen Krone. Zu dieser Zeit ist das Riesenreich des »*Herren der Bergwerke*« schon ziemlich zusammengeschrumpft; die Vasallenreiche Quiteve (entlang der Küste von Moçambique zwischen Sambesi und Save), Sabia (südlich des Save) und Manica (in den Inyanga-Bergen an der Grenze zwischen Moçambique und Süd-Rhodesien) haben sich schon längst seiner Oberhoheit entzogen, aber besonders macht ihm sein ehemaliger Vasall im Süden, der König von Butwa, der den dynastischen Titel Changamire trägt, zu schaffen. Dieser hat sein Herrschaftsgebiet über die südlichen zwei Drittel des rhodesischen Hochlandes ausgedehnt, d. h. über den wesentlichsten Teil der Goldlagerstätten. In Dhlo-Dhlo, Naletali, Khami usw. hat er schöne Steinbauten errichten lassen. Während des ganzen 17. Jahrhunderts wächst die Macht des *Changamire* auf Kosten der des *Monomotapa* und im Jahre 1695 stößt der Changamire Dombo nach zwei Jahren kleinerer Kriegszüge nach Norden vor, so daß dem unglücklichen Monomotapa nur noch ein Herrschaftsgebiet in Gestalt eines 250 Kilometer langen Uferstreifens am Sambesi zwischen Tete und Sumbo bleibt. Um 1725 richten die Changamire ihre Hauptstadt im Simbabwe wieder ein, das Mitte des 15. Jahrhunderts verlassen worden war, und lassen die berühmten Bauten wieder herrichten, die durch Bilder unter den Namen »elliptischer Tempel« und »Akropolis« weltbekannt geworden sind. Der Handel mit den Portugiesen wird nicht wieder aufgenommen, ebensowenig wie die Ausbeutung der reichen Minen des Landes, um so einem Einfall von außen her vorzubeugen. Im Jahre 1830 wird der Changamire-Staat seinerseits durch den Einfall der Ngoni von Süden her vernichtet.

Wenn einige in der portugiesischen Literatur erwähnte und nicht ohne Mühe mit der mündlichen Überlieferung verbundene Namen es erlauben, einige Zeilen über die Geschichte des Sambesibeckens zu schreiben, so stehen uns für den Norden dieses Gebietes nur Daten aus der Überlieferung zur Verfügung; das gesamte Kongobecken scheint das Zentrum einer Vielzahl von sich gegenseitig kreuzenden und äußerst schwierig zu entwirrenden Wanderzügen gewesen zu sein. Aus einem verwirrenden Durcheinander heben sich zwei Namen heraus, die Namen zweier Konförderationen eng verwandter Stämme am südlichen erhöhten Rand des Kongobeckens, d. h. in dem flachen Savannenstreifen, den die Oberläufe des Kongo und seiner linken Nebenflüsse durchfließen. Es sind dies die *BaLuba* westlich des Tanganjikasees, im Gebiet des oberen Lualaba bis nach Nord-Katanga, und die *BaLunda* in Süd-Katanga, im Norden Nord-Rhodesiens und einem Teil Nordost-Angolas.

Die BaLuba gründeten Ende des 16. Jahrhunderts ein Reich, welches dem »Urua« der alten Karten Zentralafrikas entspricht. Die BaLunda hatten zur gleichen Zeit eine Königin namens Luëdji, welcher um 1660 Mwata Yamvo nachfolgt (1660–1675). Der große Lundaherrscher organisiert eine Serie von Satellitenstaaten, die Tribut zahlen und seiner Person göttliche Ehrfurcht erweisen. Seine westlichen Vasallen vermitteln den Kontakt mit den Portugiesen, die ihm für Elfenbein und Sklaven Gewehre liefern. Zu Beginn des 18. Jahrhunderts sitzen *Kazembe* (Lunda-Provinzgouverneure) südöstlich und hauptsächlich südlich und östlich des Meru-Sees in einem Gebiet, das in der Folge das Kazembe genannt wird, ebenso wie Angola und Monomotapa ihren Namen vom dynastischen Titel des Königs erhalten haben. Das Kazembe lieferte den am Mittellauf des Sambesi sitzenden portugiesischen Händlern Elfenbein und wahrscheinlich erfolgten die ersten Versuche zu einer Landverbindung zwischen Moçambique und Angola ebenfalls über dieses Gebiet. Allerdings datiert die erste in der Literatur nachweisbare Reise aus den ersten Jahren des 19. Jahrhunderts.

Mehr noch als der Südrand des Kongobeckens bietet der östliche ausnehmend günstige natürliche Bedingungen für die Niederlassung. In dem tsetse-freien und folglich für die Viehzucht geeigneten Gebiet der Großen Seen haben sich die Reiche *Bunyoro, Buganda, Nkole* (Uganda) nordwestlich des Viktoriasees und die Reiche *Ruanda* (östlich des Kiwusees) und *Burundi* (nordöstlich des Tanganjikasees) entwickelt. Alle sind sie durch eine mehr oder weniger deutliche Trennung der Gesellschaft in leibeigene Bauern negriden und eine herrschende Schicht von Viehzüchtern äthiopischen Typs charakterisiert. (Hera und Hima in Uganda, Hutu und Tutsi in Ruanda und Burundi). Die Ankunft der ersten Hima-Tutsi auf dem Zwischenseenplateau vom Bahr el-Ghasal her (Niloten) oder aus den Randgebieten des äthiopischen Hochlands (Sidama-Reiche) dürfte wohl auf das 13. Jahrhundert anzusetzen sein. Neuerliche archäologische Untersuchungen haben die in diesem Gebiet sehr gut erhaltene mündliche Überlieferung vom Batschwesi-Reich bestätigt, das sich Ende des 14. Jahrhunderts über den Südwesten des heutigen Uganda, das nördliche Ruanda und das nordwestliche Tansania erstreckt haben dürfte. Zu Beginn des 15. Jahrhunderts setzten sich die nilotischen Bito im Batschwesi-Reich fest, das von da an Bunyoro-Kitara genannt wurde. Vom 17. Jahrhundert an begann sich der kleine, damals nur auf die unmittelbare Umgebung von Kampala beschränkte Vasallenstaat Buganda nach allen Richtungen auszudehnen und damit auch dem Reiche Bunyoro den Weg nach dem Südteil des Zwischenseenplateaus zu versperren, den gleichen Weg, den im 19. Jahrhundert die arabischen Händler und dann die Europäer von der Küste her in Richtung Tabora (Tansania) benützten. Parallel zu dieser Expansion Bugandas auf Kosten von Bunyoro-Kitara legen die Tutsi-Könige Ruandas im Verlauf des 18. Jahrhunderts ihre politische Grenze genau fest und trennen sich von Burundi, wo der Gegensatz zwischen den beiden Bevölkerungsschichten, den Tutsi und den Hutu, wesentlich weniger ausgeprägt ist.

Abgesehen von dieser Feudalstruktur, die sich bis in die jüngste Zeit hinein in Ruanda und in Burundi erhalten hat, sind die Gebräuche und Tabus, welche die Person des Königs betrafen, äußerst interessant und zeigen in ihrer ganzen Unverfälschtheit den alten afrikanischen Begriff des Gottkönigtums auf, den man auf das Reich Meroë und das äthiopische Hochland zurückführen zu können glaubt und der über die Mehrzahl der alten negroafrikanischen Reiche verbreitet ist. Diese Zwischenseenreiche scheinen bis zum 19. Jahrhundert keinerlei Verbindung mit der Außenwelt gehabt zu haben.

3) *Äthiopien*

Kaiser Fasiladàs regiert von 1632 bis 1657 und legt nördlich des Tanasees in *Gondar* eine neue Hauptstadt an. Die Niederlassung des Hofes in einer festen Residenz bedeutet den Bruch mit der Gewohnheit der mittelalterlichen Kaiser, die ihr Leben meist unterwegs verbrachten, wobei sie von einem sehr zahlreichen Klerus begleitet wurden und die geweihten »tabot« mitführten, die Sinnbilder der Gesetzestafeln und der Bundeslade, die ihre Autorität als Hohepriester bekräftigten.

Diese Methode einer umherziehenden Regierung paßt bestimmt zu einem Land mit einer solch abwechslungsreichen Topographie, dessen Bewohner wie alle Bergbewohner der ganzen Welt ein starkes Unabhängigkeitsgefühl beseelt. Immerhin nimmt das Ansehen der in Gondar festsitzenden Kaiser während des 17. Jahrhunderts allmählich ab. Jasù der Große (1680–1704) ist praktisch der letzte Kaiser, der sich bei seinen unruhigen Untertanen Respekt verschaffen und die Vormachtstellung der Krone gegenüber der Kirche wiederherstellen kann. Nach ihm gibt es nur noch Mord und Totschlag, Hofintrigen, blutige Unterdrückung der lokalen, politischen und religiösen Herrschaft. Zu Beginn des 19. Jahrhunderts besteht keine Zentralgewalt mehr und man muß bis zum Jahre 1855 warten, als Theodor beginnt, aus Äthiopien, das in mehrere, miteinander ständig in Fehde liegende Provinzen gespalten ist, wieder einen Einheitsstaat zu machen.

4) *Der nilotische Sudan*

Die Einrichtung des neuen Regierungssitzes Abessiniens (bis 1941 der Name des heutigen Äthiopien) in Gondar steht sicher in gewissem Sinne mit der Entwicklung des *Fung-Reiches von Sennar* in Zusammenhang. Dieses Reich ist zu Beginn des 16. Jahrhunderts zwischen Weißem und Blauem Nil, unmittelbar westlich des äthiopischen Hochlands entstanden, in einem Gebiet mit außerordentlich gemischter Bevölkerung, wo vor langer Zeit oder erst spät eingewanderte Araber zusammen mit den hochgewachsenen schwarzen Niloten aus der Gegend des Bahr el-Ghasal, wahrscheinlich autochthonen Schwarzen vom Westabhang des äthiopischen Hochlands, und mit den kupferfarbenen »Kuschiten« aus Nubien oder vom äthiopischen Hochland leben. Dieses Volksgemisch wird »Fung« genannt und dem schwarzen Amara Dunkas (1504–1534) gelingt es, sich auf der gleichen Basis wie bei fast allen negroafrikanischen Reichen, nämlich der des Gottkönigtums, zu seinem Herrscher zu machen. Die Erinnerung an weit zurückliegende meroitische und nubische Sitten erscheint hier im übrigen naheliegend, in einem Gebiet, das einst einen integrierenden Bestandteil der Reiche von Meroë und Aloa gebildet hat, ist hier aber auch interessant, weil die Sultane von Sennar Mohammedaner und Herren über eine beträchtliche Anzahl von Arabern sind.

Die Beziehungen zu Abessinien sind anfänglich sehr gut; im Jahre 1580 wird ein Freundschaftsvertrag geschlossen. Aber schon 1618 greifen die Abessinier das Sennar an und bleiben Sieger. Im Jahre 1698 sind die Beziehungen so gut, daß Sultan Baadi der Rote den französischen Arzt Poncet, der aus Kairo über Dongola gekommen ist und nach Gondar und von da aus nach Massaua reisen will, durch sein Land ziehen läßt. Dafür gibt es im Jahre 1744 einen neuen Konflikt: Baadi Abu Schiluk schlägt die abessinische Armee vernichtend, so daß der Sennar in den Ruf eines mächtigen Staates kommt, dem eine Menge von Abenteurern aus Indien, Arabien und Ägypten zuströmt, die bei der Eroberung Kordofans, das im Westen des Weißen Nil liegt, teilnehmen.

Im Jahre 1772 hält der Fung-Sultan Ismail den schottischen Forscher Bruce, der die Quellen des Blauen Nil sucht und dabei einen Reiseweg einschlägt, der dem des Franzosen Poncet genau entgegengesetzt verläuft (Massaua – Gondar – Sennar – Kairo), mehrere Monate lang gefangen. Aber schon zu Ende des Jahrhunderts befindet sich das Land wieder in einem Zustand fast vollständiger Anarchie, so daß es im Jahre 1821 von Ägypten mühelos besiegt und annektiert werden kann.

## D. Südafrika

Wenn man den besonderen Charakter des südafrikanischen Dramas des 20. Jahrhunderts begreifen will, ist ein Rückblick unerläßlich. Im 17. und 18. Jahrhundert erscheinen die Hauptdarsteller, Buren und Bantu, auf einem bis dahin hinsichtlich Geschichte leeren Schauplatz. Zu Beginn des 19. Jahrhunderts bedeutet die erst im Jahre 1814 offiziell bestätigte englische Besetzung des Jahres 1806 das Auftreten eines Dritten auf dem Kampfplatz – um einen Kampf hat es sich schon von Anfang an gehandelt.

Von nun an soll der Kampf nicht mehr aufhören: »Buren contra Bantu« ist der Titel des ersten Aufzugs, der das Jahrhundert der »Kaffernkriege« (1779–1850) umfaßt; »Buren gegen Engländer« – das ist der »Große Treek« der Jahre 1834–1849; dann folgen die Kriege zwischen Engländern und Buren (1880–1882 und 1899–1902) und schließlich gehen Buren und Engländer gemeinsam gegen die Schwarzen vor – dies ist die *Apartheid* mit ihren explosiven Konsequenzen, die sich vor unseren Augen entwickeln.

Die Periode, die das 17. und 18. Jahrhundert und den Anfang des 19. Jahrhunderts umfaßt, hat gegenüber der allgemeinen Geschichte Afrikas eine bemerkenswerte Originalität. Südafrika ist das einzige Gebiet des Kontinents, wo sich um die Mitte des 17. Jahrhunderts europäische *Familien* niederlassen, um dort ein neues Gemeinwesen zu gründen; es ist auch das einzige, wo die schwarze Bantubevölkerung, die den Großteil der heutigen darstellt, ebenso spät eingewandert ist, wesentlich später als nördlich des Limpopo.

Offengestanden wissen wir über das *Vordringen der Bantu* so gut wie nichts. Die hinsichtlich des Monomotapa und seiner Vasallenreiche nördlich des Limpopo relativ mitteilsamen Portugiesen sind mit den Bantu des Südens, die sie nach der arabischen Bezeichnung *Kafir* (= Ungläubige) »Kaffern« nannten, niemals in Berührung gekommen. Die mündliche Überlieferung geht nur selten über einige wenige Generationen zurück; dafür haben neuere archäologische Funde aufgezeigt, daß die »Bergleute« Südrhodesiens den Limpopo – an der Nordgrenze der heutigen Republik Südafrika – schon viel früher überschritten haben, als man gemeinhin annahm, wahrscheinlich schon im 6. Jahrhundert. Sie haben in ganz Transvaal und bis nach Zululand (Nord-Natal) die Spuren ihrer ehemaligen Bergwerksunternehmen, wo sie nach Eisen, Kupfer und Zinn gruben, zurückgelassen. Man nimmt an, daß diese Bergleute die Vorfahren der heutigen etwa 3 Millionen

Seelen zählenden und in Pedi, Süd-Sotho (oder Basuto) und Tschwana oder Tswana aufgeteilten Sotho sind.

Die wunderbaren Goldschmiedearbeiten, die in Mapungubwe am Südufer des Limpopo aufgefunden wurden, müssen den Vorfahren der Venda (ca. 150 000) zugerechnet werden, die zwischen 1100 und 1400 dort ankamen und in sprachlicher und kultureller Verbindung mit den Schona Rhodesiens geblieben sind. Man weiß nicht, seit welcher Epoche die aus einer Mischung von Proto-Buschmännern (den »bush-boskopoids« der Engländer) und Kaukasoiden aus Ostafrika hervorgegangenen Hottentotten (oder Koi-koin) bis zur Südspitze Afrikas hinunter nomadisierten.

Sie waren im Gegensatz zu den Gruppen von Bantustämmen, die ihr Gebiet vom Beginn des 15. Jahrhunderts an allmählich in Besitz nahmen, keine Bauern. Die westliche Bantugruppe der *Sotho-Tschwana* (heute 3 Millionen) breitete sich im Westen des Drakensbergmassivs in den heutigen Landesteilen Transvaal und Oranjefreistaat aus; die Ostgruppe stieg die Küste entlang in das fruchtbare und sehr niederschlagsreiche Gebiet des heutigen Natal hinab. Bei ihnen handelt es sich um die *Nguni* (heute 10 Millionen), deren südlichster Stamm, die *Xosa,* bereits um 1550 im heutigen Transkei, nördlich des Kei River saßen. Im Jahre 1650 erreichten sie den Fish River südwestlich des heutigen East London, trafen aber erst im Jahre 1775 mit den holländischen Kolonisten zusammen.

Es liegt also auf der Hand, daß die Bantu Transvaal, Oranjefreistaat, Natal und den Osten der Kapprovinz geraume Zeit vor den Europäern in Besitz hatten. Die letzteren haben allerdings auch nicht Unrecht, wenn sie für den Süden der Kapprovinz die Priorität in Anspruch nehmen, weil deren einheimische Bevölkerung zur Zeit der Ankunft der Europäer im Jahre 1652 aus Hottentotten und Buschmännern bestand.

Dieser auf einem äußerst primitiven Kulturniveau zurückgebliebenen eingeborenen Bevölkerung gegenüber nahmen die Bantu aus dem Norden und die Holländer aus dem Süden beide die gleiche Haltung ein. Man tötete die Männer und nahm sich die Frauen; daher die Bildung von Mischvölkern, insbesondere der berühmten Mischlinge aus Holländern mit Hottentottenfrauen, die man die »Kapbastarde« nannte. Einige von ihnen kehrten zur nomadischen Lebensweise ihrer Vorfahren mütterlicherseits zurück – die Griqua des heutigen Griqualand; andere behielten ihre holländischen Namen bei und bildeten den ursprünglichen Kern der in sprachlicher und kultureller Beziehung

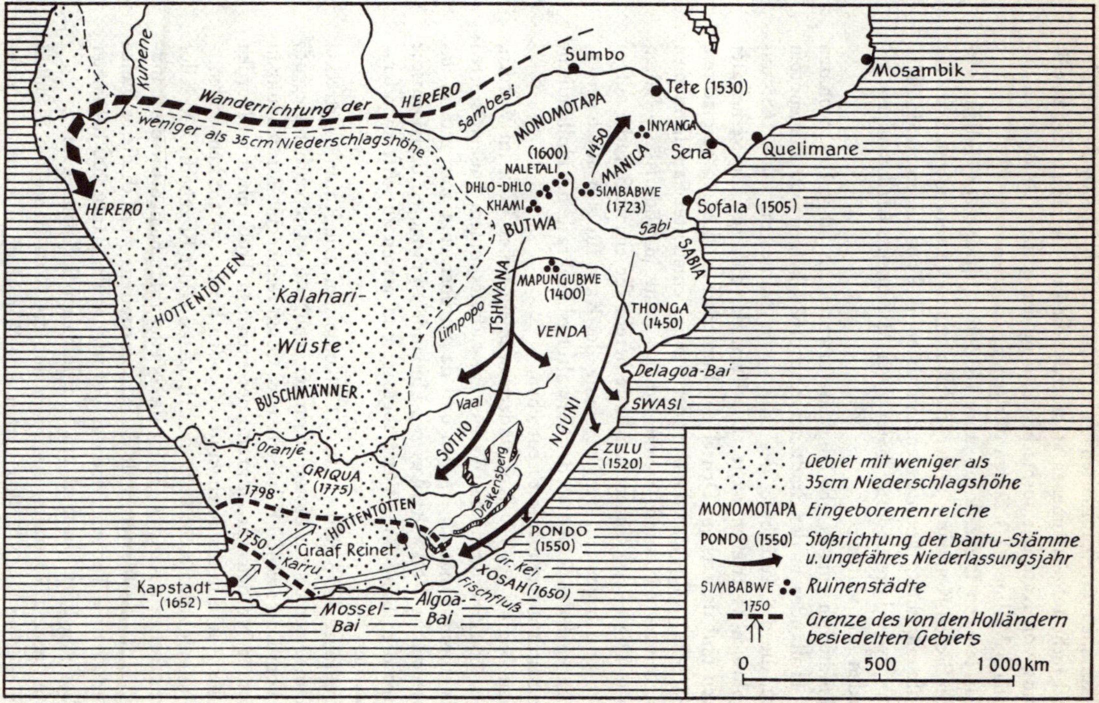


Karte 13: Afrika südlich des Sambesi im 17. und 18. Jahrhundert

vollkommen »afrikanisierten«, aber heuzutage in die weiße Gemeinschaft nicht aufgenommenen »Colored«, die fast die Hälfte der Bevölkerung von Kapstadt ausmachen und in der ganzen Union etwa anderthalb Millionen (!) zählen dürften.

Als Jan van Riebeeck im Jahre 1652 im Auftrage der Holländisch-Ostindischen Kompanie in der Tafelbai eine »Versorgungsstation« für Schiffe einrichtete, konnte niemand ahnen, daß aus diesen 50 »Holländern« zwei Jahrhunderte später zwei Millionen »Afrikaanders« geworden sein würden.

Anfänglich ging es sehr langsam vorwärts. Im Jahre 1680 wohnten 600 Holländer in der Stadt am Kap; 1688 kamen 300 Hugenotten dazu, die die Aufhebung des Edikts von Nantes im Jahre 1685 aus Frankreich vertrieben hatte. Die Tatsache, daß sie alle verheiratet waren und damals ein Drittel der Europäerbevölkerung ausmachten, erklärt die große Anzahl mehr oder weniger entstellter Familiennamen französischer Herkunft, welche sich bis heute in Südafrika gehalten haben. Die zweite Generation hatte bereits die eigene Sprache aufgegeben und begonnen, die Umgebung des Kaps für sich auszuwerten, um dadurch den Schikanen der Verwaltungsbürokratie der Holländisch-Ostindischen Kompanie zu entgehen.

Seit Beginn des 18. Jahrhunderts war ein neues Volk im Werden, das sehr charakteristische Wesenszüge aufwies, einem äußerst starren Calvinismus fanatisch ergeben und davon überzeugt war, daß es das »auserwählte Volk« Afrikas sei. Holländer, Franzosen und Deutsche hatten dem Land ihrer Väter abgesagt und waren zu »Afrikaanders« geworden.

Im Jahre 1756 zählte man 5123 Kolonisten. Die Kolonie erstreckte sich im Osten bis zur Mosselbai, in der genügend wasserreichen Gegend, die vom Kap aus 400 Kilometer nach Osten reicht; eine Ausdehnung in Richtung Norden war aufgrund der extremen Trockenheit im Norden des Kaps und in der Kleinen und Großen Karoo (= trocken) schlechthin unmöglich. Erst jenseits der Algoa-Bai (Port Elizabeth) 800 Kilometer östlich des Kaps genügt die Niederschlagsmenge für die Landwirtschaft; die Wasserarmut des Küstenstreifens westlich dieses Punktes erklärt die Tatsache, daß das Vordringen der Bantu 200 Kilometer östlich von Port Elizabeth am Fischfluß zum Stillstand kam.

Im Jahre 1775 trafen die Buren und die Xosa-Bantu am Fischfluß aufeinander; beide Völker hatten eine Wirtschaft, die auf der Viehzucht basierte, aber leider nicht den gleichen Eigentumsbegriff; jegliches nicht in einen Korral eingesperrte Vieh gehörte nach Ansicht der Xosa dem, der sich seiner bemächtigte, und nicht dem burischen Eigentümer, der ihm lediglich sein Eigentumszeichen eingebrannt hatte. Für die Buren bedeutete dies sofort die Anklage des Viehdiebstahls gegen die Xosa und die Organisation von Repressalienkommandos. Dies ist die Ursache der für die nationale Geschichte der Buren sehr wesentlichen *Kaffernkriege* – wesentlich deswegen, weil sie infolge der Tatenlosigkeit der holländischen Kapkompanie genötigt waren, ihre Verteidigung selbst zu organisieren, mithin die Grundlage für ihre spätere Unabhängigkeit und ihren Rassehochmut.

Diese ihre Gesamteinstellung sollte sich durch die Ankunft eines englischen Gouverneurs am Kap noch verstärken. Seine Stellung war im Jahre 1795 noch provisorischer Natur, wurde aber im Jahre 1815 definitiv, da der König von Holland seine afrikanische Kolonie für 6 Millionen Pfund Sterling abgetreten hatte. Dieser Wechsel in der Verwaltung fiel zeitlich mit der Festsetzung der *London Missionary Society* zusammen, die im Jahre 1805 in Graaf Reinet mitten im Hottentottenland, 100 Kilometer westlich des Oberlaufes des Fischflusses, ihre Hauptniederlassung errichtete; die protestantischen Missionen widmeten sich tatkräftig der Rehabilitierung der farbigen Menschen und diese Betätigung sollte sich für die Umwälzung der politischen und sozialen Strukturen als noch wichtiger erweisen als das Werk der englischen Verwaltung.

## E. Madagaskar (1500–1810)

Am 10. August 1500 entdeckt der portugiesische Kapitän Diego Diaz die Insel Madagaskar und nennt sie St.-Lorenz-Insel (Ilha de São Lourenzo), aber erst zu Beginn des 17. Jahrhunderts gründen die Portugiesen Niederlassungen an der Westküste. Alles, was von ihrer Anwesenheit noch übriggeblieben ist, ist der Name der Reede von Diego Suarez im Norden der Insel, ebenso wie der Name Fort Dauphin (zu Ehren des späteren Ludwig XIV.) im Süden von den Niederlassungsversuchen der Franzosen zwischen 1642 und 1674 berichtet. Von 1674 an richtet sich das Interesse der Franzosen auf die Maskarenen, zuerst auf die Ile Bourbon, das spätere Réunion, dann auf die von den Holländern im Jahre 1712 aufgegebene Insel Mauritius; die Nutzung dieser Inseln, wo im Jahre 1720 der Anbau arabischen Kaffees eingeführt wird, bedingt Sklaven, die man sich im wesentlichen von der Ostküste Madagaskars holt. Im Jahre 1717 gab es auf Bourbon tausend madagassische Sklaven, im Jahre 1826 vierzehntausend. Die Ostküste Madagaskars liefert aber auch Reis, Rinder, Honig und Wachs, und Holz; Tamatave wird nach Foulpointe und Fénérive zum wichtigsten Handelszentrum.

Die geographische Unterteilung der Ostküste ist sehr ausgeprägt und die Sklavenhändler unterstützen noch die weitgehende politische Aufteilung. Im Jahre 1725 jedoch gelingt es Ratsimilaho, dem Sohn eines englischen Seeräubers und einer Prinzessin von Fénérive, die Stämme von der Baie d'Antongil bis zum Ivondro zu einigen; er gibt ihnen den Namen *Betsimisaraka* (= die zahlreichen sehr Befreundeten), aber nach seinem Tod im Jahre 1750 verfällt das große Reich wieder, bis es im Jahre 1803 auf die Gegend von Fénérive beschränkt ist.

Wenn die Ostküste praktisch für die Händler von den Maskarenen reserviert ist, so wird die weit offenere und an natürlichen Häfen reiche Westküste häufig von Franzosen, Holländern, Portugiesen und Arabern von der Ostküste Afrikas oder den Komoren besucht, die dort Stoffe, Eisenwaren, Alkohol und Gewehre gegen Sklaven, Rinder und Proviant umtauschen.

Wie an der Westküste Afrikas, so hat auch hier die Einfuhr von Feuerwaffen sicher die Bildung großer politischer Einheiten gefördert. So kam es, daß die Könige der Maroserana am Sakalava-Fluß (250 Kilometer nördlich von Tuléar) zu Beginn des 17. Jahrhunderts ihren Herrschaftsbereich vom Mangoka entlang der ganzen Westküste bis zu einem Punkt 200 Kilometer südlich von Diego Suarez an der Ostküste ausdehnen können. Um die Mitte des 18. Jahrhunderts, zur Zeit seiner größten Ausdehnung, erstreckte sich das *Sakalaven-Reich* über etwa ein Drittel der ganzen Insel; seine Macht beruhte auf der soliden Grundlage des Gottkönigtums und der Aufteilung der eroberten Gebiete in Lehen für die Prinzen des königlichen Hauses. Der Handel war königliches Monopol. Die ursprünglich bei Marovoay gelegene Hauptstadt wurde Ende des 18. Jahrhunderts nach Majunga verlegt. Diese beiden Städte stehen hinsichtlich ihrer geographischen Lage am Ästuar des Betsiboka in etwa der gleichen Beziehung zueinander wie Rouen und Le Havre an der Seine.

Trotz der glänzenden Regierungskunst der Königin Ravahiny (1770 bis 1808) zerfällt zu Beginn des 19. Jahrhunderts die Größe der Sakalaven unter den Schlägen des Merina-Reiches. Das Merina-Reich, das im 19. Jahrhundert zwei Drittel der Insel erobern sollte, war Ende des 18. Jahrhunderts sehr klein: Bei der Thronbesteigung besaß der König Nampoina (sein vollständiger Name lautet Andrianampoinimerina) um Tananarivo ein Gebiet in Form eines Kreises mit dem Radius von 30 Kilometern. Der Gründer der Merina-Macht dehnte dieses über den ganzen Mittelteil des Hochplateaus bis nach Fianarantsoa aus und erlangte damit die Herrschaft über das reiche Gebiet der Betsileo-Könige. Bei seinem Tode im Jahre 1810 hatte Nampoina seine Eroberungen verwaltungsmäßig durchorganisiert und den Grundstein für das große Hova-Reich von Madagaskar des 19. Jahrhunderts gelegt.

FÜNFTER TEIL

DIE ERSCHLIESSUNG AFRIKAS

# IX

# Das mittelmeerische Afrika von 1800 bis 1883

## A. Ägypten

### 1) *Folgen des ägyptischen Feldzugs* (1798–1801)

In der Geschichte Frankreichs erscheint der ägyptische Feldzug als militärisches Fiasko, gekennzeichnet durch die Flottenkatastrophe vor Abukir (1. August 1798), eine eindruckerweckende Liste von Siegen, die den Triumphbogen auf der Place de l'Étoile schmückt, und endlich die wenig ruhmvolle Flucht (22. August 1799) des künftigen Kaisers der Franzosen, der den General Kléber in einer offensichtlich ausweglosen Situation zurückließ. Für die Ägypter hingegen hat die kurze Anwesenheit Bonapartes das Kapitel der modernen Geschichte Ägyptens aufgeschlagen und, wie sich Nasser in seiner *Philosophie der Revolution* ausdrückt, »die Ketten der Vergangenheit zerbrochen«.

Das enorme Aufsehen, das dieses kurze militärische Abenteuer erregt hat, erklärt sich aus dreierlei Maßnahmen, deren zeitlich älteste auch heute noch ihre Früchte trägt. Schon in der Vorbereitungszeit hatte Bonaparte ein wissenschaftliches Forschungskorps vorgesehen, das sowohl hinsichtlich seiner Effektivstärke als auch seiner Qualität bemerkenswert ist. Der Physiker Berthelot hatte Mathematiker wie Fourier und Monge, Naturforscher wie Geoffroy Saint-Hilaire und Desgenettes und Künstler wie Vivant Denon usw. aufgeboten. Am 22. August 1798, drei Wochen nach der Katastrophe von Abukir, gründete Bonaparte das Institut de l'Égypte, zu dessen ständigem Sekretär Fourier ausersehen wurde. Während des Sommers 1799 erforschten drei wissenschaftliche Kommissionen Oberägypten. Ihre Arbeiten wurden in der bemerkenswerten *Description de l'Égypte ou Recueil des observations et des recherches qui ont été faites en Égypte pendant l'expédition de l'armée française,* die in den Jahren 1808 bis 1825 erschien und von deren neun Bänden vier das Altertum, drei das moderne Ägypten und zwei die Naturgeschichte behandeln, veröffentlicht; der dazugehörige

Atlas umfaßt nicht weniger als 900 Tafeln und 4000 Zeichnungen. Dieses Monumentalwerk bildet die Grundlage für die Entzifferung der Hieroglyphen durch Champollion (1822) und für die Ägyptologie überhaupt.

Der nach Abukir in Ägypten festsitzende Bonaparte, der behauptet, daß »wir vielleicht dazu bestimmt sind, das Antlitz des Orients zu ändern«, stürzt sich in eine Verwaltungs- und Wirtschaftsreorganisation, die das Signal für eine politische und soziale Umwälzung geben soll. Durch das Gesetz vom 6. September 1798 versichert er den bis dahin in der ägyptischen Geschichte unbekannten Begriff von dem Eigentum des Einzelnen an Grund und Boden. Im Mai 1799 eine andere Umwälzung: Bonaparte »ägyptisiert« systematisch die Verwaltung und ernennt einen Ägypter auf den Posten des *cadilesker* (Justizminister), den seit drei Jahrhunderten stets ein Ottomane innehatte; sämtliche Kadis müssen von nun an gebürtige Ägypter sein.

Schließlich macht sich der mit einer Ägypterin verheiratete und zum Islam übergetretene General Menou nach der Ermordung Klébers an die Erneuerung der Landwirtschaft, legt einen botanischen Garten an, läßt die Maßnahmen zur Bewässerung überwachen – und wirkt als Vorläufer der verschiedenen Fachleute, die Mehemet Ali später ins Land ruft.

### 2) *Mehemet Ali* (1769–1849), *der Begründer des modernen Ägypten*

Trotz der offiziellen und sehr oft wirklich vorhandenen Sympathie der Franzosen gegenüber dem ägyptischen Islam liegt es auf der Hand, daß diese von Christen während eines nur dreijährigen Aufenthalts im Lande ausgesäten Ideen niemals zum Keimen gekommen wären, wenn Ägypten damals nicht in der glücklichen Lage gewesen wäre, einen Herren zu besitzen, der zwar ebenfalls Ausländer, aber auch Mohammedaner war, und der der Begründer des modernen Ägypten werden sollte.

*Mehemet Ali* sprach gerne davon, daß er »im gleichen Jahre wie Napoleon (1769) im Lande Alexanders« (in Mazedonien) geboren sei. Wenn dieser Vergleich auch vielleicht ein wenig nach Eigenlob aussieht, so handelt es sich doch nichtsdestoweniger bei Mehemet Ali um eine der großen Persönlichkeiten in der Geschichte Afrikas. Ein anderes chronologisches Zusammentreffen muß allerdings unterstrichen werden; währen des ersten Dezenniums des 19. Jahrhunderts haben drei starke Persönlichkeiten in drei verschiedenen Räumen Afrikas eine vollständige Umwälzung der politischen und wirtschaftlichen Verhältnisse eingeleitet. Der Beginn des Heiligen Krieges eines Usman dan Fodio im Jahre 1804 liegt ein Jahr vor der Ernennung des albanischen Generals Mehemet Ali zum Pascha von Ägypten und drei Jahre vor dem Beginn der Zulu-Expansion unter Tschaka.

Mehemet Ali kommt im Jahre 1801 mit einem Albanerregiment nach Ägypten, um dort Ruhe und Ordnung zu schaffen; im Jahre 1807 hindert er die Engländer daran, sich in Ägypten festzusetzen, 1811 metzelt er die Mameluken nieder und hat damit die absolute Macht in Händen. Dieser Analphabet – der erst im Alter von 45 Jahren das Lesen lernt – macht sich daran, aus einer schwachen Provinz des türkischen Reiches einen modernen und mächtigen Staat zu formen, der die Hohe Pforte direkt bedroht und dadurch sowohl das Interesse als auch den Neid der europäischen Mächte erweckt. Diese sind über das Auftreten einer neuen islamischen Macht, die wesentlich dynamischer ist als das schwache Reich der Ottomanensultane, sehr entsetzt und wissen es soweit zu bringen, daß jene ihre Eroberungen in Arabien (1812), Kreta (1823), in Syrien und Kleinasien (1831–1832) im Jahre 1841 an Konstantinopel herausgeben muß.

Ägypten erwirbt dafür in demselben Jahre 1841 eine gewisse Autonomie gegenüber der Türkei. Zusammen mit dem von 1820 bis 1822 eroberten und von Khartum ausgehend im Jahre 1830 als Provinz organisierten Sudan wird es erbliches Vizekönigreich. Das Ägypten, das Mehemet Ali im Jahre 1849 seinen Nachfahren übergibt, hat mit dem, das er im Jahre 1801 vorgefunden hat, kaum noch etwas zu tun. Seine Landwirtschaft, die bisher ausschließlich der Erzeugung von Lebensmitteln diente, wird dank der Einführung einer für den Export bestimmten Baumwollsorte durch den französischen Agronomen Junel umgestaltet. Eine Industrie ist zumindest geboren; nach den Anweisungen des Franzosen Linant de Bellefonds wird der erste Nilstaudamm gebaut; das Arsenal in Alexandria baut Kriegs- und Handelsschiffe. Krankenhäuser und Schulen sind gegründet worden und stehen meist unter der Leitung von Franzosen, die die große Mehrzahl der europäischen Techniker im Lande bilden.

Aber alle diese Reformen bringen nur einem ganz geringen Bruchteil der Bevölkerung irgendwelchen Nutzen und lassen den Fellachen in seinem ererbten Elend. Die militärischen Eroberungen bringen dem Volk überhaupt keinen Nutzen, tragen aber zur Entwicklung eines Nationalstolzes bei. In dieser Hinsicht ist die Eroberung der heiligen

Städte in Arabien im Jahre 1812 vielleicht die wichtigste. Diese waren im Jahre 1803 von den extremistischen Wahabiten, die den Islam zu seiner ursprünglichen Reinheit zurückführen und die Pilgerfahrt unterdrücken wollten, besetzt worden. Dadurch, daß er die Pilgerfahrt wieder einführte, stellte Mehemet Ali gleichzeitig das Primat Ägyptens auf religiösem Gebiet wieder her und, was noch mehr wert ist, führte den Begriff einer ägyptisch-arabischen Nationalität arabischer Sprache im Gegensatz zur türkischen Sprache des nominellen Oberhauptes und all seiner Funktionäre ein. Vielleicht hat der gebürtige Türke gerade dadurch am stärksten auf die ägyptische Gesellschaft eingewirkt.

Von Afrika im allgemeinen aus gesehen ist die Eroberung des Sudan sicher die wichtigste. Das im Jahre 1821 eroberte Dongola hatte zwar die ägyptische Herrschaft zur Zeit der großen Mamelukensultane des 14. Jahrhunderts und zur Zeit der Pharaonen gekannt, aber Sennar und Kordofan (1822) hatten sich seit dem 7. Jahrhundert v. Chr., wo die kuschitischen Pharaonen ihren Machtbereich nach Süden weit über den sechsten Katarakt hinaus ausgedehnt hatten, ausschließlich außerhalb der ägyptischen Einflußphäre entwickelt. Die Ruinen von Meroë wurden übrigens im Verlauf der Expedition von 1820–22 von dem Franzosen Caillaud entdeckt, dessen *Le Voyage à Meroë* man als Fortsetzung der *Description de l'Égypte* betrachten kann.

Im Jahre 1830 setzte Mehemet Ali in der 1824 gegründeten Stadt Khartum einen Gouverneur für den Sudan ein. Im Jahre 1834 bemächtigte er sich der Stadt Kassala und kaufte den Türken die Zollrechte für die Häfen Suakin und Massaua ab, wodurch er, nachdem er bereits die arabische Küste beherrschte, zum einzigen Herren des Roten Meeres und damit zum Konkurrenten Englands wurde, das eifrig bemüht war, alles, was an dem zukünftigen Weg nach Indien lag, für sich zu sichern. In den Jahren 1838–1839 unternahm der fast 70 Jahre alte Mehemet Ali eine Fahrt auf dem Blauen Nil bis nach Fazanguru (Fazughli) hinauf; 1840 bis 1842 schickte er drei Expeditionen zur Erforschung des Weißen Nils bis zur Sobatmündung. Diese vier Erkundungsreisen bewirkten leider eine Intensivierung des an sich schon sehr aktiven und besonders grausamen Sklaven- und Elfenbeinhandels, der sich von da an immer weiter nach Süden zu ausdehnte, bis er um 1860 den Norden des heutigen Kongo (Léopoldville) und Nord-Uganda erreichte.

3) *Die Nachfolger Mehemet Alis* verschwinden geradezu neben dessen erdrückender Persönlichkeit und England und Frankreich sind starke Konkurrenten, die versuchen, in diesem Lande, dessen wirtschaftliche Möglichkeiten und außergewöhnliche geographische Lage das Werk Mehemet Alis aufgezeigt hat, Kapital unterzubringen. Abbas (1849–1854) vertraut den Engländern den Bau der Eisenbahn von Alexandria über Kairo nach Suez an; Mohammed Said (1854–1863) genehmigt Fernand de Lesseps die Gründung einer »allgemeinen Gesellschaft mit einem Kapital von 400 000 Aktien zu je 500 Francs für den Bau eines maritimen Kanals und seines Betriebes für die Dauer von 99 Jahren« und zeichnet persönlich 180 000 Aktien.

*Ismail* (1863–1879) beschäftigt sich mit der planmäßigen Europäisierung seines Landes. Dank dem amerikanischen Sezessionskrieg, der mit seinem Regierungsantritt zusammenfällt, nehmen Anbau und Ausfuhr von Baumwolle einen beträchtlichen Aufschwung und steigen von 143 Millionen Piaster im Jahre 1861 auf 1544 Millionen im Jahre 1865. Zuckerrohranbau und -industrie werden gleichfalls stark gefördert. Den Höhepunkt seiner Regierungszeit bildet die Einweihung des Suezkanals im Jahre 1869, die im Beisein mehrerer europäischer Herrscher unter prunkvollsten Festlichkeiten erfolgte. Von 1875 ab findet sich Ismail aber in den Fängen unüberwindlicher finanzieller Schwierigkeiten, so daß er sich genötigt sieht, seine Suezkanalaktien an England zu verkaufen. Am 18. November 1876 werden ein Engländer und ein Franzose als Generalkontrolleure für die ägyptischen Finanzen ernannt und zwingen im August 1878 den Khediven zur Bildung eines europäischen Ministeriums. Der mit Recht über eine derartige ausländische Vormundschaft empörte und seitens der Bevölkerung einem ständig wachsenden Druck von Fremdenfeindlichkeit ausgesetzte Ismail versucht Widerstand zu leisten, aber vergebens – England und Frankreich verlangen vom Sultan seine Absetzung (Juni 1879).

Sein Sohn und Nachfolger Tewfik ist ein Schwächling, ein gefügiges Werkzeug in den Händen Englands und Frankreichs und unfähig, die sehr volkstümliche Revolte unter dem Oberst Arabi Pascha, in deren Verlauf es im Juni 1882 in Alexandria zu Christenmassakern kommt, einzudämmen. Im Juli bombardiert England die Forts von Alexandria, am 13. September schlägt es die Truppen Arabi Paschas bei Tell el-Kebir. Damit beginnt die »provisorische« Besetzung – die nur 54 Jahre, nämlich bis zum Jahre 1936 (!) dauert.

## B. Algerien

Am 5. Juli 1830 kapitulierte der Dey von Algier, Hussein, vor dem von König Karl X. entsandten Expeditionskorps unter dem Kommando von General de Bourmont. Am 5. Juli 1962 beging das unabhängige Algerien zum ersten Male seinen Nationalfeiertag. Die Wahl des Datums ist ein Zeichen für die Bedeutung von 132 Jahren eines französischen Algeriens, die dieses Land tiefergehend umgewandelt haben, als es die 314 Jahre türkischer Besetzung taten.

### 1) *Der wirkliche Beginn der Kolonialgeschichte*

Die Einnahme von Algier ist aber auch für die allgemeine Geschichte Afrikas insofern interessant, als wir damit – trotz der zeitlich wesentlich früher liegenden Niederlassung der Portugiesen in Angola und Moçambique und der Holländer und Engländer in Südafrika – erst beim wirklichen Beginn der Kolonialperiode Afrikas angelangt sind und neue Probleme für den Historiker auftauchen. Dank der europäischen Dokumente sind die geschichtlichen Ereignisse und ihre genaue zeitliche Bestimmung unendlich leichter zu verfolgen, als dies für die vorhergegangenen Zeiten möglich war, wo die Quellen oft sehr rar und ungenau bleiben, auch wenn sie für Weißafrika reichlicher als für Schwarzafrika sind. Aber diese so reiche, so klar vor unseren Augen liegende und so präzise Kolonialgeschichte ist in den Augen der unabhängig gewordenen Afrikaner mit einem großen Makel behaftet, weil die von den Europäern besungenen Siege gleichzeitig afrikanische Niederlagen sind und umgekehrt.

Einige Leute sind der Meinung, daß es genügen würde, wenn man die »Geschichte umdreht«, d. h. in der Form, in welcher sie bis in die neueste Zeit hinein in den europäischen Afrikahandbüchern dargestellt wurde, um zur geschichtlichen Wahrheit zu kommen. Man hat dies ganz besonders leicht für Algerien machen können; man brauchte nur die Masse von Dokumenten durchzuarbeiten, welche von der Gegnerschaft gegen eine Eroberung während der Regierungszeit von Karl X., Louis Philippe und Napoleon III. berichten. Allerdings hat man dabei die zweckentsprechenden Äußerungen aus dem Zusammenhang herausgerissen und die französische Opposition und die algerische Widerstandsbewegung des 19. Jahrhunderts mit dem Antikolonialismus des 20. verwechselt und ist damit zu einer direkt widersinnigen Geschichtsdarstellung gelangt, denn die antikolonialistischen Ideen konnten ja erst *nach* der Kolonisation entstehen!

Wir müssen also von Anfang an die Eroberung Algeriens in ihrem maghrebischen Rahmen belassen und dabei nicht vergessen, daß sie zu einer Zeit geschah, als die Marine noch aus Segelschiffen bestand und der Krieg noch eine Angelegenheit einzelner Verantwortlicher und nicht einer anonymen mechanisierten Masse war.

### 2) *Die Regentschaft Algier beim Auftreten der Franzosen*

Auf den ersten Blick erscheint die Verwaltungsorganisation der Regentschaft Algier als relativ einfach. Es gab vier Provinzen, von denen eine, der *Dar es-Soltan* (= Haus des Fürsten), einen besonderen Status hatte; sie war auf Algier und die Ebene der Mitidja bis zum Atlas von Blida beschränkt und unterstand unmittelbar dem Dey. An der Spitze der drei *beylik* standen drei vom Dey von Algier ernannte und durch ihn jederzeit absetzbare Beys. Das zentrale Beylik oder Titteri war bei weitem das kleinste und hatte Médéa, 20 Kilometer südlich von Blida, als Provinzhauptort; das östliche entsprach fast genau dem später von den Franzosen eingerichteten Departement Constantine; das westliche hatte seinen Gouverneurssitz in Mazuna und später in Mascara, endlich Oran, nachdem die Spanier diese Stadt im Jahre 1792 endgültig aufgegeben hatten; der großen Ausdehnung halber residierte in Miliana ein *chalifa* als Stellvertreter des Bey, der den Ostteil der Provinz *(chalifaliq esch-scherg)* verwaltete.

Die türkische Art der Steuererhebung allerdings hatte mit der den Franzosen so wichtigen Zentralisierung nichts gemein. In jedem Beylik unterstand eine Minderzahl von Bezirken *(watan)* den *qaid* genannten Angehörigen des türkischen Odschaq; in den anderen Bezirken waren bestimmte, *Deira* oder *Machzen* genannte Stämme mit der Steuererhebung bei den unterworfenen Stämmen oder *Raiya* beauftragt und für diese Dienstleistung von allen nichtkoranischen Steuern befreit; wieder andere *watan* befanden sich in Händen von *kuruchli* (Mischlinge von Türken und eingeborenen Frauen), die in den Garnisonen Tlemsen, Mascara, Mostaganem usw. wohnten.

Außerhalb des anbaufähigen Tell waren die großen nomadischen Viehzüchterstämme praktisch unabhängig geblieben; ihre Häuptlinge ließen sich oft auf Tributzahlung ein, aber nur unter der Bedingung, daß man sie ungestraft Kriege führen ließe, wo und wann es ihnen beliebte, nach Bedarf auf Seiten des Deys oder aber gegen ihn, je nach Lage der Dinge und Zeitläufte. Eine Anzahl von seßhaften Kabylenstämmen erfreute sich der gleichen Zugeständnisse, die ihnen die Möglichkeit gaben, die für das Leben der Berber so charakteristischen Rivalitäten der einzelnen *soff* untereinander, die niemals ein Ende nahmen, zu betreiben. Gewisse religiöse Bruderschaften wie die *Uled Sidi Schech* im Süden des Gebiets von Oran hatten sich ebenfalls offiziell unterworfen, um dadurch vor anderen Bruderschaften, die die Autorität von Algier nicht anerkannten, wie den Tischaniya um Ain Mahdi in Südalgerien, sicher zu sein.

Die Ausübung der türkischen Herrschaft erfolgte also unter sehr verschiedenen Formen. Zu Beginn des 19. Jahrhunderts waren die Gebiete, die sich ihr entzogen, sehr zahlreich geworden, sowohl östlich von Algier, wo die in ihren Bergen wohlverschanzten seßhaften Kabylen die Mehrheit der Bevölkerung bilden, als auch im Westen, wo sich die arabisierten Hirtennomaden seit mehreren Jahrhunderten um verschiedene unter der Führung von Marabuts stehende Bewegungszentren scharten, die oftmals von Marokko unterstützt wurden.

### 3) *Die großen Abschnitte der Eroberung* (1830–1857)

Die Franzosen, die im Jahre 1830 in Algier landeten, wußten überhaupt nichts über die so verwickelt aufgebaute arabisch-berberische Gesellschaft des zentralen Maghreb. Die Schwierigkeiten, auf die sie demzufolge stoßen mußten, wurden durch die Zusammenhanglosigkeit der Regierungsstellen noch vervielfacht. Die französischen Handbücher betonen ausführlichst die hohe Zahl der Gouverneure, von denen neun einander von 1830 bis 1840 ablösten, und den Mangel an Persönlichkeit, das Fehlen von Krediten und Geldern und die Verzögerungstaktik der Regierung Louis-Philippes, die zwischen den verwickelten europäischen Angelegenheiten, einer starken Opposition im Inneren gegen überseeische Engagements und dem Bestreben, dem »Bürgerkönigtum« ein gewisses Ansehen zu verschaffen, hinundhergerissen wurde. Man nennt diese Zeit schamhaft die »Ära der Versuche« (1830–1834), der die »beschränkte Besetzung« (1834–1841) folgte. Vom afrikanischen Gesichtspunkt aus entspricht diese Periode von 1830 bis 1841 der Bildung und Ausdehnung des Reiches Abd el-Kaders in Westalgerien und der Zeit des Widerstands des Beys Achmed im Beylik Constantine bis zur Einnahme von Constantine im November 1837.

Im Jahre 1841 entschließt sich Bugeaud dazu, Abd el-Kader um jeden Preis auszuschalten, womit die Periode der »totalen Okkupation« beginnt; sie wird durch die Kapitulation Abd el-Kaders am 23. Dezember 1847 abgeschlossen. Im Jahre 1857 schließt die Besetzung der Kabyleien die »Eroberung Algeriens« ab, aber noch nicht die Revolten, die erst im Jahre 1871 mit dem großen Aufstand Moqranis ihr Ende finden.

4) *Abd el-Kader* (1832–1847)

Die Épinaler Bilderbogen haben verschiedene Episoden aus dem Kampfe Bugeauds gegen Abd el-Kader, den man als das Symbol des Widerstandes des algerischen Volkes gegen die französischen Eroberer betrachtete, popularisiert. In Wirklichkeit war Abd el-Kader (1808 bis 1882) durchaus nicht der Repräsentant ganz Algeriens; es ist ihm niemals gelungen, seine Herrschaft auf die Kabylen in den Bergen auszudehnen, aber er ist ein typischer Zenet-Nomade und der zeitlich letzte der großen Reichsgründer, die seit der arabischen Eroberung die Geschichte des westlichen Maghreb geformt haben. Er selbst sah in sich den Nachfolger der Abdelwadiden und brachte dies auch durch seinen ausnehmend feierlichen Einzug in Tlemsen im Juli 1837 zum Ausdruck; andererseits ist es wahrscheinlich, daß er an eine schon 1000 Jahre zurückliegende Epoche erinnern wollte – wo Tahert der Mittelpunkt einer weltumspannenden islamischen Bewegung war –, als er 1836 die Stätte der ehemaligen Ibaditenhauptstadt für die Anlage der neuen Stadt Tagdempt auswählte. Die Anfangsjahre seines Reiches erinnern jedoch in der Hauptsache an die der Saaditendynastie Marokkos im 16. Jahrhundert: Mohammed esch-Schech hatte sein Prestige als Scherife (Abkömmling des Propheten) und den Heiligen Krieg gegen die Portugiesen in den Dienst seiner eigenen Ambitionen gestellt. Was den Adelsstatus anbelangt, so war die von Mulaj Idris, dem Gründer der Stadt Fes im 9. Jahrhundert, abstammende Familie Abd el-Kaders mit der der Saaditen oder der Alauiten, die nach diesen im 12. Jahrhundert den marokkanischen Thron innehatten, ranggleich.

Mahi ed-Din, der Vater Abd el-Kaders, war der Häuptling des Stammes der Haschem, der in der Umgebung von Mascara seinen Wohnsitz hatte, und gleichzeitig *moqqadem* der Qadriya-Bruderschaft für die Regentschaft Algier. Im Jahre 1818 hatte er einen Zusammenstoß mit der türkischen Behörde, was ihm zwei Jahre Gefängnis einbrachte; im Jahre 1824 war es wieder soweit, aber diesmal zog er es vor, mit seinem damals 16 Jahre alten Sohn Abd el-Kader die Pilgerschaft zu unternehmen; die beiden Reisenden kamen erst 1829 zurück, nachdem sie die heiligen Stätten, Bagdad und auch Kairo, wo sie von den Leistungen Mehemet Alis stark beeindruckt wurden, besucht hatten.

Am 21. November 1832 wird Abd el-Kader von den Stämmen in der Umgebung von Mascara zum Sultan ausgerufen und übernimmt selbständig den Aufruf zum Heiligen Kriege, den sein Vater im April gleichen Jahres erlassen hatte. Am 26. Februar 1834 wird sein bis dahin noch eingeschränktes Prestige durch den Abschluß der berühmten Desmichels-Konvention, die ihn zum unabhängigen Herrscher macht, der als Gleichberechtigter mit Frankreich verhandelt, beträchtlich angehoben; von 1834 bis 1837 bedient er sich dieses Trumpfes mit äußerster Geschicklichkeit und verlangt abwechselnd die Hilfe der Franzosen gegen seine zahlreichen persönlichen Feinde und die der sich immer mehr auf seine Seite schlagenden Stämme gegen die Franzosen. Er wendet sich sogar an Marokko, das an dem, was sich im Oranais tut, stets großes Interesse hat, und an England, das überglücklich darüber ist, daß es sich in die Angelegenheit Frankreichs einmischen kann. Dies tut es in solchem Maße und so gut, daß Bugeaud, der endlich einmal freie Hand haben will, um im Osten die Niederlage Clauzels vor den Toren Constantines im November 1836 rächen zu können, am 30. Mai 1837 mit Abd el-Kader den Vertrag von Tafna schließt, in dem die Souveränität des Emirs über die Provinz Titteri und die ganze Provinz Oran außer Oran, Mostaganem, Mazagran und Arzew anerkannt wird.

Bis zum Jahre 1839 vergrößert Abd el-Kader dieses Reich noch ganz beträchtlich; im Osten unterwirft er einige, eigentlich zum Beylik Constantine gehörige Stämme im Südwesten der Großen Kabylei; im Süden dehnt er seinen Herrschaftsbereich bis zum saharischen Atlas aus, kann aber Ain Mahdi, das Zentrum der Tischaniya-Bruderschaft, der Rivalin der Qadriya, nicht bezwingen. Er organisiert die unterworfenen Stämme auf einer von der türkischen Verwaltung sehr verschiedenen Grundlage; er hebt nämlich die Unterscheidung zwischen Machzen- und Raiya-Stämmen auf und behält nur die koranischen Steuern bei. Das eroberte Gebiet wird in acht *chalifaliq* eingeteilt, eine hierarchische Verwaltung eingeführt und Justiz, Polizei, Unterrichts- und Finanzwesen organisiert. Besondere Sorgfalt widmet Abd el-Kader seiner Armee; diese besteht aus einem wichtigen Kern regulärer Truppen mit 240 Artilleristen für 20 Feldgeschütze, 2000 Kavalleristen und 8000

Infanteristen; dazu kommen noch Freiwillige aus den unterworfenen Stämmen. Trotzdem erscheint dieser Staat als sehr zerbrechlich, weil sich seine Einheit einzig und allein auf dem Heiligen Krieg gründet, der am 19. November 1839 wieder aufgenommen wird und zum Untergang führt, da sich die lange Zeit unentschlossenen Franzosen endlich durch Bugeaud zum totalen Krieg bewegen lassen.

Im Frühjahr 1841 werden die von Abd el-Kader am Rande des Tell und des Hochlands angelegten Städte (Boghar, Taza, Tagdempt) sowie seine Festungen im Tell, Médéa, Miliana und Mascara, eingenommen. Auch angesichts des geringen Erfolgs, den er mit seinen Hilferufen in England und beim Konstantinopeler Sultan hat, läßt sich der Emir dadurch nicht entmutigen. Sein ganzer Hof, der sich auf die Hochebene geflüchtet hat, wird am 14. Mai 1843 von dem Herzog von Aumale überrascht und sein Vermögen erbeutet. Im September flieht Abd el-Kader nach Marokko, aber der Sultan, dessen Heer von Bugeaud in der Schlacht von Isly (18. August 1844) geschlagen und dessen Häfen vom Geschwader des Prinzen von Joinville bombardiert werden, unterzeichnet am 10. September den Vertrag von Tanger, dessen wichtigster Punkt die Ächtung Abd el-Kaders ist.

Der gewaltsame Abgang des Emirs weckt mit einem Schlage die Bruderschaften. Bu Maza, der »Mann mit der Ziege«, wiegelt das ganze östliche Oranais auf. Der in das algerisch-marokkanische Grenzgebiet geflohene Abd el-Kader nimmt diese unerwartete Gelegenheit wahr und es gelingt ihm, bei Sidi Brahim eine französische Kolonne zu überraschen (23. September 1845); der Aufstand wird allgemein, aber der von einem Aufenthalt in Frankreich zurückgekehrte Bugeaud reagiert sehr tatkräftig; der Emir wird systematisch gejagt und die verschiedenen »Herren der Stunde« einer nach dem anderen gefangengenommen. Der von den Marokkanern im Stich gelassene und unbarmherzig von einem Versteck zum anderen verfolgte Abd el-Kader sieht sich nicht mehr in der Lage, die Kabylen zum Aufstand zu bewegen, wie er es sich erhofft hatte, und ergibt sich am 23. Dezember 1847 dem General La Moricière.

### 5) *Das Ende der Eroberung* (1847–1857)

Deswegen ist aber noch lange nicht alles in Ordnung. Die Arabisierten im algerischen Westen sind zwar besiegt, aber die seßhaften Kabylen in ihren Bergen und die Stämme des Südens ebensowenig unterworfen, wie sie es während der türkischen Besetzungsperiode waren. Die Franzosen sind sich als gute Kenner der römischen Geschichte der Tatsache bewußt, daß die Unabhängigkeit dieser Gebiete seinerzeit der Hauptgrund für den Verlust Römisch-Afrikas war; 1848 beginnen die »Befriedungsaktionen«, die sich für die Kabyleien als besonders verhängnisvoll erweisen, weil die Strafexpeditionen und die Vernichtung der Ölbäume für die Seßhaften, die nicht wie die Nomaden unter Mitnahme von Hab und Gut fliehen können, katastrophale Folgen haben. Das Gefecht bei Icheriden macht im Jahre 1857 der Selbständigkeit der Kabylen ein Ende; der Aures war bereits 1849 unterworfen worden, die südlichen Oasen (El-Abiod, Laghuat, Tuggurt) zwischen 1852 und 1854.

6) *Die letzten Erhebungen* (1857–1871)

Man sieht im allgemeinen die Eroberung Algeriens mit dem Jahre 1857 für abgeschlossen an, aber die Aufstände in Teilgebieten hören genaugenommen erst im Jahre 1871 auf und haben jedesmal schwere Repressalien im Gefolge. Im Jahre 1854 greift die Erhebung der Uled Sidi Schech im Süden des Oranais auf den Tell und bis in das südliche Constantinois über, wo die Bevölkerung gegen den Zuzug von Kolonisten protestiert. Im Jahre 1866 beginnt ein Vierjahreszyklus klimatischer Katastrophen, die der Bevölkerung schwer mitspielen; die Statistiken verzeichnen für die Zeit von 1861 bis 1872 eine Abnahme der einheimischen Bevölkerung um 22 Prozent.

Beim Aufstand von 1871 erscheint somit die Bedeutung der wirtschaftlichen Ursachen als ebenso groß wie die der politischen. Die letzteren setzen sich zusammen aus dem Prestigeverlust der Franzosen aufgrund ihrer militärischen Niederlage in Europa, der Einführung der Zivilverwaltung, der Schützerin der Interessen der Kolonisten, in den Territoires Militaires, also in Gebieten, wo die militärischen Leiter der »Bureaux Arabes« die Sorgen und Nöte der ortsansässigen Bevölkerung eher verstehen würden; dazu kamen noch das »Décret Crémieux«, das die algerischen Juden zu französischen Bürgern machte, und vor allem die Entsendung mohammedanischer militärischer Einheiten nach Frankreich, die die Gelegenheit für den Beginn des Aufstandes am 22. Januar 1871 bot.

Am 16. Mai 1871 macht der *baschagha* Moqrani, ein Großgrundbesitzer aus dem Süden der Großen Kabylei, der bis dahin mit der französischen Verwaltung zusammengearbeitet hat, eine brüske Kehrtwendung und übernimmt die Führung der kleinen Aufstandsbewegungen, die in der Kabylei aufflackern. Er verbündet sich mit dem Scheich Haddad der im Constantinois allmächtigen Rahmaniya-Moslembruderschaft. Binnen weniger Monaten hat die Erhebung trotz des Todes Moqranis am 5. Mai das ganze Constantinois, fast das ganze Algier und einen Teil des südlichen Oranais erfaßt. Die Franzosen benötigen ein Jahr, um sie zu unterdrücken. Die Strafmaßnahmen gegen die aufständischen Bevölkerungsteile sind sehr schwerer Natur; in erster Linie müssen diese innerhalb von zwei Jahren eine Kontribution von 27 Millionen Francs zahlen; weiter – und das wiegt am schwersten – werden 446 406 Hektar Grund enteignet, die Besitzer vertrieben und durch europäische Kolonistenfamilien, in der Hauptsache Flüchtlinge aus Elsaß-Lothringen, ersetzt.

Bis zum November 1954 ist der Aufstand von 1871 die letzte allgemeine Erhebung mit bewaffneter Hand in Algerien. Vom algerischen Gesichtspunkt aus betrachtet trägt er einen von dem Befreiungsversuch Abd el-Kaders sehr verschiedenen Charakter. Diesen kann man als ein allerletztes und verspätetes Sichaufbäumen des glanzvollen maghrebischen Mittelalters ansehen, während die Moqrani-Revolte im Gegensatz dazu eigentlich schon eine Vorläuferin des Unabhängigkeitskampfes von 1954 bis 1962 darstellt, weil sie ihre Kraft aus der Enttäuschung des algerischen Bauern bezog, der seiner besten Ländereien beraubt wurde und sich gezwungen sah, für den europäischen Kolonisten zu arbeiten.

### 7) *Die Kolonisierung bis 1881*

Diese beginnt eigentlich erst mit dem Jahre 1871 und auf Grund der Bodenenteignungen. Zwischen 1830 und 1871 hatte die Verwaltung den europäischen Kolonisten 481 000 Hektar bewilligt, zwischen 1871 und 1880 fast ebensoviel, nämlich 401 099 Hektar. Dabei wird sie durch das sogenannte Warnier-Gesetz, das Bodengesetz vom 26. Juli 1873 untersützt, das unter dem Vorwand der Assimilierung den in der araboberberischen Gesellschaft so weitverbreiteten kollektiven Bodenbesitz aufhebt und die Bodenspekulation im Großen, durch die der eingeborene Bauer schwer geschädigt und auf die Stufe eines Agrarproleten gedrückt wird, legalisiert.

Die Entwicklung der europäischen Bevölkerung war bis 1871 recht unregelmäßig gewesen. Am 1. Januar 1841 zählt man nicht ganz 27 000 Europäer; 6 Jahre später betrug ihre Zahl das vierfache, nämlich 109 000, davon 52 Prozent Nichtfranzosen aus den Mittelmeerländern (Spanier, Italiener, Malteser usw.). Im Jahre 1851 wurden Tausende von Republikanern, Opfer des bevorstehenden Staatsstreichs, nach Algerien deportiert, wo Marschall Randon, der spätere Eroberer der Kabylei, den für sie benötigten Grund und Boden durch das »Einlagerungssystem« lieferte, das darin bestand, daß man den Stämmen einen Teil ihres Bodens wegnahm und ihnen dafür den endgültigen Besitz des verbliebenen Restes zusicherte.

Im Jahre 1863 entschied sich Napoleon III. unter dem Einfluß des Mulatten Ismaël Urbain, eines zum Islam übergetretenen Saint-Simonisten, für die Aufgabe der Assimilationspolitik und zur Gründung eines »arabischen Reiches«, wo »nicht zwei Millionen Eingeborene dem Wohle von 200 000 Kolonisten aufgeopfert würden«. Im Jahre 1865 bot man den Arabern sogar das französische Bürgerrecht unter Beibehaltung ihres Mohammedanerstatuts an, aber nur eine ganz geringe Minderheit machte davon Gebrauch. Auf jeden Fall wurden jetzt die Militärs in der Verwaltung allmächtig und die Kolonisation stark gebremst, was einerseits den geringen Zuwachs bei der europäischen Bevölkerung erklärt, die im Jahre 1871 ungefähr 130 000 Ansässige betrug, andererseits die aufstandsähnliche Reaktion gegen den Punkt der Tagesordnung vom 9. Mai 1870, der die Wiedereinführung der Zivilverwaltung in Algerien forderte.

Die Volkszählung des Jahres 1881 ergab 195 000 Europäer unter Einrechnung der durch das »Décret Crémieux« naturalisierten einheimischen Israeliten. Durch dieses Einbürgerungsspiel hatte man zwar die Zahl der Franzosen beträchtlich erhöht, aber natürlich ohne daß dieses mittelmeerische Völkergemisch, das Algerien eine ganz eigenartige Physiognomie verleihen sollte, in gleichem Maße fester mit dem französischen Mutterland verbunden worden wäre.

Der starke Reblausbefall der europäischen Weinbaugebiete von 1876 an war die Ursache dafür, daß man den algerischen Boden als für den Weinbau geeignet entdeckte und die Kolonisierung dadurch einen bemerkenswerten Aufschwung nahm. Die achtziger Jahre des 19. Jahrhunderts stellen somit für Algerien wie für fast ganz Afrika einen wichtigen Wendepunkt dar.

## C. Tunesien

Noch mehr als die Eroberung Algeriens hat die von Constantine im Jahre 1837 die Geschicke der Regentschaft Tunis beeinflußt, setzte sie doch die sich allmählich festigende französische Herrschaft an die Stelle eines türkischen Nachbarn im Westen, mit dem man endlich im Jahre 1824 einen *modus vivendi* ausgehandelt hatte.

Achmed Bey (1837–1855) nützt auf diplomatischem Gebiet geschickt die Gegnerschaft zwischen den Engländern und Franzosen aus: die ersteren wünschen eine effektive Lehnsherrlichkeit der Türkei, die letzteren wollen diese dagegen ungültig machen und selbst die Stelle der Türken einnehmen. Der durch die Leistungen eines Mehemet Ali in Ägypten stark beeindruckte Achmed Bey modernisiert seine Armee und legt eine Pulverfabrik, eine Gießerei und eine Tuchfabrik an – zur gleichen Zeit, als Abd el-Kader diese Industrien in seinen Neugründungen Tagdempt, Taza und Boghar einzuführen versucht. Er schafft den Sklavenhandel ab (1840–1841).

Mohammed Bey (1855–1859) modernisiert sein Land in weit höherem Maße, indem er seinen Untertanen am 10. September 1857 einen »Grundvertrag« aufoktroyiert, der von den ottomanischen Staatsgrundverträgen von 1839 und 1856 stärkstens beeinflußt ist. Sein Nachfolger Sadok Bey (1859–1883) geht noch weiter und verkündet eine Verfassung, die eine Monarchie parlamentarischen Typs schaffen soll – für die mohammedanische Welt eine geradezu revolutionäre Neuerung. Allerdings stößt er dabei auf eine starke Gegnerschaft im Innern, die zu der von den großen Stämmen Zentraltunesiens, die die Zahlung neuer Steuern verweigern, aufgezogenen »Revolution von 1864« führt; es gelingt dem Bey, der Revolution Herr zu werden und die Aufständischen schwer zu bestrafen, aber er zieht aus der ganzen Sache auch eine Lehre, derzufolge er der allzuschnellen Einführung von Reformen in einem nicht darauf vorbereiteten Land Einhalt gebietet. Leider läßt er sich gleich seinem Zeitgenossen Ismail von Ägypten die Ausgaben über den Kopf wachsen; die Aufnahme von Anleihen zu Wucherzinsen treibt ihn immer weiter auf den Staatsbankrott zu. Im Jahre 1869 (dem Jahre der Einweihung des Suezkanals) stellt eine englisch-französisch-italienische Finanzkommission die Regentschaft unter Kuratel.

Im Oktober 1873 wird Chaireddin, der einer der geistigen Väter der Reformen von 1857 war, zum Premierminister ernannt und es gelingt ihm, durch Reorganisation von Verwaltung, Finanzwesen,

Justiz, Pacht- und Unterrichtswesen das finanzielle Gleichgewicht wiederherzustellen. Im besonderen gründet er die moderne Hochschule »Sadiki«, die unter dem Protektorat die Kader der tunesischen nationalistischen Bewegung heranbildet. Allerdings hat er von seiten des Bey nicht die nötige Unterstützung und tritt daher im Jahre 1877 zurück.

Im Jahre darauf läßt Großbritannien, um auf Zypern freie Hand zu bekommen, die französische Regierung wissen, daß London sich nicht mehr weiter der französischen Tunesienpolitik widersetzen werde. Deutschland hat ebenfalls nichts dagegen einzuwenden und die Türkei ist außerstande, etwas dagegen zu unternehmen. Frankreich hat jetzt nur noch mit den italienischen Ambitionen zu rechnen und wartet bloß auf einen Vorwand, um handeln zu können. Am 4. April 1881 fordert Jules Ferry von der Kammer die nötigen Kredite für eine Strafexpedition an der algerisch-tunesischen Grenze, die im März von Krumirbanden verletzt worden ist. Binnen drei Wochen stehen die französischen Truppen vor den Toren von Tunis und präsentieren dem Bey den Bardo-Vertrag (12. Mai 1881), der Tunesien zum französischen Protektorat macht. Einige Wochen später allerdings bricht in der Gegend von Sfax und von Kairuan ein Aufstand aus, der die Entsendung von 50000 Mann erfordert, große Verluste der Franzosen und – den Sturz des Ministers Jules Ferry im Gefolge hat. Kairuan fällt jedoch am 24. Oktober 1881 und am 8. Juni wird die Konvention von La Marsa unterzeichnet.

## D. Marokko

Zwischen 1830 und 1880 ist die Entwicklung Marokkos wesentlich geringer als die Tunesiens und Algeriens. Nach dem Untergang Abd el-Kaders im Jahre 1847 interessiert sich Mulay Abderrahman (1822–1859), der den Emir anfänglich unterstützt hatte, kaum noch für seine Ostgrenze. Unter der Regierung seines Sohnes Sidi Mohammed (1859–1873) verstärkt sich der europäische, in der Hauptsache englische und französische Handelsdruck, aber Verfassungsreformen wie in Tunesien stehen nicht zur Debatte. Die ausgeprägte Fremdenfeindschaft der Marokkaner würde zudem jegliche Änderung des Bestehenden vonseiten des Sultans verhindern. Sogar im Rahmen des Islam, der doch eigentlich für die Begriffswelt des innerhalb eines gegebenen geographischen Rahmens lebenden Volkes ein Fremdkörper ist, haben die Marokkaner ihre nationale Persönlichkeit bewahrt, was noch durch die

Tatsache bekräftigt wird, daß ihr Herrscher gleichzeitig auch ihr persönlicher Kalif ist, in dessen Namen das Freitagsgebet gesprochen wird. Abgesehen von der Pilgerfahrt, die der Schwierigkeiten der Reise wegen sowieso wenig durchgeführt wird, existieren kaum Beziehungen zum Islam in anderen Ländern und das Lehrgebäude der Karauin-Universität in Fes bleibt sehr archaisch.

Mulay al-Hassan regiert von 1873 bis 1894 und hinterläßt den Ruf eines unermüdlichen Wanderers, der unablässig in seinem Reiche herumreist, um seine Autorität zu festigen. Trotzdem umfaßt bei seinem Tode der Bled Machzen, wo die Steuern regelmäßig entrichtet werden, nur ein Drittel der Fläche des heutigen Marokkos und die Hälfte seiner Bevölkerung.

## E. Das Erwachen des Islam in Weißafrika

Vom 18. Jahrhundert an und vor dem Masseneinbruch der Christen im mittelmeerischen Afrika hatte das Entstehen neuer Moslembruderschaften die Lebenskraft und gleichzeitig das Bedürfnis nach Eigenständigkeit des afrikanischen Islam unter Beweis gestellt. Wir haben gesehen, daß verschiedene unter ihnen bei der Eroberung Algeriens eine große Rollen gespielt haben, wie z. B. die im Jahre 1770 in der Kabylei gegründete *Ramaniya,* die die Revolte Moqranis unterstützte; die *Tischaniya,* deren Gründer der aus Ain Mahdi westlich von Laghuat in Südalgerien stammende Achmed Tischani war und die sich seit 1781 über Fes (wo Tischani im Jahre 1815 starb) in südlicher Richtung nach Mauretanien einerseits und bei den Tuareg des saharischen Zentralmassivs andererseits ausbreitete. Infolge der Predigttätigkeit des El-Hadsch Omar (1837–1864) sollte sie sich wie ein Bodenfeuer über den Sudan ausbreiten.

Die *Senussiya,* die in der östlichen Sahara eine wichtige Rolle spielen sollte, hat ebenfalls einen Algerier als Gründer. Mohammed Ibn Ali es-Senussi wird im Jahre 1792 im Duar Torch bei Mostaganem geboren, studiert in Fes und bricht dann nach Mekka auf; in Kairo predigt er gegen die »europäischen« Reformen Mehemet Alis und muß daraufhin die Stadt verlassen. Im Jahre 1843 gründet er eine Zauia im Dschebel Aschdar in der Cyrenaika, wo er den neuen »Weg« *(tariqa),* den er im Jahre 1835 in Mekka gefunden hat, verkündet; dann läßt er sich in Dscharabub, einem bedeutenden Schnittpunkt von Karawanenwegen in der libyschen Wüste 300 Kilometer südlich von

Tobruk nieder. Im Jahre 1869 stirbt er, nachdem er die ganze Ostsahara bis nach Wadai und Kordofan zum intoleranten und extrem christenfeindlichen Senussismus bekehrt hat. Sein ältester Sohn Scheich el-Mahdi führt das Werk des Vaters fort und stößt im Jahre 1883 in Wadai auf einen Konkurrenten in Gestalt eines anderen Mahdi, der wesentlich berühmter ist als er selbst. Jener andere Mahdi, der im Jahre 1885 Khartum erobern und im Ostsudan ein Reich gründen sollte, nannte sich Mohammed Achmed Abdallah und widmete sich mehrere Jahre auf der Insel Abba, 100 Kilometer südlich von Khartum, der Meditation und der Lehre, bevor er zum Mahdi ausgerufen und gebeten wurde, die Leitung des Heiligen Krieges zu übernehmen. Dies geschah im Jahre 1881, einem Jahre in dem sich der mohammedanische Fanatismus in verschiedenen Gegenden geradezu explosionsartig Luft macht; im südlichen Oranais erheben sich die Uled Sidi Schech unter der Führung des Marabuts Bu Amama von neuem, im Ahaggar wird am 16. Februar 1881 die Mission Flatters von den Tuareg niedergemetzelt; in Kairo unterstützen die Moslembruderschaften den Aufstand Arabi Paschas, den sie als den Abgesandten Gottes anerkennen, »weil er den Buchstaben G auf der Stirn trägt«; endlich stoßen im gleichen Jahre 1881 die französischen Truppen zum ersten Male auf die Samorys bei Kita (Mali).

In allen mohammedanischen Ländern Weiß- und Schwarzafrikas nimmt so der Widerstand gegen das europäische Vordringen den Charakter und die Intensität des Heiligen Krieges an.

# X

# Schwarzafrika im 19. Jahrhundert bis zur Berliner Konferenz (1884)

## A. Afrikas Erwachen zu Beginn des 19. Jahrhunderts

Zu einer Zeit, da ganz Europa durch das napoleonische Heldenepos erschüttert wird, erwacht Schwarzafrika aus der Starre der vorhergegangenen zwei Jahrhunderte.

Das Jahr 1804 bedeutet den Beginn einer beachtlichen Erneuerung des Islam, die auf Usman dan Fodio, den Gründer des Fulbereichs in Nigeria zurückgeht. Von Gobir (Nordwest-Nigeria) aus sollte sich die Bewegung über den ganzen Sudanstreifen Afrikas, nach Westen über das Fulbereich von Massina, das Tukulor-Reich von El-Hadsch Omar und das Reich Samorys und in Richtung Osten über Bornu und Wadai verbreiten.

Durch ein merkwürdiges zeitliches Zusammentreffen erfährt Südafrika zur gleichen Zeit infolge der Eroberungen eines Mannes, den man den »Schwarzen Napoleon« oder Tschaka den Schrecklichen genannt hat, eine vollständige Neuordnung seiner Völkerkarte. Dreißig Jahre später (1837) beginnt der »Große Treck« der Buren, die der Beengung durch die englische Verwaltung entgehen wollen, nach Norden. Im Jahre 1854 haben sie bereits die zwei Freistaaten Oranje und Transvaal gegründet und hat sich der große Mossuto-Häuptling in Basutoland festgesetzt. Die Entdeckung der Diamantenlager im Kimberleygebiet im Jahre 1864 und dann die der goldhaltigen Schichten des Witwatersrand im Jahre 1882 verändern die wirtschaftlichen und politischen Verhältnisse in Südafrika vollkommen.

Auf Madagaskar regiert Radama I. von 1810 bis 1828 und verfünffacht das Gebiet des Reiches Merina, indem er die ganze Ostküste erobert und die Sakalavenreiche der Westküste zerstört. Er verleiht damit der »Großen Insel« den Charakter einer nationalen Einheit, wie sie sie vorher niemals besessen hatte.

Die Bedeutung dieser »afrikanischen« Geschichte Afrikas während der drei ersten Viertel des 19. Jahrhunderts ist den europäischen Historikern vollkommen entgangen. Es erscheint im übrigen ganz normal, daß diese mit Vorliebe die zahlreichen ideologischen, wirtschaftlichen und politischen Faktoren abhandelten, die alle in die koloniale Aufteilung Afrikas übergingen. Was aber entschieden bemerkenswerter und nur durch eine gewisse Hast bei der Ausarbeitung erklärlich ist, ist die Tatsache, daß kein einziger der Verfasser der Handbücher, die über die verschiedenen jetzt unabhängig gewordenen Länder Schwarzafrikas herausgegeben wurden, auf jene Erneuerungbewegung näher eingegangen ist. Im Bestreben, der Geschichte einen leidenschaftlichen und »erzieherischen« Charakter zu verleihen, lassen sie sich des langen und breiten über den seinerzeitigen Widerstand gegen die koloniale Eroberung aus und vergessen dabei, daß sich so hervorragende Persönlichkeiten wie Usman dan Fodio, Scheku Amadu, Tschaka usw. außerhalb jeglichen europäischen Einflußbereiches entwickelt haben. Selbst El-Hadsch Omar muß, auch wenn ihm die Franzosen im Senegal Einhalt geboten, doch vor allem als mohammedanisch-afrikanischer Reichsgründer gewertet werden.

### 1) *Die Reiche der Fulbe und der Tukulor*

*Usman dan Fodio und das Fulbe-Reich von Sokoto.* – Usman dan Fodio ist sehr zu Unrecht bei den französischsprachigen Afrikanern nur wenig bekannt. Viele dieser, sogar Mohammedaner, wissen seine Rolle als Gründer des am meisten islamisierten Blocks in Schwarzafrika und als Vorläufer der verschiedenen theokratischen Staaten der Fulbe und Tukulor, die im 19. Jahrhundert das politische Bild des sahelosudanischen Streifens Afrikas umformen sollten, nicht richtig einzuschätzen.

Wir haben im vorhergehenden Kapitel gesehen, daß er im Jahre 1754 als Angehöriger einer Torobe-Familie aus dem senegalischen Futa Toro, die seit drei Jahrhunderten in Gobir, dem westlichsten der Haussastaaten (Gegend von Sokoto in Nigeria und von Maradi in Niger), ansässig war, geboren wurde. Anfänglich führt er das Leben eines Wanderpredigers und erwirbt sich großes Ansehen als Gelehrter und Mystiker; dann läßt er sich in seinem Heimatdorf Degel nieder, aber der *sarkin* (König) von Gobir, Yunfa, droht ihn wegen Mißachtung der staatlichen Gesetze verhaften zu lassen. Usman flieht infolgedessen nach Gudu und diese Flucht – am 21. Februar 1804 – wird von den mohammedanischen Fulbe sofort mit der Hedschra, der Flucht Mohammeds nach Medina, die den Beginn der mohammedanischen Ära bedeutet, verglichen. Usman wird durch Zuruf zum *Sarkin Musulmi* oder Herrscher der Gläubigen gewählt; den gleichen Titel trugen die Songhai-Askia. Er ruft seine Parteigänger zum Heiligen Krieg gegen die Heiden und die mohammedanischen Haussa auf, deren Islam er für zu schwachgläubig und vom Heidentum überwuchert hält. Zwölf seiner treuesten Jünger erhalten von ihm geweihte Feldzeichen.

Von 1804 bis 1809 erobern die »Fahnenträger« sämtliche Haussastaaten mit den reichen Handelsstädten Kano, Katsina, Saria usw. und treten als Fulbe-*Emire* an die Stelle der Haussa-*Sarkin*. Nur in Bornu stoßen sie auf Widerstand; dort führt El-Kanemi, Fürst von Kanem (Provinz östlich des Tschadsees, die im Mittelalter der Reichsmittelpunkt war) nicht nur Rechtgläubigkeit und Altersrang seines Islam, sondern auch die Stärke seiner Armee ins Feld, um dadurch seinem *mai* (König) die Ersetzung durch einen Fulbe-Emir zu ersparen, kann aber trotzdem nicht verhindern, daß im Jahre 1812 die um 1470 von Ali, dem Sohne des großen Dunama, gegründete Hauptstadt Ngazargamo (jetzt Gasr Eggomo) zerstört wird. Dafür kann sich ein Fulbe-Emirat in dem reichen Königreich Nupe festsetzen und ein anderes in Ilorin, so daß damit der Norden des mächtigen Reiches von Ojo besetzt und ein Brückenkopf für die Verbreitung des Islam im Jorubaland geschaffen ist. Im Südosten setzt sich der »Fahnenträger« Adama in Jola fest (1841), das so zur Keimzelle der Fulbe-Emirate in Adamaua, im Norden des heutigen Kamerun, wird.

Usman dan Fodio selbst hat mit dieser erstaunlichen Expansion der Fulbe nichts mehr zu tun. Bereits im Jahre 1809, neun Jahre vor seinem Tode, zieht er sich aus dem politischen Leben zurück und befaßt sich nur noch mit Religionswissenschaft. Seine Arbeiten zur Koranexegese und sein Mystizismus verleihen ihm eine wirkliche Originalität innerhalb der langen Reihe großer historischer Persönlichkeiten im sudanischen Streifen Afrikas und seine in Nigeria bereits hohe Berühmtheit wird in der mohammedanischen Welt zweifelsohne nur noch zunehmen, sobald einmal die augenblicklichen Studien über seine Arbeiten abgeschlossen und veröffentlich sind. Der Ruf des kompetenten Wissenschaftlers haftet im übrigen auch seinem Sohn und Nachfolger Mohammed Bello an, der sich in Sokoto niederließ, während ein Bruder Usmans namens Abdullah sich Gando als Residenz wählte, um von dort aus den Westen des Fulbe-Reiches zu verwalten – eines Reiches, das sich zwischen 1842 und 1859, in der Zeit seiner größten Gebietserstreckung, 1500 Kilometer weit von West nach Ost, von Say (Niger) bis nach Adamaua hinzog, in Nord-Süd-Richtung 500 Kilometer weit von der heutigen Grenze zwischen Nigeria und Niger bis zum Benuë.

Leider verfügten die Fulbe-Emire bei weitem nicht über die moralischen und geistigen Werte der Begründer des Reiches; für sie existierten das heidnische Gebiet, der berühmte *Middle Belt* des heutigen Nigeria, nur als Sklavenreservoire.

*Scheku Amadu und das Fulbe-Reich der Massina.* – Im Mai 1818 schlägt ein Fulbe-Marabut aus der Massina namens Amadu Hammadi Bubu in der Schlacht bei Noukoma (zwischen Djenne und Mopti) die Streitmacht des Bambara-Königs von Segu und schickt daraufhin zwei Gesandte an Usman dan Fodio, um von diesem eine *fetwa* (juristische Entscheidung) zur Rechtfertigung des Heiligen Krieges gegen die heidnischen Bambara zu erhalten. Usman ernennt Amadu zum »Scheich« und sendet ihm mehrere geweihte Fahnen, die ihm den Sieg sichern sollen.

Scheku Amadu stürzt daraufhin die *a-do* (Häuptlinge), Heiden gebliebene Fulbe, die dem Bambara-König unterstehen. Am Ufer des Bani legt er eine neue Hauptstadt, Hamdallay, an und erobert dann Djenne und Timbuktu (1826). Er zwingt die nomadischen Fulbe zum Seßhaftwerden und richtet eine detaillierte Finanz- und Militärorganisation ein, die es ihm gestattet, die Grenzen seines theokratischen Staates weit hinauszuschieben und dem Islam bei den Fulbe und den Bambara zu einer großen Verbreitung zu verhelfen. Scheku Amadu macht nicht so sehr den Eindruck eines Heerführers als vielmehr den eines großen Mystikers. Durch seine strenge Frömmigkeit und die absolute Lauterkeit seiner Lebensführung hat er zur Hebung der Moral des Islam fulbischer Prägung sehr viel beigetragen. Im Jahre 1845 folgt ihm sein Sohn Amadu Scheku, der acht Jahre lang regiert. Die Regierung seines Enkels Amadu Amadu erleidet im Jahre 1862 durch die Eroberung der Hauptstadt Hamdallay durch El-Hadsch Omar einen tragischen Abschluß.

*El-Hadsch Omar und sein Versuch einer tidschanistischen Reichsgründung.* – Die Bezeichnung »Reich« paßt für den von El-Hadsch Omar gegründeten Staat besser als für den Fulbe-Staat der Massina mit seinem wesentlich kleineren Gebiet.

Wenn im Jahre 1964 der hunderste Todestag von El-Hadsch Omar feierlich begangen werden wird, haben sich sicher die Leidenschaften noch nicht beruhigt, die sich an dieser außergewöhnlichen Persönlichkeit entzündet haben: bei den einen eine grenzenlose Bewunderung und bei den anderen ein glühender Haß. Die Gründe hierfür sind darin zu suchen, daß er nicht nur einen »klassischen« Heiligen Krieg gegen die Heiden geführt hat, sondern darüber hinaus auch noch einen echten Religionskrieg innerhalb des schwarzen Islam; dadurch, daß er die Lehre der Tidschaniya-Bruderschaft im westlichen Sudan durch Wort und Waffen verbreitete, führte er den Niedergang der Qadriya-Sekte herbei, die zu Ende des 15. Jahrhunderts von dem Mauren Kunta Sidi Achmed el-Bekkay eingeführt und dann durch die Fulbe über die ganze Länge des sahelosudanischen Streifens Afrikas verbreitet worden war.

Omar Seydu Tall wurde im Jahre 1797 in Podor im Futa Toro geboren. Futa Toro am Mittellauf des Senegal ist das Kernstück des alten Reiches von Tekrur, des Zeitgenossen des Reiches von Ghana; es ist das am frühesten islamisierte Land Schwarzafrikas und die Heimat der *Tekroror*, der »Toucouleurs« der Franzosen, bei welchen es sich um Fulbe-Serere-Mischlinge handelt. Schon von Kindesbeinen an liefert Omar Seydu Beweise für seine außerordentliche geistige Reife. Als Heranwachsender vervollständigt er seine islamischen Studien bei dem aus Futa Dschalon stammenden Abd el-Karim, der ihn auch in die für Schwarzafrika ganz neue, erst im Jahre 1781 von dem aus Ain Mahdi in Südalgerien stammenden Si Achmed ben Mohammed gegründete Tidschaniya-Bruderschaft einführt. Im Jahre 1827 besucht Omar Hamdallay und wird dort von Scheku Amadu sehr freundlich aufgenommen. Dann reist er für sieben Monate nach Sokoto an den Hof Mohammed Bellos, des Sohnes von Usman dan Fodio, und verkündet dort die Lehre der Tidschaniya. Über Fessan und Kairo geht er dann nach Mekka und erwirbt sich damit den Titel El-Hadsch. Er bleibt fünf Jahre in Medina und läßt sich dort zum »allgemeinen Kalifen der Tidschaniya-Bruderschaft für alle schwarzen Länder« ernennen. Auf dem Rückweg hält er sich an der Kairiner Al-Ahzar-Universität auf, wo es den arabischen Gelehrten nicht gelingt, in seinem islamischen Wissen irgendwelche fehlerhafte Stellen zu finden. Dann geht er zum Sultan von Bornu, der ihm eine seiner Töchter zur Ehe gibt; schließlich kommt er wieder an den Hof Mohammed Bellos und kann dort viele zur Lehre der Tidschaniya bekehren; gleichzeitig heiratet er auch eine Tochter Bellos, die spätere Mutter seines Nachfolgers Amadu.

Im Jahre 1837 erscheint er mit auf 1000 Mann geschätztem Gefolge wieder in Hamdallay, wo man allerdings diesmal seine flammenden

Predigten gegen die ihm zu tolerant erscheinende Qadriya mit ziemlicher Zurückhaltung aufnimmt; in Segu läßt ihn der heidnische Bambara-König ins Gefängnis werfen, läßt ihn aber bald wieder frei; schließlich wird er in Dinguiraye (Oberguinea) gut aufgenommen und der Almamy von Futa Dschalon erlaubt ihm, eine Zauia zu errichten. Nun vergehen 13 Jahre, während derer seine Predigttätigkeit und sein prophetischer Ruf eine wahre Armee junger Anhänger schaffen, die sich von dem demokratischen Prinzip der Gleichberechtigung, wie es bei der Tidschaniya herrscht, angezogen fühlen.

Im Jahre 1850 kauft er von britischen Händlern in Sierra Leone Feuerwaffen und fühlt sich dann für die Schaffung eines »tidschanistischen« Reiches gerüstet. Bambuk und Kaarta sind schnell erobert, aber dann stößt er im Jahre 1857 bei Medine am Senegal auf eine von Faidherbe entsandte französische Abteilung und gleichzeitig auf die Feindseligkeit der senegalesischen Häuptlinge.

Er wendet sich folglich nach Osten und zerstört das Bambara-Reich Segu, greift das mohammedanische Fulbe-Reich in der Massina an und bemächtigt sich im Jahre 1862 der Hauptstadt Hamdallay. Aber ein Aufstand der Massina-Fulbe zwingt El-Hadsch Omar und seine Tukulor zur Flucht in die Bandiagara-Klippen, wo er am 13. Februar 1864 unter geheimnisvollen Umständen stirbt. Das Geheimnisvolle an seinem Tode trägt zu der Legende bei, derzufolge er gar nicht gestorben ist und einst zusammen mit dem Mahdi wiedererscheinen wird.

Amadu wird Nachfolger seines Vaters El-Hadsch Omar und wählt Segu zu seiner Hauptstadt. Wie sein Vater, so stößt auch er auf den Widerstand der Massina-Fulbe und der Bambara. Im nächsten Kapitel werden wir einiges über seinen Kampf gegen das französische Vordringen sowie über Samory, den zeitlich letzten der mohammedanischen Reichsgründer in Westafrika, erfahren.

Man kann die Bedeutung dieses Jahrhunderts des Heiligen Krieges der Fulbe und Tukulor, das mit der Eroberung durch die Kolonialmächte sein Ende fand, für die Geschichte Westafrikas nicht hoch genug einschätzen. Es hat nicht nur den Islam unter den bis dahin wenig von ihm berührten Massen der Sudanbevölkerung verbreitet, sondern auch eine Menge von Persönlichkeiten herausgestellt, die den Europäern des zu Ende gehenden 19. Jahrhunderts als die einzigen Geltung besitzenden Oberhäupter der schwarzen Gemeinwesen erschienen, *was die systematische Protektion des Islam durch die Franzosen und Engländer und seinen außerordentlich großen Zuwachs während der Kolonialperiode erklärt.*

2) *Die Reiche des Tschad-Sudans*

Die wirtschaftliche Renaissance der unter der Macht der Fulbe endlich geeinten Haussa-Staaten wirkt sich für das Reich Bornu, das von seiner Lage am sudanischen Ende der großen Transsahararoute Tripolis – Tschad profitiert, günstig aus. Nachdem El-Kanemi den Mai von Bornu vor dem Angriff der Fulbe gerettet hat, nimmt er den Titel Scheich an und wählt sich Kuka (auch Kukawa) südwestlich des Tschadsees als Hauptstadt, die zum wichtigsten Sklavenmarkt Zentralafrikas werden soll. Im Jahre 1846 fällt der letzte Mai der alten Sefuwa-Dynastie, die seit dem 10. Jahrhundert am Ruder gewesen war, durch Mörderhand; Omar, der Sohn El-Kanemis und sein Nachfolger seit 1835, empfängt an seinem Hofe mehrere deutsche Forscher, unter ihnen Barth, Overweg, Vogel, Rohlfs und Nachtigal. Er stirbt im Jahre 1881, zwölf Jahre vor der Eroberung des über 1000 Jahre alten, aber jetzt ziemlich verfallenen Reiches durch Rabah.

Östlich von Bornu entwickelt sich das Reich *Wadai* im heutigen Tschad ebenfalls zu Beginn des 19. Jahrhunderts und dies dank dem Sultan Abd el-Krim (1803–1813), der sich die Kontrolle über die nach Fessan und zum Nil führenden Wege zu sichern weiß. Um 1875 wird Wadai zu einer Großmacht, die sich allerdings und leider nur auf den Handel mit unter den Heidenstämmen im Süden (Zentralafrikanische Republik, südlicher Sudan und Kongo) rekrutierten Sklaven stützen kann. Wadai wird von den Truppen des Mahdi und von Rabah angegriffen, kann sich aber trotzdem bis zum Jahre 1909 gegen die vordringenden Franzosen halten.

3) *Die Staaten an Gold- und Slavenküste*

Die drei Staaten Ojo, Aschanti und Dahome im Hinterland des Golfes von Guinea hatten es jeder für sich im Laufe des 18. Jahrhunderts zu einer starken Militärmacht gebracht.

Seit Beginn des 19. Jahrhunderts kann man in Ojo, dem ältesten und flächenmäßig größten dieser drei Reiche, Zeichen des Niedergangs feststellen. Um 1820 dringen die Fulbe in den nördlichen Teil des Reiches, wo auch die Hauptstadt Old Ojo liegt, ein und gründen dort das Emirat von Ilorin. Der Alafin, der militärische und politische Oberbefehlshaber, zieht sich nach Ojo, 100 Kilometer südlich, zurück, während der Oni, das religiöse Oberhaupt, in Ife residiert. Aber die Jorubastädte liegen dauernd miteinander im Kampf und sorgen für reichen Nachschub für die Sklavenmärkte in Lagos und Badagri. Vom Jahre 1840 an ist die Geschichte des Staates Ojo nur noch die des allmählichen Vordringens der Engländer, zuerst auf religiösem und kommerziellem und schließlich auf politischem Gebiet, im Jorubaland, bis schließlich im Jahre 1888 das britische Protektorat errichtet wird.

Die *Aschanti*-Konföderation hatte ebensowenig wie Ojo die Küste im Laufe des 19. Jahrhunderts erreicht; im Jahre 1807 greift der *Asantehene* Osei Bonsu (1800–1824), der die absolute Notwendigkeit eines Ausgangs zum Meere begriffen hat, das englische Fort Anomabu siegreich an. Diesem ersten Vorstoß Aschantis in Richtung Süden folgen weitere, scheitern aber an der Absicht der Briten, den Sklavenhandel durch einen normalen Warenhandel zu ersetzen – ein Vorhaben, das eine ständige militärische Überwachung der Küste voraussetzt. Aschanti ist weit davon entfernt, wie Ojo von selbst zu zerfallen und wird erst durch die Einnahme von Kumasi durch eine große englische Armee unter Sir Garnet Wolseley im Jahre 1874 bezwungen. Die wehrlose Konföderation wird jedoch erst im Jahre 1901 englische Kolonie unter dem Gouverneur der im Jahre 1874 zur Kolonie gewordenen Goldküste.

Das Reich *Abome* ist derjenige der drei Sklavenküstenstaaten, welcher seine Unabhängigkeit am längsten bewahren konnte, nicht zuletzt dank der Aufbauarbeit seines Königs Ghezo, der von 1818 bis 1848 regiert. Er befreit sich von der Tributzahlung an den Alafin von Ojo, führt zahlreiche siegreiche Feldzüge mit Hilfe einer gut ausgebildeten Armee, die durch ihr Amazonenkorps berühmt geworden ist, und reorganisiert Verwaltung und Finanzwesen. Im Bewußtsein, daß es mit dem Sklavenhandel zu Ende geht, erschließt er seinem Lande neue Einnahmequellen, indem er die Anlage von Palmenhainen fördert und viele neue Kulturpflanzen einführt.

Glele (1858–1889) ist der letzte König des unabhängigen Reiches Dahome; sein Sohn Behanzin muß im November 1892 Abome aufgeben, aber sein ruhmvoller Widerstand und die glorreiche militärische Vergangenheit Dahomes veranlassen die Franzosen, diesen Namen auf das ganze fünfmal so große Gebiet zu übertragen, das sie sich zwischen dem englischen Nigeria und dem deutschen Togo erobern.

4) *Südafrika*

*Die Tschaka-Epoche* (1807–1828) *und ihre Folgen.* – Die außerordentliche Persönlichkeit Tschakas hat der Osthälfte Südafrikas ebenso ihren Stempel aufgedrückt wie dies bei Usman dan Fodio in Westafrika der Fall war. Diese beiden Männer haben ganz allein ungeheure Menschenmassen in Bewegung gesetzt und damit für mehrere Nachahmer als Beispiel gedient, die so die Wirkung ihrer eigenen Aktion verzehnfachen konnten.

Tschaka wird um 1787, etwa 33 Jahre nach Usman dan Fodio, geboren. Er ist ein nicht anerkannter Sohn eines Häuptlings des kleinen Ifenilendja-Klans des Nguni-Stammes, der im Gebiet des Schwarzen Umfolozi im Norden des heutigen Natal beheimatet ist. Zu dieser Zeit waren die Buren noch nicht über den 800 Kilometer entfernten Fischfluß hinausgekommen und die Tschaka-Epoche spielt sich somit in einem rein bantuischen Rahmen und ohne daß sich die Weißen einmischen oder irgendwelchen Einfluß ausüben, ab.

Der Status des illegitimen Häuptlingssohnes bringt für den jungen Tschaka solch endlose Unannehmlichkeiten mit sich, daß er sich schließlich zu dem Häuptling Dingiswajo, dem Souverän seines Vaters, flüchtet und in dessen Auftrag mehrere kriegerische Unternehmungen durchführt. Tschaka ändert daraufhin den Namen seines Stammes in *Zulu* (= Himmel) um. Er unterwirft alle Männer und sogar die jungen Burschen einer äußerst rigorosen Disziplin, wie sie bis dahin bei den Bantustämmen vollkommen unbekannt war, und macht aus ihnen eine unbarmherzige und unbesiegbare Kriegsmaschine.

Im Jahre 1818 wird er der Nachfolger Dingiswajos und kann seinen Machtgelüsten und seiner Zerstörungswut freien Lauf lassen. Innerhalb von zehn Jahren entvölkert und verwüstet seine Streitmacht das ganze heutige Natal, d. h. die fruchtbare und dichtbevölkerte Gegend zwischen der Küste und dem Drakensbergmassiv, wo seit dem 15. Jahrhundert die großen Stämme der Nguni, Tembu, Pondo und Xosa leben. Die Zulukrieger töten die Alten und die Kinder der besiegten Stämme, nehmen sich die Frauen und reihen die jungen Leute in ihre eigene Mannschaft ein, plündern die Getreidespeicher und führen das Vieh weg. Diese systematisch durchgeführte Eugenik hat bewirkt, daß das Zuluvolk zu einer der schönsten Rassen Afrikas geworden ist, aber auch weitgreifende Kettenreaktionen ausgelöst hat. Die Ermordung Tschakas durch seinen Halbbruder Dingaan im Jahre 1828 war von keinerlei Bedeutung, weil bereits drei Zulu-Generäle, die vor den blu-

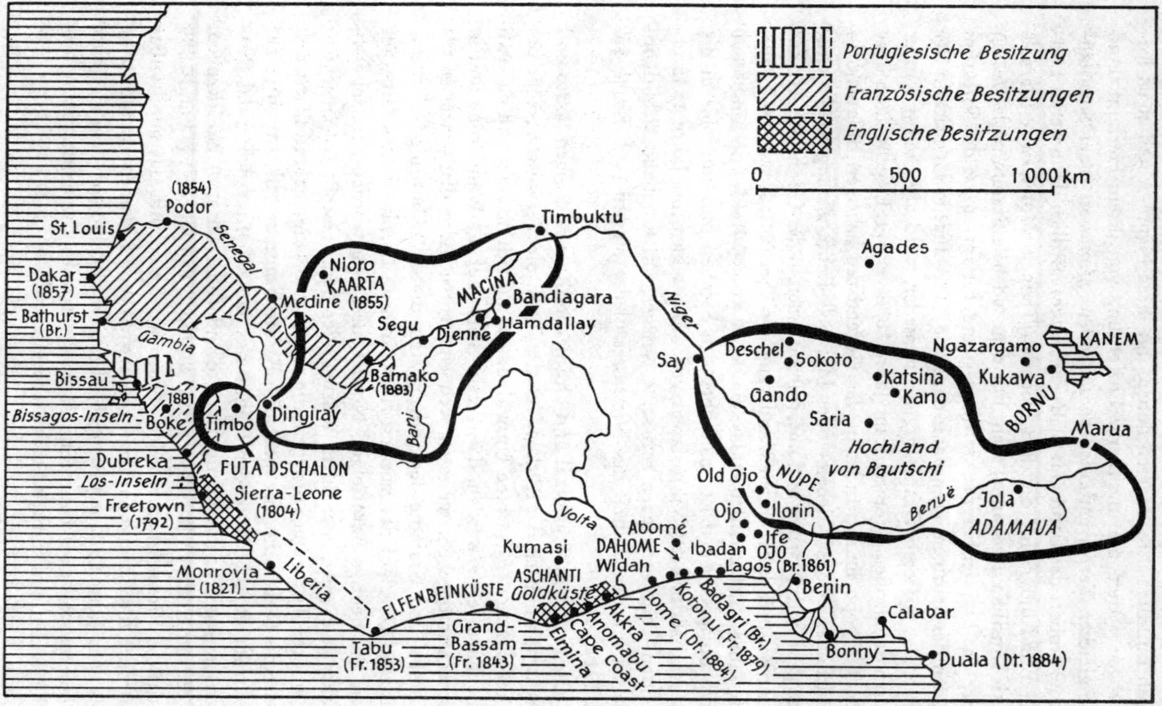


Karte 14: Reiche der Fulbe und Tukulor im 19. Jahrhundert; europäische Besitzungen im Jahre 1884

tigen Einfällen ihres Herren flohen, mit ihren Nguni-Abteilungen losgezogen waren, um in sicherer Entfernung von ihrem Herkunftsland die gleichen Terrormethoden anzuwenden: *Manukosi* (oder Sotschangane) erobert das Land Gaza *(Moçambique)* nördlich des unteren Limpopo und unterwirft die dort lebenden Thonga. *Moselekatse* (damals noch Umsilikazi genannt) zieht mit dem Ndebele-Stamm nach Westen über das Drakensbergmassiv hinweg und verjagt zuerst die Sotho im Süden des heutigen Transvaal, dann die Tschwana; er läßt sich in der Mitte des späteren Oranje-Freistaats nieder, wird aber selbst wieder durch den großen Burentreck im Jahre 1836 verjagt. Er geht dann über den Limpopo und gründet in der Gegend des heutigen Bulawajo in Südrhodesien das Ndebele- oder Matabele-Reich. *Zwangendaba* endlich geht nach Norden und unternimmt einen in der Geschichte Afrikas ohne Beispiel dastehenden Wanderzug von über 3000 Kilometer Länge. Im Jahre 1834 zerstört er das, was vom Rosswi-Reich von Simbabwe noch übriggeblieben ist, geht über den Sambesi und stößt bis in die Gegend südlich des Viktoriasees vor. Nach seinem im Jahre 1845 erfolgten Tode zerstreuen sich seine Krieger, um sich hauptsächlich im Gebiet um den Südteil des Njassasees niederzulassen (vgl. Karte 15, S. 291).

Die früher in Transvaal und Oranje-Freistaat ansässigen Sotho und Tschwana müssen die Rückschläge der durch die Verwüstungszüge des Moselekatse verursachten Umwälzungen auf sich nehmen und dadurch mit ihnen fertig werden, daß sie sich selbst auf die Wanderung und in Sicherheit begeben, sei es in weit entfernten Gegenden – wie es die Kololo (vom Stamme der Sotho) taten, die ihr Häuptling *Sebitwane* bis zum Oberlauf des Sambesi führte und im Lossiland ansiedelte, aus dem das heutige Barotseland Nordrhodesiens geworden ist – sei es in näher gelegenen, aber durch Wüsten oder Berge geschützten Gegenden – was die Tschwana vorzogen, die sich nach Betschuanaland flüchteten, oder die Süd-Sotho, die man auch Basuto nennt, welche sich unter der Führung eines bedeutenden Häuptlings namens *Moschesch* in das Drakensbergmassiv, das heutige Basutoland (oder Lessuto) zurückzogen.

Basutoland und Betschuanaland sollten in den Jahren 1884 und 1885 britische Protektorate werden ebenso wie Swasiland, das unmittelbar nördlich des Zululandes liegt und sowohl seinen Namen als auch seine bis zum Jahre 1902 erhaltengebliebene Unabhängigkeit dem im Jahre 1868 verstorbenen Häuptling *Mswasi* verdankt, der einen zusammenhängenden und starken Staat zu schaffen wußte.

*Der Große Treck* (1837–1854). – Genau zur gleichen Zeit, als Tschaka das Zuluvolk schuf und direkt oder indirekt mehr als eine Million Bantus vernichtete, kam es in der Kapkolonie zu verschiedenen Ereignissen, welche eine neuerliche Umänderung der Bevölkerungsverteilung in Südafrika zur Folge haben sollten.

Zwischen 1803 und 1813 ermutigen die Missionare der L. M. S. *(London Missionary Society)* die holländisch-hottentottischen Mischlinge der Kapkolonie zur Gründung der Griqualand-Republiken entlang des Oranjeflusses unter der Oberleitung der Missionare und treten damit ideologisch in Gegensatz zu den Buren, welche die Hottentotten als mindere und nicht vervollkommnungsfähige Rasse betrachten. Im Jahre 1815 kommt die holländische Kapkolonie definitiv unter englische Herrschaft. Zwischen 1820 und 1828 anglisieren die Briten planmäßig ihren neuen Besitz in Afrika; mehrere 1000 Kolonisten werden um Port Elizabeth und Port Natal (das spätere Durban) herum angesiedelt; die englische Sprache wird zwangsweise als offizielle Sprache in Verwaltung, Justiz, Schule und Kirche eingeführt; die englischen Missionsgesellschaften werden begünstigt und können einen Verwaltungsbeschluß durchsetzen, demzufolge den Hottentotten, Buschmännern und Griquas der Landerwerb gestattet wird (1828). Die Abschaffung der Sklaverei im Jahre 1834 endlich dürfte wohl die letzte Ursache dafür gewesen sein, daß sich die Buren zu dem Großen Treck entschlossen.

In den Jahren 1836–37 wälzt sich von Graaf Reinet aus der größte Teil der von zwölf Ochsen gezogenen schweren Planwagen nach Norden, auf der Flucht vor den englischen Schikanen und auf der Suche nach dem »Gelobten Land«. Die Buren überschreiten den Oranje, rücken schnell in das »Veld« westlich von Basutoland vor, stoßen aber dann auf die Matabele des Moselekatse. Diese werden besiegt und weichen nach Norden zurück. Nach Überwindung der Drakensbergpässe steigen die Buren in die reichen Ebenen Natals hinab und gründen Pietermaritzburg. Im Januar 1838 macht Dingaan, der Nachfolger Tschakas, 400 Buren und ihren Führer Retief nieder; am 16. Dezember des gleichen Jahres rächt Pretorius seinen Vorgänger Retief und vernichtet die Zuluarmee am Blood River (Blutfluß). Der Widerstand der Bantus ist damit gebrochen und die Burenrepublik Natal kann sich organisieren, aber Großbritannien besetzt bereits 1842 Port Natal und annektiert im Jahre 1845 offiziell das ganze Natal.

Nun unternehmen die Buren einen zweiten Treck, der zur Gründung der beiden Republiken Oranje (zwischen Oranje und Vaal) und Transvaal (zwischen Vaal und Limpopo) führt; England schiebt die Entscheidung immer wieder hinaus, erkennt aber dann doch 1852 und 1854 die Unabhängigkeit der Burenrepubliken an.

*Moschesch und das Lessuto.* – Um 1824 etabliert sich ein junger Sothohäuptling namens Moschesch auf der unbezwinglichen Bergkuppe Thaba Bosiu (= Gebirge der Nacht) westlich des Drakensbergmassivs, um den Angriffen von seiten der Zulu zu entgehen. Er leistet dem Ansturm der Krieger Moselekatses erfolgreich Widerstand; den Buren gegenüber, die sich von 1836 an auf ihm gehörigen Gelände festsetzen, beweist er eine bemerkenswerte politische Geschicklichkeit und es gelingt ihm, in den Jahren 1852 und 1858 Übergriffe von ihrer Seite zu verhindern; auf den Rat der in seinem Lande seit 1831 weilenden französischen protestantischen Missionare hin stellt er sich im Jahre 1869 unter der Bedingung, daß die Sitten und Gebräuche der Eingeborenen respektiert werden und das Land jeglicher Ausbeutung durch die Europäer verschlossen bleibt, unter den Schutz der englischen Krone. Er stirbt im Jahre darauf und wird seitdem mit Recht als der wirkliche Gründer der Suto-Nation, die bis heute von der Südafrikanischen Union politisch unabhängig geblieben ist, verehrt.

*Das letzte nationalen Aufbäumen der Zulu.* – Im Jahre 1856 wird *Tschetschwajo* Nachfolger seines Vaters Mpande, eines Halbbruders Dingaans und Tschakas. Es gelingt ihm, ein derart mächtiges Heer aufzustellen, daß ihm Sir Bartle Frere, der Gouverneur der Kapkolonie, am 1. Januar 1879 den Befehl erteilt, jenes aufzulösen. Zwei Jahre vorher war Transvaal mit roher Gewalt zum britischen Besitztum gemacht worden und der Widerstand der Buren vereinigte sich mit dem der Zulu gegenüber diesem Ultimatum. Dies erklärt die blutige britische Niederlage durch die Armee Tschetschwajos bei Isandlwana am 22. Januar 1878 und die Unmöglichkeit, den Vormarsch der Zulu durch Burenkommandos aufzuhalten. Tschetschwajo kann erst im Juli 1879 und nur mit Hilfe eines Expeditionskorps von über 20 000 Mann unter dem Kommando von Sir Garnet Wolseley, demselben General, welcher im Jahre 1874 in die Aschanti-Hauptstadt Kumasi eingezogen war, besiegt werden. Die Zulu töteten im Verlauf eines Erkundungsvorstoßes den Prinzen Louis-Napoléon, Sohn Napoleons III. Im Jahre 1879 wird Zululand mit Natal vereinigt.

*Die anglo-burischen Konflikte bis zur Entdeckung der Minen des Rand.* – Im Jahre 1881 fügen die Buren Transvaals unter dem Oberbefehl von Krüger, Joubert und Pretorius den Engländern drei schwere Niederlagen zu, von denen besonders die vom Februar 1881 bei Majuba Hill zu erwähnen ist, und erhalten von neuem die Autonomie unter der theoretischen Oberhoheit der britischen Krone.

Im Jahre 1882 jedoch beschleunigt die Entdeckung ungeheurer Goldreserven am Witwatersrand südöstlich von Pretoria die wirtschaftliche und politische Umwandlung Südafrikas, die schon im Jahre 1869 durch die Entdeckung der Diamantenfelder im östlichen Griqualand südwestlich des Oranjefreistaats eingeleitet worden war, was sogleich die Annexion der Lagerstätten durch die Kapkolonie und zwangsläufig eine beträchtliche Zunahme des Reichtums nach sich zog. Obwohl seine geschichtliche Entwicklung von der des übrigen Afrika sehr verschieden ist, steht Südafrika doch ebenfalls, wenn auch aus anderen Gründen, um 1880 vor einem Wendepunkt in seiner Geschichte.

### 5) *Madagaskar von 1810 bis 1883*

Diese beiden Daten haben für Madagaskar fast die gleiche Bedeutung wie die beiden für ganz Afrika in der Kapitelüberschrift gewählten. Das erste ist das der Thronbesteigung des großen Königs der Merina, Radama I. (1810–1828), des Schöpfers des Hovareiches, das zwei Drittel der Insel umfassen sollte, und Förderers der ersten europäischen Einflüsse. Das zweite ist das des Beginns des ersten Kriegs zwischen Frankreich und dem Hovareich, der zu dem Vertrag vom Dezember 1885 führen sollte, in dem die Unabhängigkeit Madagaskars und das Mitspracherecht Frankreichs in der Leitung der auswärtigen Angelegenheiten anerkannt wurden.

Trotz dieser Analogie ist es nicht möglich, hier, wie wir es bei einigen Gebieten Afrikas versucht haben, die eigentliche afrikanische Geschichte von der des Fortschreitens der europäischen Einflüsse zu trennen; auf Madagaskar sind diese beiden Themen seit Beginn des 19. Jahrhunderts untrennbar miteinander verbunden.

Die Eroberung von zwei Drittel der Insel durch den König von Tananarivo ist einerseits größtenteils der durch den Schotten Hastie, den Jamaika-Mulatten Brady und den Franzosen Robin durchgeführten Reorganisation der Armee und der Lieferung von Waffen durch den englischen Gouverneur der Insel Mauritius namens Farquhar zuzuschreiben. Andererseits streute Radama dadurch, daß er den Einsatz englischer Missionare der L. M. S. von 1820 an förderte, die Keime einer sozialen und geistigen Umwandlung aus, wie sie die anderen Länder Afrikas erst viel später, während der Kolonialzeit erfuhren.

Im Jahre 1827 konnten mehr als 4000 Hova ihre Muttersprache in lateinischer Umschrift lesen und schreiben und Hovaarbeiter waren bereits in allen Zweigen des europäischen Handwerks (Zimmerei, Schmiedehandwerk, Gerberei, Spinnerei, Herstellung von Seife und Schwefel usw.) ausgebildet.

Auf Radama I., den Erneuerer, folgte im Jahre 1828 die Königin Ranavalona, die bis 1861 regierte und die weitere Missionstätigkeit überlegt abstoppte, dabei aber bestimmte Ausländer ins Land ließ, wie z. B. den berühmten Franzosen Jean Laborde, der ganz allein und sozusagen aus Bordmitteln eine ganze metallurgische und chemische Industrie aufbaute. Radama II. wird nach zweijähriger Regierung ermordet (1863) und der Premierminister Rainilaiarivony kommt im Jahre 1864 an die Macht; er bleibt auf seinem Posten bis zur französischen Expedition des Jahres 1895 und ist Gatte von drei aufeinanderfolgenden Königinnen. Unter ihm kommen wie unter Radama II. auch die christlichen Missionen und die Ausländer in Gunst. Am 3. September 1868 wird er als Protestant getauft und am 21. Februar 1869 mit der Königin Ranavalona II. (die im Jahre 1883 starb) kirchlich getraut.

Die seit dem Jahre 1835 geschlossenen Schulen der L. M. S. wurden im Jahre 1862 wieder eröffnet und erlebten von da an einen großen Aufschwung: 20 000 Schüler im Jahre 1871, 40 000 im Jahre 1879, 95 000 im Jahre 1886. Mindestens zwei Drittel der Missionsschüler stammten aus der Imerina, so daß diese Gegend Madagaskars zur Zeit des Berliner Kongresses eine Schülerdichte hatte, die einem Vergleich mit der der westeuropäischen Länder standhielt. Im Jahre 1880 kehrten die zwei ersten madagassischen Ärzte aus Europa zurück.

Dieser Bildungsfortschritt ging mit einer Massenbekehrung zum Protestantismus (455 000 Protestanten in der Imerina im Jahre 1895) und eine weniger bedeutende zum Katholizismus (136 000 Gläubige hauptsächlich in der Imerina und bei den Betsileo) parallel, was aber dem Vorherrschen des Ahnenkults auf fast der ganzen Insel und selbst bei vielen »Christen« keinerlei Abbruch tat.

Madagaskar zeigt also ein für Afrika einzig dastehendes Bild als ein Land, welches zur Zeit der Kolonisation einen organisierten Staat mit einer zum größten Teil christianisierten und schulisch gebildeten Elite besaß.

### 6) *Äthiopien*

Das »Erwachen« Äthiopiens erfolgt erst später. Im Jahre 1856 läßt sich Kasa, ein kleiner Distriktschef aus der Gegend von Gondar, unter dem Namen Theodor II. zum Negus ausrufen. Er reorganisiert das Gerichtswesen, die Verwaltung, die Polizei und ersetzt die Ras durch Provinzgouverneure. Äthiopien scheint endlich aus der düsteren Anarchie, die schon über ein Jahrhundert angedauert hat, herauskommen zu wollen. Leider findet diese Regierungszeit, die so schön begonnen hat, ein böses Ende; nach zahlreichen Willkürakten des Negus entsteht eine starke Opposition und im Jahre 1868 begeht er in Magdala, wo die Napier-Expedition eben die dort internierten ansässigen Engländer befreit hat, Selbstmord.

Im Jahre 1872 läßt sich der Ras von Tigre unter dem Namen Johannes IV. zum Kaiser krönen. Er ist hauptsächlich um die Befreiung Äthiopiens von der ägyptischen Bedrohung bemüht und schlägt in den Jahren 1875 und 1876 die Truppen des Khediven Ismail. Von seinem Kampfe gegen die Mahdisten und seinem Tod bei Metemma werden wir im nächsten Kapitel hören.

## B. Europa und Schwarzafrika bis zur Berliner Kongo-Konferenz (1884–85)

### 1) *Die Philanthropen und die Unterdrückung des Sklavenhandels*

Wir haben in Kapitel VIII den ausschließlichen Charakter des Handels im 17. und 18. Jahrhundert gesehen, als der schwarze Mensch die einzige Ware darstellte, die bei den europäischen Händlern gesucht war. Die reichen Reeder in Liverpool, Nantes oder Amsterdam waren sich des zutiefst unmenschlichen Charakters dieser Handelsbetätigung in keiner Weise bewußt und man mußte bis zum Ende des 18. Jahrhunderts warten, bis eine Protestbewegung ins Leben kam.

Im Jahre 1788 führt der englische Abgeordnete Wilberforce, unterstützt durch methodistische Kreise, einen heftigen Feldzug gegen den Sklavenhandel. Im Jahre 1793 verbietet der durch die Philosophen alarmierte französische Nationalkonvent die Sklaverei, aber Bonaparte führt sie einige Jahre später wieder ein. Wilberforce bringt nach zwanzigjährigem Kampf im Jahre 1807 ein Gesetz durch, das den britischen

Untertanen die Betätigung im Sklavenhandel verbietet. – Im Jahre 1833 endlich wird in den englischen Kolonien die Sklaverei offiziell abgeschafft, im Jahre 1848 auf Drängen Viktor Schoelchers auch in den französischen.

Allerdings ist es mit dem Verabschieden von Gesetzen nicht getan – man muß sie auch in Anwendung bringen und jeder weiß, daß in kaufmännischen Dingen die Nachfrage das Angebot bestimmt. Wenn auch auf den britischen und französischen Antillen nach 1840 praktisch keine Nachfrage mehr bestand, so zeigte sie dafür in den Südstaaten Nordamerikas, in Brasilien und auf Kuba, wo neue Baumwoll- und Zuckerrohrplantagen neue Arbeitskräfte verlangten, eine ansteigende Tendenz. In der Tat mußte erst das Jahr 1865 und das Ende des amerikanischen Sezessionskrieges kommen, bis in den Vereinigten Staaten die Sklaverei abgeschafft wurde; in Brasilien (das sich im Jahre 1822 für unabhängig erklärt hatte) und auf Kuba war dies erst im Jahre 1888 der Fall. Im Jahre 1901 wurde der letzte Sklaventransport auf der Fahrt nach Amerika aufgebracht.

Der Sklavenhandel auf dem Atlantik hat also fast ein Jahrhundert bis zu seinem völligen Verschwinden gebraucht. Seit den vierziger Jahren des 19. Jahrhunderts unterschied sich allerdings seine geographische Verteilung von der des 18. Jahrhunderts. Dank der rastlosen Tätigkeit der englischen Patrouillenschiffe an der Küste des Golfs von Guinea war er westlich von Dahome praktisch erloschen und durch einen »anständigen«, weniger gefährlichen und oft ebenso lukrativen Handel ersetzt worden. Zwischen den Jahren 1807 und 1860 wurden 70 000 Sklaven von gegen den Sklavenhandel eingesetzten Patrouillenschiffen befreit und in der Hauptsache in Sierra Leone angesiedelt, wohin die Engländer bereits im Jahre 1787 eine erste Gruppe von 450 Sklaven gebracht hatten.

Im Lande der Joruba (Nigeria und Dahome) besaß der Sklavenhandel bis etwa 1860 noch eine gewisse Bedeutung. Er wird von brasilischen Sklavenhändlern betrieben, deren berühmtester der im Jahre 1849 verstorbene Chacha da Souza mit dem Handelssitz in Widah (Dahome) war. Auch Lagos bleibt bis zu seiner Besetzung durch die Engländer im Jahre 1861 ein bedeutender Sklavenhafen.

Nach 1860 gibt es noch einen *legalen* Sklavenhandel zwischen Angola und Brasilien bis zum Jahre 1878. Die Sklaven werden an der Küste von Gabun bis Südangola rekrutiert. Oft müssen sie weit im Innern bis in der heutigen Zentralafrikanischen Republik, den beiden Kongorepubliken und natürlich in Innerangola gesucht werden. Um 1880, in der Blütezeit des Reiches von M'Siri in Katanga, besteht auf dem Weg zwischen Katanga und Benguella, also einer Luftlinienentfernung von 1800 Kilometern (!), ein regulärer Sklavenkarawanenverkehr.

Von 1878 bis 1888 existieren diese Handelsbeziehungen zwischen Angola und Brasilien nur noch im Geheimen. Ihre Wichtigkeit hat offensichtlich sehr abgenommen, aber die Notwendigkeit, die menschliche Fracht sorgfältig vor jedem englischen oder französischen Patrouillenschiff zu verbergen, bringt wesentlich höhere Verluste auf See mit sich als dies in den vorhergegangenen Jahrhunderten der Fall war.

Kurz gesagt – südlich des Äquators hat sich der atlantische Sklavenhandel 40 Jahre länger gehalten als nördlich davon und dieser zeitliche Unterschied erklärt auch zum Teil einen ähnlichen in der Entwicklung während der Kolonialperiode.

### 2) *Die Missionsbewegung*

Die Kampagne von Wilberforce gegen die Verteidiger der Sklaverei stützte sich, wie wir gesehen haben, auf die englischen Methodistenkreise. In England haben sich die philanthropische und die protestantisch-missionarische Bewegung gleichzeitig entwickelt und für die neuartigen, zwischen Europa und Afrika im 19. Jahrhundert angeknüpften Beziehungen weitreichende Folgen mit sich gebracht.

Die *London Missionary Society* (LMS) wird im Jahre 1792 gegründet und entsendet im Jahre 1803 Missionare zu den Hottentotten in Südafrika. Ab 1820 läßt sie sich auch auf Madagaskar nieder. In beiden Ländern gelingt ihr die Schaffung einer neuen christlich-afrikanischen Gesellschaft, deren Bedeutung man nicht unterschätzen darf.

Zu Beginn des 19. Jahrhunderts werden in England, Deutschland, der Schweiz und in Paris zahlreiche protestantische Missionsgesellschaften gegründet. Einzelne Missionare haben eine bedeutende geschichtliche Rolle gespielt, wie z. B. der französische Pastor Casalis, der von 1831 an den Basutohäuptling Moschesch erfolgreich beriet, oder der deutsche Pastor Hornberger, der im Jahre 1874 an der Goldküste als Mittelsmann zwischen den Engländern und den Anlo fungierte. Das Gemeinschaftswerk der protestantischen Missionen in Sierra Leone muß hier ebenfalls erwähnt werden. Im Jahre 1822 belief sich die Zahl der in Freetown angesiedelten befreiten Sklaven auf 22 000 und die Missionare begannen für sie mit dem Aufbau eines beachtlichen Grundschulsystems technischer Natur, welchem schnell eine höhere Bildungsstätte in Gestalt des Furah Bay College folgte. Sie bildeten Kaufleute aus, Juristen, Ärzte, Pfarrer usw., aus welchen sich das Personal der in Westafrika errichteten protestantischen Missionsstationen rekrutierte und die dann das Herzstück der englischen Territorialverwaltung und Handelsorganisation bildeten. Der bedeutendste Schüler des Furah Bay College ist zweifellos Samuel Ajaie Crowther. Er wurde um 1808 in Oshogun in der Provinz Ojo (Nigeria) geboren und im Alter von 13 Jahren von Fulbe-Sklavenjägern eingefangen, dann durch ein britisches Patrouillenschiff von einem portugiesischen Sklaventransporter heruntergeholt. Im Jahre 1830 wurde er Lehrer und anglikanischer Katechet und 1846 zusammen mit dem englischen Pastor Henry Townsend an die Missionsstation Abeokuta (Westnigeria) versetzt. Nachdem er die missionarische Tätigkeit im Ibolande organisiert hatte, wurde Crowther im Jahre 1864 zum Bischof geweiht; seinen Amtssitz hatte er in Bonny im Nigerdelta. Er starb im Jahre 1891.

Auch die sprachwissenschaftliche Arbeit der Missionare in Westafrika begann schon sehr bald. Schon im Jahre 1827 veröffentlichte die Missionarin Hannah Kilham eine Studie, welche in Sierra Leone erschien. Im Jahre 1854 erschien aus der Feder des deutschen Missionars Koelle eine Grammatik und ein kurzes Wörterbuch der wichtigsten von den befreiten Sklaven in Freetown gesprochenen Sprachen. Die erste Zeitung in der Joruba-Sprache verließ im Jahre 1859 in Abeokuta die Presse. Die im heutigen Ghana tätigen Missionsgesellschaften interessierten sich von Anfang an für die Stammesdialekte, wie z. B. die Basler Mission in Akwapim seit 1827, die Bremer Mission, die 1847 im Lande der Ewe östlich des Volta die Arbeit aufnahm; die im Jahre 1837 gegründete Methodistenmission wurde von 1838 bis 1890 von Thomas Birch Freeman, dem Sohne eines afrikanischen Vaters und einer englischen Mutter, geleitet.

Man muß um die frühen Anfänge und die Bedeutung dieser missionarischen Arbeit der Protestanten wissen, wenn man bestimmte Charakterzüge der englischsprachigen afrikanischen Gesellschaft der Länder am Golf von Guinea, wie z. B. die Bedeutung der Presse, die bei weitem größer ist als in den französischsprachigen Ländern, begreifen will.

Nach einer starken Einschränkung ihrer Tätigkeit im 18. und zu Beginn des 19. Jahrhunderts widmet sich die katholische Mission von neuem ernsthaft der Missionierung Afrikas. Im Jahre 1848 erfolgte die Fusion der Gesellschaft vom Heiligen Geist, die seit 1703 auf den Antillen, auf Réunion und im Senegal gearbeitet hatte, mit der Kongregation vom Heiligen Herzen Mariä, die im Jahre 1841 gegründet wor-

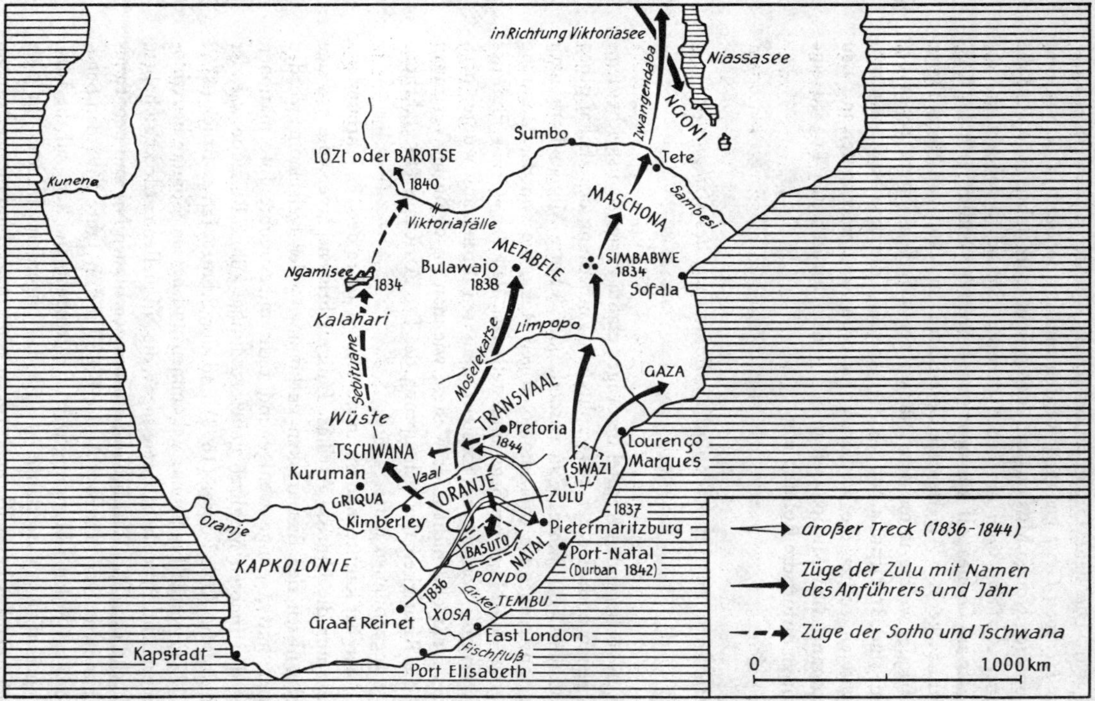


Karte 15: Die Wanderzüge der Nguni und der Große Treck

den war. Die neue Organisation schickt Priester aus, welche *Väter vom Heiligen Geist* genannt werden und im Senegal, in Gabun und am unteren Kongo Missionsstationen gründen. Im Jahre 1854 wird die *Lyoner Afrikamission* ins Leben gerufen, die sich besonders um die Länder am Guineagolf kümmert. Im Jahre 1868 endlich gründet Kardinal Lavigerie in Algerien die Gesellschaft der Väter von Notre Dame d'Afrique, welche unter dem Namen der »Weißen Väter« besser bekannt sind. In Uganda, wo sie im Jahre 1877 die erste Missionsstation errichteten, sollten die Weißen Väter beim Zusammentreffen mit den protestantischen Missionaren und mit dem berüchtigten Lugard eine wichtige historische Rolle spielen.

### 3) *Die Forschungsreisenden und die Entdeckung des afrikanischen Kontinents*

Die im vorliegenden Kapitel ins Auge gefaßte Periode entspricht ziemlich genau auch der der geographischen Entdeckung des afrikanischen Kontinents. Im Jahre 1795 entdeckt der Schotte Mungo Park nach einer anstrengenden dreizehnmonatigen Reise, die von der Mündung ausging, den Niger bei Segu und stellt fest, daß der »Große Fluß der Schwarzen«, von dessen Existenz man seit Ptolemäus wußte, nach Osten fließt und nicht nach Westen, wie man bis dahin im Vertrauen auf die Richtigkeit der Behauptung des Leo Africanus (16. Jahrhundert) angenommen hatte.

In der Tat kannte man bis in die letzten Jahre des 18. Jahrhunderts hinein nur die Umrisse Afrikas. Einige Christensklaven, die aus den Gefängnissen der Barbaresken entkommen oder freigekauft worden waren, hatten einige wenige und recht unbestimmte Informationen über den inneren Maghreb geliefert. Einige kühne Reisende wie der französische Arzt Poncet (1698) und der Schotte James Bruce (1769 bis 1771) waren bis Sennar gekommen und hatten Gondar in Äthiopien erreicht. Bruce behauptete sogar, die Nilquellen entdeckt zu haben, während es sich in Wirklichkeit nur um den Blauen Nil und den Tanasee handelte. Der Franzose André Brüe fuhr im Jahre 1698 den Senegal bis zur Faleme-Mündung hinauf. Aber niemand kam auf die Idee, die unzähligen Wasserläufe, welche das Nigerdelta bilden, mit dem von Ptolemäus beschriebenen großen Fluß in Verbindung zu bringen. Der Kongo ist jenseits der einige Kilometer oberhalb seiner Trichtermündung gelegenen Stromschnellen unbekannt. Den Sambesi kennt man bis Sumbo, 1000 Kilometer von seiner Mündung entfernt, ziemlich gut; der Nillauf oberhalb Assuans ist unbekannt.

Zwischen diesen winzigen bekannten Teilstückchen Afrikas dehnen sich riesige weiße Flächen auf der Karte aus, die man, wie dies Swift in spöttischen Versen besingt, gezwungenermaßen mit Bildern von Affen und Elefanten ausfüllen muß. Gerade das quälende Bewußtsein dieser Leere steht am Ursprung der Schaffung einer »British African Association for the Discovery of the Interior of Africa« im Jahre 1788 in London. Diese Organisation, welche von 1800 an durch die englische Regierung subventioniert wird, organisiert die Reise Mungo Parks. Auf einer zweiten Reise (1805–1806) kommt der Forscher in den Bussa-Stromschnellen (Nigeria) ums Leben, ohne den Unterlauf des Niger erreicht zu haben.

Diese beiden Reisen stehen am Anfang der großen Forscherfahrten. In den Jahren 1876–1877 fährt Stanley von Njangwe, einem arabischen Sklavenhändlerzentrum 300 Kilometer westlich des Tanganjikasees, den Lualaba abwärts. 999 Tage nach seiner Abreise von Sansibar trifft er an der Küste des Atlantik ein; er hat bewiesen, daß es sich bei dem Lualaba um nichts anderes als den Oberlauf des Kongo handelt, und damit das vierte und letzte der Probleme gelöst, die 80 Jahre lang die Tatkraft der Forscher angefeuert hatten. – Das *Niger*-Problem wurde als erstes gelöst, allerdings auch erst im Jahre 1830, also 25 Jahre nach dem Tode Mungo Parks, durch die Reise der Brüder Lander, die auf dem Landwege nach Bussa und von dort aus auf dem Wasserwege bis zum Atlantik gelangten. Mittlerweile waren Clapperton, Denham und Oudney im Jahre 1823 von Tripolis aus nach Bornu gekommen und hatte der Franzose René Caillé im Jahre 1828 in Verkleidung die geheimnisvolle Stadt Timbuktu betreten. Diese Männer haben die Europäer über die Existenz der bis dahin vollkommen unbekannten Welt des schwarzen Islam in den Savannen des Sahel aufgeklärt. Denham hat Zeichnungen geliefert, welche die feierlichen Audienzen beim Fürsten von Kanem – dem Sohne des berühmten El-Kanemi, der es verstanden hatte, Bornu außerhalb des Bereichs der Eroberungen Usman dan Fodios zu halten – darstellen. Die Beschreibung dieser Festlichkeiten erregt die Neugier eines zahlreichen Publikums; die Erstausgaben der Werke des deutschen Reisenden Barth, der zwischen 1850 und 1856 den Sudan zwischen Adamaua (Nordkamerun) und Timbuktu (Mali) bereist, erwecken Begeisterung. Als Sprachwissenschaftler, Historiker, Geograph und Naturforscher liefert er eine außergewöhnlich reichhaltige Dokumentation, die 40 Jahre lang die wesentlichste

Informationsquelle über diese Gebiete darstellt. In Timbuktu entdeckt Barth das Manuskript des Tarik el-Fettasch, aus Kukawa, der Hauptstadt El-Kanemis, bringt er Manuskripte und die Niederschrift der mündlichen Überlieferung mit und weist als erster Europäer darauf hin, daß die schwarzen Völker des westlichen und zentralen Sudan eine Geschichte und eine Zivilisation besitzen, die des Interesses wert ist.

Nach dem Niger war der *Sambesi* der zweite große Fluß Afrikas, der wissenschaftlich erforscht wurde. Dr. David Livingstone, Missionar der Londoner Missionary Society, macht sich im Jahre 1846 von seiner nördlich des Oranjeflusses im Sotholand gelegenen Missionsstation Kuruman aus an diese Aufgabe. Zehn Jahre lang (1846–1856) durchforscht er zunächst das Becken des oberen Sambesi, dann den Unterlauf des Flusses und durchquert dabei Zentralafrika von Luanda (Angola) bis Quelimane (Moçambique). Im Verlauf einer dritten Reise (1858 bis 1864) erkundet er den Njassasee und gründet dort eine Missionsstation, die nach mancherlei Wechselfällen zur Keimzelle der britischen Kolonie Njassaland (1893) wird. Livingstone erwirbt sich bei einem Aufenthalt in England im Jahre 1865 eine ungeheure Volkstümlichkeit; seine Bücher werden zu Bestsellern und die ganze Welt steigert sich in das Mitleid mit den unglücklichen Schwarzen hinein, die ständig den Raubzügen der arabischen Sklavenhändler aus Sansibar ausgesetzt sind und in Begeisterung über den »guten Doktor«, der ihnen das Christentum bringen will. Das begreifliche und leuchtende Mitgefühl eines Livingstone sollte leider später als Tarnung für die schmutzigen Absichten eines Léopolds II. und der an der Brüsseler Geographischen Konferenz (1876), am Berliner Kongreß (1885) und an der Antisklaverei-Konferenz in Brüssel (1889–1890) Beteiligten dienen.

Im Verlauf einer letzten, von Sansibar aus unternommenen Reise entdeckt Livingstone den Mweru- und den Bangweolosee und kommt nach Njangwe am Lualaba, weiß aber nicht, daß es sich bei diesem um den Oberlauf des Kongo handelt. Er ist auch krank und durch die fünf Jahre dauernde mühselige Reise vollkommen erschöpft, geht wieder über den Tanganjikasee und trifft in Udschidschi auf eine Hilfsexpedition, die der *New York Herald* auf die Suche nach ihm geschickt hat und die unter der Leitung des jungen und brillanten Reporters Henry Morton Stanley steht. Dieses historische Zusammentreffen vergrößert noch den Sagenkreis, der sich bereits um seine Person gebildet hat. England soll er allerdings nicht wieder sehen; am 30. April 1870 stirbt er am Bangweolosee; seine sterblichen Reste werden von seinen Reisegefährten pietätvoll nach Sansibar gebracht.

Sechs Jahre vor Livingstones Tod erklärt der Engländer Baker, daß man das dritte große afrikanische Flußproblem – das des *Nils* – als gelöst ansehen könne. Verschiedene ägyptische Expeditionen waren nicht über den 5. Breitengrad bei Gondokoro hinausgekommen, als sich die Engländer Burton und Speke 1857 entschlossen, von Sansibar aus zu versuchen, einen Zugangsweg zu den berühmten Mondbergen zu finden, die seit Ptolemäus auf allen Karten figurierten und die die deutschen Missionare Rebmann und Krapf 1848–1849 im heutigen Kenia entdeckt zu haben behaupteten. Im Verlauf einer zweiten Reise (1860–1861) erreichten Speke und Grant Gondokoro auf dem Landwege vom Viktoriasee aus; in Gondokoro erwartete sie eine Hilfsexpedition unter der Leitung Bakers, der dann nach Süden weiterzog und dabei den Albertsee und die Murchisonfälle entdeckte.

Im Jahre 1877, dem Jahre der Ankunft Stanleys in Boma an der Trichtermündung des *Kongo*, waren mithin Niger, Sambesi, Nil und Kongo erkundet, zumindest auf dem größten Teil ihres Laufes. Vom geographischen Gesichtspunkt aus ist damit eine Periode beendet: Vier wichtige Leitlinien sind gezogen, mit deren Hilfe die Forscher jetzt ihre Expeditionen von soliden Festpunkten aus vorbereiten können, anstatt wie ihre Vorläufer aufs Geratewohl ins große Unbekannte hineinziehen zu müssen. Andererseits ist die Verwendung des im Jahre 1820 durch die Franzosen Pelletier und Caventou entdeckten Chinins seit etwa 1840 allgemein geworden, so daß die Expeditionen in Sumpfgebieten jetzt wesentlich weniger Todesopfer fordern.

Mit Stanleys Reise geht auch in geschichtlicher Hinsicht ein Abschnitt zu Ende. Seit 1879 steht Stanley in den Diensten Léopolds II. von Belgien, der im Jahre 1876 die »Internationale Afrikanische Gesellschaft« für die Erforschung und Zivilisierung des Kontinents gegründet hat. Von nun an bestand das Hauptziel aller Forscher in der Erwerbung von Besitzrechten auf die von ihnen entdeckten Gebiete. So organisiert der Franzose Savorgnan de Brazza, der zwischen 1875 und 1878 den Lauf des Ogowe und das Innere der heutigen Staaten Gabun und Kongo-Brazzaville erkundet hat, schnellstens eine neue Expedition, sobald er von der Ankunft Stanleys in Boma erfährt. Er legt Stationen an, schließt mit verschiedenen Häuptlingen, darunter dem berühmten Makoko, König der Bateke (10. September 1879), Verträge ab und kann dann bei seinem Zusammentreffen mit Stanley im Dezember 1881 am Stanley Pool darauf bestehen, daß das rechte Ufer des Kongo unter französischer Oberhoheit steht. Von jetzt ab ist es mit der uneigennützigen Forschung aus; der Ansturm der Europäer auf Afrika beginnt.

4) *Die Kaufleute in Schwarzafrika und die Umwandlung der europäischen Wirtschaft*

Wenn auch gewisse Spezialisten der »gelenkten« Geschichte, deren Blick von der Wichtigkeit der wirtschaftlichen Faktoren im Europa des 19. Jahrhunderts getrübt ist, anderer Ansicht sind, so kann man trotzdem ihrer Behauptung nicht zustimmen, derzufolge es sich bei der Abschaffung des Sklavenhandels, der Missionsbewegung und der Erforschung des afrikanischen Kontinents lediglich um satanische Machenschaften handelte, mit deren Hilfe die europäischen Kapitalisten durch systematische Erkundung der materiellen und menschlichen Hilfsquellen seit dem Jahre 1800 die koloniale Ausbeutung Afrikas vorbereitet hätten.

Genau das Gegenteil war der Fall; bis etwa 1840 kann man in Europa von einem fast vollkommenen Mangel an Interesse für Afrika sprechen, was man recht gut dadurch erklären kann, daß es schwierig war, den Sklaven durch andere Handelswaren zu ersetzen, welche genügend Gewinn abwarfen, um einige Kaufleute zu bewegen, einem mörderischen Klima zu trotzen. Man begreift den Mangel an Anwärtern, wenn man erfährt, daß eine englische Expedition, die in den Jahren 1832–1834 den Niger bis Raba hinauffuhr, 80 Prozent ihres europäischen Personals verlor; bei den ersten Missionaren war die Sterblichkeitsziffer ebenso hoch.

Die chemische Industrie machte jedoch enorme Fortschritte und um 1840 stellte man fest, daß die pflanzlichen Fette aus Afrika (Erdnußbäume und Zwergpalmen) die bisher bei der Seifenherstellung verwendeten tierischen Fette in sehr vorteilhafter Weise ersetzen konnten. Der Senegalgummi wurde in der Textilindustrie immer viel verwendet und das Elfenbein war ein erstklassiger plastischer Rohstoff, von dem man große Mengen für die Herstellung von Messergriffen benötigte.

Die Tätigkeit der französischen Handelsniederlassungen im Senegal und in Guinea und der englischen in Sierra Leone, an der Goldküste (Ghana) und im Osten des Nigerdeltas *(Oil Rivers)* erlangte demzufolge um 1850 eine gewisse Bedeutung. Die Engländer führten durch Aufhebung der Navigation Act am 26. Juli 1849 den Freihandel ein; die Franzosen taten im Jahre 1861 das gleiche mit dem Pacte Colonial, wodurch auf lokaler Ebene englische und französische Händler miteinander konkurrieren konnten – im übrigen praktisch die einzigen, welche die Küsten Westafrikas besuchten.

Erst um das Jahr 1870 begannen sich die europäischen Regierungen für Afrika zu interessieren, zuerst auf wirtschaftlicher und dann auf politischer Ebene. Schon in den Jahren 1861–1865 hatte das Ausbleiben der Baumwollieferungen aus Amerika während des Sezessionskrieges die englische und französische Industrie in ernsthafte Schwierigkeiten gebracht und, wie wir gesehen haben, einen großen Aufschwung der Produktion und der Ausfuhr von Baumwolle in Ägypten im Gefolge gehabt und man war auf die Idee gekommen, daß auch andere Gebiete in Afrika Baumwolle produzieren könnten. Im Jahre 1869 lenkte die Entdeckung der reichen Diamantenfelder in Griqualand die Aufmerksamkeit des englischen Kapitals auf Südafrika; im gleichen Jahre bedeutete die Eröffnung des Suezkanals eine Aufwertung des bis dahin zugunsten Westafrikas vernachlässigten Ostafrika.

Diese Tatsache, daß man sich der möglichen Reichtümer eines ganzen riesigen Kontinents, der noch zu einem Großteil unbekannt war, bewußt wurde, fiel zeitig mit einem regelrechten Überproduktionsfieber bei der europäischen Industrie und dem Aufkommen gefährlicher Konkurrenten wie Deutschland, Frankreich und Belgien für England zusammen; das große Problem bestand nunmehr nicht mehr im Produzieren, sondern im Finden neuer Märkte, welche die Fabrikate Westeuropas aufnehmen und dafür Rohstoffe liefern sollten. Gleichzeitig wurde sich die Hochfinanz der Tatsache bewußt, daß sie nunmehr zum eigentlichen Herrn der Politik geworden war und daß beispielsweise die Vollendung des Suezkanals trotz der starken politischen Opposition von seiten Englands nur durch den massenhaften Zustrom europäischer Spargelder und die Unterstützung der britischen Handelskammern zustande gekommen war.

### 5) *Der europäische Imperialismus und der Beginn des »Scramble«*

Wenn es sich vor 1869 nur um ein französisch-englisches Duell handelte, das mit den örtlichen Bedingungen in Afrika und den dort tätigen Persönlichkeiten eng verknüpft war, so nimmt der Wettbewerb nach 1869 einen internationalen, von dem der Vorjahre gänzlich verschiedenen Charakter an. Jetzt sind nämlich die »Imperialismen« auf dem Schauplatz erschienen: Der französische, der nach der Niederlage des Jahres 1871 aus dem Gefühl der Demütigung heraus geboren wurde; der englische Imperialismus, der sich zunächst auf die von Engländern bewohnten überseeischen Gebiete – Kanada, Australien, Neuseeland und Südafrika – beschränkte und von dem konservativen Premier

Disraeli, der von 1874 bis 1880 im Amt war, in politischer Hinsicht stärkstens unterstützt wurde; der deutsche, der erst im Jahre 1884 unter dem Druck einer mehr oder weniger von den Handelskammern der großen Nordseehäfen in Szene gesetzten »öffentlichen Meinung« ins Leben kam; der portugiesische, der in der Hauptsache eine Reaktion gegen die englischen und deutschen Maßnahmen war, die die Verbindung, welche die Portugiesen zwischen dem Atlantik und dem Indischen Ozean herstellen wollten, bedrohten; schließlich und endlich der Imperialismus Léopolds II., des großen Spekulanten auf dem belgischen Throne, der den Konkurrenzkampf zwischen den Großmächten dazu benützte, um sich ein persönliches Reich zu gründen, dessen Fläche achtzigmal so groß wie die Belgiens war. Léopold II. kann man als Vorläufer dessen ansehen, was die Engländer mit dem *»Scramble for Africa«*, der »Balgerei um Afrika« bezeichnen.

Vom Reisebericht des Engländers Cameron, der in den Jahren 1873 bis 1875 Afrika auf dem Wege von Sansibar nach Benguela durchquert hatte, begeistert, berief er im Jahre 1876 eine internationale Konferenz für die Geographie Afrikas nach Brüssel ein, aus der die »Association Internationale pour l'exploration et la civilisation de l'Afrique Centrale« hervorging. Deren rein humanitäre und wissenschaftliche Zielsetzung vermag jedoch von vornherein die Absicht der Ausbeutung der von den in den Diensten der Vereinigung stehenden Forscher entdeckten Gebiete nicht vollkommen zu verhüllen. In einem aus dem Jahre 1877 stammenden Brief gebraucht der Herrscher die sehr aufschlußreiche Wendung vom »wundervollen afrikanischen Kuchen«, von dem er sich auch sein Stück abschneiden möchte. Im Jahre 1878 wird Stanley, dessen Dienstangebot nach seiner Rückkehr von der Entdeckungsreise durch den Kongo (1874–1877) von England abgelehnt worden war, engagiert und erhält ebenso eingehende wie geheime Anweisung für das Studium der Rentabilität des Kongobeckens, das er nun von der Kongomündung aus betritt und wo er in den Jahren 1880 bis 1884 mit den Häuptlingen der Eingeborenen Exklusivhandelsverträge abschließt. Im Jahre 1878 starten von Sansibar zwei weitere Expeditionen der Association Internationale, deren Ziel die Missionsstationen der Weißen Väter in Tabora und am Tanganjikasee sind. Natürlich wacht Léopold darüber, daß seine eigenen Interessen dabei nicht zu kurz kommen, und gründet ein ausschließlich belgisches »Comité d'Études du Haut Congo«. Dadurch, daß er Zentralafrika gleichzeitig vom Atlantik und vom Indischen Ozean in die Zange nimmt, bringt er es dahin, daß die Existenz eines »Unabhängigen Kongostaates« auf der

Karte akzeptiert und von den Großmächten auf dem Berliner Kongreß anerkannt wird.

Im Jahre 1879 gründet der Engländer George Taubman die *United African Company* als Dachorganisation für alle englischen Interessen an dem wegen seines enormen Reichtums an Ölpalmen »Oil Rivers« genannten Gebiet des Nigerdeltas. Im Jahre 1880 gründet ein Franzose, der Comte de Sémellé, eine Konkurrenzfirma, die Compagnie Française de l'Afrique Occidentale, welche ebenfalls zahlreiche Faktoreien anlegt, so daß im Jahre 1882 beide Gesellschaften je einige 30 Niederlassungen im gleichen Gebiet besitzen. Im Jahre 1883 allerdings versetzt die inzwischen zur *Royal Niger Company* gewordene englische Gesellschaft der französischen Konkurrentin den Todesstoß, indem sie systematisch ihre Preise um 25 Prozent senkt und sich von den Häuptlingen im Landesinnern eine beträchtliche Anzahl von Verträgen »unterzeichnen« läßt; als sie im Jahre 1884 von der Absicht einer deutschen Expedition erfährt, die sich den Alleinhandel mit dem Sultanat Sokoto sichern will, kommt sie ihr zuvor und schließt selbst einen Handelsvertrag ab. England kann somit beim Berliner Kongreß auf seine älteren Rechte am Unterlauf des Niger pochen und sich in der Folge von einigen Handelsniederlassungen an der Küste aus den Besitz des riesigen, reichen Nigerias (mit fast der doppelten Fläche Frankreichs) sichern.

Das Beispiel Nigeria zeigt recht gut die unmittelbaren Beziehungen zwischen kommerzieller und politischer Aktivität der Großmächte am Vorabend des Berliner Kongresses. Im Falle Deutschland tritt dies vielleicht noch deutlicher hervor. Die allerersten deutschen Handelsniederlassungen werden im Jahre 1868 in der Gegend von Duala angelegt; im Jahre 1876 werden zwei weitere an der Küste des heutigen Togo gegründet. Im gleichen Zeitraum schürft der Bremer Kaufmann Lüderitz an der fast leeren Küste südlich Angolas. Auf diese kommerzielle Tätigkeit zusammen mit der Arbeit der Missionare und der Forscher stützt sich die Entscheidung vom April 1884, durch welche der Südwesten Afrikas »unter den Schutz des Reiches« gestellt wird sowie die im Juli erfolgende Besetzung von Anécho und der Biafrabucht.

## 6) *Der europäische Territorialbesitz in Schwarzafrika am Vorabend der Berliner Konferenz*

Die Deutschen (bis 1914) und die Belgier, welche einen nicht zu verachtenden Teil des afrikanischen Kontinents in Besitz nehmen sollten, sind also sehr spät hinzugekommen. Spanien hatte in den Jahren 1778 und 1779 Portugal die Inseln Fernando Póo und Annobon abgekauft; im Jahre 1843 hatte es sich am Rio Muni (dem heutigen Spanisch-Guinea) niedergelassen. Portugal aber saß bereits seit vier Jahrhunderten an der Küste von Angola und von Moçambique sowie in Guinea. England und Frankreich hatten seit dem 17. Jahrhundert an der Westküste Afrikas Handelsniederlassungen errichtet.

Die *portugiesischen Besitzungen* waren im Verlauf des 18. Jahrhunderts bis auf einen schmalen Küstenstreifen zusammengeschrumpft. Zu Beginn des 19. Jahrhunderts beschloß jedoch die Lissaboner Regierung die Förderung der Ansiedlung portugiesischer Kolonisten in Angola und von Forschungsreisen zwischen Atlantik und Indischen Ozean. Zwischen 1802 und 1811 gelang zwei portugiesischen Mischlingen *(pombeiros)* zweimal die Durchquerung Innerafrikas zwischen São Paolo de Luanda und der Sambesimündung; im Jahre 1853 verwirklichten die Portugiesen Silva Porto und João da Silva die Durchquerung von Benguela aus. Die angolesische Wirtschaft entwickelt sich durch die Einführung neuer Kulturpflanzen – Kaffee im Jahre 1800, Kakao im Jahre 1822, Zuckerrohr, Chinarindenbaum usw. Um 1860 richtet ein starkes Kontigent von Kolonisten aus Brasilien Zuckerfabriken ein und organisiert den Tabakanbau für Exportzwecke. Mossamedes wird 1840 gegründet, Ambriz im Jahre 1855. Mit dem Jahre 1863 allerdings beginnt eine Zeit, in der sich die auf ihre »historischen« Prioritätsrechte in Afrika südlich des Äquators vertrauenden Portugiesen mit Recht durch die in diesem Gebiet durchgeführten Forschungsexpeditionen – von denen die des Engländers Cameron, dem in den Jahren 1873–1875 die Durchquerung von Sansibar nach Benguela gelang, die bemerkenswerteste ist – beunruhigt fühlen. Im Jahre 1877 erhalten Ivens, Capello und Serpa Pinto den Auftrag zur Erforschung des Hinterlandes der angolesischen Küste, das zu dieser Zeit noch vollkommen unbekannt ist, und zur Sicherung der portugiesischen Ansprüche auf das Gebiet zwischen Angola und Moçambique. Die auf wissenschaftlichem Gebiet erfolgreiche Reise zeitigt aber nicht die erwarteten politischen Folgen, weil Cecil Rhodes zwei Jahre später eine Sperre zwischen Angola und Moçambique legt.

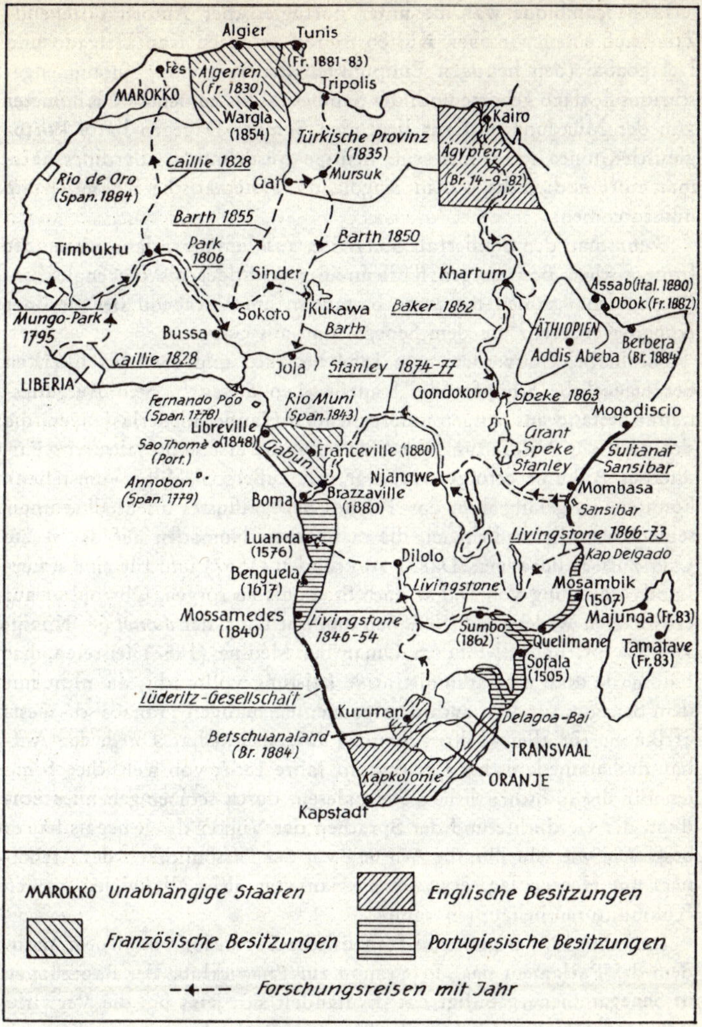


Karte 16: Wichtigste Forschungsreisen und Besitzungen der Europäer im Jahre 1884 (Westafrika ausgenommen, siehe Karte 14)

In Moçambique war die unter portugiesischer Autorität stehende Zone auf einen winzigen Küstenstreifen zwischen Kap Delgado und Delagoabai (den heutigen Endpunkten der Seegrenze) zusammengeschrumpft; dazu gehörte noch das Sambesital bis zu dem 900 Kilometer von der Mündung entfernt liegenden Sumbo. Dagegen hatte Portugiesisch-Guinea schon fast seine heutige Ausdehnung, allerdings hatte man dort noch nicht wie in Angola die systematische Kolonisierung unternommen.

Wenn man den Sonderfall Südafrika ausklammert, dann waren die französischen Besitzungen flächenmäßig wichtiger als die englischen. Die beiden »großen Brocken« bestanden am Vorabend der Berliner Kongo-Konferenz aus dem Senegal und aus Gabun.

Faidherbe, Gouverneur von 1854 bis 1861 und 1861 bis 1863, ist der eigentliche Schöpfer des französischen *Senegals.* Sein Ausgangspunkt bestand aus einigen untergehenden Handelsniederlassungen, die sich nach der Abschaffung der Sklaverei, die erst sechs Jahre vor Faidherbes Ankunft erfolgt war, nur mit äußerster Mühe »umstellen« konnten. Es gelang ihm, das Tal des Senegalflusses bis Médine unter seine Kontrolle zu bringen, die maurischen Nomaden auf das rechte Ufer zurückzudrängen, Dakar zu gründen (1857) und für eine sichere Landverbindung von Dakar nach St. Louis zu sorgen. Obwohl er auf ernsthaften Widerstand stieß, den ihm Lat Dior, der *damel* (= König) von Cayor, und El-Hadsch Omar bei Médine (1857) leisteten, hat Faidherbe doch eine administrative Leistung vollbracht, die nicht nur dem Senegal, sondern auch dem ganzen ehemaligen Französisch-Westafrika ein für allemal ihren Stempel aufgedrückt hat. Durch den Aufbau mohammedanischer Gerichte im Jahre 1857, von weltlichen Schulen für die nichtchristlichen Senegalesen, durch sein eingehendes Studium der Geschichte und der Sprachen der Völker des Senegals hat er bewiesen, wie sehr ihm die Achtung vor der Persönlichkeit des Afrikaners am Herzen lag, etwas, was man von nicht allzuvielen großen Kolonisatoren behaupten kann!

Im Jahre 1879 beginnt die französische Expansion von neuem, nachdem das Parlament das »Programm zur Entwicklung der Besitzungen in Senegambien« gebilligt hat. Es handelt sich jetzt um die Verwirklichung der großen Idee Faidherbes, dem die Verbindung des Senegals mit dem nigerischen Sudan als unerläßlich erschien. Im Jahre 1880 sorgt Gallieni für die Anerkennung des französischen Protektorats über das linke Ufer des Niger von der Quelle bis Timbuktu durch Ahmadu, den in Segu residierenden Sohn und Nachfolger von El-

Hadsch Omar. Im Jahre 1881 besetzt Borgnis Desbordes die Stadt Kita und stößt dabei zum ersten Male auf die Streitmacht Samorys; im gleichen Jahre wird mit dem Bau der Eisenbahn von Kayes nach Bamako begonnen, die allerdings erst im Jahre 1906 fertiggestellt war. Im Jahre 1883 setzen sich die Franzosen in Bamako fest, aber Ahmadu und Samory leisten ihnen noch bis 1898 Widerstand.

In *Gabun* schließt Bouet Willaumez in den Jahren 1839 bis 1844 mit den Königen Denis, Louis und Kaben mehrere Verträge. Im Jahre 1848 wird Libreville für die Niederlassung von Sklaven, die durch Patrouillenboote befreit wurden, gegründet. Von 1856 bis 1858 wird Gabun von Du Chailly eingehend erforscht. Im Jahre 1875 endlich unternimmt Brazza seine erste Reise; während einer zweiten Reise gründet er im Jahre 1880 Franceville und schließt einen Schutzvertrag mit Makoko, dem König der Bateke (Kongo), der im Herbst 1882 von der Nationalversammlung ratifiziert wird.

Die anderen französischen Besitzungen in Schwarzafrika sind alle wesentlich jüngeren Datums als die »alte Kolonie« Senegal und als Gabun. Im Jahre 1851 wird mit Guezo, dem König von Abome, ein Handelsvertrag geschlossen, dann 1879 ein weiterer mit Glélé von Kotonu (Dahome). Im Jahre 1881 wird Futa Dschalon französisches Protektorat. Dank der Anlage eines kleinen Forts im Jahre 1856 auf dem Plateau von Boké durch Pinet Laprade wird das Küstengebiet zwischen Portugiesisch-Guinea und dem englischen Sierra Leone als französisches Einflußgebiet betrachtet. Im Jahre 1882 wird durch einen französisch-englischen Vertrag die Grenze festgelegt.

Der Inbesitznahme eines 600 Kilometer langen Küstenstreifens an der Elfenbeinküste durch die Franzosen im Jahre 1883 liegen eine Erkundungsfahrt zur See durch Bouet Willaumez im Jahre 1838 und die Anlage von Handelskontoren in Grand Bassam (1843) und Tabu (1853) zugrunde.

Wir haben die Geschichte der englischen Besitzungen an der Westküste Afrikas bereits einige Seiten vorher von verschiedenen Gesichtspunkten aus betrachtet; bei Sierra Leone handelte es sich um den Kampf gegen die Sklaverei und um die erzieherische Arbeit der Missionare, bei der Goldküste (Ghana) erfolgte dies aus »afrikanischer« Sicht (Vorstoß der Aschantikonföderation in Richtung Küste) und bei Nigeria handelte es sich um die kommerziellen Aspekte. Ich kann mich demzufolge hier auf die Angabe einiger Daten beschränken.

Sierra Leone, das im Jahre 1808 zur Kronkolonie erklärt wurde, ist gewissermaßen der Doyen der Commonwealt-Staaten. Im Jahre 1821 wurde die Goldküste an Sierra Leone angeschlossen; erst im Jahre 1850 erhielt sie eine eigene Verwaltung. Im gleichen Jahre trat Dänemark seine Forts, die es dort besaß, an England ab; zu diesen gehörte auch Christiansborg, das lange Zeit Residenz des Gouverneurs der Goldküste war, bevor es die des Staatsoberhaupts von Ghana wurde. Im Jahre 1871 wurden die holländischen Handelskontore gegen die englischen auf Sumatra ausgetauscht; dieser Tausch beraubte die Aschantis ihres Verbündeten, den sie in den Holländern an der Küste in Elmina besaßen und war der Anlaß für den 7. Krieg zwischen Engländern und Aschantis; die vorhergegangenen waren in den Jahren 1807, 1814, 1821–1826, 1853 und 1863 geführt worden. Diesmal drangen die Engländer zum ersten Male in Aschantigebiet ein und besetzten am 4. Februar 1874 die Hauptstadt Kumassi. Die Aschantis blieben aber trotzdem noch bis zum Jahre 1895, als sie unter englisches Protektorat kamen, unabhängig.

Auf den Thron von Lagos hatten die Engländer im Jahre 1852 einen in ihrem Solde stehenden Thronprätendenten gesetzt; im Jahre 1861 wurde die Stadt Lagos und ihre Umgebung zur Kronkolonie erklärt. Im Jahre 1885, als die *Oil Rivers* (Nigerdelta) Protektoratsgebiet wurden, hatte die Kolonie Lagos noch einen äußerst geringen Umfang und umfaßte nicht einmal den Großteil des Jorubalandes, der erst im Jahre 1888 Protektorat wurde.

Das spanische Protektorat über den Küstenstreifen vom Kap Blanc bis zum Kap Bojador (Rio de Oro) datiert aus dem Jahre 1884. Weiter südlich, von Senegal bis zum Kap der Guten Hoffnung befand sich am Vorabend der Berliner Kongokonferenz die ganze Küste unter dem Einfluß irgendeiner europäischen Macht. Die Ausnahme bildet *Liberia*, das einzige Land Afrikas, das zumindest theoretisch während der ganzen Kolonialzeit seine Unabhängigkeit bewahren konnte. Liberia wurde im Jahre 1821 von amerikanischen Philanthropen zum Zweck der Ansiedlung befreiter Sklaven gegründet, erklärte sich im Juli 1847 für unabhängig und wurde sofort von England und Frankreich anerkannt, von den USA aber erst im Jahre 1862. Von Anfang an wurden die »amerikanischen« Schwarzen von den eingeborenen Stämmen nicht gerne gesehen; es kam zu mehreren Aufständen, von denen die der Gola und der Grebo besonders erwähnenswert sind.

## C. Araber, »Türken« und Europäer in Ostafrika

Bis jetzt haben wir die Betätigung der Europäer im 19. Jahrhundert in der Hauptsache nur soweit behandelt, als sie Westafrika betraf; Ostafrika vom Sudan bis zum Limpopo (Nordgrenze Transvaals) ist entwicklungsmäßig eine Sache für sich und vor 1885 haben dort die Europäer nur eine zweitrangige Rolle gespielt. Die beiden geschichtlichen Hauptzentren hießen Khartum und Sansibar. Man kann allerdings nicht sagen, daß sie eine besonders wohltätige Rolle gespielt hätten, weil sich diese beiden großen Handelszentren auf den Handel mit Elfenbein und Sklaven spezialisiert hatten. Ihre schnelle Expansion auf das Zentrum Afrikas zu erfolgte um den Preis der Ausbeutung und systematischen Zerstörung der menschlichen Substanz Schwarzafrikas.

### 1) *Khartum, der nilotische Sudan und die Explosion des Mahdismus*

*Khartum* wurde im Jahre 1824 nach der Expedition des Jahres 1820 gegründet, welche Mehemed Ali zwecks Eroberung von Sennar und Kordofan, die sich damals im vollen Verfall befanden, ausgesandt hatte. Die Expedition hatte auch den Auftrag, »mindestens 40 000 Sklaven« mit nachhause zu bringen. Sie bestand aus 10 000 Mann, wovon mehr als die Hälfte Türken und Albaner waren; dies war auch der Grund dafür, daß alles, was im 19. Jahrhundert aus Ägypten kam, bis in das 5000 Kilometer von Kairo entfernte Uganda hinein »Türke« genannt wurde. Die Truppe markierte ihren Weg durch zahlreiche Greueltaten, zumal nachdem der *mek* (= Häuptling) von Shendi namens Nimr den Sohn Mehemet Alis, Ismail, am 12. März 1821 bei lebendigem Leibe verbrannt hatte. Ende 1823 war der Sudan vom Nil bis zum Roten Meere und zur Grenze des äthiopischen Berglandes in ägyptischer Hand, allerdings um den Preis von 50 000 toten Sudanesen. Die Erbitterung, die sich dadurch gegen die Ägypter angehäuft hat, kommt 60 Jahre später in durchaus nicht verwunderlicher Weise bei der großen Explosion des Mahdismus zur Entladung.

Den in Khartum residierenden Gouverneuren des Sudan war genau vorgeschrieben, was die Provinz an Vieh und an Sklaven zu leisten hatte. Dies ist der Grund für die allmähliche Ausweitung ihrer militärischen Expeditionen in Richtung Süden, wo es wesentlich mehr Menschen gab, und für den Schutz, der denjenigen Kaufleuten zugesichert wurde, welche sich für dauernd im Gebiet des Bahr el-Ghasal (südlicher Sudan) niederließen, um dort Elfenbein und Sklaven gegen Feuerwaffen einzuhandeln. Im Jahre 1860 waren diese Händler bereits bis zum Uëlle (im Nordosten von Kongo-Léopoldville) gelangt und dort zu den wirklichen Herrschern der wichtigsten Azande-Häuptlinge geworden. Einige unter ihnen, wie der berüchtigte Ziber Pascha, besaßen sogar ihre eigenen Truppen, mit deren Hilfe sie die finanziellen Ansprüche der ägyptischen oder Darfur-Beamten auf dem Wege ihrer Karawanen in Grenzen halten konnten. Drei große Karawanenwege wurden benützt; auf der kürzesten gelangten die Sklaven nach El-Obeid in Kordofan und dann über Berber nach Port Suakin und Arabien; die Nilroute ging nach Kairo und dem Ottomanenreich; die dritte und meistbenützte war wesentlich länger, wurden doch die Sklaven über Darfur und Wadai in Marsch gesetzt und von dort nach Bengasi über die Oase Kufra, nach Tripolis über Kuka und den Fessan.

Im Jahre 1869 war Ziber Pascha der absolute Beherrscher der ägyptischen Provinz Bahr el-Ghasal; 1874 eroberte er Darfur auf Rechnung Ägyptens. Daraufhin wurde er nach Kairo berufen, wo man diesem zu mächtig gewordenen Pascha die Rückkehr in seine Provinz untersagte. Der Khedive Ismail kam dann auf die Idee, Europäer als Gouverneure dieser weit entfernten Länder einzusetzen. Bereits im Jahre 1869 erhielt der englische Forscher Samuel Baker den Auftrag, das Becken des Weißen Nils südlich von Gondokoro zu erobern und die neue Provinz Equatoria als Gouverneur zu verwalten. Ägypten und mit ihm England gelangten somit bis in den Nordteil des heutigen Uganda.

Im Jahre 1877 wurde der Engländer Gordon, der Besieger der chinesischen Taiping-Rebellen, zum Generalgouverneur des Sudan ernannt; seine erste Aufgabe bestand in der Niederwerfung der Revolte Solimans, des Sohnes von Ziber Pascha; Soliman wurde im Juli 1879 von unter dem Befehl des Italieners Gessi stehenden Truppen besiegt und getötet. Aber Rabah, dem General Solimans, gelang die Flucht nach Westen, wo er sich von 1886 an ein Reich schuf, das bis an den Tschadsee reichte und erst im Jahre 1900 von den Franzosen erobert wurde. Ebenfalls im Juli 1879 unterdrückte der Österreicher Slatin im Darfur die Revolte des Sultans Harun, des Neffen des letzten Sultans, der im Jahre 1874 im Kampf gegen Ziber Pascha gefallen war. Im Jahre 1878 wurde der Deutsche Schnitzer (Emin Pascha) zum Gouverneur der Provinz Equatoria ernannt.

Es gab demnach um 1880 vom Sennar bis Darfur mehrere Zentren des Widerstands gegen die ägyptische Herrschaft und die ausländischen Beamten, welche deren Vertreter waren; von 1881 an gelang es dem

Mahdi Mohammed Achmed, unter dem Banner des Islam so verschiedenartige Forderungen zu vereinigen, wie sie von den ihrer früheren Unabhängigkeit nachtrauernden Volksmassen und den die animistischen Stämme im Süden ausbeutenden Sklavenhändlern erhoben wurden.

Im August 1881 proklamiert der Mahdi den Heiligen Krieg gegen den fremden Unterdrücker – der ebenfalls Mohammedaner ist! – und gewinnt seine erste Schlacht, bei der »mit Stöcken bewaffnete Männer gegen die mit Gewehren ausgerüstete Streitmacht der Regierung kämpften«. Seine Truppen, die noch über keinerlei Waffen verfügen, besiegen in zwei Überraschungsangriffen (Dezember 1881 und Juni 1882) mehrere 1000 Mann starke ägyptische Abteilungen entscheidend und kommen so zu Waffen und Proviant. Der Erfolg erzeugt Zustrom zu den Fahnen des Mahdi. Am 18. Januar 1883 wird El-Obeid, die Hauptstadt Kordofans, eingenommen. Inzwischen haben sich in Kairo schwerwiegende Dinge ereignet; die Truppen Arabi Paschas sind am 13. September 1882 bei Tell el-Kebir besiegt worden und die Engländer haben ganz Ägypten besetzt. Der am 12. September 1883 zum englischen Hochkommissar für Ägypten ernannte Sir Evelyn Baring, der spätere Earl of Cromer, schickt eine 10 000 Mann starke Armee unter dem Befehl des englischen Generals Hicks gegen den Mahdi. Das bedeutet die Katastrophe – für die Engländer und einen ganz außerordentlichen Sieg für die Sudanesen. Am 4. November werden 9500 angloägyptische Soldaten und General Hicks selbst niedergemacht; die Engländer beschließen die Räumung des Sudans und behalten nur Khartum und Port Suakin für sich.

Im Dezember 1883 bietet der Österreicher Slatin Pascha, der ägyptische Gouverneur für Darfur, dem Mahdi die Unterwerfung an; im April 1884 tut der Engländer Lupton, Befehlshaber für die Provinz Bahr el-Ghasal, das gleiche und tritt sogar zum Islam über. Emin Pascha, der Gouverneur von Equatoria, zieht sich klugerweise in Richtung Süden nach Wadelai (Uganda), einige Kilometer vom Albertsee und dem schwarzen Reich Bunjoro entfernt, zurück. Am 26. Mai nehmen die Mahdisten Berber und schneiden damit die Verbindung Gordons, des Kommandanten der Garnison von Khartum, mit Ägypten ab. Nach sechsmonatiger Belagerung fällt Khartum am 26. Januar 1885; zusammen mit General Gordon werden 4000 Angloägypter niedergemetzelt.

In der Folge versuchen die Engländer, die Mahdisten im Rücken von Äthiopien und Uganda aus zu packen, aber die endgültige Niederwerfung des Mahdistaats gelingt erst gegen Ende des Jahres 1899.

2) *Die Sansibar-Araber und der Sklavenhandel*

Wir haben gesehen, daß die im Jahre 1869 geschaffene ägyptische Provinz Equatoria bis Norduganda reichte. Aber bereits im Jahre 1855 hatten Kaufleute aus Khartum in der Landschaft Bunjoro unmittelbar östlich des Albertsees Händler aus Sansibar angetroffen.

Um 1830 hatte der Iman von Maskat, Seyyid Said, sein Hauptquartier auf der Insel Sansibar aufgeschlagen, um so seine Herrschaft über die Handelsstädte an der Küste wie Malindi, Mombasa und Kilwa, die bereits 1698 unter der Oberhoheit der Omanaraber (deren Hauptstadt Maskat ist) gekommen waren, aber alle ihre Autonomie bewahrt hatten, effektiv zu sichern. Seyyid Said hatte große Plantagen von Kakaobäumen, Ölpalmen und zumal Gewürznelkenbäumen angelegt. Die letztere Kultur war so erfolgreich, daß die afrikanische Insel im Jahre 1850 drei Viertel der Welterzeugung von Gewürznelken produzierte, wozu allerdings sehr viele Arbeitskräfte nötig waren, die nur durch eine Ausdehnung des Sklavenhandels beschafft werden konnten.

Man kann mit Fug und Recht behaupten, daß die Anlage der arabischen Plantagen auf Sansibar für Ostafrika die gleiche katastrophale Wirkung hatte wie die der amerikanischen für Westafrika. Sie hat ein neues System für Beschaffung und Einsatz der afrikanischen Arbeitskraft eingeleitet. Die Beschäftigung als Dienstboten oder Soldaten, die seit dem Jahrtausend, während dessen der arabische Sklavenhandel existierte, für den schwarzen Sklaven allein in Betracht kam, hatte ihm den Zugang in die islamische Gesellschaft erlaubt; in Ägypten und Indien hatte es für viele unter ihnen im Mittelalter einen aufsehenerregenden sozialen Aufstieg gegeben, der im 19. Jahrhundert ganz offensichtlich unmöglich geworden war. In den Jahrhunderten vorher hatten die Araber bestimmten Stämmen des heutigen Tanganjika, wie den Niamwesi die Handelsherrschaft im Landesinnern belassen und ihre eigene Rolle beschränkte sich auf den Ankauf der zur Küste gelieferten Sklaven gegen Perlen, Textilien und Muschelschalen. Von 1840 an organisieren nun die Araber selbst Expeditionen ins Landesinnere, errichten Handelsniederlagen und erzielen dadurch, daß sie den Häuptlingen des Binnenlandes Feuerwaffen und Munition liefern, einen wesentlich höheren Gewinn als vorher.

Drei große Handelsrouten entwickeln sich im Laufe der Zeit. Die zentrale Straße ist die älteste und meistbenutzte. Von Bagamoyo bis Tabora folgt sie ziemlich genau der Trasse der heutigen Tanganjika-Zentralbahn, dann teilt sie sich und führt in Richtung Norden auf den

Viktoriasee und Buganda zu und in Richtung Westen nach Udschidschi am Tanganjikasee. Die Nordstraße wird vom Ende des 18. Jahrhunderts an von den Niamwesi frequentiert, von den Arabern ab 1844. Sunna, der *kabaka* (= König) von Buganda, der im Zeitraum zwischen 1836 und 1857 regiert, profitiert davon, da er sein Reich auf Kosten von Bungoro dank den von den Arabern gelieferten Feuerwaffen vergrößern kann. Sein Sohn Mutesa wird im Jahre 1862 von dem Engländer Speke besucht, dem ersten Europäer, der die Reiche an den Seen erforschte, und bittet im Jahre 1875 Stanley um die Entsendung von Missionaren. Bis zu seinem Tode im Jahre 1884 weiß er zwischen den protestantischen Missionaren, den *Ingleza,* den katholischen oder *Franza* und den Arabern das Gleichgewicht zu halten.
Die Weststraße wird um 1850 stark benützt, bereits im Jahre 1856 überqueren die Araber den See und kommen bis zum Lualaba, wo sie die beiden großen Sklavensammelplätze Niangwe und Kasongo gründen, die bald den ganzen Osten des heutigen Kongo-Léopoldville an sich ziehen.

Die südliche Route geht von Kilwa (Tanganjika) aus auf den Njassasee zu und darüber hinaus ins Lundareich Kazembe am Merusee (Grenze Kongo-Nordrhodesien). Sie durchzieht ein Gebiet (Nordrhodesien und Njassaland), das bereits seit dem Jahre 1835 durch den Einbruch der Ngoni, eines Zulustammes, der unter der Führung Zwangendabas der Tyrannei Tschakas entfloh, schwer mitgenommen wurde. Um 1865 erlangt die Route dadurch eine ziemlich große Bedeutung, daß ein aus der Gegend von Tabora stammender Niamwesi-Händler namens Msiri im heutigen Katanga, 1000 Kilometer von seiner Heimat entfernt, ein unter dem Namen Garangaze bekanntes und vom Handel mit dem Kupfer des Katangagebiets (das dort, wie wir bereits wissen, seit dem 9. Jahrhundert geschürft wird), mit Elfenbein und Sklaven lebendes Reich begründet. – Fünfzehn Jahre lang (1870–1885) ist seine Hauptstadt Bunkeja nördlich des heutigen Jadotville das Handelszentrum ganz Zentralafrikas und wird von Karawanen vom Atlantik und vom Indischen Ozean aufgesucht. Aber dann verfällt von 1885 an das Reiche wieder und Msiri wird im Jahre 1891 von einem belgischen Offizier getötet.

Die von Mombasa ausgehende Nordroute wird infolge des Widerstands der Massai erst von 1860 an regelmäßig benützt, reicht aber nicht bis nach Buganda.

### 3) *Die Europäer in Ostafrika*

Vor der Eröffnung des Suezkanals im Jahre 1869 interessiert sich eigentlich nur England für Ostafrika, das für Großbritannien die Westgrenze des Indischen Ozeans und damit des Seewegs nach Indien bedeutete. Im Jahre 1824 besetzt der Kapitän Owen Mombasa, aber dieser Zwischenfall hat weiter keine Folgen. Im Jahre 1840 wird ein englischer Konsul für Sansibar aufgestellt; 1862 tritt England als Vermittler zwischen den beiden Söhnen des Iman Seyyid Said auf und zahlt dem Iman von Maskat eine Jahresrente, um die »Unabhängigkeit« seines Bruders, des Sultans von Sansibar, zu erreichen. Im gleichen Jahre wird Cameron zum Konsul in Gondar ernannt; Cameron steht anfänglich mit dem Negus Theodor auf freundschaftlichem Fuße, zerstreitet sich dann aber mit dem äthiopischen Herrscher, der eine Gruppe Engländer mehrere Jahre lang in Magdala gefangenhält. Im Jahre 1867 befreit eine englische Expedition unter dem Kommando des Generals Napier die Landsleute; Theodor begeht im April 1868 in Magdala Selbstmord.

Nach 1869 gewinnt das afrikanische Ufer des Roten Meeres in den Augen der Europäer an Wert. Italien kauft im Jahre 1870 Gelände in der Bucht von Assab und annektiert diese selbst in den Jahren 1879–1880. England besetzt im Jahre 1875 die Insel Sokotra. Im Jahre 1872 hilft es Johannes IV., dem Nachfolger Theodors II., gegen seinen mächtigen Vasallen Menelik, Ras von Schoa, der seinerseits wieder von Italien unterstützt wird. Im Jahre 1875 reizt es Ägypten zum Angriff auf Äthiopien, aber dieses bleibt siegreich. In den Jahren 1877 und 1879 schickt der Khedive Gesandtschaften unter Gordon nach Äthiopien.

Schließlich besetzt Frankreich im Jahre 1882 an der Somaliküste das bereits 1866 gekaufte Dorf Obock. Im Jahre 1884 setzt sich England in Berbera, der Hauptstadt des künftigen Somaliland, fest. Wenn man von England absieht, das sich in einem theoretisch unabhängigen Ägypten für die Dauer eingenistet hat, gibt es also zur Zeit der Berliner Kongokonferenz in Ostafrika noch kaum europäische Besitzungen. Erst im Dezember 1884, nachdem die Konferenz schon einen Monat lang tagt, schließt der Deutsche Karl Peters zwölf Schutzverträge mit Häuptlingen von Küstenstämme in Ostafrika gegenüber der Insel Sansibar. Auf der Grundlage dieser ohne Genehmigung der deutschen Regierung geschlossenen Verträge wird am 12. Februar 1885 die »Deutsch-Ostafrikanische Gesellschaft« gegründet, die am 27. Februar vom Reiche anerkannt wurde.

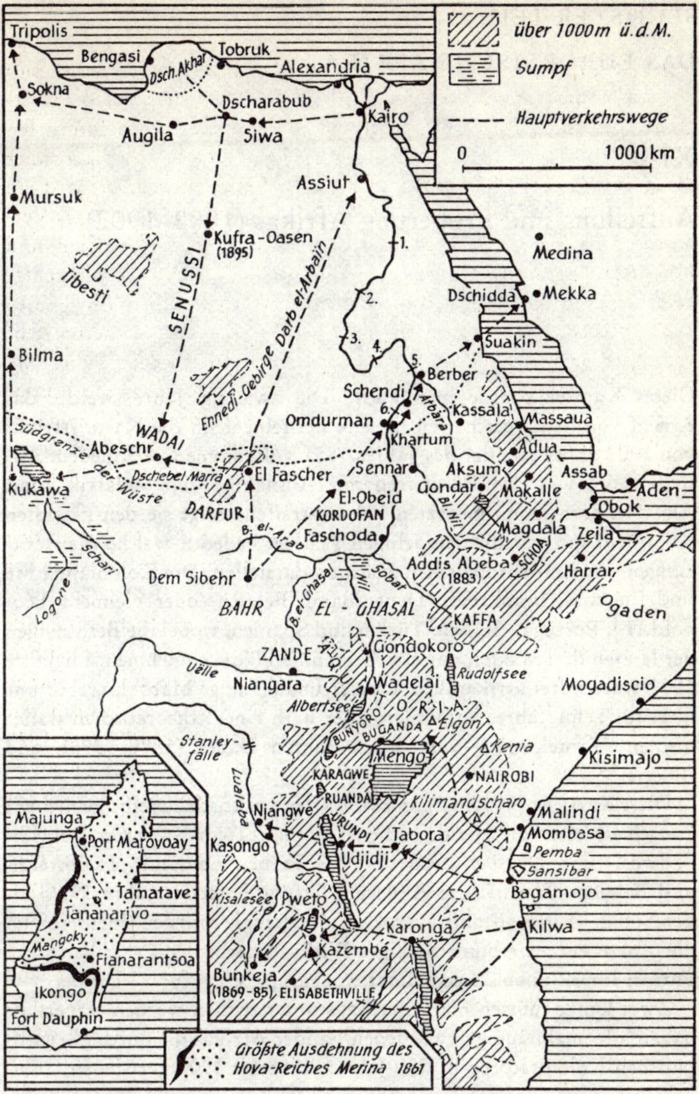


Karte 17: Ostafrika und Madagaskar im 19. Jahrhundert

# SECHSTER TEIL

# DAS EUROPÄISCHE AFRIKA

## XI

## Aufteilung und Eroberung Afrikas (1882–1902)

Dieses Kapitel könnte man auch »Die zwanzig Jahre, welche das Afrika von heute geschaffen haben« betiteln, denn die Karte Afrikas von 1902 an ist von der des Jahres 1882 vollkommen verschieden. Anstelle eines von den Europäern mit Ausnahme von Südafrika und Algerien noch kaum besetzten Küstenstreifens zeigt sie den gesamten Kontinent mit verschiedenfarbigen Flächen bedeckt, welche die Besitzungen von acht europäischen Mächten darstellen. Die Kolonialmächte sind England, Frankreich, Deutschland, Belgien (oder vielmehr Léopold II.), Portugal, Italien, Türkei und Spanien, wobei die Besitzungen der letzten drei Staaten nur eine begrenzte Fläche einnehmen. Im Jahre 1902 waren drei afrikanische Länder unabhängig: Marokko, aber nur noch für zehn Jahre, Äthiopien, aber nach einem theoretischen italienischen »Protektorat« von sieben Jahren Dauer (1889–1896), und Liberia.

Diese Karte ist bis zum Ersten Weltkrieg praktisch dieselbe geblieben; danach erhielten die vier deutschen Kolonien (Togo, Kamerun, Deutsch-Südwest- und Deutsch-Ostafrika) die Farben Englands, Frankreichs und Belgiens. Die nächste Änderung erfolgte erst im Jahre 1956, als der Sudan, Tunesien und Marokko unabhängig wurden. Heute bietet die Karte ein sehr buntscheckiges Bild – verschiedene »afrikanische« Farben für 37 unabhängige Staaten, »europäische« für 12 Länder.

Zwei Dinge müssen hier allerdings unterstrichen werden. Einerseits haben alle unabhängig gewordenen Länder Afrikas die durch die europäischen Kolonisatoren in den Jahren 1885 bis 1900 gezogenen Grenzen beibehalten; andererseits haben sie von ihren betreffenden Kolonialmächten eine zweite sprachliche und kulturelle Gestalt erhalten, die in der politischen Reaktion ihrer leitenden Persönlichkeiten und den verschiedenen mehr oder weniger stabilen Gruppierungen, die zum Panafrikanismus von morgen führen sollen, eine wichtige Rolle spielt. Die Art und Weise der Bildung von großen Kolonialblöcken ist demnach für den Afrikaner der sechziger Jahre ein besonders interessantes Studienobjekt. Es handelt sich hier nicht darum, die Bedeutung der afrikanischen Widerstände gegen die Eroberung durch die Europäer zu verkleinern, aber die koloniale Aufteilung hat noch wesentlich wichtigere und weitergehende Konsequenzen nach sich gezogen. Nun ist diese Aufteilung in Europa erfolgt und nicht in Afrika und schließlich ist es das Kräfteverhältnis *in Europa*, das die Ausdehnung und Aufteilung der verschiedenen Herrschaftsbereiche im Koloniallande bestimmte. Man muß daher zuerst die europäischen politischen Zusammenhänge am Ende des 19. Jahrhunderts darstellen.

An dokumentarischen Belegen fehlt es hier nicht. Die europäischen Historiker haben sich zu Recht und mit Leidenschaft mit dem Hin und Her des »großartigen diplomatischen Spiels« der Aufteilung Afrikas befaßt, sich dabei aber leider viel mehr für die mehr oder weniger geschickte oder kühne Art und Weise, in der die eine europäische Macht die andere »einrollte«, interessiert als für das Ergebnis der Teilung für Afrika selbst. Es ist unmöglich, auf einigen wenigen Seiten auch nur eine ganz vereinfachte Zusammenfassung der Verträge, der Expeditionen und der militärischen Unternehmungen, die die Karte von 1902 bestimmten, zu geben. Wir müssen uns also auf einige besonders wichtige Punkte beschränken. Der Charakter der verschiedenen europäischen Imperialismen erklärt die übergroße Schnelligkeit (1885–1902), mit der die Eroberung eines Kontinents mit mindestens dem Fünfzehnfachen der Gesamtfläche der sechs Eroberernationen vor sich ging. Diese von 1870 an aufgetretenen imperialistischen Bestrebungen machen sich von dem Jahre 1882 an geltend. Die von November 1884 bis Februar 1885 dauernde Berliner Konferenz hat die für die Aufteilung geltenden diplomatischen Regeln aufgestellt; ihr folgte in den Jahren 1885 bis 1890 der große Wettlauf ins Innere Afrikas von den früher schon besetzten Gebieten aus. Im Jahre 1890 legten zahlreiche bilaterale Verträge die Grenzlinien provisorisch fest. Im großen und ganzen begannen die Kolonialmächte erst nach 1890 mit der Errichtung von Verwaltungsposten für die Sicherung der *»effektiven Besetzung«* der Territorien, die durch die *»Verträge mit den Eingeborenen«*, die die Forscher abgeschlossen hatten, oder durch in Europa unterzeichnete Abkommen erworben worden waren. Diese Periode war auch die der Vernichtung der wesentlichsten afrikanischen Widerstandsbewegungen.

## A. Vorspiel in Berlin

Wir haben die Geburt der imperialistischen Bestrebungen um das Jahr 1870 gesehen – des englischen Imperialismus mit kommerziellen und missionarischen Tendenzen, des französischen von mehr politischer und sentimentaler Natur, des deutschen (der erst später, um 1880 auftrat) mit wirtschaftlichen und militärischen Zielen, des auf »geschichtlichen Rechten« fußenden portugiesischen, der infolge der sehr weitgehenden Abhängigkeit Lissabons von London sehr schwach war, und schließlich des »persönlichen« und finanziellen Imperialismus eines Léopolds II. Bis 1882 war dies alles nur theoretisch, aber dann traten Ereignisse ein, die in einer Kettenreaktion die koloniale Aufteilung Afrikas bestimmen sollten.

Das erste Ereignis ist die »provisorische« Festsetzung der Engländer in Ägypten am 13. September 1882. Ägypten zu behalten und zwar für sich allein zu behalten wird zum kategorischen Imperativ für die englische Politik, die dafür als Ausgleich Deutschland und Frankreich in anderen Teilen Afrikas eine gewisse Handlungfreiheit zugestehen muß. Die Reaktion der öffentlichen Meinung in Frankreich, die für diese »Ägyptenaffaire« Revanche verlangt, erfolgt sehr schnell. Nach einer Pressekampagne, die dem »brutalen« Stanley den »guten« Brazza gegenüberstellt, ratifiziert am 22. November die französische Nationalversammlung den am 10. September von Brazza mit Makoko, dem König der Bateke geschlossenen Vertrag und stellt damit die politische Oberhoheit Frankreichs auf dem rechten Ufer des Stanley Pool offiziell fest. Aber Léopold II. wird sofort unruhig – er bangt um die Zukunft der Stationen, welche in Diensten der Internationalen Afrikanischen Gesellschaft stehende Forscher im Tale des Kuilu Niari gegründet haben. Man weiß eigentlich nicht warum diese Gegend des heutigen Kongo-Brazzaville damals den Ruf eines Eldorados hatte. Léopold versteht es, die französische Bedrohung in genialer Weise zu parieren: Er verspricht allen Territorien, die von der »Internationalen Kongo-Gesellschaft«, der Nachfolgerin der »Internationalen Afrika-Gesellschaft« abhängig sind, den absoluten Freihandel, im übrigen ist er der einzige »Gesellschafter« der »Internationalen Kongo-Gesellschaft«. Auf diese Art und Weise sichert er sich die Weltmeinung, die zwangsläufig der Errichtung eines Staates ohne Zollgrenzen unter dem väterlichen Regiment des Souveräns eines kleinen Staates sympathischer gegenübersteht als der Herrschaft einer beliebigen anderen Macht, die Warenzölle erhebt.

Diese Idee, daß »ein schwacher Staat in Zentralafrika mehr wert ist als ein starker«, liegt übrigens auch den im Jahre 1883 zwischen England und Portugal geführten Verhandlungen zugrunde, die im Vertrag vom 26. Februar 1844 gipfeln, der die Souveränität Portugals über den Küstenstreifen zwischen 8 Grad und 5 Grad 12 Minuten südlicher Breite anerkennt und damit der Internationalen Kongogesellschaft den Zugang zum Meere sperrt, was in Kaufmannskreisen einen Sturm der Entrüstung erzeugt. Der seiner Schwäche ebensogut wie seiner Stärke bewußte Léopold II. hütet sich, hier direkt zu intervenieren, aber dafür bezieht er Frankreich in sein Spiel ein, indem er ihm am 24. April für den Fall eines Verkaufs der Besitzungen der Internationalen Kongo-Gesellschaft das Vorkaufsrecht zusichert. Nun kann er bei weiteren Verhandlungen jederzeit darauf hinweisen, daß es ja im Interesse der anderen Mächte liege, daß sein »Freistaat« erhalten bleibt und nicht in Frankreichs Hände fällt!

Nachdem Deutschland der mächtigste Staat Europas ist, besteht kein Grund dafür, daß es nicht auch seinen Platz in Afrika einnehmen sollte. Als Antwort auf den Wunsch der durch die einen Monat zuvor gegründete »Deutsche Kolonialgesellschaft« stark beeinflußten deutschen öffentlichen Meinung benachrichtigt Bismark den deutschen Konsul am Kap der Guten Hoffnung davon, daß die 1500 Kilometer lange Küste zwischen Kunene und Oranje »unter den Schutz des Reiches gestellt« worden ist. Diese Proklamation wirkt sich für ihn bei den nächsten Wahlen sehr vorteilhaft aus; der 24. April 1884 hat mit Recht den Namen »Geburtstag« der deutschen kolonialen Expansion bekommen.

Zu dieser Zeit hat England mit dem Erfolg der Mahdisten zu tun, die am 26. Mai Berber einnehmen, damit die Verbindung Gordons mit Ägypten abschneiden und Emin Pascha, den Gouverneur der Provinz Equatoria zwingen, sich nach Wadelai im heutigen Uganda zurückzuziehen. Bismarck nützt die Tatsache, daß die Engländer andere Sorgen haben, aus. Am 5. Juli nimmt Nachtigal drei Dörfer, die Keimzelle des späteren Schutzgebiets Togo, und am 16. Juli Küstendörfer in Kamerun in Besitz. Bismarck verhandelt andererseits seit Mai mit der Internationalen Kongo-Gesellschaft und erkennt am 30. September die Grenzen, wie sie Stanley am 7. August Léopold II. vorgeschlagen hat, an. Es ist amüsant, festzustellen, daß zwar die nördlichen Grenzen im großen und ganzen die des zukünftigen Belgisch-Kongo sind, die südlichen aber von den späteren sehr stark abweichen und weder den Kassai noch Katanga, von dessen Reichtum an Bodenschätzen man damals noch nicht die geringste Ahnung hatte, einschließen. Erst als Léopold II. im Verlauf der Berliner Konferenz davon erfuhr, daß das berühmte »Eldorado« des Kuilu-Niari an Frankreich fallen würde, entschied er sich auf gut Glück zu dem, was die Belgier eine »Zugabe« zum Stanley-Projekt nennen. Da er seine Staatsgrenze bis zur Linie der Großen Seen gehen lassen wollte, verlängerte er ihren Verlauf bis zur Kongo-Sambesi-Wasserscheide, so daß auch Katanga einverbleibt wurde, von dem er schrieb: »Es wird uns schwer fallen, uns damit zufrieden zu geben.« Für den Leser der Jetztzeit wäre hier zu bemerken, daß das Bergwerksgebiet von Katanga, das ein halbes Prozent der Gesamtfläche des heutigen Kongo-Léopoldville umfaßt, vor der Erlangung der Unabhängigkeit 45 Prozent des Gesamtexportwerts (!) produzierte.

Dieser kurze chronologische Abriß zeigt, daß am Vorabend der Berliner Konferenz die verschiedenen diplomatischen Strategien, die für die Aufteilung Afrikas bestimmend sein sollten, schon zum Angriff bereitstanden. Das französisch-englische Duell, welches die ersten 80 Jahre des Jahrhunderts ausgefüllt hatte, sollte dem europäischen »Scramble« weichen, da ja inzwischen Léopold II., der sich auf seine Schwäche berief, und Deutschland, das auf seine Macht pochte, auf dem afrikanischen Schauplatz erschienen waren. Bereits waren einige Faktoren leidenschaftlicher Natur aufgetaucht, deren Bedeutung für die Auslösung dieser heftigen Explosion kolonialer Imperialismen, welche von einigen ein »Anfall von Massenhysterie« genannt wurde, nicht unterschätzt werden darf. Der merkwürdigste ist zweifellos der außergewöhnliche »Kartenfimmel«, der damals auch gesetzte, bequem im Lehnstuhl, 1000 Meilen von den in ihren Zelten vor Fieber zitternden Forschern und Soldaten entfernt, sitzende Bürger erfaßte. Vor der »möglichen« Ausdehnung des die Landesfarbe tragenden Farbflecks, der die Besitzung einer jeden Macht darstellte, verloren sie jegliches Bewußtsein von Gut und Böse, von Möglichem und Unmöglichem. Stanley zog am 7. August 1884 die Grenzen des künftigen Kongostaats durch fast vollkommen unbekanntes Land; Cecil Rhodes zeichnete im Mai 1881, zwei Monate nach der englischen Niederlage von Majuba Hill, eine Linie – die den roten Fleck erweiterte, der das englische Südafrika darstellte – bis zum Tanganjikasee auf einer Karte ein, die lediglich die Reisewege Livingstones enthielt. Er war damals bereits der Herrscher über den südafrikanischen Diamanten, nachdem er am 1. April 1880 in Kimberley die *De Beers Mining Company* gegründet und für sechs Millionen Pfund das Land der Gebrüder De

Beers aufgekauft hatte (das bis zum Jahre 1962 mehr als 90 Millionen Pfund Diamanten lieferte), und sein Riesenvermögen im Dienste seines grandiosen Traumes sollte ihm auch zur Verwirklichung dieses verhelfen.

Bei all diesen wunderbaren Projekten auf der Karten standen niemals irgendwelche geschichtliche oder soziologische Realitäten zur Debatte. Alle Kolonialmächte hatten, als der »Scramble« begann, die gleiche Auffassung über Afrika – ein riesiges »leeres und herrenloses« Land – während gerade Schwarzafrika ein Kontinent ist, wo die »Herren der Erde« auf die soziale und religiöse Struktur einen bestimmten Einfluß ausüben. Warum also über das unwahrscheinliche Zerschneiden Westafrikas erstaunt sein? Entlang jeder einzelnen Grenze, von der Elfenbeinküste bis nach Nigeria sind einheitliche Volksgruppen getrennt und sind umgekehrt vollkommen voneinander verschiedene Völkerschaften unter ein und derselben Fahne vereinigt und dies nur, weil sich diese Länder über mehrere, die Lebensweise direkt bestimmende Klimazonen erstrecken. Sogar in Kongo-Léopoldville, einem Staat, der der geographischen Realität des Kongobeckens entspricht, hat man die geschichtlichen Realitäten kurz entschlossen ignoriert. Das Lunda-Reich des Mwata Yamvo wird durch die Grenze zwischen Angola, Kongo und Nordrhodesien zerschnitten und im Norden sind die Azande zwischen Zentralafrikanischer Republik, Kongo und Sudan aufgeteilt. Derartige Beispiele der willkürlichen Aufteilung afrikanischer Völker könnten für fast alle heutigen Länder Schwarzafrikas gegeben werden.

## B. Die Berliner Konferenz

Sie wurde infolge des englisch-portugiesischen Vertrags vom 26. Februar 1884 einberufen. Am 15. November gleichen Jahres traten in Berlin die Vertreter von vierzehn Nationen zusammen: Belgien, Dänemark, Deutschland, Frankreich, Großbritannien, Italien, Niederlande, Österreich-Ungarn, Portugal, Rußland, Schweden, Spanien, Türkei und die USA. Am 23. Februar 1885, vier Tage bevor sie wieder auseinandergingen, gaben sie die »Kongoakte« bekannt, in welcher die Freiheit der Schiffahrt auf Niger und Kongo und die Freiheit des Handels im »übereinkunftsgemäß festgelegten Kongobecken«, das sich über das ganze zwischen Atlantik und Indischem Ozean liegende Zentralafrika erstreckt, anerkannt wurde. Andererseits verewigte die Akte die deutsche Doktrin des »Hinterlandes«, derzufolge jegliche an der Küste etablierte europäische Macht spezielle Ansprüche auf das Landesinnere besitzt und die Grenzen ihrer Besitzungen soweit ausdehnen kann, bis sie mit denen eines anderen Einflußbereichs zusammentreffen, und dies nur unter der Bedingung, daß sie die mit den Eingeborenen abgeschlossenen Verträge sofort zur Kenntnis der anderen Mächte bringt.

Die 14 Nationen bestätigten also stillschweigend, daß »Macht vor Recht geht«. Das Interessante an der Sache ist, daß sich einige von ihnen, die es niemals zur afrikanischen Kolonialmacht gebracht haben, jetzt gerne vor den heute unabhängigen Völkern Schwarzafrikas damit brüsten, daß sie in Sachen Kolonialismus stets mit reinen Händen dagestanden wären – obwohl sie jenen im Jahre 1885 öffentlich gutgeheißen hatten.

Während der Sitzungszeit fanden einige bedeutende Ereignisse statt. Am 26. Januar wurde Gordon zusammen mit 4000 Angloägyptern von den Mahdisten in Khartum niedergemacht. Die Regierung Gladstone mußte abtreten und wurde durch die des Lord Salisbury, eines Parteigängers imperialistischer Politik, ersetzt. Am 5. Februar nahm Frankreich ohne Diskussion die von Léopold II. vorgeschlagenen Grenzen, die diesmal das Katangagebiet einschlossen, an und bekräftigte seine eigenen Ansprüche auf das rechte Ufer von Kongo und Ubangi. Am 21. Februar gründete Karl Peters die Deutsche Ostafrika-Gesellschaft, welche am 27. den kaiserlichen Schutzbrief erhielt. Die Inbesitznahme der Küstenstreifen der späteren vier deutschen Kolonien war also bei Abschluß der Berliner Konferenz vollzogen. Die Festlegung ihrer Grenzen sollte sämtliche Nachbarn vor Probleme stellen. Da sie sich auf alle Großregionen Afrikas verteilten, diente der brutale deutsche Vorstoß dazu, das Vorgehen der anderen Mächte zu beschleunigen.

## C. Südafrika zwischen 1885 und 1902

In Südafrika, wo die Deutschen seit dem 24. April 1884 saßen, ließ die Reaktion der Engländer nicht auf sich warten. Über eine mögliche Vereinigung der Deutschen mit den Burenrepubliken mit Recht beunruhigt hatten sie im Dezember 1884 Betschuanaland bei Mafeking (fast genau auf dem Breitengrad von Johannesburg und Lourenço Marques) annektiert. Im Jahre 1885 wurde das Land bis zum Sambesi zum britischen Protektoratsgebiet erklärt, um so im Westen eine für Transvaal und Oranjefreistaat unüberwindbare Grenze zu schaffen.

Diese Ausdehnung der britischen Oberhoheit entsprach den heißesten Wünschen eines Cecil Rhodes, der, wie wir gesehen haben, schon seit dem Jahre 1881 von einer Ausdehnung des britischen Südafrikas bis zum Tanganjikasee träumte. Im Jahre 1887 schickt er einen Emissär an den Hof des Königs Lobengela der Matebele (Südrhodesien), um Territorialkonzessionen zu bekommen. Im gleichen Jahre gründet er die *Goldfields of South Africa Ltd.* und im Jahre 1888 die *De Beers Consolidated Mines Ltd.* Jetzt ist er der große Magnat des Goldes und der Diamanten Südafrikas und bereit, seine Großoffensive in Richtung Norden zu starten. Gleich zu Anfang erreicht er, daß Lobengela einen Vertrag unterzeichnet, der England das ausschließliche Recht zur Ausbeutung der Bodenschätze gewährt; dann gründet er die *British South Africa Company*, kurz die *»Chartered«* genannt, welche am 19. Oktober von der Krone anerkannt wird und zum Abschluß von Verträgen, Straßen- und Bahnbau und Grunderwerb berechtigt ist.

Die Chartered schickt sofort eine Kolonne von 200 Mann nach Maschonaland (nordöstliches Südrhodesien), das Lobengela tributpflichtig ist und von Portugal begehrt wird, das als Herr des Sambesiunterlaufs auch dessen Mittellauf kontrollieren und so Moçambique und Angola vereinigen möchte. Zur gleichen Zeit schließt Johnston, der englische Konsul in Moçambique, der genau so wenig von Skrupeln geplagt wird wie Cecil Rhodes, mit den Makololo südlich des Njassasees (Njassaland) in einem Gebiet Verträge ab, das schon im Jahre 1886 durch den Forscher Serpa Pinto zum Protektorat gemacht worden war.

Am 12. Januar 1890 stellt England Lissabon ein Ultimatum, in welchem die Zurückrufung Serpa Pintos und die bindende Zusage, auf jegliche Expedition in das Stammesgebiet der Makololo und der Maschona zu verzichten, gefordert werden. Portugal gibt nach und die Chartered setzt daraufhin ihre Übergriffe fort. Jetzt handelt es sich um die zu Portugal gehörige reiche Manica. Die Chartered geht zum offenen Angriff über und nimmt bei Massikessi den portugiesischen Provinzgouverneur gefangen; im Vertrag vom 11. Juni 1891, durch welchen die Chartered außerdem das Recht zum Bau einer Bahn von Salisbury nach dem auf portugiesischem Gebiet liegenden Beira erhält, wird die Manica an England abgetreten. Im Jahre 1893 wird das Njassaland englisches Protektorat und die Chartered kauft die von Missionaren gegründete »Afrikanische Seen-Kompanie« auf, die zur *African Lakes Corporation* wird.

Portugal ist somit ausgeschaltet; die Chartered ist allmächtig vom Kap bis zum Tanganjikasee. Ein Faktor ist allerdings noch übriggeblieben, den Cecil Rhodes keiner Aufmerksamkeit gewürdigt hat – der Widerstand der Afrikaner. Die Matabele sind erbittert darüber, daß sie den Tribut aus Maschonaland nicht mehr bekommen, und wegen des Vorrückens der Europäer beunruhigt; im Juni 1893 greifen sie die Stadt Victoria an. Die Chartered alarmiert die 700 Weißen, die in Maschonaland leben und Cecil Rhodes verlegt sein Hauptquartier nach Salisbury. Nach drei Monaten harten Kampfes flieht der besiegte Lobengela und stirbt bald darauf.

Aber die Matebele haben noch nicht resigniert. Im Jahre 1896 nehmen sie den Kampf wieder auf. Cecil Rhodes, der den Posten des Premierministers der Kapkolonie nach dem Fehlschlagen des Jameson Raid aufgeben mußte, trifft mit den Matabelehäuptlingen zusammen und weiß sie sehr geschickt von den Vorteilen des Friedens zu überzeugen (1897). Jedoch rebellieren jetzt die Maschona selbst, werden aber Ende 1897 besiegt. Von nun an gehören Matabele und Maschona zu den *Native Reserves* oder besser gesagt, sie arbeiten im Dienste der Weißen, die sich in immer größerer Zahl in diesem klimatisch gesunden Gebiet niederlassen.

Ebenfalls im Jahre 1897 wird zwischen der Chartered und Lewanika, dem Häuptling der Barotse am Oberlauf des Sambesi (westliches Nordrhodesien) ein Vertrag geschlossen. Lewanika ist der Sohn Sebituanes, eines Sothohäuptlings, der vor den Streitkräften Tschakas geflohen war und auf den Rat der Missionare der LMS hin den Weg nach dem Ngamisee eingeschlagen hatte.

Der Nordosten des heutigen Nordrhodesien ist zu jener Zeit der Tummelplatz der arabischen Sklavenjäger, die mit den Bemba als Bundesgenossen dem englischen Vordringen mehrere Jahre lang Widerstand leisten. Ebenso revoltieren im Jahre 1897 die Angoni, Abkömmlinge der großen Zuluwanderung Zwangendabas, werden aber besiegt. Trotz des Mutes ihrer Leute waren die verschiedenen Häuptlinge der Afrikaner doch nicht in der Lage, der ungeheuren Überlegenheit der europäischen Bewaffnung wirksamen Widerstand zu leisten. Der einzige organisierte und wirksame Widerstand gegen die imperialistische Hegemonie der Chartered war der der Buren, weil diese auf ihrem Gebiete über das Gold des Rand, eine Quelle unerschöpflichen Reichtums verfügten und weil sie an ihrer Spitze einen Cecil Rhodes ebenbürtigen Führer in ihrem Präsidenten Krüger hatten.

Am Gold hängt alles. – Das im Jahre 1886 gegründete Johannesburg zählte im Jahre 1895 mehr als 100 000 Einwohner, darunter 34 000 Engländer, die durch die Ausbeutung der Goldminen das Nationaleinkommen Transvaals auf das 25fache gesteigert hatten. Der hochmütige Krüger brachte seine Antipathie gegen jene »Uitlanders« offen zum Ausdruck und widersetzte sich jeglicher Zollunion mit dem Kap, das bis 1896 der einzige Hafen für Transvaal war, obwohl die Entfernung Johannesburg – Kapstadt 1600 Kilometer betrug gegenüber den 500 Kilometern zwischen Johannesburg und Lourenço Marques (Moçambique). Cecil Rhodes antwortete mit der Unterstützung der Vorbereitungen des Jameson Raid, der sich von Betschuanaland aus im Dezember 1895 an einer von den mit der Regierung Krüger unzufriedenen Uitlanders anzuzettelnden Revolution beteiligen sollte. Aber Jameson wurde am 2. Januar 1896 von Joubert geschlagen und gefangengenommen, später der englischen Polizei übergeben. Rhodes demissionierte als Premierminister und ging nach England, wo er wohlwollende Richter fand. Am 22. November 1898 wurde er wieder zum Kommissar der Chartered für Südafrika ernannt; im gleichen Jahre wurde Krüger wieder zum Präsidenten von Transvaal gewählt und erklärte im September 1899, daß er die englische Oberhoheit niemals anerkennen würde. Am 10. Oktober erfolgte die Kriegserklärung.

Im Jahre 1898 betrug die Bevölkerung der beiden Burenrepubliken etwa 200 000 Einwohner. Bei Kriegsbeginn wurden 28 000 Soldaten aufgestellt, davon 18 000 Mann aus Transvaal und 10 000 aus dem Oranjefreistaat. England stellte diesen etwa 25 000 Soldaten entgegen. Die ganze Entwicklung des Krieges erklärt sich aus der Zahl der Kombattanten. Während der ersten drei Monate folgte ein Sieg der Buren auf den anderen; die Folge davon war ein plötzliches Aufflackern der englischen Energie. Neue Führer wurden eingesetzt – Lord Roberts und Lord Kitchener von Khartum, der Sieger von Omdurman – und neue Truppen wurden in den Kampf geworfen, so daß im März 1900 200 000 englische Soldaten verfügbar waren. Vom Februar 1900 an gewinnen die Engländer die Oberhand. Am 30. April rücken sie in Johannesburg ein, am 15. Juni in Pretoria. Die beiden Freistaaten Oranje und Transvaal werden als englische Kolonien ausgerufen.

Die Buren allerdings erklären sich noch nicht für besiegt und leisten noch über ein Jahr lang Widerstand, obwohl das Kräfteverhältnis jetzt für sie erdrückend geworden ist. Im Januar 1901 stehen 275 000 Engländer gegen 22 000 Buren, im Januar 1902 sind es 237 000 Engländer und 18 000 Buren. Die Verhandlungen beginnen im Jahre 1902; am

31. Mai wird in Vereeniging ein Friedensvertrag unterzeichnet, in welchem für die totale Kapitulation eine Amnestie und der Gebrauch der Burensprache zugestanden werden.

Nun ist Südafrika vom Kap bis zum Tanganjikasee englischer Besitz und der Traum des am 26. März 1902 verstorbenen Cecil Rhodes Wirklichkeit geworden.

## D. Zentralafrika von 1885 bis 1902

Im Februar 1885 waren die verschiedenen europäischen Konkurrenten in Zentralafrika »angetreten«. Im Zentrum hatte Léopold II. die Grenzen des künftigen Kongostaats abgesteckt; im Westen hofften die Portugiesen immer noch, ihre Besitzungen in Angola südlich des Kongoflusses mit denen in Moçambique zusammenschließen zu können; die Franzosen, die sich am rechten Ufer des Kongo und des Ubangi eingerichtet hatten, hofften, den Tschad zu erreichen und dabei den deutschen Forschern, die mit demselben Ziel im Auge von der Kamerunküste gestartet waren, zuvorzukommen. Das Vorrücken beider Gruppen durch die seit drei Jahrhunderten durch den atlantischen Sklavenhandel entvölkerten Gebiete erfolgte, ohne daß sie auf organisierten Widerstand seitens der Afrikaner stießen. Östlich einer etwa dem Verlauf des 25. Längengrades entsprechenden Linie waren die Verhältnisse jedoch ganz anders geartet; dort, auf diesem riesigen Brocken Zentralafrikas, der das östliche Drittel des künftigen Kongostaats und das ganze künftige englische Ostafrika umfaßte, waren die Sklavenhändler aus Sansibar seit 1840 mit der Geschwindigkeit eines Blitzes vorgerückt. In diesem ganzen Gebiet waren die organisierten Reiche, wie die von Uganda, Unjoro, Ruanda und Urundi die Ausnahme und die Araber waren praktisch auf kein Hindernis gestoßen; die einzigen Reiche, die zu nennen wären, die der Wahehe und der Wabena (nördlich des Njassasees im heutigen Tanganjika) beschäftigten sich in der Hauptsache damit, gegeneinander Krieg zu führen; lediglich Mirambo, dem Häuptling der Njamwezi (südlich des Viktoriasees in Tanganjika) war es gelungen, eine schlagkräftige Armee zu bilden und Tabora, den großen arabischen Handelsplatz an der Route Bagamojo – Udschidschi einzunehmen. Das war im Jahre 1871, aber sein Reich sollte seinen im Jahre 1884 erfolgten Tod nicht überleben.

Überall wo die Araber auf ihren Sklavenjagden hinkamen, nahmen sie sich Frauen, so daß um 1890, als die europäischen Eroberer kamen, zwei Generationen von Arabermischlingen existierten, die in der Hauptsache den »Beruf« des Vaters ergriffen hatten und mitten unter den schwarzen Stämmen als herrschende Kaste lebten. Diese »Arabisierten« wehrten sich genauso tapfer wie die eigentlichen Araber, die unversöhnlichen Gegner des Weißen, der ihnen ihr »Brot« wegnehmen wollte, gegen das Vorrücken der Weißen, die ihnen als tödliche Bedrohung ihrer Lebensweise erschienen. In diesem Kampf auf Leben und Tod zwischen europäischen Imperialisten und arabischen Sklavenhändlern standen die schwarzen Völker als wehrlose Opfer zwischen den beiden Lagern.

Die Konstituierung der »Deutschen Ostafrika-Gesellschaft« im Februar 1885 machte den Engländern, die sich gerne alle theoretischen Besitzungen des Sultans von Sansibar als »Privatjagd« reserviert hätten, einen Strich durchs Konzept, aber sie faßten sich schnell wieder, gründeten im Jahre 1886 die »British East-Africa Company« und legten in einem Übereinkommen am 1. November 1886 die Grenzen der Einflußzonen Englands, Deutschlands und Sansibars fest. Das Reich Sansibar bestand nur noch aus den Inseln Sansibar und Pemba und einem zehn Meilen breiten Küstenstreifen vom Kap Delgado bis zum Tanafluß nördlich von Malindi. Die Engländer bekamen das heutige Kenia, die Deutschen das heutige Tanganjika; Uganda, auf das die Briten insgeheim ein Auge geworfen hatten, weil es das Land der Nilquellen und ein reiches und gut organisiertes Gebiet war, wurde im Abkommen nicht erwähnt. Im Jahre 1887 erhielt die englische Gesellschaft den königlichen Schutzbrief und wurde zur »Imperial British East Africa Company« (IBEA). Im gleichen Jahre wurde eine Hilfsexpedition unter Leitung Stanleys, Emin Pascha, dem Gouverneur der theoretisch ägyptischen Provinz Equatoria, dem der Weg nach Norden seit 1884 durch die Mahdisten abgeschnitten war, zu Hilfe geschickt. Stanley fuhr den Kongo und den Aruwimi aufwärts und traf Emin Pascha am 26. April 1888 in der Gegend des Albertsees. Der Deutsche Peters, der von Sansibar aus ebenfalls zur Suche nach dem Landsmann Emin Pascha ausgezogen war, konnte Tanganjika infolge eines allgemeinen Eingeborenenaufstandes unter dem Araber Buschiri nicht durchqueren. Buschiri konnte erst im Dezember 1889 nach drei Jahren äußerst harten Kampfes von den Deutschen gefangengenommen und erschossen werden.

Trotzdem erhielt im Jahre 1890 der unternehmungslustige Dr. Peters vom *kabaka* von Uganda, Mwanga, die Anerkennung des deutschen Protektorats über Uganda. Jetzt wurde England hellhörig; am 1. Juli

1890 schloß es mit Deutschland den »Helgoland-Sansibar-Vertrag«, in welchem die Nordseeinsel Helgoland gegen die Abtretung Ugandas und das Versprechen, im Norden nicht über das Kilimandscharo-Massiv hinauszugehen, ausgetauscht wurde. Stanley äußerte sich damals zu diesem Vertrag dahingehend, daß »Deutschland eine neue Hose für einen alten Hosenknopf eingetauscht« habe.

Uganda wurde also an die IBEA abgetreten und durch Lugard erobert, der den Streitigkeiten zwischen katholischen, protestantischen und mohammedanischen Missionaren dadurch ein Ende machte, daß er zuerst die Mohammedaner vertrieb und dann die katholischen *Franza* durch die protestantischen *Ingleza* mit Kanonen beschießen ließ. Im Jahre 1894 wurde Uganda zum englischen Protektorat erklärt, aber der *kabaka* Mwanga entfesselte zusammen mit Kabarega, dem König von Unjoro, einen Aufstand. Die Engländer konnten erst im Jahre 1899 das Land unterwerfen, als das Protektorat durch die Besetzung des Niltales bis nach Gondokoro vergrößert wurde.

In Kenia bedurfte es mehrerer Jahre bis sich der Sultan von Mombasa, die Kikuju – schon damals! – und die Somali der englischen Herrschaft unterwarfen. In Tanganjika vernichteten die Wahehe am 17. August 1891 eine deutsche Expedition bei Rugaro und konnten erst im Jahre 1894 nach drei Jahren harten Kampfes und nach der Zerstörung ihrer Hauptstadt Iringa besiegt werden.

Im Kongo hatte Stanley schon bei seiner ersten Reise die Unterstützung von Tippu-Tib, dem mächtigsten der in Njangwe ansässigen arabischen Händler, besessen und war mit seiner Hilfe im Jahre 1876 von Njangwe aus den Lualaba bis zu den Stanley Falls hinaufgefahren. Im Jahre 1887 wurde Tippu-Tib von der Hilfsexpedition für Emin Pascha zum *Wali der* (Stanley-) *Fälle*, das heißt zum Beamten in Diensten des Kongostaats, ernannt. Vom Jahre 1891 setzten sich die Belgier aktiv ein; der »arabische Feldzug« sollte gleichzeitig der Herrschaft der arabischen Händler ein Ende machen und die ganze Region zwischen Lualaba (Kongo-Oberlauf) und Großen Seen unterwerfen. Im Jahre 1894 waren die mächtigsten Gegner, Rumaliza, Sultan von Udschidschi, und Sefu, Sohn Tippu-Tibs, besiegt. Im Jahre 1895 aber revoltierten die »Arabisierten«, die man in die Polizeitruppe eingereiht hatte, in Luluaburg und wurden nach einigen Monaten Kampfes vernichtet; in den folgenden Jahren, bis 1907, mußten noch militärische Expeditionen unternommen werden, um die Banden von Aufrührern zu vernichten, die in dem Gebiet, das zur Provinz Katanga werden sollte, sich immer wieder neu bildeten.

## E. Das »sudanische« Afrika zwischen 1885 und 1902

Wir ordnen hier unter dem Namen »Sudanisch-Afrika« nicht nur den geographischen »Sudan« zwischen Atlantik und Rotem Meer ein, sondern auch das geographische »Guinea«, d. h. das Gebiet mit Feuchtklima südlich des Sudan bis auf die Höhe von Duala (4 ° n. Br.). Dieser Teil des schwarzen Kontinents ist die »historische« Gegend par excellence, weil sich dort alle Reiche des Mittelalters – Ghana, Mali, Songhai, Kanem und das christliche Nubien – entwickelt haben sowie fast alle Staaten, die im 18. Jahrhundert eine gewisse Bedeutung hatten: Futa-Dschalon, das Bambara-Reich von Segu, das Mossi-Reich, die Haussa-Staaten, Bornu, Bagirmi, Wadai, Darfur, Kordofan, das Fung-Reich in Sennar und, weiter südlich, Aschanti, das Reich von Abome und das Joruba-Reich von Ojo. (Äthiopien ist eine Sache für sich.)

Es ist demnach nicht erstaunlich, daß dieses »Sudanisch-Afrika« fünf große afrikanische Widerstandszentren gegen die Eroberung der Kolonien in sich barg. Bei zweien von ihnen handelte es sich um durch die Tradition geheiligte Herrscher, die zugleich religiöse Würdenträger waren und die ihr Volk gegen die Ausländer mitreißen konnten. Die drei anderen wurden von mohammedanischen Führern, dem Mahdi, Rabah und Samory organisiert. Diese wußten auf der Grundlage des Heiligen Krieges gegen die Ungläubigen wirkliche Staaten zu gründen, umsomehr als zu jener Zeit der Islam der einzige »internationale« Gärstoff war, der verschiedengeartete Völker für eine gemeinsame Sache begeistern konnte.

Wir wollen uns in diesem Kapitel weniger mit den Feldzügen und den Verträgen befassen, die zum Besitzstand von 1902 führten, sondern mehr mit den verschiedenen Widerstandszentren, die bei der Bildung eines Nationalgefühls bei den jetzt unabhängig gewordenen Völkern eine sehr große Rolle spielen.

Von ihnen ist der *Mahdi-Staat* der älteste und größte, denn er entspricht ziemlich genau dem heutigen Sudan, der mit seinen 2 505 823 qkm, von denen allerdings zwei Drittel wüstenhaftes Land sind, der flächenmäßig größte der afrikanischen Staaten ist. Er wurde im Jahre 1881 vom Mahdi gegründet und bestand bis 1898; der Kalif Abdullah, der Nachfolger des im Juni 1885, fünf Monate nach der Einnahme von Khartum verstorbenen Mahdi, vermochte eine Armee von mehr als 100 000 Mann aufzustellen, von denen etwa 40 000 mit Gewehren ausgerüstet waren, und aus Omdurman gegenüber Khartum eine bedeutende Hauptstadt zu machen. Diese Armee besiegte mühelos die des Negus Johannes, zuerst im Jahre 1886 und dann im Jahre 1889 in der Schlacht von Metemna, in der der Negus den Tod fand. Im gleichen Jahre verließ Emin Pascha sehr ungern seine Provinz Equatoria, wo ihn die Stanleysche Hilfsexpedition abholte, und nahm einen Großteil der Garnison nach Sansibar mit; in der ehemaligen ägyptischen Provinz herrschte nun Anarchie. Von 1890 an unternahmen die Mahdisten, welche bereits Herren der ehemaligen Provinz Bahr el-Ghasal waren, zahlreiche Einfälle, unter anderen auch in das Land der Azande nördlich des Uëlle (Kongo-Léopoldville und Zentralafrikanische Republik). Zwischen 1893 und 1896 schlugen sie fast alle belgischen Expeditionen siegreich zurück, die dem Kongostaat den Besitz der Enklave Lado, welche die Engländer im Jahre 1892 auf Lebenszeit an Léopold II. verpachtet hatten, sichern wollten, wurden aber am 17. Februar 1897 bei Redjaf (Sudan) geschlagen. Die Geschichte dieses Kampfes zwischen Belgiern und Mahdisten war ursprünglich in ein Dunkel gehüllt, weil Léopold II. im Jahre 1908 die Archive des Unabhängigen Kongostaats verbrennen ließ. Erst kürzlich hat eine systematische Durcharbeit der in Khartum erhaltengebliebenen Archive des Mahdistaates die Möglichkeit ergeben, einige Episoden vom afrikanischen Standpunkt aus zu betrachten.

Im Norden leisteten jedoch die »Derwische« genannten Mahditruppen dem großen britischen Expeditionskorps unter Kitchener, der im September 1896 Dongola und ein Jahr später Berber eingenommen hatte, noch Widerstand. Am 2. September 1898 aber wurde Abdullah bei Omdurman in die Flucht geschlagen; auf dem Schlachtfeld mußte er über 11 000 Tote und 10 000 Verwundete zurücklassen. Kitchener befahl daraufhin, das Mausoleum des Mahdi zu öffnen und seine Leiche in den Fluß zu werfen. Dann wandte er sich nach Süden, um dort mit dem französischen Kapitän Marchand zusammenzutreffen, der am 10. Juli nach einer mühsamen Reise, die zwei Jahre gedauert hatte, von Loango (Kongo-Brazzaville) aus in Faschoda (dem heutigen Kodok) angekommen war. Diese Zusammenkunft am 19. September 1898 stellt einen der großen »Augenblicke« der französischen Kolonialgeschichte dar. In der Tat war der nilotische Sudan der Punkt, wo sich französischer und englischer Imperialismus kreuzten – der erstere aus Richtung Senegal und Gabun in Richtung Tschadsee und Äthiopien, der letztere auf dem Wege vom Kap nach Kairo. Der englische Imperialismus trug den Sieg davon; Marchand mußte auf Befehl seiner Regierung Faschoda am 4. November 1898 räumen und zurückkehren.

Im November gleichen Jahres überraschten englische Truppen den Kalifen Abdullah südlich von Khartum in der Nähe seines Zufluchtsorts, der Insel Abba, von wo aus sich die Mahdistenbewegung im Jahre 1881 ausgebreitet hatte. Sein Stellvertreter Osman Dinga fiel im Jahre 1900. Der Mahdistenstaat war von nun an der *Angloägyptische Sudan*.

Diese bewundernswerte Wortbildung erlaubte es, den Namen »Ägypten« in großen Buchstaben auf die Karte zu setzen, während in Wirklichkeit die ganze Befehlsgewalt bei den Engländern lag.

Der Staat *Rabahs* verschwand um die gleiche Zeit, am 21. April 1900. Rabah war, wie wir gesehen haben, ein General Solimans, des Sohnes Ziber Paschas, des Herren der ägyptischen Provinz Bahr el-Ghasal. Im Jahre 1879 flieht er nach Westen, um den ägyptischen Truppen zu entgehen, welche die Revolte Solimans unterdrücken sollen. Allmählich dehnt er seinen Herrschaftsbereich auf Dar Runga, Dar el-Kuti (im Norden der Zentralafrikanischen Republik) und Dar Salamit (Tschad) aus. Im Jahre 1892 besiegt er den Sultan von Bagirmi (Tschad), der aber fliehen kann und daraufhin einen Schutzvertrag mit Frankreich abschließt. Im Jahre 1893 schlägt er den »Schechu« von Bornu (Nigeria), Enkel des berühmten Kanemi, der die Streitkräfte Usmans dan Fodio aufgehalten hatte. In Dikoa südlich des Tschadsees legt er sich eine neue Hauptstadt an. Aber es gelingt ihm nicht, Wadai zu besiegen; in dem Bestreben, seinen Herrschaftsbereich nach Tripolis auszudehnen, verdirbt er es mit der mächtigen Senussi-Bruderschaft, der die Zentralsahara gehört und deren Leiter Sidi el-Mahdi, Sohn von Es-Senussi, im Jahre 1895 in der Oase Kufra eine Zauia anlegt.

Trotz dieser Rückschläge ist er im Jahre 1893 Herr eines Riesenstaats mit dem Tschadsee als Mittelpunkt und organisiert sorgfältig Streitkräfte, Finanzwesen und Verwaltung. Im Jahre 1899 macht sich die europäische Drohung bemerkbar. Drei französische Kolonnen sind in Richtung Tschad unterwegs, Gentil vom oberen Ubangi aus, Joalland und Meynier aus Richtung Westen und Foureau und Lamy von Algerien aus. Der zu Anfang am Schari siegreiche Rabah wird am 21. April 1900 in der Schlacht bei Kusseri trotz verzweifelten Widerstands entscheidend geschlagen.

Unter dem Gesichtspunkt der afrikanischen Geschichte im allgemeinen betrachtet ist der Staat *Samorys* sicher der interessanteste der drei großen mohammedanischen Widerstandskerne der letzten 20 Jahre des 19. Jahrhunderts. Der um 1835 in der Gegend von Kankan (Guinea) im Mandingolande geborene Samory ließ sich gerne als Reinkarnation des großen Sundschata, des Gründers des Malireiches zu Beginn des 13. Jahrhunderts, ausgeben, was den Beweis für die Bedeutung der Geschichte bei Völkern, die man lange Zeit »geschichtslose Völker« nannte, weil sie keine Schriftdokumente besaßen, liefert. Das Reich, das er sich zwischen 1870 und 1880 aufbaute, entsprach fast vollkommen der Südhälfte des Sundschata-Reiches, d. h. dem Ostteil des heutigen Guinea.

Samory war kein mohammedanischer »Schriftgelehrter«, gründete aber seinen Herrschaftsanspruch auf die rigorose Beachtung einer strengen Richtung des Islam und ließ die Lehre der Qadrija-Bruderschaft verbreiten. Er baute ein stark zentralisiertes Verwaltungssystem auf und stellte eine gutausgebildete Armee von Berufssoldaten zusammen, die er dank seiner Verbindungen mit den maurischen Kaufleuten des Senegal und den englischen Händlern in Sierra Leone auch gut bewaffnen konnte.

Im Jahre 1891 greift der französische General Archinard, der 1890 Ahmadu, den Sohn des El-Hadsch Omar, aus Segu verjagt hat, Kankan, eine wichtige Stadt im Samoryreich, an. Dank einer sehr originellen Strategie kann Samory dem Vordringen der Franzosen sechs Jahre lang Widerstand leisten. Er teilt seine Streitkräfte in drei Gruppen auf; die erste praktiziert im Westen die Taktik der verbrannten Erde vor den Franzosen, die zweite überwacht im Zentrum den Eingang der Tribute in Geld und Lebensmitteln und die dritte erobert im Osten neues Gelände. Im Jahre 1894 wird Dabakala, 150 Kilometer südlich von Kong (Elfenbeinküste) zu Samorys Hauptstadt in 700 Kilometer Luftlinienentfernung von Bissandugu in Guinea, der ehemaligen Hauptstadt. Im Jahre 1895 erobert und zerstört er die mohammedanische Handelsstadt Kong, um sie wegen ihres Bündnisses mit den Franzosen zu bestrafen.

Im Jahre 1896 wird allerdings seine Lage schwierig, weil er jetzt zwischen den vorrückenden Franzosen und den Waldvölkern der Elfenbeinküste eingeschlossen ist, die ihm den Durchzug verwehren. In seinem Lager Gelemu eingeschlossen, wird er am 29. September 1898 gefangengenommen und nach Gabun deportiert, wo er im Jahre 1900 stirbt.

Samory, Rabah und Abdullah sind sicher große Krieger gewesen und nicht die blutdürstigen Monster, als die man sie manchmal hingestellt hat. Jedoch, wenn man schon ihr Andenken rehabilitieren will, muß man auch der Wahrheit die Ehre geben und diese Staatslenker nicht zu unbefleckten Heroen der afrikanischen Unabhängigkeit machen, die ohne Fehl für ein erhabenes Ideal gegen die durch die französischen oder englischen Truppen dargestellten Mächte des Satans kämpften. Wie alle Eroberer in der ganzen Welt haben sie gleichzeitig bei ihren Truppen eine bewunderungswürdige Ergebenheit und bei ihren Opfern einen unversöhnlichen Haß erweckt. Samory genießt offensichtlich in der Elfenbeinküste und in Guinea nicht den gleichen Ruf; Rabah und Abdullah haben in der Zentralafrikanischen Republik oder im südlichen Sudan, wo sie sich mit Sklaven versorgten, kein gutes Andenken hinterlassen. Im übrigen ging es für alle drei *zuerst* um die Schaffung eines Reiches und erst *in zweiter Linie* um den Kampf gegen die vorrückenden Europäer und auch da nur zwecks Erhaltung ihres Reiches. Ihre Verdienste werden dadurch, daß man auf diese Tatsachen hinweist, durchaus nicht geschmälert.

Diesen drei vielrassigen und kurzlebigen Mohammedanerstaaten muß man die beiden alten und homogenen Widerstandszentren gegenüberstellen: die Aschanti-Konföderation und das *Reich von Abome.* Die Armee von Dahome wurde von den französischen Eroberern ob ihrer Disziplin und ihres Mutes bewundert. Am 18. November 1892 rückte General Dodds (der selbst ein afrikanischer Mischling aus dem Senegal war) als Kommandeur eines 3000 Mann starken Expeditionskorps in Abome ein. Aber Behanzin, der im Jahre 1889 auf Glele gefolgt war, konnte sich noch 15 Monate lang den französischen Suchtrupps entziehen und ergab sich erst im Januar 1894. Er wurde nach Martinique und dann nach Algier deportiert, wo er im Jahre 1906 starb.

Ebenso wie das Reich von Abome den Franzosen den Zugang zum Niger verwehrte, sperrte die *Aschanti-Konföderation* den Engländern die Verbindung mit den Northern Territories des heutigen Ghana, die sie im Jahre 1885 als Vorsichtsmaßregel gegen das Vorrücken Samorys und der Franzosen annektiert hatten. Im Jahre 1896 lösten die Engländer das Problem dadurch, daß sie nach Kumassi marschierten, den Aschantihene Prempeh absetzten und ihn zusammen mit seiner Mutter und den bedeutendsten Würdenträgern nach den Seychellen deportierten. Im März 1900 löst der Gouverneur Hodgson einen neuen Krieg dadurch aus, daß er die Herausgabe des berühmten goldenen Throns fordert, der seit der Zeit Osei Tutus, des Gründers der Aschanti-Föderation, das Sinnbild der Einheit aller Aschantistämme ist. Der Kampf dauert sieben Monate. Im Jahre 1901 wird das Aschantiland als britische Kolonie der Goldküste angegliedert.

## F. Das Äthiopien Meneliks von 1885 bis 1902

Äthiopien ist das einzige Land Afrikas, das während der Zeit des »Scramble« der europäischen Eroberungslust erfolgreich Widerstand geleistet hat. Es verdankt dies zweifellos seiner eigenartigen topographischen Beschaffenheit, die aus ihm eine unbezwingbare Festung macht, aber in noch höherem Maße der bedeutenden Persönlichkeit Meneliks, des Nachfolgers des Negus Johannes.

Menelik besaß bereits zu Johannes Zeiten eine bedeutende Macht; zu seiner Provinz Schoa, deren Ras er war, hatte er sich das Gallaland und das Reich Kaffa gewonnen. Im Jahre 1883 hatte er seine neue Hauptstadt Addis Abeba gegründet, da Gondar von den Mahdisten zerstört worden war. Nach dem Tode von Johannes in der Schlacht von Metemna (1889) läßt sich Menelik zum Negus krönen und hat sogleich zwei Probleme zu lösen. Einerseits handelt es sich um die Einigung seines Reiches, andererseits darum, die Hilfsangebote und die Zwistigkeiten zwischen den drei an Äthiopien interessierten Mächten, Italien, England und Frankreich, seinen eigenen Interessen möglichst weitgehend dienstbar zu machen.

Noch im Jahre 1889 schließt Menelik mit Italien den Vertrag von Ucciali, welchen Italien in der italienischen Fassung als Protektoratsrecht auslegt, während in der amharischen Version der Ausdruck steht, »der Negus *kann*« die Dienste der italienischen Regierung für seine auswärtigen Angelegenheiten in Anspruch nehmen – und nicht »der Negus *verpflichtet sich*«.

Als Italien im Jahre 1890 Äthiopien zu seinem Protektorat erklärt und Erythräa zur italienischen Kolonie, schickt Menelik an sämtliche europäischen Mächte ein Protestschreiben, in welchem er erklärt: »Ich habe nicht die Absicht, die Hände müßig in den Schoß zu legen, während die übers Meer gekommenen Mächte Afrika unter sich aufteilen.«

Italien versucht zunächst, Menelik den Ras von Tigre als legitimen Thronerben Johannes entgegenzustellen; als dies keinen Erfolg bringt, betreibt es vom Dezember 1894 ab eine gewaltsame Politik und beginnt mit der Eroberung seiner Kolonie Erythräa. Anfänglich hat es damit Erfolg, aber im Januar 1896 zwingt Menelik die italienische Besatzung des Forts Makalle zur Kapitulation. Am 1. März 1896 erringt er bei Adua einen entscheidenden Sieg, der für die Italiener eine Katastrophe bedeutet, weil sie über 10 000 Mann und ihre Artillerie verlieren. Der Vertrag von Addis Abeba vom 26. Oktober 1896 annulliert den von Ucciali und erkennt die Unabhängigkeit Äthiopiens an.

In den Jahren 1897 bis 1900 vergrößert Menelik sein Reich durch Feldzüge in den Sudan im Westen, zum Rudolfsee im Süden und in die Wüste von Ogaden im Osten ganz beträchtlich. Die Grenzen gegen die Besitzungen von Großbritannien, Frankreich und Italien werden festgelegt. Andererseits kümmert er sich um die Modernisierung seines Reiches, überträgt den Franzosen den Bau der Bahn Dschibuti – Addis Abeba und baut den Handel und das Unterrichtswesen weiter aus.

## G. Madagaskar zwischen 1885 und 1902

Ebenso wie der Vertrag von Ucciali des Jahres 1889, so wurde auch der französisch-madagassische Vertrag vom 17. Dezember 1885 in der französischen und der madagassischen Fassung verschieden ausgelegt. Die Situation war umso zweideutiger, als hier Frankreich nicht allein stand; wenn auch sein wirtschaftlicher Einfluß älteren Datums und fester gegründet war als der Englands, so war doch der Einfluß der englischen protestantischen Missionare wesentlich größer als der der französischen katholischen Missionare. Wie dem auch sei – die Hovas und ganz besonders der Premierminister Rainianilarivony zeigten ihre feindselige Einstellung gegenüber einem Protektorat, gleichgültig ob englisch oder französisch, ganz offen.

Was für viele andere Gebiete in Afrika galt, galt auch für Madagaskar – sein »koloniales Schicksal« wurde in Europa entschieden und war das Ergebnis einer Abmachung zwischen Frankreich und England. Die englischen Diplomaten hatten am 15. Juni 1890 den berühmten »Helgoland-Sansibar-Vertrag« geschlossen, in dem das englische Protektorat über Sansibar anerkannt wurde. Um auch eine Preisgabe der französischen Rechte auf Sansibar zu erreichen, schlossen sie am 5. August 1890 ein Abkommen, in welchem »dem französischen Protektorat mit allen Konsequenzen« zugestimmt wurde. Das, was den Anschein eines »Geschenks« an Frankreich haben könnte, wurde in Wirklichkeit recht gut bezahlt und zwar durch eine beträchtliche Erweiterung des englischen Einflußgebietes im Nigerbecken in Richtung Norden, welche »in der Betätigungszone der Royal Niger Company alles das umfaßte, was billigerweise zum Reich Sokoto gehörte«, so daß, wie sich Lord Salisbury ausdrückte, »es dem gallischen Hahn überlassen blieb, seine Sporen im Sande der Sahara abzunützen«.

Die Lage in Madagaskar wurde in den Jahren 1890 bis 1894 immer undurchsichtiger, so daß sich die französische Nationalversammlung zur Entsendung eines Expeditionskorps entschloß. Der »madagassische Feldzug« kostete allein durch Krankheiten mehr als ein Viertel der eingesetzten Truppen, nämlich 5766 Krankheitstote gegenüber 25 im Kampf Gefallenen und endete mit dem Einzug in Tananarivo am 30. September 1895 und der Unterzeichnung eines Vertrages am 1. Oktober durch die Königin Ranavalona III., die damit »das Protektorat Frankreichs mit allen Folgerungen« annahm.

Wenn die Königin auch kapituliert hatte, so brachte doch die Landbevölkerung die Niederlage der Regierung mit deren Übertritt zum Christentum in Verbindung und begann am 22. November mit dem Aufstand gegen die Christen; im Dezember revoltierten die Betsimisaraka gegen die Oberherrschaft der Hovas. Diese beiden Aufstände wurden durch die französische Armee blutig unterdrückt. Vom Februar 1896 an gewann der Aufruhr nördlich und südlich von Tananarivo an Boden; im Mai war es soweit, daß die französische Herrschaft in 16 Kilometer Entfernung von der Hauptstadt nicht mehr anerkannt wurde. Sie wurde erst wieder durch General Gallieni hergestellt, der am 28. September 1896 in einem Lande ankam, das am 6. August zur »französischen Kolonie« erklärt worden war.

Die Befriedung war zu Ende 1897 fast ganz durchgeführt; eine Ausnahme bildete das südliche Drittel der Insel, welches sich auch die Könige der Imerina niemals hatten unterwerfen können. Gallieni schuf ein »Oberkommando des Südens« und vertraute es Lyautey an. Im November 1904 begann der letzte große Aufstand im Gebiet von Midongy, nördlich von Fort Dauphin. Bei seiner endgültigen Abreise am 13. Mai 1905 ließ Gallieni ein befriedetes und bereits gründlich durchorganisiertes Land zurück. Allerdings hatte er die Oligarchie der Merina brutal unterdrücken, die Königin Ranavalona III. am 27. Februar 1897 ins Exil schicken und so die »nationalen« Triebfedern des Einigungswerks der Insel, das der große König Nampoina (1787 bis 1810) ein Jahrhundert zuvor unternommen hatte, zerstören müssen.

## H. Nordafrika (1882–1902)

Dieser Teil des Kontinents gehört wie bisher zu den Mittelmeerländern.

1) *Ägypten*

Dieses Land ist offiziell unabhängig, aber immer noch nominell Vasall der Türkei, während es in Wirklichkeit »aus den Ratschlägen Englands Nutzen zieht«. Das französisch-englische Kondominium hört mit dem Augenblick auf zu existieren, da die Generalkontrolleure der Finanzen durch einen einzigen englischen Finanzberater ersetzt werden. Gleichzeitig grenzt der plurilaterale Londoner Vertrag (1885) die den Bürgern der Kapitularmächte zugestandene Steuerfreiheit ein. Im Jahre 1888 bestätigt der Vertrag von Konstantinopel das Prinzip der freien Benützung des Suezkanals und vertraut dessen Bewachung der ägyptischen Armee, also in Wirklichkeit den Engländern an. Die türkische Oberhoheit ist rein nomineller Natur, wie es das Fehlschlagen des ottomanischen Versuchs, bei der Investitur Abbas II. (1892) die Sinaihalbinsel für sich herauszuschlagen, beweist.

Neben den ägyptischen Ministern sitzen die britischen Berater. Der politische Agent der Engländer in Ägypten trägt den Titel eines Generalkonsuls und diplomatischen Agenten. Der bedeutendste der vier Inhaber dieser Titel ist Lord Cromer, der ein Vierteljahrhundert lang als echter Prokonsul wirkte. Die nach Tell el-Kebir aufgelöste ägyptische Armee wird ab 1883 unter Zuhilfenahme englischer Bestände wieder aufgestellt. Die einheimische Justiz wird im selben Jahre reformiert; kompetente Laiengerichte führen die Strafprozesse, während die religiösen Gerichte für Zivilprozesse auch weiterhin zuständig bleiben.

Die britische Technokratie sollte dank gigantischer Bewässerungsanlagen eine Verdoppelung der Baumwollproduktion herbeiführen. Es handelt sich dabei um eine ebenso ertragreiche wie leicht absetzbare Kultur. Im Jahre 1902 wird gleichzeitig mit der Fertigstellung des Deltastaudamms die *Agricultural Bank* eröffnet, die dem ägyptischen Bauern die Aufnahme von Darlehen zu mäßigen Zinsen ermöglicht. Lord Cromer kann für seine Verwaltungstätigkeit die Abschaffung von Nilpferdpeitsche, Frondienst und Korruption buchen.

Die wirtschaftliche Entwicklung vollzieht sich natürlich nur innerhalb des Rahmens des »Kolonialpaktes« und wenn einerseits der Baumwollanbau begünstigt wird, damit die Webereien in Lancashire Rohmaterial bekommen, so duldet man doch andererseits keine Industrie, die England irgendwie Konkurrenz machen könnte.

Trotz der britischen Anstrengung blieb der ägyptische Nationalismus lebendig und schöpfte aus der westlichen Erziehung neue Nahrung. Wenn die ägyptischen Institutionen auch praktisch zur Untätigkeit verurteilt waren, so boten sie doch einen Kampfplatz, dessen man sich so gut wie möglich bediente. So beruft z. B. Abbas II. im Jahre 1893 den als englandfreundlich geltenden Minister Fahmy Pascha ab und nominiert das Kabinett Fakhry Pascha, ohne zuvor Lord Cromer zu konsultieren. Derartige »Insubordinationen« haben zwar keine weiteren Folgen, finden aber ihr Gegenstück auf niederer Ebene, wo sich häufig Minister weigern, von den Engländern vorgelegte Schriftstücke zu unterzeichnen, und lieber abdanken. Mustafa Kamel Pascha gründet eine Nationalpartei, deren Schlachtruf »Ägypten den Ägyptern!« lautet.

2) *Tunesien*

Der Bardo-Vertrag sicherte Frankreich die Kontrolle über die Außenpolitik Tunesiens zu und sah seine Einmischung in die Finanzverhältnisse der Regentschaft vor; die Konvention von La Marsa (8. Juni 1883) stellte offiziell das Protektoratsverhältnis her, was die Einmischung Frankreichs auch in die Innenpolitik Tunesiens bedeutete. In der Tat wurde der französische Generalresident durch das Dekret vom 10. November 1884 ermächtigt, die vom Bey erlassenen Verordnungen erst zu genehmigen, bevor sie veröffentlicht werden und in Kraft treten durften. Aus dem rechtmäßigen Protektorat wurde durch die Schaffung eines Generalsekretariats (1883) und französischer technischer Dienste (Finanzen und Öffentliche Arbeiten 1884, Unterrichtswesen 1883, Landwirtschaft, Handel, Kolonisation und Post 1890) sehr schnell eine direkte Verwaltung.

Im Jahre 1884 wurde das Korps der Zivilkontrolleure aufgestellt, die zu einem großen Teil aus Algerien kamen und sehr schnell die Technik der direkten Verwaltung einführten. Die französischen Kolonisten erhielten im Jahre 1890 eine »Konsultativkonferenz«, die in Wirklichkeit eine Art Parlament war und ihnen die Verteidigung ihrer eigenen Interessen gestattete. In die tunesische Verwaltung hatte man eine große Anzahl »kleiner Weißer« eingeschoben, die sich später für die Spannung zwischen Franzosen und Tunesiern als sehr belastend erweisen sollten.

Die *wirtschaftliche Entwicklung* wurde durch das Immobiliengesetz vom Jahre 1885 erleichtert, das vom »Torrens Act« inspiriert war und eine Grundbucheintragung vorsah, welche ohne Möglichkeit einer Revision von einem gemischten Immobiliengericht ausgesprochen wurde. Dieses Gesetz wurde im Jahre 1886 durch einen Erlaß ergänzt, der die Abtretung und Grundbucheintragung der *Habu*-Besitzungen genehmigte.

Die erste Kolonisation war im wesentlichen privater und spekulativer Natur (im Jahre 1892 waren es 214 französische Besitzungen, die von den den Franzosen zuerkannten 402 000 Hektar 246 000 umfaßten). Die tunesischen Bauern blieben oftmals als Pächter an Ort und Stelle.

Im Jahre 1890 begann das Protektorat mit einer offiziellen Kolonisationspolitik, um einerseits ein Gegengewicht gegen die Italiener zu schaffen und andererseits die Entdeckung des Sfaxer Olivenbaums ausnützen zu können. Die den Interessenten angebotenen Grundstücke waren zuerst in vier Jahren zahlbar, später in zehn und zuletzt in zwanzig Jahren. Diese Kolonisation, welche die besten Ländereien erfaßte, hatte für die oft dadurch vertriebenen Fellachen und die zum Seßhaftwerden gezwungenen Nomaden sehr unangenehme Folgen; es entstand eine Proletarisierung, gewiß kein sozialer Fortschritt.

Wie in Ägypten so rekrutieren sich auch in Tunesien aus der europäisch erzogenen Jugend die Nationalisten, die der Besetzung der leitenden Stellen durch Ausländer nicht untätig zusehen können.

### 3) *Algerien*

Wir haben gesehen, unter welchen Umständen die Ansiedlung zahlreicher Kolonisten aus dem Elsaß und aus Lothringen nach dem Aufstand von 1871 vor sich ging. Die Zeit des »Scramble« ist in Algerien durch eine dem *Anschlußsystem* entsprechende übertriebene Bürokratisierung gekennzeichnet, während der Weinbau zur großen landwirtschaftlichen Hilfsquelle wird und die Eroberung der Sahara einsetzt.

Die jakobinische Tradition der französischen Linken hat eine Zentralisierungspolitik im Gefolge, die das unter Militärverwaltung stehende Gebiet sehr verkleinert, so daß dieser von 1880 an nur noch die südlichen Territorien verbleiben. Die Erlasse vom 26. August 1881 stehen zu Beginn der »Anschlußexperimente«, welche den entsprechenden französischen Ministern die Lösung der in ihr Ressort fallenden algerischen Fragen überlassen und aus dem algerischen Generalgouverneur, wie es Jules Ferry definiert hat, »einen Kolonisationsinspektor im Palast eines der letzten Merowinger« machen.

Die Anwendung des Gemeindegesetzes vom 5. April 1884 bewirkt, daß riesige Gebiete von einigen zehn europäischen Kolonisten regiert werden, die den größten Teil der Gemeindeausgaben von einigen Tausend eingeborenen Steuerpflichtigen tragen lassen.

Nachdem die Anschlußperiode vorbei ist, erlebt Algerien als Folgeerscheinung der Dreyfus-Affäre die Gewalttaten der antijüdischen Kampagnen des Jahres 1897 mit, die manchmal sogar einen separatistischen Verlauf annehmen, der umso spürbarer wird, als es sich bei den Agitatoren italienischer oder spanischer Herkunft um französische Bürger allerjüngsten Datums handelt. Zum ersten Male taucht, auf europäischen Einfluß hin, der Begriff »algerische Persönlichkeit« auf, der den Unterschied zwischen Algerien und dem französischen Mutterland bezeichnen will. Diese Situation führt unter dem Generalgouverneur Laferrière im Jahre 1898 zur Schaffung des ersten algerischen Parlaments, der *»Finanzdelegationen«*, die dann beim wirtschaftlichen Aufbau Algeriens eine nicht geringe Rolle spielen.

Die Volkszählung von 1896 weist mit 3 760 000 Eingeborenen gegenüber 1891 einen Zuwachs von 200 000 Seelen nach und wirft damit das Problem der Zukunft der beiden, einander kampfbereit gegenüberstehenden Volksgemeinschaften auf.

In dem Augenblick, als der französische Weinbau mit der Reblauskrise schwer zu kämpfen hatte, gab Algerien der Aufschwung seiner Weinbaugebiete gerade den wirtschaftlichen Reichtum, der ihm bisher gefehlt hatte, brachte aber auch für die Masse des mohammedanischen Landvolks, dem ja der Weingenuß verboten ist, auf dem Gebiet der Ernährung ein gewisses Mißverhältnis mit sich.

Die Besitzergreifung der Sahara endlich begann, als die geologische Expedition im Dezember 1899 angegriffen wurde und im Verlauf der Verfolgung des Feindes In Salah besetzte; im Mai 1900 war der Tidikelt an der Reihe, im Juli der Adrar. Mit der Karawanenstraße durch die Saura gewinnt Frankreich den traditionellen Handelsweg zwischen Marokko und Sudan über Figuig. Die Nähe der marokkanischen Grenze sollte den Berabern des Tafilelt die Gelegenheit zu vielfachen Handstreichen geben.

Die Periode endet in der Sahara mit der Ernennung Laperrines zum Kommandanten der Oasen am 6. Juli 1901 und einer explosiven Situation im algerisch-marokkanischen Grenzgebiet, die im Jahre 1907 zur Ernennung des Obersten Lyautey führt.

4) *Marokko*

Wir haben bereits (S. 270) von der außergewöhnlichen Persönlichkeit eines Mulay al-Hassan gehört, dessen »kaiserliches Zelt immer aufgeschlagen war« und der ständig in seinem Reich herumreiste. Seine Tätigkeit auf wirtschaftlichem Gebiet ist nicht weniger wichtig; es ist ihm zu verdanken, daß der Wert des Außenhandels (insbesondere marokkanische Wolle gegen englischen Tee und französischen Zucker) beträchtlich steigt und im Jahre 1900 auf 85 Millionen Goldfranken angewachsen ist. Diese günstige Finanzlage garantiert die nationale Unabhängigkeit und erlauben es dem Sultan, Ausländern die Genehmigung zum Landerwerb in Marokko, der im Jahre 1880 auf der Madrider Konferenz vorgesehen worden war, zu verweigern.

Als Mulay al-Hasan im Jahre 1894 stirbt, läßt sein vertrauter Kammerherr Ba Ahmed, der Sohn eines schwarzen Sklaven, Mulay Abd el-Aziz in Rabat zum Sultan ausrufen. Dieser ist erst 13 Jahre alt, so daß die Macht in Wirklichkeit in Ba Ahmeds Händen bleibt, der sie allerdings als wahrer Staatsmann ausübt und damit wieder einmal den Beweis dafür erbringt, wie groß der Einfluß des schwarzen Elements auf die marokkanischen Angelegenheiten ist.

Als aber im Jahre 1900 Ba Ahmed stirbt, konfisziert Mulay Abd el-Aziz das Vermögen seines Wesirs und gibt sich der übelsten Verschwendungssucht hin, die soweit geht, daß sich europäische Kreditinstitute, darunter die Banque de Paris et des Pays-Bas, die während der Protektoratszeit in der marokkanischen Wirtschaft eine entscheidende Rolle spielt, einmischen.

Im Jahre 1902 ist das Schicksal des unabhängigen Marokko besiegelt. Der französische Anspruch wurde schon im Jahre 1898 durch Eugène Étienne, Abgeordneten von Oran, erhoben, der den Vorschlag machte, »unsere legitime friedliche Aktion durch Waffengewalt zu unterstützen«. Die wirtschaftliche Durchdringung von europäischer Seite verstärkt sich immer mehr bis zum Jahre 1912, als der Sultan Mulay Hafid, der Bruder des Mulay Abd el-Aziz, gezwungen wird, den Protektoratsvertrag zu unterzeichnen, der das einzige afrikanische Reich, das ebenso wie Äthiopien im Laufe einer langen, glorreichen Geschichte niemals unterworfen worden war, auf die Dauer von 44 Jahren seiner Unabhängigkeit berauben soll.

Mit der zehnjährigen Frist, die es im Jahre 1902 noch vor sich hat, stellt Marokko einen Ausnahmefall dar. Für die Gesamtheit Afrikas, das fast ganz unter die Herrschaft irgendeiner europäischen Macht gekommen ist, bezeichnen die ersten Jahre des 20. Jahrhunderts einen radikalen Schnitt in dem Sinne, daß während der Kolonialzeit die Geschichte der Afrikaner von der der Europäer in Afrika vollkommen verdeckt wird. Der »koloniale Tatbestand« errichtet eine unüberwindbare Trennwand vor der jungen afrikanischen Elite, die ihren Wunsch nach Macht und politischer Karriere verwirklichen möchte, wie es verschiedene unter ihren Vorfahren in glänzender Art und Weise getan hatten; die Unmöglichkeit der aktiven Teilnahme an der Geschichte des eigenen Landes soll einen wichtigen Komponenten des »kolonialen Traumas« bilden.

Der unvermeidliche Schock, den das Eindringen einer fremden Zivilisation mit sich bringt, sollte durch die Umstände, unter denen die in einigen Fällen äußerst brutale Eroberung vor sich ging, und durch die zu Anfang in sehr großer Zahl gemachten Fehler – kostenlose Stellung von Trägern, Enteignung, Requirierung von Arbeitskräften usw. – noch verstärkt werden.

Glücklicherweise brachte der europäische Kolonisator nicht nur seine militärische und wirtschaftliche Überlegenheit mit, sondern auch einige, durch Schule und Mission sich verbreitende revolutionäre Ideen, die langsam, aber sicher ihren Weg fanden und die Heranbildung jener neuen afrikanischen Elite fördern, die in fast jedem Staat des unabhängigen Afrika von heute auf den Plan getreten ist.

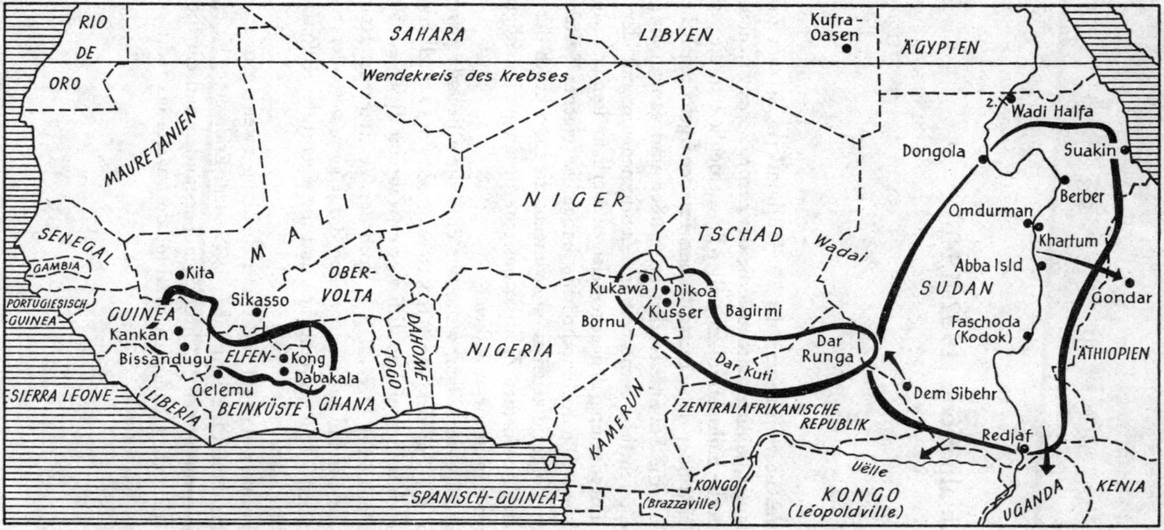


Karte 18: Die großen Widerstandszentren in Sudanisch-Afrika in ihrer größten Ausdehnung im Vergleich mit den heutigen Staatsgrenzen

# XII

## Die Kolonialperiode (1902–1946)

Diese Periode, die vom Beginn des 20. Jahrhunderts bis zum Zweiten Weltkrieg dauert, könnte man auch die des *europäischen Friedens* nennen, weil sich die Kolonialvölker voller Bescheidenheit an die *pax britannica, belgica* oder den »französischen Frieden« gehalten haben. In der Tat haben die Stammesfehden im großen und ganzen aufgehört und hat die öffentliche Sicherheit im Zusammenhang mit der wirtschaftlichen Entwicklung den gegenseitigen Verkehr immer mehr und mehr erleichtert. Die Kolonialmächte haben ihr eigenes System den afrikanischen Völkerschaften aufgezwungen, die hinsichtlich der ihnen aufgenötigten europäischen Zivilisationsstruktur ein geschmeidiges Anpassungsvermögen bewiesen haben.

Der Leser möge verzeihen, wenn wir über diese Periode, deren Bedeutung für die Entwicklung Afrikas so groß war, schnell hinweggehen. Aber schließlich und endlich war es während dieser 40, 50 oder 60 Jahre europäischer Herrschaft ja doch der Vertreter der Kolonialmacht, der die Befehle gab. Wir wollen dafür ganz besonders auf die nationalistischen Regungen eingehen und die eigentliche Kolonialpolitik nur flüchtig skizzieren.

Wir beschränken uns auf die Unterscheidung zweier großer Perioden; die erste dauert bis zum Jahre 1919, dem Ende eines Krieges, in dem sich die europäischen Mächte gegenüberstanden und der die Aufteilung der deutschen Kolonien brachte; die zweite erstreckt sich bis zum Zweiten Weltkrieg.

## A. Afrika bis zum Ersten Weltkrieg

Afrika kommt weiterhin bei internationalen Verhandlungen die Rolle eines Zahlungsmittels zu, während bereits die Grundlagen für Wirtschaft und Verwaltung gelegt werden.

### 1) *Internationaler Aspekt*

Wir haben im Verlauf des *Scramble* gesehen, wie »beruhigend« die Zwistigkeiten in Afrika auf die europäischen Säbelraßler gewirkt haben. Afrika ließ in der Tat die Franzosen die »blaue Linie« der Vogesen nüchterner betrachten. Die Konflikte der Forscher haben in Afrika, wo sie sich leichter entwirren ließen, den europäischen Spannungen, die sonst zum Kriege hätten führen können, eine feste Richtung gegeben. Tatsächlich stellen Gebietsansprüche in Afrika das Echo europäischer Unruhe dar. So schließt das durch den »Panthersprung« nach Agadir um die Sicherheit im Mittelmeer besorgte Frankreich am 4. November 1911 mit Deutschland ein Abkommen, in welchem es für genau genommen recht unbestimmte Rechte auf Marokko und eine kleine Grenzberichtigung, den sogenannten Entenschnabel am Logone, ein beträchtliches Stück (272 000 qkm) von Äquatorialafrika und das Vorkaufsrecht auf Belgisch-Kongo abtritt.

Italien macht sich die Spannung zwischen Frankreich und Deutschland zunutze und erklärt im September 1911 der Türkei den Krieg, »um die Kolonisten in Tripolitanien zu verteidigen«. Im Vertrag von Lausanne (Oktober 1912) gesteht die Türkei Tripolitanien die politische Autonomie zu und bekommt von Italien eine jährliche Abfindung in Höhe der bisher von dieser seiner Provinz an Konstantinopel gezahlten Steuern zugesichert. Aber die italienische Armee kann nur die Häfen besetzen; im Inneren muß sie gegen die Streitkräfte der Senussi kämpfen.

Am 15. Oktober 1908 wird aus dem Kongofreistaat »Belgisch-Kongo«. Einige Mächte, darunter England, lassen jedoch lange Jahre verstreichen, bevor sie die Annexion durch Belgien anerkennen.

Der belgisch-deutsche Zwist um Kiwu und der englisch-belgische um Ufumbiro endigen zu Ungunsten des kleinen Belgien. Im übrigen wären, wenn sich Frankreich dem nicht widersetzt hätte, den Bestimmungen einer englisch-deutschen Übereinkunft vom 20. Oktober 1913 gemäß Angola und Moçambique aufgeteilt worden!

In Südafrika ließ nach dem Frieden von Vereeniging die intelligente Leitung Milners zusammen mit einer Equipe junger und dynamischer englischer Verwaltungsbeamter binnen wenigen Jahren eine bewunderungswürdige Wiederaufbauleistung entstehen. Als nach den Wahlen des Jahres 1906 in London die Liberalen an die Macht kamen, bedeutete das zunächst die Union der einzelnen Staaten und im weiteren die Verfassung vom 31. Mai 1910.

So wird im gleichen Moment, als Marokko seine Unabhängigkeit verliert, am anderen Ende Afrikas ein unabhängiger Staat geboren; allerdings handelt es sich bei diesem um einen »weißen« Staat, dessen einziges Problem damals das der Koexistenz von Völkern englischer und holländischer Herkunft war.

In Nordafrika, wo die Anwesenheit einer großen Zahl von Europäern eine sehr gewichtige Belastung darstellt, und in Schwarzafrika sind die politischen Probleme von denen in Südafrika grundlegend verschieden.

### 2) *Die Probleme der Kolonialpolitik in Schwarzafrika*

In ihrer Eigenschaft als internationales Zahlungsmittel bedeuten die Kolonien eine Art Versicherungspolice für die Zukunft; es handelt sich dabei um eine Police ungewisser Natur und es muß erst der Zweite Weltkrieg kommen, damit Frankreich und Belgien gewahr werden, daß es sich um eine Versicherung gegen die Eroberung des eigenen Landes handelt. Im übrigen bleibt die Höhe der Prämie bis zu einem gewissen Grade dem Ermessen des Versicherten überlassen. Auf jeden Fall aber merken die Kolonialvölker sehr schnell, daß die Prämien hoch sind und daß der europäische Steuerzahler nur zähneknirschend berappt, sobald weder mit späterem wirtschaftlichem Profit noch mit Befriedigung der nationalen Eigenliebe zu rechnen ist.

Das *Problem der Finanzierung* der kolonialen Unternehmungen war schon während des *Scramble* aufgetaucht und wir haben gesehen, wie manchmal das *Comité de l'Afrique Française* oder das *Kolonial-Komitee* des Oberst Ernst Vohsen eine defizitäre staatliche Unternehmung übernommen haben. Eroberung und Einrichtung der ersten Verwaltung waren im allgemeinen billig; Johnston verbrauchte dafür in Njassaland 10 000 Pfund, 50 000 benötigte Colville in Uganda und Lugard in Nigeria 100 000.

Aber die wirkliche Inbesitznahme setzte voraus, daß sich die Staatsgewalt durchsetzen und den Frieden sichern konnte, was die Aufstellung einer Polizeimacht erforderte, die genügend gut bezahlt war, um nicht vom Lande selbst leben zu müssen. Außerdem mußten die Verwaltungskosten getragen und die ersten Arbeiten für den wirtschaftlichen Aufbau (Häfen und Eisenbahnen) geleistet werden. Die Zolleinnahmen waren zu Anfang vollkommen unzureichend, so daß man auf die *Kopf-* (französisches System) oder *Haussteuer* (englisches und deutsches System) zurückgreifen mußte und auf unbezahlte Arbeitskräfte, was je nach Kolonie einen jährlichen Frondienst von zwei bis zu sechs Wochen bedeutete.

Das Problem der Selbstfinanzierung war demnach *wirtschaftlicher Natur* für die europäischen Handelshäuser, die für die Niederlassung und für die Zahlung der Gehälter günstige steuerliche Bedingungen brauchten, und *politischer Natur* für die Mutterländer, deren Vertreter ihre Zustimmung für Ausgaben, die der Kolonialmacht keinen direkten Nutzen brachten, nur sehr ungern gaben.

Für die Kolonialverwaltung war es ein Problem der *Eingeborenenpolitik,* weil sie für die einzelnen unter einem Häuptling stehenden Verwaltungseinheiten Mittelspersonen zu finden hatte, welche die Befehle weiterleiteten. Wenn sich auch Lugard's *Indirect Rule* bewährt hat, so waren ihr doch die Ideen des politischen Direktors im Kolonialministerium, Binger, direkt entgegengesetzt. Binger, der Samory persönlich kennengelernt hatte, war der Ansicht, daß ein afrikanischer Häuptling, der über mehr als 15 000 Menschen gebiete, ein blutdürstiger Tyrann wäre. Daher stammt die Einrichtung künstlicher Gebilde von Häuptlingsbezirken, wobei die Grundlagen für die Gebietsfestsetzung oft genug vom Küchenboy des »Commandant« oder einem ehemaligen Scharfschützenkorporal gegeben wurden. In der Tat war die Verbindung »von traditioneller Häuptlingsherrschaft und Hilfsbeamtentum in der Kolonialverwaltung« eines der verwickeltsten Probleme der ganzen Kolonialperiode.

Die Leitung der Kolonien während dieser Zeit war meistens die Angelegenheit einzelner Persönlichkeiten, die dem betreffenden Land ihren Stempel aufdrückten: Goldie in Nigeria, Johnston in Njassaland, Colville in Uganda, Lugard in Nordnigeria, Lord Cromer in Ägypten. In Französisch-Afrika waren es Binger an der Elfenbeinküste, Victor Ballot in Dahome, Archinard in Sudan, Coppolani in Mauretanien, Brazza im Kongo, Roume und später William Merlaud-Ponty in Französisch-Westafrika (A.O.F.). Die richtungweisenden deutschen Persönlichkeiten waren in Togo Köhler (1895–1902) und Zech (1904–1911), in Kamerun von Puttkamer (1895–1907).

*Koloniale Mißstände.* – Das Bestreben, die Kolonie »rentabel« zu machen, zog unschöne Zwangsmaßnahmen nach sich. Der Kongostaat Léopolds II. ist ein Schulbeispiel für einen Komplex gleichzeitiger und aufeinanderfolgender Experimente auf den Gebieten der *Sammlertätigkeit, Plantagenwirtschaft und Bergbau.* Als persönliches Eigentum eines Herrschers, der niemals in diese Gegend kam (!), bekam der Kongo seine anfänglichen Unkosten aus der Privatschatulle Léopolds bezahlt. Die Produkte der Sammlertätigkeit (Elfenbein, Kautschuk), deren Zentren sehr weit von der Küste entfernt lagen, zwangen zu einer sehr umfangreichen Rekrutierung von Trägern. In der Folgezeit hatten die großen Pflanzungskonzessionen, die eine Anlage auf den besten Böden verlangten, die Enteignung der bisherigen Besitzer zur Folge; diese mußten manchmal auf den Plantagen arbeiten oder die nötigen Verbindungswege anlegen. Die Plantagenerzeugnisse (Palmöl, Kaffee) hatten die Produkte der Sammlertätigkeit abgelöst, aber während der »arabische Feldzug« und der Kampf gegen die Sklavenhändler unter einem religiösen Motiv die gefährlichsten Konkurrenten ausgeschaltet hatten, kann man das, was sich in der folgenden Zeit zutrug, auch mit dem besten Willen nicht mehr als verzeihliche Notmaßnahme bezeichnen, und die von der *Congo Reform Association* an den Pranger gestellten Mißstände der leopoldinischen Verwaltung (»Kongogreuel«) sind noch in aller Gedächtnis. Allerdings hatte der Kongo seit 1895 seine Einnahmen und Ausgaben abgeglichen. Im allgemeinen war die Selbstfinanzierung erst in späteren Jahren möglich, so konnte z. B. Togo, die erste der deutschen Kolonien, ihr Budget erst im Jahre 1906 ausgleichen.

Wenn allerdings der Zeitpunkt der finanziellen Selbsterhaltung ziemlich genau mit der Einrichtung der Territorialverwaltung auch in den entlegensten Gebieten zusammenfällt, so handelt es sich dabei ganz einfach um ein zeitliches Zusammentreffen. Die entlegenen Gebiete hatten bis dahin noch keinen Ertrag abgeworfen und das bedeutet lediglich, daß die Verzögerung bei der Durchdringung annähernd der Zeit für die Schaffung der wirtschaftlichen Grundlagen in der Küstenzone entspricht.

*Widerstandsbewegungen.* – Wenn auch die afrikanischen Führer in den letzten Jahren des 19. Jahrhunderts effektiv besiegt wurden, so haben doch die Requisitionen von Boden und Arbeitskräften und die Erhebung von Steuern in den ersten Jahren unseres Jahrhunderts eine Anzahl von Aufstandsbewegungen zur Folge gehabt.

So greift im Jahre 1903 der Häuptling der Hereros, Samuel Maherero – indem er es ausnutzte, daß durch einen Zwischenfall die Polizeikräfte im Südteil von Südwestafrika konzentriert waren – die deutschen Kolonisten an und metzelt 123 von ihnen nieder. Die Streitkräfte von Trotha's umzingeln schließlich am Waterberg 50 000 Hererokrieger und reiben sie größtenteils auf. Einige Monate später bricht der Hottentottenaufstand los, zuerst unter der Leitung Hendrik Witbois und nach dessen Tode (1905) unter der Simon Kopers, der den Guerillakrieg bis zu seinem Tode im Jahre 1908 weiterführt.

In Ostafrika sieht sich die deutsche Kolonialbehörde in den Jahren 1905–1906 dem durch Fetischpriester der Pogoro und Ngindo angezettelten *Maji-Maji*-Aufstand gegenüber. Die Medizinmänner hatten den Aufständischen weisgemacht, daß ihr Zauberwasser (= maji-maji) die Waffen der Europäer wirkungslos machen würde.

Diese Rebellionen, die in gewissem Maße der »Rückstoß« der Kolonisation sind, haben mit den Operationen in den nördlichen Randgebieten des Sudan nicht das Geringste gemeinsam. Die Zähigkeit eines Gouraud war erforderlich, um den Zug in den Adrar (1908–1909) in die Wege zu leiten und erst mußte Oberst Moll in Doroté ermordet werden (1910), damit Largeau die nötigen Mittel für die Befriedung des nördlichen Teils des Tschad bewilligt bekam.

Von der saharischen Zone und den genannten Aufstandsbewegungen abgesehen herrscht vor 1914 überall Ruhe und Frieden, was die ersten sanitären und schulischen Vorhaben in größerem Umfang ermöglichte.

### 3) *Soziale Aspekte*

Die soziale Tätigkeit auf sanitärem und schulischem Gebiet ist das positive Gegenstück zur Kolonisierung. Es ist dies die »Bürde des weißen Mannes«, die erzieherische Aufgabe des »großen Bruders«. Wenn das Verbot der Sklaverei und der Menschenopfer allgemein gutgeheißen wurde, so wurden die erzieherischen Maßnahmen der Europäer in Afrika häufig als rein utilitaristisch hingestellt, die nur darauf abzielten, der Kolonialbehörde billige Hilfskräfte zu liefern, deren Kompetenzen eng begrenzt seien.

Die in Nordafrika und Schwarzafrika voneinander grundlegend verschiedenen klimatischen Bedingungen bedingen auch eine unterschiedliche Personalpolitik. Während in Nordafrika die unteren Verwaltungsposten mit Europäern besetzt werden können, ist es in

Schwarzafrika infolge der Härte des Klimas und des kleinen Budgets unmöglich, für diese Stellen weiße Beamte, für welche ja auch noch hohe Reise- und Urlaubskosten anfallen, zu verwenden. Darum haben sich im tropischen Afrika sehr schnell afrikanische Verwaltungskader gebildet. Eine wirklich demokratische Ausbildungspolitik erlaubt es, die Elite der Schüler in den Beamtenstab des Schulwesens, der Verwaltung und des Gesundheitswesens zu ziehen; die gleiche Schülerelite bildet dann in der Zeit der Entkolonisierung einen qualitativ hochstehenden politischen Nachwuchs heran.

*Die Rolle der christlichen Missionen* im Erziehungswesen war im deutschen, portugiesischen, englischen und belgischen Afrika wesentlich bedeutender. Als »sozialer Motor« haben sie aber überall eine äußerst wichtige Rolle gespielt; von Anfang an sind die in den Missionsschulen ausgebildeten Afrikaner die ersten Mitarbeiter der Kolonialverwaltung.

Die Missionare, die in ein mörderisches Klima kommen, um den christlichen Glauben zu bringen, sind das positive Element während einer Kolonialperiode, die allzuoft durch die Habsucht der Kaufleute und die Gleichgültigkeit gewisser, mehr des hohen Gehalts als der Mitarbeit am Aufbau von Neuland wegen gekommener Beamten gekennzeichnet ist.

Nachdem die Teilung einmal vollzogen ist, wird man Zeuge einer nationalen Mimikry der christlichen Missionsgesellschaften, die die Tendenz haben, möglichst viele Staatsangehörige der Kolonialmacht bei sich unterzubringen. Diese für einen leichten Verkehr mit den Verwaltungsbehörden ergriffene Maßnahme erweckt bei den Afrikanern oft den Eindruck, daß diese Gottesmänner Mitarbeiter der Kolonialverwaltung sind.

Auffallend ist es, daß die ersten Niederlassungen der christlichen Missionen mit ziemlicher Genauigkeit in den reichsten Gebieten liegen. Aber es handelt sich da doch meist nur um ein zufälliges Zusammentreffen. In der Tat waren es die Bauern der reichen Küstengebiete, die mit Europäern zu tun hatten und daher auch als Dolmetscher dienen konnten, was den Missionaren die Arbeit erleichterte; andererseits wurde wohl manchmal auch eine reiche Gegend gewählt, weil man um die finanzielle Zukunft einer Arbeit besorgt war, die schließlich nicht für immer und ewig von den Christen in Europa unterhalten werden konnte.

Dem Bildungswerk parallel läuft die Organisierung des Gesundheitsdienstes, so daß man gegen die epidemischen Tropenkrankheiten ankämpfen und die ärztliche Betreuung sichern kann. Die Aufgabe des

Gesundheitsdienstes in einem vom Sklavenhandel übel mitgenommenen Afrika, in welchem Pocken, Schlafkrankheit, Lepra und andere Geißeln der Tropen ungeheure Verwüstungen anrichten, war stets von überragender Wichtigkeit.

### 4) *Nordafrika und die Sahara*

Während die Länder Nordafrikas politisch und wirtschaftlich immer enger an die sie beherrschenden Länder Europas gebunden werden, nimmt Frankreich die Sahara effektiv in Besitz.

Was *Ägypten* betrifft, so haben wir bereits von der Bedeutung der Arbeit Lord Cromers gesprochen, der binnen zehn Jahren die ägyptischen Finanzen in Ordnung bringt und Leibeigenschaft und Wucher zurückdrängt. Die Opposition stand bis 1908 unter der Leitung Mustafa Kemals, dann unter der von Saad Zaghlul. Der Sohn eines wohlhabenden unterägyptischen Bauern hatte an der Revolution Arabi Paschas teilgenommen und war später als Unterrichtsminister von Lord Cromer sehr geschätzt worden. Er hatte in El-Azhar studiert und erst spät Französisch gelernt.

In *Tunesien* war aus dem Protektorat allmählich eine direkte Verwaltung geworden und französische Techniker nahmen die Stellungen ein, um die sich junge tunesische Diplomingenieure hätten bewerben können. Die Folge war eine erste Kundgebung auf dem Marseiller Kolonialkongreß im Jahre 1906, und 1907 die Geburt der Bewegung Junges Tunesien und ihres Organes *Le Tunisien*, das eine Verfassung (arabisch: *destur)* fordert. Diese Bewegung rekrutiert sich allerdings nur aus der Jugend des gebildeten Mittelstandes in Tunis und findet auf dem Lande (im »bled«) keinerlei Widerhall.

In *Algerien* entspricht dem Prokonsulat Jonnart's (1903–1911) ein außerordentlich großer wirtschaftlicher Aufschwung. Der Außenhandel Algeriens, der im Jahre 1900 536 Millionen betrug, erreicht im Jahre 1910 die Milliardengrenze und steigt bis 1913 auf eine Milliarde 168 Millionen. Die eingeborene Bevölkerung nimmt rapid zu; im Jahre 1911 beträgt sie 4 750 000 Seelen gegenüber 3 500 000 im Jahre 1901. Die Schülerzahl beträgt 45 000 im Jahre 1914 gegenüber 25 000 im Jahre 1900. Angesichts der deutschen Bedrohung führt die französische Regierung im Jahre 1912 die allgemeine Wehrpflicht für die Mohammedaner ein, was für diese gleichzeitig das Gemeindewahlrecht bedeutet. Zu Beginn des Jahres 1914 verschiebt sich der Anteil der mohammedanischen Gemeinderäte von einem Viertel zu einem Drittel. Die Bürgerrechtsbestimmungen werden andererseits gelockert.

Die *Sahara* wird dank der unermüdlichen Tätigkeit Laperrines erobert. Im Jahre 1904 unterwirft sich der Amenokal Moussa Ag Amastane in In Salah; am 18. April gleichen Jahres trifft Laperrine in Timiauine im Adrar der Iforas mit einer von Burem (Mali) kommenden Kolonne zusammen.

Die ständig an Zahl zunehmenden, durch marokkanische Freischärler provozierten Grenzzwischenfälle in der Gegend von Figig führen im Jahre 1907 zur Ernennung von Lyautey zum militärischen Befehlshaber des Bezirks Ain Sefra, während die Bahn bis Colomb Béchar vorgetrieben wird.

In *Marokko* wird das durch Vereinbarungen im Jahre 1904 anerkannte Übergewicht Frankreichs durch den »Tanger-Coup« (März 1905) in Frage gestellt; die Folge davon ist die Algeciras-Konferenz (1906), welche Frankreich wieder in die Verwaltung einbezieht. Im Jahre 1907 müssen die französischen Streitkräfte eingreifen, um ihre Landsleute zu schützen. Lyautey führt daraufhin eine Reihe von militärischen Operationen in Ostmarokko durch (1907–1910), während General Drude und sein Nachfolger General d'Amade Westmarokko befrieden müssen.

Diese militärische Aktion Frankreichs und zumal die Besetzung von Bu Denib haben zur Folge, daß sich die Räuberstämme zurückziehen und auf der Segiet el-Hamra und am Wadi Draa niederlassen, so daß die Ahel Ma el-Aïnin mit ihren Herden im Gebiet von Smara in die Enge getrieben werden. Im Jahre 1909 erklärt sich der alte Ma el-Aïnin in Tiznit zum »von Gott erwählten« Sultan und wiederholt damit das Abenteuer der Schorfas aus dem Tafilelt, die vor drei Jahrhunderten aus dem Süden heraufgekommen waren, um die durch ihr Verhältnis zu den Portugiesen allzusehr kompromittierte saaditische Dynastie zu stürzen. Aber Ma el-Aïnin wird am 23. Juni 1910 von den Truppen des Generals Moinier in Tadla aufgehalten und muß sich unter schwierigsten Bedingungen nach Tiznit zurückziehen, wo er am 28. Oktober desselben Jahres stirbt.

Im Jahre 1911 müssen die französischen Truppen den in Fes belagerten Sultan freikämpfen. Wir wissen bereits, daß der deutschen Flottendemonstration vor Agadir die Beilegung des französisch-deutschen Zwistes folgte und Frankreich für Neukamerun die Anerkennung seines Protektorats über Marokko erhielt. Das Protektorat wurde am 30. März 1912 durch das Abkommen von Fes zwischen Sultan Mulay

Hafid und dem französischeenn Gesandten Regnault offiziell errichtet.

Als am 28. April 1912 Lyautey zum französischen Generalresidenten ernannt wird, sind die Stämme im Mittleren Atlas und im Norden darüber empört. El-Hiba, Sohn und Nachfolger von Ma el-Aïnin, zieht in Marrakesch ein. »Das Schiff ist in Seenot!« Einige Monate später, nachdem Mulay Yussef die Nachfolge Mulay Hafids angetreten hat, ist die Autorität des Sultans in Marokko sichergestellt. Marrakesch wird im September 1912 besetzt, Agadir wird 1913 genommen und im Jahre 1914 wird die Verbindung mit den Truppen in Ostmarokko hergestellt.

Bei der Kriegserklärung im Jahre 1914 haben die europäischen Nationen nach verschiedenen tastenden Versuchen ihre koloniale Struktur endgültig bestimmt. Nachdem sie vorher im allgemeinen einer Abteilung eines Ministeriums unterstellt waren (des Marineministeriums in Frankreich, des Auswärtigen Amtes in Deutschland), bekommen die an Bedeutung gewinnenden Kolonien ihre eigene Spezialabteilung bei der Regierung des Mutterlandes. Soweit Afrika von Frankreich kontrolliert wird, ist es auf drei Ministerialabteilungen verteilt: Tunesien und Marokko unterstehen dem Außenministerium, Algerien dem Innenministerium, Schwarzafrika und Madagaskar dem Kolonialministerium.

Die Befriedung ist im allgemeinen abgeschlossen, die Verwaltungseinheiten sind aufgestellt und die wirtschaftliche Entwicklung durch Bahn- und Hafenbauten eifrig eingeleitet. Aus Budgetgründen werden Kolonialverbände geschaffen, damit die reichen Kolonien die ärmeren unterstützen können; Französisch-Westafrika (A. O. F.) wird 1895 und 1904 gebildet und seine Gliedkolonien sind Senegal, Sudan, Guinea, Elfenbeinküste, Obervolta, Dahome, Niger und Mauretanien; Äquatorialafrika (A. E. F., 1910) umfaßt Gabun, Mittelkongo, Ubangi-Schari und Tschad.

Auf diese seit kaum einem Jahrzehnt befriedeten Länder wirkt der Krieg 1914–1918 als eine Art sozialer Beschleuniger.

## B. Der Erste Weltkrieg und seine Folgen

Dieser erste Weltbrand ist von hoher Bedeutung, nicht so sehr wegen der sich in Afrika abspielenden Kämpfe als wegen der Teilnahme afrikanischer Kontingente an einem europäischen Krieg, wo sie in verschiedenen Schlachten eine entscheidende Unterstützung bedeuteten.

1) *Afrikanischer Kriegsschauplatz*

Die vier deutschen Kolonien bildeten ebenso viele Widerstandskerne, die es zu beseitigen galt. In Nordafrika gab es drei neuralgische Punkte: Der Suezkanal, der von Truppen und Verbrauchsgütern aus Indien und Indochina benützt wurde; Libyen, wo der türkische Geheimdienst saß, und endlich Marokko, das teilweise noch von aufständischen Elementen kontrolliert wurde. Die Versuche der Türkei, ihren Einfluß auf religiösem Gebiet dahingehend geltend zu machen, daß sich die mohammedanischen Völker gegen die Alliierten erhoben, scheiterten vollkommen.

Der Khedive von Ägypten, Abbas II., der sich in Konstantinopel befindet, richtet einen Aufruf zum Aufstand an das ägyptische Volk. Am 18. Dezember 1914 hebt Großbritannien eigenmächtig die türkische Oberhoheit auf. Ein englischer Hochkommissar sichert die Position Englands in Ägypten und organisiert die Verteidigung gegen einen deutsch-türkischen Angriff, durch den im Jahre 1915 die Sinaihalbinsel erobert und der Suezkanal bedroht wird.

Türkische Agenten zetteln in Darfur und Bornu Unruhen an, die aber mühelos auf ihren Herd beschränkt werden können.

In Libyen bewirkt der allgemeine Aufstand von 1915, daß sich die Italiener bis an die Küste zurückziehen. Italien richtet gleichwohl in den Jahren 1914 und 1917 in Tripolitanien und der Cyrenaika ein »Beratendes Eingeborenen-Komitee« ein, welches seine Ratschläge über die Besteuerung und die Verwendung der Steuergelder, über wirtschaftliche Fragen und über mohammedanische Probleme erteilt. Im Jahre 1917 erreicht England, daß der Führer der Senussi die italienische Souveränität in der Cyrenaika anerkennt, wofür ihm Handlungsfreiheit im Landesinnern gewährt wird.

In Marokko erhält Lyautey aus Paris den Befehl, seine Truppen aus dem Inneren zurückzuziehen. Da er sich der Gefahr einer vorzeitigen Evakuierung bewußt ist, schickt er alle Truppen, die er erfassen und rekrutieren kann, nach Frankreich, fährt aber trotz der Hilfe, die die Deutschen den Aufständischen zumal durch die Brüder Mannesmann zukommen lassen, in seiner Befriedungsaktion fort. Abd el-Malik, ein Enkel Abd el-Kaders, wiegelt im April 1915 den Gharb auf, scheitert aber am Engpaß von Taza. Im Sus werden die Angriffe El-Hibas ebenfalls zurückgeschlagen. Um das Land halten zu können, setzt Lyautey Territorialtruppen und deutsche Kriegsgefangene beim Straßenbau ein: »Ein Bautrupp ist soviel wert wie ein Bataillon«.

In Schwarzafrika leisten die vier deutschen Kolonien ehrenvollen und oft erbitterten Widerstand. In Togo schlägt von Doering vergebens den Alliierten die Neutralisierung des Landes vor, »um den Afrikanern nicht das Schauspiel der miteinander kämpfenden Weißen zu bieten«. Ein dreiwöchiger Feldzug verschafft am 26. August 1914 Franzosen und Engländern den ersten Erfolg der Alliierten im Kriege.

In Kamerun dauert es wesentlich länger. Duala kapituliert bereits am 28. September 1914, aber in Jaunde können die Truppen der Alliierten unter den Generälen Aymerich und Dobell erst nach harten Kämpfen am 7. Januar 1916 einziehen. Gouverneur Ebermayer und Oberst Zimmermann ziehen sich mit 4000 Soldaten nach Spanisch-Guinea zurück. Am 18. Februar ergibt sich im Norden das isolierte Mora. In Deutsch-Südwestafrika bietet der »nichtergreifbare« Christian Dewet 10000 Buren auf, die Seite an Seite mit den Deutschen kämpfen, jedoch werden die südafrikanischen Streitkräfte unter Botha schnell mit den deutschen und denen der Rebellen fertig. Am 12. Mai 1915 rückt Botha in Windhuk ein und am 9. Juli wird die Kapitulation unterzeichnet.

In Deutsch-Ostafrika haben es die Alliierten mit einem sehr fähigen Heerführer, General von Lettow-Vorbeck zu tun, dem es gelingt, den britischen Streitkräften sehr harte Schläge zuzufügen, bevor er vor den belgisch-kongolesischen Truppen des Generals Tombeur, die im Jahre 1916 Tabora einnehmen, und den englisch-südafrikanischen der Generäle Deventer und Smuts zurückweichen muß. Von 1917 ab operieren die deutschen Streitkräfte in Moçambique und ziehen im September 1918 östlich des Njassasees nach Rhodesien, wo sie am 13. November die Nachricht vom Waffenstillstand erreicht.

Aber der Erste Weltkrieg hatte von den militärischen Operationen abgesehen in Africa noch weitere Konsequenzen.

### 2) *Schwächung der Verwaltungsorganisationen und soziale Umwälzung*

Der Krieg schwächt dadurch, daß zahlreiche europäische Kader nach Europa zurückgeholt werden müssen, sowohl die Verwaltung als auch die militärische Stärke. Weiter sind die Aushebungen von Truppen sehr unpopulär und haben mehrfach Aufstandsbewegungen an mehreren Punkten Westafrikas im Gefolge, allerdings solche, die keine Verbindung untereinander haben und schnell gedämpft werden. Für die

Sahara ist das Jahr 1916 ein schicksalsschweres, das durch den Tod des Père de Foucauld geprägt wird.

Die großen Anforderungen, die an Französisch-Westafrika gestellt werden, veranlassen die französische Regierung, einen Rekrutierungskommissar, den senegalesischen Abgeordneten Blaise Diagne, zu ernennen. Gouverneur van Vollenhoven, der sowohl eine neuerliche Aushebung von Senegalscharfschützen als auch eine Gewaltenteilung ablehnte, kehrt in den aktiven Dienst zurück und fällt als Hauptmann der Kolonialinfanterie am 19. Juli 1918 an der Aisne.

Die Bedeutung des Krieges für Afrika braucht nicht erst noch unterstrichen zu werden. Er bewirkte, daß zahlreiche Algerier, Tunesier und Marokkaner geholt wurden, um in einem vom Kriege zerfleischten Europa Seite an Seite mit schwarzen Scharfschützen zu kämpfen. Diese Mobilisierung bewirkte ihre Integration mit der europäischen Nation durch die Uniform und ließ sie mit einer gewissen französischen Denkweise zurückkehren. In der Tat hat gerade Frankreich, das im Verhältnis den schwersten Blutzoll von allen Alliierten entrichten mußte, afrikanische und madagassische Schützen in großer Zahl kämpfen lassen. Die einzige Gegenleistung politischer Natur für diesen Beitrag bestand in einer von dem senegalesischen Abgeordneten Blaise Diagne eingebrachten und im Jahre 1916 von Paris angenommenen Gesetzesentwurf, der den aus den vier Gemeinwesen Gebürtigen die französische Staatsangehörigkeit unter Beibehaltung ihres persönlichen Status zuerkannte.

### 3) *Folgen des Krieges für Afrika*

Sie sind anfänglich rein territorialer Natur. Deutschland gibt »zugunsten der wichtigsten alliierten Mächte alle Rechte und Ansprüche auf seine überseeischen Besitzungen« ab. Die ehemaligen deutschen Kolonien kommen unter Mandatsherrschaft. Diese Gebiete, »welche von Völkern bewohnt werden, die noch nicht fähig sind, sich unter den Bedingungen der modernen Welt selbst zu regieren, werden höher entwickelten Nationen anvertraut, die auf Grund ihrer Hilfsquellen, ihrer Erfahrungen oder ihrer geographischen Lage diese Verantwortung am besten auf sich nehmen können; sie werden diese Vormundschaft als Treuhänder des Völkerbundes ausüben«.

Bei der Aufteilung erhält England den Löwenanteil. Südwestafrika wird der Südafrikanischen Union unterstellt. Kamerun kommt zu vier

Fünfteln zu Frankreich, während der Rest, ein langer Streifen Berglands, der die wesentlichsten Pflanzungs- und Bergwerksgebiete umfaßt, England anvertraut wird. In Togo bekommt Frankreich Lome, die Hauptstadt, und Palime, während die reichen Kakaoanbaugebiete von Ho und Kpandu die bereits wertvollen Riesenflächen der Gold Coast abrunden. Deutsch-Ostafrika, das in den vier Kriegsjahren viel durchgemacht hat, wird England zugeteilt. Bei der übereilten Aufteilung wird Belgien, dessen Anstrengungen ja entscheidend gewesen sind, einfach vergessen; schließlich tritt ihm England widerwillig Ruanda-Urundi ab.

Das Mandatssystem verleiht zum ersten Male einer internationalen Organisation Aufsichtsbefugnisse; ehrlich gesagt ist diese Kontrolle sehr oberflächlicher Art und tut sich nur in einigen hinterlistigen Fragen, welche in Genf an die Vertreter der Mandatsmächte gestellt werden, kund. In der Tat werden diese Mandatsgebiete mehr als Kriegsbeute denn als »geheiligte Last« betrachtet. Nach dem Zweiten Weltkrieg werden diese »unter Kuratel gestellten« Länder bei der Entkolonisierung des Kontinents als beschleunigende Faktoren wirken.

Italien erhält kein Mandatsgebiet. England und Frankreich wissen die Angelegenheit der territorialen Entschädigungen, deren Versprechen vielleicht den Kriegseintritt Italiens im Jahre 1915 bezahlen sollten, hinauszuziehen. Grenzberichtigungen werden ihm erst spät und widerwillig in Kenia, Tschad, Tunesien und in Französisch-Somaliland zugestanden.

## C. Die Zeit zwischen den beiden Weltkriegen

Europa hat sich offensichtlich in Afrika häuslich eingerichtet. Die wenigen noch unbefriedeten Gebiete werden unterworfen; Äthiopien wird trotz Völkerbund und Einfluß der russischen und amerikanischen Ideologie erobert.

Die wirtschaftliche Entwicklung vollzieht sich analog der der Weltwirtschaft. Die Bergwerksgebiete (Südafrika, Katanga, Rhodesien und Marokko) und die Plantagenzonen (Kongo, Elfenbeinküste und Goldküste) erleben infolge der Privatinvestitionen einen besonders hohen Aufschwung. Während dieser Zeit erlebte Afrika erstmalig eine kulturelle und soziale Entwicklung.

### 1) *Abschluß der Eroberung durch Europa*

Während Afrika südlich der Sahara fast vollständig befriedet ist, wird die Sahara noch von zahlreichen Räuberhorden durchzogen. In Marokko und Libyen sind die Schwierigkeiten am größten, vielleicht mit auf Grund der Schwäche und mangelnden kolonialen Erfahrung zweier neuer Kolonialmächte, Spaniens und Italiens.

*Der Krieg im Rif und die Befriedung Marokkos.* – Die zähe, methodische und geduldige Handlungsweise Lyauteys erlaubte es, während des Krieges den Herrschaftsbereich des Sultans über das »nützliche Marokko«, nämlich das der Ebenen und der großen Verkehrsachsen, auszudehnen. Bei Kriegsende entziehen sich noch vier Großregionen der Zentralgewalt: Mittlerer Atlas, zentraler Hochatlas, das Gebiet südlich des Hochatlas und die Grenzzone mit Spanisch-Marokko.

Von letztgenanntem Gebiet geht der gewaltige Vorstoß eines Abd el-Krim aus. In der Tat haben die Spanier in ihrer Zone kriegerische Stämme vorgefunden, die seinerzeit das Gros der Truppen für die Invasion der iberischen Halbinsel geliefert hatten und denen sie jetzt vielleicht mit einer Geisteshaltung gegenübertraten, die der der *Reconquista* bedenklich nahe stand. Die Beziehungen verschlechtern sich zusehends, insbesondere die mit einem Häuptling der Beni Uriaghel namens Abd el-Krim. Zu Anfang des Jahres 1921 sind die Spanier aus den *Presidios* an der Küste vorgerückt, haben Xauen besetzt und den Caid Raysuli gefangengenommen; nun glauben sie die ganze Zone militärisch besetzen zu können, dann aber, am 21. Juli 1921, ereignet sich südlich von Melilla die Katastrophe von Anual, wo sie an einem Tage mehr Menschen verlieren als die Franzosen seit Beginn der Befriedung Marokkos. Dieser Sieg macht natürlich einen gewaltigen Eindruck; am 1. Februar 1922 gründet Abd el-Krim eine unabhängige Rif-Republik mit Ministerium, Briefkopf und Volksvertretung, alles in stammesmäßigem Rahmen. Im Jahre 1923 ziehen sich die spanischen Truppen auf die Nordwestspitze Marokkos (Tetuán, Ceuta, Larache) zurück, während die 350 Überlebenden von Anual den Aufständischen um vier Millionen Peseten abgekauft werden. Im November 1924 erobern die Rif-Truppen Xauen wieder und nun kommen Fes und Tasa in Gefahr.

Am 14. April 1925 bricht der Angriff einer Springflut gleich los. Das Heldentum der kleinen Postenstationen, die bis zum letzten Mann aushalten und die Energie der Generäle Freydenberg und Giraud, die

Fes und Tasa decken, vermeiden das Schlimmste; allerdings ist die Lage schon teilweise wiederhergestellt, als am 17. Juli 1925 Marschall Pétain zum Oberkommandierenden in Marokko ernannt wird. Die gemeinschaftlich mit den Spaniern durchgeführten Maßnahmen führen am 27. Mai 1926 zur Kapitulation Abd el-Krims und zu seiner Verbannung auf die Insel Réunion.

Die unbotmäßigen Elemente im Makhzen werden nach und nach bezwungen; zunächst im Gebiet von Tasa (Februar 1927), dann in den Jahren 1928 bis 1930 im Bereich des Wadi el-Abid, im Becken des Ghir und des Sis und südlich von Marrakesch, wo eine geduldige politische Arbeit ein langsames Vordringen ermöglicht. In den Jahren 1930 bis 1934 fallen die letzten Bastionen der Aufständischen im Sagho, im Assif-Mellul und im Anti-Atlas. Am 31. März 1934 erreicht Oberst Trinquet das wichtige Tinduf; am 7. April wird bei El-Guerdane, mitten in der Wüste, die Verbindung mit einer Abteilung aus Mauretanien hergestellt, fast auf den Tag genau 30 Jahre nach Herstellung der Verbindung zwischen Algerien und dem Sudan.

*Italienische Kolonisation und Krieg in Äthiopien.* – Die Gesetze von 1919 gestanden Libyen und Tripolitanien ein Parlament zu, das Regierungsgewalt besaß und in allgemeiner Wahl von den eingeborenen italienischen Bürgern und den länger als drei Jahre ansässigen Italienern aus dem Mutterland gewählt wurde. Dieses System zielte auf einen von der italienischen Regierung beratenden mohammedanischen Staat. Die Lage bleibt trotzdem ziemlich prekär. Die Machtergreifung durch den Faschismus (1922) und eine mit dem »mare nostrum« des antiken Rom operierende Propaganda geben den italienischen Unternehmungen neuen Auftrieb.

In Libyen hat Graf Volpi nach seiner Ankunft im Jahre 1922 ganze 8000 Quadratkilometer zu verwalten; drei Jahre später hat er Garian und Gadames unter seine Botmäßigkeit gebracht; das italienische Gebiet umfaßt damit 200 000 Quadratkilometer. General de Bono widmet sich ernsthaft der vom Staat geförderten Kolonisation. Die Oasen Gat und Mursuk werden 1928 und 1930 besetzt.

Der äthiopische Feldzug beruht auf einem überlegten Vorgehen der Italiener. Grenzzwischenfälle bei *Ual-Ual* werden mit diplomatischem Geschick als Vorwand ausgeschlachtet; am 3. Oktober 1935 überschreiten die italienischen Truppen die abessinische Grenze, am 6. Oktober fällt Adua. Auf den Hilferuf des Kaisers Haile Selassie hin entschließt sich der Völkerbund zu Sanktionen von bejammernswerter Unwirksamkeit. Am 5. Mai 1936 rückt die faschistische Armee in Addis Abeba ein, am 9. Mai proklamiert Mussolini in Rom das Imperio Italiano.

*Das Ende der letzten Aufstandsbewegungen.* – Im gesamten Afrika südlich der Sahara ist die Ruhe wiederhergestellt und Polizeiaktionen befassen sich fast nur noch mit einzelnen Stämmen, die keine Steuern zahlen wollen. Dafür entwickeln sich jetzt in den Städten die nationalistischen Bewegungen.

2) *Bewegungen politischer Natur*

Der Krieg hat für den afrikanischen Raum zwei Folgen von unberechenbarer Tragweite mit sich gebracht, den arabischen Nationalismus als Folge der türkischen Niederlage und das Auftreten zweier Riesen auf dem internationalen Schauplatz, die keine Verbindlichkeiten gegenüber Afrika haben, nämlich Sowjetrußlands einerseits mit seiner antikolonialistischen Propaganda und der Vereinigten Staaten von Nordamerika andererseits.

Nationalistische Strömungen treten zuerst in den Städten Nordafrikas auf. Die arabische Welt ist durch die in Arabien über die Türken errungenen Siege und die während des Krieges von seiten der Alliierten gemachten Versprechungen hellhörig geworden. Die junge Intelligenz begrüßt die Erklärung des Präsidenten Wilson zum Selbstbestimmungsrecht der Völker mit Begeisterung.

Südlich der Sahara sind einige wenige Regungen unter der Führung Schwarzer, die oftmals kulturell weiter fortgeschritten sind als politisch, weniger von Bedeutung als der von Schwarzen karibischer oder nordamerikanischer Herkunft inspirierte Panafrikanismus.

In *Ägypten* setzt mit Kriegsende eine heftige Agitation ein und Ende 1918 übernimmt Zaghlul Pascha die Führung einer parlamentarischen Delegation, die die Unabhängigkeit fordert. Als ihm der damalige Hochkommissar Wingate erklärt, er spräche ja nicht für ganz Ägypten, bemüht sich Zaghlul darum, das ganze ägyptische Volk um seine Abordnung zu scharen und gründet eine neue Partei, die ihren Namen *Wafd* von jener bezieht (*wafd* = Abordnung). Zaghlul reist nach Paris, wo die Friedenskonferenz tagt; nach seiner Rückkehr betreibt er in Ägypten die Agitation weiter, wird aber dann bald nach den Seychellen verbannt.

Am 28. Februar wird die Beendigung des Protektorats proklamiert. In einer *Erklärung Englands an Ägyptens* wird eine im übrigen nur einseitig anerkannte Souveränität unter nicht weniger als vier Vorbehalten zugestanden; die englischen Vorbehalte lauten: Sicherung der Verbindungen innerhalb des Weltreichs, Verteidigung Ägyptens gegen eine Agression von außen her, Schutz der ausländischen Interessen und Sudan. Das englische Heer bleibt in Ägypten.

König Fuad verkündet am 19. April 1923 eine der belgischen Verfassung von 1830 nachgebildete Konstitution, die ein parlamentarisches Zweikammernsystem und eine dualistische Regierung (König und Kabinett) vorsieht. Die nationalistische Bewegung, die Wafd-Partei Zaghlul Paschas siegt im Januar 1924. Im November wird der englische Gouverneur des Sudan, Stack Pascha, in Kairo ermordet. Die Engländer ziehen daraufhin alle ägyptischen Elemente aus dem Sudan zurück.

Die mit Großbritannien aufgenommenen Verhandlungen scheitern samt und sonders; zweimal werden Vorschläge von Minderheitskabinetten vorgelegt und vom Wafd abgelehnt, ebenso oft von Ministern, die der die Majorität innehabenden Wafd-Partei angehören und daraufhin sofort zurücktreten müssen.

Der Äthiopienkrieg führt am 26. August 1936 zum Abschluß eines englisch-ägyptischen Bündnisvertrags, der der Besatzungszeit ein Ende macht. Ein englischer Gesandter tritt an die Stelle des Hochkommissars. Verschiedene Verwaltungsposten im Sudan werden wieder mit Ägyptern besetzt. Ägyptische Militäreinheiten unter englischem Oberbefehl werden in die Polizeimacht des Sudans übernommen.

In *Tunesien* veranlaßt die Beendigung der Kampfhandlungen die *Jungtunesische Partei*, deren Mitglieder oftmals älter als 40 Jahre sind, ihren Namen in *Tunesische Partei* abzuändern. Die Führer der neuen Partei suchen die französischen Parlamentarier und die öffentliche Meinung in Paris zu beeinflussen. So läßt der Scheich Taalbi in Paris ein Buch mit dem bezeichnenden Titel »Das gepeinigte Tunesien und seine Forderungen« erscheinen, in welchem eine Verfassung verlangt wird. Am 15. Juni 1920 bringen die Mitglieder der liberalen Konstitutionspartei ihren Antrag beim Bei vor, während in Paris die Nationalisten bei zahlreichen Abgeordneten ein geneigtes Ohr finden. Aber der Übereifer der Nationalisten in Tunis macht alles zunichte. Unter dem Einfluß mehrerer seiner mit den Nationalistenführern liierten Söhne richtet der Bei Mohammed en-Nacer am 3. April 1922 an den Generalresidenten Lucien Saint eine Art Ultimatum, in welchem die Annahme eines 18 Punkte umfassenden Programms gefordert wird; die Nichtannahme würde seine Abdankung binnen 48 Stunden bedeuten. Nach einem pomphaften Besuch des Generalresidenten gibt der Bei am übernächsten Tage nach.

Vor dem Sieg der Linken im Jahre 1924 erfolgen neue Vorstöße der Nationalisten, die andererseits an der Bildung des Allgemeinen Verbandes der Tunesischen Arbeiter (CGTT) und an mehreren in Biserta, Tunis und Sfax organisierten Kundgebungen und Streiks teilhaben. Die Häufigkeit derartiger Kundgebungen veranlaßt den Generalresidenten zu zwei Erlassen über die Pressefreiheit und politische Vergehen; die Erlasse bekommen bald den Beinamen »die ruchlosen Verordnungen«.

Im Jahre 1928 kommen Dr. Materi und Habib Burgiba nach Abschluß ihrer Studien in Frankreich in die Heimat zurück und bringen Leben in die neue Destour-Partei. Burgiba gibt ab 1. Oktober 1930 eine neue Zeitung, »Die Stimme des Tunesiers« *(Saut at-Tunisi)* heraus. Die im Jahre 1933 wiederauflebende Hetze führt am 27. Mai zu scharfen Maßnahmen gegen die französischsprachige tunesische Presse. Auch das Geschick und die Energie des neuen Generalresidenten Peyrouton können die politische Krise innerhalb der Destour-Partei nicht aufhalten. Unter solchen Umständen wird am 2. März 1934 der Parteikongreß von Ksar Hellal abgehalten, in dessen Verlauf der *Néo-Destour* (Vorsitzender Dr. Materi, Generalsekretär Burgiba), eine junge, dynamische und nicht religiös gebundene Partei gegründet wird. Von jetzt ab steht das Volk von Tunesien gegen die französische Regierung und die Franzosen in Tunesien; die neue Zeitung *El-Amal* (»Die Tat«) zieht eine wütende Kampagne auf, so daß sich der Generalresident angesichts der wachsenden Nervosität der Masse gezwungen sieht, Burgiba und sieben weitere Führer des Neo-Destour nach Bordj Le Boeuf in Südtunesien zu verbannen.

Die Machtübernahme in Paris durch die Volksfront im Jahre 1936 bringt das mit sich, was die Destour-Anhänger das »erste französisch-tunesische Experiment« genannt haben und in erster Linie dem Minister Piere Viénot, Staatssekretär im Außenministerium, der am 20. September in Paris den französisch-syrischen Vertrag unterzeichnet hat, zu verdanken ist. Allerdings scheitern die Projekte Viénots infolge des Widerstands der Vertreter der »Prépondérants«, der Kolonisten und Industriellen.

Als am 5. Juli 1937 Abd el-Aziz nach vierzehnjährigem Exil heimkehrt, erfolgt am 5. August ein Versuch zur Einigung, aber der Neo-

Destour und Burgiba treten sehr schnell in Opposition gegenüber einem in der Verbannung gealterten Führer. Dieser parteiinterne Streit hat jedoch weitergehende Angebote zur Folge.

Das zu Ende gehende Jahr 1937 erlebt am 4. Dezember die Eröffnung einer »Tunesischen Volksbank« als des ersten Angriffs der Nationalisten auf wirtschaftlichem Gebiet, und gleichzeitig eine immer hemmungsloser werdende Kampagne unter der Leitung Burgibas.

Blutige Zwischenfälle führen am 9. April 1938 zur Erklärung des Belagerungszustands, zum Verbot der beiden Destour-Parteien und zur Verhaftung von 29 ihrer Führer, die zuerst vom Gefängnis in Tunis in das von Tebursuk und dann nach Marseille überführt werden. So hat die tunesische nationalistische Bewegung, nachdem sie die gutbürgerliche Denkweise der alten Destour-Leute, der die politischen Kontakte mit Paris am Herzen lagen, kennengelernt hatte, von der Dynamik einer jungen Mannschaft mit Habib Burgiba als Vorkämpfer profitiert. Dieser hat seine Trümpfe zu Viénots Zeiten ausgespielt, die jedoch nicht stachen, weil er einerseits die Sympathie der politischen Kreise Frankreichs zu hoch ansetzte und andererseits die wirkliche Kraft der Kolonisten in einer Zeit unterschätzte, als die französische Regierung der Drohung von seiten der großen italienischen Kolonie während des dem Kriege vorausgehenden allgemeinen internationalen Spannungszustands mehr Bedeutung zumaß, als der von den tunesischen Nationalisten ausgehenden.

*Algerien.* – Der Beitrag, den Algerien während des Krieges 1914 bis 1918 leistete, war beträchtlich: 155 000 Europäer und 163 000 Mohammedaner nehmen am Kampfe teil, 22 000 Europäer und 25 000 Mohammedaner verlieren dabei das Leben. Ferner werden 120 000 Algerier in Frankreich als Arbeiter eingesetzt. So hat der Erste Weltkrieg die Europäergemeinde erheblich geschwächt.

Der Krieg zieht eine Reihe Reformen nach sich; zunächst steuerliche (21. Juni 1918), dann politische (4. Februar 1919). Die Zahl der Wahlberechtigten steigt für die Finanzausschüsse von 15 000 auf 100 000, für die Gemeinderäte auf 400 000.

In Algerien vollzieht sich die Geburt des Nationalismus viel langsamer als in Tunesien und Marokko, wo die bürgerlichen Kreise in den Städten Tunis und Fes die dynamischen Keimzellen bilden.

Die Gründung des »Sterns von Nordafrika« im Jahre 1927 durch Messali Hadj erfolgt in Frankreich, unter den Arbeitern der Pariser Region. Diese im wesentlichen proletarische und antikolonialistische

Bewegung erhält eine extrem arabische Tendenz, nachdem Messali Hadj in der Schweiz *Chekib Arslan* – den Emir der Drusen, der seine Ideen durch seine Zeitung »Die arabische Nation« propagiert – getroffen hat. Von 1930 ab entwickeln sich trotz des Glanzes der Hundertjahrfeier zwei nationalistische Bewegungen. Die eine, unter der Führung von Dr. Bendjelloul und Ferhat Abbas, ist modernistisch und rekrutiert sich aus den Kreisen der Französischgebildeten; die andere, der von Ben Badis geleitete Verband der Ulemas, ist religiös bestimmt. Während die erstgenannten anfänglich nur eine Evolution im Rahmen des französischen Staatsverbandes im Auge haben und die Existenz einer algerischen Nation verneinen, hat sich der im Jahre 1931 gegründete Verband der *Ulemas* die Wiederherstellung einer mohammedanischen Staatsmacht als Ziel gesetzt. Seine durch Presse, Predigt und Religionsunterricht ausgeübte Tätigkeit erhält durch das »Zirkular Michel« einen neuen Impuls, demzufolge die Predigt in den Moscheen den offiziellen Vertretern des Kultus vorbehalten wird und die Ulemas ihre Predigttätigkeit nur in Konventikeln und religiösen Vereinigungen ausüben dürfen – was aber ihren Einfluß beträchtlich vergrößert. – Die Koranschulen werden so zu Herden der antifranzösischen Propaganda, die mit dem Ausspruch des Ahmed Tawfiq el-Madani arbeitet: »Der Islam ist meine Religion, das Arabische meine Sprache, Algerien mein Heimatland.«

*Der Algerische Mohammedanerkongreß vom 7. Juni 1936* arbeitet eine »Charta der Forderungen des mohammedanischen algerischen Volkes« endgültig aus; diese trägt jedoch wesentlich mehr reformistische und integrationistische als nationalistische Züge. Zwei Monate später, am 2. August fordert Messali Hadj bei der zweiten Sitzung des Kongresses allerdings die Unabhängigkeit.

Nach der Auflösung des »Sterns von Nordafrika« im Januar 1937 gründet Messali Hadj die »Algerische Volkspartei« (PPA) und damit die vierte der im algerischen Nationalismus bis zum Aufstand des Jahres 1954 dominierenden politischen Formationen. Die kommunistische Partei ist nach außen hin orientiert, von woher sie Unterstützung, Ratschläge und Befehle erhält, die Ulemas unterhalten Verbindungen mit den reformistischen Kreisen in Nahost und die französischgebildeten Intellektuellen werden durch die Gewählten vertreten.

Das Projekt Blum-Violette, das die Verleihung des Wahlrechts an die algerische Elite vorsieht, wird infolge der Opposition der Europäer in Algerien und der konservativen öffentlichen Meinung im Mutterlande fallengelassen, was wieder bei den Mohammedanern eine gewisse Unordnung nach sich zieht. Bendjelloul gründet im Juli 1938 die *Sammlung für ein französisch-mohammedanisches Algerien*, während Ferhat Abbas die *Algerische Volksunion* in die Welt setzt. Trotzdem gewinnt die Algerische Volkspartei des Messali Hadj in den Städten eine zahlreiche Anhängerschaft.

Bei Kriegsausbruch wird Ben Badis höflichst ersucht, Constantine nicht zu verlassen, Messali Hadj kommt ins Gefängnis, während sich die politisch Reifen vorbehaltlos an die Seite Frankreichs stellen.

*In Marokko* fällt der Angriff der Rifkabylen zeitlich mit der Entstehung einer reformistischen Bewegung in Fes unter Bel Ghazi zusammen, während Ahmed Balafrej in Rabat die *Gesellschaft der Freunde der Wahrheit* gründet. Im Jahre 1927 schließt sich die erstgenannte Gruppe unter Führung eines Studenten der Universität Qarawiyine namens Allal el-Fassi mit der der Freunde der Wahrheit zusammen.

Am 16. Mai 1930 bietet die Unterzeichnung des *Dahir Berbère* durch den Sultan diesen Jugendlichen die Gelegenheit zu Kundgebungen in Rabat, Saleh und Fes gegen diesen von ihnen als Schachzug für eine Aufteilung des Protektorats angesehenen Erlaß. Dank der Publizität, die diese Affäre durch den Emir Chekib Arslan erhielt, erzielte sie in der arbischen Welt ein Aufsehen, das mit der in Marokko herrschenden Ruhe in keinerlei Verhältnis stand.

Die Zeitschrift *Maghreb* des Sozialisten Robert Jean Longuet unterstützt von 1932 an in Paris die marokkanischen Forderungen. In Marokko werden die Vorlesungen Allal el-Fassis an der Universität Qarawiyine zu politischen Reden. Im übrigen schmeicheln die marokkanischen Nationalisten jetzt in aller Öffentlichkeit der Person des Sultans, des »Sultans der Jungen«, wie man ihn kurz nennt. Die Volkskundgebungen anläßlich des Besuchs des Herrschers am 10. Mai 1934 in Fes haben am 16. Mai das Verbot der nationalistischen Presse zur Folge.

Am 1. Dezember 1934 wird ein vom *Marokkanischen Aktionskomitee* ausgearbeiteter *Marokkanischer Reformplan* gleichzeitig dem Sultan, dem Generalresidenten und dem französischen Regierungschef Pierre Laval vorgelegt. Dieser von Intellektuellen aufgestellte Plan findet in den Städten starke Beachtung, bleibt aber auf dem Lande ohne großen Widerhall.

Die Wahlen von 1936 und die Ernennung Pierre Viénots bringen den Abgang Peyroutous mit sich. Seiner Ersetzung durch General Noguès, den ehemaligen Mitarbeiter von Lyautey, der seit dem Berber-Erlaß im Kabinett von Lucien Saint gearbeitet hat, beunruhigt jedoch die Nationalisten.

Im Jahre 1937 haben Kundgebungen die Verhaftung der drei Nationalistenführer Allal el-Fassi, Omar Ben'abdeljalil und Ahmed Makouar zur Folge. So haben im Laufe des Jahres 1937 die nationalistischen Ideen in den traditionsbewußten Städten (Fes, Meknès, Saleh, Rabat) ungeheure Fortschritte gemacht, während sich die aus den verschiedensten Elementen bestehende Bevölkerung von Casablanca und Marrakesch die nationalistischen Schlagworte in wesentlich geringerem Grade zu eigen machte. Am Vorabend des Krieges bildet die persönliche Freundschaft des Generals Noguès mit dem Sultan das Sinnbild der zwischen den beiden Gemeinschaften herrschenden Harmonie, die noch durch eine hohe wirtschaftliche Blüte gestärkt wird.

3) *Die Aufwertung Schwarzafrikas und Madagaskars*

Nach dem Ersten Weltkrieg, während dessen die überseeischen Besitzungen den Loyalitätsbeweis erbracht hatten, erwuchsen der Kolonialdoktrin in Lord Lugard *(Dual Mandate in British Tropical Africa)* und Albert Sarraut *(La mise en valeur des colonies françaises)* zwei hervorragende Theoretiker. Es handelte sich dabei um eine lebendige Idee der Aufwertung, die auf den Eingeborenen bezogen war und den wirtschaftlichen, sozialen und kulturellen Fortschritt gleichzeitig geschehen ließ.

Für die britischen Besitzungen brachten die Ormsby-Gore-Berichte Ostafrika (1934) und Westafrika (1926) diesen Gesichtspunkt zum Ausdruck. Im Jahre 1921 wurde im *Colonial Office* ein beratendes Komitee für Erziehungsfragen geschaffen und die Gouverneure zu einer Konferenz zusammenberufen, auf welcher die Erziehungspolitik festgelegt wurde. Diese lehnte sich jedoch weitestgehend an das belgische System an, dessen wesentliche Punkte der Unterricht in der Muttersprache war, wie er meistens zwei, drei oder vier Jahre lang von den Missionen erteilt wird, während nur eine ganz geringe Anzahl von Schülern zum Unterricht in einer europäischen Sprache zugelassen wird.

In Französisch-Afrika entwickelt sich die Erziehungspolitik weiter; nach dem generellen Beschluß von Roume (1903) sah der Erlaß des Generalgouverneurs William Merlaud Ponty von 1913 eine Anpassung der Programme an die afrikanischen Verhältnisse vor. Neben der Lehrerbildungsanstalt William Ponty gab es noch zwei weitere, nämlich die in Katibugu im Sudan (1934) und die von Dabu an der Elfenbeinküste (1938), während im Jahre 1939 in Rufisque die erste Ausbildungsstätte für weibliches Lehrpersonal eröffnet wurde. In Französisch-Äquatorialafrika geht es mit dem Ausbau des Bildungswesens langsamer voran. In Kamerun und Togo wurde die Umstellung von Deutsch auf Französisch in bemerkenswerter Weise organisiert.

Die Kolonialausstellung des Jahres 1931, der Triumph des Marschalls Lyautey, zeigte den wirtschaftlichen Aufschwung Afrikas: Häfen, Eisenbahnen, Straßen als Ausstattung von »Kolonien«, deren geimpfte Bevölkerung über sanitäre Anlagen verfügte, die die wirksame Bekämpfung der großen Epidemien – Pocken, Pian, Lepra und vor allen anderen die Schlafkrankheit – ermöglichte. Hier ist vor allem das Werk von Dr. Jamot in Kamerun als beispielhaft zu erwähnen.

Auf Madagaskar förderte Gouverneur Garbit (1920–1924) die öffentlichen Bauvorhaben in ganz besonderer Weise; die Eisenbahn wurde bis zum Lac Alaotra und bis Antsirabe vorgetrieben. Generalgouverneur Olivier ließ die Südbahn von Fianarantsoa nach Manakara weiterbauen. Das *Smoting* (Hand- und Spanndienste für Arbeiten im öffentlichen Interesse), wodurch über einen weiteren Teil der Mittel verfügt werden konnte, erlaubte die Durchführung weiterer Straßenbauarbeiten, Oliviers Nachfolger Cayla war 9 Jahre im Amt und wußte trotz wirtschaftlicher Schwierigkeiten den auf der Insel herrschenden Wohlstand zu erhalten.

In Französisch-Westafrika wurden die von dem Ingenieur Belime durchgeführten Arbeiten an der Niger-Regulierung vielleicht nicht genügend gewürdigt. Dagegen muß die Ansiedlung der Kabré Losso in Mitteltogo als ein im tropischen Afrika beispiellos dastehendes Umsiedlungsunternehmen angesehen werden: Aus weniger als 5000 durch die Verwaltung angesiedelten Kolonisten wurden innerhalb von zwanzig Jahren 60 000, die aus verödeten Savannen wertvolles Land gemacht und übervölkertes Bergland entlastet haben.

In Nordafrika gestattete der wirtschaftliche Aufschwung Marokkos und Tunesiens sowie der weniger augenfällige Algeriens zumal bei der Hundertjahrfeier Algeriens (1930) und der Kolonialausstellung (1931) die Veröffentlichung begeisterter Bilanzen.

Man hat der französischen Politik in Afrika den Vorwurf des Militarismus gemacht. In Wirklichkeit bildete der Militärdienst ein ausgezeichnetes Mittel für die Grunderziehung im wahrsten Sinne des Wortes und einem ganz ansehnlichen Teil des ehemaligen Französisch-Afrika haben die »Ehemaligen« über die größten Schwierigkeiten hinweggeholfen.

Das Gewicht Deutschlands, eines Deutschland mit 80 Millionen Einwohnern gegenüber einem Frankreich mit der halben Bevölkerungsziffer, zwang die französische Regierung, die wußte, daß die englischen und amerikanischen Verstärkungen im Falle eines Konfliktes nur spät und sehr zögernd eintreffen würden, dazu, militärische Hilfe aus den überseeischen Besitzungen zu suchen. Daher dieses Imperium mit 100 Millionen Einwohnern, daher die Bedeutung der Kontingente aus den Kriegsstämmen Nord- und Schwarzafrikas! Aber man muß diese Völker erst dazu bringen, daß sie sich neben uns auf dem Schlachtfeld töten lassen – und dazu ist eine gewisse brüderliche Einstellung zur Umwelt unerläßlich. Und das ist es, was den *menschlichen Erfolg der französischen Kolonisierung* ausmachte, als Frankreich von so verschiedenartigen Menschen, die unter seiner Fahne lebten, verlangte, sie sollten auf den Maashöhen oder vor Saloniki kämpfen und auch sterben oder sie sollten Kolmar befreien – es waren keine Söldnertruppen, an die sich Frankreich wandte! Auch wenn sie sich anfänglich nicht gerade als Freiwillige fühlten, so hatten sie doch sehr bald das Gefühl, für eine große Sache zu kämpfen – und mit diesem Bewußtsein im Herzen gingen sie in einen Krieg, der sie genau genommen gar nichts anging.

## D. Der Zweite Weltkrieg

Gewisse afrikanische Nationalisten haben erklärt, sie wollten Adolf Hitler dafür ein Denkmal errichten, daß er durch den Schock des Zweiten Weltkriegs den Prozeß der Entkolonisierung ausgelöst habe.

Die Kriegserklärung im Jahre 1939 findet eine Ganzheit disziplinierter und loyaler afrikanischer Territorien vor. Die nordafrikanischen Divisionen und die Kolonialarmee bedecken sich inmitten zurückweichender französischer Streitkräfte mit Ruhm. Der Waffenstillstand vom 25. Juni 1940 wird von ganz Französisch-Afrika mit Bestürzung aufgenommen. Das Prestige eines Marschall Pétain, des Helden von Verdun und Marokko, und das eines General Weygand verbürgen für eine gewisse Zeit einen Waffenstillstand, welcher zahlreiche Loyalitätskundgebungen im Gefolge hat.

Der Aufruf des Generals de Gaulle vom 18. Juni wird von einem Schwarzen aus Guyana gehört, dem Gouverneur Félix Eboué, der am 26. August den Tschad dem Freien Frankreich zuführt; am 28. ist Mittelkongo an der Reihe, am 30. Ubangi-Schari. Am 27. schließt sich Duala dem Oberst Leclerc an und zieht ganz Kamerun nach sich.

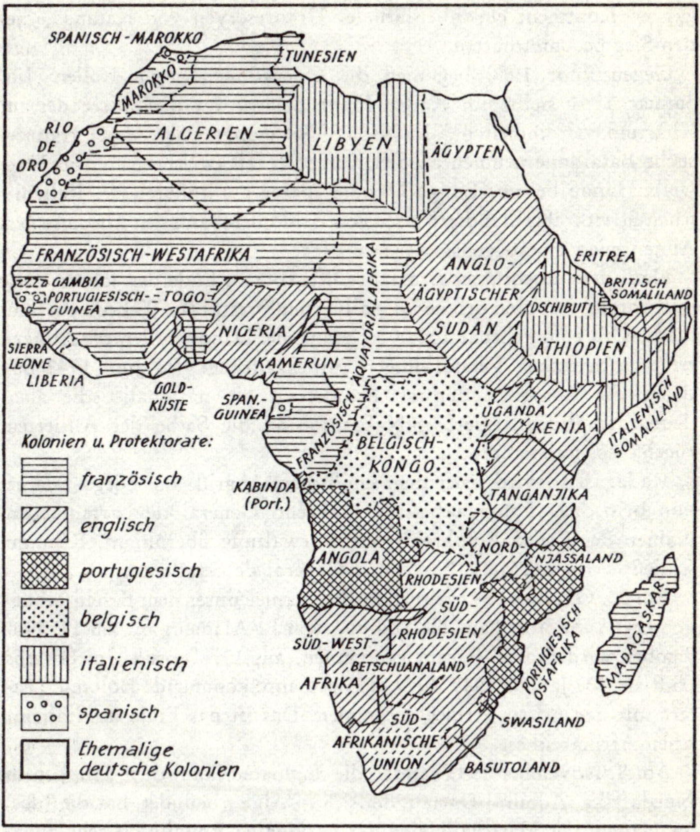


Karte 19: Afrika im Jahre 1939

Die englisch-gaullistische Niederlage vor Dakar am 23. September 1940 ist ein Geschehen, dessen Tragweite man vielleicht garnicht richtig ermessen kann. Wenn sich Französisch-Westafrika damals den Engländern angeschlossen hätte, hätten die deutschen Streitkräfte, die ja technisch dazu durchaus in der Lage waren, mit fast tödlicher Sicherheit Afrika von Westen her angriffen und genommen – und damit den ganzen Kontinent einschließlich der Uranreserven von Katanga, die den Sieg bedeutet hätten.

Gegen Ende 1940 beginnen die Operationen gegen Italien. Im Januar 1941 stellt sich Kaiser Haile Selassie an die Spitze der in Khartum versammelten äthiopischen Befreiungsarmee. Zwei französische Bataillone nehmen an den Kämpfen teil, welche Keren in Wawells Hände liefern. Einige Monate später kapitulieren die italienischen Streitkräfte und der Kaiser von Äthiopien kann den Thron seiner Ahnen wieder besteigen.

Nach der italienischen Graziani-Offensive zu Ende des Jahres 1940 in Richtung Ägypten nehmen die alliierten Streitkräfte Tobruk ein und machen bis zum Februar 150 000 Gefangene. Dann werden die Alliierten von deutschen Verstärkungen zurückgedrängt. Im Juni 1942 bedroht die Rommel-Offensive Kairo, wo die nationalistische aber deutschfeindliche Regierung Nahas Pascha die Sache der Alliierten rückhaltlos unterstützt.

Madagaskar wird nach dem englischen Angriff auf Diego Suarez von britischen Truppen besetzt, während General de Larminat im Namen des Freien Frankreichs die Verwaltung übernimmt. Réunion schließt sich am 27.–30. November General de Gaulle an.

Am 23. Oktober 1942 tritt die Achte Armee unter dem Befehl Montgomerys zum Sturm auf die Stellung von El-Alamein an; am 11. November wird Sidi el-Barani genommen, am 13. Tobruk. In Tripolis trifft am 23. Januar 1943 die von Fort Lamy kommende Kolonne Leclerc mit der Achten Armee zusammen. Das ist das Ende des italienischen Afrikareiches.

Am 8. November 1942 landen die angloamerikanischen Truppen in Nordafrika. Admiral Darlan, der sich in Algier befindet, hat die Idee, im Namen des Marschalls eine der nationalen Revolution sehr zugeneigte Bevölkerung zum Kampf gegen die Deutschen aufzurufen. Generalgouverneur Boisson kehrt seinerseits Ende November in den aktiven Dienst an der Seite der Alliierten zurück. Die Ermordung des Admirals Darlan durch einen jungen Royalisten am Weihnachtsabend bringt General Giraud an die Macht.

Die in Tunesien gelandeten deutschen Truppen werden jedoch bei Medsches el-Bad von französischen Streitkräften aufgehalten. Im Januar 1943 gehen die deutschen Truppen zum Angriff über und erreichen bis zum 20. März Sbeitla und Gafsa, aber die Mareth-Linie fällt am 22. März infolge des Vordringens der Achten Armee aus dem Raume Libyen. Die allgemeine Offensive, die unter sehr starker französischer Beteiligung vor sich geht, führt am 12. Mai zur Kapitulation der Achsenstreitkräfte in Afrika.

Algier wird bald Sitz der provisorischen Regierung und der Geschicklichkeit des Generals de Gaulle fällt die Ausschaltung Girauds sehr leicht. Die Hauptsorge der provisorischen Regierung der Republik Frankreich besteht von Anfang an in der Befreiung der Heimat, deswegen sind auch die Anforderungen, die an Französisch-Afrika gestellt werden, beträchtlich.

Das Kolonialkommissariat unter Pleven befaßt sich mit den Problemen Schwarzafrikas, während Nordafrika die Anwesenheit der Amerikaner sehr zu schätzen weiß.

Afrika hat alle seine Hilfsquellen getreulich für Europa eingesetzt. Das Uran für die Herstellung der ersten Atombombe kam aus Katanga. Andere Gebiete haben durch ihren Kriegsbeitrag an kriegswichtigen Produkten wie z. B. Kautschuk den Alliierten eine kriegsentscheidende Hilfe geleistet.

Die Soldaten aus Englisch-Afrika haben in Birma gegen die Japaner gekämpft und die französische Armee, die an der Befreiung Frankreichs teilnahm, bestand zu einem sehr großen Teil aus Afrikanern.

Als der Zweite Weltkrieg, der so viele europäische Länder besetzt, unterdrückt und geschwächt gesehen hat, zu Ende geht, ist auch die große Zeit der souveränen europäischen Kolonialmacht abgeschlossen. Einige Jahre lang geben sich die weißen Herren noch Illusionen hin, aber im August 1945 beginnt mit dem zweiten Atompilz, der Japan, das in Asien die europäischen Nationen so tief zu demütigen wußte, auf die Knie zwingt, und mit dem Einläuten des wiedergefundenen Friedens durch die Glocken Europas eine neue Zeit, die der Entkolonisierung, deren erste Anzeichen der schreckliche Umsturz noch miterlebt hat.

SIEBTER TEIL

DAS NEUE AFRIKANISCHE AFRIKA

# XIII

## Die Entkolonisierung Afrikas (1946–1960)

Wir gehen in diesem Kapitel bis zum Jahre 1960, dem »Jahr der 16 Unabhängigkeiten«, weil bis dahin das französischsprachige Afrika seine Wahl getroffen und die Masse der Republiken in Schwarzafrika bereits ihren eigenen Platz auf der internationalen Bühne eingenommen hat.

Wir wollen, von kurzen Erwähnungen abgesehen, darauf verzichten, die beachtlichen Verwirklichungen der letzten zwanzig Jahre auf sozialem und kulturellem Gebiet aufzuzählen, und uns dafür eingehend mit dem mehr politischen Teil der Angelegenheit befassen. In der Tat kommt den für die Industriegesellschaft Westeuropas so wichtigen wirtschaftlichen Faktoren in Afrika, wo das Leben der Gruppe und die Persönlichkeit des Führers im Verlauf einer im Grunde konstitutionsbedingten Veränderung eine überragende Sellung zurückgewinnen, eine viel geringere Bedeutung zu.

Im vorigen Kapitel haben wir von den europäischen Kolonialpersönlichkeiten gesprochen, die dieses oder jenes Gebiet geprägt haben; was die Entkolonisierung dieser Gebiete betrifft, so macht sich in jedem eine afrikanische Führerpersönlichkeit deutlich bemerkbar: Nkrumah in Ghana, Houphouët in der Elfenbeinküste, Senghor im Senegal, Sekou Touré in Guinea, Modibo Keita in Mali, Hamani Diori in Niger, Boganda in der Zentralafrikanischen Republik (ehemals Ubangi-Schari), Nasser in Ägypten, Burgiba in Tunesien, Kasawubu und Lumumba im Kongo, der Abbé Julu in Brazzaville, Grunitzky und Sylvanus Olympio in Togo, Moktar Ould Dadda in Mauretanien – alle die markantesten Persönlichkeiten der afrikanischen nationalistischen Parteien.

Für die Bewegungen, die Nordafrika aufwühlen, ist Ägypten an der Nahtstelle zwischen Asien und Afrika zumal von 1952 an die Stütze.

Nach Betrachtung der allgemeinen Gegebenheiten für die politische Emanzipierung Afrikas wollen wir uns dann mit der Revolution in Ägypten und schließlich der Reihe nach mit der Entkolonisierung Französisch-Afrikas, Englisch-Afrikas und Belgisch-Afrikas befassen.

## A. Allgemeine Gegebenheiten der politischen Emanzipation Afrikas

Diese Emanzipation, welche nur ein Aspekt der den ganzen Planeten erfassenden Entkolonisierung ist, profitiert von der umfassenden Umwälzung, die der Zweite Weltkrieg mit sich brachte, und von dem darauf folgenden technischen Fortschritt. Die Schnelligkeit der Verkehrsmittel, zumal der Luftfahrt, welche die afrikanischen Hauptstädte einander bis auf wenige Stunden nahebringt, die Entwicklung des Rundfunks durch die Transistorenempfänger haben es Afrika ermöglicht, aus seiner Isolierung und Abgeschiedenheit herauszukommen.

### 1) *Entfaltung der Ideen*

Die Emanzipationsbewegung der menschlichen Individualität, die in Europa die Zeit der Enzyklopädisten, der Revolution und des sozialen Fortschritts hindurch vor sich gegangen ist, findet natürlich auch in Afrika einen Widerhall. Man entdeckt, daß die Menschenwürde nicht nur eine moralische Realität ist, sondern auch ein politisches Recht. Weiter führen »die Bürde des weißen Mannes« und die Idee vom »großen Bruder« notwendigerweise zum Erkennen der afrikanischen Majorität oder einer »mehr oder weniger emanzipierten Minderheit«.

Diese Erkenntnis wird in großartiger Weise durch die christlichen Missionen, die die Gleichheit aller Menschen predigen, und die französische staatliche Schule, die die revolutionären Prinzipien von 1789 rühmt, unterstützt. Auf diese Weise wird ein Mechanismus der inneren Entkolonialisierung durch die afrikanische Elite mit europäischer Bildung und durch die damalige Verwaltungsstruktur entwickelt. Die afrikanische Elite lernt in der französischen oder englischen Schule freiheitliche Ideen kennen und diese verstärkt sich noch während des Hochschulstudiums in Europa durch den Verkehr mit berühmten Professoren, Journalisten und Politikern. Gleichzeitig erzeugt der altväterliche Kolonialgeist in den afrikanischen Städten Reaktionen, die oftmals durch die Gewerkschaften des Mutterlandes gefördert werden. Die Struktur der bodengebundenen, traditionellen Häuptlingsmacht wird erschüttert und diese kann in sich selbst nicht die unerläßlichen Mittel zu einer Abänderung finden.

In Gegenden, wo die Bauern, die 80 bis 95 Prozent der Bevölkerung ausmachen, ein lächerlich geringes durchschnittliches Jahreseinkommen haben, ist auch der schlechtest bezahlte Hilfsarbeiter bereits ein »Bourgeois«. Aus diesem Grunde ist die Gewerkschaftsarbeit niemals wie in Europa eine proletarische Bewegung, die sich gegen die Unterdrückung durch den Kapitalismus richtet, sondern die einer Art bürgerlicher Schicht von Afrikanern, die von den großen Gewerkschaftszentralen (Internationaler Christlicher Gewerkschaftsbund = CISC und Internationaler Verband Freier Gewerkschaften = CISL) unterstützt werden – wobei sich beide sogar noch um ihre Anhänger streiten. Während der Periode des Freiheitskampfes spielt diese afrikanische Elite gewerkschaftlicher Bindung eine beträchtliche Rolle, was aber weit mehr auf ihrem internationalen Schein und der Tatsache, daß sie die wirkliche Elite des Landes repräsentiert, beruht als auf ihrer Bedeutung im Wirtschaftsleben.

### 2) *Internationaler Aspekt*

Auf internationaler Ebene ist die Entkolonisierung Afrikas ein Teil der *die ganze Welt umfassenden Entkolonisierungswelle*. Bis zum Zweiten Weltkrieg war diese Erscheinung auf Amerika und die Kolonien mit europäischer Regierung (Kanada, Australien, Südafrika, Neuseeland) beschränkt geblieben. Die Kolonialreiche schienen auf einem unzerstörbaren Felsen errichtet zu sein. Sie waren nur durch die Begehrlichkeit europäischer Staaten (Deutschland und Italien), die sich unter dem Schlagwort »Lebensraum« verbarg und sich wesentliche Rohstoffquellen verschaffen wollte, bedroht worden. Zwischen den beiden Weltkriegen hatte, abgesehen von den Ländern im Mittleren Osten, nur Ägypten im Jahre 1922 seine Unabhängigkeit im Rahmen einer militärischen Besetzung durch Großbritannien erlangt; die innere Emanzipation der Völker hatte sich nur auf Länder Mitteleuropas (Tschechoslowakei, Rumänien, Jugoslawien, Polen) erstreckt.

*Die Bedeutung des Zweiten Weltkriegs* war, wie wir gesehen haben, groß. Die japanischen Siege im Jahre 1942 bewirken in Asien einen Tiefpunkt des Prestiges des weißen Mannes. Die Aufstellung unabhängiger Regierungen (unter japanischer Kontrolle) spielt eine entscheidende Rolle bei der Emanzipation der Völker Asiens, die als Stoßtrupp der Dritten Macht Afrika mit sich ziehen.

Die Atlantik-Charta (1941), die amerikanische Intervention in Nordafrika (November 1942), die deutsche Besetzung Tunesiens, das Hin und Her der Alliierten und der Achsenstreitkräfte in Libyen und Tripolitanien haben auf den Geist der arabischen und berberischen Bevölkerung einen tiefgehenden Einfluß ausgeübt. Die Konferenz von Brazzaville (Januar 1944) ist ein loyaler Versuch des von hohen Funktionären (aber keinem afrikanischen Gesprächspartner) umringten Generals de Gaulle, den Afrikanern im Rahmen des Kolonialreiches eine ganz bescheidene Teilnahme am politischen Leben zu gewähren.

Die Tatsache, daß durch den Krieg diese Völkerschaften zu weitgereisten Leuten wurden, ist ebenfalls von Bedeutung. Viele Soldaten aus Nord- und Schwarzafrika haben an den Kämpfen in Frankreich teilgenommen; um den japanischen Angriff in Birma zum Stehen bringen zu können, mußte das britische Oberkommando Truppen aus Nigeria und Ghana holen.

*Die Bedeutung der UNO.* – Nach dem Kriege gewinnt das internationale politische Leben erneut an Wichtigkeit. Nach 1918 hatten die Siegermächte die Kontrolle über den Völkerbund ausgeübt und die Mitglieder der Mandatskommission ließen gegenüber Frankreich und England nur ausnahmsweise einige Bemerkungen fallen. Im Jahre 1945 werden die USA auf Grund ihres entscheidenden Beitrags zum Sieg der Alliierten das Gastland der UNO und beeinflussen deren Entscheidungen. Die UNO mischt sich in Afrika direkt in die Angelegenheiten der *unter Vormundschaft stehenden Territorien* (Togo, Kamerun, Tanganjika, Ruanda-Urundi, Südwestafrika) ein. Diesmal beschränkt man sich nicht nur auf höfliche Fragen, die auf die Jahresberichte der Mandatsmacht Bezug nehmen; Kommissionen erscheinen im Lande und nehmen Gesuche entgegen, während zahlreiche Afrikaner nach New York kommen, um dort ihren Standpunkt darzulegen – aber nicht nur den »berufsmäßigen Vormündern«, sondern auch der amerikanischen Presse und dem Fernsehen. In einigen Fällen konnten in ihrem Lande vollkommen unbekannte Antragsteller dank der großen New Yorker Austrahlungskraft in Afrika politische Karriere machen. Die UNO wird zu einer gastfreundlichen und demagogischen politischen Rednerbühne, auf welcher die Antragsteller ihr Diplom als »Staatsmänner« erhalten.

Die UNO-Kommissionen zeigen den unter Vormundschaft stehenden Völkern, daß die Funktionäre der Mandatsmacht durchaus nicht allmächtig sind, und die Abgesandten der internationalen Organisation – oftmals recht zweifelhafte staatenlose Figuren, deren Inkompetenz nur mit ihrer Habgier vergleichbar ist – leihen den Klagen der Bittsteller ein williges Ohr.

Im übrigen ist es ganz klar, daß die unter Vormundschaft stehenden Länder nach Ablauf einer bestimmten Frist die Unabhängigkeit bekommen. Von nun an ist es beispielsweise unmöglich, eine isolierte Unabhängigkeit des zwischen einer würdevoll-englischen Goldküste und einem französischen Dahome eingekeilten Togo ins Auge zu fassen. Die UNO wirkt in ihrer Eigenschaft einer Schutzmacht als beschleunigender Faktor im Kalender der afrikanischen Unabhängigkeit.

Die Hauptrolle der UNO scheint aber die einer politischen Rednerbühne gewesen zu sein, wo der Kalte Krieg alle Schleusen öffnete, damit man sich gegenseitig in Antikolonialismus überbieten konnte, was umso ansteckender wirkte, als sich die beiden Hauptgegner (UdSSR und USA) hinsichtlich der Notwendigkeit einer beschleunigten Entkolonialisierung einig waren – einer Entkolonialisierung, welche freie Bahn für ihre Ideologien und ihre Interessen schaffen würde.

*Arabische Liga und Solidarität der Dritten Macht.* – Die Bedeutung des Öls aus Mittelost erhöht in der Zeit unmittelbar nach dem Kriege das Gewicht der arabischen Welt, deren Druck sich bei den nationalistischen Bewegungen in Tunesien und Marokko wie in der Entstehungsgeschichte des algerischen Aufstands sehr unliebsam bemerkbar macht.

Zwei Strömungen gehen quer durch Schwarzafrika; die eine beruht auf der *négritude* (Gesamtheit der Werte der Schwarzen Welt), die die Grundlage des Panafrikanismus bildet, und die andere ist die Solidarität innerhalb der Dritten Macht. Diese an sich verschiedenartigen Strömungen unterstützen grundsätzlich jegliche Forderung seitens der Nationalisten, bei den Vereinten Nationen ebensogut wie durch Presse und Rundfunk.

### 3) *Englische und französische Entkolonisierung*

Die Entkolonisierung Asiens dient als Lotse für die Entkolonisierung Afrikas, aber während für Frankreich die Erfahrungen mit Indochina einen beschleunigenden Faktor für die Emanzipation der afrikanischen

Territorien bilden, haben die englischen Minister nach der Bewilligung der Unabhängigkeit für Indien, Birma und Ceylon ein gutes Gewissen und das erlaubt ihnen, mit den politischen Führern der Afrikaner endlose, phlegmatische Round-Table-Konferenzen zu halten und diejenigen unter ihnen – die künftigen Präsidenten –, die ihnen als die besten Vertreter der britischen Interessen erscheinen, wegen »vorzeitigen Losschlagens« einzusperren. Im übrigen leistet Indien, der Sprecher der Dritten Macht, England vor der UNO unermüdlich Hilfe und das umso lieber, als es sich bei den »empfindlichen Stellen« in Englisch-Afrika, nämlich im Osten, um Gebiete handelt, wo bedeutende indische Minderheiten leben.

Andererseits erlaubte die außerordentlich große Publizität, die die Unabhängigkeit Ghanas bekommen hat, die Tarnung der enormen Schwierigkeiten bei der Entkolonisierung beider Rhodesien und Kenias, wo weiße Kolonisten starke Minderheiten bilden.

Das liberale Regime Frankreichs und Englands, wie es in den überseeischen Besitzungen ganz allgemein angewendet wurde, gestattet den Nationalisten, sich in der Presse mit wirklich totaler Freiheit auszudrücken. Ein sehr bedeutender Teil der öffentlichen Meinung des Mutterlandes unterstützt ihre Tätigkeit systematisch durch Komitees, Konferenzen und durch die Presse.

Die englische Entkolonisierung orientiert sich in der Hauptsache durch Kontaktaufnahmen und Round-Table-Konferenzen in Afrika. Im Gegensatz dazu wird die französische Entkolonisierung in Paris durchgeführt.

Die Kreise der Geschäftsleute sehen es im allgemeinen gern, wenn eine afrikanische Kolonie unabhängig wird, weil sie – vielleicht zu Unrecht – annehmen, daß sie afrikanische Politiker leichter für ihre Interessen einspannen können als die französischen Beamten, die so oft die Rachgier der Kaufleute beim Ankauf von Kolonialprodukten oder die skandalös hohen Gewinne der großen Handelsgesellschaften zur Anzeige hatten bringen müssen.

Die Kolonialverwaltung bleibt jedoch strukturell die gleiche, damit auf die große Masse der Landbevölkerung, die ja vom Fortschritt noch weit weniger verspürt hat, eingewirkt werden kann. Auch die politischen Bewegungen entwickeln sich anfänglich nur in den Städten, unter den zivilisatorisch Fortgeschrittenen. Diese Bewegungen treten nicht als stetig ansteigende Kurve, als ein immer weitergehendes Sichbewußtwerden in Erscheinung, sondern das politische Interesse macht sich im Rhythmus der Wahlen, der wiederum von der Kolonialbehörde bestimmt wird, bemerkbar. Das Ränkespiel um die Abgeordnetensitze im Parlament, die Achtung, Geld und Ehren mit sich bringen, beginnt sehr frühzeitig; die Parteien organisieren sich, zu Anfang vielfach noch auf Stammesbasis, aber in immer fortscheitendem Maße nach dem Muster der Parteien im Mutterlande.

Ganz offensichtlich haben es die traditionsgebundenen Häuptlingsschaften im Busch nicht so eilig mit dem Eintritt in die Lokalpolitik. Der am politischen Kampf teilnehmenden städtischen Oberschicht steht hier eine Art »Busch-Girondismus« gegenüber. Im übrigen macht aber der Stammespatriotismus allmählich einem Nationalbewußtsein Platz, das sich paradoxerweise mit einem allerdings meist nur aus Redensarten bestehenden Panafrikanismus durchaus nicht schlecht verträgt.

## B. Ägypten und Sudan

Ägypten spielt in der afrikanischen Emanzipation eine Rolle allerersten Ranges. Es liegt an der Nahtstelle zwischen Afrika und Asien, im Herzen der islamischen Welt und hat eine bedenkliche Grenzführung gegenüber Israel; seine Unabhängigkeit wurde durch die englische Wache am Suezkanal und die Verpflichtung zu einer gewissen Zusammenarbeit mit England im Sudan beeinträchtigt.

### 1) *Kündigung der Kanal- und Sudan-Verträge*

Seit Kriegsende stellt die ägyptische Regierung der englischen darauf abzielende Fragen und am 21. Februar 1946 wird in Kairo ein »Tag der Räumung des Niltales« abgehalten. Nach den Unterhandlungen in London zwischen Bevin und Sedki Pascha (Oktober 1946) führt die englische Verschleppungstaktik zu einem Abbruch der Gespräche und zur Klage Ägyptens beim Sicherheitsrat, die nichts hilft, aber für einen Zustand dauernder Spannung sorgt.

Im Jahre 1949 bringt der Sieg der jungen israelischen Armee über die ägyptischen Streitkräfte die schwachen Stellen des Regimes ans Licht.

Die weiteren Verhandlungen schleppen sich dahin und am 8. Oktober 1951 erklärt Nahas Pascha vor dem ägyptischen Parlament, daß die Regierung »die notwendigen Schritte zur Aufkündigung des Vertrags vom 26. August 1936 und der Abkommen vom 10. Januar und

10. Juli 1899 bezüglich der Verwaltung des Sudans« unternommen hat. Am 13. Oktober weisen die Ägypter die britischen Gegenvorschläge zurück und gehen zur »Schlacht am Kanal« über, einer Serie von Kommandounternehmungen gegen die englischen Stützpunkte, die aber militärische Gegenaktionen zur Folge haben, welche sechzig Tote kosten. Es folgen daraufhin die englandfeindlichen Massenkundgebungen, die am 26. Januar 1952 zu der furchtbaren Brandkatastrophe in Kairo führen. Dieses tragische Geschehen, für das König Faruk zum Teil mitverantwortlich ist, bringt das Ende der Wafd-Partei, die seit 30 Jahren die politische Bühne Ägyptens beherrscht.

### 2) *Offiziersrevolution und Sudan*

Am 23. Juli 1952 übernehmen ein Oberstleutnant *(bikbaschi)* namens Gamal Abd el-Nasser und einige Offiziere die Macht. Diese Verschwörergruppe versteckt sich anfänglich hinter der Persönlichkeit des Generals Negib, der aber im Jahre 1954 das Feld räumt. Die Tat Nassers, die man in Frankreich gern verkennt, stellt für Ägypten einen grundlegenden historischen Wendepunkt dar, zunächst auf Grund seiner Sudanpolitik und dann wegen der anschließenden sozialen Revolution.

In Sachen Sudan wird bereits am 29. Oktober 1952 von der ägyptischen Regierung im Einverständnis mit den sich auf der Durchreise in Kairo aufhaltenden Führern des Sudan ein Memorandum zu einem ägyptisch-sudanischen Abkommen verfaßt.

Am 12. Februar 1953 endlich wird ein englisch-ägyptischer Vertrag bezüglich des Sudan unterzeichnet. Bei den Wahlen vom 25. November erzielen die Unionisten die Mehrheit. Aber dieser ägyptische Erfolg, der in erster Linie dem gemeinsamen Bestreben, sich der englischen Besatzung zu entledigen, zu verdanken ist, hat infolge einiger ägyptischer Ungeschicklichkeiten und englischer Manöver von Khartum aus nur eine kurze Lebensdauer.

Im August 1955 kommt es in den Südprovinzen zu einem regelrechten Aufstand, wobei die Offiziere aus dem Norden niedergemacht werden.

Im Dezember befaßt sich der Regierungschef, Al-Azhari, mit der Vorbereitung der Unabhängigkeit. Diese wird am 1. Januar 1956 zur Tatsache. Der Sudan tritt der Arabischen Liga bei. Im November 1958 bringt ein Militärputsch den *ferik* (Kommandant eines Armeekorps) Ibrahim Abbud an die Macht.

### 3) *Die Agrarreform*

Während sich die ägyptische Regierung auf dem Gebiete der Außenpolitik mit dem Sudan beschäftigt, wird eine Agrarreform durchgeführt. Diese Offiziere, Söhne oder Enkel von Bauern, fühlen weit mehr als die städtischen Wafd-Politiker, die Angehörige freier Berufe sind, die schreiende Ungerechtigkeit gegenüber den Tausenden von Fellachen, die in skandalöser Weise ausgenützt werden und auf Lebensdauer verschuldet sind. Im Jahre 1952 besitzen 6 Prozent der Grundbesitzer 65 Prozent des Kulturlandes, während 2 760 661 Fellachen sich in 5 962 662 Feddan teilen müssen. Bei den 280 Großgrundbesitzern beträgt der Durchschnitt 3765 Feddan, während ein kleiner Eigentümer sich durchschnittlich mit 1,5 Feddan zufriedengeben muß.

Die Konfiszierung der Krongüter und die Begrenzung des Grundbesitzes (auf 200 Feddan im Jahre 1953, dann auf 100 [40 Hektar] im Juli 1961) gestatten einer Million Fellachen den Erwerb der Ländereien der Großgrundbesitzer zu günstigen Bedingungen. Das zwangsläufige Sinken der Pachtzinsen wirkt auf den Bauernstand vereinheitlichend; allmählich entwickelt sich auch das Genossenschaftswesen.

Im Jahre 1897 lebte eine Zehnmillionen-Bevölkerung mit 80 Prozent Fellachenbauern auf fünf Millionen Feddan; im Jahre 1952 waren es 21 Millionen mit 68 Prozent Bauern auf 5,6 Millionen Feddan. Das gewaltige Wachsen der Bevölkerung (750 000 Einheiten pro Jahr) macht die Gewinnung von Neuland unerläßlich.

Gleichzeitig werden massive Anstrengungen zum Ausbau des Schulwesens unternommen; alljährlich werden 1000 neue Schulklassen hinzugefügt, so daß seit 10 Jahren fast eine Million Kinder zusätzlich die Schule besuchen kann.

Die Agrarreform sollte auch dem Zweck dienen, Kapital für die Industrie freizumachen, aber die Grundbesitzer zogen den bescheidenen Ertrag einer Kapitalanlage in Baugrundstücken, welche erst jetzt durch die in Kairo herrschende Wohnungsnot rentabler wird, der Investition in der Industrie vor.

### 4) *Die wirtschaftliche Umwälzung*

Der wirkliche Beginn der wirtschaftlichen Umwälzung datiert von 1956. Die Weigerung der Amerikaner, den Assuan-Staudamm zu finanzieren, hat nicht wiedergutzumachende Folgen. Nasser verstaatlicht den Suezkanal (26. Juli 1956). Der Mißmut der Franzosen und Engländer führt zu dem Schwabenstreich von Suez, der im Schutze des ungarischen Aufstands, der die Aufmerksamkeit Rußlands für sich in Anspruch nimmt, erfolgt und die Schwäche der ägyptischen Wehrmacht aufzeigt.

Nasser sinnt wegen der schweren Niederlage, die er von den israelischen Streitkräften empfangen hat, sowieso schon auf Rache; nun liefert ihm diese neue »Ägypten-Expedition« der europäischen »Kolonialisten« den schönsten Vorwand für seine Absichten: Er verstaatlicht den gesamten westlichen Besitz (Banken, Versicherungsgesellschaften) und ruft Techniker aus der einzigen Richtung, die ihm noch offensteht, ins Land, nämlich aus dem Ostblock.

Wir haben bereits gesehen, daß in der Vergangenheit ständig zwei grundlegende Tendenzen in Ägypten herrschten – Sudan und Arabien. Nachdem das Projekt des Assuan-Staudammes ad acta gelegt ist, wendet sich Nasser der arabischen Welt zu. Kairo wird das Zentrum des Panarabismus und Tagungsort der afroasiatischen Konferenz vom 26. Dezember 1957 bis 1. Januar 1958. Im Monat darauf schließt sich Syrien mit Ägypten zur Vereinigten Arabischen Republik zusammen.

Im Dezember 1958 werden 2000 Angehörige der Linken verhaftet, gefangengesetzt oder verbannt.

Den spektakulären Triumph des Anschlusses Syriens begleiten die ersten Erfolge der Industrialisierung; das gleiche Jahr 1958 sieht die Erzeugung des ersten ägyptischen Stahls. Der steigende Bedarf an elektrischem Strom läßt wieder an den Bau des Assuan-Staudammes denken, was zum Abkommen mit dem Sudan über die Nilwasserverteilung im November 1959 führt.

Die ägyptisch-syrische Union ist nicht von Dauer. Es scheint, daß die Ägypter in drei Jahren mehr an psychologischen Irrtümern, politischen Mißgriffen und wirtschaftlicher Unterdrückung aufgehäuft haben als die französische Mandatsregierung in 25 Jahren und die Türken in mehreren Jahrhunderten; auch der syrische Partikularismus trägt zum Bruch bei, der am 28. September 1961 erfolgt.

Dieser Rückzug nach Afrika und der militärische Rückschlag der syrischen Verschwörung hat im November 1961 eine Säuberungswelle zur Folge, welcher Offiziere ebenso wie »unbelehrbare Mittelständler« und – französische Diplomaten zum Opfer fallen.

Die Person Nassers hat die politische Bühne der Dritten Macht beherrscht und tut dies auch jetzt noch in vollem Umfang. Trotz seines Prestiges bei den Arabern und der militärischen Expeditionen nach

Jemen oder Israel wendet er sich wieder Innerafrika zu, wie die Konferenz von Addis-Abeba wunderbar demonstriert hat.

Kairo ist für die Entkolonisierung Afrikas von enormer Bedeutung, sowohl als Zufluchtsort politischer Flüchtlinge als auch durch seinen Rundfunksender. Nasser wird bei den Massen stets über ein gewisses Prestige verfügen, auch wenn die Führer, die er in schwerer Zeit unterstützt hat, einen Teil dieser Volkstümlichkeit auf sich ablenken, sobald sie einmal unabhängig geworden sind.

## C. Entkolonisierung Französisch-Afrikas

Wir haben gesehen, wie dieses Afrika auf drei Ministerialabteilungen aufgeteilt wurde: Ministerium des Innern für Algerien, des Äußeren für Tunesien und Marokko, und Kolonialministerium für Schwarzafrika und Madagaskar. Die gegenseitige Abschließung der drei Verwaltungen bedingt eine gewisse Undurchdringlichkeit gegenüber Vorgängen in der Nachbarschaft, auch wurde die Politik selbst von der Regierung in Paris gemacht, so daß der einzelne Minister nur die oftmals nicht ganz leichte Rolle eines ausführenden Organs spielte.

*Bedeutung des parlamentarischen Lebens in Paris.* – In Französisch-Afrika modifiziert die Anwesenheit schwarzer und algerischer Parlamentarier das Bild der Probleme in merklicher Weise. Entscheidungen werden in Paris getroffen und man darf die Bedeutung, die den um die »Présence Africaine« gescharten Parlamentariern und zur Universität gehörigen Elementen zukommt, durchaus nicht unterschätzen. Die zu den großen politischen Gruppen (MRP, SFIO) gehörenden afrikanischen Parlamentarier machen beim Stimmenhandel mit und ihre Stimmen genügen häufig dazu, eine französische politische Debatte zu entscheiden. Dafür ist das politische Personal der Vierten Republik, das im allgemeinen von den afrikanischen Fragen überhaupt nichts versteht, geneigt, den afrikanischen Parlamentariern nachzugeben, wenn es sich um Fragen der Stellenbesetzung (man läßt einen widerspenstigen Gouverneur ganz einfach »springen«) oder der politischen Doktrin handelt.

*In Afrika.* – Auf diesem Gebiet ist die Lage der Dinge eine vollkommen andere. Gewiß kontrollieren seit 1946 die »Conseils Généraux« und die »Assemblées Territoriales« teilweise die innere Verwaltung des Landes. Um diese Zeit scheint sich der Partikularismus in den Kolonien eingenistet zu haben; bis dahin gab es Französisch-Westafrika und Französisch-Äquatorialafrika und die École Normale in Gore und Sebikhotane dienten der Ausbildung der Beamten für die Kolonialverbände.

Die Aufhebung des Bezirks »Dakar und zugehörige Gebiete« im Jahre 1946 und die Zuteilung zum Senegal soll für die Zukunft des Kolonialverbands sehr bedeutsame Konsequenzen nach sich ziehen. Der Unterhalt eines Bundesterritoriums als gemeinsamen Besitzes aller Mitglieder des Verbandes hätte die riesigen Investitionen gerechtfertigt, die nun, da sie allein dem Senegal zugute kamen, die Nichtsenegalesen und zumal die Leute der Elfenbeinküste unzufrieden machten.

Man kann bei der französischen Dekolonisierung fünf Hauptphasen unterscheiden:

1) die bahnbrechenden Bewegungen während des zweiten Weltkriegs;
2) erste Reformen (1944–1947);
3) Bemühungen um einen *status quo* (1947–1954);
4) Reformen von 1955 und 1956 (1954–1958): Unabhängigkeit von Tunesien und Marokko;
5) Krise des 13. Mai 1958 und Entkolonisierung von Staats wegen.

### 1) *Die bahnbrechenden Bewegungen bis zum Jahre 1944*

Im Zweiten Weltkrieg haben sämtliche überseeischen Besitzungen den Appell des Mutterlandes mit untadeliger Loyalität beantwortet. Die Niederlage im Juni 1940 erzeugt ungeheure Bestürzung, aber die Verwaltung bleibt und keinerlei umstürzlerische Bewegungen machen sich geltend. Der Anschluß von Kamerun und Äquatorialafrika an das Freie Frankreich geht genaugenommen nur die Europäer an und besagt der eingeborenen Bevölkerung gar nichts. Die Tatsache, daß Félix Éboué ein Schwarzer von den Antillen ist, trägt in keiner Weise zur »Afrikanisierung« dieser Spaltung bei – diese ist und bleibt Angelegenheit der Kolonialmacht. Die von General de Gaulle in Syrien angewendete Politik zeitigt dagegen im Maghreb Rückwirkungen.

*Nationalistische Bewegungen in Nordafrika.* – Das Ende des Jahres 1942 erlebt ein Wiedererwachen der nationalistischen Forderungen. Nach den Reformvorschlägen Moncef-Beis in Tunesien (August) bringt die Landung der Engländer und Amerikaner die nationalistischen Regungen in Marokko und Algerien wieder zum Aufflammen.

*Marokko.* – Im Dezember 1942 veröffentlichen die mit den Achsenstreitkräften unter einer Decke steckenden politischen Parteien Spanisch-Marokkos ein Manifest, in welchem die Unabhängigkeit gefordert wird; zu Beginn des Jahres 1943 ist es die marokkanische kommunistische Partei, die Unabhängigkeit, Einberufung einer konstituierenden Versammlung und Union mit Frankreich verlangt. Im Juni verspricht Präsident Roosevelt dem Sultan seine Unterstützung bei der Emanzipation Marokkos.

Im Dezember 1943 wird die hauptsächlich aus den Vertretern der bürgerlichen Schicht bestehende Unabhängigkeitspartei *(Hizb el-Istiqlal)* gegründet; am 11. Januar 1944 fordert ein an den Sultan, den Generalresidenten und die Vertreter der Alliierten gerichtetes Manifest die Unabhängigkeit, Vereinigung beider Marokkos und demokratische Reformen. Aber Frankreich befindet sich im Kriege, also ist die Reaktion brutaler Natur. Die Unruhen in Fes, Rabat und Saleh werden energisch unterdrückt, tausende von Verhaftungen werden vorgenommen und die Führer in den Süden verbannt.

*Algerien.* – Die Besetzung durch die Amerikaner und die Anwesenheit Murphy's in Algier ermutigen die algerischen Nationalisten, die im Dezember 1942 eine Botschaft an die verantwortlichen Stellen (französische und amerikanische) richten, in welcher die Einberufung einer Konferenz von Abgeordneten und Vertretern der Moslemorganisationen gefordert wird.

Eine zweite, gemäßigte Botschaft, die an den Generalsekretär gerichtet ist, gesteht den Verbleib Algeriens im französischen Staatsverband zu, verlangt aber politische Freiheit. Da diese Dokumente keinerlei Wirkung haben, veröffentlicht Ferhat Abbas, der im Jahre 1938 die Algerische Volksunion (UPA) gegründet hat, am 10. Februar 1943 das »Manifest des algerischen Volkes«, welches die Assimilationspolitik ablehnt, für Algerien das Selbstbestimmungsrecht der Völker beansprucht sowie die Abstimmung über eine die großen öffentlichen Freiheiten verkündende Verfassung und »die sofortige und wirksame Teilnahme der algerischen Mohammedaner an der Regierung ihres Landes« fordert.

Das *Manifest*, das am 31. März dem neuen Generalgouverneur Peyroutou zugestellt wird, wird einer Studienkommission vorgelegt, die prüfen soll, was sofort realisierbar wäre. Nun bekommt das Manifest aber noch einen Anhang, in welchem die politischen Forderungen präzisiert werden: »Bei Kriegsende soll Algerien zum algerischen Staat werden und eine Verfassung erhalten, die durch eine von allen Bewohnern

Algeriens in allgemeiner Wahl ermittelte konstituierende Versammlung ausgearbeitet werden soll.« Wirtschaftliche und soziale Reformen wurden ebenfalls in Vorschlag gebracht. Hinsichtlich des Verbleibens Algeriens im französischen Staatsverband wurde nichts geäußert; dagegen sollte Algerien volle politische Autonomie erhalten und Frankreich nur ein Aufsichtsrecht zukommen.

Dieses Schriftstück ist von großer Wichtigkeit. Die Zusammenfassung der konfusen Bestrebungen des algerischen Volkes stellt die Idee von einer *algerischen Nation* in den Vordergrund. Als der neue Generalgouverneur Catroux Manifest samt Anhang zurückweist, verweigern die mohammedanischen Räte am 22. September 1943 die Teilnahme an der Arbeit der Finanzdelegationen. Catroux löst daraufhin die mohammedanische Sektion der Finanzdelegationen auf und stellt ihren Leiter Ferhat Abbas unter polizeiliche Überwachung. Nichtsdestoweniger hat dieser Streik Auswirkungen gehabt; am 22. Dezember 1943 kündigt General de Gaulle in Constantine neue Reformen an: Verleihung des französischen Bürgerrechts an weitere Gruppen von Mohammedanern (60 000 Personen), Erhöhung des mohammedanischen Anteils an Körperschaften und Erleichterung des Zugangs zum öffentlichen Dienst. Der Erlaß vom 7. März 1944, der diese Reformen umfaßt, wird als Element der Assimilationspolitik angesehen, von der die Nationalisten nichts mehr wissen wollen.

Ferhat Abbas nimmt daraufhin mit Messali Hadj, dem Leiter der Algerischen Volkspartei (PPA) und mit dem Verband der Ulemas Verbindung auf. Am 14. März wird die *Partei der Freunde des Manifests und der Freiheit* gegründet, welche »die Errichtung einer autonomen, mit einer erneuerten antikolonialistischen und antiimperialistischen Französischen Republik verbündeten Republik Algerien« anstrebt, aber beim Kongreß im März 1945 wenden sich die Nationalisten den arabischen Staaten zu und lehnen die Förderation mit Frankreich ab.

Am 8. Mai 1945, dem Tage des Waffenstillstandes in Europa, kommt es in Sétif und in der Kleinen Kabylei zu Unruhen, die unnachsichtig unterdrückt werden.

*Tunesien.* – Im August 1942 legt der neue Bei Sidi Mohammed el-Moncef dem Generalresidenten ein Reformprogramm in zwölf Punkten vor, das vor allem die Rückkehr der Zivilbeamten zu ihrer ursprünglichen Bestimmung als Berater, den Zugang der Tunesier zum öffentlichen Dienst, die Schaffung einer beratenden Versammlung usw. vorsieht. Da sich die Residenz in Schweigen hüllt, stellt Moncef-Bei ein Kabinett gemäßigter Nationalisten unter Chenik zusammen. Einige

Monate später werden die in Marseille gefangengehaltenen Führer des Neo-Destour von den Italienern befreit und Habib Burgiba erklärt sich zur Zusammenarbeit mit den Achsenmächten bereit, wenn die Unabhängigkeit Tunesiens anerkannt wird.

Nach dem Einmarsch der französischen Truppen in Tunis wird der der Kollaboration mit der deutsch-italienischen Besatzungsmacht beschuldigte Bei abgesetzt. Sidi Lamine-Bei wird zum Nachfolger des Beis Moncef ernannt. Dann kehrt man wieder zu den Vorkriegspraktiken zurück: Die französischen Dekrets vom 21. Juni 1943 und vom 27. März 1944 vermehren die Vollmachten des Generalsekretärs, indem sie ihm die Kontrolle über die tunesischen Minister anvertrauen.

*Madagaskar und Schwarzafrika.* – Der Eintritt Gesamtafrikas in den Krieg bringt neue Anforderungen auf militärischem Gebiet und den sogenannten *Kriegsbeitrag* (Lieferung von tropischen Wirtschaftserzeugnissen zur Unterstützung der Wirtschaft der Alliierten) und damit *die manchmal widerrechtliche Rekrutierung von Arbeitskräften* mit sich; auf Madagaskar führte die Ablieferungspflicht für Reis, wozu noch Beschlagnahmen kamen, zu vollkommen unzulässigen Spekulationen.

Im Dezember 1943 kündet der Kolonialkommissar René Pleven auf Madagaskar eine neue Politik an. Eine *gemischte französisch-madagassische Kommission*, deren Mitglieder vom Generalgouverneur ernannt werden, tritt zwecks Erörterung politischer Probleme zusammen. Ravelojaona fordert eine Verfassung. Die Idee einer Round-Table-Konferenz bleibt im Entwurf stecken.

Die Konferenz von Brazzaville (30. Januar – 8. Februar 1944) bedeutet zwar einen gewissen Fortschritt gegenüber der Vergangenheit, aber eine Weiterentwicklung der afrikanischen Völker wird dabei nur innerhalb des französischen Staatsverbands ins Auge gefaßt.

Während des Krieges erweisen sich die von ausländischen Truppen besetzten Gebiete, gleichgültig ob es sich bei diesen um Alliierte (englische und amerikanische in Algerien und Marokko, englische und südafrikanische auf Madagaskar) oder um Achsenstreitkräfte (deutsche und italienische in Tunesien) handelt, als für die Bestrebungen der Nationalisten anfälliger als die in Schwarzafrika, wo die französische Autorität nicht in Frage gestellt wurde.

Während dieser Zeit handelt es sich bei den nationalistischen Agitationen um das Werk junger Intellektueller und einiger angesehener Bürger. Man wartet auf das Ende der Feindseligkeiten und erhofft sich viel von der künftigen Regierung eines befreiten Frankreichs.

2) *Erste Reformen und erste Freiheitsbewegungen* (1944–1947)

*Die ersten Reformen.* – Schon vor Kriegsende werden von der provisorischen Regierung der Französichen Republik, deren Minister für Übersee-Frankreich René Pleven seinen Sitz im Lycée Fromentin hat, Reformen beschlossen. Ein Erlaß vom 17. August 1944 ruft die Arbeitsinspektion ins Leben. Die Wichtigkeit und Unbeliebtheit der Requisitionen von Arbeitskräften haben das Dekret über die Arbeitsregelung in Schwarzafrika (18. Juni 1945) und die Abschaffung der Arbeitspflicht (Gesetz vom 11. April 1945) zur Folge.

Zu der am 2. Juni gewählten konstituierenden Versammlung gehören auch mehrere Abgeordnete aus Schwarzafrika, die aber auf das 1. und 2. Kollegium gleichmäßig verteilt sind. Hier wird die Verfassung von 1946 ausgearbeitet, die in Absatz VIII den Begriff der »Französischen Union« einführt. Die Fassung dieses Kapitels geht zum großen Teil auf Léopold Sedar Senghor zurück; dieser hat eine a. o. Professur an der Universität inne, ist Dichter und Verfasser eines Werkes über die französische Rechtsgemeinschaft, zu dem Raymond Postal (Tingitanus), ein alter Vertrauter Lyauteys, das Vorwort schrieb und an dem der kambodschanische Prinz Sisowath Yuteavong und Robert Lemaignen mitgearbeitet haben. Laut Absatz VIII sollen Generalräte gewählt werden, deren Kompetenz sich auf die lokalen Fragen erstreckt. Weiter entsendet jedes Territorium in den Senat und die Kammer Parlamentarier, welche für Algerien, Territoires d'outre-mer (TOM) und Dépendances d'outre-mer (DOM), 13 Prozent der Abgeordneten und 23 Prozent der Senatoren ausmachen.

*Der madagassische Aufstand.* – Die Besetzung durch die Briten hat das Ansehen Frankreichs nicht gerade gestärkt. Weiter haben die Reisrequisitionen die Bevölkerung erbittert. Seit 1946 fordert der in die konstituierende Versammlung gewählte Raseta die Unabhängigkeit innerhalb der französischen Gemeinschaft. Bei den Wahlen vom 10. November 1946 erringt die MDRM die drei für das 2. Kollegium reservierten Sitze. Am 29. März 1947 bricht an verschiedenen Punkten der Insel ein Aufstand ungewöhnlichen Ausmaßes los. Die militärische Gegenaktion unter Führung General Garhays dauert ein volles Jahr, bis auf der Insel, wo ganze Landschaften (Betsimisaraka, Antaimoro, Zafiseror, Tanala, Brezanozano usw.) geschlossen aufgestanden waren, wieder Ruhe eingekehrt ist. Die Befriedung, Krankheiten und Hungersnöte haben wahrscheinlich fast 25 000 Tode gefordert.

*Die RDA in Schwarzafrika.* – Im Oktober 1946 wird die »Afrikanische Demokratische Sammlung« (RDA) gegründet; ihre beiden Führer sind anfänglich Gabriel d'Arboussier, Administrator der FOM, und Félix Houphouet-Boigny, afrikanischer Arzt, Kantonchef, Präsident des Syndikats afrikanischer Pflanzer der Elfenbeinküste und Gründer der PDCI (Demokratische Partei der Elfenbeinküste), einer Massenpartei, die nur den Willen zur Emanzipation im französischen Rahmen zum Ausdruck bringt, im Jahre 1946. Dieser der kommunistischen Gruppe nahestehenden Partei steht die im Senegal allmächtige sozialistische Partei Lamine Gueyes gegenüber.

Im Oktober 1946 hält die RDA ihren ersten Kongreß in Bamako ab. Mit dem Erlernen der parlamentarischen Spielregeln läuft eine sehr schnelle Ausbreitung über Mittelkongo, Obervolta und Tschad parallel.

*In Nordafrika* übt die Gründung der Araberliga am 22. März 1945 zunächst nur geringen Einfluß aus, wenn sich auch der Sultan von Marokko in einer Rede, die er am 10. April 1947 in Tanger hält, darauf bezieht.

*In Algerien* werden nach den Ereignissen von 1945 die Drohungen deutlicher; Attentate werden verübt. Durch das Gesetz vom 20. September 1947 erhält Algerien einen speziellen Status: Die je zur Hälfte von Inhabern des französischen und solchen des algerischen Bürgerrechts gewählte Volksvertretung bekommt besondere Vorrechte finanzieller Art und wesentliche Vollmachten auf dem Gebiet der Verwaltung.

### 3) *Fortschrittsfeindlichkeit, feste Haltung Frankreichs und wachsende Spannungen* (1947–1954)

Dieser Periode wird durch die Ernennung zweier energischer Persönlichkeiten, des Generals Juin in Marokko und des Sozialisten Naegelen in Algerien, eingeleitet. Am 5. Januar 1948 wird in Kairo das Manifest der »bedingungslosen Befreiung des Maghreb« veröffentlicht. Es scheint jedoch, daß der immer noch fortdauernde Indochinakrieg die französischen Minister, die das Entstehen eines neuen Agitationsherdes vermeiden wollen, härter gemacht hat.

Trotz der Reise des Sultans nach Frankreich (1950) nehmen die Zwischenfälle an Zahl zu; im Herbst 1951 wird die Marokkofrage vor die UNO gebracht. Im folgenden Jahre fordert der Sultan ein konstitutionelles Regime und französisch-marokkanische Zusammenarbeit. Im

Dezember 1952 verursacht die Ermordung des tunesischen Gewerkschaftlers Ferhat Hached eine Reihe von Streiks, die ersten Kundgebungen des marokkanischen Proletariats. Zumal zwischen dem Sultan und Glaoui, dem Pascha von Marrakesch, wächst die Spannung. Die Wucht der Berberbewegung ist so groß (Marsch der Stämme auf die Hauptstadt), daß am 20. August 1953 der Sultan abgesetzt werden muß. Mohammed ben Jussuf wird zunächst nach Korsika verbannt, später nach Madagaskar, wo er in Antsirabe lebt und mit der Zeit den Ruf eines Märtyrers erwirbt.

In Tunesien wird die von Generalresident Jean Mons (Erlasse Juli-August 1947) unternommene Regierungsreform von den Nationialisten abgelehnt. Der Bei Lamine, den der Tod seines Vorgängers einigermaßen legitimiert hat, schlägt sich zu den Nationalisten und verlangt im Jahre 1949 »wirkliche Reformen«. Die zahlreichen Demarchen seitens Burgibas im Verlauf des Jahres 1950 führen trotz der Opposition der Kolonisten zu den Erlassen vom 8. Februar 1951, die einen einwandfreien Fortschritt bedeuten. Chenik möchte gerne die Gespräche fortsetzen, um für Tunesien die innere Autonomie zu erreichen, aber da verursacht am 15. Dezember die berüchtigte »sotte lettre« des Außenministers den Abbruch der Verhandlungen und die Deportation der Minister nach dem Süden. Lamine-Bei wendet sich daraufhin an die UNO. Nach zwei Jahren voller Schwierigkeiten, die 1953 durch einen kleinen bewaffneten Aufstand gekennzeichnet werden, bringt der im Einvernehmen mit Lamine-Bei redigierte Erlaß vom 4. März 1954 einen wirklichen politischen Fortschritt, was schon dadurch bewiesen ist, daß der Widerstand der Kolonisten immer heftigere Formen annimmt.

Vom Herbst 1948 bis 1950 haben wir in Französisch-Westafrika den Kampf gegen die RDA, in Togo den gegen das CUT (Komitee für die Einheit Togos) unter Sylvanus Olympio. Die Wahlen von 1951 für die gesetzgebende Versammlung spiegeln die Bemühungen um die nationale Integration wider. Im Jahre 1951 wird die Zahl der Wahlberechtigten spürbar vergrößert, aber außer im Senegal und in Togo werden die beiden Kollegien noch beibehalten. Im Dezember 1952 wird für die überseeischen Besitzungen eine Gewerbeordnung erlassen, die ihnen einen Vorsprung von 20 Jahren gegenüber den übrigen Ländern Afrikas verschafft – und andererseits die Vorteile einer Klasse von Gehaltsempfängern noch vermehrt.

4) *Der Schock von Dien-Bien-Phu: Algerischer Aufstand, Unabhängigkeit, gegenseitige Abhängigkeit und innere Autonomie* (1954–1958)

In Dien-Bien-Phu wird zum ersten Male ein Teil des französischen Heeres militärisch besiegt; die siegreichen Vietminh-Truppen besetzen das nördliche Vietnam. Der Amtsantritt von Pierre Mendès-France übt auf die Weiterentwicklung der politischen Situation in Afrika seinen Einfluß aus. In der Tat, wenn es angesichts dessen, was in Asien auf dem Spiele stand, auf die Schnelligkeit beim Verhandeln ankam, so war dies in Afrika durchaus nicht der Fall. Dort kann man sich die Hast, mit der man die tunesische Affäre beenden wollte, nur als Funktion einer über die nordafrikanischen Probleme schlecht informierten Umgebung erklären.

Was den Zeitraum zwischen dem Jahre 1954 und dem 13. Mai 1958 betrifft, so sieht das Jahr 1956, das Jahr der Unabhängigkeit Tunesiens und Marokkos, das Rahmengestz Deferre für die überseeischen Besitzung, das die allerersten Anfänge für eine Exekutive in Französisch-Schwarzafrika bedeutet.

Es ist wirklich so, daß Frankreich gegenüber einer antikolonialistischen Bewegung, wie sie in Bandung (April 1955) und bei verschiedenen Versammlungen der UNO entfesselt wurde, immer noch die Rolle des Angeklagten spielen muß.

*In Marokko* verschaffen die zwei Jahre Verbannung dem Sultan einen Nimbus. Am 26. August 1955 werden in den französisch-marokkanischen Abkommen von Aix-les-Bains die Modalitäten einer Rückkehr des Herrschers genau festgelegt. Nach den Besprechungen von La Celle Saint-Cloud am 6. November verkündet das französisch-marokkanische Communiqué vom 2. März 1956 die *Unabhängigkeit bei gegenseitiger Abhängigkeit.* Diese zweideutige Formulierung besänftigt das französische Mißtrauen, das nur den neuartigen und unscharfen Begriff der *gegenseitigen Abhängigkeit* sieht, während die Marokkaner nur das Wort *Unabhängigkeit* lesen.

*In Tunesien* führen die am 3. Juni 1955 unterzeichneten Abkommen zum französisch-tunesischen Protokoll vom 20. März 1956; am 15. Juni 1956 nimmt Tunesien nach einem Besuch Burgibas in Paris seine diplomatischen Rechte wieder selbst wahr. Ein Jahr später, am 25. Juli 1957 gibt Burgiba die Abschaffung der Husseiniden-Monarchie bekannt.

*In Algerien* aber nehmen die Dinge eine tragische Wendung und die Gebote der algerischen Politik werden für die französische Politik in Übersee zur Gänze richtungsweisend sein.

*Ausbruch des Aufstandes.* – Nachdem die Reise des Präsidenten Mendès-France nach Tunesien am 31. Juli 1953 eine Entspannung bewirkt hatte, bereiten sich die algerischen Nationalisten vor, um zu Taten übergehen zu können. Im April 1954 konstituiert sich das CRUA (Revolutionskomitee für einheitliche Aktion); die Verantwortlichen treten am 10. Juli zusammen.

In der Nacht vom 31. Oktober zum 1. November 1954 ereignen sich die ersten Terrorakte im Aures. Flugblätter werden verteilt und Radio Kairo bringt die Meldung über die vorgesehenen Aktionen bereits einige Stunden vorher! Eine »Front der nationalen Befreiung« wird gegründet, deren »weltlichen Arm« die AIN (Armee der Nationalen Befreiung) bildet. Das erste Flugblatt legt die Kriegsziele dar und macht den französischen Behörden namentlich folgende Angebote:

– Einleitung von Verhandlungen mit den beglaubigten Wortführern des algerischen Volkes auf der Basis der Anerkennung der alleinigen und unteilbaren algerischen Souveränität;

– Anerkennung der algerischen Nationalität durch eine offizielle Erklärung, welche alle Verordnungen, Erlasse und Gesetze, die aus Algerien ein französisches Land machen, für ungültig erklärt.

Die Gegenleistung:

– Die rechtmäßig erworbenen französischen Interessen kultureller und wirtschaftlicher Art werden respektiert werden, ebenso wie die Person und die Familie.

– Alle Franzosen, die in Algerien zu bleiben wünschen, haben die Wahl zwischen ihrer eigenen Nationalität und der algerischen; im ersteren Falle werden sie von Gesetzes wegen als Ausländer angesehen, im zweiten würden für sie die Rechte und Pflichten der algerischen Staatsbürger gelten.

Durch sieben Kriegsjahre hindurch ist die FLN nicht um ein Jota von diesen Vorschlägen abgewichen und General de Gaulle hat sie nach verschiedenen Abänderungsversuchen und Schicksalswendungen akzeptiert.

Die Reaktion der französischen Regierung auf die ersten Terrorakte heißt Gewalt. Pierre Mendès-France erklärt: »Algerien ist Frankreich« und der von ihm zum Generalgouverneur ernannte Jacques Soustelle bemüht sich um die Wiederherstellung des Vertrauens, aber die FLN vervielfacht ihre Attentate und verstärkt sie noch mit abschreckend wirken sollenden Verstümmelungen. Die Einhaltung der Grundsätze des Gerichtswesens, das Verbot nächtlicher Haussuchungen, alle die formalen Befugnisse der Verteidigung bedeuten für die Rebellen ebensoviele Trümpfe.

Am 20. August 1955 erfolgt der Generalangriff im Constantinois. Das Ergebnis sind 123 Tote, darunter 71 Europäer. Blindlings durchgeführte Repressalien (über 200 Tote) führen zum wirklichen Krieg zwischen den beiden Gemeinschaften.

Die UNO-Debatten im Herbst dienen zur Ermutigung der Aufständischen, während andererseits die Notabeln (unter ihnen Dr. Bendjelloul) behaupten, die Bevölkerung sei jetzt für die algerische Nationalidee gewonnen.

Die Wahlen im Januar 1956 bringen die Regierung Guy Mollet. Soustelle hat in dem Jahr seines Aufenthalts den Umfang der zu lösenden Aufgabe ermessen können; seine Festigkeit macht auf die Algerier Eindruck und sein Weggang wird sehr schmerzhaft empfunden. Ihm ist die Einrichtung der SAS (Verwaltungs-Spezialabteilungen), die mit Hilfe von Leutnants oder Hauptleuten eine Art Verwaltungsfühler bis in die entlegensten Winkel des Bled hinein bildeten, zu verdanken. Dadurch, daß er dort sein Haus baute, gab der SAS-Offizier zu verstehen, daß er dort auch bleiben würde. Die SAS suchte – leider recht spät – der unheilvollen Unterbesetzung der Verwaltung in Algerien abzuhelfen.

Guy Mollet kommt am 6. Februar nach Algier und sieht unter dem Druck der Aufrührerischen von der Ernennung des Generals Catroux ab. Robert Lacoste tritt an dessen Stelle; trotz seines energischen Handelns, der Einrichtung von dreizehn Départements an Stelle von nur dreien und der Umwandlung von dreizehn Arrondissements in einundsiebzig, d. h. also der Herstellung eines Verwaltungsunterbaus, wächst die Zurückhaltung der Oberschicht.

Der am 20. August im Soummam-Tal abgehaltene Kongreß der FLN hat eine Verhärtung der Lage, Vorteile für die Kabylen und für Algier den Beginn des »Terrors in den Städten« zur Folge.

*Die Wende im Herbst 1956.* – Seit der Revolution Gamal abd al-Nassers und seiner Genossen ist Kairo zumal durch seinen Rundfunksender zu einem aktiven Unterstützungszentrum für den Aufstand in Algerien geworden. Der Verstaatlichung des Kanals folgt der Sinai-Feldzug und damit die Niederlage der ägyptischen Truppen, die im letzten Augenblick noch durch die amerikanisch-russische Intervention gerettet werden. Zum gleichen Zeitpunkt wird über Algier das Flugzeug mit den Führern des GPRA angehalten. Aber diese Ereignisse beeinflussen die Kämpfenden nicht im geringsten – im Gegenteil, die Terrorakte nehmen noch zu. In Algier haben diese Attentate (mit Bomben und Handgranaten) besonders schreckliche Wirkungen, zumal in den Straßenbahnen, den Restaurants und den Lichtspielhäusern. Im Dezember werden die Gemeinderäte aufgelöst. Seit den Zeiten Bugeauds hat niemand soviel Macht in seiner Hand vereinigt wie Robert Lacoste.

Im Januar 1957 wird die zehnte Fallschirmjägerdivision nach Algier verlegt und dort als Polizei eingesetzt. Binnen sechs Monaten hat sie die »Schlacht um Algier« gewonnen und sich hinsichtlich der Durchführung der Verhöre einen fürchterlichen Ruf erworben. Dies wird von einem Teil der hauptstädtischen Presse weidlich ausgeschlachtet und übertrieben und damit der Linken eine ausgezeichnete Handhabe gegeben. Um die bedauerlichen Auswirkungen dieser Kampagne zu bekämpfen, wurde zum Schutze der Rechte und Freiheiten des Individuums eine spezielle Kommission eingerichtet.

Während dieser Zeit dient Tunesien als Ausbildungslager für die algerischen Aufständischen. Am 8. Februar 1958 bombardiert die französische Luftwaffe das tunesische Grenzdorf Sakhiet Sidi Youssef. Um die ungeheure durch das Bombardement in der arabischen Welt erzeugte Erregung zu dämpfen, erklärt sich die französische Regierung mit einer aus Mitgliedern der amerikanischen und englischen Regierung bestehenden Vermittlungsmission einverstanden. Für zahlreiche Beobachter bedeutet dies den Anfang der Internationalisierung . . .

Nach dem Sturz des Kabinetts Gaillard (15. April 1958) spricht man von einem »Dien-Bien-Phu der Diplomatie« und unter solchen Begleitumständen spielen sich die Ereignisse des 13. Mai ab.

*In Schwarzafrika* dient Togo als Musterbeispiel für die Emanzipation der afrikanischen Republiken. Bereits im Jahre 1950 beginnen die gewählten Kreisräte ihre Arbeit. Das Gesetz vom 16. April erweitert die Befugnisse der Territorialversammlung und bildet einen Regierungsbeirat. Das Experiment in Togo dient als Grundlage für das Rahmengesetz für die überseeischen Gebiete, das nach dem Minister für die überseeischen Gebiete, der die Angelegenheit ins Rollen brachte, das *Defferre-Rahmengesetz* genannt wird.

Das bei der Abstimmung als *die* Maßnahme zur Befreiung Afrikas begrüßte Gesetz hatte in Wirklichkeit sehr bedauerliche, »balkanisierende« Auswirkungen. Schon haben die Territorialversammlungen ein Nationalbewußtsein entstehen lassen, das bis zum Zweiten Weltkrieg unbekannt war. Bis dahin studierten die Angehörigen der geistigen Elite an den Bundesschulen in Dakar (William Ponty, Medizinische Schule, usw.) und in Brazzaville (Édouard-Renard-Schule). Von 1945 und 1946 ab nimmt in jedem Territorium eine Lehrerbildungsanstalt die Arbeit auf. Stipendien für Studenten, welche ihr Studium in Frankreich fortsetzen wollen, werden vom Generalrat bewilligt. Der Student ist mithin von den Parlamentariern seines eigenen Landes abhängig.

Das Defferre-Rahmengesetz fixiert entgegen den Hoffnungen der Föderalisten die Balkanisierung Afrikas. Die afrikanischen Politiker ziehen es vor, bei sich zuhause die ganze Gewalt in Händen zu haben und entsagen nicht gerne einer Machtvollkommenheit, die ihnen eben erst zuteilgeworden ist.

Die englische Politik an der Goldküste und im britischen Teil Togos bestimmen den zeitlichen Ablauf der Emanzipation Togos. Im April 1957 erhält Ghana von der britischen Regierung die Unabhängigkeit. Vorher möchte es aber noch den britischen Teil Togos bekommen, also wird unter Kontrolle der UNO am 9. Mai 1956 ein Volksentscheid durchgeführt. Das Ergebnis ist für den Anschluß günstig, obwohl die Distrikte Ho und Kpandu dagegen gestimmt haben.

Am 30. August 1956 wird die autonome Republik Togo proklamiert; Frankreich behält sich nur noch die auswärtigen Angelegenheiten, Verteidigung und Finanzen vor. Eine doppelte, französisch-togolesische Staatsbürgerschaft ist vorgesehen. Die Abgeordneten aus Togo behalten ihre Sitze im französischen Parlament.

Am 22. März 1957 werden der Regierung Togos weitere Befugnisse übertragen. Am 22. Februar 1958 ist die interne Autonomie vollkommen. Bei den Wahlen zur Legislative, die als allgemeine Wahlen unter Aufsicht der UNO am 27. April 1958 durchgeführt werden, trägt das CUT den Sieg davon. Sylvanus Olympio wird der Posten des Staatspräsidenten angeboten.

In Kamerun ist der zeitliche Ablauf fast der gleiche, wenn man davon absieht, daß im Juli 1955 infolge von Unruhen die UPC (Union der Völker von Kamerun) verboten wird. Ein dem von Togo gleiches Kamerun-Statut ist der Gegenstand des Erlasses vom 16. April 1957. Die Einrichtung autonomer Institutionen erfolgt mit Hilfe gemäßigter Nationalisten, insbesondere der »Nationalen Aktion« Soppo Prisos und der »Nationalen Einheitsbewegung« André Marie Mbidas.

Überhaupt sind zu Beginn des Jahres 1958 überall die Territorialexekutiven eingerichtet. Ein überspitzter Nationalismus macht sich besonders bei den Studenten geltend. Im übrigen macht der hinterlistige Bluff, mit dem die Engländer das Unabhängigwerden von Ghana (1957) umgeben, aus diesem den führenden Staat Westafrikas.

5) *Die Krise im Mai 1958 und der Weg zur Unabhängigkeit*

Am 13. Mai 1958 übernimmt die Armee in Algier die Macht, um so Algerien für Frankreich zu erhalten; General de Gaulle, den man in der Krise zu Hilfe ruft, beschleunigt die Entkolonisierung in hohem Maße.

Während der Ereignisse in Algier entwickeln die Politiker Schwarzafrikas ihre Ideen weiter; sie blicken bereits über das Rahmengesetz hinaus und sind wegen einer kolonialistischen Reaktion auf den 13. Mai und das Erscheinen einer Regierung, die alles ins Werk setzt, um Algerien für Frankreich zu retten, beunruhigt. Während dieses Monats Mai, der einen Wendepunkt in der Geschichte Algeriens bedeutet, fordert der Kongreß der madagassischen Parteien eine mit Frankreich assoziierte Republik Madagaskar. Am 7. Juni verlangt die Demokratische Partei Guineas (Sékou Touré) die Umwandlung der überseeischen Territorien in aus Territoriengruppen bestehende autonome Staaten und die Umwandlung der Republik Frankreich in einen Bundesstaat. Fünf Tage darauf erklärt die am 26. März durch die Initiative Senghors gegründete PRA (Partei der Afrikanischen Sammlung) ihre Bereitschaft, an der Schaffung einer Föderativrepublik mitzuwirken, welche Frankreich, die Territorialgruppen (d. h. Französisch-West- und Äquatorialafrika) und die nicht zu einer Gruppe gehörigen Territorien (Ozeanien, Komoren, Französische Somaliküste) auf der Grundlage freier Zusammenarbeit, absoluter Gleichberechtigung und des Rechts auf Seibständigkeit in sich vereinigen soll. Die UGTAN (Allgemeine Union der Arbeiter Schwarzafrikas), die wichtigste gewerkschaftliche Organisation des französischsprachigen Schwarzafrika, spricht sich für eine freie Vereinigung der Staaten Westafrika und Äquatorialafrika mit Frankreich auf der Basis des Rechts auf Unabhängigkeit und des gegenseitigen Vorteils aus. Am 18. Juni 1958 endlich genehmigt die Kameruner Territorialversammlung eine Entschließung, in welcher von der französischen Regierung die vollkommene innere Autonomie, Zubilligung des Rechts auf Unabhängigkeit nach Aufhebung der Vormundschaft und die provisorische Beibehaltung der Vormundschaft gefordert werden.

Zweifellos ist es noch zu früh, um den *Einfluß, den General de Gaulle auf die Geschicke Afrikas ausübte,* wirklich ermessen zu können. Seine Gegner wollten in seiner Handlungsweise den Ausdruck einer Art Jeanne-d'Arc-Komplex sehen, der ihn stets die dramatischste Lösung wählen ließ, um dann für die Nation als der einzige Retter aus der

Not dastehen zu können, aber es ist durchaus nicht sicher, daß dies mit Absicht geschah; man muß im Gegenteil das Genie bewundern, das einen oftmals unzusammenhängenden und unscharfen Geschichtsablauf im Fernsehen zu seinem eigenen Vorteil darzustellen wußte.

Dadurch, daß de Gaulle im Jahre 1943 Algier zum Sitz seines Nationalen Befreiungskomitees wählte, und durch die Konferenz von Brazzaville (1944) flößte er den afrikanischen Nationalisten neue Hoffnung ein. Es ist jedoch unbestreitbar, daß am 13. Mai 1958 General Salan, der auf dem Forum von Algier seinen Namen bejubeln läßt, in ihm den Mann sieht, der Algerien als Teilstück Frankreichs erhalten wird; in diesem Geiste (»Eine einzige Gemeinschaft von Franzosen von Dünkirchen bis Tamanrasset«) werden auch von seiten des Generals die ersten Maßnahmen getroffen. Der Aufstand soll unbarmherzig unterdrückt und quasi besiegt werden. Diesen Moment wählt der General für die Zubilligung des Selbstbestimmungsrechts, um dann im Evianer Abkommen Algerien der FLN »preiszugeben«, wodurch die dramatischen Reaktionen der OAS bewirkt und der gegen die algerische Bevölkerung eingestellten Armee seelische Kränkungen zugefügt werden – klaffende Wunden, die nur schwer vernarben.

In Schwarzafrika hat seine *Rede am Bartholomäustag* (am 24. August 1958 in Brazzaville), in welcher er den französischen Besitzungen die Unabhängigkeit bietet, unmittelbare Nachklänge in Belgisch-Kongo; sie bezeichnet den Beginn des »Marsches zur Freiheit« der Republiken der Französischen Gemeinschaft.

*Die Französische Gemeinschaft.* – In der Rede vom 13. Juli zeichnet de Gaulle die Umrisse einer afrikanischen politischen Doktrin auf. »Im Jahre 1958 müssen wir neue Institutionen einrichten, die Bande unserer Union *nach föderalistischen Grundsätzen* knüpfen, ein großes politisches, wirtschaftliches und kulturelles Ganzes organisieren, das den modernen Bedingungen des Lebens und des Fortschrittes entspricht.«

Dagegen gibt die PRA (Partei der Afrikanischen Neuordnung) am 25., 26. und 27. Juli auf dem Kongreß von Kotonu die Parole einer sofortigen Unabhängigkeit und gleichzeitigen Verhandlungen mit Frankreich zur Schaffung einer »multinationalen Konföderation freier und gleichberechtigter Völker« aus.

Im August 1958 unternimmt General de Gaulle eine Art großer »Wahltournee« als Vorbereitung für das Referendum. Seine Reise ist ein Triumphzug außer in Guinea, wo die Rede Sékou Tourés eine eiskalte Antwort des Generals herausfordert; die Folge davon ist das

»Nein« Guineas zur Französischen Gemeinschaft. Im Senegal wird General de Gaulle mit Hohngelächter und Plakaten empfangen, auf welchen die Unabhängigkeit gefordert wird. Senghor entschließt sich aber am Ende doch zu einem Ja; »Ja zur Unabhängigkeit Afrikas in der wiedergefundenen Einheit. Die Gemeinschaft ist für uns nur ein Übergang und ein Mittel, das dazu dienen soll, uns nach Art der Territorien in britischem Besitz auf die Unabhängigkeit vorzubereiten.« Bei der Volksabstimmung vom 28. September 1958 spricht sich Guinea als einziges Land gegen die Französische Gemeinschaft aus und erklärt sich für unabhängig.

Die Territorien unter Vormundschaft bekommen durch die Verfügung vom 30. Dezember 1958 ein neues Statut, das die innere Autonomie erweitert. Gemäß der neuen Verfassung umfaßt die Französische Gemeinschaft einerseits die *Republik Frankreich* und andererseits die *autonomen Staaten.* Jeder Staat hat seine eigene Exekutive und Legislative.

Die Exekutive der Gemeinschaft besteht aus Präsident de Gaulle und den Botschaftsräten der Gemeinschaft (Houphouët-Boigny, Lisette, Senghor und Tsiranana). Die Legislative stellt der *Senat der Gemeinschaft,* die Gerichtsgewalt der Schiedsgerichtshof dar.

*Der Weg zur Unabhängigkeit.* – Das Beispiel Guineas wirkt angesichts der durch den Algerienkrieg hervorgerufenen frankreichfeindlichen internationalen Stimmungen ansteckend, umsomehr als die Kollegen Sékou Tourés mitansehen müssen, wie dieser sowohl vom Ostblock als auch aus Amerika vielgestaltige Hilfe bekommt.

Artikel 86 der Verfassung von 1958 sieht die Möglichkeit der Unabhängigkeit der einzelnen Staaten vor. Im übrigen ist die Zahl der afrikanischen Politiker, die sich nach einem Staatenbund sehnen, nicht eben gering. Unter diesem Gesichtspunkt wird im Januar 1959 die *Mali-Föderation* gebildet, welche Senegal, Sudan, Obervolta und Dahome umfaßt, während Senghor, Lamine Gueye und Modibo Keita im Januar 1959 die PFA (Afrikanische Bundespartei) gründen. Dahome und Obervolta treten aber sehr schnell wieder aus der Föderation aus, um sich dem *Ententerat* anzuschließen, in welchem Elfenbeinküste, Obervolta, Dahome und Niger zusammengefaßt sind.

Im Verlauf des Jahres 1959 wird in Mali der nationalistische Druck immer stärker, so daß General de Gaulle bei der Sitzung des Exekutivrates der Gemeinschaft in St. Louis (Senegal), am 11. und 12. Dezember, Mali die künftige volle Souveränität verspricht. Am 1. Januar

1960 feiert Kamerun seine Unabhängigkeit. Einige Tage später wird das Recht auf Unabhängigkeit Madagaskar zuerkannt, dann folgen am 19. Februar Mauretanien, am 23. März die vier Staaten Äquatorialafrikas; am 27. April wird Togo unabhängig.

Unterdessen verlangt der von seinem linken Flügel heftig angegriffene und von den Pariser Ministerien mit einer gewissen Kaltschnäuzigkeit behandelte Ententerat jetzt rücksichtslos seine Unabhängigkeit und lehnt jegliche Verhandlungen mit Frankreich ab, außer über die Übertragung der Souveränität.

Der Abschluß der Entkolonisierung Afrikas steht unter dem Zeichen des guten Willens Frankreichs. Gewiß konnten die beiden unter Vormundschaft stehenden Länder, Kamerun und Togo, ihre Unabhängigkeit vor den anderen feiern, aber weniger als zwei Monate nach Togo sind die Mali-Föderation (20. Juni) und Madagaskar (26. Juni) an der Reihe. Der August sieht sechs neue Flaggen im Winde des entkolonisierten Afrika flattern: Dahome am 1. August, Niger am 3., Obervolta am 5., Elfenbeinküste am 7., Zentralafrikanische Republik am 15., Gabun am 17. August; Mauretanien muß bis zum 28. November warten.

Mit dem Ende des Jahres 1960 ist die Entkolonisierung des tropischen Französisch-Afrika durchgeführt. Das schmerzliche algerische Problem ist noch nicht gelöst. Der Staatschef ändert allmählich seine Politik, nachdem er die Entschlossenheit Frankreichs, für immer in Algerien zu bleiben, bekräftigt hat. In der Europäergemeinschaft der »Schwarzfüße« und in der Armee beginnen sich schmerzliche Spannungen zu zeigen.

## D. Entkolonisierung des englischen Teils von Tropisch-Afrika

Der geschmeidige und pragmatische Charakter der Londoner Politik ließ zahlreiche Engländer die Hoffnung hegen, daß die Formel eines »erweiterten Commonwealth« zu gegebener Zeit die Integration der neuen, aus den Kronkolonien, Settlements und Protektoraten entstandenen und bis dahin vom *Colonial Office* verwalteten Staaten erlauben würde.

Wir haben gesehen, wie sich die englische Kolonialpolitik entwickelte und wie die Aufnahme einiger politisch Fortgeschrittener in die Ratskollegien nach der großen Krise von 1929 als ein für die ersten nationalistischen Strömungen hinreichendes Ventil angesehen wurde.

Nach dem Kriege bewirkte der Druck Asiens, das die Katastrophe von Singapur und den Birma-Feldzug miterlebt hatte, eine sehr weitgehende Bewilligung der Unabhängigkeit (Indien, Birma). Die Arbeiterpartei, die seit 1945 an der Macht ist, ist auch die Begründerin des freiwilligen, auf *partnership* und Interessengemeinschaft begründeten Zusammenschlusses. Im Blaubuch von 1948 gibt die Labour-Regierung ihren Willen kund, »die Kolonialgebiete in das Stadium des verantwortlichen *self government* innerhalb des Commonwealth zu überführen, um den betreffenden Völkern einen angemessenen Lebensstandard und Handlungsfreiheit gegen jede Unterdrückung, von welcher Seite diese auch kommen möge, zu sichern«.

Bis dahin wußte England durch seinen Liberalismus zumal den Buren gegenüber, die in wenigen Jahren zu treuen Untertanen Seiner Majestät geworden waren, die Bewunderung der Welt zu erwecken, aber dieser Liberalismus wirkte sich in Wirklichkeit nur den Angehörigen der weißen Rasse gegenüber aus. Die Unabhängigkeit Indiens eröffnet England neue Perspektiven. Im November 1947 stimmt das Unterhaus einer Bedeutungsverschiebung des Ausdruckes Commonwealth zu, so daß diesem jetzt alle Territorien des Empire angehören können.

Der sehr britische Klub der weißen Herren steht jetzt auch den Farbigen offen und England zählt auf Indien, das ihm gegenüber den Völkern Afrikas als »Überredungsrelais« dienen soll, damit diese in die vielrassige und mehrkulturige Gemeinschaft eintreten. Auf den Beschluß von 1947 folgt jetzt die im Jahre 1948 genehmigte Colonial Development Corporation; später werden mit den neuen Staaten Wirtschaftsverträge abgeschlossen, sobald jene autonom sind.

Ziemlich im Hintertreffen gegenüber Französisch-Afrika, wo afrikanische Abgeordnete an den Entscheidungen im Mutterland teilhaben und wo örtliche Versammlungen über den Haushalt entscheiden, stürzt sich England von Nigeria und der Goldküste aus auf den Weg der Reformen. Durch eine phantastische Orchestrierung unter geschickter Ausnützung der Schwierigkeiten, die die Franzosen mit Indochina haben, und der indischen Diplomaten in den internationalen Gremien gelingt es der britischen Regierung, die ganze Welt von der Ehrlichkeit ihrer Absichten bezüglich der Unabhängigkeit der afrikanischen Länder zu überzeugen. Die unangenehmen Probleme, mit denen sie in Ostafrika zu tun hat, werden mit den politischen Erfolgen in Westafrika getarnt.

Im Jahre 1946 modifiziert die Lex Burns für die Goldküste die Zusammensetzung des Gesetzgebenden Rates (21 Afrikaner, von denen 15 gewählt werden, und 10 Europäer). Drei Afrikaner werden Mitglieder des Exekutivrates. 1948 führen Unruhen in Akkra zu einer vollkommen gewählten Versammlung (durch eine Zweistufen-Wahl oder von den Provinzialräten). Der Exekutivrat unter dem Vorsitz des Gouverneurs umfaßt neben drei beamteten Mitgliedern acht von der Assembly ausgewählte Repräsentanten, die den Ministertitel besitzen und unter denen sich ein *politischer Regierungschef* befindet.

In Nigeria stattet seit 1947 die Lex Richards jede der drei Regionen Ost, West und Nord mit einer Versammlung aus, deren Mitglieder ernannt oder von den Häuptlingen designiert werden. Auf Bundesebene umfaßt der Legislativrat neben beamteten Mitgliedern eine Mehrheit von Mitgliedern, welche durch die Regional Assemblies und die Gemeindeverwaltungen designiert werden.

Im Jahre 1951 wird die Schaffung einer Zentralexekutive beschlossen, welche aus sechs vom Gouverneur designierten hohen Beamten oder Persönlichkeiten und zwölf weiteren, gewählten Mitgliedern besteht.

Im Jahre 1957 wird die Goldküste zu Ghana und bleibt bis 1960 unter der Oberhoheit der Königin; im Jahre 1960 wird Ghana Republik.

Im Oktober 1960 wird die nigerische Föderation unabhängig; ihr folgt im Jahre 1961 Sierra Leone, das schon seit 1957 eine afrikanische Regierung besitzt. Gambia endlich, das sich schon einer inneren Autonomie erfreut, wird sich wahrscheinlich mit Dakar zur Senegambischen Föderation zusammenschließen.

In Ostafrika sind die Probleme wesentlich weniger einfach gelagert, da es dort eine relativ dichte europäische Bevölkerung und von der englischen Verwaltung ins Land geholte asiatische Bevölkerungsgruppen (vor allem Inder) gibt. Diese pluralistischen Gesellschaften geben schwere verfassungsmäßige Probleme auf, über die auf unendlich langen Konferenzen debattiert wird, wobei es dann zu einer mehr oder minder guten Lösung kommt.

In Kenia zieht das Problem des Landes der Kikuju im Jahre 1952 den Mau-Mau-Aufstand und die Internierung Jomo Kenyattas nach sich. Der gesetzgebende Rat zählt zu dieser Zeit unter seinen 54 Mitgliedern nur je 6 Afrikaner und Asiaten, der Rat von Uganda unter 45 nur 8 Afrikaner und 4 Asiaten, der von Tanganjika unter 37 Mitgliedern 4 Afrikaner und 3 Asiaten.

Im Jahre 1956 gewährt die Lyttleton-Verfassung Kenia acht afrikanische Vertreter an Stelle von nur sechs, einen Minister und drei Unterstaatssekretäre.

Im Jahre 1953 wird die Föderation Rhodesien und Njassaland gegründet. Diese Föderation beruht auf dem Prinzip der *Partnership* und der Rassenassoziierung. Die gesetzgebende Versammlung hat 6 schwarze und 29 weiße Vertreter einer 8 Millionen bzw. 300 000 Einwohner zählenden Bevölkerung. Das heißt, daß die Regierungsgewalt des Bundes in den Händen der Weißen und ihres Führers Sir Roy Welensky liegt, der im Jahre 1956 der Nachfolger Lord Malverns wurde, welcher 23 Jahre lang im Amt gewesen war. London behält sich die Kontrolle der afrikanischen Verwaltung in den beiden Protektoraten (Nord-Rhodesien und Njassaland) vor sowie das Vetorecht für die Beschlüsse der Bundesorganisation; diesem Zweck dient der *African Affains Board.*

Im Jahre 1960 können die Eleganz und der Erfolg der englischen Entkolonisierung in Westafrika die diesbezüglichen Schwierigkeiten in Ostafrika verdecken.

Die ghanesischen Truppen, die auf Rechnung der UNO im Kongo intervenieren, stehen unter dem Befehl eines englischen Generals. Dieser trifft an der Grenze der rhodesischen Föderation mit einem anderen englischen General zusammen. Die militärischen Symbole eines entkolonisierten und eines noch kolonialistischen Afrika repräsentieren also zwei britische Generale. Der Erfolg ist damit gesichert. England kann gut und gern einige Irrtümer eingestehen. Warum sollte es auch kein gutes Gewissen haben?

## E. Entkolonisierung von Belgisch-Afrika

Diese Entkolonisierung ist eine der schwierigsten infolge des Mangels an politischer Vorbereitung der Elite der Kongovölker und des Fehlens eines Übergangs zwischen einem strengen, stark europäisierten Verwaltungssystem und den kongolesischen Verwaltungsstrukturen, die nicht bereit sind, Verantwortlichkeiten administrativer Natur zu übernehmen.

Die verfehlte Entkolonisierung des Kongo wirkt sich auf die Treuhandgebiete Ruanda und Urundi sehr negativ aus. In Ruanda erleben wir eine Emanzipation der Leibeigenen, die mit der bei der russischen Revolution erfolgten vergleichbar ist, und gleichzeitig eine Unterstützung der Watussi-Aristokratie im Kampfe gegen ihre emanzipierten Hutu-Sklaven durch die Belgien feindlich gesinnte Sowjetunion.

1) *Kongo*

Politische Bewegungen treten relativ spät in Erscheinung. Die Verwaltungsstruktur und das Schulwesen erlauben einer politischen Elite die Bewährung nur im Rahmen der kulturellen Vereinigungen ehemaliger Schüler. Aus diesem Grunde wird auch der Dreißig-Jahres-Plan des Professors Van Bilsen zur Emanzipierung Belgisch-Afrikas im Jahre 1955 in den kolonialen Kreisen mit wahrer Bestürzung aufgenommen.

Das Manifest *Afrikanisches Bewußtsein* (30. Juni 1956) und das Gegenmanifest des ABAKO (Verband der Bakongo) unter der Führung von Joseph Kasawubu fördern die Entwicklung der belgischen Haltung. Diese Einstellung hinkt aber stets um einen oder zwei Abschnitte hinter der Entkolonisierung Französisch-Afrikas, wo zu jener Zeit das Rahmengesetz Defferre in den überseeischen Territorien bereits die örtlichen Exekutiven einrichtet, her.

In Léopoldville arten am 16. Juni 1957 Meinungsverschiedenheiten im Stadion in eine antieuropäische Kundgebung aus; im Dezember 1957 machen die Gemeinderatswahlen die großen Städte des Kongo zu bevorzugten Agitationszentren. Die Wahlen bedeuten in Léopoldville den Triumph des ABAKO aufgrund seiner besseren Struktur und Organisation, für die Joseph Kasawubu verantwortlich zeichnet.

Drei Ereignisse beschleunigen im Laufe des Jahres 1958 den Marsch des Kongo zur Unabhängigkeit: *Die Rede von Brazzaville am 24. August 1958*, in welcher General de Gaulle im Verlauf der Wahlkampagne für das Referendum den Völkern des ehemaligen Französisch-Afrika die Unabhängigkeit anbietet; die *Brüsseler Weltausstellung*, wo zum ersten Male Kongolesen aus verschiedenen Regionen des Belgisch-Kongo miteinander zusammentreffen und mit Afrikanern aus dem entkolonisierten Afrika und mit Journalisten jeglicher politischen Färbung Kontakt aufnehmen; endlich im Dezember 1958 der *Panafrikanistische Kongreß in Akkra*, der Patrice Lumumba die rührige Solidarität der schwarzen Welt vor Augen führt.

Die Unruhen in Léopoldville im Jahre 1959 dürften wohl die Veranlassung zu der Erklärung des Königs, er wolle den Kongo mit fester Hand, ohne unheilvolle Verzögerung, aber auch ohne übertriebene Eile zur Unabhängigkeit führen, sein. Während des Jahres 1959 gewinnen die politischen Bewegungen, zumal das MNC (Kongolesische Nationalbewegung) Patrice Lumumbas immer mehr an Ausdehnung.

Die politische Spannung führt im Verlauf des Jahres 1959 zu blutigen Auseinandersetzungen in der Provinz Kassai zwischen den alteingesessenen Bena-Lulua und den erst während der Kolonialzeit ansässig gewordenen Luba, jedoch können mit Hilfe der Polizeitruppen Ruhe und Ordnung noch wiederhergestellt werden.

In den Städten arten die Kundgebungen zu Unruhen aus. Die Entwicklung der Lage führt zur Einberufung einer Konferenz nach Brüssel (20. Januar – 20. Februar 1960), wo die bedeutendsten belgischen Politiker mit den kongolesischen Führern diskutieren. Die Konferenz hat die Unabhängigkeitserklärung vom 30. Juni 1960 zur Folge, nachdem vorher eine andere Konferenz, diesmal über wirtschaftliche Themen, die für die belgischen Gesellschaften abgegebenen Garantien revidiert hat.

Die Lage verschlechtert sich jetzt zusehends, zumal draußen im Busch, wo die politischen Bewegungen die Autorität der Territorialverwaltung beträchtlich verringert haben und weder Abgaben noch Steuern mehr eingehen, so daß die wenigen Verwaltungskräfte entlassen werden müssen und die Zahl der Unzufriedenen noch vergrößern. Bis zum 30. Juni ist es der Force Publique noch gelungen, Ruhe und Ordnung aufrechtzuerhalten, aber an verschiedenen Stellen ist die Notbremse schon gezogen worden.

Die Unabhängigkeitserklärung vom 30. Juni führt zur Meuterei der Streitkräfte und zum Chaos.

### 2) *Ruanda-Urundi*

Während die kongolesische Unabhängigkeit zwischen Belgien und Kongolesen ausgehandelt wird und die UNO erst nachträglich einschreitet, stehen Ruanda und Urundi schon seit längerer Zeit unter UNO-Vormundschaft. Obwohl verwaltungsmäßig an den Kongo angeschlossen, hatte Ruanda-Urundi sein Mandatsstatut beibehalten.

Die belgische Verwaltung hatte sich bemüht, das Land durch wirtschaftliche Entwicklung dem sozialen Fortschritt zu öffnen, der Anbau von Kaffee war entwickelt worden und ein gut organisiertes Unterrichtswesen hatte manchem Hutu-Bauern die Möglichkeit gegeben, sich von der Herrschaft des Watussi-Adels freizumachen.

Der von der Verwaltung praktisch aufgezwungene politische Fortschritt bedeutete jedoch eine Stärkung der Autorität der Watussi. In der Tat demokratisierte das Dekret vom 14. Juli 1952 die Institutionen des Landes durch Vermehrung der Befugnisse der *Bami* und der Schaffung von Konsultativräten, deren Mitglieder teils ernannt, teils gewählt wurden, bei jeder afrikanischen Behörde.

Die politische Fortentwicklung ging in Ruanda und Urundi verschiedene Wege. Während im letzteren Land die Persönlichkeit des Mwami Mambutsa in einer Zeit, wo ihm die ständigen Meinungsverschiedenheiten zwischen den Adeligen die Rolle eines Schiedsrichters verschafften, einen schmerzlosen Übergang garantierte, präsentierte sich in Ruanda das politische Problem der Rivalität zwischen Hutu und Watussi in seinem ganzen Umfang und gab zu einer Krise seltener Heftigkeit, einem wahren Bauernkrieg Anlaß, aus dem die plebeischen Hutu schließlich als Sieger hervorgingen.

Während eine gewisse Passivität der belgischen Oberhoheit in Ruanda im Jahre 1956 zu einem Anwachsen der Autorität des Mwami führte, wirft das Manifest der Hutu vom 24. März 1957 das Rassenproblem in seiner ganzen Größe auf und preist eine bestimmte Anzahl konkreter Lösungen an: Abschaffung der Fronarbeit, gesetzliche Anerkennung des Grundeigentums, Schaffung eines landwirtschaftlichen Kreditfonds, Redefreiheit, Kodifizierung von Recht und Gewohnheitsrecht, Zulassung der Hutu zu öffentlichen Ämtern.

Zu Beginn des Jahres 1959 nehmen die Forderungen der Hutu einen solch erbitterten Charakter an, daß eine belgische Arbeitsgruppe unter M. de Schrijver kommt, um das Problem an Ort und Stelle zu studieren.

Der Tod des Mwami Mutara III. führt zu wachsender Agressivität der Watussi und ihrer Partei, der UNAR (Nationale Union von Ruanda), so daß im November 1959 ein Aufstand der Hutubauern zur Mobilisierung der Watussi und der mit ihnen verbündeten Twa, sowie zur Ermordung verschiedener politischer Führer der Hutu führt. Die Polizei kann Ruhe und Ordnung nur mit großer Mühe wieder herstellen.

Die belgische Erklärung vom 10. November 1959 wird von den Hutu mit Begeisterung begrüßt, während sich die Watussi der UNAR auf den Besuch der UNO-Mission im März 1960 verlassen.

Nach der Kurzbesprechung in Brüssel über Ruanda (30. Mai bis 7. Juni), an welcher die UNAR und der Mwami die Teilnahme verweigern, bedeuten die Kommunalwahlen einen eindeutigen Sieg der Hutu-Partei; am 17. Oktober gibt der Minister die Einsetzung einer

Regierung für Ruanda unter dem Vorsitz Grégoire Kayibandas, des Präsidenten der Parmehutu, bekannt.

Die belgienfeindliche Atmosphäre im Palast von Manhattan führt dazu, daß die UNO-Vollversammlung am 20. Dezember zwei Entschließungen annimmt, die die Spannung erhöhen.

In Urundi verläuft die Entwicklung wesentlich ruhiger. Im Jahre 1958 gründet Fürst Rwagasore, der älteste Sohn des Mwami, die UPRONA (Partei für Einheit und nationalen Fortschritt), die sich gegenüber den etwa zwei Dutzend Parteien, die im Laufe des Jahres 1960 entstehen, behauptet.

Auf Grund des Brüsseler Gesprächs vom 2.–31. August 1960, an dem die Vertreter der belgischen Regierung und 13 Vertreter politischer Parteien teilnehmen, werden für die sechs Verwaltungsabteilungen Finanzen, Landwirtschaft, Arbeits- und Zivilrecht, Grund und Boden, Gesundheitswesen und Justiz Kommissare ernannt, die in Wirklichkeit Minister sind.

Ende des Jahres 1960 kann die belgische Verwaltung auf spürbare Erfolge in Richtung innere Autonomie der beiden Mandatsgebiete zurückblicken, jedoch war ein Abbau der inneren Spannungen, die in akutem Zustand in Ruanda und in wesentlich geringerem Maße in Urundi herrschen, noch nicht möglich.

## F. Wirtschaftliche, soziale und kulturelle Bilanz

Da die Geschichte der Kolonisierung meist mit der Feder der Leidenschaft geschrieben worden ist, ist es nicht ganz leicht, daraus eine objektive Bilanz zu ziehen. Auf jeden Fall haben der Friede und die Ordnung, die mit den Europäern einkehrten, einen gewissen Aufschwung Afrikas erlaubt. Wenn bis zum Zweiten Weltkrieg der *Kolonialvertrag* fast unverändert beibehalten worden ist, so entwickeln sich seit 1946 in Vierjahrespläne aufgegliederte Projekte, für welche die Mittel für wirtschaftliche und soziale Investitionen von den Mutterländern gestellt oder zumindest vorgestreckt werden.

In diesen Plänen nimmt die *Investition für den Menschen,* das heißt auf sozialem, schulischem und gesundheitlichem Gebiet, den größten Raum ein; dazu gehören auch die Sicherung des Arbeitsplatzes der für die spätere wirtschaftliche Weiterentwicklung nötigen Fach- und Hilfskräfte.

1) *Wirtschaftliche Bilanz*

Die *Bodenschätze*, die in der Hauptsache durch privates Kapital erschlossen wurden, sind das Kennzeichen der wirklich nicht unterentwickelten Gebiete Afrikas. Die Staaten Afrikas, die schon vor der Erlangung der Unabhängigkeit das Monopol für Kobalt, Tantal und Diamanten und ein sehr hohes Übergewicht in der Förderung von Uran, Manganerzen, Gold und Phosphaten besaßen, orientierten sich auf den Aufbau einer Industrie an Ort und Stelle, um einerseits kostspielige Transporte nach außen zu vermeiden und andererseits die örtlichen Arbeitskräfte einsetzen zu können.

Was die Landwirtschaft betrifft, so wissen wir um die Bedeutung der europäischen Pflanzungswirtschaft und die Rolle, die europäische Landwirte in Nord- und Südafrika spielen.

Wenn die Sisal-, Jute-, Hevea- und Teeplantagen in der Hauptsache das Werk von Europäern sind, welche bezahlte Arbeitskräfte verwenden, so haben sich Ölpalme, Baumwolle, Kaffee und Kakao vollkommen der afrikanischen Umwelt angepaßt und verschaffen dieser ansehnliche, in Geld bestehende Einnahmen. Die landwirtschaftlichen Verwaltungsdienste haben im übrigen die Ausweitung der Kulturen und die Verwendung der besten Saatgutsorten ermöglicht.

Der Transport der Produkte bedeutet eines der Hauptprobleme Afrikas, dieses unmäßig großen Kontinents. Bis vor kurzem verboten die großen Entfernungen geradezu bestimmte Erzeugnisse, weil diese in Form von Kopflasten von einer Trägerkolonne bis zum nächsten Fluß- oder Küstenhafen geschafft werden mußten, wo sie dann auf malerisch anzusehenden, gleichzeitig dem Personenverkehr dienenden Frachtern, die am Ende einer ebenso malerischen Landebrücke verankert lagen, verladen wurden.

Die Revolution des flüssigen Brennstoffs erleichtert und verbilligt den Transport; die Häfen an den Küsten Afrikas erfahren eine Umwandlung. In Dakar wurden im Jahre 1917 über eine Million Kilogramm Kohlen umgeschlagen, heute sind es nur noch einige Tonnen; in den anderen Bekohlungshäfen Algier, Oran, Casablanca, Lagos, Simonstown, Durban, Diego Suarez, Mombasa, Dschjibuti, Port Said sieht es ähnlich aus. Die Handelsschifftonnage steigt, während gleichzeitig der Aufschwung der Luftfahrt den Passagierschiffen den größten Teil der Kundschaft entzieht.

Von den 76 000 Kilometer Eisenbahnen des Kontinents befinden sich 22 000 in der Südafrikanischen Union, 9000 im Maghreb und 8000 in

Ägypten. Die anderen Strecken dienen dem Transport der Produkte Zentral- und Westafrikas. Heutige Neubauten sind in erster Linie für den Bergwerksverkehr bestimmt, so die kürzlich fertiggestellte Bahn von Fort Gouraud nach Port Etienne für den Transport der Erze der Miferma (Mauretanien).

Was die Energiequellen betrifft, so liefert Afrika nur wenig Kohlen, so daß hier die Südafrikanische Union mit 30 Millionen Tonnen Jahresleistung einiges Gewicht erhält (Witbank in Transvaal und Vryheid in Natal). Dafür gewinnt Afrika ganz offensichtlich auf dem Sektor für Erdöl und Erdgas, durch seine Lager in der Sahara, an Bedeutung. Das Gas von Hassi R'mel wird durch eine 500 Kilometer lange Leitung nach Arzew befördert, während die Pipeline von Haud el-Hamra nach Bougie den Export von 14 Millionen Tonnen Erdöl ermöglicht und die Kapazität der Sahara sich noch steigert.

Hinsichtlich der Erzeugung elektrischer Energie ist Afrika noch kaum erschlossen; die Gesamtproduktion von 30 Milliarden Kilowattstunden ist in Süd- und Nordafrika konzentriert. Ein Verbundnetz existiert zwischen der Südafrikanischen Union und Katanga. Die Wichtigkeit der Staudämme ermöglicht auch die Anlage von Kraftwerken und der Anteil der Wasserkraftwerke an der Gesamtproduktion nimmt in fast allen Staaten zu.

Eine vollständige Ausnützung der in Afrika zur Verfügung stehenden Wasserkraft würde eine Energieproduktion in der Größenordnung von 650 Milliarden Kilowattstunden liefern.

2) *Soziale und kulturelle Bilanz*

Das *Gesundheitswesen* ist das Gebiet, auf welchem die augenfälligsten Erfolge erzielt worden sind. Die großen Epidemien (Schlafkrankheit, Lepra, Pian und Trachom) sind wirkungsvoll bekämpft worden und dank der Fortschritte in der Therapeutik aus weiten Gebieten des Kontinents verschwunden.

Lange Jahre hindurch bestand zumindest in Französisch-Afrika die medizinische Behandlung in einer Massenverarztung und war kostenlos; die Breitenarbeit wurde auf den Dienstreisen der Militärärzte und Impftrupps geleistet, während die Spitäler und Arzneiverteilungsstellen den sanitären Unterbau darstellten.

Die OMS (Weltgesundheitsorganisation) hat seit der Erlangung der Unabhängigkeit im Kampf gegen die großen Epidemien wachsende

Bedeutung gewonnen. Nach Abschluß ihrer medizinischen Studien in Europa lassen sich junge Afrikaner im Umkreis der Städte nieder und betreuen die neue bürgerliche Schicht Afrikas.

Auf dem *Gebiete des Schulwesens* wußte jede Kolonialmacht ihren Stempel aufzudrücken.

In den englischen Besitzungen umfaßt die Schule im allgemeinen vier Stufen: die *Buschschule*, die weder subventioniert, noch kontrolliert wurde und wo der Unterricht in der Stammessprache erteilt wurde; die *Dorfschule*, wo die Verkehrssprache (Suaheli in Ostafrika, Haussa und Joruba in Nigerien, Fanti oder Twi in Ghana, usw.) und das Englische als Unterrichtssprachen verwendet wurden; diese Schulen, für welche eine Altersgrenze und eine Kursdauer von sechs Jahren galt, dienen der Vorbereitung für die *Mittelschule* (Central School), aus welcher das Lehr- und Verwaltungspersonal hervorgeht.

Der *Hochschulunterricht* erfreut sich auf Grund der Struktur der englischen Universitäten, die einzig und allein nach dem Ruf, den sie genießen, eingeschätzt werden, einer beträchtlichen Entwicklung. Die englische Struktur und die Autonomie jeder einzelnen Hochschule verleiht diesen ein sehr hohes Maß von Geschmeidigkeit und erlaubt ihnen die Berufung zahlreicher Lehrer aus der ganzen englischsprachigen Welt, zumal von Angehörigen der vielen amerikanischen Universitäten, deren Professoren sich zur Zeit leidenschaftlich für Afrika begeistern.

Das belgische Schulwesen konnte im Jahre 1960 mit eindruckerwekkenden Statistiken aufwarten (1 300 000 Schulkinder), aber im wesentlichen handelte es sich dabei um Erteilung des Unterrichts in der Mutter- oder einer Verkehrssprache (Suaheli, Lingala, Kiluba, je nach Provinz). Unterricht in der französischen Sprache erhielten nur die zukünftigen Hilfskräfte der Europäer. Das Vorhandensein zahlreicher belgischer Kolonisten, welche sich nicht von ihren Kindern trennen wollten, führte im Jahre 1954 zur Gründung der Universität Lovanium und 1956 zu der der Universität Elisabethville.

Das französische System, welches bereits im Jahre 1818 im Senegal eingeführt wurde, hat sich als bestgeeignet für die Heranbildung einer afrikanischen Elite erwiesen, die bei internationalen Konferenzen im allgemeinen ihren englischsprachigen Kollegen überlegen ist.

Wenn die französische Schule auf dem ehemals französischen Gebiet auch ungleichmäßig verteilt war, so wurden hier doch hervorragende Anstrengungen gemacht. In Kamerun, Gabun und in der heutigen Kongorepublik erhielten 70 bis 80 Prozent der einschulbaren Kinder wirklichen Unterricht. In Algerien gab es fast eine Million Schulkinder.

Die Universität Algier mit 96 Lehrstühlen und 6500 Studierenden, von denen 815 Moslems waren, war die dritte Universität Frankreichs. Auf dem ehemaligen französischen Gebiet vervollständigen die Universitäten Dakar (seit 1950), Tananarivo, Brazzaville, Abidjan und Jaunde das Gerüst der afrikanischen Universitäten, das in Rabat und in Tunis zwei Eckpfeiler besitzt.

Vor dem Zweiten Weltkrieg schlossen dichte Scheidewände die englischen, belgischen, französischen und portugiesischen Verwaltungen voneinander ab. Dem französischen Verwaltungsbeamten Paul Marc Henry, den der Generalgouverneur Delavignette, damals Direktor für politische Angelegenheiten in der Rue Oudinot, unterstützte, ist die Schöpfung der CCTA, der Kommission für technische Zusammenarbeit in Afrika südlich der Sahara, zu verdanken. Diese komplexe Einrichtung, die Vertreter sämtlicher Kolonialnationen umfaßte und deren Tätigkeit von einem Generalsekretär – lange Zeit von Paul Marc Henry selbst – koordiniert wurde, bestand aus technischen Büros: Interafrikanisches Büro für Bodenkunde und ländliche Wirtschaft in Paris; Interafrikanisches Büro für Tierseuchen in Magaga (Kenia); Ständiges Interafrikanisches Büro für Tsetse und Trypanosomiasis in Léopoldville; Interafrikanisches Institut für Arbeit in Bamako; Interafrikanischer Pedologischer Dienst in Yangambi (Kongo). Die Gesamtheit dieser Einzelorganismen wurde gekrönt von dem von den gleichen Regierungen parallel zum CCTA gegründeten CSA, dem Wissenschaftlichen Rat für Afrika, der der Förderung der wissenschaftlichen Zusammenarbeit in Afrika dienen sollte. Diese Einrichtung, deren Sitz von London nach Lagos verlegt wurde, ist jetzt afrikanischen Händen anvertraut. Es ist zu wünschen, daß die Summe der dort gesammelten technischen Informationen den jungen afrikanischen Republiken noch lange Jahre dienen kann.

Die Selbständigkeit der neuen Staaten und die Tatsache, daß die Universitäten jetzt nationale Hochschulen sind, verschafft den von den großen amerikanischen Stiftungen (Ford, Carnegie, Rockefeller) unterhaltenen englischsprachigen Institutionen einen zusätzlichen Vorsprung.

Dies ist der Grund dafür, daß im großen französisch-englischen Sprachenstreit die von dem französischsprachigen Teil Kanadas ausgehende Gegenoffensive einen so ungeheuer großen Widerhall in Afrika fand. An der Universität Montreal wurde auf die Anregung von seiten des Rektors, Monsignore Lussier, hin im September 1951 die AUPELF, der »Verband der teilweise oder ganz französischsprachigen Universitäten« gegründet. Die erste Generalversammlung, die im April 1963 in Paris abgehalten wurde, stand unter dem Motto »Die AUPELF und Afrika« und bewies damit, daß die französischsprechende Welt mit Afrika eine Zusammenarbeit beabsichtigt, die gestatten wird, mit dem angelsächsischen Dynamismus in Wettbewerb zu treten und sämtliche Mittel aller Universitäten, für die das Französische die große Kultursprache ist, dafür einzusetzen.

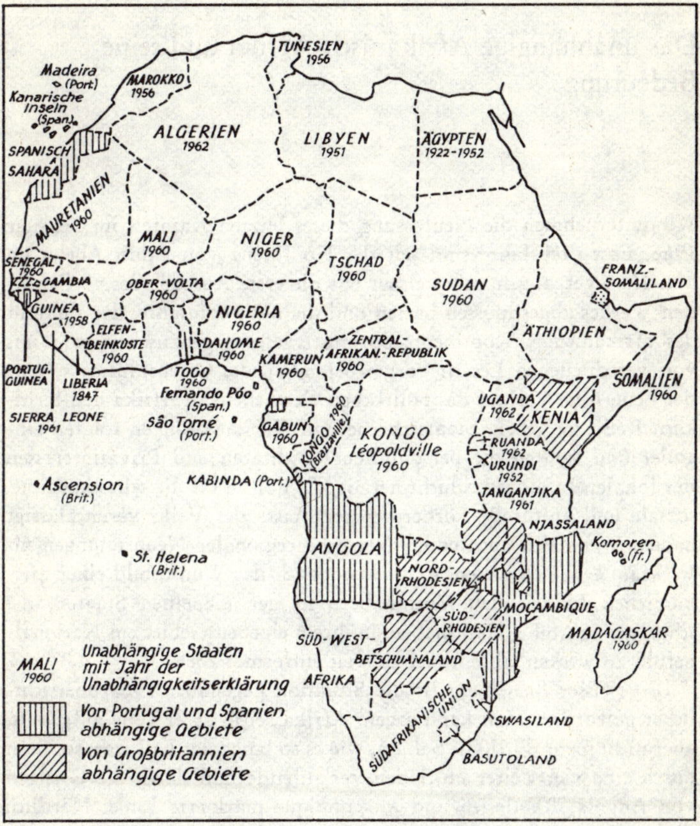


Karte 20: Afrika im Mai 1963

# XIV

# Das unabhängige Afrikanisch-Afrika und seine Bedeutung

Wir unternehmen die Neufassung dieses letzten Kapitels im Februar 1966. Fast drei Jahre sind seit der Konferenz von Addis Abeba im Mai 1963 vergangen, mit welcher wir die erste Ausgabe des vorliegenden Werkes abgeschlossen hatten und die uns veranlaßte, der Zukunft des afrikanischen Kontinents optimistisch entgegenzusehen, was uns von verschiedenen Lesern vorgeworfen wurde. Offensichtlich scheint der neuerliche Verlauf des politischen Geschehens in Afrika den Kritikern Recht zu geben. Staatsstreiche und Verschwörungen folgten einander und stellten die persönlichen Rivalitäten und Privatinteressen der lokalen Intelligenzschicht heraus, die nur zu oft die wirtschaftliche, soziale und kulturelle Förderung der Masse des Volks vernachlässigt haben. Wenn sich auch einige Versuche regionaler Neuordnungen als wirksam erwiesen haben, so erscheint doch das Wunschbild einer afrikanischen Einheit den Machthabern in den einzelnen Staaten, die schon genug Mühe damit haben, in ihrem eigenen Gebiet ein Nationalgefühl zu wecken, als ein viel zu weit entferntes Ziel.

In gewisser Beziehung ist die Situation gegenüber 1963 übersichtlicher geworden. Man kann sagen, Afrika sei in zwei Teile aufgeteilt, aber nicht mehr durch die Sahara, wie es so lange der Fall war, sondern durch eine viel weiter im Süden verlaufende und durch die Grenzen von Angola, Rhodesien und Moçambique markierte Linie. Nördlich dieser Linie sind mit Ausnahme der Spanischen Sahara, Portugiesisch-Guineas, Spanisch-Guineas und Französisch-Somalilands, die miteinander nicht einmal eine Million Einwohner zählen, sämtliche Staaten unabhängig. Südlich dieser Linie bildet Südafrika einen Block, wo die Weißen immer noch die Gewalt in Händen haben, wenn auch unter sehr verschiedenen Aspekten. Angola und Moçambique werden als integrierender Teil des portugiesischen Staatsgebietes angesehen; die Republik Südafrika hat im Jahr 1961 die Verbindung mit dem Commonwealth gelöst; Südrhodesien, ehemalige Kronkolonie mit interner Autonomie, hat von sich aus am 11. November 1965 seine Unabhängigkeit proklamiert. Dies Ereignis neuesten Datums hat einerseits den Fortschritt der großen wirtschaftlichen und finanziellen Macht des konterrevolutionären Südafrika erkennen lassen, andererseits aber auch die Ohnmacht der »Organisation für Afrikanische Einheit«, die in hohem Ausmaße auf die politische Unstabilität der Länder des unabhängigen Afrika zurückzuführen ist.

## A. Problematische Unabhängigkeit und Widerstände gegen die Entkolonisierung

### 1) *Der unabhängige Kongo*

Die ersten 13 Monate des unabhängigen Kongo verlaufen besonders dramatisch. Die Regierung des Patrice Lumumba (1. Juli – 5. September 1960) hat in der Tat mit einer Reihe ganz besonders schwerwiegender Ereignisse zu tun: Meuterei des Heeres (5. Juli), Massenabwanderung der europäischen Kolonisten und Fachleute, militärische Intervention Belgiens, Abbruch der diplomatischen Beziehungen mit Brüssel, Abspaltung Katangas (11. Juli), dann die der Provinz Kassai und schließlich die militärische und zivile Intervention der UNO.

Nach der Rückkehr Lumumbas von seiner einem Triumphzug gleichenden Reise nach Europa und Amerika führt die Gegnerschaft Kasawubus dazu, daß sich am 5. September die Präsidenten gegenseitig absetzen und sich am 14. September der Oberst Mobutu einschaltet. Dieser konstituiert den *Rat der Generalkommissare,* welcher bis Februar 1961 versucht, in einem durch die Verhaftung Lumumbas zutiefst verwundeten und zwischen drei Mächten aufgeteilten Lande die Verwaltung wieder in Ordnung zu bringen. Neben der Regierung in Léopoldville steht die Regierung Gizenga in Stanleyville, der die lumumbatreuen Provinzen ausschließlich gehorchen und die auch vom östlichen Landesteil anerkannt ist, während Katanga und Süd-Kassai auf ihrer Selbständigkeit bestehen.

Die drei Konferenzen in Léopoldville, Tananarivo und Coquilhatville, welche die Vertreter dieser drei Mächte um einen Tisch versammeln, stellen einen erfolglosen Versuch zur Lösung der durch die Ermordung Lumumbas im Januar 1961 noch verschärften Verfassungskrise dar. Schließlich bringt die Konferenz vom 21. Juli bis 2. August in Lovanium durch die Bildung der Regierung Adula eine Lösung des Problems. Seitdem hat diese Regierung mit Hilfe der UNO der Sezession Katangas ein Ende machen können. Man weiß, wie umstritten der Einsatz der UNO-Streitkräfte in Elisabethville war und wie der erste Fehlschlag im September 1961 den Unfalltod Dag Hammarskjölds, des Generalsekretärs der Vereinten Nationen, nach sich zog. Darauf folgten die Operationen im Dezember 1961, das Abkommen von Kitoha (20. Dezember 1961), die Gespräche zwischen Adula und Tschombe (März – April 1962), dann der Plan U Thants, die amerikanische Hilfe . . . und schließlich das Ende der Abspaltung Katangas im Januar 1963.

Um die Sezessionsgelüste Katangas auszuschalten, richtet die Regierung eine Provinz Nordkatanga ein; weiterhin gibt sie dem partikularistischen Druck von seiten der Stämme in so hohem Maße nach, daß der Kongo heute an Stelle von 6 in 21 Provinzen eingeteilt ist, was natürlich für die Verwaltung wachsende Schwierigkeiten bedeutet.

Während der 30 Monate der Sezession Katangas hat der Kongo trotz relativ großer Stabilität der Produktion mit großen Schwierigkeiten finanzieller Natur zu kämpfen, die auf die Erhöhung der Zahl und der Bezüge der Beamten und Militärs zurückzuführen sind, sowie auf die Schwierigkeit der Einrichtung einer wirksamen Zollpostensperre in einem Diamantenproduktionsgebiet.

Vielfache Schwierigkeiten sind der Grund für die Auflösung der Kammern auf unbestimmte Zeit durch den Staatschef im September – Oktober 1963. Dieser Bruch zwischen Exekutive und Legislative hat zwei besonders schwerwiegende Folgen. Einerseits geht die Opposition ins Exil (Rebellenregierung in Brazzaville, welche den Aufständen auf dem Lande den ihnen bis dahin fehlenden politischen Oberbau gibt) oder in den Untergrund, was die Aufstellung von Guerillaverbänden ermöglicht; andererseits wird die Regierung Adula des durch die Kammern trotz ihrer Schwäche und ihrer Korruption dargestellten demokratischen Gegengewichts beraubt und gerät unter den Einfluß der »Binza-Gruppe«, die sich aus meist katholischen und prowestlich eingestellten kongolesischen Technokraten zusammensetzt.

Auf wirtschaftlichem Gebiet kann einer am 9. November 1963 an sich technisch gut durchgeführten Währungsreform infolge des unzureichenden Verwaltungsapparats kein rechter Erfolg beschieden sein.

Inzwischen breitet sich der durch Pierre Mulele, den ehemaligen Erziehungsminister der Regierung Lumumba, ausgelöste Aufstand ab Januar 1964 in der Provinz Kuilu aus, vom Mai an in Nord-Katanga unter der Leitung von Gaston Sumialot, der sich seit mehreren Monaten in Bujumbura aufhält.

Der Kongo unterstand damals immer noch dem in Brüssel im Jahr 1960 als Basis seiner Unabhängigkeit angenommenen *Grundgesetz*. Die vom Verfassungsausschuß in Luluaburg ausgearbeitete Verfassung erlangt durch das Referendum vom 28. Mai 1964 Gültigkeit. Am 30. Juni, als die letzten militärischen Kontingente der Vereinten Nationen abziehen, tritt die durch eine Tätigkeit von 35 Monaten aufgebrauchte Regierung Adula zurück.

Am 4. Jahrestag der Unabhängigkeit des Kongo beherrschen die Truppen der »Volksbefreiungsarmee« Uvira und Albertville, wo Gaston Sumialot am 21. Juli eine provisorische Regierung bildet. Am 26. Juli entsteht im Westen eine zweite Front durch Kommandotruppen der APL (Volksbefreiungsarmee), die aus dem Ausbildungslager Gamboma in Kongo-Brazzaville kommen. Diese Front erstreckt sich zwei Tage später bis Kwamouth an der Mündung des Kassai in den Kongo.

Am 9. August fällt Stanleyville. Die Aufständischen stoßen bis Bukawu vor, das am 15. August erfolgreich Widerstand leistet, da es sich auf die Resolution von Oberst Mulamba und auf die Baschi-Krieger Mwami Alexander Kabares stützt, eines ehemaligen Mitglieds des MNC Lumumbas, den Mose Tschombe für ihre Sache gewann.

Die Lage bleibt bis Oktober verworren. Dann unternimmt der ANC mit Söldnertruppen die Wiedereroberung der aufständigen Provinzen. Da noch mehrere hundert Europäer in Stanleyville und Paulis leben, intervenieren belgische Paratruppen mit amerikanischer Unterstützung (November 1964).

Vielleicht wollte sich Mose Tschombe vor der afrikanischen öffentlichen Meinung rehabilitieren, als er die belgischen Angebote technischer Hilfe verwarf und kurz nach der Operation Stanleyville den Sonderausschuß Katangas am 29. November 1964 auflöste.

In den ersten Monaten des Jahres 1965 wird der Kampf gegen den Aufstand fortgeführt, bis Mose Tschombe abgesetzt wird; nach einem Monat politischer Schwankungen bildet General Mobutu (November 1965) mit seinem Putsch eine Regierung mit jungen Kongolesen und Technikern. Er verspricht, den Wirtschaftskreislauf und die Devisenbewirtschaftung grundlegend neu zu gestalten. Tatsächlich sinkt die

Wirtschaft des reichsten Staates im unabhängigen Afrika gefährlich ab, obwohl sein Industriepotential von den vielfachen Erschütterungen während der fünf ersten Unabhängigkeitsjahre praktisch kaum vermindert wurde.

2) *Die Unabhängigkeit Algeriens*

Als General de Gaulle am 16. September 1959 zum ersten Mal öffentlich von Selbstbestimmung sprach, führte er die entscheidende Wende in dem langen Konflikt zwischen der FLN und Frankreich herbei. Die FLN verfocht zu Recht den Anspruch des algerischen Volkes auf Unabhängigkeit, Frankreich weigerte sich, genauso zurecht, nahezu eine Million Europäer aufzugeben, die seit mehreren Generationen im Lande lebten und denen bewußt war, daß sie ihm mit ihrer Arbeit gedient hatten.

Die »algerische Affäre« ging das gesamte französische Volk in mehr oder weniger hohem Grade an, während es sich für das übrige Afrika, das ihm ja wesentlich ferner lag, weit weniger interessierte. Viele sahen in der Unabhängigkeit Algeriens eine Abtrennung französischen Bodens; es steht fest, daß sich selbst die glühendsten Verfechter eines »algerischen Algerien« im Mutterlande eines aus Beschämung, Wut und Mitleid zusammengesetzten Gefühls nicht erwehren konnten, als sie neun Zehntel der algerischen Europäergemeinde in Frankreich ankommen sahen – auf der Suche nach einem Vaterland, das sie noch nicht kannten und das sie nicht begriffen hatte, ebensowenig wie es den Weg der Geschichte erkannt hatte, der unweigerlich zum Ende eines Regimes führen mußte, unter dem eine Million Christen gegenüber neun Millionen Moslems, deren ständige Zunahme die Gefahr einer Explosion immer mehr vor Augen führte, über unmäßig weitgehende Vorrechte verfügte.

Die seit dem 16. September 1959 eingetretenen Ereignisse lassen sich in zwei Kategorien einteilen. Paradoxerweise ereignet sich das, was Algerien direkt angeht, meist außerhalb Algeriens, und treffen die Vorkommnisse in Algier mehr die Geschichte Frankreichs als die Afrikas. Als zu der ersten Kategorie gehörig wollen wir das ebenso lebhafte wie enttäuschende Gespräch von Melun vom 25. bis 29. Juni 1960, die Vermehrung der Beziehungen der Provisorischen Regierung der Algerischen Republik (GPRA) zur Außenwelt, die Versuche einer Internationalisierung des Konflikts bei der UNO, die ergebnislosen Konferenzen von Evian und Lugrin (20. Mai bis 28. Juli 1961), die Sitzung des Nationalrats (CNRA) in Tripolis (9. bis 27. August 1961) und die Ersetzung seines Präsidenten Ferhat Abbas durch Ben Khedda und schließlich die Unterzeichnung der Vereinbarungen von Evian am 19. März 1962 anführen. – Die tragischen Ereignisse von Algier bringen zwei leidenschaftlich verfochtene gegensätzliche Einstellungen gegenüber der Politik der Selbstbestimmung zum Ausdruck. Die Europäergemeinde sah in ihr mit Recht ihr Todesurteil und die französische Armee war mit Recht darüber empört, daß sie mit ansehen sollte, wie die Idee von einem »algerischen Algerien« ihre seit fünf Jahren durchgeführte Arbeit der Befriedung und des Aufbaus eines »französischen Algerien« zunichte machte. Nach dem schmerzlichen Fehlschlag der »Barrikadenwoche« im Januar 1960 veranlassen die ständig doppelsinnigen Reden des Generals de Gaulle während seiner »Kasinotournee« im März 1960 und im Fernsehen die einen im Dezember 1960 während der Algerienreise des Generals zu Tumulten, die anderen zum Militärputsch vom 22. April 1961, und viele zur mehr oder weniger offenen Unterstützung der Terrorakte, die durch die »Organisation Geheimarmee« (OAS) durchgeführt wurden und zu den tragischen Wochen nach der Unterzeichnung der Evianer Abkommen Anlaß gaben.

Das algerische Volk hat dadurch, daß es inmitten der Provokationen und der Zerstörungswut der OAS sein klares Denkvermögen und seine Kaltblütigkeit bewahrte, einen bemerkenswerten Beweis politischer Reife geliefert, die trotz der ungeheuren wirtschaftlichen Schwierigkeiten, denen sich dieses arme, übervölkerte Land gegenübersah, eine bessere Zukunft voraussagen läßt.

Am 3. Juli 1962 verleiht General de Gaulle Algerien offiziell die Unabhängigkeit, für die sich das algerische Volk zwei Tage zuvor bei der Wahl in überwältigender Mehrheit entschieden hatte (5 975 581 Ja-Stimmen gegen 16 534 Nein-Stimmen).

Am 5. Juli 1962 ziehen die algerischen Truppen der Nationalen Befreiungsfront in Algier ein, auf den Tag genau 132 Jahre nach der Truppenlandung in Sidi Ferruch.

Dann bringt eine schwere innere Krise Algerien an den Rand des Bürgerkriegs. 65 Tage lang stehen sich die Anhänger und die Gegner Ben Bellas kämpfend gegenüber, die Zivilisten und die Militärs, die Einheiten der verschiedenen *wilaya*. In der allgemeinen Anarchie werden mehrere Tausend *harkis* oder profranzösische Mohammedaner ermordet; Entführungen von Europäern häufen sich. Es kommt zu einer neuerlichen Flucht; die europäische Bevölkerung verläßt Algerien, wodurch die Agrarreform in gewisser Weise vereinfacht wird, andererseits aber Wirtschaft und Verwaltung stillgelegt werden.

Am 29. September 1962 wird Ben Bella zum Präsidenten des vier Tage vorher von der ersten Nationalversammlung eingesetzten Rates der algerischen demokratischen Volksrepublik gewählt. Er verpflichtet sich, die sozialistische Revolution mohammedanischer Prägung durchzuführen, die beim Kongreß von Tripolis im Juni 1962 in groben Zügen festgelegt wurde: Eine Volksrevolution »der Bauern, der Arbeiter und der revolutionären Geistesarbeiter«, die sich einem entstehenden Neokolonialismus und damit jedem fremden Eingreifen in die Innenpolitik widersetzt.

Im Spezialfall Algerien ist dieses Programm wohl besonders schwer zu verwirklichen. Zum Aufbau eines neuen Staates ist Hilfe von außen dringend erforderlich, vor allem die Hilfe Frankreichs, der einzigen Macht der Welt, die bereit ist, algerischen Wein und algerisches Erdöl über dem Weltmarktpreis zu kaufen. Außerdem ergibt sich in einem Land, in dem der traditionelle Bauernstand überwiegt und aktiv am Freiheitskrieg teilnahm, die Agrarreform als Hauptstück der sozialistischen Revolution. Diese Reform betrifft aber zwangsläufig die Ländereien europäischer Kolonisation. Das ist der erste, aber nicht der geringste Widerspruch, auf den der erste Regierungschef des unabhängigen Algerien stoßen wird. Mit seinem Gefühl für Kompromisse gelingt es Ben Bella während der dreiunddreißig Monate seiner Machtausübung (20. September 1962 bis 19. Juni 1965), diesen Widerspruch teilweise zu lösen, was ihm die Algerier sicher danken werden.
Einerseits führt er in der Landwirtschaft, dann auch in Industrie und Handel das System der *Arbeiterselbstverwaltung* ein; seine Nachfolger verkündeten, sie sei eine »endgültige Maßnahme«. Die Ländereien, die die Siedler bei ihrem Abzug hinterlassen, werden zu »herrenlosen Gütern« erklärt und am 1. Oktober 1963 insgesamt verstaatlicht. Diese Sozialisierung der Ländereien betrifft jedoch nur einen geringen Teil der bäuerlichen Bevölkerung (ungefähr 100 000 von 7 Millionen); es entstand daher ein neues Bürgertum, das praktisch den ganzen Exportanbau beherrscht, also einen beträchtlichen Teil des Nationaleinkommens. In der Industrie zeitigte die Arbeiterselbstverwaltung auch gewisse unangenehme Folgen, z. B. den Abzug ausländischen Kapitals und die Weigerung des früheren algerischen Bürgertums zur Mitarbeit.

Andererseits verfolgt Ben Bella eine Politik der Zusammenarbeit mit Frankreich, die sich den fortgesetzten Verletzungen des Übereinkommens von Evian gegenüber als völlig unempfindlich erweist und ihm eine beträchtliche Geldhilfe einträgt (2,01 Milliarden Francs zwischen Juli 1962 und Dezember 1964). Außerdem pflegt er seine Beziehungen zu der UdSSR, zu China, zu den arabischen Ländern, zu Jugoslawien, aber auch zu den USA, die trotz der Sympathie zwischen dem algerischen Staatschef und Fidel Castro eine umfangreiche Nahrungsmittelhilfe leisten.

Am 8. Oktober 1962 wird die algerische Volksrepublik in die Vereinten Nationen aufgenommen. Sofort umreißt Ben Bella unzweideutig seine Position: »Algerien ist integrierender Bestandteil des arabischen Maghreb, der arabischen Welt und Afrikas«; der vereinigte arabische Maghreb ist indessen noch lange nicht Wirklichkeit, wie aus dem reinen Wortstreit mit Tunesien im Januar 1963 und hauptsächlich aus dem algerisch-marokkanischen Grenzkonflikt hervorgeht, der während der zweiten Hälfte des Jahres 1963 im Vordergrund steht und, zu Ben Bellas Glück, zeitlich mit dem kabylischen Aufstand zusammenfällt (29. September bis 12. November 1963). Auf Grund der Bemühungen des im Mai 1963 in Addis Abeba gegründeten Vergleichskomitees führt am 30. Oktober 1963 das Treffen von Ben Bella und dem marokkanischen König in Bamako zur Annahme eines Waffenstillstands auf der Basis des Status quo; dies ist der erste große Erfolg der Organisation für Afrikanische Einheit.

Insgesamt erreicht Ben Bella mit seiner Außenpolitik also, daß dem unabhängigen Algerien ein wichtiger Platz in Afrika und in der Welt eingeräumt wird. Seine Außenpolitik wird übrigens bei seiner Absetzung im Juni 1965 kaum kritisiert. Im Inneren stößt Ben Bella dagegen auf ständig erneuerten Widerstand sehr verschiedener Teile der algerischen politischen Strömungen. Eigentlich ergab sich gleich bei Ausrufung der algerischen Republik ein unvermeidlicher Konflikt zwischen dem persönlichen Machtstreben des Staatschefs und der zahlreichen Militärführer; der Friede führte nämlich die Macht und Autorität der Militärs während sieben Kriegsjahren auf ein recht bescheidenes Ausmaß zurück. Jedem Oppositionsführer war es leicht, in der ungeheuren Zahl der Arbeitslosen (im Jahr 1963 zwei Millionen Arbeitslose und zweieinhalb Millionen Menschen ohne Einkünfte) Truppen zusammenzustellen. So sagt Ait Ahmed am 9. Juli 1963 dem Regime offen den Kampf an und gründet am 29. September 1963 in der Kabylei die aufständische PC, die von Oberst Mohand Ou el-Hajd angeführt wird. Der mit dem algerisch-marokkanischen Grenzkonflikt zeitlich zusammenfallende kabylische Aufstand endet am 12. November.

Ait Ahmed wird am 17. Oktober 1964 festgenommen, zwei Monate nach der Hinrichtung von Oberst Chaabani, der sich in Südalgerien dem Maquis angeschlossen hatte.

Außerdem trifft Ben Bella auf den Widerstand der früheren algerischen Bürgerschaft (am 14. August 1963 dankt Ferhat Abbas ab) und der Ulemas, die den vom Regime offiziell bekannten Islam für zu lau und das Unterrichtswesen und die Presse für zu wenig strenggläubig erachten. Schließlich ergreift die Volksarmee, der einzige organisierte Verband im Land, die Macht. Am 19. Juni 1965, zehn Tage vor dem für die Eröffnung der zweiten afro-asiatischen Konferenz vorgesehenen Datum, setzt Oberst Boumedienne Ben Bella ab, den er selbst am 10. September 1962 eingesetzt hatte.

Seit Juni 1965 hat sich die politische Linie Algeriens nicht sehr geändert. Die verstärkte Zusammenarbeit mit Frankreich kommt in den Erdölverträgen zum Ausdruck, die Algerien zu einer neuen wirtschaftlichen Ausgangsbasis verhelfen und die Zahl der Arbeitslosen verringern sollten.

### 3) *Entwicklung der tunesischen Politik*

Die Räumung Bisertas (am 14., 15. und 16. Dezember 1963) bezeichnet eine Wende in den Beziehungen zu Algerien und zu Ägypten, dessen Eingreifen in maghrebinische Dinge nicht immer gutgeheißen wurde, und einen Erfolg für die Einrichtung periodischer Treffen zwischen Staatschefs. Im Januar 1964 wird die Gipfelkonferenz der arabischen Liga in Kairo zum persönlichen Erfolg von Präsident Burgiba. Das Gesetz vom 11. Mai 1964 über die Zurücknahme von Ländereien stärkt seine »arabische« Position, führt aber zur Verhärtung der französischen Positionen (Abruf von Anleihen und Fachleuten). Der Besuch von König Hassan II. in Tunis vom 5. bis 12. Dezember 1964 endet mit dem Abschluß tunesisch-marokkanischer Verträge.

Auf wirtschaftlichem Gebiet ruft die Entwertung des Dinars (am 28. September 1964) eine heftige Meinungsverschiedenheit zwischen Habib Achour, dem Generalsekretär der UGTT, und der Partei hervor, so daß Habib Achour nach den Ereignissen in Algier aus dem Gewerkschaftsleben ausgeschlossen und die UGTT gleichgeschaltet wird. Schon im Herbst 1965 aber bemühen sich Präsident Burgiba und die destourische sozialistische Partei gemeinsam, die öffentliche Meinung zu beruhigen; sie setzen Habib Achour frei und beginnen mit Lohnerhöhungen. Dieser eigennützigen Mäßigung entspricht ein Appell an die Solidarität der französisch-sprechenden afrikanischen Staaten, das Hauptthema der Reise.

4) *Entwicklung der marokkanischen Politik*

Das Referendum vom 7. Dezember 1962 fiel zugunsten der neuen Verfassung und der FDIC (Verteidigungsfront der Verfassungsinstitutionen) aus, die am 20. März 1963 von Guedira und Akardane gegründet worden war. Sie erhält die Mehrzahl der Sitze in der Kammer der Volksvertreter und fast alle in der Kammer der Räte. Die Mitglieder der am 13. November 1963 vorgestellten Regierung werden aus dieser Partei gewählt. Premierminister ist Ahmed Bahnini, der am 11. Januar 1964 die Regierungserklärung verliest. Am 12. April gründet Guedira innerhalb der FDIC die sozialistisch-demokratische Partei. Eine ministerielle Umgruppierung am 19. August zeugt vom Willen zum Wechsel.

Am 23. März 1965 greift ein angeblich von Studenten entfesselter Aufstand auf Casablanca über. Es kommt zu mehreren Todesopfern, beträchtliche Unterdrückungsmaßnahmen werden notwendig. Der König greift jedoch energisch ein, macht den Abgeordneten Vorwürfe und entspannt mit einer allgemeinen Amnestie am Ait-el-Kebir-Tag die Atmosphäre, ehe er am 9. Juni den Ausnahmezustand ausruft und die Macht direkt übernimmt.

Am 1. Juli 1965 wurde der Außenhandel teilweise verstaatlicht, am 9. Juli 1965 wurde ein Büro für Handel und Export gegründet, während der König auf politischem Gebiet eine Öffnung nach links plante, die aber durch die Entführung Ben Barkas Ende Oktober 1965 erschwert wurde.

Das Algerienproblem hat einen guten Teil der französischen Afrikapolitik in Tunesien und Marokko beeinflußt. Das Gespräch von Rambouillet zwischen General de Gaulle und Präsident Burgiba am 27. Februar 1961 wird von letzterem als ein Versprechen der Räumung von Biserta ausgelegt. Die Folge davon ist der Angriff vom 17. Juli 1961, der, wie es scheint, mehr dazu dienen soll, eine sich bereits abhebende antifranzösische Stimmung um Burgiba zu sammeln, als eine militärische Entscheidung herbeizuführen. Am 20. Juli 1961 werden die diplomatischen Beziehungen zu Paris abgebrochen.

Die Ermordung Salah ben Jussefs in Frankfurt (August 1961) schaltet für Burgiba den einzig möglichen Konkurrenten aus und bringt ihm eine Stärkung seiner eigenen Position und die Wiederanknüpfung von Beziehungen zu Frankreich.

### 5) *Ruanda und Burundi*

Die beiden Staaten, deren Namen stets durch einen Bindestrich miteinander verbunden waren, solange sie unter belgischer Mandatsherrschaft standen, trennen sich jetzt. Am 15. Januar 1961 unterzeichnet Generalresident Harroy einen Erlaß, welcher Ruanda die innere Autonomie zuerkennt. Am 28. Januar, dem Ankunftstag der UNO-Mission, wird die Republik proklamiert und der Herrschaft des Mwami Kigeli ein Ende gemacht; der Kalinga (heilige Trommel) verschwindet.

Am 18. September finden in Burundi und am 25. in Ruanda unter UNO-Überwachung Wahlen statt; 80 Prozent der Wähler in Ruanda entscheiden sich für eine republikanische Staatsform des »Präsidialtyps« mit Grégoire Kayibanda an der Spitze.

Die Kommunalwahlen vom Dezember 1960 bedeuten den Sieg der Fortschrittsparteien und die vom 18. September 1961 einen Erfolg für die UPRONA. Burundi wird damit zu einer konstitutionellen Monarchie unter dem Mwami Mambutsa. Der zum Premierminister ernannte Fürst Louis Rwagasore wird am 13. Oktober 1961 ermordet. Am 21. Dezember 1961 wird ein Vertrag mit Belgien bezüglich innerer Autonomie unterzeichnet, wobei sich Belgien auf Grund der Mandatsverträge die Wahrnehmung der Außenpolitik, Verteidigung, Polizei und Finanzkontrolle vorbehält.

Nach sehr unerfreulichen UNO-Debatten beschließt die UNO-Vollversammlung am 28. Juni 1962 für den 1. Juli die Aufhebung des belgischen Mandats über Ruanda und Burundi und die Unabhängigkeit.

Während Burundi Monarchie bleibt und als Aktivposten die ehemalige Bundeshauptstadt Usumbura behält, wird Ruanda zur Republik, die sich infolge des Mangels an Fachkräften nur schwer zurechtfinden kann.

Eigenartigerweise führte in diesem Lande, wo die sozialen Verhältnisse denen vor der russischen oder ägyptischen Revolution sehr ähnlich waren, die Tatsache, daß die Partei der ehemaligen Leibeigenen, der Hutu, von Belgien unterstützt wurde, dazu, daß die Watussi-Aristokraten von Seiten des Ostblocks und der Casablanca-Gruppe Beistand geleistet bekamen.

Die Republik Ruanda nahm seit ihrer Unabhängigkeit eine Sozialreform und zugleich den nationalen Aufbau in Angriff. Besonderen Aufschwung erhielt das Unterrichtswesen; auf Grund des Schichtunterrichts können doppelt so viele Schüler unterrichtet werden. Das Weideland *Ibikingi*, früher ein Stammland der Tutsihirten, wurde den Hutu-Landwirten überlassen, damit dem Nahrungsmittelbedarf des Landes genügt wird.

Am 22. Dezember jedoch starten ultrakonservative, nach Burundi geflüchtete Personen einen Angriff. Die Auswanderer, die sich selbst *Inyenzi* (= Küchenschaben) nennen, stoßen bis 26 Kilometer vor Kigali vor, wo sie von einer Einheit des ruandischen Heeres aufgehalten werden. Dieser Angriff kompromittiert die führenden Persönlichkeiten der UNAR, deren Zeitung *L'Unité* eine konstruktive Opposition darstellte – ein seltenes Phänomen in Afrika. Mehrere führende Persönlichkeiten werden verdächtigt, eine fünfte Kolonne zu bilden; sie werden verhaftet, abgeurteilt und hingerichtet, während im Busch die Selbstverteidigung herrscht und tragische Abrechnungen mit sich bringt. Ein Aufruf von Papst Paul VI. verschafft dem Frieden wieder Eintritt in diesem stark christianisierten Land, während die Regierung an ihrer schwierigen Aufgabe, dem nationalen Aufbau, weiterarbeitet.

Burundi galt mehrere Monate lang als die »rote Monarchie« Afrikas und als Operationasbasis des »chinesischen« Umsturzversuchs im Kongo; nachdem aber am 25. Mai 1964 Tschung Tschi Ping, der Kulturattaché an der chinesischen Botschaft, verschwand (er tauchte wenig später in den Vereinigten Staaten wieder auf), wurden die chinesischen Operationspläne bekannt.

König Mambutsa löst am 7. Januar 1965 die prochinesische Regierung Nyanwya auf und setzt Pierre Ngendamduwe an die Spitze der Regierung. Dieser wird am 15. Januar ermordet. Bei der Morduntersuchung tritt die chinesische Mitwisserschaft zutage, so daß am 31. Januar die diplomatischen Beziehungen zu Peking abgebrochen werden. Es herrscht weiterhin eine Atmosphäre der Unsicherheit. Der Mwami löst am 4. März 1965 das der Unzulänglichkeit angeklagte Parlament auf und setzt am 2. April die Minister ab; danach ergaben die Legislativwahlen vom 10. und 11. Mai 1965 eine relative Mehrheit für die UPRONA, so daß der Mwami seinen ehemaligen Privatsekretär zum Regierungschef ernennt. Dieser wird im Oktober beim Angriff aufständischer Soldaten auf den Königspalast in Bujumbura schwer verletzt.

Vom 22. Oktober an beherrscht der Mwami die Situation, läßt die

Aufständischen hinrichten und zahlreiche Zivilpersonen festnehmen, von denen ebenfalls mehrere erschossen werden.

Gewiß bezahlen diese beiden Länder, die je eine eigene Sprache besitzen, in gewisser Weise für ihre doppelte Entkolonialisierung, Ruanda gegenüber der belgischen Vormundschaft und der Lehnsherrschaft der Tutsi, während Burundi eine Monarchie göttlichen Rechts beibehält und demokratischen Vorbildern folgt.

6) *Unabhängigkeit im englischsprachigen Afrika*

Die britische Regierung, die die westafrikanischen Länder so geschickt der Freiheit zuführte, stößt in Ost- und Zentralafrika auf besondere Schwierigkeiten. Die Rassentrennungseinstellung der Weißen in Südafrika drückt auf die Politik des Commonwealth, so daß im Jahr 1961, als Sierra Leone zugelassen wird, die Südafrikanische Republik unter großem Aufsehen austritt.

Da sich die Struktur des Commonwealth in Richtung auf eine wirtschaftliche und kulturelle Gesamtheit hin änderte, wandelte sich auch die englische Politik. Zuerst wurde die englische Auswanderung ins Commonwealth empfohlen, besonders 1952 und 1957 mit den Gesetzen über die Auswandererhilfe. Dies führte in Afrika dazu, daß die weiße Bevölkerung in Südrhodesien von 64 000 im Jahr 1938 auf 180 000 im Jahr 1959 anstieg, in Nordrhodesien von 13 000 auf 67 000, in Kenia von 17 000 auf 38 000. England kann heute die Auswanderung nicht mehr unterstützen, sondern muß Rückzugsstellungen für seine Staatsbürger schaffen, sind sie doch gezwungen, Gebiete zu verlassen, in die sie die Regierungspropaganda gelockt hatte.

Auf wirtschaftlichem Gebiet brachte diese Einwanderung im Gefolge der industriellen Entwicklung Ostafrikas eine wachsende wirtschaftliche Solidarität mit sich, die sich in den *Commonwealth preferences* trotz der Ausweitung der Weltmärkte und dem neu geschaffenen GATT *(General Agreement on Tariffs and Trade)* mit seinen beträchtlichen Zollsenkungen ausdrückte.

Im Jahr 1960 stehen die jungen, unabhängigen afrikanischen Republiken dem geplanten Beitritt Großbritanniens zum europäischen Gemeinsamen Markt im Grunde zögernd gegenüber. Auf finanziellem Gebiet halten Staaten wie Ghana, Nigeria, beide Rhodesien in London umfangreiche Reserven, rufen aber eigene Emissionsbanken und besondere Stellen für Devisenkontrolle ins Leben. Die Sterlingzone stellt ein bevorzugtes Austauschgebiet dar, das ein Viertel der Weltbevölkerung umfaßt und eine Währung benützt, die immer noch nahezu 40 Prozent des Welthandels finanziert. In diesem Rahmen ist aber Afrika ein wenig bedeutender Partner für die Hilfsanleihen ans Commonwealth, die 1958 bei der Wirtschaftskonferenz in Montreal eingeführt wurden. Nigeria erhält lediglich 12 Millionen Pfund gegenüber Indien und Pakistan mit 38 500 000 Pfund. Obwohl die zweiseitige englische Hilfe im Lauf der letzten Jahre merklich anstieg, stellt sie doch nur etwa 1 Prozent seines Einkommens gegenüber Frankreich mit 2,5 Prozent dar. Von diesem einen Prozent fließt ein verhältnismäßig kleiner Bruchteil nach Afrika, während sich fast die gesamte französische Hilfe auf diesen Kontinent erstreckt.

Auf politischem Gebiet folgt auf Ghana und Nigeria 1961 die Unabhängigkeit von Sierra Leone und 1965 die von Gambia, dessen leitende Staatsmänner Zusammenarbeitsverträge mit dem Senegal schließen, ehe sie mit Senegambia einen Staatenbund anstreben.

Nach der Ausrufung der Republik (1. Oktober 1963) führen in Nigeria Wahlbetrügereien im Dezember 1964 zu Wirren und im ganzen Land zu einer ernsten Notlage, die an dem Putsch vom Januar 1966 großenteils schuld ist. Dabei werden Sir Abubakar Tafawa Balewa, Ahmadu Bello, Sardauna von Sokoto und Akintola, der ehemalige Premierminister von Jorubaland, ermordet. Bei seiner Machtübernahme setzt General Ironsi die Schiedsgerichtsbarkeit des Heeres durch und erneuert den Staatenbund der drei oder vielmehr vier Landesteile – die Zentralprovinz wurde neu geschaffen –, die noch recht zerbrechlich sind.

In Ghana zeugt die Einweihung des Stauwerks von Akosombo am Volta Ende 1965 von der Bemühung Präsident Nkrumahs, seinem Land zu den Grundlagen einer industriellen Infrastruktur zu verhelfen. Präsident Nkrumah ist hauptsächlich wegen seiner Anstrengungen in der internationalen Politik bekannt, doch erzielte er auch innenpolitisch beträchtliche Erfolge vor allem für die jungen Pioniere und mit der Pflichterfassung der Bauern. Trotzdem steht er einer Opposition im Innern gegenüber, die wiederholt Verschwörungen anzettelte, was zu Gefangennahme und Ausweisung gewisser Personen führte.

In Ostafrika hebt sich aus der Unabhängigkeit des Mandatslandes Tanganjika (1961) die Persönlichkeit eines Julius Nyerere, des Führers der TANU (Tanganyika African National Union) ab, der, nachdem er sich für kurze Zeit zurückgezogen hatte, in einer einem Triumphzug gleichenden Wahl zum Präsidenten der Republik gewählt wird (1962).

In diesem Ostafrika mit seinen vielfachen Spannungen scheint Tanganjika ein besonders begnadetes Land zu sein.

Am 12. Januar 1964 stürzt eine von afrikanischen Elementen angeführte Revolution die arabische Regierung von Sansibar, das am 10. Dezember 1963 die Unabhängigkeit errang. Am 20. Januar kommt es zu einer Meuterei der *Tanganyika Rifles*, der in Uganda am 23. und in Kenia am 24. ähnliche Aufstände folgen. Ebenso rasches wie wirksames Eingreifen Großbritanniens unterdrückt sie. Am 25. April 1964 wird zu allgemeiner Überraschung die Union Tanganjika-Sansibar unter dem Namen Tansania ausgerufen.

Das Uganda-Problem wird im Oktober 1961 auf der Verfassungskonferenz gelöst, die das Inkrafttreten der vollkommenen internen Autonomie auf März 1962 und die Wahlen zur Legislative und zur Unabhängigkeit auf den 9. Oktober 1962 festsetzt. Das Königreich Buganda bildet einen Teil der Uganda-Föderation; mit den Kleinreichen Ankole, Banjoro und Toro werden neue Verträge abgeschlossen. Bei den Wahlen erringt der UPC (Uganda People Congress) Obotes, der sich mit dem *Kabaka Yekka* von Buganda gegen die demokratische Partei Kiwanukas verbündet hat, eine sichere Mehrheit.

In Kenia bemühen sich die Kikuju, zu denen die geistige Elite des Landes gehört, durch die Tätigkeit der KANU (Kenya African National Union) die Exzesse der Vergangenheit vergessen und ein wirkliches Nationalgefühl entstehen zu lassen. Die Kikuju werden dabei durch die Luo-Partei Tom M'Boyas und Odingas unterstützt. Die Stämme im Westen, im Rift Valley und im Küstengebiet unterstützen die KADU (afrikanische demokratische Union Kenias) von Ngala, der um den Stamm herum eine dezentralisierte Nation aufbauen möchte.

Von den 60 000 englischen Kolonisten, die das Hochland unter Kultur gebracht haben, so daß es 80 Prozent der landwirtschaftlichen Ausfuhr liefert, denken nur sehr wenige an ein Verbleiben im Lande. Was die 175 000 Asiaten betrifft, die im Handel eine so bedeutende Stellung einnehmen, so ist ihre politische Bedeutung infolge ihrer inneren Zwistigkeiten lächerlich gering.

Trotz der englischen Entscheidung, aus dem NFD (Northern Frontier District) eine siebte Provinz zu machen, wird das Somali-Problem dadurch nicht aus der Welt geschafft; dieses ist wesentlich delikater als das des Küstenstreifens, der seit dem Vertrag von 1895 unter der Oberhoheit des Sultans von Sansibar steht. Mombasa mit seiner Bedeutung als Ausfuhrhafen von Kenia und Uganda und die starken Minderheiten von 40 000 Asiaten und 35 000 Arabern stellen schwierige Probleme, die die Verfassungskonferenz von Lancaster House (25. September bis 19. Oktober 1963) zu lösen sucht. Seit der Unabhängigkeit Kenias beherrscht die Persönlichkeit Jomo Kenyattas – der Mzee (der Altehrwürdige), wie ihn seine Umgebung ehrerbietig anredet – die Politik Kenias, das eine beträchtliche Finanzhilfe von England erhielt (91 Millionen Pfund zwischen 1946 und 1963). Es muß den berühmten Plan des Erdtransports von den *white Highlands* in die Tat umsetzen. 400 000 Hektar wurden erworben, damit 35 000 afrikanische Familien angesiedelt werden können. Der Erfolg des Unternehmens bleibt jedoch recht zweifelhaft wegen des Abzugs der europäischen führenden Persönlichkeiten, die industrielle Plantagen in kleine Eigentumsbetriebe umwandeln könnten, ohne daß die Vorteile der Konzentration verlorengingen.

Die am 9. Dezember 1961, am Unabhängigkeitstag Tanganjikas, gegründete EACSO *(East African Common Services Organization)* trat an die Stelle der Hohen Kommission in Ostafrika, die seit 1947 die gemeinsamen Institutionen leitete. Tatsächlich beruht aber die Wirtschaftsunion der drei ostafrikanischen Länder auf dem guten Willen Ugandas, denn sein nicht vom Zustrom von über 100 000 Flüchtlingen aus Ruanda und dem südlichen Sudan erschütternder ungeheurer Wohlstand unterstützt seine beiden Partner Kenia und Tanganjika.

Die Föderation Rhodesien-Njassaland hält sich mühsam bis zu den Gesprächen in London (März 1963) und in Victoria Falls (28. Juni bis 3. Juli), bei denen ihre Auflösung beschlossen wird (Dezember 1963).

Malawi zieht Nutzen aus dem klugen Vorgehen von Dr. Hastings Banda, der nach zwanzigjähriger Tätigkeit als Arzt in London im Jahr 1958 als Präsident der *Nyassaland African Congress Party* zurückkommt. Die Partei wird zur *Malawi Congress Party* und Banda verhandelt über die Unabhängigkeit seines Landes, die durch eine gewisse ethnische Einheitlichkeit begünstigt wird. Von einer Million »Njanja-Sprechenden« gehören 75 Prozent der Tschewa-Sprachgemeinschaft an. Aus ihr stammt auch Präsident Banda, und es gelang ihm ohne große Schwierigkeiten seit der am 6. Juli 1964 verliehenen Unabhängigkeit, seine Ansichten auf die Gesamtheit seiner Landsleute zu übertragen.

Nordrhodesien erhält am 7. Januar 1964 Autonomie im Innern. Nach den Wahlen, bei denen 65 von 75 Sitzen an die UNIP von Kenneth Kaunda fallen, wird dieser zum Premierminister ernannt. Vom 5. bis 15. Mai 1964 nimmt er an der Verfassungskonferenz in London teil, bei der Barotse die Autonomie zugesagt und die Unabhängigkeit des Landes, das dem wunderbaren Sambesi zu Ehren Sambia genannt wird, auf den 24. Oktober 1964 festgesetzt wird. Die mit den großen Kupfergesellschaften verbundene weiße politische Elite, die die politische Entwicklung der afrikanischen Gesellschaft bestimmt, bildet in Sambia weiterhin die Führungsschicht; deshalb kann das Land seine wirtschaftliche Entwicklung fortsetzen.

Die Außenpolitik von Sambia und Malawi ist wegen der Nähe von Moçambique und Südrhodesien äußerst vorsichtig.

### *7) Der Widerstand gegen die Entkolonisierung. Die Gegenrevolution in Afrika*

Als Ian Smith am 11. November 1965 einseitig die Unabhängigkeit Rhodesiens proklamierte, setzte er die Linie des Widerstands gegen die Entkolonisierung am Sambesi fest und warf dazuhin das Problem auf, ob der Pakt der sechsunddreißig afrikanischen Nationen der Organisation für Afrikanische Einheit wirksam ist, ob das Commonwealth überlebt und vor allem, ob die Solidarität der weißen Regierungen in Südafrika und der portugiesischen Kolonialverwaltung wirklichen Wert besitzt.

Rhodesien ist ein Sonderfall im britischen Kolonialsystem. Nach der Unabhängigkeit Südafrikas im Jahre 1910 wollten die britischen verantwortlichen Politiker (angeführt von Winston Churchill) aus Rhodesien die fünfte Provinz der Südafrikanischen Union machen. Die weißen Siedler entschieden sich jedoch in einem Referendum gegen diesen Plan zugunsten der internen Autonomie. Als der Versuch einer vielrassigen Gemeinschaft mit der Förderation Zentralafrika endgültig scheiterte (1962), waren die Weißen in Rhodesien der gemäßigten Führer überdrüssig (Sir Edgar Whitehead oder Sir Roy Welensky) und wandten sich den Extremisten der *Rhodesischen Front* zu, zuerst Sir Winston Field, dann Ian Smith.

Im Innern wurde das Vorgehen der rhodesischen Regierung dadurch erleichtert, daß die bäuerlichen Gebiete Häuptlingen unterstehen, die von der Regierung bezahlt werden, und daß die streng überwachten nationalistischen Bewegungen in den Stadtzentren von Männern angeführt werden, die dem Bürgertum angehören (Josua Nknomo für die ZAPU und Pastor Sithole für die ZANU) und Gewaltlosigkeit vertreten. Der englische Journalist Colin Legum zeigt auf, daß der rhodesische Entschluß auf fünf Wetten beruht:

1. Großbritannien wird keine Gewalt anwenden;

2. die Unterstützung Südafrikas und Portugals wird die Wirtschaftssanktionen unwirksam machen;

3. die Vereinten Nationen werden nicht direkt eingreifen;

4. die Organisation für Afrikanische Einheit wird zu einem echten Militärfeldzug nicht imstande sein;

5. den Weißen wird es weiterhin gelingen, bei den rhodesischen Afrikanern das Entstehen einer gut organisierten politischen Bewegung zu verhindern.

Wenn sich Smith in einem Punkt verrechnet hat, stürzt der Aufstand in sich zusammen . . . tatsächlich wendete aber die Regierung Wilson keine Gewalt an, dazuhin bewies die Organisation für Afrikanische Einheit mit dem Ultimatum vom 4. Dezember an England ihre Unwirksamkeit, denn von den 36 Mitgliedern der Organisation brachen nur neun ihre diplomatischen Beziehungen zu England ab. Außerdem gestand die im Januar 1966 in Lagos einberufene Commonwealth-Konferenz trotz heftigem Einspruch der Vertreter von Sierra Leone und von Uganda schließlich Wilson eine Frist von einem halben Jahr zu, nach deren Ablauf ein Appell an die Vereinten Nationen ins Auge gefaßt werden soll, um »Smith zur Kapitulation zu zwingen«.

Die Regierung Smith stößt überdies bei der südafrikanischen Regierung und der portugiesischen Kolonialverwaltung auf ausgesprochenes Zögern. Die Regierung in Pretoria will unter keinen Umständen eine Union, die die weiße Minderheit ins Verhältnis 1 zu 4,5 setzen würde, während sie derzeit auf 1 zu 3 steht. Die Portugiesen erinnern sich an Cecil Rhodes und daran, daß Rhodesien in ihr Gebiet eingeschnitten wurde. Ihre Hilfe an diese Regierung, die übrigens von niemandem anerkannt ist, dürfte also begrenzt sein. Die Südafrikaner wollen nicht mit einer unüberlegten Hilfe ihre eigene Stellung, ihre in drei Jahrhunderten der Mühen und Kämpfe errungenen Rechte aufs Spiel setzen. Die Regierung in Lissabon findet sich schlecht mit einem Rückzug ab, der Portugal auf eine lächerlich kleine Rolle in der Welt beschränken würde.

*Südafrikanische Union.* – Infolge eines merkwürdigen Umschwungs der Dinge wollen die Besiegten von 1902 – übrigens in Übereinstimmung mit der englisch sprechenden Gemeinschaft – ein Regime der Rassentrennung aufrechterhalten, das sich auf die Eingeborenenpolitik der *Bantustans* stützt, einer Art afrikanischer Reserve, die Autonomie im Innern genießt.

Im Jahre 1959 genehmigt das südafrikanische Parlament das Gesetz über die Entwicklung der Bantu-Autonomie. Im Mai 1959 erlebt Umtata, die Hauptstadt des *Transkei* (1 200 000 Einwohner) die Errichtung der ersten Bantu-Behörde, im November 1961 ist der *Suskei* (2 640 000 Bantus) an der Reihe; im Dezember 1961 wird in Mafeking für 600 000 Tswana das *Tswanaland* geschaffen. Kaiser Matanzima, der Präsident des Transkei, hat darüber hinaus noch weitergehende Vollmachten von der südafrikanischen Regierung verlangt, jedoch gilt Matanzima bei Albert Luthuli, dem Nobelpreisträger, und den Bantunationalisten des Afrikanischen Nationalkongresses als Kollaborateur.

Immer gewalttätigere Bewegungen erschüttern die Südafrikanische Union und die Spannung zwischen den Rassen nähert sich umso schneller der Explosion, als das Radio ja den Schwarzen die Möglichkeit gibt, die Stimmen der unabhängigen afrikanischen Staaten zu vernehmen.

Durch die Verurteilung mehrerer Mitglieder der *Poqo*-Partei zum Tod durch den Strang hat das Parlament in Pretoria seine Entschlossenheit bewiesen, mit äußerster Energie für die Aufrechterhaltung der Suprematie der weißen Rasse zu kämpfen. Eine entsprechend angepaßte Gesetzgebung stellt praktisch jede wegen »Rebellion« und »Sabotage« – zwei Anklagepunkte, die eine sehr weitgehende Auslegung vertragen – verhaftete Person der Polizei zur Verfügung.

In der Südafrika unterstehenden einstigen deutschen Kolonie Deutsch-Südwestafrika leben noch zahlreiche Deutschstämmige, die den gemäßigten Flügel der weißen Bevölkerung bilden, als wollten auf Grund eines merkwürdigen Umschwungs der Geschichte die Abkömmlinge jener Männer, die vor sechzig oder achtzig Jahren die Hereros und die Hottentotten ausrotteten, deren Abkömmlingen die Gelegenheit bieten, zur Regierung des Landes aufzusteigen. Es ist nicht vorauszusagen, ob eine derzeit von der südafrikanischen Regierung verhinderte Emanzipation durch internationales Eingreifen beschleunigt werden könnte.

*Portugiesisch-Afrika*, das lange Zeit eine Kolonialverwaltung hatte, wird von nationalistischen Strömungen durchdrungen, die umso ungestümer werden, je mehr Nachbarländer freiwerden. Angola (eine Million Quadratkilometer und vier Millionen Einwohner) wird mit seinen 160 000 Weißen und 35 000 Assimilados als portugiesische Provinz betrachtet. Der Legislativrat, der dem Gouverneur beigeordnet ist, wird von den Europäern und den Assimilados gewählt und hat nur rein beratende Funktion.

Im Februar 1961 fordern die Unruhen von Luanda einige Dutzend Todesopfer.

Im März bricht auf den Aufruf Roberto Holdens, des Führers der UPA (União das Populações de Angola), hin in Nordwestangola ein Aufstand los. Die Nähe der Kongogrenze ermöglicht es den bewaffneten Banden, sich schnell wieder zu sammeln. Die Erhebung hat auf die Landstriche Kongo und Kimbundu übergegriffen, kann aber in Zentral- und Südangola nicht Fuß fassen. Die Ankunft portugiesischer Verstärkungen läßt die Rebellen im Juli zur Taktik der verbrannten Erde übergehen. Am 18. Juli beginnt eine umfassende Offensive der portugiesischen Armee, die binnen einem Monat die Städte, welche vorher aufgegeben werden mußten, wieder einnimmt und die Grenzposten an der Grenze von Kongo-Léopoldville wieder besetzt.

Damit beginnt eine neue Phase des Aufstands, der Guerillakrieg, während sich die internationale Aktion gegen Portugal immer mehr verstärkt.

Die MPLA *(Movimento Popular de Libertação de Angola)*, die sich hauptsächlich aus Kimbundus rekrutiert, wird von Brazzaville aus von Mario de Andrade und dem Dichter Agostino Neto geleitet. Die Union der Volksstämme von Angola, die sich hauptsächlich aus Kongobewohnern rekrutiert und von Léopoldville aus von Roberto Holden geleitet wird, verschmolz im März 1962 mit der afrikanischen demokratischen Partei zum FNLA *(Frente Nacional de Libertação de Angola)*. Roberto Holden ist befreundet mit Cyrille Adula, Justin Bomboko und Désiré Mobutu; am 5. April 1962 ruft er die GRAE aus *(Gouvernement révolutionnaire de l'Angola en Exil* – Revolutionsexilregierung von Angola), die von der Regierung Adula am 19. Juni 1963, kurz nach der Konferenz in Addis Abeba, anerkannt wird. Roberto Holden bleibt jedoch allein; indessen greift die in Brazzaville stationierte MPLA in der Enklave Cabinda ein. Zweifellos ist der Zwiespalt zwischen den Nationalisten Angolas der beste Trumpf der Portugiesen.

Moçambique hat eine Angola ähnliche Regierungsform. Zwei Parteien, die sozialistische UDENAM (Nationale Demokratische Union von Moçambique) und die gemäßigte MANU (Afrikanische Nationalistische Union von Moçambique) fordern die Unabhängigkeit. Ihre Führer sind ins benachbarte Tanganjika geflohen und haben dort im Sommer 1962 zusammen mit einer dritten Bewegung, der UNAMI (Nationale Union für das Unabhängige Moçambique) die FRELIMO (Frente de Libertação de Moçambique) gegründet.

In den übrigen Teilen Afrikas unter portugiesischer Herrschaft sind ebenfalls nationalistische Organisationen entstanden, so die PAIGCV (Afrikanische Unabhängigkeitspartei für Guinea und Kapverdische Inseln) in Portugiesisch-Guinea und das CLSTP (Befreiungskomitee für São Tomé und Principe). Diese verschiedenen Gruppen haben sich im April 1961 in Casablanca unter der Führung Mario Pinto de Andrades zur CONCP (Konferenz der Nationalistischen Organisationen der Portugiesischen Kolonien) zusammengeschlossen.

Die zweite Konferenz der CONCP fand vom 3. bis 8. Oktober 1965 in Dar es-Salam statt. Sie legt den Grund zu einer engen, politischen und militärischen Koordinierung der Freiheitsbewegungen.

Es scheint jedoch, als habe Portugal hauptsächlich von der Bundesrepublik Deutschland und von den Vereinigten Staaten beträchtliche Finanzhilfen für die Entwicklung seiner überseeischen Gebiete erhalten. Dazuhin steigert es seine Mühen, an Ort und Stelle mit entlassenen Soldaten neue landwirtschaftliche Kolonien aufzuziehen.

## B. Afrikanisch-Afrika und seine Erbschaften

Zu Beginn des Jahres 1963 steht die Entkolonisierung Afrikas vor dem Abschluß; die verschiedenen Komponenten ihres komplexen Ablaufs lassen sich nur mit Mühe analysieren. Die europäische Bevölkerung verläßt auf den fürchterlichen Schock von 1962 hin nach und nach Algerien. Möglicherweise entsteht wieder ein vereinigter Maghreb; Ägypten versucht die schwierige Vereinigung der arabischen Welt jenseits des Suezkanals. Das Königreich Libyen wird sich vielleicht trotz der wirksamen Beratung durch die Engländer und Italiener ebenfalls die Idee von einem Groß-Maghreb zu eigen machen, deren Bindungen mit der arabischen Welt sich höchstwahrscheinlich verstärken werden. Die durch die Kultursprachen Englisch und Französisch voneinander getrennten Nationen Schwarzafrikas versuchen, die an balkanische Verhältnisse erinnernde Zersplitterung in Kleinstaaten durch neue Zusammenschlüsse auszugleichen und unterstützen die Freiheitsbestrebungen in Süd- und in Portugiesisch-Afrika so gut es geht.

### 1) *Das koloniale Erbe*

Im Jahre 1945 waren lediglich Liberia, Äthiopien und Ägypten unabhängig, bis 1962 sind es 32 Länder. Welche sind nun die gemeinsamen Wesenszüge dieser vielen neuen Staaten?

Eine gewisse Zahl von aus der Kolonialzeit überkommenen Elementen wirkt auf politischem, wirtschaftlichem, sozialem und kulturellem Gebiet bestimmend auf das Leben der neuen Staaten ein.

*Auf politischem Gebiet* ist dies vor allem das *Weiterbestehen der Grenzen.* Es gibt verschiedene strittige Gebiete; Marokko stellt Ansprüche auf Tinduf (Algerien) und Mauretanien, Togo beansprucht das Eweland am Volta (Ghana); strittig ist ferner das Somaligebiet an der Grenze zwischen Kenia und Äthiopien, usw. Die jungen afrikanischen Regierungen sind sich jedoch der Gefahren bewußt, die sie heraufbeschwören, wenn sie den Grenzverlauf zum Gegenstand von Streitigkeiten machen, da eine Berichtigung eine andere im Gefolge hätte und die zwischenstaatlichen Beziehungen in Afrika sehr schnell vergiften würde.

Im übrigen möchten die Führer der jungen Staaten von Anfang an ihre Autorität auf alle Bevölkerungsgruppen gründen, um die neuen Staatsbürger von Lokal- oder Regionalpatrioten zu wirklich nationalen Patrioten zu machen. Die Stammesfehden, die im Augenblick des Unabhängigwerdens im Kassai zwischen Luba und Bena-Lulua, in Kongo-Brazzaville zwischen Bakongo und Muschikongo aufflammen, haben schockartig auf die afrikanischen Studenten in Paris oder Brüssel gewirkt, die jetzt in einem anderen Milieu leben und in solchen Vorkommnissen nur zu gerne ein letztes Manöver des Kolonialismus sehen, der nach dem Grundsatz »Divide et impera« die Stammesrivalitäten oder den Gegensatz zwischen flachem Land und Hauptstadt ausnutzen möchten.

Während es bis zum Erlaß des Rahmengesetzes oder vielleicht sogar bis zum Referendum von 1958 keinen nationalen Patriotismus gab, halten sich die politischen Führer, Presse und Radio streng an eine bestimmte Form des Nationalismus, welche Auseinandersetzungen jeglicher Art zwischen den einzelnen Stämmen ausschließt. Diese Bestrebungen werden weiter durch die Tatsache unterstützt, daß viele Politiker Verwaltungsfachleute sind und selbst aus einer Elite von Funktionären stammen, die im Verlauf ihrer Karriere irgendwo geheiratet haben. Der Sohn eines Lehrers vom Stamme der Mina oder der Fon, dessen Mutter eine Bariba oder eine Cotokoli ist, ist nicht mehr Angehöriger eines Stammes, sondern ganz einfach ein Einwohner von Dahome oder Togo.

Dieses Entstehen eines Nationalbewußtseins ist manchmal von einer negativen Einstellung gegenüber anderen Staaten, aus welchen die Fachleute kommen, begleitet. Dies war im Oktober 1958 in der unteren

Elfenbeinküste der Fall, wo 17 000 »Dahome« (wie die Bevölkerung aus Dahome und aus Togo genannt wird), die in Handelshäusern, auf Pflanzungen und in der Verwaltung im allgemeinen als Handlungsgehilfen oder Buchhalter usw. arbeiteten, Hals über Kopf fliehen mußten. Diese Ausweisungen wurden im übrigen schon durch das »Arbeitsrecht für Übersee« in gewissem Sinne vorbereitet, weil dieses vollkommen abwegige Prämien für die Beschäftigung von Landeskindern vorsieht, so daß sich die Arbeitgeber schnellstens gezwungen sahen, das aus anderen Territorien stammende Personal zu entlassen.

Als frischgebackene Inhaber einer neuen Unabhängigkeit sind die Staatschefs, die die Stiefel der europäischen Gouverneure angezogen haben, darauf bedacht, daß jene nicht zu stark knarren. Nun haben diese jungen Präsidenten zwar oftmals sehr vernünftige Ansichten über wirtschaftliche und finanzielle Probleme und kennen sich aufgrund ihrer Tätigkeit in französischen parlamentarischen Organisationen im verfassungsmäßigen Recht sehr gut aus, kennen aber ebensooft weder die Geschichte ihres eigenen Landes noch die oftmals delikaten völkischen Verhältnisse in den Grenzgebieten.

Nur diejenigen Politiker, welche es nötig haben, den Beweis für die Berechtigung polizeilicher Maßnahmen zwecks Sicherung ihres Staates zu erbringen, erfinden Verschwörungen, die von politischen Gegnern ausgerechnet unter der Grenzbevölkerung angezettelt wurden.

Die Republik Somalien stellt also Gebietsansprüche an Äthiopien, an Französisch-Somaliland und an Kenia. Sogar in dem Falle »Ghanesisch-Togo«, wo die fraglichen Distrikte gegen den Anschluß an Ghana gestimmt hatten, erklärte Präsident Olympio, er wolle den Grenzverlauf nicht zum Gegenstand eines Streites machen, was allerdings nicht verhindert, daß sein Bild trotz polizeilicher Gegenmaßnahmen in den Hütten der ghanesischen Ewe hängt. Es war die Angst vor einem Hineingerissenwerden in das Getriebe der Irredentismen, die die Staaten Schwarzafrikas veranlaßte, sich den marokkanischen Gebietsansprüchen gegenüber geschlossen an die Seite Mauretaniens zu stellen.

Angesichts der vielgestaltigen Probleme, mit denen sie sich zu befassen haben, spielen bei ihnen Grenzfragen nur eine zweitrangige Rolle. Ihr Streben nach Anerkennung auf internationaler Ebene hat sie auch dafür Sorge tragen lassen, daß ihr Land nicht durch Stammeskonflikte in Verruf geriet. Die Grenzen entsprechen im übrigen wirtschaftlichen Gegebenheiten, so daß Grenzberichtigungen das Risiko einschließen, daß man einen Organismus beschädigt, den man sowieso nur mit Mühe beherrscht. Die Verwaltungsorganisation hat sich bereits bewährt: Provinzen, Kreise, Departements, Distrikte; die Territorialeinteilung des flachen Landes bleibt die grundlegende Verwaltungseinheit, diejenige, wo der afrikanische Verwaltungsbeamte die Arbeit seines europäischen Vorgängers weiterführen kann.

Diese auf die Bedürfnisse einer Verwaltung, die mit dem Personal sehr sparsam umgehen muß, zugeschnittene und hierarchisierte Kolonialstruktur wird von den afrikanischen Staatschefs beibehalten; sie gilt als sehr brauchbar und wird manchmal durch Angehörige der regierenden oder einzigen Partei noch ausgebaut. Die afrikanischen Machthaber haben zuerst die Demokratie nach westlichem Muster praktiziert, sie aber dann in ein Präsidialregime oftmals autoritären Gepräges umgewandelt, welches ihre Person mit einer verfassungsmäßigen, unübersteigbaren Mauer umgibt; dies ist der Anlaß für die zahlreichen Verschwörungen, die sich die Abschaffung des Amtes des Präsidenten zum Ziel gesetzt haben.

Städtische Zentren mit unvernünftig hohem Bevölkerungszuwachs sind zu Heimstätten des Fortschritts und der Nationwerdung geworden, weil dort die verschiedenen Bevölkerungselemente des flachen Landes zusammentreffen. In vielen Fällen allerdings kommt es dort auch wieder zu einer Art Stammesbildung in den einzelnen Wohnvierteln.

In fast allen Fällen gewinnt die *Sprache der ehemaligen Kolonialmacht* immer mehr an Bedeutung, die schon deswegen, weil sie für die internationalen Beziehungen unerläßlich ist, mehr und mehr verwendet wird, so daß man bereits behaupten kann, daß eine wirkliche Trennung nur zwischen dem englischsprachigen und dem französischsprachigen Afrika besteht.

Eine andere Erbschaft ist der Zusammenschluß in der Opposition, die der *Antikolonialismus* des entkolonisierten Afrika darstellt – ein Faktor, welcher durchaus nicht übersehen werden darf. Die Gemeinsamkeit ist umso leichter zu erzielen, als sie sich *gegen* eine Ideologie richtet, deren letzte Vertreter (Portugal und Südafrikanische Union) nur zu leicht Anlaß zur Kritik geben.

*Auf sozialem Gebiet* verläuft die missionarische Entkolonisierung nicht immer ohne große Schwierigkeiten. Wenn auch die Afrikanisierung des katholischen Personals an verschiedenen Stellen vor der politischen Entkolonisierung erfolgte, so war dies bei einigen reichen protestantischen Missionen, zumal den amerikanischen im Kongo, wo der Lebensstandard der Missionare weit über dem der missionierten Völker stand, durchaus nicht der Fall. Man kann als allgemeingültige Regel aufstellen, daß die *Entkolonisierung der christlichen Missionen eine Funktion ihrer Armut* ist. Je geringer der Unterschied zwischen den Gehältern der europäischen und afrikanischen Pastoren oder Priester ist, desto leichter fällt die Amtsübergabe.

Die Erlangung der Unabhängigkeit stellte das christliche Schulwesen vor Probleme, die umso schwerer waren, als die weltlichen Lehrkörper durch die Anforderungen seitens des Parlaments, der Ministerien und des diplomatischen Dienstes im wahrsten Sinne des Wortes ausgepumpt wurden. Andererseits besetzten Staatsoberhäupter, die aus dem Lehrberuf stammten, Stellen in der Verwaltung gerne mit ihren ehemaligen Mitschülern von der Lehrerbildungsanstalt. Dieser Schwächung im öffentlichen Unterrichtswesen entsprach nun im Gegensatz dazu eine aufsehenerregende Ausweitung des Missionsschulwesens, besonders auf katholischer Seite, wo zahlreiche nichtmissionarische Orden Afrika ihre pädagogischen Qualitäten zur Verfügung stellten.

Die Struktur des Bildungs- und Prüfungswesen blieb ebenfalls die gleiche – ein Kolonialerbe, welches die afrikanischen Politiker, die Inhaber von Zeugnissen jener Schulen sind, beizubehalten wünschen.

Wesentlich schwerwiegender und schwieriger in Anspruch zu nehmen waren Arbeitsgesetzgebung und Öffentlicher Dienst. Bis zum Zweiten Weltkrieg, in dem die afrikanischen Staatshaushalte die Last der Verwaltung tragen mußten, umrahmte eine kleine Anzahl gutbezahlter europäischer Beamter eine große Zahl schlechtbezahlter afrikanischer Beamter. Die Übernahme der Gehälter der Mehrzahl der französischen Beamten durch Frankreich führte zu einer demagogischen Erhöhung der Entlohnung der afrikanischen, so daß jetzt 70 bis 80 Prozent des Budgets der Staaten im ehemaligen Französisch-Afrika für die Bezahlung der Staatsbeamten gebraucht werden.

Die Gewerbeordnung für Übersee, die eine übermäßig hohe Entlohnung der Arbeitskräfte vorsieht, vergrößert noch den Unterschied zwischen einer privilegierten Schicht von Staatsbürgern und der Masse der Landbevölkerung, deren Lebensstandard sehr niedrig geblieben ist. Diese Privilegien werden beibehalten, weil die Gewerkschaften ihr Gewicht zur Geltung bringen, die ihren Aufbau und ihre Wirksamkeit der Organisierung durch die Gewerkschaften des Mutterlands, die nach Vergrößerung ihrer Anhängerzahl strebten, verdanken. Die einer bürgerlichen Elite entsprechenden Gewerkschaften haben hauptsächlich im Kampfe um die Unabhängigkeit eine wichtige politische Rolle gespielt. Da sie aber nach Erlangung der Unabhängigkeit keine politische Hilfestellung mehr zu leisten brauchen, bleibt ihnen nur noch der Ausweg, sich der Macht zu beugen und sie zu unterstützen oder sich aufzulösen.

*Auf wirtschaftlichem Gebiet* hat sich der Produktionsapparat trotz eines mehr aus Worten bestehenden als wirklichen *Sozialismus*, den man besonders in Senegal, Mali und Guinea an den Tag legt, nur sehr wenig geändert. In der Mehrzahl der Länder bleibt der alte *Afrikahandel* mit seinen großen Handelsgesellschaften (CFAO, SCOA und UAC), die seit einem halben Jahrhundert oder noch länger die gesamte Einfuhr und Ausfuhr in Händen haben, bestehen. Die Börsennotierung dieser stattlichen Unternehmen beweist, daß sie im allgemeinen durch die afrikanische Unabhängigkeit keine Einbußen erlitten haben.

Dagegen wird die Hauptstütze der Wirtschaft, der Bauer, die früher in wirksamer Weise dank der Fürsorgegesellschaft durch den Verwaltungsbeamten der Buschgebiete sichergestellt wurde, in – von einigen wenigen Ausnahmen abgesehen – nur noch sehr mittelmäßiger Weise durch die Genossenschaften (SAP, SMPR), die die SIP abgelöst haben, geschützt. Jedoch haben jetzt in fast allen Staaten des ehemaligen Französisch-Afrika die afrikanischen Verwaltungsbeamten für den Busch von neuem die Kontrolle der Genossenschaften in die Hand genommen.

Ein anderes Kolonialerbe: Die *Währung*, die in der Sterling- und der Franc-Zone die Solidität der Transaktionen garantiert. Die meisten Staaten haben Wert darauf gelegt, sie mit Hilfe der Zentralbank der Staaten Westafrikas (ehemalige Emissionsbank für Französisch-Westafrika und Togo) und der Bank der Staaten Äquatorialafrikas und Kameruns beizubehalten. Nur Guinea und Mali sind aus der Franc-Zone ausgeschieden. In Kongo-Léopoldville ist ein erheblicher Währungsverfall eingetreten, weil der Verwaltungsaufbau trotz einer in der Durchführung geglückten Entwertung am Zusammenbrechen ist.

### 2) *Erbe des unergründlichen Afrika*

Wir haben bereits von der Bedeutung der »Présence Africaine«, der Afrikanischen Kulturgesellschaft für die Schaffung eines Nationalbewußtseins der Schwarzen gesprochen. Die *négritude*, die man als die Gesamtheit der kulturellen Werte der schwarzen Welt definieren muß, hat eine gewisse Anzahl junger Afrikaner veranlaßt, in der Kunst, der Philosophie und den Sozialstrukturen Gründe für einen Nationalstolz zu suchen.

Diese Pilgerfahrt zu den Quellen, deren Initiatoren, wie wir gesehen haben, Schwarze von den Antillen oder den Vereinigten Staaten waren, mußte in den *Panafrikanismus* münden. Nun kann man aber als

Gegenstück dazu eine Bejahung der jungen afrikanischen Nationen feststellen, die im Widerspruch zu den panafrikanischen Theorien zu stehen scheint.

In der Tat will kein Staatsoberhaupt einen Teil der Souveränität, die es erst in manchmal harten Kampf der Kolonialmacht und gewiß auch anderen afrikanischen politischen Führern abgerungen hat, wieder abtreten. An mehreren Stellen hat der Mythos des heldenhaften Retters die religiöse Bedeutung des Gottkönigs erhalten. So sah sich Präsident Houphouët-Boigny veranlaßt, einen synkretistischen Kult, in welchem er als Gott verehrt wurde, zu verbieten.

## C. Das neue Afrika und seine Probleme

General Janssens hat sicher in Bezug auf die menschlichen Beziehungen zwischen Schwarz und Weiß einen schwerwiegenden psychologischen Fehler begangen, als er am 5. Juli 1960 in Léopoldville vor Unteroffizieren des Heeres auf die Wandtafel die Worte schrieb »Vor der Unabhängkeit = nach der Unabhängigkeit«, aber in der Tat ist diese Feststellung auf wirtschaftlichem und sozialem Gebiet die Wahrheit, der sich die afrikanischen Regierungen fügen müssen, sobald einmal die Festbeleuchtungen ausgeschaltet sind.

Für die Gesamtheit des Landes und 98 Prozent der Bevölkerung hat sich abgesehen von der Farbe und manchmal auch der Kompetenz bestimmter Kader nichts geändert. Für einige Dutzende von Individuen bahnt dagegen die Unabhängigkeit den Weg zu einer ununterbrochenen Folge von Reisen, Empfängen und Besuchen, während die bi- oder multilaterale technische Hilfe Experten oftmals zweifelhafter Qualifikation nach Afrika bringt, welche die Probleme entdecken und Berichte schreiben, die manchmal ganz interessant sind, aber die Wirklichkeit nur selten erfassen.

*Das Tor zur Welt*, zu der des Westens und der des Ostens, ist die große Offenbarung der Unabhängigkeit. Es ist ganz normal, wenn diese vielen Besuche bei jungen Ministern, die gestern noch Studenten oder Lehrer waren, einen gewissen Rauschzustand erzeugen, und das umso mehr, als die Oberhäupter der afrikanischen Staaten angesichts der vielen Vorschläge nur noch die Qual der Wahl haben. Im übrigen kann auch die Tatsache, daß man in internationalen Organisationen Sitz und Stimme hat und dem Kolonisator von gestern, der dort oft unter Anklage steht, gleichberechtigt ist, den Kopf verdrehen.

Wenn diese Kette von Unabhängigkeiten auch den internationalen Sphären ein neues Element gebracht haben, so haben sie doch an den bäuerlichen Grundtatsachen, die bisher der Aktion der Kolonialmacht hinsichtlich Erhöhung der landwirtschaftlichen Produktion, Bodenkonservierung, Rhythmus von Märkten und Jahreszeiten ihre Bedingungen vorgeschrieben hatten, nichts geändert. Aber die leitenden afrikanischen Persönlichkeiten haben es leichter als die europäischen Gouverneure, wenn es darum geht, sich bei ihren Völkern Gehorsam zu verschaffen und unpopuläre Maßnahmen zu ergreifen. Dagegen hat es im Falle eines Zwistes der Europäer, der naturgemäß als Neutraler zwischen zwei Clans oder Bevölkerungsgruppen stand, mit der Entscheidung als Vertreter einer weit entfernten, anonymen und höherstehenden Macht leichter.

Die Führer Afrikas nehmen die Geschicke ihres Landes in einer Zeit in die Hand, da die afrikanische Gesellschaft während eines Menschenalters aus dem Zeitalter des Eisens in das der Düsenflugzeuge übergegangen ist. Einige Alte, die noch nackt gingen und mit Pfeil und Bogen bewaffnet waren, trugen einst das Gepäck irgendeines englischen, französischen oder deutschen Forschers des ausgehenden 19. Jahrhunderts, kauften sich im Jahre 1920 ein Fahrrad, 1930 ein Gewehr, 1950 ein Auto und setzen sich jetzt ins Flugzeug, wenn sie nach Paris, London, Mekka oder New York wollen. Mit anderen Worten: Afrika hat die Füße in der Jüngeren Steinzeit und den Kopf im Atomzeitalter.

Kolonialzeit und Missionstätigkeit haben die normalerweise polygame und auf dem Leben in der Gemeinschaft beruhende afrikanische Sozialstruktur in eine solche vom monogamen und individualistischen Typ umgewandelt. Das Zunehmen der Schulbildung der Mädchen und die Emanzipierung der Frau drängen die afrikanische Elite in eine der christlichen Ehe der Europäer nahestehende Lebensweise hinein. Der häufige Besuch bei internationalen Instanzen und die Teilnahme an mondänen Veranstaltungen führen zu einem Familienleben der Staatsmänner nach europäischem Muster.

Die Veränderungen, welche einige Dutzend Angehörige der leitenden Klassen, die zum internationalen Karussell Zutritt haben, erfassen, berühren das Landvolk, dessen Lebensstandard durch die Unabhängigkeit nicht geändert wurde, nur in sehr geringem Ausmaße.

Bei dem Bemühen um Förderung der Landbevölkerung tritt das Problem der Fachkräfte oft mit großer Schärfe auf. Die traditionelle Häuptlingsherrschaft hat sich der neuen politischen Struktur mehr oder weniger gut angepaßt. In gewissen Staaten wie z. B. in der Elfenbeinküste ist die Häuptlingsschicht durch Präsident Houphouët, der selbst traditioneller Häuptling war, in der herrschenden politischen Partei aufgegangen; anderswo – zumal in Guinea – wurde die Häuptlingsherrschaft ab 1957 aufgehoben, weil man in ihr einen Oppositionsfaktor sah. Man kann in der Tat behaupten, *daß es die Häuptlingsherrschaft überall dort zu einem Fortleben gebracht hat, wo sie sich trotz Drucks von außen her in den Dienst ihres Volkes zu stellen wußte.* Aber an vielen Stellen hat der neue politische Rahmen ihre Nachfolge angetreten, Gewerkschafts- und Parteiführer, Leiter christlicher oder mohammedanischer Jugendbewegungen.

Das Problem der Fachkräfte macht den jungen Staaten schwer zu schaffen. In der Tat rufen überall die Regierungschefs zur freiwilligen Arbeitsleistung auf, um dadurch den Mangel an Staatsmitteln auszugleichen. Das, was einst unter der Bezeichnung *prestations* als unerträgliche Manifestation des Kolonialismus galt, wurde unter den Bezeichnungen *Self help* in Ghana und *investissement humain* in Guinea und Mali als ein von der Vorsehung geschickter Hebel für eine Wirtschaftserneuerung angesehen. Im Land der Savanne gibt es tatsächlich eine vier Monate dauernde tote landwirtschaftliche Saison, während der die Bauern auf die Jagd oder über die Grenze gehen, um sich irgendwo als Hilfsarbeiter zu verdingen. Diese Arbeitsreserve kann, wenn sie durch den Staat in die richtigen Kanäle gelenkt wird, den Aufbau der Nation bei der Bodenorganisation beschleunigen, indem sie die Kosten auf die Löhne der Spezialarbeiter und die importierten Materialien (Zement, Eisen, Werkzeuge) beschränkt.

Hierfür gibt es zwei mögliche Lösungen: Für Arbeiten, die einer Gemeinschaft zugute kommen, appelliert man an die örtlichen, herkömmlichen Arbeitsgruppen; für Arbeiten, welche im nationalen Interesse liegen, können die Arbeitskräfte aus ihren weit entfernten Heimatdörfern hergeholt werden und unter solchen Umständen muß man zur Bildung einer neuartigen Mannschaft, zu einem »Arbeitslager der Jugend« aufrufen, was allerdings bereits das Vorhandensein von Ausbildungsstätten und einer Nationwerdung, für die die europäischen Beispiele oft schlecht angepaßt werden, voraussetzt.

Im Verlauf der der Unabhängigkeit vorausgehenden politischen Kämpfe hatten die Delegierten in den Territorialversammlungen oft erreicht, daß die Leitung der Fürsorgegesellschaften den Administratoren entzogen und von den in Form einer Genossenschaft organisierten Bauern übernommen wurde. Diese Verwaltung erwies sich als nur schwer durchführbar, so daß in den meisten Ländern die Leiter der

Verwaltungsbezirke gemäß irgendwelchen vorgeschriebenen Richtlinien die Kontrolle dieser Genossenschaften wieder übernommen haben. Es ist übrigens ganz normal, wenn der Administrator, der meistens der herrschenden Partei angehört, einen der mächtigsten Hebel der örtlichen wirtschaftlichen Basis in die Hand bekommen will.

## D. Das internationale Leben des unabhängigen Afrika

Nach Erlangung der Unabhängigkeit erfolgt die erste Bestätigung der jungen afrikanischen Nationen vor der UNO, wo Afrika mit fast einem Drittel der Sitze eine immer größer werdende Zuhörerschaft hat. Gegenüber den »Kongo-Ungeschicklichkeiten« des Generalsekretariats der Vereinten Nationen spielen die Afrikaner oftmals die Rolle eines qualifizierten Vermittlers, wie z. B. der Ghanese Gardiner in Léopoldville bei den schwierigen Verhandlungen zwischen den Regierungen Adulas und Tschombes.

Die der UNO zur Verfügung gestellten Truppen dagegen halten sich an die politische Linie, die ihre Regierungen verfolgen. So haben die Regierungen von Mali, Marokko und Ghana ihre Truppen zurückgezogen, sobald im Verhältnis mit der Regierung in Léopoldville Spannungen aufgetreten waren.

### 1) *Die internationale Stellung*

Die neuen unabhängigen Nationen Afrikas haben sehr schnell Wert darauf gelegt, ihrer Eigenständigkeit dadurch Ausdruck zu verleihen, daß sie, solange keine politischen Gegenleistungen daran geknüpft sind, gerne Geschenke und Fachleute akzeptieren, weniger aus großer Not heraus als vielmehr aus dem Bestreben, ihre internationale Souveränität gegenüber der ehemaligen Kolonialmacht zu kennzeichnen.

Ihre internationale Stellung entwickelt unter der vierfachen Beleuchtung der Spannung zwischen Ost und West Beziehungen zu den ehemaligen Mutterländern, Beziehungen mit den übrigen Gliedern der Dritten Welt, Beziehungen interafrikanischer Natur. Diese Stellungnahmen werden durch zahlreiche Besuche, Begegnungen und internationale Konferenzen erleichtert, die zwar als ein wahres Luftkarussell afrikanischer Staatschefs erscheinen und sie vielleicht ein wenig zu oft ihrem Lande fernhalten, aber andererseits ihnen ermöglicht, einander besser kennenzulernen.

*Die Beziehungen zwischen den Blöcken* sind den Verantwortlichen der afrikanischen Diplomatie sehr schnell als eine Angelegenheit erschienen, die außerhalb ihrer eigenen Welt liegt. Und wenn Guinea in seinen Sympathien mit dem Ostblock auch ziemlich weit ging, so hat doch der Prozeß des »Komplotts der Lehrerschaft« die Elemente der äußersten Linken ins Gefängnis gebracht und damit ausgeschaltet. Der Bedeutung des Streits zwischen Ost und West bewußt, hat die Mehrzahl der afrikanischen Regierungen Wert auf die Kennzeichnung ihrer Neutralität gelegt; sie haben damit einen Beweis für ihre Klugheit und ihr Geschick, aus der Konkurrenz der Großen Gewinn zu ziehen, geliefert.

Diese Politik des »Non-Engagement« bringt die afrikanischen Staaten Jugoslawien und Israel nahe und erlaubt dem letzteren Land, die arabische Einkreisung zu durchbrechen; weiter hindert sie die arabischen Staaten – und zumal Präsident Nasser – daran, die Rolle des Führers von ganz Afrika zu spielen, was allein schon für die Staatsmänner Schwarzafrikas Vorteile mit sich bringt.

Die Belgrader Konferenz der blockfreien Länder (1. September 1961) beweist die Bedeutung und das Gewicht der afrikanischen Nationen in einer aus Blöcken bestehenden Welt.

*Die Verbindungen zum ehemaligen Mutterland* sind geblieben. Die Französische Gemeinschaft, die sich im Rhythmus der Pariser Ungeschicklichkeiten und Unfähigkeitsbeweise zerfasert hat, birgt in ihrem Schoß noch Senegal, die vier Nachfolgestaaten Französisch-Äquatorialafrikas und Madagaskar, und dies mehr aus sentimentalen als praktischen Motiven heraus. Auf internationaler Ebene aber unterscheiden sich diese durch nichts, durch gar nichts von den übrigen unabhängigen Nationen Afrikas.

In dem Augenblick, da die Südafrikanische Union den Commonwealth verläßt und sich in eine Republik verwandelt, treten neue unabhängige Staaten dort ein; bestimmte afrikanische Staaten (Ghana, Tanganjika, Nigeria) nehmen die republikanische Staatsform an, während Uganda und Sierra Leone auch als unabhängige Staaten die Königin von England als Souverän anerkennen.

Nur der Kongo (Léopoldville) mußte auf Grund der Ereignisse des Juli 1960 und der Unterstützung, die Katanga bei seinem Abfall seitens belgischer Einflüsse erfuhr, die diplomatischen Beziehungen zu Belgien abbrechen. Aber allmählich kamen zahlreiche Belgier als Experten zurück und bald wurden die diplomatischen Beziehungen wieder aufgenommen; die Krönung bildete der Besuch des Präsidenten Adula in Brüssel.

Somalien, Äthiopien und Libyen unterhalten herzliche Beziehungen zu Italien. Es hat jedoch den Anschein, als ob Italien vielleicht aus Treue zu seinem letzten Mündel die von Somalien an Äthiopien gestellten Forderungen bezüglich Grenzberichtigungen unterstützen würde.

*Was die Europäische Wirtschaftsgemeinschaft betrifft*, so haben die afrikanischen Regierungen sehr schnell begriffen, wie wichtig es ist, wenn sie gegenüber den Europäern in Brüssel untereinander einig sind. Das Abkommen, welches von 1963 bis 1968 die Assoziierungsbeziehungen zwischen den Mitgliedstaaten der EWG einerseits und 18 afrikanischen Staaten einschließlich Madagaskar andererseits regeln soll, wurde am 20. Dezember 1962 feierlich paraphiert. Es sieht vor, daß die assoziierten afrikanischen Staaten den aus den Mitgliedsländern der EWG stammenden Waren die nämliche Tarifbehandlung einräumen, während die Sechs die Importe aus den assoziierten Staaten am allmählichen Abbau der Zölle teilnehmen lassen.

Die Gesamtsumme der den assoziierten Staaten von der EWG gewährten Hilfe beträgt 730 Millionen US-Dollar; davon brauchen 620 Millionen nicht zurückgezahlt zu werden, bei 46 Millionen handelt es sich um spezielle Anleihen, 64 Millionen stammen von der Europäischen Investitionsbank.

Die Durchführung des neuen Abkommens wird durch drei spezielle Institutionen gewährleistet: den *Assoziationsrat*, welchem Mitglieder des Ministerrats der EWG und ein Regierungsmitglied jedes assoziierten Staates angehören, die *Parlamentarische Assoziationskonferenz*, die auf paritätischer Basis aus Mitgliedern des Europarats und der Parlamente der assoziierten Staaten besteht, und schließlich das *Assoziations-Schiedsgericht*.

*Der Dritten Welt gegenüber* herrscht seit Bandung eine großartige Solidarität, wenn sich diese auch erst in den Fällen Kuba und Indonesien zu äußern brauchte. Seit dem intensiven Einfluß des französischsprachigen Afrikas erlebt man einen Tiefstand des Prestiges der Vertreter Indiens.

Die afroasiatischen Solidaritätskonferenzen wurden im Geiste von Bandung in Kairo (1957), in Konakry (1960) und vom 4. bis 10. Februar 1963 in Moshi (Tanganjika) abgehalten. Die letztere Zusammenkunft wurde von einigen 400 Delegierten besucht, unter welchen sich die PAFMECSA (Pan African Freedom Movement of East, Central and Southern Africa), welche die Abgesandten von 18 Ländern Zentral-, Süd- und Ostafrikas umfaßt, besonders heftig gebärdete und daran erinnerte, daß der Kampf gegen den Kolonialismus das Hauptziel ist. Wenn man sich auch über die afrikanischen Ziele ziemlich leicht einig wurde, so führten andererseits die Grenzprobleme zwischen China und Indien am vierten Konferenztag zum Auszug der indischen Delegation.

Als Tatsache muß man die tiefeingewurzelte Zurückhaltung gegenüber den Indern in Ost- und Südafrika, den Chinesen auf Madagaskar und gegenüber den Arabern im ganzen christianisierten Afrika, das ja schließlich jahrhundertelang als Sklavenreservoir gedient hat, unterstreichen.

## 2) *Die afrikanische Einheit*

Von ganz anderem Wert ist das Bewußtsein der afrikanischen Einheit, der afrikanischen Solidarität, das eine Unabhängigkeit betonte, ohne daß deswegen irgendein Staatschef daran dächte, seine Souveränität aufzugeben.

Die Bedeutung der UNO bedeutet einen Strafpunkt für die Verfechter einer Föderation. Nigeria mit seinen 35 Millionen Einwohnern hat nur einen einzigen Vertreter, während die aus dem ehemaligen Französisch-Westafrika hervorgegangenen sieben Republiken jede für sich einen Vertreter entsendet. In dieser Periode des Runs zur Macht, wo die internationalen Neuigkeiten dank Transistorradios bis in das letzte Dorf im Busch gelangen, ist die Rede eines politischen Führers vor der UNO von Bedeutung für den Aufbau der Nation.

Für das ehemalige Französisch-Afrika bedeutet das Rahmengesetz Defferre eine »Balkanisierung«, welche die Verfassung von 1958 fixiert hat. Die Folge davon ist die Vermehrung der französischsprachigen Staaten bei der UNO, allerdings auch eine ruinöse Vergeudung der geistigen Elite in den Ministerien und diplomatischen Vertretungen.

Im November 1958 kommt in Akkra eine Union Ghana-Guinea zustande; im Dezember bekräftigt dort der Panafrikanische Kongreß den Willen zur afrikanischen Einheit. Mali bricht im August 1960 mit Senegal und schließt sich den beiden Partnern an. Im Januar 1961 wird die *Casablanca-Gruppe* proklamiert, zu welcher außer den genannten drei Staaten Schwarzafrikas, Marokko, Algerien und Ägypten gehören. Der in der Casablanca-Charta klar zum Ausdruck gebrachte Zweck besteht darin, daß so bald wie möglich eine afrikanische Konsultativversammlung und vier Ausschüsse organisiert werden sollen: Politik (hier treten periodisch die Staatsoberhäupter zusammen), Wirtschaft (Wirtschaftsminister), Kultur (Kulturminister) und schließlich ein afrikanisches Oberkommando, das im Falle einer Aggression die gemeinsame Verteidigung Afrikas gewährleisten soll.

Die Union Ghana-Guinea-Mali befand sich gegenüber den Maghreb-Partnern in der Minderheit und trennte sich infolgedessen in Sachen Außenpolitik von diesen. So stimmte Ghana bei der Behandlung des Mauretanienproblems gegen Marokko. In der Tat kann von einer wirklichen Realisierung der Union Guinea-Ghana-Mali nicht die Rede sein.

Dagegen dient diese Union Ghana-Guinea-Mali und die Casablanca-Gruppe, *das revolutionäre Afrika*, als Ansporn für die Strömung des *reformistischen Afrika.*

Auf Veranlassung des Präsidenten Houphouët-Boigny sammeln sich im Dezember 1960 in Brazzaville die Vertreter von zwölf Staaten um das Projekt einer *Afrikanisch-Madagassischen Organisation für wirtschaftliche Zusammenarbeit.*

Zwecks Veranschaulichung der interafrikanischen Zusammenarbeit wird im Mai 1961 in Monrovia eine Konferenz abgehalten, an der die meisten Staatschefs des unabhängigen Afrika mit Ausnahme der Drei von der Casablanca-Gruppe teilnehmen. Die Entschließungen streichen die Unterstützung der Regierung Kasawubu und die Anerkennung der Unabhängigkeit Mauretaniens heraus. Die Prinzipien werden klar definiert: Verzicht auf Gewaltanwendung, Nichteinmischung in die inneren Angelegenheiten anderer Staaten, dann Achtung vor der territorialen Integrität und *Gleichberechtigung* innerhalb der Gruppe.

Während die Expertenkonferenz der afrikanischen Staaten und Madagaskars vom 17. bis 24. Juli 1961 in Dakar die große Konferenz von Lagos vorbereitet, die eine erwartete Erweiterung von Monrovia darstellt, unterzeichnen 12 französischsprachige Republiken am 11. September 1961 in Tananarivo die *Charta der Afrikanisch-Madagassischen Union*, die mehrmals vor der UNO ihre Lebenskraft bewiesen hat; Togo schließt sich ihr nicht an, ohne deswegen der Ghana-Guinea-Mali-Gruppe beizutreten. Das Ziel der Charta ist »die Organisation der Zusammenarbeit auf sämtlichen Gebieten der Außenpolitik zwischen den Mitgliedern, um ihre Solidarität zu stärken, ihre kollektive

Sicherheit zu garantieren, ihre Entwicklung zu unterstützen und den Frieden in Afrika und in der ganzen Welt zu erhalten«.

Die Konferenz von Lagos (22. bis 30. Januar 1962) erscheint als eine Konsolidierung des reformistischen und realistischen Afrika, dessen arabische Elemente sich unter dem Vorgeben, die GPRA (Provisorische Regierung der Algerischen Republik) sei nicht eingeladen worden, selbst ausgeschlossen haben. Kongo (Léopoldville) und Tanganjika ließen sich dort in den Kreis der Familie aufnehmen.

Die Konferenz von Addis Abeba (Mai 1963) vereint um den Negus Haile Selassie 31 Staatschefs und 1000 afrikanische Delegierte vor 500 Journalisten. Die Außenministerkonferenz, die am 16. Mai beginnt, erklärt mit allseitiger Zustimmung, daß es weder eine Casablanca- noch eine Monrovia-Charta mehr gibt. Am 24. Mai wird eine Übereinstimmung erzielt, die nicht nur negativer Natur ist, insofern sie sich gegen die Südafrikanische Union und ihre Bantustan-Politik richtet, sondern auch positiver Natur hinsichtlich der künftigen Organisation Afrikas. Die Beschlüsse sehen die Einrichtung eines ständigen Schwarzafrika-Sekretariats, eine alljährliche Konferenz der Staatsoberhäupter und die Ausarbeitung einer Afrika-Charta vor.

Zweifellos wollten die Führer der arabischen Welt ihre afrikanische Solidarität beweisen, als sie den Befreiungsbewegungen in Angola 10 000 Freiwillige anboten. Addis Abeba bedeutet auch den Sieg der schwarzen Welt; es unterstützt Mauretanien, das aus einem Zwist mit Marokko (aus dem sich König Hassan heraushielt) als Sieger hervorging.

Der Erfolg der »Organisation für Afrikanische Einheit« in Bamako im Oktober 1963 anläßlich der Beilegung des algerisch-marokkanischen Konflikts beeindruckt manche Staatschefs der UAM, die jedoch von der Presse in Ghana und Guinea heftig angegriffen werden. Sogar Nigeria tadelt das Prinzip der primären Verständigungen, so daß sich im März 1964 die UAM in Dakar entschließt, sich für die afrikanische Einheit zu opfern, und nur noch unter der Wirtschaftsform der OAMCE, die zur UAMCE wird, weiterbesteht.

Die Konferenz in Kairo vom Juli 1964 vermittelt jedoch den Vertretern der afrikanischen Länder den Eindruck, sie würden wider ihren Willen zur Verdammung des Staates Israel gezwungen, mit dem vierundzwanzig afrikanische Staaten Zusammenarbeitsverträge abschlossen. Aus dem Widerstand der sozial-islamischen Gruppe gegen die Zulassung von Mose Tschombe zur Konferenz gehen dazuhin deutlich die ideologischen Ziele hervor, die manche unter dem Deckmantel der afrikanischen Einheit verfolgen. Präsident Tsiranana warf sich mit gewohnter Klarsicht zum Sprecher seiner französisch sprechenden Kollegen auf, als er die Konferenz anklagte, sie sei »geschwätzig, verworren und demagogisch«.

Trotz den Ausgleichsbemühungen der Außenminister bei der Konferenz in Addis Abeba festigen das Vorgehen Ägyptens im Jemen, die algerische Unterstützung der Rebellen im Kongo und gewisse Machenschaften Ghanas gegen die Elfenbeinküste, den Niger und Kamerun die Resolution der liberalen Länder im französisch sprechenden Afrika; sie gründen am 25. Mai 1965 in Abidschan die OCAM (*Organisation de la Coopération Africaine et Malgache* – afrikanische und madegassische Organisation für Zusammenarbeit), deren auf der einstigen UAM gründende Statuten im Januar 1966 in Tananarive von den versammelten Mitgliedern angenommen wurden.

Der OCAM gelang schon der Boykott der Konferenz in Akkra im Oktober 1965, von der die vier Staaten der Entente fernblieben (Elfenbeinküste, Dahome, Niger, Obervolta), sowie die Staaten Togo, Tschad, Gabun und Madagaskar.

Auf Grund einer jener in der Geschichte so häufigen Schaukelbewegungen trat also die Lage von 1962 wieder ein, abgesehen vom Kongo-Brazzaville, Kamerun und Mauretanien, die sich von der OCAM zu lösen scheinen.

Der Mißerfolg der Organisation für Afrikanische Einheit bei der Rhodesien-Affäre im Dezember 1965 mußte die OCAM stärken, während die UDEAC (*Union Douanière des Etats de l'Afrique Centrale* – Zollunion der zentralafrikanischen Staaten) am 1. Januar 1966 in Kraft trat. Vielleicht sollte man aber den Blick auf weiter gesteckte Ziele wie das »Commonwealth nach französischer Art« richten, von dem vor kurzem die Präsidenten Senghor und Burgiba sprachen.

### 3) *Das internationale Gewicht Afrikas*

Aber – und das ist eine bedeutsame und neuartige Tatsache – Afrika und zumal Schwarzafrika beginnt sich auch im Ausland einzuschalten – in Asien, wo die guten Beziehungen der schwarzen Völker mit Israel den arabischen Schraubstock öffnen, in Amerika, wo Afrika an der Seite des Präsidenten Kennedy sein Gewicht gegen die Rassentrennungspolitik der Südstaaten geltend macht.

Afrika war für Amerika durch Jahrhunderte hindurch ein Sklavenlieferant. Das Jahr 1960, das 15 Delegationen aus dem unabhängigen Afrika in den UNO-Palast brachte, mußte zwei Bewegungen auslösen – bei den Negro-Amerikanern und bei den französischen Kanadiern.

Was die Negro-Amerikaner betrifft, so mußten der Empfang zahlreicher afrikanischer Staatschefs im Weißen Hause und die polizeilichen Maßnahmen, die getroffen wurden, damit sich die Rassentrennung nicht gegen diese hohen Gäste auswirken sollte, die Widersprüche in der amerikanischen Politik ins Licht setzen und erstmalig eine Rassenbewegung äußerster Heftigkeit, die der *Schwarzen Moslems*, auslösen. Weiter mußten sie das Entstehen eines wirklichen Nationalbewußtsein innerhalb der negro-amerikanischen Welt bewirken, welches, wenn nicht eine neue amerikanische Politik den vielen Möglichkeiten hierfür zuvorkommt, bis zu einem Abfall der Südstaaten mit schwarzer Mehrheit führen kann, was 100 Jahre nach dem Sieg über den rassenkämpferischen Süden eine recht eigenartige Wiederkehr der Geschichte wäre.

Bei den Francokanadiern hat die Anwesenheit afrikanischer Vertreter bei den Vereinten Nationen die Unabhängigkeitsbewegung der Provinz Quebec mit neuer Kraft erfüllt. Die sechs Millionen französischer Kanadier leben im Zustand einer wirtschaftlichen Unterwerfung gegenüber dem angelsächsischen Kapitalismus und sind einem Regime kolonialen Typs unterworfen, wo die französischsprachige Minderheit von der englischsprachigen Majorität mehr oder weniger unterdrückt wird. Die Ankunft der Abordnungen aus Afrika in New York hat gezeigt, daß Unabhängigkeit mit wirtschaftlichem Potential und Einwohnerzahl nichts zu tun hat. Die Vertreter des englischsprachigen Afrika sind natürlich bereit, Französisch-Kanada im Kampf gegen ihre ehemaligen Herren zu unterstützen, obwohl ihre eigenen Beziehungen zu England herzlicher Natur bleiben. Aber die hauptsächliche Unterstützung kommt von den 21 Delegationen des französischsprachigen Afrika: Algerien, Tunesien, Marokko, Mauretanien, Senegal, Guinea, Mali, Elfenbeinküste, Obervolta, Niger, Togo, Dahome, Kamerun, Tschad, Gabun, Zentralafrikanische Republik, Kongo-Brazzaville, Kongo-Léopoldville, Ruanda, Burundi und Madagaskar. Die Vertreter dieser Länder, die sich in der englischsprachigen Welt Manhattans wie verloren vorkommen, haben voller Freude das Vorhandensein der französischsprachigen Welt von Quebec, deren Elite nicht gezögert hat, in Presse und Rundfunk die nationalistischen Afrikanerbewegungen während ihres Kampfes gegen die französischen oder belgischen Machthaber zu unterstützen, entdeckt. Die wenigsten Länder Afrikas haben ein wirtschaftliches oder demographisches Gewicht aufzuweisen, das mit dem Potential Quebecs vergleichbar wäre. Seit Gabun und Mauretanien (600 000 und 800 000 Einwohner) ihre Stimme bei den Vereinten Nationen hören lassen, kann man nicht mehr recht einsehen, warum Quebec dort nicht auch vertreten sein soll, nachdem es ebensoviele Einwohner hat wie Mali, der volkreichste der Nachfolgestaaten Französisch-Afrikas. Die Tatsache, daß die meisten der jungen afrikanischen Nationen die Wirtschaftshilfe der ehemaligen Mutterländer noch sehr nötig haben – was sie aber nicht hindert, bei der UNO häufig gegen die Staaten, die ihnen helfen, zu stimmen – stellt ein zusätzliches Argument für die Unabhängigkeitsbewegung dar, die im ganzen französischen Kanada so schnelle Fortschritte macht, daß die Unabhängigkeitserklärung Quebecs wohl nicht mehr lange auf sich warten lassen dürfte.

Eigenartiges Sichwiederholen der Geschichte: Diese Schwarzen aus Afrika, deren Urgroßonkel drei Jahrhunderte lang als angekettete Sklaven auf den Schiffen der Sklavenhändler in Amerika angekommen sind, kommen jetzt, um zwei unterdrückten Minderheiten in Nordamerika ein begeisterndes Beispiel, die Unterstützung durch ihre junge Diplomatie und ihre brüderliche Verbundenheit für ihre nahe Befreiung zu bieten.

# Schluß

Obgleich sich dem Ultimatum der Außenminister der Organisation für Afrikanische Einheit am 4. Dezember 1965 in Addis Abeba nur neun der sechsunddreißig unabhängigen Staaten anschlossen, obgleich das Commonwealth im Januar 1966 in Lagos schließlich nur eine Frist von sechs Monaten zur Regelung der Rhodesien-Affäre erlangte, obgleich der Egoismus gewisser Politiker der Elfenbeinküste den Plan der doppelten Staatsbürgerschaft innerhalb der Entente-Staaten zum Scheitern brachte, schreitet Afrika nach dem wichtigen Markierungspunkt, der Konferenz vom Mai 1963 in der Hauptstadt des ältesten afrikanischen Reiches, auf seinem Wege zur Einheit fort.

Neben den horizontalen Tendenzen der afroasiatischen Gemeinschaft und des Arabismus, neben den vertikalen, die durch die kulturellen und wirtschaftlichen Bande mit Europa dargestellt werden, sind es schließlich die interafrikanischen Bindungen des wirklichen Afrika, die am stärksten in Erscheinung treten. Welches auch die arabischen Affinitäten Nassers sein mögen, Ägypten bleibt in erster Linie ägyptisch, das heißt nilotisch und afrikanisch; im Maghreb werden Algerien und Marokko noch weitgehend durch das partikularistische Gewicht der berberischen Gemeinschaften beeinflußt.

Mit der Unabhängigkeit hat die trotz Anspielungen von seiten der Journalisten schon in weiter Ferne liegende Zeit, als die schwarzen oder kabylischen Schulkinder »unsere Vorfahren, die Gallier« aufsagen mußten, endgültig ein Ende genommen. Alle afrikanischen Schüler wissen jetzt, daß die Geschichte ihrer wirklichen Vorfahren ebenso bewegt und an großen Männern ebenso reich war wie die der Europäer. Ihre Lehrer sind sogar geneigt, hier noch etwas dazuzumachen und die afrikanische Gesellschaft der Vorkolonialzeit in den leuchtendsten

Farben zu malen, indem sie die Ordnung, die im mittelalterlichen Afrika herrschte, mit der Feudalanarchie Europas während der gleichen Epoche vergleichen – eine Ordnung allerdings, über die wir ehrlich gesagt nur sehr wenig wissen und die von einer Verbreitung über ganz Afrika weit entfernt war.

Es dürfte fehlerhaft sein, wenn die Afrikaner um jeden Preis ihre Geschichte mit der Europas vergleichen und nicht ihre eigene Originalität herausstellen wollen – eine Eigenheit, die in erster Linie auf dem Klima beruht. Afrika ist fast zur Gänze ein warmes Land, in dem die schlechte Jahreszeit nicht den zwingenden Charakter der Länder der gemäßigten Zone aufweist. Der Mangel an Voraussicht hat daher nicht die gleichen lebenswichtigen Konsequenzen und die Grille, die den ganzen Sommer über gezirpt hat, kann ohne weiteres zur Verwandten gehen und sie um die unerläßliche Nahrung bitten, umsomehr als sie nicht unter der Kälte zu leiden hat, die ihr europäisches Gegenstück dazu zwingt, für eine Wohnung für die Familie und für warme, teure Kleidung zu sorgen.

Die Lenker Afrikas mögen aus Moskau oder New York verführerische politische und wirtschaftliche Ideen heimbringen, soviel sie nur wollen – sie werden auf den nämlichen jahrhundertealten Widerstand stoßen, der bewirkt hat, daß der negroafrikanische Islam vom arabischen zutiefst verschieden ist, oder der das Christentum zu afrikanisieren wußte, indem er offiziell oder nichtoffiziell synkretistische Kulte schuf. Es wäre auch zu ihrem Nachteil, wenn sie die gleichen Waffen wie die Europäer dazu verwenden wollten, um für drei Jahrhunderte Sklaverei und ein Dreivierteljahrhundert Kolonialdasein Rache zu nehmen, weil sie ihre Verspätung nur schwer aufholen könnten.

Sie müssen sich im Gegenteil ihrer eigenen Waffen bewußt werden, die mehr geistiger als materieller Natur sind.

Der außerordentliche Welterfolg der Negerkunst und der durch den negroamerikanischen Jazz vermittelten afrikanischen Musik hat den Beweis dafür erbracht, daß die Zivilisationen westlichen Gepräges erneuerungsbedürftig sind, und bei der Geburt neuer philosophischer und künstlerischer Konzeptionen wie des Existenzialismus und des Surrealismus, mit denen man das, was jenseits von Verstand und Erfahrung liegt, zu ahnen versucht, eine Rolle gespielt.

Afrika kann nicht nur auf seine Vorkolonialzeit mit Recht stolz sein, sondern auch auf die außerordentliche Geschmeidigkeit und erstaunliche Bildsamkeit seiner Bewohner, die ihm ermöglicht hat, von dem, was ihm die Europäer brachten, das Gute zu assimilieren und das Schlechte abzulehnen.

Afrika war bis vor kurzem für die nach Neuigkeiten dürstenden europäischen Gelehrten ein Fragezeichen. Heute bildet der Kontinent, der mit den Füßen noch tief im Neolithikum steht, während sein Kopf bereits am Atomzeitalter teilhat, für die ganze Welt ein politisches und wirtschaftliches Fragezeichen.

Wenn dieses kleine Buch ein nicht allzu ungetreues Bild der geschichtlichen Entwicklung dieses Kontinents bieten konnte und wenn es den afrikanischen Leser dazu anreizen kann, sich mit der Vergangenheit seines Landes zu beschäftigen – dann glauben die Verfasser ihr Ziel erreicht zu haben.

# Bibliographische Hinweise

Wir beschränken uns hier darauf, kapitelweise die wichtigsten Bücher anzugeben, die den Nichtfachmann interessieren können, und verweisen für weitere Information auf die *Histoire de l'Afrique* in drei Bänden in der »Historischen Sammlung Payot« (die beiden ersten Bände sind erschienen, der dritte wird 1967 herauskommen) und auf die *Histoire des peuples de l'Afrique noire*. Für Nordafrika sind die umfangreichen Bibliographien von Ch. André Julien und Courtois für die Antike, von Letourneau für die arabische Zeit sowie die Bibliographie von Ch. A. Julien in *Histoire de l'Algérie* (1830 bis 1870), Paris 1964, S. 507–588, bis heute am vollständigsten.

Für die Zeit der Entkolonisierung und der Unabhängigkeit, deren Darstellung in der »Historischen Sammlung« nicht vor 1967 erscheinen wird, weisen wir auf mehrere im Lauf der letzten drei Jahre erschienene Werke hin.

An den Anfang stellen wir eine Reihe allgemeiner Werke, die einmal Afrika in seiner Gesamtheit, zum andern die Geschichte bestimmter Gebiete betreffen.

## I

Baker, J. N. L., A History of Geographical Discovery and Exploration, London 1931.

Baumann, H., R. Thurnwald und D. Westermann, Völkerkunde von Afrika, Essen 1940.

Bidou, H., L'Afrique, Paris 1945.

Fage, J. D., An Atlas of African History, London 1958.

Hailey, W. M., An African Survey: a Study of Problems Arising in Africa South of the Sahara, rev. 1956, London 1957.

Hanotaux, G., und A. Martineau, Histoire des colonies françaises et de l'expansion de la France dans le monde, Bd. 1, Paris 1929.

Hardy, G., Vue générale de l'histoire d'Afrique, Neuaufl., Paris 1948.

Julien, Ch. A., Histoire de la colonisation française, Histoire de l'Afrique, 2. Aufl., Paris 1955.

Mondaini, G., Histoire coloniale de l'époque contemporaine. La colonisation anglaise . . ., trad. de G. Hervo, 2 Bde., Paris 1920.

Oliver, R., und J. Fage, A Short History of Africa, Harmondsworth 1962.
Seligman, Ch. G., The Races of Africa, rev. Ausg., London 1939.
de Vaulx, B., En Afrique. Cinq mille ans l'exploration, Paris 1960.

II

*a) Das mittelmeerische Afrika*

Julien, Ch. A., Histoire de l'Afrique du Nord, Tunisie, Algérie, Maroc, Bd. 1, Des origines à la conquête arabe, 2. erw. Aufl., Paris 1952. Bd. 2, De la conquête arabe à 1830, 2. erw. Aufl., Paris 1953.
Ayache, A., Le Maroc, Paris 1956.
Bousquet, G. H., Les Berbères, histoire et institutions, 2. Aufl., Paris 1961.
Gautier, E. F., Le Sahara, 3. Aufl., Paris 1950.
Lacoste, Y., A. Nouschi und A. Prenant, L'Algérie passé et présent, Paris 1960.
Lacouture, S., Égypte, Paris 1962.
Monteil, V., Le Maroc, Paris 1962.
Raymond, A., La Tunisie, Paris 1961.
Sebag, P., La Tunisie, Paris 1951.
Terrasse, H., Histoire du Maroc. Des origines à l'établissement du protectorat français, 2 Bde., Paris 1949/50.

*b) Schwarzafrika*

Arkell, A. J., A History of the Sudan: from the Earliest Times to 1821, with a foreword by Sir H. Macmichael, London 1955.
Brigaud, F., Histoire traditionnelle du Sénégal, Saint-Louis, 1962.
Burns, A., History of Nigeria, 6. Aufl., London 1963.
Clair, A., Le Niger, Paris 1965.
Cornevin, R., Histoire du Togo, 2. erw. Aufl., Paris 1962.
—, Histoire du Dahomey, Paris 1962.
—, Histoire du Congo (Léopoldville), Paris 1963.
Coupland, R., East Africa and its Invaders, from the Earliest Times to the Death of Seyyid Said in 1856, Oxford 1938.
Crowder, M., The Story of Nigeria, London 1962.
Delafosse, M., Haut-Sénégal-Niger (Soudan français). Séries d'études publiées sous la directione de Clozel, 1. Serie: le pays, les peuples, les langues, l'histoire, les civilisations, 3 Bde., Paris 1912.
Deschamps, H., L'Afrique Noire précoloniale, Paris 1963.
—, Histoire de Madagascar, Paris 1960.
Diop, Cheikh Anta, Nations nègres et culture, Paris 1955.
Doresse, J., L'Empire du Prêtre Jean, 2 Bde., Paris 1957.
Fage, J. D., An Introduction to the History of West Africa, 3. Aufl., Cambridge 1962.
Fyfe, Ch., A Short History of Sierra Leone, London 1962.
Gailey, H. A., A History of the Gambia, London 1964.
Greenfield, R., Ethiopia: a New Political History, London 1965.
Guilhem, M., Précis d'histoire de l'Ouest africain, Paris 1961.
Guilhem, M., und J. Hébert, Précis d'histoire de la Haute-Volta, Paris 1961.

Guilhem, M., und S. Toe, Précis d'histoire du Mali ... Suppl. au »Précis d'histoire de l'Ouest africain«, Paris 1963.
Guitard, O., Les Rhodésies et le Nyasaland, Paris 1964.
Hama, B., und M. Guilhem, Histoire du Niger, Paris 1965.
Hanna, A. J., The Story of the Rhodesias and Nyasaland, London 1960.
Hatzfeld, O., Madagascar, 2. Aufl., Paris 1960.
Herskovits, M. J., The Human Factor in Changing Africa, London 1962.
Hertefeldt, Trouwborst und Scherer, Les anciens royaumes de la zone interlacustre méridionale, Tervuren 1962.
Houis, M., Guinée française, Paris 1953.
Homburger, L., Les langues négro-africaines, 2. Aufl., Paris 1958.
Hugot, P., Le Tchad, Paris 1965.
Ingham, K., A History of East-Africa, London 1962.
Joos, L. C. D., Brève histoire de l'Afrique noire ... Bd. 2: De la colonisation à l'independance, Paris 1964.
—, Histoire de l'Afrique de Sud, Paris 1965.
Labouret, H., Histoire des Noirs d'Afrique, Paris 1950.
Lesourd, J.-A., La République d'Afrique du Sud, 2. Aufl., Paris 1963.
Lebeuf, J. P., und A. Masson Detourbet, La civilisation du Tchad, Paris 1950.
Maquet, J. J., Afrique. Les civilisations noires, Paris 1962.
Meynier, O. F., L'Afrique noire, Paris 1911.
Middleton, J., und J. Campbell, Zanzibar: its Society and its Politics, issued under the auspieces of the Institute of Race Relations, London 1965.
Milcent, E., Au carrefour des options africaines: Le Sénégal, Paris 1965.
Niane, D. T., und J. Suret-Canale, Histoire de l'Afrique-occidentale, Paris 1962.
Oliver, R., und G. Mathew (Hrsg.), History of East Africa, Oxford 1963.
Pankhurst, E. S., Ethiopia: a cultural History, with a foreword by the Rev. C. J. A. Douglas, Woodford Green 1955.
de Pedrals, D. P., Archéologie de l'Afrique Noire, Nubie, Ethiopie, Niger sahélien, l'aire tchadienne, Niger inférieur, Zimbabwé, Congo belge. Avec 68 dessins de l'auteur, Paris 1950.
Pollock, N. M., und S. Agnew, An Historical Geography of South Africa, London 1963.
Richard-Molard, J., Afrique occidentale française, préf. de Th. Monod, Paris 1949.
Richardson, Liberia's Past and Present, London 1959.
de Rivières, S., Histoire du Niger, Paris 1965.
Sik, E., Histoire de l'Afrique Noire, Bd. 1 (aus d. Russ. v. F. Léderer), Budapest 1962.
Scherer, Histoire de la Réunion, Paris 1965.
Schimmelpfening, E., Malawi, Paris 1965.
Suret-Canale, J., Afrique Noire occidentale et centrale ... 2. Aufl., Bd. 1: Géographie, civilisation, histoire, Paris 1961.
Tanser, G. H., A History of Nyasaland, Le Cap 1963.
Toussaint, A., Histoire de l'Océan Indien, Paris 1960.
Vansina, J., L'évolution du royaume Rwanda des origines à 1900, Brüssel 1962.
M'Veng, R. P., Histoire du Cameroun, Paris 1963.

Villard, A., Histoire du Sénégal, Dakar 1943.
Walker, E. A., A History of Southern Africa, 4. Aufl., London 1962.
Ward, A History of Ghana, 5. Aufl., London 1964.
Weulersse, J., L'Afrique Noire, Précédée d'une Vue d'ensemble sur le continent africain, Paris 1934.
Wiedner, D. L., A History of Africa South of the Sahara, New York 1962.
Westermann, D., Geschichte Afrikas. Staatenbildungen südlich d. Sahara, m. 58 Abb. u. 20 Kartenskizzen, Köln 1952.
Zieglé, H., Afrique Equatoriale française, Paris 1952.

## Vorgeschichte

Alimen, H., Préhistoire de l'Afrique, Paris 1955.
Frison-Roche, R., Mission Ténéré, Grenoble-Paris 1960.
Greenberg, J. H., Studies in African Linguistic Classification, New Hawen 1955.
Lhote, H., A la découverte des fresques du Tassili, Grenoble-Paris 1958.
Missions Berliet Ténéré-Tchad. Documents scientifiques, publ. par les soins de H. J. Hugot, Préf. de L. Balout, Paris 1962.

## Altägypten

Desroches-Noblécourt, Chr., Les religions égyptiennes, Paris 1948.
Drioton, Ch. E., und J. Vandier, Les peuples de l'Orient méditerranéen, 2. L'Egypte, 3. Aufl., Paris 1952.
Vercoutter, J., L'Egypte ancienne, 4. Aufl., Paris 1960.
Yoyotte, J., L'Egypte, in: Histoire Universelle, Paris 1956.

## Karthagisches und römisches Afrika (3. und 4. Kapitel)

Albertini, E., L'Afrique romaine, Alger 1950.
Carcopino, J., Le Maroc antique, Paris 1943.
Doresse, J., Les livres secrets des gnostiques d'Egypte, Paris 1958.
Elgood, P. G., The Ptolemies of Egypte, Bristol 1938.
Picard, G., Le monde de Carthage . . ., Paris 1958.

## Arabisches Afrika (5. und 6. Kapitel)

Gautier, E. F., Le passé de l'Afrique du Nord. Les siècles obscurs, Paris 1952.
Hitti, Ph. K., History of the Arabs, London 1937.
—, The Arabs, a Short History, 5. rev. Aufl., Princeton 1949.
Marçais, G., La Berbérie musulmane et l'Orient au Moyen Age, Paris 1946.
Mauny, R., Tableau géographique de l'Ouest africain au Moyen Age d'après les sources écrites, la tradition et l'archéologie, Dakar 1961.
Mazahéry, A., La vie quotidienne des musulmans au Moyen Age. X[e] au XIIe siècle, Paris 1951.
Niane, D. T., Soundjata ou l'épopée mandingue, Paris 1960.
Sourdel, D., L'Islam, Paris 1949.

## 16., 17. und 18. Jahrhundert (7. und 8. Kapitel)

Bal, W., Le royaume du Congo au XVe et XVIe siècles, Léopoldville 1963.
Béraud-Villars, J., L'empire de Gaô, Un état soudanais aux XVe et XVIe siècles..., Paris 1942.
Birmingham, D., The Portuguese Conquest of Angola, issued under the auspieces of the Institute of Race Relations, London 1965.
Bontinck, F., La fondation de la mission des Capucins au royaume du Congo (1648) par Jean-François de Rome O. F. M., Louvain 1964.
Coupland, R., The British Anti-slavery Mouvement, new Introduction by J. D. Fage, 2. Aufl., London 1964.
Cuvelier, J., und L. Jadin, L'ancien Congo, d'après les archives romaines (1518—1640), Brüssel 1954.
Donnan, E., Documents Illustrative of the History of the Slave Trade to America, 4 Bde., Washington 1930—35.
Ducasse, A., Les négriers, ou Le trafic des esclaves, Paris 1948.
d'Esme, J., Les chercheurs de monde, Paris 1960.
Freeman-Grenville, G. St. P., The French at Kilwa Island: an Episode in Eighteenth-Century East Africa History, Oxford 1965.
Jadin, L., Aperçu de la situation du Congo en 1775, Brüssel und Rom 1963.
—, Le clergé séculier et les Capucins du Congo et d'Angola aux XVIe et XVIIe siècles, Brüssel und Rom 1964.
Murias, M., História breve da colonização portuguesa, Lissabon 1940.
Pigafetta, F., und D. Lopez, Description du royaume de Congo et des conrées environantes (1591), trad. et annotée par W. Bal, Paris 1963.
Wyndham, H. A., The Atlantic and Slavery: Problems of Imperial Trusteeship, Oxford 1935.

## Afrika von 1800 bis zum Jahre 1883 (9. und 10. Kapitel)

Barth, A., Reisen und Entdeckungen in Nord- und Central-Afrika in den Jahren 1849 bis 1855. Tagebuch seiner im Auftrag der Brittischen Regierung unternommenen Reise... mit Karten, Holzschnitten und Bildern. 5 Bde., Gotha 1857—58.
Deschamps, H., Quinze ans de Gabon (1839—1853), Paris 1965.
Dubois, M., und A. Terrier, Les colonies françaises. Un siècle d'etpansion coloniale, Paris 1901.
d'Estailleur-Chanteraine, Ph., Abd-el-Kader, L'Europe et L'Islam au XIXe siècle, Paris 1947.
Gray, R., A History of the Southern Soudan (1839—1889), London, Oxford 1961.
Griaule, M., Les grands explorateurs, Paris 1946.
Hill, R., Egypt in the Sudan (1820—1881), London 1959.
Holt, P. M., A Modern History of the Sudan: from the Funj Sultanate to the Present Day, London 1961.
Leroi-Gourhan, A. (Hrsg.), Les explorateurs célèbres, Genf 1947.
Martin, Cl., Histoire de l'Algérie française, 1830–1962, Paris 1963.
Mofolo, Th., Chaka. Une épopée bantoue, trad. directement de la langue souto par V. Ellenberger, préf. de Zakea Mangoaèla, Paris 1940.

Schnapper, B., La politique et le commerce français dans le Golfe de Guinée de 1838 à 1871, La Haye — Paris 1961.

## Kolonialzeit (11. und 12. Kapitel)

Betts, R. F., Assimilation and Association in French Colonial Theory, 1890 bis 1914, New York, London 1961.
Delavignette, R., Service africain, Paris 1946.
Grenville, J. A. S., Lord Salisbury and Foreign Policy: the Close of the Nineteenth Century, London 1964.
Gross, F., Rhodes of Africa, London 1956.
Hill, R., Slatin Pasha, London 1965.
Kenyatta, J., Facing Mount Kenya; the Tribal Life of the Gikuyu, with an introduction by B. Malinowski, London 1956.
Leakey, L. S. B., Mau Mau and the Kikuyu, London 1952.
Le Cornec, J., Histoire politique du Tchad de 1900 à 1962, préf. de L. Hamon, Paris 1963.
Leroy-Beaulieu, P., De la colonisation chez les peuples modernes, 4. Aufl., Paris 1891.
Lockhart, J. G., und Chr. M. Woodhouse, Rhodes, London 1963.
Lugard, F. J. D., The Dual Mandate in British Tropical Africa, 2. Aufl., Edinburgh und London 1923.
—, Representative Forms of Governement and »indirect rule« in British Africa, Edinburgh 1928.
Oudard, G., Cecil Rhodes, Paris 1939.
Politiques, Les, d'expansion impérialiste, introduction par P. Renouvin, Paris 1949.
Sarraut, A., La mise en valeur des colonies françaises, avec onze cartes en noir et en couleur, Paris 1923.
Thompson, L. M., The Unification of South Africa 1902—1910, Oxford 1960.
Wagret, J. M., Histoire et sociologie politique de la République du Congo (Brazzaville), Paris 1963.
Willequet, Le Congo belge et la Weltpolitik, 1894—1914, Brüssel 1962.
Winks, R. W. (Hrsg.), British Imperialism: Gold, God, Glory, New York und London 1963.

## Entkolonisierung (13. Kapitel)

Ansprenger, F., Politik im Schwarzen Afrika. Die modernen politischen Bewegungen im Afrika französischer Prägung, Köln und Opladen 1961.
Aujoulat, L. F., Aujourd'hui l'Afrique, Paris 1956.
Austin, D., Politics in Ghana, (1946–1960), London 1964.
Baccouche, H., Décolonisation. Servitudes et grandeurs de l'anticolonialisme, Paris 1962.
Behr, E., The Algerian Problem, London 1961.
Benson, M., The African Patriots, London 1963.
Berque, J., Le Maghreb entre deux guerres, Paris 1962.
Blanchet, A., Itinéraire des partis africains depuis Bamako, Paris 1958.
Boiteau, F., Contribution à l'histoire de la nation malgache, Paris 1958.

Cohen, A., British Policy in Changing Africa, Evanston 1959.
Coleman, J. S., Nigeria: Background to Nationalism, Berkeley 1958.
Debay, J., Evolution en Afrique Noire, Paris 1962.
Delavignette, R., L'Afrique Noire française et son destin, Paris 1962.
Erhard, J., Communauté ou sécession, Paris 1959.
Ezera, K., Constitutional Developments in Nigeria: an Analytical Study of Nigeria's Constitution-Making Developments and the Historical and Political Factors that Affected Constitutional Change, Cambridge 1960.
Favrod, Ch. H., Le poids de l'Afrique, Paris 1958.
—, Le F. L. N. et l'Algérie, Paris 1962.
Ferniot, J., De Gaulle et le 13 mai, Paris 1965.
Franck, Th. M., Race and Nationalism, New York 1960.
Gordon, D. C., The Passing of French Algeria, London 1966.
Grimal, H., La décolonisation, 1919—1963, Paris 1965.
Guibert, A., Léopold Sedar Senghor, Paris 1962.
Hatch, J., A History of Post War Africa, London 1965.
Hodgkin, Th., Nationalism in Colonial Africa, London, 1956.
Ingham, K., The Making of Modern Unganda, London 1958.
Jones, G., Britain and Nyasaland, London 1964.
Julien, Ch. A., L'Afrique du Nord en marche, 2. Aufl., Paris 1953.
Kalck, P., Réalités oubanguiennes, Paris 1959.
Kaunda, K. D., Zambia Shall be Free: an Autobiography, London 1962.
Keatley, P., The Politics of Partnership, Harmondsworth 1963.
Cabouret, H., Colonisation, colonialisme, décolonisation, Paris 1952.
Lacouture, J. und S., Le Maroc à l'épreuve, Paris 1958.
—, L'Egypte en mouvement, Paris 1962.
Lacouture, J., Cinq hommes et la France, Paris 1962.
Léger, J. M., Afrique française, Afrique nouvelle, Ottawa 1958.
Mason, Ph., The Birth of a Dilemma: the Conquest and Settlement of Rhodesia, London 1958.
Milcent, E., L'A. O. F. entre en Scène, Paris 1958.
Nkrumah, K., The Autobiography of Kwame Nkrumah, Edinburgh, London 1957.
Nouschi, N., La naissance du nationalisme algérien, Paris 1962.
Rabemananjara, J., Nationalisme et problèmes malgaches, Paris 1959.
Oliver, R., The Missionary Factor in East Afrika, London 1952.
Oliver, R., et R. Rainero, Il nuovo Volto dell'Africa, Florenz 1963.
Siriex, P. H., Une nouvelle Afrique A. O. F. 1957, Paris 1957.
Taylor, J. Cl., The Political Development of Tanganyika, Stanford und London 1963.
Tevoedjré, A., L'Afrique révoltée, préf. d'Alioune Diop, Paris 1958.
Le Tourneau, R., Évolution politique de l'Afrique du Nord musulmane, Paris 1961.
Wauters, A., Le monde communiste et la crise du Congo belge, Brüssel 1961.

## Unabhängiges Afrika (14. Kapitel)

Ameillon, B., La Guinée, bilan d'une indépendance, Paris 1964.
Anouar Abd el Malek, Egypte société militaire, Paris 1962.

Anderson, P., Le Portugal et la fin de l'ultra-colonialisme, Paris 1963.
Badiau, S., Les dirigeants africains face à leur peuple, Paris 1964.
Buchman, J., L'Afrique Noire indépendante, Paris 1962.
Coleman, J. S., und C. J. Rosberg, Political Parties and National Integration in Tropical Africa, London 1964.
Deschamps, H., Les institutions politiques de l'Afrique Noire, Paris 1962.
Drysdale, J., The Somali Dispute, London 1964.
Dumont, R., L'Afrique Noire est mal partie, Paris 1962.
Decraene, Ph., Le Panafricanisme, 2. Aufl., Paris 1961.
—, Tableau des partis politiques de l'Afrique au sud du Sahara, Paris 1963.
Duroselle, J. B., und J. Meyriat (Hrsg.), Les nouveaux Etats dans les relations internationales, Paris 1963 (Cahiers de la Fondation nationale des sciences politiques, 121).
Fanon, F., Les damnés de la terre, Paris 1961.
Fournier, G., und F. Laroche, Vérité sur l'Afrique du Sud, Paris 1965.
First, R., South West Africa, London 1963.
Froehlich, J. C., Les musulmans d'Afrique Noire, Paris 1962.
Garnier, Chr., Désert fertile, un nouvel État: La Mauritanie, Paris 1960.
Giniewski, P., Une autre Afrique du Sud, Paris 1962.
Guena, Y., Historique de la Communauté, Paris 1962.
Hall, R., Kaunda, Founder of Zambia, London 1965.
Hill, Chr. R., Bantustans: the Fragmentation of South Africa, London 1964.
Hodgkin, Th., Nigerian Perspectives, London 1960.
Hoskyns, C., The Congo since Independence, London 1965.
Hovet, Th., Africa in the United Nations, London 1963.
Jakob, A., D'une Algérie à l'autre, 1958—1962, Paris 1963.
Kreinin, M. E., Israel and Africa: a Study in Technical Cooperation, New York, London 1964.
Legum, C., Pan-Africanism: a Short Political Guide, London 1962.
Mendiaux, E., L'Afrique sera chinoise, Paris 1965.
Merlier, M., Le Congo de la colonisation belge à l'indépendance, Paris 1962.
Meynaud, J., und A. Salah-Bey, Le syndicalisme africain, Paris 1963.
Moreira, A., Política ultramarina, Lissabon 1956.
Moussa, P., Les nations prolétaires, Paris 1959.
Neame, L. E., The History of Apartheid: the Story of the Colour War in South Afrika, London 1962.
Otto von Habsburg, Européens et Africains, l'entente nécessaire, Paris 1963.
Roy, J., La guerre d'Algérie, Paris 1961.
Pudelford, N., und R. Emerson, Africa, and World Order, New York 1962.
Servoise, R., Wither Black Africa, Genf 1963.
Thiam, D., La politique étrangère des états africains, Paris 1963.
Ward, W. E., A History of Ghana, 2. rev. Aufl., London 1958.
Zatzepine, A., Le droit de la nationalité des Républiques francophones d'Afrique et de Madagascar, Paris 1963.
Ziégler, J., La Contre-révolution en Afrique, Paris 1963.
—, Sociologie de la nouvelle Afrique, Paris 1964.

# Ergänzende bibliographische Hinweise auf deutschsprachige Werke


Afrika, Zs. f. Politik, Wirtschaft und Kultur im neuen Afrika, hrsg. v W. Ludwig, u. a., Jg. 1 (ff.), Pfaffenhofen/Ilm 1959 (ff.).

Afrika. Handbuch der angewandten Völkerkunde, hrsg. v. H. Bernatzik, 2 Bde., München 1951.

Afrika-Bibliographie. Verzeichnis des wissenschaftlichen Schrifttums in deutscher Sprache, hrsg. ... durch H. Abel, u. a., bearb. u. zsgest. von R. Thoden, Bonn 1963 (ff.).

Afrika — heute. Ein Jahrbuch, zsgest. im Auftrage der Deutschen Afrika-Gesellschaft e. V. von O. Splett, Bonn 1957 (ff.).

Afrikanische Köpfe (Hrsg.: Deutsche Afrika-Gesellschaft, Bonn), Köln 1965.

Afrikas Gegenwart und Zukunft, Beiträge zum 1. Afrika-Colloquium der Friedrich-Ebert-Stiftung, hrsg. v. H. Heidermann u. H. Kühn, Hannover 1964.

Ansprenger, F., Afrika. Eine politische Länderkunde, Berlin 1962 (Zur Politik und Zeitgeschichte, H. 8/9).

Bühlmann, W., Afrika, München 1963 (Die Kirche unter den Völkern, Bd. 1).

Frobenius, L., Kulturgeschichte Afrikas. Prolegomena zu einer historischen Gestaltlehre, 2. Aufl., Zürich u. Köln 1954.

Dammann, E., Die Religionen Afrikas, Stuttgart 1962.

Davidson, B., Urzeit und Geschichte Afrikas, dt. v. H. Seinfeld, Reinbek b. Hamburg 1961.

Gunther, J., Afrika von innen. Ein dunkler Kontinent wird hell, dt. v. H. Kaufmann, Konstanz u. Stuttgart 1956.

Hess, W. O., Afrika. Ein Kontinent spricht, Meisenheim 1949.

Hintrager, O., Geschichte von Südafrika, München 1952.

Hirschberger, W. (Bearb.), Schwarzafrika, Graz 1962.

—, Völkerkunde Afrikas, Mannheim 1965.

Italiaander, R., Der ruhelose Kontinent. Ein Schlüssel zur Geschichte und Wirtschaft aller afrikanischer Länder, Düsseldorf 1958.

—, Die neuen Männer Afrikas. Ihr Leben, ihre Taten, ihre Ziele, Düsseldorf 1960.

—. Die Friedensmacher, m. Originalbeiträgen von Toynbee, Paton, Hughes und »Vater King«, Kassel 1966.

Jahn, Jh., Durch afrikanische Türen. Erlebnisse und Begegnungen in Westafrika, Düsseldorf, Köln 1960.
Kaufmann, H., Afrikas Weg in die Gegenwart, Braunschweig 1963.
Krenkel, E., Geologie und Bodenschätze Afrikas, 2. Aufl., Leipzig 1957.
Legum, C., Afrika-Handbuch, Frankfurt a. M. 1963.
Niane, D. T., Afrikanisches Geschichtsbuch. Geschichte Westafrikas, übers. v. H. Venedey, Darmstadt 1963.
Nkrumah, Kwame, Schwarze Fanfare. Meine Lebensgeschichte (The Autobiography of Kwane Nkrumah, Edinburgh 1957), dt., München 1958.
—, Sprung über zwei Jahrtausende. Unser Weg in die Freiheit, übertr. aus d. Engl. von W. Schwerdtfeger, m. e. Nachw. v. R. Italiaander, Düsseldorf, Wien 1963.
Oppermann, Th., Die Algerien-Frage, Stuttgart 1959.
Otto, E., Ägypten. Der Weg des Pharaonenreiches, 3. Aufl., Stuttgart 1958.
Perhan, M., Bilanz des Kolonialismus, übers. aus d. Engl., Stuttgart 1963.
Reichard, H., Westlich von Mohammed. Geschick und Geschichte der Berber, Köln 1957.
Schmidt, W., Südafrika. Republik Südafrika, Südwestafrika, Betschuanenland, Basutuland, Swaziland, 2. erw. Aufl., Bonn 1963 (Die Länder Afrikas, 4).
Splett, O., Afrika u. die Welt, München 1955.
Strauch, H. F., Panafrika. Kontinentale Weltmacht im Werden? Anfänge, Wachstum und Zukunft der afrikanischen Einigungsbestrebungen, Zürich 1964.
Vedder, H., Das alte Südwestafrika. Südwestafrikas Geschichte bis zum Tode Mahareros 1890. Nach den besten schriftl. u. mdl. Quellen erz., Berlin 1934 (Fotomech. Nachdr.: Gräfenhainichen 1963).
Verg, E., Das Afrika der Afrikaner, Stuttgart 1960.
Die Völker Afrikas. Ihre Vergangenheit und Gegenwart. Unter d. Red. v. D. A. Olderogge u. J. J. Potechin, übers. aus d. Russ. v. G. Hertel, 2 Bde., Berlin 1961.
Westermann, D., Die Volkwerdung der Haussa, Berlin 1950 (Sitzungsberichte d. Dt. Ak. d. Wiss. Phil.-histor. Kl. 1949, 2).

# Namenverzeichnis

# Sachverzeichnis

# Maria Montessori

# Kinder sind anders

Die auffallende Blindheit des Erwachsenen, seine Gefühllosigkeit Kindern gegenüber – den Früchten seines eigenen Lebens – haben sicher tiefe Wurzeln, die sich durch die Generationen erstrecken, und der Erwachsene, der zwar Kinder gern hat, sie aber dennoch unbewußt nicht voll anerkennt, fügt ihnen unbeabsichtigt ein Leid zu. Die soziale Frage des Kindes führt uns an die Gesetze heran, nach denen der Mensch gebildet ist, und hilft uns, selbst ein neues Bewußtsein zu entwickeln und folglich unserem eigenen sozialen Leben eine neue Richtung zu geben.

Klett-Cotta im Ullstein Taschenbuch

# Jean Piaget

# Das Weltbild des Kindes

„‚Das Weltbild des Kindes‘ markiert einen Angelpunkt in Piagets monumentalem entwicklungspsychologischen Werk. 1926 erschienen, ist es die dritte größere Monographie Piagets zur geistigen Entwicklung des Kindes. Er untersucht zusammen mit seinen Mitarbeitern, wie sich das Kind das Wesen des Denkens, der sprachlichen Benennung, der Träume und des Bewußtseins erklärt, wie es die Entstehung des Lebens deutet und welchen Gegenständen es Leben zuschreibt, wie es sich die Entstehung der Gestirne, der meteorologischen Erscheinungen (Wolken, Regen, Donner, Blitz), den Ursprung der Berge, der Mineralien usw. erklärt. Das Ergebnis ist ein reizvolles Bild der kindlichen Weltansicht, dessen Studium man den Erziehern, den Kindergärtnerinnen und den Lehrern der Elementarstufe nicht genug empfehlen kann.“

Hans Aebli

Klett-Cotta im Ullstein Taschenbuch

# Wilhelm Flitner

# Allgemeine Pädagogik

Maria Montessori hat recht, wenn sie meint, daß wir heute auf Grund wissenschaftlicher Einsichten in die Entwicklung des Menschen, in seine Beziehungen zur Umwelt und Mitwelt, ein ganz anderes Geschlecht aufziehen könnten, gesündere, mutigere, kräftigere Menschen, die im Lebenskampf ganz andere Aufgaben bewältigen als frühere Geschlechter und anpassungsfähiger sind. Der Sinn solcher positiven Erforschung des Menschen für die Erziehung darf nicht abgestritten werden; es wäre töricht, wollte man die neuen medizinischen, psychologischen und soziologischen Erkenntnisse nicht auch pädagogisch verwerten.

Klett-Cotta im Ullstein Taschenbuch